第 3 版

道路勘测设计

Daolu Kance Sheji

孙建诚　孙吉书　李　霞　主　编
杨春风　主　审

内 容 提 要

本书全面系统地阐述了公路及城市道路勘测设计的基本原理和方法，公路及城市道路设计的技术要求和设计理念。全书共分十章，主要内容包括：绪论、道路平面、道路纵断面、道路横断面、选线、定线、道路交叉口设计、道路沿线设施设计、城市道路排水设计和管线布置、道路勘测设计方法、技术与软件。

本书可用于道路桥梁与渡河工程专业、交通工程专业及土木工程专业道路桥梁方向相关专业的教材，也可为从事公路、城市道路及有关道路工程设计的工程技术人员和研究人员提供参考。

图书在版编目(CIP)数据

道路勘测设计 / 孙建诚, 孙吉书, 李霞主编. —3版. —北京：人民交通出版社股份有限公司, 2020.8
ISBN 978-7-114-16334-0

Ⅰ. ①道… Ⅱ. ①孙… ②孙… ③李… Ⅲ. ①道路测量②道路工程—设计 Ⅳ. ①U412

中国版本图书馆 CIP 数据核字(2020)第 023533 号

交通版高等学校土木工程专业规划教材

书　　　名：	道路勘测设计（第 3 版）
著　作　者：	孙建诚　孙吉书　李　霞
责任编辑：	崔　建
责任校对：	孙国靖　龙　雪
责任印制：	张　凯
出版发行：	人民交通出版社股份有限公司
地　　　址：	(100011)北京市朝阳区安定门外外馆斜街 3 号
网　　　址：	http://www.ccpcl.com.cn
销售电话：	(010)59757973
总　经　销：	人民交通出版社股份有限公司发行部
经　　　销：	各地新华书店
印　　　刷：	中国电影出版社印刷厂
开　　　本：	787×1092　1/16
印　　　张：	28
字　　　数：	663 千
版　　　次：	2007 年 2 月　第 1 版　2020 年 8 月　第 3 版
印　　　次：	2023 年 8 月　第 3 版　第 2 次印刷　累计第 9 次印刷
书　　　号：	ISBN 978-7-114-16334-0
定　　　价：	54.00 元

(有印刷、装订质量问题的图书由本公司负责调换)

前言（第3版）

《道路勘测设计》自2007年2月出版以来，2014年9月出版的第2版，已成为道路桥梁与渡河工程、交通工程及土木工程专业（道路桥梁方向）本科的专业教材，一直被广泛应用。"十二五"以来，我国公路交通与城市基础设施建设取得巨大的进步，伴随着交通事业的飞速发展，道路勘测设计的理念、方法、技术、标准及规范也不断更新、发展。近几年，国家、交通运输部以及住房和城乡建设部先后对与公路及城市道路相关的标准、规范、规程、细则进行全面的修订与更新，及时将最新的设计理念、行业标准以及设计规范在道路勘测设计课程教学中反映出来，是本次教材修订的主要原因。

本次修订基本上维持了第1版和第2版的体系与风格，具体在以下几个方面进行了修订：①按照最新标准、规范对各章节内容做了更新、补充或改写；②对相关的统计、规划资料进行了更新；③增加了公路功能的相关内容；④增加了道路交通安全设施的相关内容；⑤增加了BIM的相关知识。

本教材由孙建诚（河北工业大学）任主编并统稿，孙吉书（河北工业大学）、李霞（河北工业大学）任主编，杨春风任主审。全书共十章，第一、八、九章由孙建诚负责编写，第二、三章由李霞负责编写，第七、十章由孙吉书负责编写，第四章由高颖（河北工程大学）负责编写，第五、六章由张晋玉（华北理工大学）负责编写。

修订过程中参考或引用了大量文献的相关内容，参考文献中脱漏或引用谬误的敬请有关作者见谅。

由于编者学识与水平有限，错误和不足之处在所难免，敬请批评指正。

编　者

2020.1.8

前言（第2版）

《道路勘测设计》自2007年2月第1版出版以来，仰仗广大读者的关注以及人民交通出版社股份有限公司的大力推广，一直有读者需求，出版发行一直在进行中。随着城市化进程的推进及多年的城市道路工程建设，产生并形成了许多新的工程建设理念、建设理论及建设技术经验，取得了许多新的科技成果。相关部门据此对20世纪90年代颁布执行的《城市道路设计规范》(CJJ 37—90)进行了大范围的修订。为将新的科技成果及时纳入教材，遂决定对原《道路勘测设计》第1版进行修订后再版，以飨读者。

考虑到学生初学、自学的需要，以及第1版的使用效果，《道路勘测设计》(第2版)维持第1版的体系及风格，只对各章节内容作了更新、补充或改写。在本书的使用过程当中读者提出了许多宝贵意见，指出了许多错误之处，修编当中予以了充分考虑。对第1版编者的成果予以了充分的考量，在此感谢他们的付出。修编过程中变动较多的部分是第一章、第二章、第三章、第四章、第五章及第七章，第六章、第八章、第九章及第十章的内容基本维持原版，未做大的变动。第一章、第三章由杨春风主笔改编并统稿全书，第二章、第四章由河北工程大学高颖主笔改编，第五章、第七章由河北联合大学张晋玉主笔改编。

本教材在内容整合上总体综合考虑了公路与城市道路的共性与不同，理论及实际相同或基本相同的内容两相融通，差别较大的部分分别阐述，突出重点。内容编排上注重本课程与相关课程及知识的联系，以期内容的不重不漏。注重道路勘测设计的基本概念、基本理论、方法及手段，期望通过课程学习和工程实践，能够掌握所学知识，并能正确应用有关标准、规范及规程，分析和解决工程中的实际问题。由于篇幅、编者手头资料的有限及编者水平的限制，另有工程技术的不断发展与进步，所以，在内容的选择及安排上挂一漏万必多，理论、资料、数据引用或有误解误用，敬请批评指正。

修订过程中参考或引用了大量文献的相关内容，参考文献中脱漏或引用谬误的敬请有关作者鉴谅。

本书错误与不足之处恳请读者指正。

编　者
2014.6.30

目录

第一章　绪论 ·········· 1
第一节　勘测设计的目的及任务 ·········· 1
第二节　道路运输的发展及规划 ·········· 2
第三节　道路的功能与分级 ·········· 7
第四节　道路勘测设计的主要控制因素与指标 ·········· 12
第五节　道路勘测设计程序 ·········· 28
复习思考题 ·········· 31

第二章　道路平面 ·········· 32
第一节　道路平面线形 ·········· 32
第二节　直线 ·········· 35
第三节　圆曲线 ·········· 38
第四节　缓和曲线 ·········· 47
第五节　行车视距 ·········· 61
第六节　平面线形设计 ·········· 68
第七节　道路平面设计成果 ·········· 74
复习思考题 ·········· 80

第三章　道路纵断面 ·········· 82
第一节　概述 ·········· 82
第二节　汽车的动力性能 ·········· 83
第三节　纵坡设计 ·········· 100
第四节　竖曲线 ·········· 107
第五节　道路平纵线形组合设计 ·········· 117
第六节　道路纵断面设计 ·········· 123
复习思考题 ·········· 127

第四章　道路横断面 ·········· 129
第一节　道路横断面组成 ·········· 129
第二节　行车道宽度 ·········· 138
第三节　路肩、中间带、边坡、边沟 ·········· 145

第四节　路拱及超高 ·· 154
　　第五节　爬坡车道、加(减)速车道及避险车道 ·· 162
　　第六节　道路横断面设计 ··· 169
　　第七节　路基土石方的计算与调配 ··· 173
　　复习思考题 ··· 178
第五章　选线 ·· 179
　　第一节　概述 ·· 179
　　第二节　路线总体布局与方案选择 ··· 183
　　第三节　平原区选线 ··· 192
　　第四节　山岭区选线 ··· 195
　　第五节　丘陵区选线 ··· 211
　　第六节　遥感、地理信息系统和全球定位系统在道路选线中的应用 ··························· 214
　　第七节　公路选线与环境协调 ·· 218
　　复习思考题 ··· 224
第六章　定线 ·· 225
　　第一节　纸上定线 ·· 226
　　第二节　直接定线 ·· 244
　　第三节　实地放线 ·· 250
　　复习思考题 ··· 254
第七章　道路交叉口设计 ··· 257
　　第一节　平面交叉设计概述 ·· 258
　　第二节　平面交叉口的形式与选择 ·· 262
　　第三节　平面交叉口的交通组织 ·· 266
　　第四节　交叉口平面布设 ··· 272
　　第五节　环形交叉设计 ··· 279
　　第六节　交叉口的立面设计 ·· 283
　　第七节　立体交叉概述 ··· 293
　　第八节　立体交叉的分类和形式选择 ··· 298
　　第九节　匝道设计 ··· 307
　　第十节　端部设计 ··· 320
　　第十一节　收费立体交叉与收费站 ·· 326
　　第十二节　道路与铁路、乡村道路及管线交叉 ··· 329
　　复习思考题 ··· 335
第八章　道路沿线设施设计 ·· 337
　　第一节　道路交通安全设施 ·· 337
　　第二节　公共交通站点的规划设计 ·· 353
　　第三节　停车场设计 ··· 358
　　第四节　道路照明设计 ··· 362

第五节　道路绿化……………………………………………………………………… 364
   第六节　人行天桥和人行地道…………………………………………………………… 366
   复习思考题………………………………………………………………………………… 368
第九章　城市道路排水设计和管线布置………………………………………………… 369
   第一节　概况……………………………………………………………………………… 369
   第二节　雨水管及其构筑物沿道路的布置……………………………………………… 371
   第三节　雨水管渠设计流量的计算……………………………………………………… 377
   第四节　雨水管渠的水力计算…………………………………………………………… 382
   第五节　雨水管道的设计………………………………………………………………… 384
   第六节　城市管线布置…………………………………………………………………… 389
   复习思考题………………………………………………………………………………… 391
第十章　道路勘测设计方法、技术与软件……………………………………………… 392
   第一节　道路勘测设计方法……………………………………………………………… 392
   第二节　道路勘测新技术简介…………………………………………………………… 408
   第三节　道路计算机辅助设计软件……………………………………………………… 420
   复习思考题………………………………………………………………………………… 436
参考文献……………………………………………………………………………………… 437

第一章 绪论

本章教学要求

学习目标：了解交通系统的构成及我国道路发展历史、现状及目标，熟悉道路分级及设计控制因素与指标。

学习重、难点：道路分级及设计控制因素与指标。

第一节 勘测设计的目的及任务

道路是供各种车辆通行的空间,一般包括公路、城市道路、厂矿区道路、林区道路、机场道路、港区道路以及一些特殊用途的道路。本课程重在研究公路及城市道路,相关理论及研究方法同样适用于其他道路。

一、道路勘测设计的目的及任务

道路是带状的三维空间人工构造物,包括路基、路面、桥梁、涵洞、隧道等工程实体。道路设计要从线形和结构两大方面进行研究,并相互制约,所以本课程是一门综合性很强的专业课。

在结构设计上要求节约投资,尽可能少用外来材料,使其在自然因素及车辆荷载的共同作用下,在使用年限内保持良好状态,满足使用要求。这些内容将在有关课程中进行学习及研究。

道路的线形设计是本书的研究内容,这是很重要的一项工作,是随着交通的质和量的发展而被人们逐渐认识的。道路的等级和规模不取决于构造物的结构如何,而是取决于线形的几何构造尺寸,一是线形的几何构成,二是道路宽度的构成。道路线形的几何构成的重要性表现在：

(1)道路的几何构造尺寸是构筑良好环境的基础,伴随道路全部设计和施工的全过程；

(2)道路的几何构造尺寸决定了车辆行驶的安全性、舒适性及道路建设与运营的经济性；

(3)道路的几何构造尺寸决定了道路的等级与规模。

道路线形设计涉及的学科及知识是多方面的,设计中要综合考虑如下因素：

(1)汽车在运动学及力学方面是否安全、舒适；

(2)在视觉及运动心理学方面是否良好;
(3)与环境景观是否协调;
(4)从地形方面看在经济上是否合理。

因此,线形设计涉及人、车、路、环境及自然条件等多方面,要合理解决好其间的相互关系。驾驶者的心理、汽车运行的轨迹、汽车的动力性能以及交通量和交通特性都与道路的几何设计有着直接关系,在本书中因篇幅有限一般直接引用已有研究结论或稍加论述。

对于三维空间体的道路,为了设计中表达及表述的方便,把它分解为道路平面、纵断面和横断面来分别研究处理,然后结合自然条件、道路环境构建及视觉心理等因素综合考虑确定。

二、有待完善的问题

我国经过几十年的道路建设,尤其是近30年来的发展,道路里程已经有了相当的规模,理论及技术的研发应用也积累了大量经验及教训。随着道路的进一步修建,路线方案的研究有待进一步加强,提升理论研究,完善评价体系及管理体系,使道路建设实践与环境更具和谐性、建设管理更具科学性、发展更具持续性。

我国长期以来采用的是基于设计速度的路线设计方法,理论上保障了行车的安全性,实际上90%以上的安全事故与人对道路的感知有关,并未达到理想的安全状态。相继提出的路侧安全设计、运行速度设计等理念都从不同层面分析了道路安全设计问题,取得了一定的效果,但并未从根本上解决道路安全问题。

本书除了阐明几何设计理论和实践之外,还把几何设计同结构设计及其有关的调查勘测结合起来,使学生初步掌握综合设计及勘测的方法。

第二节 道路运输的发展及规划

交通运输是国民经济的命脉,是基础产业之一,是联系工业与农业、城市与乡村、生产与消费的纽带,在政治、经济、军事、文化等方面都有重要作用和地位。世界经济的发展证明,要实现国民经济的现代化,必须实现交通运输的现代化,同时交通运输的现代化程度,既反映国民经济的发展水平,也是综合国力的体现。

一、交通运输系统的组成及特点[1]

综合交通运输系统由铁路、公路、水运、航空和管道五种运输方式组成,每种运输方式又自成系统,这些运输系统在技术经济上各具特点。在交通运输系统的规划中,必须以国民经济发展规划为指导,各子系统合理分工,协调发展,相互衔接,取长补短。

(1)铁路运输运距长、运量大,是大动脉,是运输的骨干,一般用于大宗长距离及人流的运输,但其基础设施投资大,只能沿铁路沿线附近作业,需其他交通运输系统与其配合转运,才能最终完成运输任务。截止到2018年底,全国铁路营业里程达到13.1万km,高铁运营里程2.9万km以上,居世界第一位。其中,复线里程7.6万km,复线率58.0%;电气化里程9.2万km,电气化率70%。西部地区铁路营业里程达到5.3万km。路网密度136.0km/10000km^2。

(2)水运利用天然水资源,只需稍加整治就能具有通过能力大、运量大、耗能低、运输成

---

[1] 本统计数据未包括香港、澳门特别行政区及台湾地区统计数据。

少的优点。但其受航道限制,受自然环境影响大,运输连续性差,速度慢。同样需其他运输系统与其配合才能最后完成运输任务。截止到2018年末全国内河航道通航里程12.71万km。等级航道6.64万km,占总里程52.3%。其中,三级及以上航道1.35万km,占总里程10.6%。

各等级内河航道通航里程分别为:一级航道1828km,二级航道3947km,三级航道7686km,四级航道10732km,五级航道7613km,六级航道17522km,七级航道17114km。等外航道6.07万km。

各水系内河航道通航里程分别为:长江水系64848km,珠江水系16477km,黄河水系3533km,黑龙江水系8211km,京杭运河1438km,闽江水系1973km,淮河水系17504km。

2018年末全国港口拥有生产用码头泊位23919个。其中,沿海港口生产用码头泊位5734个;内河港口生产用码头泊位18185个。全国港口拥有万吨级及以上泊位2444个。其中,沿海港口万吨级及以上泊位2007个;内河港口万吨级及以上泊位437个。

(3)航空运输速度快,舒适性好,用于长途旅行、国际往来及鲜活物、高档货物的运输,但其运输成本高,受自然环境影响大。只能实现点到点的运输,需要道路运输为其集散运输。2018年末共有颁证民用航空机场235个,其中定期航班通航机场233个,定期航班通航城市230个。到2020年,我国民航运输机场总数将达到244个,形成北方、华东、中南、西南、西北五大区域机场群。

(4)管道运输不仅运输量大、连续、迅速、经济、安全、可靠、平稳以及投资少、占地少、费用低,并可实现自动控制。除广泛用于石油、天然气的长距离运输外,还可运输矿石、煤炭、建材、化学品和粮食等。管道运输可省去水运或陆运的中转环节,缩短运输周期,降低运输成本,提高运输效率。当前管道运输的发展趋势是:管道的口径不断增大,运输能力大幅度提高;管道的运距迅速增加;运输物资由石油、天然气、化工产品等流体逐渐扩展到煤炭、矿石等非流体。就液体与气体而言,凡是在化学上稳定的物质都可以用管道运送。故此,废水(sewage)、泥浆(slurry)、水、甚至啤酒都可以用管道传送。另外,管道可用管道检测仪(pipeline inspection gauge)做清洁工作。尤其在运送石油与天然气方面起着重要作用。

中国目前已建成大庆至秦皇岛、胜利油田至南京等多条原油管道运输线。中国的西气东输工程是中国目前距离最长、管径最大、投资最多、输气量最大、施工条件最复杂的天然气管道工程。工程西起新疆轮南,东至上海白鹤镇,途经10个省区市,全长4167km。为中国能源消费步入清洁高效的天然气时代起了重要作用。

2010年8月俄罗斯开通经东西伯利亚向中国输送原油的管道,这条管道全长近1020km,始自东西伯利亚的斯科沃罗季诺(Skovorodino),终点是中国黑龙江大庆末站,它是俄罗斯通往太平洋方向的一条原油输出管道的支线,为亚洲快速增长的能源市场提供了一扇战略窗口。

截至2018年底,中国境内在役油气管道总里程累计为13.6万km。

道路运输具有高度的灵活性,是我国综合运输体系中最活跃的一种运输方式。道路是社会公共基础设施,道路运输在综合交通运输体系中起着基础地位的作用,随着道路运输的发展其优越性越发明显,在综合交通运输体系中的作用越发重要,主要体现在以下几个方面:

(1)道路运输自成体系,并完成铁路、水运、航空运输的货物及旅客的集中与分散运输;

(2)道路运输与铁路、内河运输分流,补充铁路长距离运输的不足,如西藏、青海、新疆的客货运输及晋、冀、鲁、豫、皖部分煤炭的外运;

(3)道路运输机动灵活、直达门户(是唯一具有直达功能的运输方式),可以完全实现面上运输(农村运输、城乡运输、市内运输、港站的集散运输);

(4)道路运输在国防运输中有不可替代的作用；

(5)道路运输速度快、适应性强、通达深度广，覆盖面大；技术特性简单、车辆易于驾驶、投资回收快。随着道路等级及管理水平的提高，客货运量将极大地增加，在综合运输体系中所占比重将处于绝对优势。

可见道路运输是一种其他运输方式所不能替代的运输方式。改革开放以来随着社会主义市场经济的发展及农村经济的发展，以大城市为中心的卫星城的建立，道路运输的重要性日益显见。"要想富，先修路""要快富，修高速"已成共识，所以近年交通运输事业及道路建设取得了更进一步的发展。

二、道路运输发展概况

我国道路建设历史悠久，已有 2000 余年的历史。从轩辕氏造舟车、秦始皇的"车同轨"法令、公元前二世纪通往中亚及欧洲的丝绸之路，到清代已形成了层次分明、功能较完善的道路系统——"官马大路""大路""小路"，分别为京城到各省城、省城至地方重要城市及重要城市到市镇的三级道路。但是由于封建统治对生产力的束缚，长期停留在人力及畜力拉车的水平。

1902 年我国输入第一批汽车，至此通行汽车的道路才发展起来。从 20 世纪初到新中国成立前的 40 年间，全国通行汽车的道路只有 8.1 万 km。新中国成立后，经过几十年的建设，交通运输业有了很大的发展，公路网规模不断扩大。截至 2018 年底，全国公路总里程达 484.65 万 km，公路密度为 $50.48km/100km^2$。高速公路里程达 14.26 万 km，其中，国家高速公路 10.55 万 km。总体上实现了"东网、中联、西通"的目标。东部地区基本形成高速公路网，长江三角洲、珠江三角洲、环渤海地区形成较完善的城际高速公路网络；中部地区对外连接通道全面建成，地区内部中心城市间实现高速沟通。

一大批科技成果得到推广应用，航测遥感、倾斜摄影、地理信息以及计算机辅助设计技术已转化为生产力，改变了公路勘测的落后面貌。同时随着道路交通的快速建设，设计理念也发生了明显的变化，从单纯的以设计速度为依据，到宽容性设计、交通环境设计，从而改变了传统中的设计理念。

但是，当前公路运输现状还不能完全适应国民经济发展的需要，主要表现在：

(1)数量少。到 2018 年底通车里程虽已达 484.65 万 km，公路密度为 $50.48km/100km^2$，但按国土面积而言，密度仍然较低，与发达国家相比，仍然存在一定差距。

(2)等级低。2018 年末全国四级及以上等级公路里程 446.59 万 km，占公路总里程 92.1%，二级及以上等级公路里程 64.78 万 km，仅占公路总里程 13.3%，高速公路里程 14.26 万 km，占公路总里程 2.9%，如图 1-1 所示。从图 1-1 可以看出，三级及以下公路里程占公路总里程的 86.7%。由于等级低，行车速度达不到设计速度及经济时速的要求，浪费了大量运力及燃料，造成的交通事故也相当严重。同时管理不善，造成汽车利用率不高，道路拥挤。公路桥梁大部分宽度不够，承载力低。还有几百个渡口无桥，通行能力较低。

(3)东西部发展不平衡。虽然近几年各级政府加大了对农村公路的投入，农村公路建设取得了显著成就，打通了部分断头路，目前全国通公路的乡(镇)占全国乡(镇)总数的 99.99%，通公路的建制村占全国建制村总数的 99.98%，但是东西部路网不平衡的问题依然突出，西部地区路网稀疏，东部地区路网较密，西部地区公路的通达深度远低于东部地区，还有少部分乡镇不通公路。

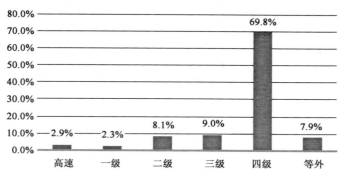

图 1-1 2018 年末各等级公路所占公路里程的比例

欲保持经济平稳较快发展,需进一步增强交通运输保障能力,所以仍必须注重公路建设。在当前道路交通的发展状况下,应适量增加新线,加大对旧路进行技术升级改造,进一步增加道路运输的能力及安全性,提高通行能力。

三、道路运输发展规划

1981 年《国家干线公路网(试行方案)》中,以首都为中心、连接各省、自治区、直辖市、重要大中城市、港站枢纽、工农业基地等的主要干线公路划定为国家干线公路(简称国道)。国道网由 70 条道路组成,共计 109198km,其中首都放射线 11 条,加北京环线 1 条,共计 12 条,23483km,以 G101～G112 编号;南北纵线 28 条,共计 37844km,以 G201～G228 编号;东西横线 30 条,计 47871km,以 G301～G330 编号。1991 年对国道网进行了调整,取消了 226 编号(楚雄—墨江)、313 编号(安西—若羌),减少里程 2950km。

为发展我国公路、水运交通,交通部❶在"七·五"期末制定了交通发展长远规划。即:在发展以综合运输体系为主的交通运输业总方针指导下,按照"统筹规划、条块结合、分层负责、联合建网"的方针,从"八·五"开始用 30 年左右的时间建设公路主骨架、水运主通道、港站主枢纽和交通支持系统的"三主一支持"交通长远规划。具体实施中分阶段实现如下规划目标:

第一阶段,交通运输紧张状况明显缓解,改善交通运输对国民经济的制约状况;

第二阶段,到 2020 年前后交通运输状况基本适应国民经济和社会发展的需要;

第三阶段,到 21 世纪中叶总体实现交通运输的现代化,达到中等国家的发展水平。

"三主一支持"中的公路主骨架即国道主干线系统,从"八·五"开始实施,用 30 年左右的时间,在进一步提高路网密度及通达深度的同时,集中力量重点建设国道主干线,建成 45 个公路主枢纽,将全国重要城市、工业中心、交通枢纽和主要陆上口岸连接起来,逐步形成一个与国民经济发展格局相适应,与其他运输方式相协调,主要由高速公路和一级、二级公路组成的快速、高效、安全的国道主干线系统,以适应国民经济发展的需要。该系统建成后,车辆行驶速度可提高一倍。城市间、省际间、经济区域间 400～600km 的公路运输当日往返,800～1000km 的可当日到达,这标志着现代化公路运输网络的形成。

21 世纪初,重点建设和完善了"五纵七横"国道主干线中的"两纵两横"和"三个主要路段"(两纵:黑龙江的同江至海南三亚、北京至广东珠海;两横:江苏连云港至新疆霍尔果斯、上海至成都;三个主要路段:北京至沈阳、北京至上海、重庆至广西北海),总长度约 18500km。建

---

❶ 交通部于 2008 年 3 月 15 日更名为交通运输部。

成后有效地缓解了我国交通运输的紧张情况,并为"五纵七横"的全面实现打下了良好基础。

2004年的《国家高速公路网规划》提出,我国国家高速公路网将形成"7918"的布局,即7条射线、9条纵线、18条横线,总里程约8.5万km,其中北京至各省会城市的7条射线总里程约为1.8万km,高速公路网将连接所有现状人口在20万人以上的319个城市,包括所有的省会城市以及港澳台。

为适应社会经济的发展需要,2013年提出了《国家公路网规划(2013—2030年)》(以下简称《规划》)。按《规划》,国家公路网由普通国道网与高速公路网组成,至2030年,建成国家公路网40.1万km。

(一) 普通国道网

由12条首都放射线、47条北南纵线、60条东西横线和81条联络线组成,总规模约26.5万km。按照"主体保留、局部优化,扩大覆盖、完善网络"的思路,调整拓展普通国道网:保留原国道网的主体,优化路线走向,恢复被高速公路占用的普通国道路段;补充连接地级行政中心和县级节点,重要的交通枢纽、物流节点城市和边境口岸;增加可有效提高路网运行效率和应急保障能力的部分路线;增设沿边沿海路线,维持普通国道网相对独立。

1. 首都放射线(12条)

北京—沈阳、北京—抚远、北京—滨海新区、北京—平潭、北京—澳门、北京—广州、北京—香港、北京—昆明、北京—拉萨、北京—青铜峡、北京—漠河、北京环线。

2. 北南纵线(47条)

鹤岗—大连、黑河—大连、绥化—沈阳、烟台—上海、秦皇岛—深圳、威海—汕头、乌兰浩特—海安、二连浩特—浙川、苏尼特左旗—北海、满都拉—防城港、银川—榕江、兰州—龙邦、策克—磨憨、西宁—澜沧、马鬃山—宁洱、红山嘴—吉隆、阿勒泰—塔什库尔干、霍尔果斯—若羌、喀纳斯—东兴、东营—深圳、同江—哈尔滨、嘉荫—临江、海口—三亚(东)、海口—三亚(中)、海口—三亚(西)、张掖—孟连、丹东—东兴、饶河—盖州、通化—武汉、嫩江—双辽、牙克石—四平、克什克腾—黄山、兴隆—阳江、新沂—海丰、芜湖—汕尾、济宁—宁德、南昌—惠来、正蓝旗—阳泉、保定—台山、呼和浩特—北海、甘其毛都—钦州、开县—凭祥、乌海—江津、巴中—金平、遂宁—麻栗坡、景泰—昭通、兰州—马关。

3. 东西横线(60条)

绥芬河—满洲里、珲春—阿尔山、集安—阿巴嘎旗、丹东—霍林郭勒、庄河—西乌珠穆沁旗、绥中—珠恩嘎达布其、黄骅—山丹、文登—石家庄、青岛—兰州、连云港—共和、连云港—栾川、上海—霍尔果斯、乌鲁木齐—红其拉甫、西宁—吐尔尕特、长乐—同仁、成都—噶尔、上海—聂拉木、高雄—成都、上海—瑞丽、广州—成都、瑞安—友谊关、瑞金—清水河、福州—昆明、广州—南宁、秀山—河口、连云港—固原、启东—老河口、舟山—鲁山、洞头—合肥、丹东—阿勒泰、萝北—额布都格、三合—莫力达瓦旗、龙井—东乌珠穆沁旗、承德—塔城、天津—神木、黄骅—榆林、海兴—天峻、滨州港—榆林、东营港—子长、胶南—海晏、日照—凤县、大丰—卢氏、东台—灵武、启东—那曲、上海—安康、南京—德令哈、武汉—大理、察雅—萨嘎、利川—炉霍、台州—小金、张家界—巧家、宁德—福贡、南昌—兴义、福州—巴马、湄洲—西昌、东山—泸水、石狮—水口、佛山—富宁、文昌—临高、陵水—昌江。

此外包括81条联络线。

(二)国家高速公路网

由7条首都放射线、11条北南纵线、18条东西横线,以及地区环线、并行线、联络线等组成,约11.8万km,另规划远期展望线约1.8万km。按照"实现有效连接、提升通道能力、强化区际联系、优化路网衔接"的思路,补充完善国家高速公路网:保持原国家高速公路网规划总体框架基本不变,补充连接新增20万人以上城镇人口城市、地级行政中心、重要港口和重要国际运输通道;在运输繁忙的通道上布设平行路线;增设区际、省际通道和重要城际通道;适当增加有效提高路网运输效率的联络线。

1. 首都放射线(7条)

北京—哈尔滨、北京—上海、北京—台北、北京—港澳、北京—昆明、北京—拉萨、北京—乌鲁木齐。

2. 北南纵线(11条)

鹤岗—大连、沈阳—海口、长春—深圳、济南—广州、大庆—广州、二连浩特—广州、呼和浩特—北海、包头—茂名、银川—百色、兰州—海口、银川—昆明。

3. 东西横线(18条)

绥芬河—满洲里、珲春—乌兰浩特、丹东—锡林浩特、荣成—乌海、青岛—银川、青岛—兰州、连云港—霍尔果斯、南京—洛阳、上海—西安、上海—成都、上海—重庆、杭州—瑞丽、上海—昆明、福州—银川、泉州—南宁、厦门—成都、汕头—昆明、广州—昆明。

此外包括6条地区性环线以及若干条并行线、联络线等。

公路近期建设目标是:"十三五"末,公路网规模进一步扩大,技术质量明显提升。公路总里程达到500万km,国家高速公路网基本建成,高速公路总里程达到15万km,基本实现城镇人口20万人以上城市及地级市行政中心通高速公路,二级及以上公路里程达到68万km,普通国道二级及以上公路占比达75%以上(东部地区达92%、中部地区达90%、西部地区达65%,京津冀地区达90%,长江经济带达80%),农村公路路面铺装水平及等级路占比明显提升。

第三节 道路的功能与分级

一、公路功能

公路网的根本功能是为社会经济发展服务,承担社会客、货运输。不同的路线在公路网中的地位与作用不尽相同,在社会经济发展中所具有的功能也不同。公路功能分类就是根据公路所提供的交通服务的特性,把公路分成不同类别,这是目前世界上不少国家普遍采用的公路分类方法。美国将公路所在的区域分为城市地区和乡村地区,分别按功能层次划分,干线公路主要提供机动性功能,地方公路主要提供可达性功能,集散公里的功能介于机动性和可达性之间。英国将公路按照其重要性分为主要公路和次要公路两大类,主要公路再细分为高速公路和一级公路,次要公路划分为二级公路、三级公路和未定等级公路3大类。我国《公路工程技术标准》(JTG B01—2014)将公路按照功能分为干线公路、集散公路和支路公路3类。干线公路细分为主要干线公路和次要干线公路,集散公路细分为主要集散公路和次要集散公路。

(1)主要干线公路

①连接 20 万人口以上的大中城市、交通枢纽、重要对外口岸和军事战略要地。

②提供省际及大中城市间长距离、大容量、高速度的交通服务。

(2)次要干线公路

①连接 10 万人口以上的城市和区域性经济中心。

②提供区域内或省域内中长距离、较高容量和较高速度的交通服务。

(3)主要集散公路

①连接 5 万人口以上的县(市)、主要工农业生产基地、重要经济开发区、旅游名胜区和商品集散地。

②提供中等距离、中等容量及中等速度的交通服务。

③与干线公路衔接,使所有的县(市)都在干线公路的合适距离之内。

(4)次要集散公路

①连接 1 万人口以上的县(市)、大的乡镇和其他交通发生地。

②提供较短距离、较小容量、较低速度的交通服务。

③衔接干线公路、主要集散公路与支线公路,疏散干线公路交通、汇集支线公路交通。

(5)支线公路

①以服务功能为主,直接与用路者的出行源点相衔接。

②衔接集散公路,为地区出行提供接入与通达服务。

公路功能类别可按下列步骤确定:

(1)依照行政属性、用地性质、交通需求等实施区域划分,并将区域抽象为节点。

(2)确定节点重要度。节点重要度是定量描述区域内各节点间相对重要程度的指标,主要以总人口、工业总产值、人均收入等指标作为定量分析各节点重要度的指标。节点的层次结构如表 1-1 所示。当一条公路的主要控制点为 A 层节点时,该公路为主要干线公路;当主要控制点为 B 层节点时,该公路应为次要干线公路;当主要控制点为 C 层节点时,该公路应为主要集散公路;当主要控制节点为 D 层节点时,该公路应为次要集散公路;当主要控制点为 E 层节点时,该公路应为支线公路。

节点的层次结构　　　　　　　　　　　　表 1-1

节点层次	中心节点	主要节点
A	北京	各省会、自治区首府、直辖市、特区
B	省会或自治区首府	各地(市)政府所在地
C	地(市)政府所在地	各县(市)政府所在地
D	县(市)政府所在地	各乡、镇政府所在地
E	乡、镇政府所在地	各行政村

(3)添加公路网,并根据节点重要度,确定各条公路的功能分类。

(4)根据各功能分类的公路里程及交通量,计算里程比率及车公里比率,绘制形成路网里程比率—车公里比率标准累计曲线图。

(5)拟建项目或同一区域内存在主要控制点相近的两条以上公路时,应通过路网服务指数确定其功能类别。路网服务指数为公路车公里比率与公路里程比率之比。路网服务指数越大,则公路功能类别越高。其计算方法为:规划区域内有 n 条公路,则第 $i(i=1,\cdots\cdots,n)$ 条公

路的车公里比率 R_{VMT_i}、里程比率 R_{k_i} 及路网服务指数 R_i 按式(1-1)～式(1-3)计算。

车公里比率：

$$R_{\text{VMT}_i} = \frac{\text{VKT}_i}{\sum_i \text{VKT}_i} \times 100\% \qquad (1\text{-}1)$$

里程比率：

$$R_{k_i} = \frac{K_i}{\sum_i k_i} \times 100\% \qquad (1\text{-}2)$$

路网服务指数：

$$R_i = \frac{R_{\text{VMT}_i}}{R_{k_i}} \qquad (1\text{-}3)$$

式中：VKT_i——路网中第 i 条公路的车公里(pcu·km)，即该公路上通过的车辆数与平均行驶距离的乘积；

$\sum_i \text{VKT}_i$——规划区域内路网中所有公路的车公里之和(pcu·km)；

k_i——第 i 条公路的里程(km)；

$\sum_i k_i$——规划区域内路网中所有公路的总里程(km)。

(6)公路功能分类指标包括区域层次、路网连续性、交通流特性和公路自身特性等定性和定量指标。不同地区经济发展水平与地形、地貌差异直接影响到分类标准的选取。各地区可根据规划区的实际情况自行确定。推荐的公路功能分类量化指标如表1-2所示。

公路功能分类量化指标 表1-2

分类指标	功能分类				
	主要干线公路	次要干线公路	主要集散公路	次要集散公路	支线公路
适应地域与路网连续性	人口20万人以上的大中城市	人口10万人以上的重要市县	人口5万人以上的县城或连接干线公路	连接干线公路与支线公路	直接对应于交通发生源
路网服务指数	≥15	10～15	5～10	1～5	<1
期望速度	80km/h以上	60km/h以上	40km/h以上	30km/h以上	不要求
出入控制	全部控制出入	部分控制出入或接入管理	接入管理	视需要控制横向干扰	不控制

二、公路分级与技术标准

1. 公路分级

根据交通运输部2018年1月1日实施的《公路路线设计规范》(JTG D20—2017)将公路根据交通特性及控制干扰的能力分为高速公路、一级公路、二级公路、三级公路、四级公路5个技术等级。

(1)高速公路为专供汽车分向、分车道行驶,全部控制出入的多车道公路。高速公路的年平均日设计交通量宜在15000辆小客车以上。

(2)一级公路为供汽车分向、分车道行驶,可根据需要控制出入的多车道公路。一级公路的年平均日设计交通量宜在15000辆小客车以上。

(3)二级公路为供汽车行驶的双车道公路。二级公路的年平均日设计交通量宜在5000～15000辆小客车。

(4)三级公路为供汽车、非汽车交通混合行驶的双车道公路。二级公路的年平均日设计交通量宜在2000~6000辆小客车。

(5)四级公路为供汽车、非汽车交通混合行驶的双车道或单车道公路。双车道四级公路年平均日设计交通量宜在2000辆小客车以下;单车道四级公路年平均日设计交通量宜在400辆小客车以下。

《小交通量农村公路工程技术标准》(JTG 2111—2019)中规定:交通组成中无大型、重载型车辆的小交通量农村公路分为四级公路(Ⅰ类)、四级公路(Ⅱ类)两个类型:

(1)四级公路(Ⅰ类)为适合中小型客车、中型载货汽车、轻型载货汽车、四轮低速货车(原四轮农用车)、三轮汽车、摩托车、非机动车交通混合行驶的双车道公路。年平均日设计交通量宜在1000辆小客车及以下。

(2)四级公路(Ⅱ类)为适合中小型客车、中型载货汽车、轻型载货汽车、四轮低速货车(原四轮农用车)、三轮汽车、摩托车、非机动车交通混合行驶的单车道公路。年平均日设计交通量宜在400辆小客车及以下。

为了道路建设及管理,按行政管理体制根据公路的位置以及在国民经济中的地位和运输特点分为:国道、省道、县乡(镇)道及专用公路。国道由中央统一规划,由各所在省、自治区、直辖市负责建设,管理,养护。省道是在国道网的基础上,由省对具有全省意义的干线公路加以规划,并且建设、管理、养护。县道中的主要路段由省统一规划、建设和管理,一般路段由县自定并建设、管理和养护。乡(镇)路主要为乡镇服务,由县统一规划,县乡(镇)组织建设、养护和使用。专用道路为厂区、林区、矿区、港区的道路,由专用部门自行规划、建设、使用和养护。

2. 公路技术标准

公路技术标准是指在一定自然环境条件下能保持车辆正常行驶性能所采用的技术指标体系。技术标准是根据理论和总结公路建设的经验及国家政策而拟定的,是法定的技术要求,反映了我国公路建设的技术方针。大致可归纳为"几何标准""载重标准"和"净空标准",设计时都必须严格遵守。具体到一条路采用什么标准则取决于:

(1)路线在公路网中的功能;
(2)远景设计交通量及交通组成;
(3)地形及其他自然条件;
(4)采用的设计速度。

具体指标汇总如表1-3所示。

各级公路的主要技术指标汇总表　　　　表1-3

公路等级	高速公路			一级公路			二级公路		三级公路		四级公路		
												Ⅰ类	Ⅱ类
设计速度(km/h)	120	100	80	100	80	60	80	60	40	30	20		
												15	
车道数	≥4			≥4			2	2	2	2	2或1	2	1
单车道宽(m)	3.75	3.75	3.75	3.75	3.75	3.5	3.75	3.5	3.5	3.25	3.00或3.50	3.00	3.50
极限最小半径(m)	650	400	250	400	250	125	250	125	60	30	15	15	12(10)

续上表

公路等级	高速公路			一级公路			二级公路		三级公路		四级公路	
一般最小半径(m)	1000	700	400	700	400	200	400	200	100	65	30	20
停车视距(m)	210	160	110	160	110	75	110	75	40	30	20	15
最大纵坡(%)	3	4	5	4	5	6	5	6	7	8	9	14
车辆荷载	公路—Ⅰ级						公路—Ⅱ级					

注:1. 本表仅为简单汇总,所列各项技术指标应按有关条文规定选用。
  2. 一般最小半径为正常情况下采用值,极限最小半径为条件受限时可采用的值。
  3. 当交通组成中无中型载货汽车和中型客车时,单车道极限最小半径可采用括号内数值。

3. 公路等级的选用

公路技术等级选用应在论证确定公路功能的基础上,结合项目所在地区的综合运输体系、远景发展规划及设计交通量论证确定,并应遵循下列原则:

(1)主要干线公路作为公路网中结构层次最高的主通道,应选用高速公路。

(2)次要干线公路作为主要干线公路的补充,应选用二级及二级以上公路。当设计交通量达到 15000 辆小客车/日时,宜选用一级及一级以上公路;当设计交通量达到 10000 辆小客车/日时,且沿线纵横向干扰较大,宜选用一级公路;当设计交通量低于 10000 辆小客车/日时,可选用二级公路;当货车混入率较高时,宜间隔设置超车车道,减小纵向干扰。

(3)主要集散公路连接干线公路与支线公路,宜选用一级公路、二级公路。当设计交通量达到 15000 辆小客车/日时,可选用一级公路;当设计交通量在 5000～15000 辆小客车/日时,可选用二级公路;当设计交通量达到 10000 辆小客车/日,且沿线纵横向干扰较大时,宜选用一级公路;当设计交通量低于 5000 辆小客车/日时,宜选用二级公路。

(4)次要集散公路服务于县乡区域交通,宜选用二级公路、三级公路。当设计交通量达到 5000 辆小客车/日时,宜选用二级公路;当设计交通量低于 5000 辆小客车/日时,宜选用三级公路。

(5)支线公路宜选用三级公路、四级公路。当设计交通量达到 5000 辆小客车/日时,宜选用二级公路。

(6)当既有公路不能满足功能需要时,应结合公路网发展规划,有计划地进行改建。

同一条公路可分段选用不同的公路等级;同一公路等级可分段选用不同的设计速度。不同公路等级、不同设计速度的路段间的过渡应顺适,衔接应协调。

三、城市道路分级

城市道路按照道路在城市道路网中的地位、交通功能以及对沿线建筑物的服务功能,分为 4 个等级。

1. 快速路

快速路应为城市中大容量、长距离、快速交通服务。快速路双向行车道之间应设置中间分车带、全部控制出入、控制出入口间距及形式,应实现交通连续通行,单向设置不应少于两条车道,并应设有配套的交通安全及管理设施。

快速路两侧不应设置吸引大量车流、人流的公共建筑物的进出口,两侧一般建筑物的进出口应加以控制。

2. 主干路

主干路应为连接城市各主要分区的干路,以交通功能为主。自行车交通量大时用机动车与非机动车分隔的形式,如三幅路或四幅路。

主干路两侧不应设置吸引大量车流、人流的公共建筑物的进出口。

3. 次干路

次干路应与主干路结合组成干路网,起集散交通的作用,兼有服务功能。

4. 支路

支路宜与次干路和居住区、工业区、交通设施等内部道路相连接,解决局部地区交通,以服务功能为主。

城市道路主要技术指标列于表 1-4。

城市道路主要技术指标汇总简表　　　　　表 1-4

道路等级		快速路			主干路			次干路			支路		
设计速度(km/h)		100	80	60	60	50	40	50	40	30	40	30	20
采用的横断面形式		双幅路、四幅路			三幅路、四幅路			单幅路、双幅路、三幅路			单幅路		
单车道宽(m)		3.5~3.75			3.5~3.25			3.5~3.25			3.5~3.25		
中间分车带		必须设置			应设			可设、可不设			不设		
双向机动车道数(条)		≥4			2~4 或 >4			2~4			2		
不设超高最小半径(m)		1600	1000	600	600	400	300	400	300	150	300	150	70
设超高最小半径(m)	一般值	650	400	300	300	200	150	200	150	85	150	85	40
	最小值	400	250	150	150	100	70	100	70	40	70	40	20
停车视距(m)		160	110	70	70	60	40	60	40	30	40	30	20
最大纵坡(%)		4	5	6	6	6	7	6	7	8	7	8	8
荷载标准	桥涵	城—A 级或城—B 级			城—A 级			城—A 级或城—B 级			城—B 级		
	路面	标准轴载:双轮组单轴载 100kN											

注:1. 设计速度大于 60km/h 时,大型车或混行车道宽为 3.75m,小客车道宽为 3.5m。

2. 设计速度小于或等于 60km/h 时,大型车或混行车道为 3.50m,小客车道为 3.25m。

第四节　道路勘测设计的主要控制因素与指标

一、地形及自然特征

一条道路的修建位置及设计指标均受沿线地形、自然条件及土地利用的制约,并往往成为控制性因素,所以,必须熟悉这方面的资料信息及控制性条件。

地形是决定路线位置的一个主要因素,其既影响道路的宏观位置,同时对道路平面线形、纵坡、视距、横断面及其他方面也有重要影响。即使在平坦地区地形对路线的影响甚微,但对排水及交叉设计也会带来很大困难。

地质情况也会影响一条道路的位置及线形,地质条件决定地基及路基的稳定性,滑坍、碎落和崩坍既决定道路路基的形式,同时对道路的运行安全也至关重要,同时也决定土石方工程施工难易和筑路材料的质量。

气候、水文及植被情况直接或间接地影响着地表水的数量、地下水位高度、大气降水量及其强度和形态、路基水温状况、泥泞期、冬季积雪和冰冻延续期,并在一定程度上限制施工期限和条件。对山区道路可以直接决定路线的走向及位置,即使是平坦地区的道路,路线设计高程也往往受到限制。

经过改造的人工地貌同样会为道路的修建带来很大影响,沿线的工业、农业及城镇建设直接影响道路修建位置。在开发成熟地区,设计速度较低,同时要很好地解决交叉、行人、车辆存放及公共交通等问题。在开发未成熟地区,一般按较高的速度设计,同时受到的限制较少。特殊的旅游区、开发区对道路的影响因素更多。

有关地形等自然条件、土地及建筑物的价值、自然及人工地貌和远景发展规划资料,连同交通数据共同构成了控制要素,应系统分析以上多因素共同对道路建设的影响。

二、设计车辆

设计车辆是指道路几何设计所采用的代表车型,以其外轮廓尺寸、重量、动力性能、制动性能以及行驶性能等特征作为道路几何设计的依据,对道路几何设计具有决定性影响。道路上行驶的车辆种类很多,设计中一般选择有代表性的车辆。道路首先满足汽车行驶的需要,而汽车的物理及力学特性,以及各种汽车的组成对道路几何设计有着重要的意义。根据我国《运营车辆外廓尺寸、轴荷及质量限值》(GB 1589—2004)的规定,以及《公路工程技术标准》(JTG B01—2014)中作为公路设计选用的设计车辆有 5 类,即:小客车、载货汽车、大型客车、铰接客车、铰接列车,其基本外轮廓尺寸见图 1-2 及表 1-5;2016 版《城市道路工程设计规范》中作为城市道路设计选用的设计车辆有 3 类,即:小客车、大型车、铰接车,其基本外轮廓尺寸见表 1-5;《小交通量农村公路工程技术标准》(JTG 2111—2019)中作为四级公路设计车辆有 7 类,即:小客车、中型客车、轻型载货汽车、重型载货汽车、四轮低速货车、三轮汽车、摩托车,其基本外轮廓尺寸见表 1-5。

鞍式列车适用于大型集装箱运输,其作为有大型集装箱车通行的高等级道路的设计依据。一般公路必须保障小型汽车及一般载货汽车的通行安全及顺适。城市交通中,由于大型铰接客车的存在,在城市道路设计中采用铰接车。设计车辆的外廓尺寸如表 1-5 所示。

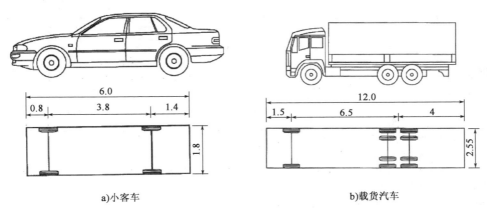

a)小客车　　　　　　　　　b)载货汽车

图 1-2

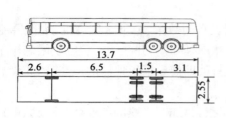
c) 大型客车

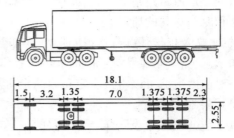
d) 铰接列车

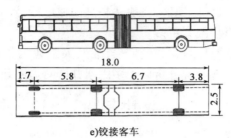
e) 铰接客车

图 1-2 设计车辆外廓尺寸图(尺寸单位:m)

设计车辆外廓尺寸 表 1-5

	车辆类型	总长(m)	总宽(m)	总高(m)	前悬(m)	轴距(m)	后悬(m)
公路	小客车	6	1.8	2	0.8	3.8	1.4
	载货汽车	12	2.5	4	1.5	6.5	4
	大型客车	13.7	2.55	4	2.6	6.5+1.5	3.1
	铰接客车	18	2.5	4	1.7	5.8+6.7	3.8
	铰接列车	18.1	2.55	4	1.5	3.3+1.1	2.3
城市道路	小客车	6	1.8	2	0.8	3.8	1.4
	大型车	12	2.5	4	1.5	6.5	4
	铰接车	18	2.5	4	1.7	5.8+6.7	2
农村小交通量道路	小客车	6	1.8	2	0.8	3.8	1.4
	中型客车	7	2.3	3.0	1.0	4.0	2.0
	轻型载货汽车	6.0	2.0	2.5	1.1	3.4	1.5
	重型载货汽车	8.0	2.5	4.0	1.5	4.5	2.0
	四轮低速货车(原四轮农用车)	6.0	2.0	2.5	1.2	3.3	1.5
	三轮汽车	4.6	4.6	2.0	—	—	—
	摩托车	2.5	1.0	2.25	—	—	—

注:1. 总长:车辆前保险杠至后保险杠的距离。
2. 总宽:车厢宽度(不包括后视镜)。
3. 总高:车厢顶或装载顶至地面的高度。
4. 前悬:指车体前面至前轮车轴中心的距离。
5. 轴距:指前轮车轴中心至后轮车轴中心的距离。
6. 后悬:指后车轴中心至车体后面的距离。

道路设计时应该考虑交通流中比例高、尺寸最大的设计车辆,因为只要满足了这部分车辆的要求,其他车辆的要求就容易满足。铰接列车适用于大型集装箱运输,其作为有大型集装箱车通行的高等级道路的设计依据,一般公路必须保障小型汽车及一般载货汽车的通行安全及顺适,对于交通组成中无大型、重载型车辆的小交通量农村公路分为四级公路,可以选择交通组成中有代表性的车辆作为设计车辆,城市道路设计时,由于大型铰接客车的存在,在城市道路设计中采用铰接车。

大中城市的近郊及居民密集区有较多的自行车及其他非机动车通行,在道路设计时要充分注意。其外廓尺寸如表 1-6 所示。

非机动车设计车辆及外廓尺寸表　　表 1-6

车 辆 类 型	总长(m)	总宽(m)	总高(m)
自行车	1.93	0.6	2.25
三轮车	3.40	1.25	2.25

注:1. 总长:自行车为前轮前缘至后轮后缘的距离;三轮车为前轮前缘至车厢后缘距离。
　　2. 总宽:自行车为车把宽度;三轮车为车厢宽度。
　　3. 总高:自行车为骑车人骑在车上时,头顶至地面的高度;三轮车为载物顶至地面的高度。

三、设 计 速 度

设计速度是指气候正常、交通密度小、汽车运行只受道路本身条件(几何线形、路面及附属设施)的影响时,一般驾驶员能保持安全而舒适地行驶的最大行驶速度。

设计车速是确定道路几何形状的重要依据。各等级道路设计车速的确定,与汽车的最高行驶车速、经济车速、平均技术速度及地形、工程经济有关。《公路工程技术标准》(JTG B01—2014)、2016 版《城市道路工程设计规范》(CJJ 37—2012)及《小交通量农村公路工程技术标准》(JTG 2111—2019)中综合考虑上述因素,对各等级道路设计车速的规定见表 1-3。

在道路设计时,设计速度是确定道路几何线形并能使其相协调的基本要素,是在充分发挥各项道路设计要素功能的基础上,具有中等驾驶水平的驾驶人员能够保持顺适行车的速度。它对确定公路的曲线半径、超高、视距等技术指标起着决定的作用,同时也影响着车道的尺寸和数目以及路肩宽度等指标的确定。考虑我国实际地形条件、土地利用及资源的可能性,设计速度不与地形直接挂钩,设计时设计人员结合交通需求的变化,考虑技术经济的合理性,更好地与地形景观相配合,做出更加合理的设计。设计速度的选用应根据公路的功能与技术等级、结合地形、工程经济、预期的运行速度和沿线土地利用等因素综合论证确定。并应符合下列规定:

(1)高速公路一般情况下的设计速度宜选用 120km/h,不宜低于 100km/h;当受地形、地物、工程造价等条件限制时,交通量相对小一些,可选用 80km/h。

(2)一级公路作为干线公路时,设计速度宜采用 100km/h;受地形、地质等条件限制时可采用 80km/h;一级公路作为集散公路时,设计速度宜采用 80km/h;受地形、地质等条件限制可采用 60km/h。

(3)高速公路和作为干线的一级公路的特殊困难的局部路段,且因新建工程可能诱发地质病害时,经技术、经济论证,该局部路段的设计车速可采用 60km/h,但长度不宜大于 15km,或仅限于相邻两互通式立体交叉之间。

(4)二级公路作为干线公路时,设计速度宜采用 80km/h;受地形、地质等条件限制时可采用60km/h。二级公路作为集散公路时,设计速度宜采用60km/h;受地形、地质等条件限制时可采用40km/h。

(5)三级公路设计速度宜采用40km/h,受地形、地质等条件限制时,设计速度可采用30km/h。

(6)四级公路设计速度宜采用30km/h,受地形、地质等条件限制时,设计速度可采用20km/h;当交通组成中无大型、重载型车辆且为小交通量农村公路时,设计速度应为15km/h。

城市道路同等级道路设计速度的选用应根据交通功能、交通量、控制条件以及工程建设性质等因素综合确定(表1-7)。

城市道路设计车速表　　　　表1-7

道路等级	快速路			主干路			次干路			支路		
设计速度(km/h)	100	80	60	60	50	40	50	40	30	40	30	20

快速路和主干路的辅路设计速度宜为主路的0.4~0.6倍;立体交叉范围内,主路设计速度应与路段一致,匝道及集散道路设计速度宜为主路的0.4~0.7倍;平面交叉口内的设计速度宜为路段的0.5~0.7倍。

四、运 行 速 度

运行速度是指在特定路段上,在干净、潮湿条件下,85%的驾驶员行车不会超过的行驶速度,简称v_{85}。运行速度(v_{85})是通过在典型公路上行驶车辆的实际行驶速度观测,经统计、分析、总结其数据分布,回归出第85位的速度并得到运行速度的测算模型。以车辆的运行速度作为线形设计基础检测指标,有效地保证了路线线形的连续均衡,不会出现速度突变点,行驶速度与所有相关设计要素的合理搭配,从而避免安全隐患。同时,运行速度适应驾驶员心理、视觉和驾驶行为等实时变化,并综合车辆性能特征和所处线形几何设计等因素,避免和更正了公路设计中设计速度带来的驾驶特性与公路特征不匹配的状况,可以动态、实时检测和校验公路特征指标,方法全面、科学,增强了行车的安全性。

我国现行的公路路线设计是基于计算行车速度的设计方法,在满足汽车运动学和力学要求的前提下,以计算行车速度作为设计车速确定出相应设计标准。对于一个设计路段采用恒定值(速度)作为平纵线形指标的基础控制参数,从而确定出技术指标的设计要求值。这种设计方法容易理解和掌握,但设计速度仅控制了最低指标,在具体设计中设计人员在指标采用时随意性较大,经常出现机械套用规范指标和参数的现象,忽略了路线前后线形的均衡和一致性,从而导致了汽车在公路上实际的行驶速度与预期的设计速度出现明显不一致性;同时,恒定的设计速度与实际驾驶特征的动态变化也存在许多不符。大量交通事故调查研究和统计表明,反映在速度方面的问题是发生交通事故的主要诱因之一,成为公路交通安全潜在的隐患。欧美等国家已广泛采用基于运行速度的设计方法,将运行速度的概念贯穿路线设计的始终。我国目前采用基于运行速度的设计检验方法,要求将运行速度对路线状况的评价贯穿于整个公路设计的各个阶段,强调路线安全设计理念。该方法使用设计速度进行初始设计,采用运行速度对线形指标进行行车安全性检验,从而量化公路各项指标的合理性和运营后的安全性,运行速度检验是进行设计的必要条件。在公路设计方法和设计流程中,两种速度(设计速度与运行速度)需同时考虑。这种基于运行速度的设计检验方法,是对现行设计方法的补充和完善。从汽车行驶对道路的动力学要求出发,兼顾考虑驾驶员的驾驶行为和生理心理特征,在满足舒适、安全、快捷的交通服务需求的同时,更注重驾驶员的心理—生理反应,结合路、人、车的综合要求,依据动态检验评价设计路线的各个元素,力求技术指标的连续和协调。

五、交 通 量

交通量是指单位时间内通过道路某断面的交通流量(即单位时间内通过道路某断面的车辆数)。其具体数值由交通调查及预测确定。单位时间可用一小时或一日,分别为小时交通量和日交通量。交通量随季节、气候、时间及空间而变化。

交通量的调查、分析及预测是对道路建设项目进行可行性研究、评价及几何线形设计的重要依据之一,交通量确定的合理、正确与否,将直接影响到项目的决策科学性及工程技术的经济合理性。

各级公路设计交通量预测年限:高速公路和具干线功能的一级公路为 20 年;具集散功能的一级公路,以及二级、三级公路为 15 年;四级公路可根据实际情况确定。

城市道路交通量达到饱和状态时的道路设计年限为:快速路、主干路应为 20 年;次干路 15 年;支路应为 10~15 年。

设计交通量预测的起算年为该项目可行性研究报告中的计划通车年。

设计交通量的预测应充分考虑走廊带范围内远期社会、经济的发展规划和综合运输体系的影响。

我国常用的交通量有以下几种。

1. 设计交通量(AADT)

交通量的常用计量单位是年平均日交通量(即 AADT),是全年总交通量除以 365 而得。设计交通量是指待建道路远景设计年限能达到的年平均日交通量(辆/日)。由于交通量随季节、气候条件、时间及空间而变化,它在确定道路等级、论证道路计划费用及各项结构设计时有重要作用,但直接用于几何设计并不适宜。

远景设计年平均交通量可用下式推算:

$$N_d = N_0(1+\gamma)^{n-1} \tag{1-4}$$

式中:N_d——远景年设计年平均日交通辆(辆/日);

N_0——预测初年平均日交通量(辆/日);

γ——交通量年平均增长率(%);

n——远景设计年限。

2. 设计小时交通量(DHV)

交通量具有随时间变化和出现高峰小时的特点,在进行设计交通量的确定时,必须考虑这个特点。工程上为了保证道路在规划期内满足绝大多数小时车流能够顺利通过,不造成严重阻塞,同时避免建成后车流量很低,投资效益不高,规定要选择适当的小时交通量作为设计小时交通量。

研究表明,第 30 位小时交通量与年平均日交通量之比值 k 变化不大,所以设计小时交通量一般用年第 30 位小时交通量。亦可根据各地交通量资料选用第 20 位至第 40 位小时之间最为合理时位的交通量。

3. 交通量的方向分配

设计小时交通量是双向运行的总交通量,在设计中必须知道每个运行方向的小时交通不均衡性。

在同样的 AADT 情况下,在高峰时间段内交通不均衡性大的道路,其所需要的车道数可能大于交通不均衡性小的道路。例如,一条双向公路设计小时交通量为 4000 辆/小时,如果设计小时内双向交通量是均衡的,即单向 2000 辆/小时,则每一方向设两条车道即可,如果 80% 的双向小时交通量在一个方向上,对于 3200 辆/小时,则每一方向需要三条车道了。设计小时交通量的方向不均衡情况,必须在预建道路或相似道路上现场调查。

主要设计方向的小时交通量可按下式计算:

$$N_z = N_d D k \tag{1-5}$$

式中:N_z——主要设计方向的小时交通量(辆/时);
N_d——远景年设计年平均日交通辆(辆/日);
D——方向不均衡系数;
k——设计小时交通量系数(%)。

4. 车辆折算系数

在道路上行驶的车辆种类很多,其行驶速度、行驶规律和所占道路净空亦各不相同,计算交通量时,除分类统计计算外,需要折换成一种标准车型进行统计。各种车辆的折算系数与车辆的行驶速度和该车行车时占用的道路净空有关。我国《公路工程技术标准》(JTG B01—2014)、2016 版《城市道路工程设计规范》(CJJ 37—2012)中规定的标准车型为小客车,用于道路的规划与技术等级划分的车辆换算系数如表 1-8 所示。

车 辆 换 算 系 数　　　　　　　　　表 1-8

	车辆类型	小客车	中型车	大型车	汽车列车
公路	换算系数	1.0	1.5	2.5	4.0
城市道路	车辆类型	小客车	大型客车	大型货车	铰接车
	换算系数	1.0	2.0	2.5	3.0

注:1. 小客车包括:座位数≤19 座的客车和载货量≤2t 的货车。
　　2. 中型车包括:座位数>19 座的客车和 2t<载货量≤7t 的货车。
　　3. 大型车包括:7t<载质量≤20t 的货车。
　　4. 汽车列车包括:载质量>20t 的货车。

公路交通量换算中畜力车、人力车、自行车等非机动车,在设计交通量换算中按路侧干扰因素计;公路上行驶的拖拉机每辆折算为 4 辆小客车;公路通行能力分析所要求的车辆换算系数应针对路段、交叉口等形式,按不同的地形条件和交通需求,采用相应的折算系数。

六、服务水平及通行能力

1. 服务水平

服务水平是指道路使用者在不同交通流状况下,所能获得的速度、舒适性、经济学等方面的服务程度,亦即在某种交通状态下驾驶员和乘客所能提供的运行服务质量。服务水平通常用速度、交通密度、驾驶自由度、交通中断、舒适和方便等服务指标来描述。根据《公路工程技术标准》(JTG B01—2014)规定,我国现阶段把公路服务水平分为六级。一级服务水平,交通流处于完全自由流状态;二级服务水平,交通流处于相对自由流状态;三级服务水平,交通流处于稳定流的上半段;四级服务水平,交通流处于稳定流范围下限;五级服务水平,交通流处于拥堵流的上半段,是接近最大通行能力时的状态;六级服务水平,是拥堵流的下半段,是通常意义上的强制流或阻塞流。各等级公路设计服务水平应不低于表1-9的规定。

各等级公路设计服务水平 表1-9

公路等级	高速公路	一级公路	二级公路	三级公路	四级公路
服务水平	三级	三级	四级	四级	—

注:1. 一级公路用作集散公路时,设计服务水平可降低一级。
    2. 长隧道及特长隧道路段、非机动车及行人密集路段、互通式立体交叉的分合流区段以及交织区段,设计服务水平可降低一级。

在公路规划和设计中,应进行通行能力和服务水平分析与评价。高速公路、一级公路的路段、互通式立体交叉匝道、交织区段必须进行通行能力和服务水平分析与评价,使全线服务水平保持均衡一致;二级公路、三级公路的路段和一级公路的平面交叉口,应进行通行能力与服务水平分析、评价;二级公路、三级公路平面交叉,根据其重要程度宜进行通行能力与服务水平分析、评价。公路服务水平根据公路设施所提供的服务程度分为6级,具体规定如表1-10~表1-13所示。

高速公路服务水平分级 表1-10

服务水平等级	V/C值	设计速度(km/h)		
		120	100	80
		最大服务交通量 [pcu/(h·ln)]	最大服务交通量 [pcu/(h·ln)]	最大服务交通量 [pcu/(h·ln)]
一	$V/C \leq 0.35$	750	730	700
二	$0.35 < V/C \leq 0.55$	1200	1150	1100
三	$0.55 < V/C \leq 0.75$	1650	1600	1500
四	$0.75 < V/C \leq 0.90$	1980	1850	1800
五	$0.90 < V/C \leq 1.00$	2200	2100	2000
六	$V/C > 1.00$	0~2200	0~2100	0~2000

注:V/C是在基准条件下,最大服务交通量与基准通行能力之比,基准通行能力是五级服务水平下对应的最大小时交通量。

一级公路服务水平分级表 表1-11

服务水平等级	V/C值	设计速度(km/h)		
		100	80	60
		最大服务交通量 [pcu/(h·ln)]	最大服务交通量 [pcu/(h·ln)]	最大服务交通量 [pcu/(h·ln)]
一	$V/C \leq 0.3$	600	550	480
二	$0.3 < V/C \leq 0.5$	1000	900	800
三	$0.5 < V/C \leq 0.7$	1400	1250	1100
四	$0.7 < V/C \leq 0.9$	1800	1600	1450
五	$0.9 < V/C \leq 1.0$	2000	1800	1600
六	$V/C > 1.0$	0~2000	0~1800	0~1600

注:V/C是在基准条件下,最大服务交通量与基准通行能力之比。基准通行能力是五级服务水平条件下对应的最大小时交通量。

二级、三级、四级公路的服务水平分级

表 1-12

服务水平等级	延误率(%)	设计速度(km/h)										
		80				60				≤40			
		速度(km/h)	V/C			速度(km/h)	V/C			速度(km/h)	V/C		
			不准超车区(%)				不准超车区(%)				不准超车区(%)		
			<30	30~70	≥70		<30	30~70	≥70		<30	30~70	≥70
一	≤35	≥76	0.15	0.13	0.12	≥58	0.15	0.13	0.11	≥58	0.14	0.12	0.10
二	≤50	≥72	0.27	0.24	0.22	≥56	0.26	0.22	0.20	≥56	0.25	0.19	0.15
三	≤65	≥67	0.40	0.34	0.31	≥54	0.38	0.32	0.28	≥54	0.37	0.25	0.20
四	≤80	≥58	0.64	0.60	0.57	≥48	0.58	0.48	0.43	≥48	0.54	0.42	0.35
五	≤90	≥48	1.00	1.00	1.00	≥40	1.00	1.00	1.00	≥40	1.00	1.00	1.00
六	>90	<48	—	—	—	<40	—	—	—	<40	—	—	—

注:1. 设计速度为 80km/h、60km/h、40km/h 路面宽度为 9m 的双车道公路,其基准通行能力分别为 2800pcu/h、2500pcu/h、2400pcu/h。
2. V/C 是在基准条件下,最大服务交通量与基准通行能力之比,基准通行能力是五级服务水平条件下对应的最大小时交通量。
3. 延误率为车头时距小于或等于 5s 的车辆数占总交通量的百分比。

平面交叉口服务水平分级

表 1-13

服务水平	平均停车延误(s)	饱和度 V/C	交通状况描述
一级	≤15.0	0.60	车流畅行,略有阻力
二级	15~30	0.75	车流运行正常,有一定延误
三级	30~45	0.85	车流能正常运行,但延误很大
四级	45~60	0.85~1.0	车流处于拥挤状态,必须进行改造
	>60	1.0	

公路设计中将拖拉机、支路车辆、路侧停车、行人、非机动车、街道化程度等影响因素作为路侧干扰,并根据其影响程度分为 6 类 5 级,规定如表 1-14 所示。

路侧干扰因素分类标准

表 1-14

等级	类别					
	路侧停车 PSV [辆/(200m·h)]	行人数量 PED [人/(200m·h)]	支路车辆 EEV [辆/(200m·h)]	非机动车 SMV [辆/(200m·h)]	拖拉机 TRA [辆/(200m·h)]	街道化程度 LU (%)
1	≤2	≤6	≤1	≤50	≤2	≤20
2	2<PSV≤4	6<PED≤12	1<EEV≤2	≤100	≤4	20<LU≤40
3	4<PSV≤6	12<PED≤18	2<EEV≤3	≤150	≤6	40<LU≤60
4	6<PSV≤8	18<PED≤24	3<EEV≤4	≤200	≤8	60<LU≤80
5	>8	>24	>4	>200	≤9	80<LU≤100

城市道路的服务水平分级与公路有所不同。根据《城市道路工程设计规范》(CJJ 37—2012)2016 版的规定,城市快速路的服务水平分为 4 级:一级服务水平,交通流处于自由流状态;二级服务水平,交通流处于稳定流中间范围;三级服务水平,交通流处于稳定流下限;四级服务水平,交通流处于不稳定流状态。

城市快速路基本路段服务水平如表 1-15 所示,新建道路应按三级服务水平设计。

快速路基本路段服务水平 表 1-15

设计速度 (km/h)	服务水平等级		密度 [pcu/(km·ln)]	平均速度 (km/h)	负荷度 V/C	最大服务交通量 [pcu/(h·ln)]
100	一级(自由流)		≤10	≥88	0.40	880
	二级(稳定流上段)		≤20	≥76	0.69	1520
	三级(稳定流)		≤32	≥62	0.91	2000
	四级	(饱和流)	≤42	≥53	≈1.00	2200
		(强制流)	>42	<53	>1.00	—
80	一级(自由流)		≤10	≥72	0.34	720
	二级(稳定流上段)		≤20	≥64	0.61	1280
	三级(稳定流)		≤32	≥55	0.83	1750
	四级	(饱和流)	≥50	≥40	≈1.00	2100
		(强制流)	<50	<40	>1.0	—
60	一级(自由流)		≤10	≥55	0.30	590
	二级(稳定流上段)		≤20	≥50	0.55	990
	三级(稳定流)		≤32	≥44	0.77	1400
	四级	(饱和流)	≥57	≥30	≈1.00	1800
		(强制流)	<57	<30	>1.00	—

城市道路的其他等级道路根据交通流特性和交通管理方式,可分为路段、信号交叉口、无信号交叉口等,分别采用相应的通行能力和服务水平。

2. 通行能力

道路通行能力亦称道路交通容量,是指在一定的道路条件及交通条件下,单位时间内可通过道路上某一断面处的最大车辆数,以辆标准小客车/小时(pcu/h)表示。它是正常条件下道路交通的极限值。

影响通行能力的因素有:道路条件、交通条件、汽车性能、交通管理、气候环境及驾驶员技术等,另有一些影响因素尚不能定量分析。国内外不少专家学者仍在进一步研究中。道路通行能力反映了道路设施所能疏导交通流的能力,作为道路规划、设计和运营管理的重要参数。通行能力根据使用性质和要求,通常定义为以下3种形式:

(1)基准通行能力:在基准的道路、交通、控制和环境条件下,均匀路段的一条车道或特定横断面上,特定时段内所能通过的最大小时流率,通常以辆标准小客车/小时/车道[pcu/(h·ln)]或 pcu/h 为单位。

(2)设计通行能力:在预计的道路、交通、控制和环境管制条件下,条件基本一致的一条车道或特定横断面上,在所选用的设计服务水平下,特定时段内所能通过的最大小时流率,通常以 pcu/(h·ln)或 pcu/h 为单位。因此,设计通行能力与选取的服务水平级别有关。

(3)实际通行能力:在实际或预计的道路、交通、控制和环境条件下,已知公路设施的某车道或特定横断面上,特定时段内所能通过的最大小时流率,通常以辆自然车/小时/车道[veh/(h·ln)]或辆自然车/小时(veh/h)为单位。其含义是设计或评价某一具体路段时,根据该设施具体的公路几何构造、交通条件以及交通管理水平,对不同服务水平下的服务交通量(如基准通行能力或设计通行能力)按实际公路条件、交通条件等进行相应修正后的小时流率。

各级公路所能适应的年平均日交通量是由公路所具有的通行能力决定的。通行能力是公路所能疏导交通流的能力,反映了在保持规定的运行质量前提下,公路所能通行的最大小时交通量。各级公路在相应的服务水平下通行能力的规定如表1-16～表1-18所示。

高速公路的基本通行能力与设计通行能力　　　　　　　　　　　　　表1-16

设计速度(km/h)	120	100	80
基本通行能力[pcu/(h·ln)]	2200	2100	2000
设计通行能力[pcu/(h·ln)]	1600	1400	1200

一级公路的设计通行能力　　　　　　　　　　　　　　　　　　　　表1-17

设计速度(km/h)	100	80	60
具干线功能的一级公路[pcu/(h·ln)]	1400	1200	900
具集散功能的一级公路[pcu/(h·ln)]	850～1000	700～900	550～700

二级、三级、四级公路的设计通行能力　　　　　　　　　　　　　　表1-18

公路等级	设计速度(km/h)	基本通行能力(pcu/h)	不准超车区(%)	V/C	设计通行能力(pcu/h)
二级公路	80	9.0m　2500	<30	0.64	550～1600
	60	7.0m　1400	30～70	0.48	
	40	1300	>70	0.42	
三级公路	40	7.0m　1300	<30	0.54	400～700
	30	6.5m　1200	>70	0.35	
四级公路	20	<6.0m　<1200	>70	<0.35	小于400

新建城市道路应按三级服务水平设计,在相应的服务水平下通行能力的规定如表1-19、表1-20所示。

城市快速路基本路段一条车道的通行能力　　　　　　　　　　　　　表1-19

设计速度(km/h)	100	80	60
基本通行能力[pcu/(h·ln)]	2200	2100	1800
设计通行能力[pcu/(h·ln)]	2000	1750	1400

其他等级道路路段一条车道的通行能力　　　　　　　　　　　　　　表1-20

设计速度(km/h)	60	50	40	30	20
基本通行能力[pcu/(h·ln)]	1800	1700	1650	1600	1400
设计通行能力[pcu/(h·ln)]	1400	1350	1300	1300	1100

七、道路建筑限界与用地范围

(一)建筑限界

1. 一般定义

建筑限界是为了保证道路上各种车辆的正常运行与安全,在一定宽度和高度范围内不得有任何障碍物侵入的空间范围,又称建筑净空。

在横断面设计中,必须充分研究行车道与各种道路设施之间所处的空间关系,合理安排,正确设计。道路标志、护栏、照明灯柱、电杆、行道树以及跨线桥的桥台、桥墩等的任何部分不得侵入道路建筑限界之内。

中央分隔带和路肩上的桥墩或门架支柱,不得紧靠建筑限界设置,应留有设置防护栏的位置且不小于0.25m的余地。

2. 建筑限界的规定

各级公路的建筑限界规定如图1-3所示。

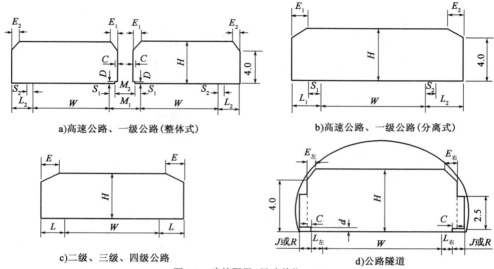

图1-3 建筑限界(尺寸单位:m)

W-道宽度;L_1-左侧硬路肩宽度;L_2-右侧硬路肩宽度;S_1-左侧路缘带宽度;S_2-右侧路缘带宽度;L-侧向宽度,二级公路的侧向宽度为硬路肩宽度;三、四级公路的侧向宽度为路肩宽度减去0.25m;设置护栏时,应根据护栏需要的宽度加宽路基;$L_左$-隧道内左侧侧向宽度;$L_右$-隧道内右侧侧向宽度;C-当设计速度大于100km/h时为0.5m,等于或小于100km/h时为0.25m;D-路缘石高度,小于或等于0.25m,一般情况下,高速公路可不设路缘石;M_1-中间带宽度;M_2-中央分隔带宽度;J-检修道宽度;R-人行道宽度;d-检修道或人行道高度;E-建筑限界顶角宽度,当$L≤1m$时,$E=L$;当$L>1m$时,$E=1m$;E_1-建筑限界顶角宽度,当$L_1<1m$时,$E_1=L_1$,或$S_1+C<1m$时,$E_1=S_1+C$;当$L_1≥1m$或$S_1+C≥1m$时,$E_1=1m$;E_2-建筑限界顶角宽度,$E_2=1m$;$E_左$-建筑限界左顶角宽度,当$L_左≤1m$时,$E_左=L_左$;当$L_左>1m$时,$E_左=1m$;$E_右$-建筑限界右顶角宽度,当$L_右≤1m$时,$E_右=L_右$;当$L_右>1m$时,$E_右=1m$;H-净空高度

设置加(减)速车道、爬坡车道、慢车道、紧急停车带、错车道等的路段,建筑界限应包括该部分的宽度。

八车道及其以上整体式路基的高速公路,设置左侧路肩时,建筑限界应包括相应部分的宽度,如图1-3中a)所示。

隧道最小侧向宽度如表1-21的规定。

隧道最小侧向宽度　　　　表1-21

设计速度 (km/h)	高速公路、一级公路				二级公路、三级公路、四级公路				
	120	100	80	60	80	60	40	30	20
左侧侧向宽度$L_左$(m)	0.75	0.75	0.50	0.50	0.75	0.50	0.25	0.25	0.50
右侧侧向宽度$L_右$(m)	1.25	1.00	0.75	0.75	0.75	0.50	0.25	0.25	0.50

我国桥梁、隧道设置检修道、人行道时,建筑限界应包括该部分的宽度。

检修道、人行道于行车道分开设置时,其净高应为 2.50m。

高速公路、一级公路、二级公路的净高应为 5.00m；三级公路、四级公路的净高应为 4.50m。

城市道路建筑限界如图 1-4 所示。

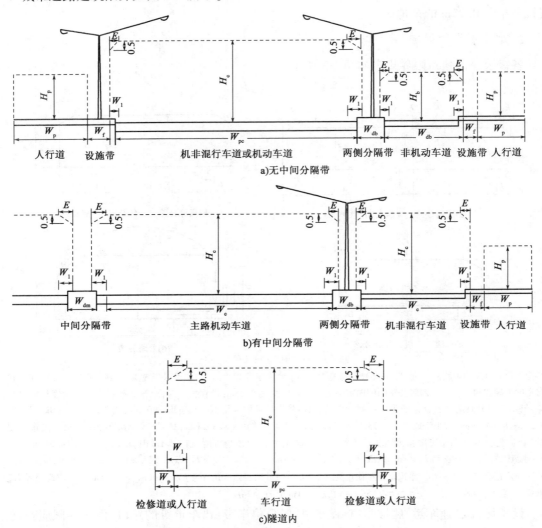

图 1-4　城市道路建筑限界(尺寸单位:m)

E-建筑限界顶角宽度,顶角宽度不应大于机动车或非机动车道的侧向净宽；H_b-非机动车道最小净高；H_c-机动车道最小净高；H_p-人行道最小净高；W_1-侧向净宽度

城市道路的最小净高应符合表 1-22 的规定。

城市道路的最小净高　　　　　　　　　　表 1-22

部位	行驶车辆类型	最小净高(m)
机动车道	各种机动车	4.5
	小客车	3.5
非机动车道	自行车、三轮车	2.5
人行道	行人	2.5

同一条道路应采用同一净高。

公路与城市道路以及不同净高要求的道路之间应衔接过渡,并应设置必要的指示、诱导标志及防撞等设施。

对加铺罩面、冬季积雪的道路,净高宜适当预留。

对通行无轨电车、有轨电车、双层客车等其他特种车辆的道路,最小净高应满足车辆的通行要求。

3. 建筑限界的边界线的确定

建筑限界的边界包括上缘边界线与两侧边缘线,划定如图1-5所示。

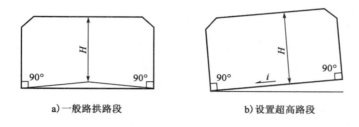

图1-5 建筑限界的边界线划定

1)建筑限界的上缘边界线

(1)一般路拱路段,上缘边界线为水平线。

(2)设置超高的路段,上缘边界线与超高横坡平行。

2)建筑限界两侧的边界线

(1)一般路拱路段,其两侧边界与水平线垂直。

(2)设置超高的路段,其两侧边界线与路面超高横坡垂直。

我国《公路路线设计规范》(JTG D20—2017)中规定:同一公路应采用相同的净空高度;三级公路、四级公路的路面采用沥青贯入、沥青碎石、沥青表面处治或砂石路面时,净空宜预留20cm;中央分隔带或路肩上设置桥梁墩台、标志立柱时,其前缘除不得侵入公路建筑限界外,且不得紧贴建筑物设置,应留有护栏缓冲变形的余宽;构造物位于凹形竖曲线上方时,鞍式列车通过会形成圆弧上的一条弦而降低了构造物下的有效净高,应保证有效净空高度满足各级公路规定的净空高度要求,如图1-6所示;公路下穿宽度较宽或斜交角度较大的跨线构造物时,其路面距跨线构造物下缘任一点的净高均应符合相应净空高度的规定。

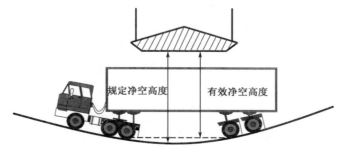

图1-6 凹形竖曲线上方有效净空高度

(二)道路用地范围

1. 公路用地范围

公路用地是指为修建、养护公路及其公路沿线设施而依照国家规定所征用的用地范围。

公路用地的征用应遵守国家有关的土地法规。确定公路用地既要根据公路建设的需要，保证必需的用地，又要考虑农业生产及照顾群众利益尽可能节省用地。公路用地范围内，不得修建非路用建筑物，如开挖渠道，埋设管道、电缆、电杆及其他设施。

公路及沿线设施的用地，应根据公路建设的需要保证所必需的土地，也应考虑农业生产等尽可能使设计和施工方面节约用地。

为了减少用地，在工程设计中要依靠科技进步，创新理念、优化方案、提高设计水平；在路线平、纵、横指标选择上，在满足交通要求的情况下，尽量选用中、低值；做到与环境相协调，少占或不占高产田，尽量占用荒地、废弃地、劣质地；条件许可时尽量减低路基高度，设置挡土墙、护坡等；合理调配土石方、布置取土及弃土地点；适当选择服务区设置地点，合理确定服务区的功能和规模，原则上不占用农田。公路工程通信、监控、供电等系统的管线，在条件允许的情况下应共沟设置，且尽可能布置在公路用地范围内。

公路用地应遵照保护、开发土地资源，合理利用土地，切实保护耕地，促进社会经济可持续发展的原则，合理拟定公路建筑规模、技术指标、设计方案，确定公路用地范围。

公路路堤两侧排水沟外边缘(无排水沟时为路堤或护坡道坡脚)以外，或路堑坡顶截水沟外边缘(无截水沟为坡顶)以外不少于1m范围内的土地，在有条件的地段，高速公路、一级公路不小于3m、二级公路不小于2m范围内的土地为公路路基用地范围。

在风沙、雪害及特殊地质地带，需设置防护林，种植固沙植物、安装防沙或防雪栅栏，以及设置反压护道等设施时，应根据实际需要确定用地范围。

桥梁、隧道、互通式立体交叉、分离式立体交叉、平面交叉、交通安全设施、服务设施、管理设施、绿化以及料场、苗圃等，应根据实际需要确定用地范围。

高填深挖路段，为保证路基的稳定，应根据计算确定用地范围。

行道树应种植在排水沟或截水沟外侧的公路用地范围内。有条件或根据环保要求种植多行林带的路段，应根据实际情况确定用地范围。

对现有公路，可利用的一般保持原有公路不变；对于改建路段参照相关新建公路规定具体确定。

2. 城市道路红线及用地

城市道路红线是指划分城市道路用地和城市建筑用地、生产用地及其他备用地的分界控制线。红线之间的宽度即道路用地范围，也可称道路的总宽度或称规划路幅。

规划道路红线是一项划定道路建设与城市建设分界线的重要工作，关系到城市建设百年大计。红线的作用是控制街道两侧建筑(包括围墙)不能侵入道路规划用地。红线不但是具体道路设计的依据，也是城市公用设施各项管线工程的用地依据。

1) 道路红线宽度的确定

确定红线的宽度主要根据道路的功能与性质，考虑适当的横断面形式，定出机动车道、非机动车道、人行道、绿化带、分车带等各组成部分的合理宽度，从而确定道路的总宽度，即红线宽度。确定道路总宽度时要充分考虑"近远结合，以近为主"的原则，应根据各城市各时期在城市交通和城市建设中的特点具体决定,有区别地适当留有发展余地。红线宽度规划得太窄不能满足日益发展的城市交通和其他方面的要求,会带来以后道路改进时的困难。反之,规划的太宽,会造成城市用地和近期建设极大的浪费。

具体划定道路红线应综合考虑以下因素:

(1) 道路的位置及沿路两旁建筑物的性质

道路两旁的建筑物高度(h)和道路总宽度(B)应有一定的关系,其值按如下因素确定:

① 从日照、通风要求出发:为了使道路两旁的建筑物有足够的日照和良好的通风,道路的总宽度和沿路建筑物的高度要有适当的比例,如图1-7所示。同样的日照要求,则东西向道路宽度一般比南北向的要求宽些。此外,日照要求相同,道路方向相同,则热带城市的道路宽度要求比温带城市的可窄些。但对通风的要求,热带城市却比温带城市要求的宽度大些。

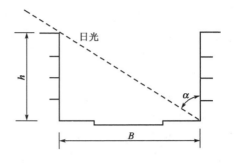

图1-7 街道宽度与日照关系示意图

② 从防空、防火、防震的特别情况出发,可考虑在道路一边发生房屋倒塌后,仍能保证有一定的地带继续维持交通畅通。当然对于个别的特殊的高层建筑应例外。

③ 从建筑艺术上的要求出发,道路的总宽度应能保证沿路建物有良好的能见度,一般当 $h/B = 1/2$ 时,能够很清楚地看到各座建筑物的立面和相当大一段道路的建筑物。大于此比例,就显得房屋太高,道路太窄,感觉效果不好。

(2) 满足交通运输的要求

按照道路功能、交通性质与交通量等可以确定行车道的宽度、人行道宽度、绿化带的宽度及各组成部分的宽度,从而确定道路所需的总宽度。

(3) 其他方面的要求

① 地下管网埋设的要求,应考虑便于沿路方向的各种管道的埋设,特别是对于工业区的道路,此项尤应注意。

② 绿化布置的要求,结合道路性质和道路要求,对于必须设置的林荫带和道路总宽度应有一定的关系,绿化带宽度宜为道路总宽度的15% ~ 30%。

③ 城市所在地区的地形、地质条件和改建道路时的现状等条件,对确定道路的总宽度都有一定的影响。例如山区地形变化很大,平地较少,以及为了照顾已经建成永久性建筑或用地不足等情况,道路的总宽度就可比一般情况做适当的压缩。

2) 确定道路的红线位置

在城市总平面图定案基础上,选择规划路中心的位置,并按所拟定的道路横断面宽度划出道路的红线宽度。

规划红线宽度有下面几种实施方式:

(1) 对于新建城区道路,一般先划出规划红线,然后建筑物依照红线逐步建造,道路则参照规划断面,分期修建,逐步形成。

(2) 对于旧城区道路有两种实施方式:

① 通过近期一次辟筑达到规划宽度,这种情况较简单,但不易实施,目前较少采用。

② 通过两侧建筑物按照规划红线逐步改建,逐步形成,大多采用这种方式。红线划定后,

由于近期交通矛盾不突出,或由于拓宽、辟筑没有条件,道路可暂不改建。但两侧建筑物的新建、改建是经常的,这些都要依照红线建造,逐步达到规划宽度。

城市道路红线,通常由城市规划部门确定。

八、环境及安全

1. 环境

一条公路不单是提供交通服务,其还有广泛的作用,必须把公路看作是整个环境的一个组成部分。这里所说的环境是人们周围环境的总体:社会的、物质的、自然的和人为的,它包括人类、植物和动物3类群体以及对这3类群体起作用的各种因素。道路的选线及设计可以而且必须能使其环境更加完美,并作为改善环境的促进因素。

拟建道路通过的这个地区,是一个自然的、人为的、社会的变量,三者相互关联的系统。在这个系统中,如果没有对其他变量的某种影响,就不会出现一个变量的变化,某些结果可以忽略不计,但另一些则可能对环境(包括人类生存和生活方式的性质)有强烈的和持久的影响,所以一条道路的修建必须总体考虑对环境变化的影响。

2. 安全

道路设计应保证用路者的安全、快速及舒适。为了满足交通安全的要求,除了采用相应的技术设计外,应综合考虑人、车、路的综合影响。

道路设计中必须坚持以人为本,树立安全至上的思想。以人为本就是要体现"用户第一,行者为本",坚持把"用户需求置于公路工作的核心"。

以往道路设计认为"建设就是发展",但应该把"人的出行需要"作为根本出发点,在工程本身的细微之处体现对人的关爱,体现人性化服务,注重公路安全性、舒适性、愉悦性的和谐统一,为人们提供最大的出行便利。

安全至上是公路设计和建设需考虑的首要问题。安全包括工程"实体安全"和"运行安全"两方面,"实体安全"通过精心设计施工可以保证;"运行安全"牵扯因素多,包括人、车、路、环境及管理等多方面,其中驾驶导致的交通事故是主要因素。提高"运行安全"是一个系统工程,需要全社会、多行业的共同努力。

从设计角度则应重点消除公路本身引起的使用安全问题,尽可能地采取"主动"预防和容错措施,必要时辅以"被动"的防护措施。

第五节 道路勘测设计程序

一、勘测设计程序

道路工程建设属国家基本建设,必须按相关规定的建设程序进行。基本建设程序一般分为三个阶段,即建设前期(规划与研究阶段)、投资建设期(设计及建设阶段)及生产运营期。

建设前期是指从投资意向形成到项目评价决策的全过程。这一时期的中心任务是对项目进行科学论证和决策,对项目进行由粗到细的可行性研究,确认了项目在技术上、经济上和环境方面有生命力及竞争力时,才做出投资决策。这一过程一般要经过规划研究、项目建议书及可行性研究等环节。

1. 可行性研究

可行性研究是建设前期工作的重要组成部分,是建设项目立项、决策的主要依据。

可行性研究的任务是:在充分调查研究、评价预测和必要的勘测工作基础上,对项目建设的必要性、经济合理性、技术可行性、实施可能性,提出综合的研究论证报告。

可行性研究按其工作深度,分为工程预可行性研究和工程可行性研究。

预可行性研究,重点阐明建设项目的必要性,通过踏勘和调查研究,提出建设项目的规模、技术标准和进行简要的经济效益分析。工程可行性研究,通过必要的测量、地质勘探,在深入调查研究的基础上,对不同建设方案从经济上技术上进行综合论证和方案比选,提出推荐建设方案。

可行性研究一般由下级单位编制后按规定上报审批。工程可行性研究一般包括以下内容:

(1)概述。包括项目背景、编制依据、研究过程、建设的必要性、主要结论、问题及建议。

(2)经济社会和交通运输发展现状及规划。包括研究区域概况、项目影响区域经济社会现状及发展、项目影响区域交通运输现状及发展、相关公路技术状况及存在的问题、交通运输发展趋势等。

(3)交通量分析及预测。包括公路交通调查与分析、相关运输方式的调查与分析、预测思路及方法、交通量预测。

(4)技术标准。根据拟建项目在区域公路网中的功能与定位、交通量预测结果,综合考虑地形条件、投资规模、环境影响及拟建项目连接的其他工程项目情况等影响因素,在对通行能力及服务水平进行分析的基础上,按照现行《公路工程技术标准》(JTG B01—2017)相关规定,确定项目拟采用的技术等级、设计速度、车道数及路基宽度荷载标准、抗震设防标准、隧道建筑界限、交通工程及沿线设施等具体指标。对于跨越有通航要求的河流上的桥梁,应明确通航标准等指标。

(5)建设方案。包括地形、地质、水文、气候、城镇规划、产业布局、资源分布、环境敏感点、文物、筑路材料及运输条件、拟建项目与相关路网的衔接关系等建设条件,以及制约建设方案的其他主要因素,建设项目起终点论证,备选方案的拟订,综合考虑建设条件、工程规模及投资、经济评价、环境影响、土地占用等因素,进行方案比选后提出推荐方案,并对推荐方案概况进行概略设计等。

(6)投资估算及资金筹措。包括主要材料来源、材料单价、征地拆迁补偿费用依据、标准及主要定额调整原因等,以及各方案总估算汇总表。工程可行性研究的投资估算与项目建议书投资估算差别较大时,应说明原因。

(7)经济评价。包括评价依据、评价方法、评价方案的设定,经济费用效益分析、财务分析、敏感性分析、评价结论等。

(8)实施方案。分析工程的施工条件和特点,研究制约工程进度、质量、造价的关键环节,提出工期安排等实施方案。对于改建项目,应该包括施工期交通组织方案。

(9)土地利用评价。包括区域土地利用,类型及人均占有量,推荐方案占用土地,主要拆迁建筑物的种类和数量,对当地土地利用规划影响及与《公路建设项目用地指标》(建标〔2011〕124号)的符合性分析,以及提出土地使用集约化的措施。

(10)工程环境影响分析。包括沿线环境特征分析、推荐方案对工程环境的影响等,并提出减轻工程环境影响的对策等。

（11）节能评价。包括建设期耗能分析、运营期节能分析、项目运营管理耗能分析、项目使用者节能计算、对当地能源供应的影响分析、主要节能措施、节能评价。

（12）社会评价。分析项目对所在地社会的正、负面影响。主要包括对居民收入生、生活水平与质量、就业的影响，对不同利益群体的影响，对所在地文化、教育、卫生的影响等；调查当地政府、企业、居民及道路主要使用者对建设项目的支持程度，分析项目与当地社会环境的相互适应性，并进行社会风险分析，提出社会评价结论。

（13）风险分析。包括主要风险因素识别、风险程度分析、防范和降低风险等措施。

（14）问题及相关建议。

（15）附件。包括相关审查意见、会议纪要、地方意见、部门意见等。

进行可行性研究要进行大量的调查、勘察和测绘工作，包括经济调查，交通量调查，路况调查，地形图或航测照片定线，路线桥、隧的勘测，地质调查，建筑材料调查以及必要的路线、桥、隧测量和地质勘察、钻探等工作。要有专门人员组织和实施。

2. 勘测设计阶段

公路工程基本建设项目一般采用两阶段设计，即两阶段初步设计和两阶段施工图设计。对于技术简单、方案明确的小型建设项目，可采用一阶段设计，即一阶段施工图设计；技术上复杂，基础资料缺乏和不足的建设项目或建设项目中的特大桥、互通式立体交叉、隧道、高速公路和一级公路的交通工程及沿线设施中的机电设备等，必要时采用三阶段设计，即三阶段初步设计、三阶段技术设计和三阶段施工图设计。

初步设计应根据批复的可行性研究报告、测设合同和初测、初勘或定测、详勘资料编制，一阶段施工图设计应根据批复的可行性报告、测设合同和定测、详勘资料编制。

两阶段设计时，施工图设计应根据批复的初步设计、测设合同和定测、详勘（含补充定测、详勘）资料编制。

三阶段设计时，技术设计应根据批复的初步设计、测设合同和定测、详勘资料编制。施工图设计应根据批复的技术设计、测设合同和补充定测、补充详勘资料编制。

二、设计文件的组成

设计文件的组成视初步设计、技术设计和施工图设计而稍有不同，一般包括以下内容：

第一篇　总体设计
第二篇　路线
第三篇　路基、路面
第四篇　桥梁、涵洞
第五篇　隧道
第六篇　路线交叉
第七篇　交通工程及沿线设施
第八篇　环境保护与景观设计
第九篇　其他工程
第十篇　筑路材料
第十一篇　施工方案

第十二篇 设计概算或修正概算、施工图预算

采用一阶段设计的建设项目,编制施工图预算。

采用两阶段设计的建设项目,初步设计编制设计概算;施工图设计编制施工图预算。

采用三阶段设计的建设项目,初步设计编制设计概算;技术设计编制修正概算;施工图设计编制施工图预算。

附件 基础资料

改建公路的初步设计文件除按上述规定编制外,尚应增加下列内容:

(1)原有公路的等级、历史和现状,现有交通量及其组成,交通量增长率和适应情况,以及存在问题等的简要说明。

(2)原有公路现状表,列出公路路基、路面现状和不符合改建技术标准路段的最小平曲线半径、最大纵坡及坡长等。

(3)原有公路构造物现状表,列出构造物位置(桩号和地名等)、构造物名称、结构类型,设计标准及各主要尺寸、修建年月、是否可利用等,并附简要说明。

(4)改建的设计原则、技术标准和利用原有公路的情况。

(5)对原有桥梁等重要构造物应进行技术鉴定或荷载试验。根据鉴定结果确定利用(包括加固、加宽)或改建,并按实际需要增加必要的图表和简要说明。

复习思考题

1. 交通运输系统的构成及各自的特点设什么?
2. 公路、城市道路如何分级?其依据是什么?公路的设计年限如何选用?
3. 设计阶段如何划分?
4. 什么是设计车辆、设计速度、运行速度、交通量、通行能力?
5. 交通量如何折算?
6. 两阶段施工图设计包括哪些内容?

第二章 道路平面

本章教学要求

学习目标：掌握平面线形设计要素，能够熟练进行平面线形设计。
学习重、难点：线形三要素及组合设计。

第一节 道路平面线形

道路是一条三维空间实体，是由路基、路面、桥梁、涵洞、隧道和沿线设施等组成的空间带状人工构造物。路线由道路中心线的空间位置和几何构成；线形指道路中心线的立体形状。道路中线在水平面的投影称作道路平面，它反映道路的弯曲状况及方向变化；沿道路中线竖直剖切再行展开（展开指展开平面弯曲，纵坡不变）的断面则是道路的纵断面，它反映道路纵向的起伏变化情况；中线上任一点的法向切面是道路在该点的横断面，它反映道路横向尺寸及具体的横向布置。因此路线设计是指确定道路在平、纵、横三维立体空间位置、各部分组成及几何尺寸的过程。

无论是公路还是城市道路设计，均受到社会经济、自然地理和技术条件等因素的制约，设计者必须掌握大量的实际工程背景资料，进行深入的调查研究才能设计出一条符合特定技术标准、满足行车要求、工程造价合理的路线来。受设计方法及手段限制，实际工程设计中，一般仍将这一三维空间实体分解为道路平面、道路纵断面和道路横断面来分别处理。其中，道路平面设计指在路线平面图上研究道路的基本走向及线形的过程；道路纵断面设计指在路线纵断面图上研究道路纵坡及坡长的过程；道路横断面设计指在路线横断面图上研究路基断面形状的过程。设计过程中需充分考虑三者的相互影响及关联，并需进行综合考虑。在设计的顺序上，平原区公路一般在选定平面控制点的前提下先确定平面线形；山岭区公路则从纵断面线形安排入手，尽量顾及平纵组合及横断面稳定的前提下进行道路线形设计；城市道路则根据道路性质、交通量及交通组织等情况先进行道路横断面布置，再综合考虑平、纵面的合理安排。

没有地形地物限制时，选用直线作平面线形，它具有汽车在行驶中视觉最好，距离最短，运营经济，行车舒适，线形容易选定等特点。但道路在受地形地物等障碍的制约时，必须要设置转折避让障碍，即在转折处设置曲线，而且过长的直线容易引起驾驶员的单调疲劳、超速行驶、对跟车距离估计不足而导致交通事故,此时也应设置曲线改善线形。由此,不难得出,公路平面线形由直线、曲线组合而成。圆曲线可很好地适应地形变化,躲避地物障碍,且计算公式简单,采用平缓适当的圆曲线作为平面曲线线形,既可引起驾驶员的注意,又可以美化线形。因此,圆曲线是平面线形的主要要素之一。

但只有直线和圆曲线的平面线形是否满足道路平面设计的要求,还需要从分析汽车行驶轨迹入手。道路是为车辆提供通行空间的构造物,现代道路的主要服务对象是汽车,所以道路平面线形设计就要符合汽车行驶规律。在考虑汽车行驶轨迹的基础上,在路线的平面设计过程中,只有当平面线形与这个轨迹相符合或相接近时,才能保证行车的顺畅与安全,特别是在高速行驶的情况下,对汽车行驶轨迹的研究尤其重要。

经过大量的观测研究,汽车行驶轨迹在几何性质上有以下特征:

(1)汽车行驶轨迹线是连续的,即在任何一点上不出现错头、折点或间断;不满足这一条件的平面线形如图 2-1 所示。

(2)汽车行驶轨迹线的曲率是连续的,即轨迹上任何一点不出现两个曲率值。

满足上述(1)而不满足(2)的平面线形如图 2-2 所示。

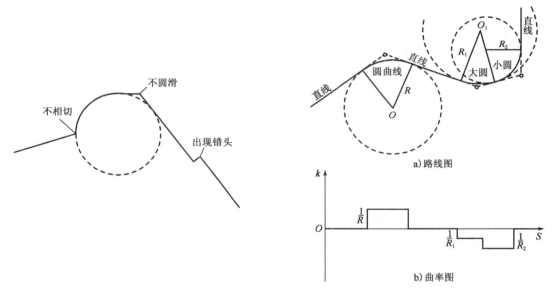

图 2-1 不连续的平面线形   图 2-2 曲率不连续的平面线形

为了实现平面线形的曲率变化,使线形更美观并保证汽车行驶的顺畅,在直线和圆曲线或不同半径的圆曲线之间需插入一种曲率不断变化的过渡曲线,此过渡曲线称为缓和曲线。缓和曲线一般采用曲率由零逐渐向某一定值变化的、不断改变半径的曲线。缓和曲线可以缓和转弯时离心加速度的急骤变化,使驾驶员较为均匀地操纵方向盘,提高视觉的平顺度及线形的连续性。为缓和汽车的行驶,保证线形的舒顺,缓和曲线长度应随圆曲线半径的增大而增大。圆曲线和缓和曲线统称为平曲线。

(3)汽车行驶轨迹线的曲率对里程或时间的变化率是连续的,即轨迹上任一点不出现两个曲率变化率值。

满足上述(1)(2)的平面线形如图 2-3 所示。图 2-3 所示平面线形的曲率变化率是不连续的,即不满足上述(3)的要求。

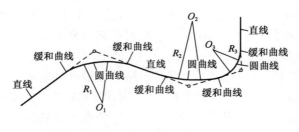

a) 路线图

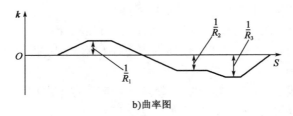

b) 曲率图

图 2-3　曲率连续的平面线形

从理论上说,图 2-3 所示的平面线形仍然不符合汽车行驶轨迹,但是,它与汽车的行驶轨迹偏离不大,偏离值远小于富裕宽度,因此,图 2-3 所示的平面线形可满足汽车行驶安全顺畅的要求。

在平面线形中,基本线形是和汽车的行驶状态相对应的,具有如下的几何性质:

(1) 直线,曲率为零,汽车车身轴向与汽车行驶方向的夹角为零。

(2) 圆曲线,曲率为不为零的常数,汽车车身轴向与汽车行驶方向的夹角为固定值。

(3) 缓和曲线,曲率为变数,汽车车身轴向与汽车行驶方向的夹角为变数。

现代道路的平面线形正是由上述三种线形——直线、圆曲线和缓和曲线所构成的,我们称之为"平面线形几何三要素"。

为了便于设计和施工,现代高等级道路一般都采用图 2-3 所示的平面线形,即曲率连续的平面线形,尽管它不完全符合汽车行驶轨迹的特性,即不是完全可循的,但实践证明却是很好的线形。低等级道路由于行车速度低,为简化设计,也可以只使用直线和圆曲线两种要素,即图 2-2 所示的平面线形也被经常被采用。近代高速公路平面线形也有只用曲线不用直线或者曲线为主直线为辅的工程实例。这就说明平面线形三要素是基本组成,各要素所占比例及使用频率并无统一规定。各要素使用合理、配置得当,均可满足汽车行驶要求。平面线形必须与地形、景观、环境等相协调,同时注意线形的连续与均衡性,并同纵断面线形、横断面相互配合。至于它们的参数则要视沿线自然环境、社会环境、人的视觉心理感受、道路技术等级等条件来确定。需要强调的是,各级公路、城市道路无论转角大小均应设置圆曲线,不得两条直线直接相连。

在平面线形设计中,过去多采用先确定直线再定曲线的设计思路。随着设计手段的改变,目前可以首先结合地形拟订曲线,再连以缓和曲线或直线的方法,其间也可插入适当长度的直线,但以能更好地满足线形舒顺与地形的合理结合为原则。要说明的是,连续曲线的线形,特别适用于有山、谷的农村道路线形设计,对于城市或平原地区,则首先应考虑以直线为主的线形。

第二节　直　　线

作为平面线形要素之一的直线,具有能以最短的距离连接两控制点和线形易于选定的特点,在公路和城市道路中被广泛使用。一般在定线时,只要地势平坦,无大的地物障碍,定线人员首先考虑选用直线。笔直的道路给人以简捷、直达的良好印象,在美学上直线也有其自身的视觉特点;汽车在直线上行驶受力简单,方向明确,驾驶操作简易;从测设上看,直线只需定出两点,就可方便地测定方向和距离;从经济性考虑,在直线上设置构造物,引起受力相对曲线路段简单,更具经济性。基于直线的这些优点,道路平面线形设计中经常被采用,并且在其他各种线性工程设计中也都被广泛地应用。但由于直线线形缺乏变化,不易于地形相适应等原因,在位于山岭重丘区的公路,往往造成工程量增大、破坏自然环境等弊端;在高速公路、一级公路行车速度高的情况下,更易使驾驶员感到单调、疲乏,难以准确目测车间间距,增加夜间行车车灯炫目的危险性,还会导致出现超速行驶状态。

一、直线的运用

直线在道路设计中应用广泛,在直线的运用中应注意同地形、环境的协调配合。一般在下列情况下宜采用直线:
(1)不受地形、地物限制的平坦地段或山间的开阔谷地。
(2)城镇及其近郊道路,或以直线为主体进行规划的地区。
(3)含有较长的桥梁、隧道等构筑物的路段。
(4)路线交叉点及其前后的路段。
(5)双车道公路提供超车的路段。
(6)高速公路上的服务区、停车区等设施设置路段。

在直线的使用中,值得注意的是有关直线长度的问题,多有争论,并无确切结论,应秉承"宜直则直,宜曲则曲"的原则。直线的长度应根据沿线地形地物、驾驶员视觉心理要求、超高加宽过渡要求等加以限制,过长或者过短都是不适宜的,由于各种自然环境的限制,难以满足上述要求,这时就要求设计人员根据地物、自然景观以及设计经验来进行判断决定,必要时应在建立公路及沿线环境的三维模型之后,通过仿真和模拟驾驶等技术措施,检验直线段与相邻路段的运行速度协调性,评价公路平曲线中直线段长度的安全性,确定直线长度取值。

二、直线的最大长度

平面设计中直线的优点是明显的,但过长的直线加之纵断面设计得不合理,也会带来相应的问题。首先一般直线线形大多难于和地形相协调,若长度运用不当,不仅破坏了线形的连续性,也不便达到线形自身的协调;另外,过长的直线在交通量不大且景观缺乏变化时,尤其是在行车速度较高的情况下,容易诱发驾驶疲劳问题,使驾驶员感觉心理疲倦,产生尽快驶出直线的急躁情绪,造成超速行驶,从而导致交通事故的发生;在长直线路段,驾驶员容易错误估计车间距离、行车速度及上坡坡度,容易将直线距离估测过短,造成追尾事故,尤其是高等级道路,速度较高,往往造成多车追尾的严重事故。因此,为了更好地适应地形地物,考虑驾驶员的视觉心理感受以保证行车安全,均需对直线的最大长度加以限制。

我国《公路工程技术标准》(JTG B01—2014)和《公路路线设计规范》(JTG D20—2017)对直

线的最大长度均未给出具体的规定数值,但原则上规定直线的最大长度应有所限制,不宜过长。受地形条件和其他特殊情况限制而采用长直线时,应结合沿线具体情况采取相应的技术措施。

对于"长直线"的量化是一个正在研究的课题。各国有各国的经验,德国和日本规定直线的长度超过 $20V(m)$ (V 以 km/h 计),即 72s 行程为长直线;西班牙规定不宜超过 80% 的设计速度的 90s 行程;法国认为长直线宜采用半径 5000m 以上的圆曲线代替;美国规定线形应尽可能直接,但应与地形一致;俄罗斯对直线的运用未作规定,但多采用中央分隔带改善路容。

我国地域广阔,各地的地形条件、气候条件都有很大的差异,因此做出统一的规定具有很大的难度。我国已建成的、位于平原及微丘区地形的高速公路中,在长直线的使用上参照了国外的规定并允许稍有增长。如京津塘高速公路和济青高速公路的长直线不超过 3200m;沈大高速公路多处出现 5~8km 的长直线,最长达 13km;在新疆长直线段长达 47.5km,20~30km 的路段也不少。直线本身并无优劣之说,关键在于如何结合地形恰当地运用,最大长度主要应根据驾驶员的视觉反映及心理上的承受能力来确定。通过对道路现状和交通事故的调查以及对驾驶人员和乘客的心理反应的调查,也得出了带有普遍意义的结果:

(1)位于城市附近的道路,由于建筑物和城市风光的映衬,一般来说对于直线长度没有太多的限制。

(2)对于乡间的公路,由于道路周围的环境过于单调,如果直线过长,就会使人的情绪受到影响,驾驶人员就会希望快速驶离直线,这时极易导致驾驶员超速行驶,造成交通事故且事故危害程度随直线的增长而增大。

(3)对于大戈壁、大草原等地域开阔的地区,有时直线长度会达数十千米。在这样的地区行车,驾驶员极易疲劳,也容易超速行驶,但除了选择直线以外别无选择,如果人为地设置曲线往往不能改善景观的单调,反而会增加路线长度和驾驶操作的难度。

综上所述,直线的最大长度主要是根据驾驶员的视觉和心理上的承受能力来确定的。一般认为:直线的最大长度在城镇附近或其他景色有变化的地点大于 $20V$ 是可以接受的;在景色单调的地点最好控制在 $20V$ 以内;而在特殊的地理条件下应特殊处理。

当具体项目中因条件限制采用长直线时,应结合线形设计要求及沿线具体情况采取相应的技术措施予以处理,设计中采用较长直线时,只要采取必要的工程措施或交通工程设施均可弥补长直线的缺点及不足,通常有如下做法:

(1)在长直线上纵坡度不宜过大。因为长直线再加下陡坡行驶,更容易导致超速行驶,造成交通事故,直线段的纵坡度一般应小于 3%。

(2)长直线适于与大半径凹形竖曲线组合,即可改善直线的生硬呆板的感觉,又可改善过长直线对跟车距离的误判,见图 2-4。

(3)当道路两侧地形过于空旷时,应采取一定的技术措施改善单调的景观。如可采取栽植不同树种或设置一定建筑物、雕塑、广告牌等措施。

(4)长直线或长下坡尽头应连接大半径的平曲线,除曲线半径、超高、视距等必须符合规定外,还必须采取设置标志、增加路面抗滑能力等安全措施。

(5)长直线路段需与一定的交通工程设施相配合,增设必要的提醒和警示标志,如设置距离确认标志、门式可变信号装置等。

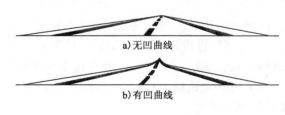

图 2-4 长直线与凹形竖曲线组合

由此看来,对于直线的使用一定要因地制宜,不能片面地追求长直线,也不能人为地设置过多的弯曲,应该做到"宜直则直、宜曲则曲"。当具体项目中因条件限制采用长直线时,应结合运行速度分析和安全性评价,增设必要的提醒和警示标志,避免出现疲劳驾驶等现象。

三、直线的最小长度

为保证线形的连续性和行车舒适,在两相邻曲线之间直线长度不宜过短。该长度指前一曲线的终点(缓和曲线与直线相接的点或圆曲线与直线相接的点,HZ 或 YZ)到后一曲线的起点(直线与缓和曲线的交点或直线与圆曲线相接的点,ZH 或 ZY)之间的长度。

1. 同向曲线间的直线最小长度

同向曲线指两个转向相同的相邻曲线之间连以直线而形成的平面线形。在公路平面线形中,圆曲线间直线过短,会造成线形组合生硬、视觉上不连续等问题。同向曲线间插入短直线,这种线形组合工程上称为断背曲线。这种曲线很容易使驾驶员产生错觉,即把直线和两端的曲线看成反向曲线,甚至看成为一个曲线,破坏了线形的连续性,极易造成驾驶员判断和操作的失误,见图 2-5。因此,在设计中要尽量避免这种现象的发生。在《公路路线设计规范》(JTG D20—2017)中明确规定,两圆曲线间以直线径相连接时,直线的长度不宜过短,并应符合下列规定:同向曲线之间的最短直线长度(以 m 计)以不小于 $6V$(m)(V 以 km/h 计)为宜。对于较高等级的公路($V \geq 60$km/h)应尽量保证,而对于较低等级的公路($V \leq 40$km/h)时,可参照上述规定执行,放宽此要求,同向曲线间当地形条件及其他特殊

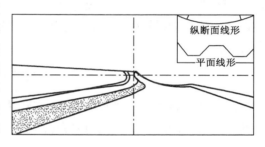

图 2-5 同向曲线之间插入短直线

情况限制时,最小直线长度(以 m 计)可适当减短,但一般不应小于设计速度(以 km/h 计)的 3 倍,具体计算结果如表 2-1 所示。直线长度无法保证时,相邻同向曲线宜做成一个大曲线或把相邻曲线直接相连做成复曲线。

曲线间最小直线长度 表 2-1

直线长度(m)		设计速度(km/h)	120	100	80	60	50	40	30	20
	同向曲线间	一般值	720	600	480	360	300	240	180	120
		最小值						120	90	60
	反向曲线间		240	200	160	120	100	80	60	40

2. 反向曲线间直线的最小长度

反向曲线指两个转向相反的相邻曲线之间连以直线所形成的平面线形。在反向曲线之间,为满足超高和加宽过渡的需要,应有一定长度的直线。我国在《公路路线设计规范》(JTG D20—2017)中明确提出,反向曲线之间的直线最小长度(以 m 计)以不小于 $2V$(m)(V 以 km/h 计)为宜,具体计算结果如表 2-1 所示。当受到地形、地物等各方面的限制时,可将反向缓和曲线首尾相接,但此时要注意路面排水的问题。《公路路线设计规范》(JTG D20—2017)另规定设计速度小于或等于 40km/h 时,可参照上述规定;《城市道路路线设计规范》(CJJ 193—2012)另规定设计速度小于 60km/h 时,可不受上述限制。

3. 相邻回头曲线间的直线最小长度

回头曲线是一种半径小、转弯急、线形标准低、圆心角为接近、大于或等于180°的曲线形式,山区公路为克服距离短、高差大的展线困难往往需要设置回头曲线。相邻两回头曲线(即前一回头曲线的终点至后一回头曲线的起点)之间,应争取有较长的距离。由一个回头曲线的终点至下一个回头曲线起点的距离,在设计速度为40km/h、30km/h、20km/h 时,分别应不小于200m、150m、100m。另回头曲线前后线形要有连续性,两头以布置过渡性曲线为宜,还应布置限速标志,并采取保证通视良好的技术措施。

第三节 圆 曲 线

在公路和城市道路的设计中,无论转角的大小,都应设置平曲线,圆曲线是平曲线的主要组成部分。圆曲线比直线更能适应地形的变化,且具有可循性好、线形美观、易于敷设等优点,所以在设计中使用相当广泛。在我们常用的单曲线、复曲线以及回头曲线中都包含圆曲线。但车辆在曲线上行驶将受到离心力的作用,比直线上行驶多占用道路宽度,尤其是在小半径的圆曲线内侧行驶时视距条件较差,因此,道路设计时,圆曲线路段时还需多注意超高、加宽、视距等相关设计。

一、圆曲线的几何元素

圆曲线以转角 α 及半径 R 表示,右转角为 α_y,左转角为 α_z。对于确定了转角及半径的圆曲线,当不设缓和曲线时,几何要素(图2-6)计算公式如下:

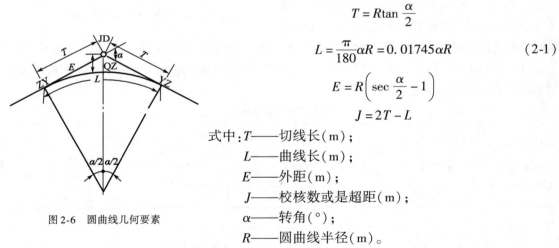

$$T = R\tan\frac{\alpha}{2}$$

$$L = \frac{\pi}{180}\alpha R = 0.01745\alpha R \qquad (2\text{-}1)$$

$$E = R\left(\sec\frac{\alpha}{2} - 1\right)$$

$$J = 2T - L$$

式中:T——切线长(m);

L——曲线长(m);

E——外距(m);

J——校核数或是超距(m);

α——转角(°);

R——圆曲线半径(m)。

图2-6 圆曲线几何要素

为了对道路上的任一点进行标识,提出了里程桩的概念。道路里程桩是一种科学有效的道路定位手段,对驾车者准确快速地在道路上进行位置定位具有非常重要的意义。任一点的里程桩号从数值上等于该点到路线起点的计算路线长度。道路里程桩指道路路线上由起点至终点,沿每公里等长顺序设置的、标志农村和城镇郊区道路里程与编号的碑石群,可标注道路上某一地点的沿线位置。平曲线的主点桩指平曲线上的特征点,如不设缓和曲线,平曲线主点桩位有三个,分别为ZY(直线与圆曲线相接的点)点、QZ(曲线中点)点及YZ(圆曲线与直线相接的点)点,里程计算如下:

$$JD 里程 - T = ZY 里程$$
$$ZY 里程 + L = YZ 里程$$
$$YZ 里程 - L/2 = QZ 里程$$
$$QZ 里程 + J/2 = JD 里程$$

当需要设置缓和曲线时,其曲线元素和主点桩号里程的计算见第四节。

二、圆曲线半径

汽车在曲线上行驶时,除受重力作用以外,还受到离心力的作用,也正是离心力的作用,使行驶在平曲线上的车辆有横向失稳的危险。横向失稳一是汽车向外滑移;二是汽车向外倾覆。汽车在弯道上行驶过程中,在离心力、驾驶员操作、汽车本身参数等作用下,汽车尚能保持正常行驶状态和方向,不至于产生滑移、倾覆等现象的能力称为汽车在弯道上的行驶稳定性。圆曲线半径极限值的确定与汽车的行驶稳定性直接相关。

(一)汽车行驶横向稳定性分析

1. 汽车在曲线上行驶时受到的附加力——离心力 F

在平曲线上行驶的汽车所受到的离心力为 F,如图 2-7 所示。离心力作用于汽车的重心,方向背离圆心。假定汽车在圆曲线上做匀速圆周运动,则离心力 F 的计算公式如式(2-2)所示。

$$F = \frac{G}{g} \cdot \frac{v^2}{R} = \frac{GV^2}{127R} \quad (2-2)$$

式中:G——汽车所受重力(N);

R——圆曲线的半径(m);

g——重力加速度,取值为 9.81m/s^2;

v,V——汽车的行驶速度,分别以 m/s、km/h 计。

2. 抵消部分离心力的工程措施——超高

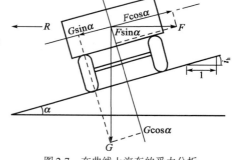

图 2-7 在曲线上汽车的受力分析

如果离心力过大,将对行车安全产生不良影响,所以在工程中为抵消部分离心力的作用,保证汽车在平曲线上行驶的稳定性,把路面做成内侧低外侧高的单向横坡形式,也就是超高。汽车在具有超高的平曲线上行驶,重力的水平分力可以抵消一部分离心力的作用,其余可由横向摩阻力来平衡。

3. 汽车行驶中的受力分析

将离心力 F 和汽车重力 G 沿平行于路面的横向 X 和垂直于路面的竖向 Y 进行分解(图 2-7),可得:

$$\left. \begin{array}{l} 横向力 \quad X = F\cos\alpha - G\sin\alpha \\ 竖向力 \quad Y = F\sin\alpha + G\cos\alpha \end{array} \right\} \quad (2-3)$$

由于路面的横向倾角 α 一般很小,$\sin\alpha \approx \tan\alpha = i_h$,$\cos\alpha \approx 1$,其中 i_h 称为横向超高坡度(也称超高率)。因此可以得到横向力为:

$$X = F - Gi_h = \frac{Gv^2}{gR} - Gi_h = G\left(\frac{v^2}{gR} - i_h\right) \quad (2-4)$$

在汽车行驶的过程中,横向力 X 是一个不稳定的因素,为了表示汽车所受横向力的程度,一般采用单位车重所受的横向力这个概念，也就是用横向力系数 μ 来衡量汽车所受横向力的程度，横向力系数越大，则汽车行驶的稳定性越差。即：

$$\mu = \frac{X}{G} = \frac{v^2}{gR} - i_h$$

将车速 v(m/s)变成 V(km/h)，可以得到：

$$\mu = \frac{V^2}{127R} - i_h \tag{2-5}$$

式中：μ——横向力系数；
  i_h——超高横坡度（或称超高率）；
  V——设计速度（km/h）；
  R——平曲线半径（m）。

式(2-5)表达了横向力系数和车速、平曲线半径以及超高率之间的关系。

从式(2-5)可得，圆曲线半径及圆曲线路段车辆速度的计算公式：

$$R = \frac{V^2}{127(\mu + i_h)} \tag{2-6}$$

$$V = \sqrt{127R(\mu + i_h)} \tag{2-7}$$

4. 横向稳定性分析

汽车在离心力的作用下有可能产生横向倾覆和横向滑移两种失稳情况。

（1）横向倾覆

横向倾覆指汽车在横向力的作用下，可能产生绕外侧车轮触地点向外倾覆的危险，其产生条件为横向力 X 产生的倾覆力矩大于车重所产生的稳定力矩。

$$\left. \begin{array}{l} 倾覆力矩 \quad X \cdot h_g = (F\cos\alpha - G\sin\alpha)h_g \\ 稳定力矩 \quad Y\dfrac{b}{2} = (G\cos\alpha + F\sin\alpha)\dfrac{b}{2} \end{array} \right\} \tag{2-8}$$

式中：h_g——汽车重心高（m）；
  b——汽车轮距（m）。

由极限平衡条件得：

$$Xh_g = Y\frac{b}{2} = (G\cos\alpha + F\sin\alpha)\frac{b}{2}$$

而 α 很小，$\cos\alpha \approx 1$，$\sin\alpha \approx i_h$，则 $G >> F\sin\alpha \approx F \cdot i_h$，故有：

$$X \cdot h_g = G \cdot \frac{b}{2}$$

$$\frac{X}{G} = \frac{b}{2h_g}$$

代入式(2-6)和式(2-7)可计算出汽车在平曲线上行驶时，不产生横向倾覆的最小平曲线半径或最大允许行驶速度：

$$R = \frac{V^2}{127\left(\dfrac{b}{2h_g} + i_h\right)} \tag{2-9}$$

$$V = \sqrt{127R\left(\frac{b}{2h_g} + i_h\right)} \tag{2-10}$$

(2) 横向滑移

横向滑移指汽车在横向力的作用下,可能产生沿横向力方向的侧向平移失稳,其产生条件下是横向力大于轮胎与路面之间横向摩阻力,由极限平衡条件得:

$$X = G\varphi_x \tag{2-11}$$

式中:φ_x——横向摩阻力系数。

式(2-11)变为:

$$\frac{X}{G} = \varphi_x$$

将其代入式(2-6)和式(2-7)可计算出汽车在平曲线上行驶时,不产生横向滑移的最小平曲线半径或最大允许行驶速度:

$$R = \frac{V^2}{127(\varphi_x + i_h)} \tag{2-12}$$

$$V = \sqrt{127R(\varphi_x + i_h)} \tag{2-13}$$

(3) 两种失稳的比较

由式(2-9)~式(2-13)可知,倾覆与滑移出现的先后顺序取决于$\frac{b}{2h_g}$与φ_x的值,若$\frac{b}{2h_g} > \varphi_x$,则滑移先于倾覆;反之则倾覆先于滑移。对现代汽车来说,轮距宽、重心低,一般$\frac{b}{2h_g} > \varphi_x$,所以滑移先于倾覆。因此,在道路设计中,若能保障汽车不滑移($\mu < \varphi_x$),则同时就保障了汽车行驶的倾覆稳定性。但需要注意的是,货车因超载使车辆重心高度大幅提高时,也有先发生横向倾覆的危险。

(二) 横向力系数和超高率

由前述公式可以看出,在 V 一定的前提下,曲线的最小半径决定于容许的最大横向力系数以及该曲线的最大超高率。因此首先对这两个因素进行讨论。

1. 横向力系数 μ 及 μ_{max}

μ_{max}是一个规定值,根据燃油的经济性、汽车的使用寿命、行车安全及舒适、行车速度综合而定。横向力系数μ的存在会对行车产生种种不利的影响,μ越大行车越不利,主要表现在如下几个方面。

(1) 行车安全方面

汽车在路面上不发生滑移的前提条件是横向力系数μ不大于轮胎与路面之间的横向摩阻系数φ_x,即$\mu \leq \varphi_x$。

φ_x与车速、路面类型及状态、轮胎状态及载重等有着直接的关系。汽车行驶过程中,在横向力的作用下车轮的驱动方向与汽车前进方向形成一个角度,称为横向力偏移角δ,当δ过大时,μ不再变化,其受路面及轮胎的制约,这个值为φ_x。一般情况下,干燥路面上为0.4~0.8;在潮湿的沥青路面上则降低到0.25~0.4;在路面结冰或积雪时会降到0.2以下。可见在不同情况下横向摩阻系数不同,当横向力系数大于横向摩阻系数时,车就有发生横向滑移的危险,这也是下雨及下雪后车辆容易发生横向滑移现象的原因。

(2)增加驾驶操纵的困难

弯道上行驶的汽车,在横向力作用下,弹性的轮胎会产生横向变形,使轮胎的中间平面与轮迹前进方向形成一个横向偏移角δ,如图2-8所示。其存在增加了汽车驾驶操作的困难。当δ>5°时,特别是在车速较高时,一般驾驶员就难以保障方向上的稳定性。

横向偏移角与横向力系数的关系如图2-9所示。从图2-9可知,当控制δ不大于5°时,横向力系数应小于0.25。

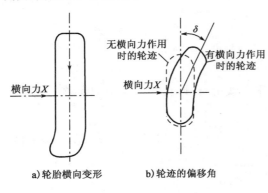

图2-8 汽车轮胎的横向偏移角　　　　　　图2-9 横向偏移角与横向力系数的关系

(3)增加燃料消耗和轮胎磨损

在平曲线路段,由于横向力系数的存在,车辆的燃油消耗和轮胎磨损较平直路段有所增加,表2-2是实测的燃料消耗和轮胎磨损情况。

实测的燃料消耗和轮胎磨损　　表2-2

横向力系数 μ	0	0.05	0.10	0.15	0.20
燃料消耗(%)	100	105	110	115	120
轮胎磨损(%)	100	160	220	300	390

(4)乘客感觉不舒适

横向力系数的存在不仅会造成驾驶员操作的困难、燃油消耗及轮胎磨损的增加,还会对乘客的乘车感觉造成不良影响,在 μ 过大时,乘客感觉会不舒适。据试验,乘客的心理随 μ 的变化如下:

当 μ < 0.10 时,不感到有曲线存在,很平稳。

当 μ = 0.15 时,稍感到有曲线存在,尚平稳。

当 μ = 0.20 时,已感到有曲线存在,稍感到不稳定。

当 μ = 0.35 时,感到有曲线存在,不稳定。

当 μ > 0.40 时,感到非常不稳定,车辆有倾覆的危险。

综上所述,μ 值的采用关系到行车安全、经济与舒适。必须确定一个合理的限界。通过研究,一般认为 0.10~0.17 是比较合理的一个范围。在设计中可以根据道路等级来采用不同的数值,《公路工程技术标准》(JTG B01—2014)中最大横向力系数采用值如表2-3所示。

最大横向力系数　　表2-3

设计速度	120	100	80	60	40	30	20
横向力系数	0.10	0.12	0.13	0.15	0.15	0.16	0.17

在我国城市道路中大型客、货车较多,另非机动车干扰大,交叉口多,一般速度偏低,μ 值可加大些,见表2-7。

2. 超高横坡度 i_h

设置超高是为了抵消部分离心力的作用,最大超高的确定除考虑汽车在弯道上的行驶稳定性外,还应该考虑车辆组合、气候、驾驶员及乘客心理上的安全感等多方面的因素,选择合适的超高率才能保证行车的安全。

道路上行驶车辆的速度并不一致,特别是在混合交通的道路上,不仅要考虑快车,也要考虑慢车。慢车在弯道上所受离心力较小,超高过大时,可能形成相反方向的横向力,对其行驶稳定性不利,因此,最大超高的确定必须考虑慢车在弯道上行驶的稳定性,尤其需避免慢车及停在弯道上的车辆在不利季节情况下沿道路最大合成坡度方向下滑。对于地形复杂或交通状况复杂的重山区、城市及附近、交叉口以及有相当数量的非机动车的道路,最大超高率要比一般路段小一些。

公路项目拟采用的最大超高(值)主要根据交通量、交通组成和公路行车环境等条件确定。大型货运车辆占比较高的公路,宜采用较小的最大超高(值)。我国《公路工程技术标准》(JTG B01—2014)明确规定:超高的横坡度按设计速度、半径大小,结合路面类型、自然条件和车辆组成等情况确定。一般地区,圆曲线最大超高值应采用8%;积雪冰冻地区,最大超高值应采用6%;以通行中、小型客车为主的高速公路和一级公路,最大超高值可采用10%;当超高横坡度的计算值小于路拱坡度时,应设置等于路拱的超高。《公路路线设计规范》(JTG D20—2017)中明确规定,二级公路、三级公路、四级公路接近城镇且混合交通量较大的路段,车速受到限制时,设计速度为80km/h时,最大超高可取6%;设计速度为60km/h时,最大超高可取4%;设计速度为40km/h、30km/h、20km/h时,最大超高可取2%。

城市道路上车辆实际行驶速度普遍偏低,且有相当数量的非机动车道行驶,其最大超高率取值要更低一些。《城市道路路线设计规范》(CJJ 193—2012)明确规定:设计速度为100km/h和80km/h的城市道路最大超高横坡度应不大于6%;设计速度为60km/h和50km/h的城市道路最大超高横坡度应不大于4%;设计速度为40km/h、30km/h和20km/h的城市道路最大超高横坡度应不大于2%;积雪或冰冻地区的道路应根据实际情况适当折减。

《公路路线设计规范》(JTG D20—2017)及《城市道路路线设计规范》(CJJ 193—2012)中对 i_h 值的规定见表2-4、表2-5。

(三)圆曲线半径理论最小值计算

1. 公路圆曲线半径理论最小值的计算

《公路路线设计规范》(JTG D20—2017)根据不同横向摩阻系数值和超高值,规定了圆曲线最小半径(极限值)、圆曲线最小半径(一般值)和不设超高的最小半径值。

(1)圆曲线最小半径(极限值)

圆曲线最小半径(极限值)指各级公路在采用允许最大超高和允许最大横向摩阻系数情况下,能保证汽车安全行驶的最小半径。如表2-3所示,横向力系数可以控制在0.10~0.17,最大超高坡度则根据路况不同分别取用4%、6%、8%、10%,按照公式(2-6)即可以计算出圆曲线最小半径(极限值)。我国现行《公路路线设计规范》(JTG D20—2017)中的圆曲线最小半径(极限值)是参照各省市以及国外的具体情况,选用适当的 μ_{max} 和 i_{hmax},经理论计算并将其结果取整后,可得圆曲线最小半径(极限值)的规定值,见表2-4。

圆曲线最小半径(极限值)理论计算表   表2-4

设计速度(km/h)				120	100	80	60	40	30	20
横向力系数 μ				0.10	0.12	0.13	0.15	0.15	0.16	0.17
最大超高坡度 i_h	$R=\dfrac{V^2}{127(\mu+i_h)}(m)$	10%	理论值	567	358	219	113	50	27	12
			采用值	570	360	220	115	—	—	—
		8%	理论值	630	394	240	123	55	30	13
			采用值	650	400	250	125	60	30	15
		6%	理论值	709	437	265	135	60	32	14
			采用值	710	440	270	135	60	35	15
		4%	理论值	810	492	296	149	66	35	15
			采用值	810	500	300	150	65	40	20

设计速度为40km/h、30km/h、20km/h时,为保证慢车行车的安全性,不考虑采用最大超高值10%的情况。

需要强调的是,圆曲线最小半径(极限值)是路线设计中的极限值,是条件受限制时可采用的数值,是特殊困难条件下不得已才使用的,一般不轻易采用。

(2)圆曲线最小半径(一般值)

在选用圆曲线的半径值时,一方面要考虑汽车行驶的稳定性和乘客的舒适性,另一方面也要考虑工程的可行性、车辆行驶的实际状况及工程量的限制。圆曲线最小半径(一般值)指各级公路在采用较大的超高值和适中的横向摩阻系数情况下,能保证汽车安全、舒适行驶的最小半径,是设计时正常情况下采用的最小控制值。《公路路线设计规范》(JTG D20—2017)中充分地考虑了这几方面的情况,确定圆曲线最小半径(一般值)时采用的横向力系数值 μ 为0.05~0.06,超高值采用6%~8%,将计算结果取整数后确定的圆曲线最小半径(一般值),见表2-5。

圆曲线半径一般最小值理论计算表   表2-5

设计速度(km/h)	120	100	80	60	40	30	20
横向力系数 μ	0.05	0.05	0.06	0.06	0.06	0.05	0.05
最大超高坡度 i_h(%)	6	6	7	8	7	6	6
R 计算值(m)	1031	716	388	202	97	64	29
R 采用值(m)	1000	700	400	200	100	65	30

圆曲线最小半径(一般值)从国内调研资料看,行车安全及舒适感基本能得到保证。但最大超高为6%或者4%时,最小半径不适宜作为一般控制条件。此外,圆曲线半径较小时,离心力增大,车辆行驶速度一般应有所降低。对于陡的下坡路段,往往由于汽车的动量关系,容易导致车辆加速行驶,造成圆曲线上车速增大,影响行车安全。因此,公路平面设计时必须设置小半径曲线时,尤其是半径值小于圆曲线最小半径一般值时,应根据纵坡设置情况尽可能地加

大曲线半径,以确保行车安全。

(3) 不设超高的最小半径

不设超高最小半径指道路曲线半径较大、离心力较小时,汽车沿双向路拱(不设超高)外侧(行驶稳定性比内侧更不利)行车时,路面摩阻力足以保证汽车行驶安全稳定所对应的最小半径。当平曲线半径较大时,离心力的影响就较小,路面摩阻力就可以保证汽车有足够的稳定性,这时就可以不设超高,也可以不设缓和曲线(回旋线),允许在圆曲线上采用与直线段上相同的双向横坡的路拱形式。路面上不设超高时,对于行驶在曲线外侧车道上车辆来说是"反超高",其大小与路拱坡度相同。从舒适和安全角度考虑,应把横向力系数 μ 值控制到尽可能小的值,以保证行驶的稳定性。

不设超高最小半径是将路拱横坡和横向力系数按设计速度代入公式 (2-6) 进行计算并整理得出的结果。不设超高的圆曲线最小半径计算时,横向力系数 μ 在路拱横坡≤2%时,取值为 0.035~0.040;路拱横坡 >2% 时,取值为 0.040~0.050。其中:当路拱横坡为 1.5% 时,横向力系数采用 0.035;当路拱横坡为 2.0% 时,横向力系数采用 0.040;当路拱横坡为 2.5% 时,横向力系数采用 0.040;当路拱横坡为 3.0% 时,横向力系数采用 0.045;当路拱横坡为 3.5% 时,横向力系数采用 0.050。计算不设超高最小半径值,见表 2-6。

圆曲线半径不设超高最小值计算表　　表 2-6

	设计速度(km/h)	120	100	80	60	40	30	20
不同路拱及横向力系数的 R 计算值 (m)	路拱 $i_G = -1.5\%$	5669	3937	2519	1417	630	354	157
	横向力系数 $\mu = 0.035$							
	路拱 $i_G = -2.0\%$	5669	3937	2519	1417	630	354	157
	横向力系数 $\mu = 0.04$							
	路拱 $i_G = -2.5\%$	7559	5249	3360	1890	840	472	210
	横向力系数 $\mu = 0.04$							
	路拱 $i_G = -3.0\%$	7559	5249	3360	1890	840	472	210
	横向力系数 $\mu = 0.045$							
	路拱 $i_G = -3.5\%$	7559	5249	3360	1890	840	472	210
	横向力系数 $\mu = 0.050$							
标准推荐的 R 值 (m)	路拱≤2.0%	5500	4000	2500	1500	600	350	150
	路拱 >2.0%	7500	5250	3350	1900	800	450	200

需要强调的是,该处使用的圆曲线半径计算公式为 $R = \dfrac{V^2}{127(\mu - i_G)}$,因路拱路段外侧行车道横坡与超高路段行车道横坡方向相反,故公式有所变化。

2. 城市道路最小半径计算

《城市道路路线设计规范》(CJJ 193—2012)根据不同横向摩阻系数值和超高值,规定了不设超高最小半径、设超高最小半径一般值及极限值。考虑我国城市道路大型客货车较多、车道机非混行、交叉口多的特点,同时对于已建成区道路两侧建筑已成型,如设超高,与两侧建筑物高程不好配合且影响街景美观,所以城市道路宜适当降低标准。具体参数选择及半径值计算如表 2-7 所示。

城市道路圆曲线最小半径计算表　　　　　　　　表 2-7

	设计速度（km/h）	100	80	60	50	40	30	20
不设超高最小半径（m）	横向力系数 μ	0.067	0.067	0.067	0.067	0.067	0.067	0.067
	路面横坡度 i_h	-0.02	-0.02	-0.02	-0.02	-0.02	-0.02	-0.02
	计算值	1675	1072	603	419	268	151	67
	R 采用值	1600	1000	600	400	300	150	70
设超高最小半径（m） 一般值	横向力系数 μ	0.067	0.067	0.067	0.067	0.067	0.067	0.067
	路面横坡度 i_h	0.06	0.06	0.04	0.04	0.02	0.02	0.02
	计算值	620	397	265	184	145	81	36
	R 采用值	650	400	300	200	150	85	40
设超高最小半径（m） 极限值	横向力系数 μ	0.14	0.14	0.15	0.16	0.16	0.16	0.16
	路面横坡度 i_h	0.14	0.14	0.15	0.16	0.16	0.16	0.16
	计算值	394	252	149	98	70	39	17
	R 采用值	400	250	150	100	70	40	20

《城市道路工程设计规范》（CJJ 37—2012）规定,圆曲线最小半径应采用不小于表 2-7 规定的不设超高最小半径值,当地形受限制时,可采用设超高最小半径一般值,地形条件特别困难时可采用设超高最小半径极限值。

3. 圆曲线最大半径确定

选用圆曲线半径时,在与地形、地物等条件相适应的前提下,应尽量采用大半径,但半径大到一定程度时,其几何性质与直线已无太大区别,容易给驾驶员造成判断上的错误反而带来不良后果,同时也无谓增加计算和测设上的麻烦。当视线集中在 300～600m 范围内的视觉效果同直线没有区别,所以《公路路线设计规范》（JTG D20—2017）及《城市道路路线设计规范》（CJJ 193—2012）规定道路平面线形圆曲线的最大半径不宜超过 10000m。

（四）实际设计中圆曲线半径的选用原则

圆曲线半径应根据周围环境、路线纵横指标、车辆组合等因素综合确定,并与设计速度、地形、相邻曲线协调均衡,符合安全、舒适、和谐、经济的原则。在设计中,现场地形、地物复杂多变,圆曲线半径的选取受多种因素的制约,一般按下列原则选用：

（1）在地形地质条件较好并且对环境影响不大时,应尽可能选用较大的曲线半径,使其达到或接近不设超高的最小半径。

（2）在地形地质条件有限制并且对环境有影响时,宜尽可能选择与自然环境相适应的圆曲线半径,以采用超高 2%～4% 的圆曲线半径为宜。

（3）在地形比较复杂的山岭重丘区,可选择接近并大于圆曲线最小半径一般值,使线形与环境相协调,并且前后线形应均衡协调;需要强调的是《公路路线设计规范》（JTG D20—2017）规定的圆曲线最小半径一般值对应的超高值偏大（6%～8%）,当设计地区最大超高值取 4% 时,半径取值较小时,需对汽车在弯道上的行驶稳定性进行验算。

（4）在地形极其复杂的山区或地形地物限制很严的地区,可选择等于或小于最小半径一般值大于最小半径极限值的圆曲线半径,并且前后线形应协调均衡,相邻圆曲线半径之差宜控制在 1.5 倍左右,不应出现突变。

(5)最小半径极限值不得轻易采用,若地形特别困难,工程特别艰巨必须采用时,应进行技术经济和安全性论证,并应注意与前后线形均衡协调;同时应采用交通工程设施配合,保证行车安全。

(6)应同前后线形要素相协调,使之构成连续、均衡的曲线线形,长直线或大半径圆曲线路段,不应突然采用小半径曲线。

(7)应同纵面线形相配合,必须避免小半径圆曲线与陡坡相重合,对于陡的下坡路段,往往由于汽车的动量关系,车辆容易加速行驶,造成圆曲线上车速增高,影响行车安全。因此,公路平面设计时必须设置小于一般最小半径的小半径曲线时,应根据纵坡设置情况适当加大曲线半径。

(8)从地形条件好的区段进入地形条件较差区段时,线形指标应逐渐过渡。

(9)在高填方路段设置平曲线时,宜采用较大半径的曲线,并设置具有诱导功能的交通设施。

(10)交通组成中无大型、重载型车辆的年平均日设计交通量在1000辆小客车及以下时,圆曲线半径最小值取值可适当降低,但需满足《小交通量农村公路工程技术标准》(JTG 2111—2019)的要求:双车道极限最小半径为15m,单车道极限最小半径为12m,当交通组成中无中型载货汽车和中型客车时,单车道极限最小半径可采用10m;一般最小半径为20m;路拱≤2.0%时,不设超高最小半径为90m,路拱>2.0%时,设超高最小半径为120m。且当圆曲线半径小于不设超高最小半径时,应设置圆曲线超高,其最大超高应采用4%。

第四节 缓和曲线

缓和曲线是设置在直线和圆曲线之间的或半径相差较大的两个同向圆曲线之间的一种曲率逐渐变化的曲线。《公路工程技术标准》(JTG B01—2014)中规定除四级公路以外,其余各级公路都应设置缓和曲线。在道路设计中,无论是公路还是城市道路,都广泛使用了缓和曲线,增加了汽车行驶的舒适性和安全性,又美化了线形。

一、缓和曲线的作用和性质

1. 缓和曲线的作用

(1)缓和曲线通过其曲率逐渐变化,可更好地适应汽车转向的行驶轨迹。汽车在转弯过程中,其行驶轨迹是一条曲率连续变化的轨迹线。它的形式和长短,随行车速度、曲率半径和驾驶员转动方向盘的快慢而定。从安全角度出发,缓和曲线的合理设计有利于车辆在行驶过程中不致偏离车道,从而保证交通安全。

(2)汽车从一个曲线过渡到另一个曲线的行驶过程中,使离心加速度逐渐变化。汽车行驶在曲线上会产生离心力,离心力的大小与曲线的曲率成正比。直线与圆曲线直接相接或半径相差较大,两圆曲线直接相接时,如果不设置缓和曲线,其曲率会产生突变。在一定的车速情况下,乘客就会有不舒适的感觉。设置了缓和曲线,其曲率是逐渐过渡的,离心加速度也是逐渐过渡的,可提高乘客乘车舒适度。

(3)缓和曲线可以作为超高和加宽变化的过渡段。路线在弯道上要设置超高和加宽,从双面横坡过渡到单面横坡,和由直线上的正常宽度过渡到圆曲线上的加宽宽度,这一过程变化一般是在缓和曲线长度内完成的。

(4)缓和曲线的设置可使线形美观连续。在曲率变化处用缓和曲线进行过渡,消除了视觉上的不连续感,使线形平顺、圆滑、顺适,增加线形美学效应的同时,也增加了行车安全感。

2. 缓和曲线的性质

汽车行驶轨迹是圆滑的,最大宽度由前外轮后内轮决定。轨迹的几何特征具有三个特性,一是轨迹曲线是连续的;二是轨迹曲线的曲率是连续的;三是轨迹曲率的变化是连续的。对轨迹曲线的几何特征是随着交通的质和量的变化而被认识的。设置的缓和曲线的形式要比较好的符合汽车行驶轨迹。

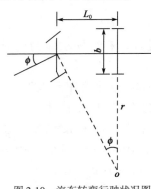

图2-10 汽车转弯行驶状况图

汽车由直线进入圆曲线(或半径相差加大的同向圆曲线之间),其行驶轨迹的曲率是逐渐变化的。考察汽车在曲率变化路段的行驶轨迹,假定汽车是等速行驶,驾驶员匀速转动方向盘。当方向盘转动角度为 φ 时,前轮相应转动角度为 ϕ(图2-10)。它们之间的关系为:

$$\phi = k\varphi \quad (k<1) \tag{2-14}$$

方向盘转动的角速度为 ω,则汽车前轮转动的角度为:$\varphi = k\omega t$。根据图2-10,可知轨迹曲率半径:$r = \dfrac{L_0}{\tan\phi}$,因为 φ 很小,因此可以近似地表示为:

$$r \approx \frac{L_0}{\phi} = \frac{L_0}{k\omega t} \tag{2-15}$$

汽车以 v 等速行驶,因此存在如下关系:$l = vt$,代入式(2-15)并整理得到:

$$l = v\frac{L_0}{k\omega r} \tag{2-16}$$

式中:v、L_0、k、ω——常数。

因此定义 $\dfrac{vL_0}{k\omega} = C$,故此得到:

$$l = \frac{C}{r} \text{ 或 } rl = C \tag{2-17}$$

式中:l——汽车自曲线起点开始转弯,经 $t(s)$ 后行驶的距离(m);

r——汽车行驶 $t(s)$ 后的曲线半径(m);

C——常数。

二、缓和曲线的数学表达式

缓和曲线的线形应具有可行性好、缓和性好、计算方便、公式简单等特点,可行性好指该线形应符合汽车行驶轨迹的要求,其几何特征应比较好的满足汽车轨迹的几何特征;缓和性好指缓和曲线要有一定长度,避免太短时驾驶员操作紧张,乘客不舒适,线形不协调;计算方便,公式简单便于在设计、施工中使用。回旋线的极坐标方程,很好地满足了以上要求。回旋线是曲线长度成比例变化的曲线,且曲线上任一点到回旋线原点的弧长与曲线该点曲率半径之乘积为一常数,这一性质与汽车由直线进入圆曲线(或相反)的汽车行驶轨迹有良好的吻合性。因此,在道路设计中最常用的缓和曲线是回旋线。

(一) 缓和曲线的数学表达式

1. 极坐标方程表达式

回旋线的极坐标方程表达式为：

$$rl = C \tag{2-18}$$

式中：r——回旋线上任一点的曲率半径(m)；
l——回旋线上任一点到原点的曲线长(m)；
C——常数。

由于 $r \cdot l$ 的量纲是 m^2，因此为使量纲一致，故令常数 $C = A^2$，A 表示回旋线的曲率变化的缓急程度。A 越大，回旋线变化越慢，A 越小，回旋线变化越快。

回旋线的形式都是相似的，单位回旋线的形状可以代表所有回旋线。回旋线的长度要素等于单位回旋线长度要素与回旋线参数的乘积，回旋线的非长度要素与单位回旋线非长度要素相等。

在直线与半径 $r = R$ 的圆曲线间插入回旋线后，回旋线的参数 A 的取值可以求得。

对于回旋线的终点处，$r = R$，$l = L_s$ 则式(2-18)可以表示为：

$$RL_s = A^2 \text{ 或 } A = \sqrt{RL_s} \tag{2-19}$$

式中：R——回旋线所连接的圆曲线的半径(m)；
L_s——缓和曲线的长度(m)；
A——回旋线参数。

2. 直角坐标方程表达式

回旋线作为缓和曲线，我们所使用的范围是曲率半径 $r = \infty$ 至 $r = R$ (圆曲线半径)，由图 2-11 可知，回旋线的微分方程为：

$$\left.\begin{array}{l} dl = r \cdot d\beta \\ dx = dl \cdot \cos\beta \\ dy = dl \cdot \sin\beta \end{array}\right\} \tag{2-20}$$

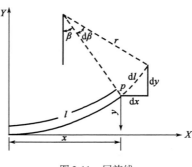

图 2-11 回旋线

由微分方程推导回旋线的直角坐标方程，
以 $rl = A^2$ 代入得：

$$dl = \frac{A^2}{l} d\beta$$

积分得：

$$l^2 = 2A^2\beta \tag{2-21}$$

则缓和曲线角为：

$$\beta = \frac{l^2}{2A^2} \tag{2-22}$$

在缓和曲线终点 $l = L_s$，$r = R$，$RL_s = A^2$，则：

$$\beta = \beta_0 = \frac{L_s}{2R} \tag{2-23}$$

把式 $dx = dl \cdot \cos\beta$、$dy = dl \cdot \sin\beta$ 中的 $\cos\beta$、$\sin\beta$ 用泰勒级数展开并将 $\beta = \frac{l^2}{2A^2}$ 代入可得：

$$dx = \cos\beta \cdot dl = \left(1 - \frac{\beta^2}{2!} + \frac{\beta^4}{4!} - \frac{\beta^6}{6!} + \cdots\right)dl$$

$$= \left[1 - \frac{1}{2}\left(\frac{l^2}{2A^2}\right)^2 + \frac{1}{24}\left(\frac{l^2}{2A^2}\right)^4 - \frac{1}{720}\left(\frac{l^2}{2A^2}\right)^6 + \cdots\right]dl$$

$$= \left(1 - \frac{l^4}{8A^4} + \frac{l^8}{384A^8} - \frac{l^{12}}{720 \times 64A^{12}} + \cdots\right)dl$$

$$dy = \sin\beta \cdot dl = \left(\beta - \frac{\beta^3}{3!} + \frac{\beta^5}{5!} - \frac{\beta^7}{7!} + \cdots\right)dl$$

$$= \left[\frac{l^2}{2A^2} - \frac{1}{6}\left(\frac{l^2}{2A^2}\right)^3 + \frac{1}{120}\left(\frac{l^2}{2A^2}\right)^5 - \frac{1}{5040}\left(\frac{l^2}{2A^2}\right)^7 + \cdots\right]dl$$

$$= \left(\frac{l^2}{2A^2} - \frac{l^6}{48A^6} + \frac{l^{10}}{3840A^{10}} - \frac{l^{14}}{5040 \times 128A^{14}} + \cdots\right)dl$$

对 dx、dy 分别进行积分并将 $C = A^2$ 代入整理可：

$$\left. \begin{aligned} x &= l - \frac{l^5}{40C^2} + \frac{l^9}{3456C^4} - \cdots \\ y &= \frac{l^3}{6C} - \frac{l^7}{336C^3} + \frac{l^{11}}{42240C^5} - \cdots \end{aligned} \right\} \quad (2\text{-}24)$$

在回旋曲线终点处，$l = L_s$（L_s 为回旋线长度），$r = R$，代入上式得：

$$\left. \begin{aligned} x &= x_0 = L_s - \frac{L_s^3}{40R^2} + \frac{L_s^5}{3456R^4} - \cdots \\ y &= y_0 = \frac{L_s^2}{6R} - \frac{L_s^4}{336R^3} + \frac{L_s^6}{42240R^5} - \cdots \end{aligned} \right\} \quad (2\text{-}25)$$

回旋线的直角坐标一般用于用切线支距法敷设缓和曲线时，可用下列近似公式：

$$\left. \begin{aligned} x &\approx l - \frac{l^3}{40r^2} \quad \text{或} \quad x \approx l - \frac{l^5}{40C^2} \\ y &\approx \frac{l^2}{6r} - \frac{l^4}{336r^3} \quad \text{或} \quad y \approx \frac{l^3}{6C} - \frac{l^7}{336C^3} \end{aligned} \right\} \quad (2\text{-}26)$$

(二) 回旋线的几何要素计算

1. 回旋线上任意点 P 的要素计算公式

回旋线上任意点 P 的要素如图 2-12 所示。

(1) P 点的曲率半径：

$$r = \frac{A^2}{l} = \frac{l}{2\beta} = \frac{A}{\sqrt{2\beta}} \quad (2\text{-}27)$$

(2) P 点的回旋线长度：

$$l = \frac{A^2}{r} = A\sqrt{2\beta} = 2r\beta \quad (2\text{-}28)$$

(3) 缓和曲线角：

$$\beta = \frac{l^2}{2A^2} = \frac{l^2}{2rl} = \frac{l}{2r} \quad (2\text{-}29)$$

(4) 长切线长：

$$T_L = x - \frac{y}{\tan\beta} \quad (2\text{-}30)$$

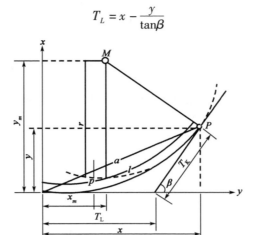

图 2-12　回旋线要素

（5）短切线长：

$$T_K = \frac{y}{\sin\beta} \quad (2\text{-}31)$$

（6）P 点的弦长：

$$a = \sqrt{x^2 + y^2} = \frac{y}{\sin\delta} = \frac{x}{\cos\delta} \quad (2\text{-}32)$$

（7）P 点的弦偏角：

$$\delta = \arctan\frac{y}{x} = \frac{\beta}{3} \quad (2\text{-}33)$$

（8）P 点曲率圆的内移值：

$$p = y - r(1 - \cos\beta) \quad (2\text{-}34)$$

（9）P 点曲率圆圆心 M 点的坐标：

$$x_m = x - r\sin\beta \quad (2\text{-}35)$$
$$y_m = r + p = y + r\cos\beta \quad (2\text{-}36)$$

2. 有缓和曲线的道路平曲线的几何要素

道路平面线形的基本组合为：直线—缓和曲线—圆曲线—缓和曲线—直线，见图 2-13。其几何元素的计算公式如下：

由式（2-29）可得缓和曲线角 β_0 为：

$$\beta_0 = \frac{L_s}{2R} = \frac{180}{\pi}\frac{L_s}{2R} = 28.6479\frac{L_s}{R} \quad (2\text{-}37)$$

由式（2-34）可得内移值为：

$$\Delta R = y_0 - R + R\cos\beta_0 = \frac{L_s^2}{24R} \quad (2\text{-}38)$$

由式（2-35）可得切线增值 q 为：

$$q = x_0 - R\sin\beta_0 = \frac{L_s}{2} - \frac{L_s^3}{240R^2} \quad (2\text{-}39)$$

$$T_h = (R + \Delta R)\tan\frac{\alpha}{2} + q \quad (2\text{-}40)$$

$$L_h = (\alpha - 2\beta_0)\frac{\pi}{180}R + 2L_S \quad (2\text{-}41)$$

$$E_h = (R + \Delta R)\sec\frac{\alpha}{2} - R \quad (2\text{-}42)$$

$$J_h = 2T_h - L_h \quad (2\text{-}43)$$

式中：q——缓和曲线起点到圆曲线原起点的距离，也即设置缓和曲线前后切线的增长值，称为切线增加值(m)；

ΔR——设缓和曲线后圆曲线内移值(m)；

β_0——缓和曲线终点缓和曲线角(°)；

L_s——缓和曲线长(m)；

R——圆曲线半径(m)；

α——偏角(°)；

T_h——设置缓和曲线的曲线切线长(m)；

L_h——设置缓和曲线的曲线长(m)；

E_h——设置缓和曲线的外距(m)；

J_h——设置缓和曲线的超距(m)。

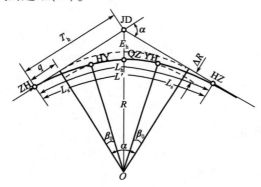

图 2-13 "基本型"平曲线

(三) 主点桩里程推算

设有缓和曲线的平曲线有五个主点桩位，分别是 ZH、HY、QZ、YH、HZ，里程推算如下：

$$
\begin{array}{r}
\text{JD} \\
-T_h \\
\hline
\text{ZH} \\
+L_s \\
\hline
\text{HY} \\
+L_Y\,(=L_h - 2L_S) \\
\hline
\text{YH} \\
+L_s \\
\hline
\text{HZ} \\
-L_h/2 \\
\hline
\text{QZ} \\
+J_h/2 \\
\hline
\text{JD}
\end{array}
$$

(四)带有缓和曲线的平曲线现场敷设(图 2-14)

曲线的现场敷设有多种方法,尤其现代测试设备及手段都有了较大的进步,但其基本原理无太大变化,常用的敷设方法有以下几种。

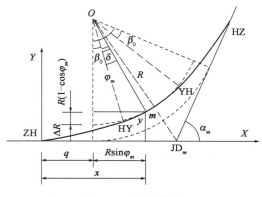

图 2-14 平曲线敷设

1. 切线支距法

(1)测放缓和曲线

$$x = l - \frac{l^5}{40C^2} \qquad y = \frac{l^3}{6C} \tag{2-44}$$

(2)测放圆曲线

$$\left.\begin{array}{l} x = q + R\sin\varphi_m \\ y = \Delta R + R(1 - \cos\varphi_m) \\ \varphi_m = \alpha_m + \beta_0 = 28.6479\left(\dfrac{2l_m + L_s}{R}\right) \\ \alpha_m = \dfrac{180}{\pi}\dfrac{l_m}{R}; \end{array}\right\} \tag{2-45}$$

式中:l_m——圆曲线上任意点 m 至缓和曲线终点的弧长;

α_m——l_m 所对应的圆心角(°);

φ_m——缓和曲线起点至圆曲线上任意点 m 段平曲线所转过的偏角(°);

α_m——路线偏角(°);

其余符号的意义同前。

2. 偏角法

偏角法有支镜(仪器)于曲线的起终点法及支镜(仪器)于 JD 法,原理大同小异,支镜于 JD 时,测放公式如下:

偏角
$$\left.\begin{array}{l} \delta = \arctan\dfrac{y}{T_h - x} \\ a = \sqrt{(T_h - x)^2 + y^2} \end{array}\right\} \tag{2-46}$$
弦长

x、y 的计算公式如前所述。

支镜于曲线起终点时,测放公式如下:

偏角

$$\left.\begin{array}{l}\delta = \arctan\dfrac{y}{x} \\ a = \sqrt{x^2 + y^2}\end{array}\right\} \quad (2\text{-}47)$$

弦长

x、y 的计算公式如前所述。

3. 坐标法

坐标法放桩利用先进的测量仪器(如全球定位系统 GPS 仪及全站仪)进行,详见第六章及《测量学》等相关教材。

三、缓和曲线的长度及参数

(一) 缓和曲线长度

为了确保缓和曲线作用很好的实现,完成汽车在缓和曲线上不同曲率的过渡行驶,则缓和曲线要有足够的长度,这样驾驶员有足够的时间来操作方向盘;且需满足加宽与超高过渡的要求,满足视觉美观的要求,对于缓和曲线的长度,可以从如下几个方面来确定。

1. 离心加速度变化率不过大,满足乘客舒适性要求

汽车在缓和曲线上行驶,其离心加速度随缓和曲线曲率变化而变化,若离心加速度变化过快,将增加驾驶员操作的难度,会使乘客感觉不舒适,为使乘客舒适,应对离心加速度的变化率与以控制。

离心加速度的变化率为:

$$\alpha_s = \dfrac{\Delta a}{t} = \dfrac{\dfrac{v^2}{R}}{\dfrac{L_s}{v}} = \dfrac{v^3}{L_s \cdot R} \quad (2\text{-}48)$$

式中:v——汽车行驶速度(m/s);

R——圆曲线半径(m);

Δa——离心加速度(m/s^2);

t——汽车在缓和曲线上的行驶时间(s)。

在公路设计中,我们一般取 $\alpha_s \leqslant 0.6$(m/s^3),代入式(2-48),缓和曲线的最小长度为:

$$L_s = 0.036\dfrac{V^3}{R} \quad (2\text{-}49)$$

式中:V——设计速度(km/h)。

选定能保证舒适的最大的 α_s,则可得出在一定车速和一定圆曲线半径下的最短缓和曲线长度。也常称为"缓和系数",由于认识和国情不同,各国采用值也不相同。美国一般介于 $0.30 \sim 0.61$ m/s^3,日本一般控制在 $0.5 \sim 0.75$ m/s^3。在缓和曲线的设置上,铁路比公路早,铁路上采用 $\alpha_s \leqslant 0.3$ m/s^3。我国公路参考铁路及国外经验,缓和曲线最小长度值确定时采用 $\alpha_s \leqslant 0.6$ m/s^3 进行计算。

设计中可根据实际情况选用不同的 α_s 值,一般高等级路要小些,低等级路可大些。高速路要小些,低速路大些;平原区要小些,山岭区大些;路段上要小些,交叉口处大些。高速公路通常采用 $\alpha_s = 0.35$ m/s^3,最大为 $\alpha_s = 0.5$ m/s^3;一般道路及设计速度小于 60km/h 的匝道、地方道路为 0.6;山岭区道路地形有特殊困难路段或其他特殊情况也可取 0.75。

2. 保证驾驶员操作反应时间，曲率变化不过快

在高速行驶或曲率急变时，汽车则可能超越当前的车道驶出一条很长的过渡性的轨迹线。从安全角度出发，有必要设置一条驾驶员易于遵循的路线，使车辆在进入或离开圆曲线时避免因曲率骤变侵入其他车道。这就决定回旋线必须保证一定的长度，使车辆在回旋线上行驶时间不过短，便于驾驶员判别前方情况，沉着操作方向盘，完成汽车前轮转向角的转变。

即：

$$L_s = v \cdot t = \frac{V}{3.6}t \quad (m) \tag{2-50}$$

缓和曲线长度应使驾驶员在其上行驶时操作从容，不能过于匆忙，一般情况下以 3s 行程控制，代入式(2-50)则有：

$$L_s = \frac{3V}{3.6} = \frac{V}{1.2} \tag{2-51}$$

3. 超高渐变率不过大，满足超高渐变的要求

行车道外侧因超高产生的附加坡度不过大，行车道从直线上的双坡断面过渡到圆曲线上的单坡断面，一般是在回旋线长度内完成的。如果回旋线过短，超高渐变率过大，则会因路面急剧地由双坡变为单坡而使路面扭曲，对行车和路容均不利，如果超高渐变率过小，则于排水不利，因此，对由于超高过渡而引起的路面旋转角速度应控制在不使人感到不舒适的程度。所以对因超高产生的附加坡度宜加以控制。其规定值见表 2-8。双车道公路超高缓和所需要的缓和曲线长度计算公式为：

绕路面内侧边线旋转

$$L_s = \frac{B i_h}{p} \tag{2-52}$$

绕道路中线旋转

$$L_s = \frac{B}{2p}(i_h + i_G) \tag{2-53}$$

式中：B——路面宽度(m)；

i_h——超高率(%)；

i_G——路拱坡度(%)；

p——超高附加坡度渐变率。

超高附加坡度渐变率 p 表 2-8

计算行车速度 (km/h)	超高旋转轴位置	
	中线	边线
120	1/250	1/200
100	1/225	1/175
80	1/200	1/150
60	1/175	1/125
40	1/150	1/100
30	1/125	1/75
20	1/100	1/50

4. 考虑线形顺适及美观要求

根据视觉条件和实践研究可知，缓和曲线螺旋角满足要求时，驾驶员可取得较好的视觉效

果,将 $\beta_0 = 28.6479 \frac{L_s}{R}$ 代入式($3°11'08'' \leq \beta \leq 28°38'52''$),即 $3°11'08'' \leq 28.6479 \frac{L_s}{R} \leq 28°38'52''$,可整理得:$L_s = \frac{R}{9} \sim R$ 或 $A = \frac{R}{3} \sim R$,因此,为使线形舒顺协调,回旋线的长度应随圆曲线半径的增大而增大。

上述 4 种情况决定回旋线长度取值的因素中,前 3 种因素对车辆行驶安全影响较大,是在条件受限制时的最小长度,设计中对回旋线长度取值必须首先同时满足其要求。对第 4 种因素,主要是考虑线形顺适与美观要求,对安全行车影响相对较小,在条件许可时应尽量满足,条件受限时,可适当放宽。因此,回旋线的最小长度一般应在考虑前 3 种因素所需要的最小长度之中,取其长度最大者进行控制。

考虑了以上各种因素,我国在《公路工程技术标准》(JTG B01—2014)和《城市道路工程设计规范》(CJJ 37—2012)中都规定了缓和曲线的最小长度,见表 2-9。

缓和曲线最小长度   表 2-9

设计速度(km/h)	120	100	80	60	50	40	30	20
缓和曲线最小长度(m)	100	85	70	50	45	35	25	20

注:四级公路为超高、加宽过渡段长度。

值得注意的是,表 2-9 中回旋线最小长度满足曲率变化及 3s 行程的要求,绝大多数情况下也满足沿双车道中线轴旋转的超高过渡的要求,满足离心加速度变化率小于 $0.6m/s^3$ 要求,但以行车道边缘线为旋转轴,车道数较多或较宽时,高速道路离心加速度变化率应小于 $0.5m/s^3$ 或 $0.35m/s^3$ 时,缓和曲线取最小值或接近最小值时,需对缓和曲线长度进行验算,必要时进行调整,需同时满足离心加速度变化率、超高渐变率、3s 行程 3 方面的要求。实际工程设计中,回旋线参数及其长度应根据现行设计以及对安全、视觉、景观灯的要求,选用较大的数值,但也不要一味追求过长的缓和曲线,尤其是单纯为了过渡需要,不是为了适应地形、地物和视觉的需要时。

(二)缓和曲线参数 A 的确定

1. 依据汽车离心加速度逐渐过渡的要求确定参数 A

由:

$$\alpha_s = \frac{v^3}{L_s \cdot R}$$

可得:

$$A^2 = \frac{v^3}{\alpha_s} \tag{2-54}$$

则:

$$A = \sqrt{\frac{0.0214}{\alpha_s}} \cdot \sqrt{V^3} \tag{2-55}$$

我们可以依据 α_s 确定缓和曲线的参数 A。

2. 依行驶时间要求决定缓和曲线的参数 A

从安全和心理的角度出发,要求汽车在缓和曲线上行驶的最小时间为 $t(s)$,汽车的速度保持匀速 $v(m/s)$,则有 $L_s = vt$。所以:

$$A = \sqrt{RL_s} = \sqrt{Rvt} = \sqrt{R\frac{1}{3.6}Vt} = \sqrt{\frac{RVt}{3.6}} \tag{2-56}$$

取 $t = 3s$，则：

$$A = \sqrt{\frac{RV}{1.2}} \tag{2-57}$$

3. 依据视觉条件确定缓和曲线的参数 A

确定合理的缓和曲线参数 A，可以使线形达到顺适与美观的要求。根据跟踪驾驶员的视觉发现，当缓和曲线角小于 $3°$ 时，曲线极不明显，在视觉上容易被忽略。当缓和曲线角大于 $29°$ 时，曲线过于弯曲很难与相接的圆曲线顺接。保持缓和曲线角 β 在 $3°\sim29°$ 之间，我们就可以确定合适的 A 值。

将 $\beta_0 = 28.6479\frac{L_s}{R}$ 的单位转化为弧度可得：$\beta_0 = \frac{L_s}{2R}$，

则
$$L_s = 2R\beta_0 \tag{2-58}$$

所以：
$$A = \sqrt{RL_s} = \sqrt{R \cdot 2R\beta_0} = R\sqrt{2\beta_0} \tag{2-59}$$

我们将 $\beta_0 = 3°$ 和 $\beta_0 = 29°$ 代入式(2-59)，可得到下面的关系：

$$\frac{R}{3} \leqslant A \leqslant R \tag{2-60}$$

上述关系只适用于 R 在某种范围内。当 R 范围较大时（$R \geqslant 3000\text{m}$），A 可以小于 $\frac{R}{3}$，但宜接近 $\frac{R}{3}$；当 R 较小时（$R < 100\text{m}$），A 可以大于 R，但宜接近 R。

A 值的大小依据地形条件及线形要求而确定。

当 R 接近于 100m 时，取 A 等于 R；当 R 小于 100m 时，取 A 等于或大于 R。

当 R 较大或接近于 3000m 时，取 A 等于 $R/3$；当 R 大于 3000m 时，取 A 小于 $R/3$。

当圆曲线半径特别大时，采用 $A \geqslant R/3$，即使加大 A，回旋线的效果也不大，日本《高速路设计要领》建议参数的最大限界可用到 $A = 1500\text{m}$ 左右。实际采用亦可考虑 $A = 1000\text{m}$ 左右的回旋线。在一般情况下，高速公路用 $A \leqslant 1000\text{m}$，一般公路用 $A \leqslant 500\text{m}$，即可满足需要。

四、缓和曲线的省略

在直线和圆曲线间设置缓和曲线后，圆曲线产生了内移，在缓和曲线长度 L_s 一定的情况下，内移值 $\Delta R = \frac{L_s^2}{24R}$ 与圆曲线半径成反比，当圆曲线的半径 R 大到一定程度时，缓和曲线的内移值 ΔR 很小，即使直线与圆曲线直接衔接，汽车也能正常行驶，这时缓和曲线的设置与否，线形上已经没有多大差异。所以在这样的路段可以省略缓和曲线。

在公路设计中《公路路线设计规范》（JTG D20—2017）规定，在下列情况下可不设缓和曲线：

（1）当圆曲线半径大于或等于表 2-6 所列的不设超高的最小半径时。

（2）半径不同的同向圆曲线径相衔接处，应设置缓和曲线，但符合下列条件时可以不设缓和曲线：

①小圆半径大于等于表2-6所列的不设超高的最小半径时。
②小圆半径大于表2-10所列不设缓和曲线半径时,且符合下列条件之一时:
a. 小圆曲线按规定设置相当于最小缓和曲线长度的回旋线时,其大圆与小圆的内移值之差不超过0.10m。
b. 设计速度≥80km/h时,大圆半径(R_1)与小圆半径(R_2)之比小于1.5。
c. 设计速度<80 km/h时,大圆半径(R_1)与小圆半径(R_2)之比小于2。
复曲线中的小圆临界曲线半径如表2-10所示。

复曲线中小圆临界圆曲线半径 表2-10

设计速度(km/h)	120	100	80	60	40	30
临界圆曲线半径(m)	2100	1500	900	500	250	130

(3)四级公路可不设缓和曲线,用超高、加宽缓和段径向衔接。
《城市道路路线设计规范》(CJJ 193—2012)充分结合城市道路特点,也给出了城市道路缓和曲线的省略条件:
(1)当圆曲线半径大于表2-11所列不设缓和曲线的最小圆曲线半径时。

不设缓和曲线的最小圆曲线半径 表2-11

设计速度(km/h)	100	80	60	50	40
不设缓和曲线的最小圆曲线半径(m)	3000	2000	1000	700	500

(2)当设计速度小于40km/h时,缓和曲线可采用直线代替,直线长度应满足缓和曲线最小长度的要求。
(3)当设计速度大于或等于40km/h时,半径不同的同向圆曲线连接处应设置缓和曲线。当受地形限制并符合下列条件之一时,可采用复曲线:
①小圆半径大于或等于不设缓和曲线的最小圆曲线半径。
②小圆半径小于不设缓和曲线的最小圆曲线半径,但大圆与小圆的内移值之差小于或等于0.1m。
③大圆半径与小圆半径之比值小于或等于1.5。

五、平曲线最小长度的控制

平面线形由直线与曲线组成,直线的长度在直线一节已有阐述,对于曲线必需的最小长度规范也有具体的规定。平曲线指在平面线形中路线转向处曲线的总称,一般情况下包括圆曲线和缓和曲线,特殊情况下可只为圆曲线或缓和曲线。

1. 平曲线最小长度的控制理由

平面线形设计中,对平曲线的长度应加以限制,限制最小长度是为了:
(1)操纵的安全,汽车在曲线的道路上行驶时,若曲线很短,则驾驶员操作方向盘频繁而紧张,这在高速行驶的情况下是危险的。
(2)减小离心力的变化率,曲线过短必然带来离心加速度的急剧变化,对行车舒适性产生影响。
(3)当路线偏角较小时,容易产生视错觉,曲线半径显得比实际小,曲线长度显得比实际短。

2. 控制指标

（1）圆曲线最小长度

圆曲线的最小长度值按 3s 行程计算确定，一般值按 6s 行程控制，计算结果如表 2-12 所示。

平曲线与圆曲线最小长度　　　　　　　　　　　表 2-12

			设计速度	120	100	80	60	50	40	30	20
圆曲线最小长度（m）	公路	最小值		100	85	70	50	—	35	25	20
		一般值		200	170	140	100		70	50	40
	城市道路	最小值		—	85	70	50	40	35	25	20
		一般值		—	—	—	—				
平曲线最小长度（m）	公路	最小值		200	170	140	100		70	50	40
		一般值		600	500	400	300		200	150	100
	城市道路	最小值		—	170	140	100	85	70	50	40
		一般值		—	260	210	150	130	110	80	60

注："一般值"为正常情况下采用值，"最小值"为条件受限时采用值。

（2）平曲线最小长度

平曲线最小长度值按 3s 行程控制，指特殊情况省略缓和曲线时，对设有缓和曲线及圆曲线的公路需按 9s 行程计算其一般值；城市道路中给定的平曲线最小长度一般值则参照圆曲线最小长度最小值的 1.5 倍取值。取值结果如表 2-12。

当采用最小缓和曲线长度时，为了设置缓和曲线以后平曲线中仍保留有一段圆曲线长度，平曲线应有 9s 行程的长度。

各级公路设计平曲线长度不宜过短，从线形设计要求方面考虑，曲线长度应有最小值的 5～8 倍即 1000～1500m 较为适宜。

（3）特殊曲线（小转角曲线）

平面设计中采用小转角、大半径圆曲线一般均属条件限制不得已而为之。当转角较小时，即使设置了半径较大、曲线较长的曲线也容易产生把曲线看成比实际要短，产生急转弯的错觉。这种倾向转角越小越显著，以致造成驾驶员枉作减速转弯的操作。在转角小的曲线部分为使驾驶员识别出是曲线，应适当加大外距；特别是连续流交通的道路，更应注重小转角的影响。

①小偏角范围：路线转角 $\alpha \leq 7°$ 时，该曲线称为小偏角曲线。

②控制指标：小偏角平曲线的长度以正常平曲线的 6s 行程为基数，按 $7/\alpha$ 的比率增大，即：

$$L = 1.667V \times \frac{7}{\alpha} = \frac{11.7V}{\alpha}$$

计算结果如表 2-13 所示。

小偏角曲线最小长度　　　　　　　　　　　表 2-13

	设计速度（km/h）	120	100	80	60	50	40	30	20
平曲线最小长度（m）	公路一般值	1400/α	1200/α	1000/α	700/α	—	500/α	350/α	280/α
	公路最小值	200	170	140	100	85	70	50	40
	城市道路	—	1200/α	1000/α	700/α	—	—	—	—

注：表中 α 为路线转角值（°），当 α<2° 时，按 α=2° 计算。

一般城市道路受规划红线、用地条件的限制,要取消小转角,往往需要增加较大的工程量和巨大的拆迁,因此,城市道路存在小转角的情况比较普遍。另外,城市道路车辆密度较大,变换车道也较频繁,同时由于沿线交叉口的存在,驾驶员的注意力一般较为集中,因小转角的存在而发生交通安全事故的概率较小,因此,《城市道路路线设计规范》(CJJ 193—2012)对设计速度小于60km/h的地面道路,不再做小转角的规定,只要满足平曲线规定的最小长度即可。

【例题2-1】 一平原区某二级公路,设计速度为80km/h,有一弯道 $R=400\text{m}$,交点JD的桩号为K17+578.85,转角 $\alpha=38°30'00''$,试计算该曲线上设置缓和曲线后的5个基本桩号。

解:(1)缓和曲线长度 L_s

平原区二级公路计算行车速度为80km/h,则:

$$L_s = 0.036 \frac{V^3}{R} = 0.036 \times \frac{80^3}{400} = 46.08\text{m}$$

$$L_s = \frac{V}{3.6} \times 3 = \frac{80}{3.6} \times 3 = 66.67\text{m}$$

$$L_s = \frac{R}{9} \sim R = \frac{400}{9} \sim 400 = 44.44 \sim 400\text{m}$$

取整数,采用缓和曲线长70m,《公路工程技术标准》(JTG B01—2014)规定:$V=80\text{km/h}$ 时,最小缓和曲线长为70m,符合标准规定。

(2)圆曲线的内移值 ΔR

$$\Delta R = \frac{70^2}{24 \times 400} - \frac{70^4}{2688 \times 400^3} = 0.51\text{m}$$

(3)总切线长 T_h

先求:

$$q = \frac{70}{2} - \frac{70^3}{240 \times 400^2} = 34.99\text{m}$$

所以:

$$T_h = (400 + 0.51)\tan 19°15' + 34.99 = 139.86 + 34.99 = 178.85\text{m}$$

(4)曲线总长度 L_h

$$\beta_0 = \frac{L_s}{2R} \times \frac{180°}{\pi} = \frac{70}{2 \times 400} \times 57.2958 = 5°00'48.18''$$

$$L_h = 400 \times (38°30' - 2 \times 5°00'48.18'') \times \frac{1}{\rho} + 2 \times 70 = 198.78 + 140 = 338.78\text{m}$$

满足表2-12关于平曲线最小长度的规定。

(5)超距(切曲差)

$$J = 2T_h - L_h = 2 \times 178.85 - 338.78 = 18.92\text{m}$$

(6)5个基本桩号

		JD	K17+578.85
−)		T_h	178.85
		ZH	K17+400.00
+)		L_s	70

		HY	K17 + 470.00
+)		$(L_h - 2L_s)$	198.78
		YH	K17 + 668.78
+)		L_s	70
		HZ	K17 + 738.78
-)		$\frac{1}{2}L_h$	169.39
		QZ	K17 + 569.39

超距 $J = 2T_h - L_h = 2 \times 178.85 - 338.78 = 18.92\text{m}$。所以,由 QZ 桩号算出的 JD 桩号为 K17 + 569.39 + $\frac{18.92}{2}$ = K17 + 578.85,与原来的 JD 桩号相同,说明计算无误。

第五节 行车视距

行车视距是指在车辆正常行驶中,驾驶员从正常驾驶位置能连续看到公路前方行车道范围内路面上一定高度障碍物,看到公路前方交通设施、路面标线或者迎面来车,以便驾驶员能及时采取措施,保证行车安全所必需的最短距离。行车视距是道路使用质量的重要指标之一,行车视距是否充分将直接关系到行车的安全和迅速与否。

根据驾驶员所采取的措施不同,行车视距分为如下几种。

(1)停车视距:汽车行驶时,从驾驶员发现前方障碍物时起,至采取刹车措施在障碍物前安全制动停车,所需行驶的最短距离。

(2)会车视距:在同一车道上,两对向行驶的汽车在发现对方后,双双采取刹车措施安全停车,防止碰撞所需行驶的最短距离。

(3)错车视距:在无明确分道线的双车道道路上,两对向行驶的汽车在发现对方后,采取措施减速避让,安全错车所需行驶的最短距离。

(4)超车视距:在双向行驶的双车道道路上,后面的快车超越慢车时,从开始驶离原车道,到完成超车回到自己的车道所需要行驶的最短距离。

一、停车视距 S_T

在停车视距检验时,小客车停车视距采用的是驾驶员视点高度为 1.2m,载货货车停车视距采用的驾驶员视点高度为 2.0m,视点前方路面上障碍物顶点高度为 0.10m。

停车视距主要由两部分组成:①驾驶者反应时间行驶的距离;②制动距离(制动生效到停止所行驶的距离),并应增加 5~10m 的安全距离,如图 2-15 所示。

其计算式如下:

$$S_T = S_1 + S_2 + S_3 \quad (2\text{-}61)$$

式中:S_1——反应距离(m);
S_2——制动距离(m);
S_3——安全距离(m)。

1. 反应距离

驾驶员的反应时间是指驾驶员发现障碍物后,进行判断直至采取制动措施生效的时间。

反应时间与驾驶员有着直接的关系,根据测定的资料,设计上采用的反应时间是 1.5s,制动生效时间是 1.0s,是比较合适的,也就是总的反应时间是 2.5s。在这个时间内,汽车行驶的距离为:

$$S_1 = v_1 t = \frac{V_1}{3.6} t \tag{2-62}$$

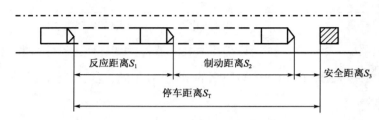

图 2-15 停车视距构成

2. 制动距离

制动距离是指汽车从制动生效到完全停止,在这段时间内汽车行驶的距离。根据汽车的制动性或功能守恒原理有:

$$S_2 = \frac{\frac{V_1^2}{3.6}}{2gf_1} = \frac{V_1^2}{254f_1} \tag{2-63}$$

式中:V_1——汽车的行驶速度(km/h);

　　　f_1——纵向摩阻系数,依车速及路面状况而定;

　　　g——重力系数,取值为 9.81m/s²。

3. 安全距离

安全距离 S_3,一般取 5~10m,以保证汽车有一定的安全距离,在障碍物前安全地停下来而不至于冲到障碍物上。

综上所述,停车视距的计算公式应为:

$$S_T = S_1 + S_2 + S_3 = \frac{V_1}{3.6} t + \frac{V_1^2}{254f_1} + S_3 \tag{2-64}$$

依式(2-64)计算,路面处于潮湿状态的小客车的停车视距如表 2-14 所示。

路面潮湿状态下小客车停车视距 表 2-14

设计速度 V(km/h)		120	100	80	60	50	40	30	20
行车速度 V_1(km/h)		102	85	68	54	45	36	30	20
f_1		0.29	0.30	0.31	0.33	0.34	0.38	0.44	0.44
S_1(m)		70.7	58.9	47.1	37.4	31.3	24.9	20.8	13.8
S_2(m)		141.3	94.8	58.7	34.8	23.5	13.4	8.1	3.5
停车视距(m)	计算值	212	153.7	105.8	72.2	54.1	38.3	28.9	17.3
	标准规定值	210	160	110	75	60	40	30	20

注:表列计算值采用纵坡为零时的平坦路面求得,陡坡下坡路段需进行检验。

路线纵坡度,尤其下坡坡度对货车的停车视距有较大的影响,并且货车存在空载时制动性能差、轴间荷载难以保障均匀分布、一条轴侧滑会引发其他车轴失稳、半挂车铰接车制动不灵等现象。尽管货车驾驶员因眼睛位置较高,比小客车驾驶员看得更远,但仍需要比小客车更长的停车视距。因此,高速公路、一级公路、一级大型车比例高的二级公路、三级公路的下坡路段,应满足表2-15所示的下坡段货车停车视距的要求。

下坡路段货车停车视距(单位:m)　　　　　　　　表2-15

设计速度 V(km/h)		120	100	80	60	50	40	30	20
纵坡坡度（%）	0	245	180	125	85	65	50	35	20
	3	265	190	130	89	66	50	35	20
	4	273	195	132	91	67	50	35	20
	5	—	200	136	93	68	50	35	20
	6	—	—	139	95	69	50	35	20
	7	—	—	—	97	—	50	35	20
	8	—	—	—	—	—	—	35	20
	9	—	—	—	—	—	—	—	20

注:下列路段应采用货车停车视距进行检验:

(1)减速车道及出口端部;

(2)主线下坡路段且纵面竖曲线半径小于一般值的路段;

(3)主线分汇流处,车道数减少,且该处纵面竖曲线半径小于一般值的路段;

(4)要求保证视距的圆曲线内侧,当圆曲线半径小于2倍一般最小半径或路堑边坡坡陡于1:1.5的路段;

(5)道路与道路、道路与铁路平面交叉附近。

二、超车视距

在超车视距检验时,小客车采用的驾驶员视点高度为1.2m,载货货车采用的驾驶员视点高度为2.0m,视点前方路面上障碍物顶点高度为0.6m,即对向车辆(小客车)的前灯高度。超车视距的计算图示见图2-16。为了超车的安全,驾驶员必须看到前面足够长度的车流空隙,以便保证超车时的交通安全。

超车视距可分为4个部分,其计算如下:

$$S_c = S_1 + S_2 + S_3 + S_4 \tag{2-65}$$

式中:S_c——全超车视距(m);

S_1——超车汽车加速行驶的距离(m);

S_2——超车汽车在对向车道上行驶的距离(m);

S_3——超车汽车完成超车时,其与对向来车之间的安全距离(m);

S_4——在整个超车过程中,对向汽车的行驶距离(m)。

1. 超车汽车加速行驶的距离

当欲超车的快车认为有超车可能时,加速行驶移向对向车道,在进入对向车道前所行驶的距离。

$$S_1 = \frac{V_0}{3.6}t_1 + \frac{1}{2}at_1^2 \qquad (2\text{-}66)$$

式中：V_0——被超车的行驶速度(km/h)，可认为较设计速度低 5~20km/h；

t_1——加速时间(s)，一般为 2.7~4.5s；

a——平均加速度(m/s^2)，一般为 0.60~0.66m/s^2。

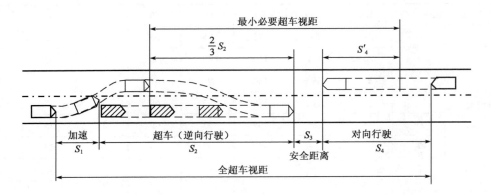

图 2-16 超车视距

2. 超车汽车在对向车道上行驶的距离

$$S_2 = \frac{V}{3.6}t_2 \qquad (2\text{-}67)$$

式中：V——超车汽车在加速后的速度(km/h)，可认为是设计速度；

t_2——在对向车道上行驶的时间(s)，一般在 7.5~11.4s 之间。

3. 超车结束时，超车汽车与对向汽车之间的安全距离

这个安全距离则根据不同等级公路上的计算行车速度的不同而采用不同的值。一般取用 20~100m。

4. 超车汽车从开始超车到完成超车的过程中，对向汽车所行驶的距离

$$S_4 = \frac{V}{3.6}(t_1 + t_2) \qquad (2\text{-}68)$$

在实际的超车过程中，不需要这样理想化的全超车距离，并且在地形较为复杂的地段要实现这一目标也较为困难。实际上在超车汽车加速追上被超汽车后，一旦发现有对向来车而距离不足时，还可以回到原来的车道。这个时间一般可取 $\frac{2}{3}t_2$，所行驶的距离为 $\frac{2}{3}S_2 = \frac{2V}{10.8}t_2$；对向来车的行驶时间只考虑超车汽车进入对向车道后的时间就能够保证交通安全了，即对向来车行驶距离 $S'_4 = \frac{V}{3.6} \cdot \frac{2}{3}t_2$。所以保证超车安全的最小超车视距为 $\frac{2}{3}S_2 + S_3 + S'_4$。在《公路工程技术标准》(JTG B01—2014)的制定过程中，充分考虑了超车时的各种因素，确定了各级公路的最小超车视距，见表 2-16。正常情况下，超车视距应满足一般值要求，条件受限时可采用极限值。

超车视距 表 2-16

设计速度 V(km/h)		100	80	60	40	30	20
被超车车速 V_0(km/h)		80	60	45	30	20	15
平均加速度 a(m/s²)		0.66	0.65	0.63	0.61	0.60	0.60
S_1	t_1(s)	4.5	4.2	3.7	3.1	2.9	2.9
	$S_1 = \frac{V_0}{3.6}t_1 + \frac{1}{2}at_1^2$ (m)	107	76	50	28	19	14
S_2	t_2(s)	11.4	10.4	9.5	8.5	8.0	7.5
	$S_2 = \frac{V}{3.6}t_2$ (m)	317	230	159	95	67	42
S_3		80	60	40	25	20	15
$S_4 = \frac{V}{3.6}(t_1+t_2)$ (m)		442	324	220	129	91	58
$\frac{2}{3}S_2$ (m)		211	154	106	63	45	28
$S_4' = \frac{2}{3} \times \frac{V}{3.6}t_2$ (m)		211	154	106	63	45	28
最小超车视距 $H_C' = \frac{2}{3}S_2 + S_3 + S_4'$ (m)		—	368	252	151	110	71
全超车视距 $H_C = S_1 + S_2 + S_3 + S_4'$ (m)		—	520	355	211	151	99
超车视距标准规定值(m)	一般值	—	550	350	200	150	100
	最小值	—	350	250	150	100	70

注:"一般值"为正常情况下的采用值,"极限值"为条件受限时可采用的值。

对向行驶的双车道公路,应根据需要并结合地形,在适当的距离内设置具有超车视距的路段。

三、平面视距的保证

公路是三维的空间实体,公路视距除收到平、纵、横等几何指标、参数和平纵组合等影响外,还可能收到路侧填挖方边坡、护栏等的遮挡影响,因此,对公路平面和纵断面指标较低、平纵线形组合复杂、中间带设置护栏或防眩设施、路侧设有高边坡或构造物、公路两侧各类出入口、平面交叉、隧道等各种可能存在视距不良的路段和区域,应进行对应的视距检验。对于视距不良路段或区域,应采取相应的技术和工程措施予以改善,如排除公路两侧影响驾驶员视线的障碍物。

由于视距不良与路段具体视距要求有关,视距检验和改善的措施也不尽相同。例如:对于因道路平曲线内侧及中间带设护栏、防眩设施及其他人工构造物等而不能保证视距时,可加宽中间带、路肩、移画标线或将构造物后移等方法,当有稀疏的成行树木、单颗树木或灌木,对视线的妨碍不大并可引导行车或构成行车空间时,可予以保留;当挖方边坡妨碍视线,处于凸形竖曲线或采用停车视距时,则应按横净距绘制的包络线,即视距曲线予以清除边坡,如图 2-20a)所示;当采用会车视距时,则应按横净距绘制的包络线,即视距曲线开挖视距台,如图 2-20b)所示。在路线设计时,应对平曲线内侧车道、竖曲线起终点等视距最不利的车道或位置进行逐桩位的检查,将阻碍视线的障碍物清除,见图 2-17。

一般来说,检查弯道内平面视距能否保证的方法有两种,一是视距曲线法,一是横净距法。

1. 视距曲线法

如图 2-18 所示，AB 是行车轨迹线，从汽车行驶轨迹线上的不同位置（图中的 1、2、3…各点）引出一系列弧长等于需要的最短视距 S 的视线（图中的 1—1′,2—2′,3—3′等），与这些视线相切的曲线（包络线）称为视距曲线。在视距曲线与轨迹线之间的空间范围，是应保证通视的区域，在这个区域内如有障碍物则要予以清除。

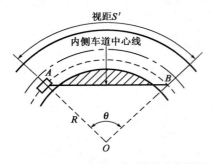

图 2-17　弯道内侧视距障碍物的清除范围

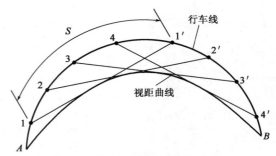

图 2-18　弯道内侧应保证通视的区域

2. 横净距计算方法

在弯道各点的横断面上，汽车轨迹线与视距曲线之间的距离称横净距。未敷设缓和曲线的平曲线，计算横净距的方法分两种情况：一是曲线长度大于视距的情况，二是曲线长度小于视距的情况，见图 2-19。

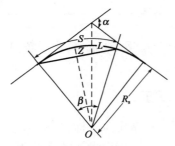

a) 曲线长度大于视距

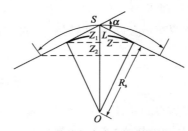

b) 曲线长度小于视距

图 2-19　弯道横净距计算示意图

(1) 当 $L > S$ 时

$$Z = R_S - R_S \cos\frac{\beta}{2} = R_S\left(1 - \cos\frac{S}{2R_S}\right) \tag{2-69}$$

式中：β——视距 S 所对应的曲线圆心角（rad）。

将 $\cos\dfrac{S}{2R_S}$ 按三角级数展开，即可得到：

$$Z \approx \frac{S^2}{8R_S} \tag{2-70}$$

式中：S——视距。

(2) 当 $L < S$ 时

$$\begin{aligned}Z &= Z_1 + Z_2 = R_S\left(1 - \cos\frac{\alpha}{2}\right) + \frac{S-L}{2}\sin\frac{\alpha}{2}\\ &= R_S\left(1 - \cos\frac{L}{2R_S}\right) + \frac{S-L}{2}\sin\frac{L}{2R_S}\end{aligned} \tag{2-71}$$

式中：α——路线偏角(rad)。

将 $\cos\dfrac{L}{2R_S}$ 和 $\sin\dfrac{S}{2R_S}$ 按三角级数展开，即可得到：

$$Z \approx \dfrac{L}{8R_S}(2S-L) \qquad (2\text{-}72)$$

式中：Z——横净距(m)；

R_S——视点轨迹线半径(m)，路面未加宽前曲线内侧路面边缘半径加 1.5m（1.5m 是驾驶员位置至路面边缘的距离）。

$$R_S = R - \dfrac{B}{4} \qquad (2\text{-}73)$$

式中：B——路面宽度(m)。

计算出弯道的横净距以后，对于横距范围内的所有障碍物都要予以清除，见图 2-20。对于敷设了缓和曲线的平曲线可以近似按上述方法计算，也可以参照缓和曲线及平曲线变化进行推导。鉴于篇幅，请读者自行推导。

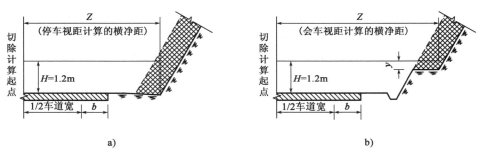

图 2-20 边坡清除断面与开挖视距台断面

注：1. b 为路面加宽值或硬路肩宽。
　　2. 一般情况下，$y = 0.1$m（岩石），$y = 0.3$m（土壤）。

四、各级公路对视距的要求

《公路工程技术标准》(JTG B01—2014) 中规定高速公路、一级公路应满足停车视距的要求；其他各级公路一般应满足会车视距的要求。会车视距指两对向汽车相遇时，采取措施使两车安全停止所需要的最短距离，该距离应包括双向驾驶员及车辆的反应距离、双向车辆的制动距离、两汽车安全距离，故会车视距约为停车视距的两倍。受地形条件或其他特殊情况限制没办法满足会车视距的路段，采取分道行驶措施的路段，可以采用停车视距。

公路及城市道路对大型货车比例高的路段，应采用下坡段货车停车视距对相关路段进行检验。二级公路、三级公路、四级公路对向行驶的双车道公路，应根据需要并结合地形，在适当的距离内设置具有超车视距的路段。超车视距一般应满足"一般值"的地要求。当地形及其他原因不得已时，超车视距长度可适当缩减，最小不应小于"最小值"。因超车路段较长，三、四级公路有时难以达到要求，可采取划分允许超车路段和禁止超车路段的方式。

承担干线功能的二级公路交通量较大时，宜提供一定数量的满足超车视距的路段；位于中、小交通量的路段则可适当减少；位于地形比较复杂的山区，可设禁止超车标志。一般情况下，具有干线功能的二级公路宜在 3min 的行驶时间内，提供一次满足超车视距要求的超车路段。一般情况下，超车路段的总长度不小于路线总长度的 10% ~ 20% 为宜，超车路段的设置应结合地形并力求均匀。

因路面摩阻系数的降低,积雪冰冻地区的停车视距宜适当增长。对重要干线公路,可根据各地要求的必须保证安全的最低车速下适当调增停车视距。

交通组成中无大型、重载型车辆的年平均日设计交通量在1000辆小客车及以下时,视距取值标准均可适当降低,但需满足《小交通量农村公路工程技术标准》(JTG 2111—2019)的要求。

《城市道路路线设计规范》(CJJ 193—2012)中规定,所有道路均须满足停车视距的要求,对有会车可能的道路,应满足会车视距的要求,会车视距是停车视距的两倍。

第六节　平面线形设计

一、平面线形设计的一般原则

1. 平面线形应直接快捷、连续、顺适,并与地形、地物相适应,与周围环境相协调

在地势平坦开阔的平原微丘区,路线直接快捷舒顺,在平面线形三要素中直线所占比例较大。而在地势有很大起伏的山岭和重丘区,路线弯曲多变,曲线所占比例则较大。可以设想,如果在没有任何障碍物的开阔地区(如戈壁、草原等)故意设置一些不必要的弯道,或者在高低起伏的山区硬拉长直线都将会令人产生不协调的感觉。路线要与地形相适应,这是集美学、经济和保护生态环境于一体的问题。直线、圆曲线、缓和曲线的选用与合理组合取决于地形、地物等具体条件,片面强调路线要以直线为主或以曲线为主,或人为规定两者的比例都是不合理的。

在路线设计中设计者可在建立公路及沿线环境的三维模型之后,通过仿真和模拟驾驶等技术方法,对公路视距等控制性指标进行检验评价,同时也可实现对线形的连续性进行更为直观地分析评价,进而发现线形及组合设计中的问题。也可用运行速度协调性评价结果评价线形连续性。因为相邻路段之间的运行速度变化,正是驾驶员对路线几何线形判识和处理之后的综合反映,是对线形连续性和协调性的具体表征。

2. 除满足汽车行驶力学上的基本要求外,还应满足驾驶员和乘客在视觉和心理上的要求

高速公路、一级公路以及计算行车速度大于60km/h的道路,应注重立体线形设计,尽量做到线形连续、指标均衡、视觉良好、景观协调、安全舒适。计算行车速度越高,线形设计所考虑的因素就更应周全。

对于计算行车速度小于40km/h的道路,首先应在保证行车安全的前提下,可以使用平面线形要素最小值,但应在条件允许也不过多增加工程量的情况下,力求做到各种线形要素的合理组合,并尽量避免和减少不利的组合,以期充分发挥投资效益。

3. 保持平面线形的均衡与连贯

为使一条道路上的车辆尽量以均匀的速度行驶,应注意各线形要素保持连续性而不出现技术指标的突变。以下几点在设计时应充分注意:

(1)长直线尽头不能接以小半径曲线,短直线不宜接大半径的平曲线。长的直线和长的大半径曲线会导致较高的车速,若突然出现小半径曲线,会因减速不及而造成事故。特别是长

下坡方向的尽头更要注意。若由于地形所限,小半径曲线难免时,中间应插入过渡性曲线,并使纵坡不要过大。此外,从视觉角度考虑,短直接接大半径平曲线,驾驶员容易忽略直线段的存在,对汽车行驶也是不利的。

(2)高、低标准之间要有过渡。同一等级的公路由于地形的变化在指标的采用上也会有变化。或同一条公路按不同设计速度设计的各设计路段之间也会形成技术标准的变化。遇有这种高、低标准变化的路段,除满足有关设计路段在长度和梯度上的要求外,还应结合地形的变化,使路线的平面线形指标逐渐过渡,避免出现突变。在条件允许时,相邻圆曲线大半径与小半径之比宜小于2.0,相邻圆曲线参数之比宜小于2.0。

不同标准路段相互衔接点,应选在交通量发生变化处,或者驾驶者能够明显判断前方需要改变行车速度的地方,如大型构造物、互通式立体交叉、平面交叉、沿线主要村镇节点的前后,或路侧环境条件明显变化处。

4. 应避免连续急弯的线形

这种线形给驾驶者造成不便,给乘客的舒适性也带来不良影响。设计时可在曲线间插入足够长的直线或缓和曲线。两同向圆曲线间应设有足够长度的直线,不得以短直线相连,否则应调整线形,使之成为一个单曲线或复曲线或运用回旋线组合成卵形、凸形、复合形等曲线。两反向圆曲线间夹有直线段时,以设置不小于最小直线长度的直线段为宜,否则应调整线形或运用回旋线而组合成S形曲线。

5. 平曲线应有足够的长度

如果平曲线太短,汽车在曲线上行驶时间过短会使驾驶操纵来不及调整,一般都应控制平曲线(包括圆曲线及其两端的缓和曲线)的最小长度。

平曲线一般情况下是由两段缓和曲线(或超高、加宽缓和段)和一段圆曲线组成,缓和曲线的长度不能小于该级道路对其最小长度的规定,中间圆曲线的长度宜有大于3s的行程。当条件受限时,可将缓和曲线在曲率相等处对接,此时的圆曲线长度为0。道路平曲线最小长度规定如表2-12所示。

6. 各级公路不论转角大小均应敷设曲线,并尽量选用较大的圆曲线半径

路线转角的大小反映了路线的舒顺程度。但如果转角过小,即使设置了较大的半径也容易把曲线长看成比实际的要短,造成急转弯的错觉。这种倾向偏角越小越显著,以致造成驾驶员枉作减速转弯的操作。路线转角过小时,应设法调整平面线形,当不得已而设置小于7°的转角时,则必须按规定设置足够长的曲线。一般认为,$\alpha < 7°$应属于小转角弯道。对于小转角弯道应设置较长的平曲线,其长度应不小于表2-13中的规定的一般值。但受地形及其他特殊情况限制时,可减短至表中的低限值。

二、平面线形要素的组合与衔接

(一)直线与圆曲线的衔接

路线的行车平顺性要求直线与曲线彼此协调,路线直、曲的变化应缓和匀顺,平面曲线线形要素的半径、长度与相邻的直线长度应相适应。过长的直线段会使驾驶员感到疲倦,同时也是发生事故的原因之一,只有在道路所指方向地平线处有明显目标时才允许采用长直线段。例如,德国的公路设计规范(RAL)规定,曲线半径的大小取决于相连接直线的长度。当$L \leqslant$

500m 时，$R \geq L(m)$；当 $L > 500m$ 时，$R \geq 500m$。

直线与曲线配合不好的线形应予避免，例如，长直线顶端应避免小半径曲线。同向曲线间的短直线可用大半径的曲线来代替。反向曲线间应有适当长度的直线，这段直线也可用缓和曲线（回旋线）来代替。直线与曲线的组合得当，将能提高线形的行驶质量。例如，高速公路线形合理组合圆曲线、回旋线及直线，将能给驾驶员以适当的刺激，实现安全、快速、舒适地行驶。

（二）曲线与曲线的组合

曲线之间的组合应使线形连续均匀，没有急剧的突变。

1. 圆曲线的组合

圆曲线是曲线组成的基本要素，它的组合有如下几种。

（1）同向曲线

同向曲线是指转向相同的两相邻曲线[图2-21a)]。两同向曲线间以短直线相连而成的曲线称为断背曲线，它破坏了平面线形的连续性，应当避免。同向曲线间的直线最小长度应参照表2-1的规定。

（2）反向曲线

反向曲线指转向相反的两相邻曲线[图2-21b)]。两反向曲线间最小直线长度宜大于或等于两倍的设计速度值（表2-1）。三、四级公路两相邻反向曲线在无超高加宽时可径相衔接；在无超高而有加宽时，中间应有长度不小于10m的加宽缓和段。工程特殊困难的山区，三、四级公路设置超高时，中间直线长度不得小于15m。

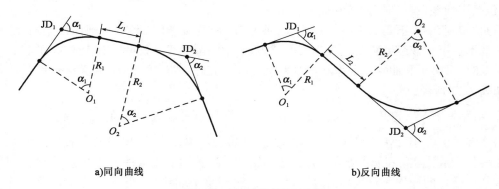

a) 同向曲线　　　　　　　　　　　b) 反向曲线

图2-21　同向曲线与反向曲线

图2-22　复曲线

（3）复曲线

复曲线是指两同向曲线直接相连组合而成的曲线（图2-22）。复曲线中大、小半径之比最好控制在1.5~2.0之间。

2. 回头曲线

当山区因地形地质条件限制，自然展线困难时所设置的回头形状的曲线称作回头曲线（圆心角接近于或不小于180°），如图2-23所示。

越岭线应尽量利用有利地形自然展线，避免设置回头曲线。三、四级公路在自然展线无法争取需要的距离以克服高差,或因地形、地质条件所限不能采取自然展线而必须在同一山坡采取回头展线时,方可采用回头曲线。

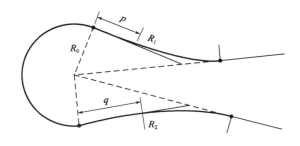

图 2-23 回头曲线

回头曲线各项技术指标可参照表 2-17 所列数据。

回头曲线技术指标　　　　　　　　　　　表 2-17

主线设计速度(km/h)	40		30	20
回头曲线设计速度(km/h)	35	30	25	20
圆曲线最小半径(m)	40	30	20	15
回旋线最小长度(m)	35	30	25	20
超高横坡度(%)	6	6	6	6
双车道路面加宽值(m)	2.5	2.5	2.5	3.0
最大纵坡(%)	3.5	3.5	4.0	4.5

设计速度为 40km/h 的公路可采用 35km/h、30km/h 的回头曲线设计速度。

设计速度为 30km/h 的公路可采用 25km/h 的回头曲线设计速度。

回头曲线前后的线形应有连续性,两头以布设过渡性曲线为宜,应设置限速标志、交通安全设施,并采取保证通视良好的技术措施。

回头曲线上、下线处于同一坡面且容易重叠,尤其在回头曲线前后的辅助曲线上,因受地形限制往往相距较近,对于施工、养护及行车均不利。因此,采用回头曲线应慎重,不得已而采用时应尽可能地拉大上、下线间的横向距离。

(三) 平面线形三要素直线、圆曲线及缓和曲线的基本组合形式

1. 基本型

基本型是指按直线—缓和曲线—圆曲线—缓和曲线—直线的顺序组合,见图 2-24。基本型中的缓和曲线参数、圆曲线最小长度都应符合有关规定。两缓和曲线参数可以相等,也可以根据地形条件设计成不相等的非对称型曲线,此时 $A_1:A_2$ 应不大于 2.0。从线形的协调性看,宜将缓和曲线、圆曲线、缓和曲线之长度比设计成 1:1:1~1:2:1。

2. S 形

S 形是指两个反向圆曲线用回旋线连接的组合,见图 2-25。S 形相邻两个缓和曲线参数宜相等。当采用不同的参数时,A_1 与 A_2 之比应小于 2.0,有条件时以小于 1.5 为宜。

当 $A_2 \leq 200$ 时,A_1 应不大于 1.5 倍 A_2。此外,在 S 形曲线上,两个反向缓和曲线之间不应设置直线。不得已插入直线时,必须尽量地短,其短直线的长度或重合段的长度应符合下式:

$$l \leqslant \frac{A_1 + A_2}{40} \tag{2-74}$$

式中：l——反向回旋线间短直线或重合段的长度(m)；

A_1、A_2——分别为两个反向回旋线参数。

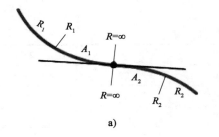
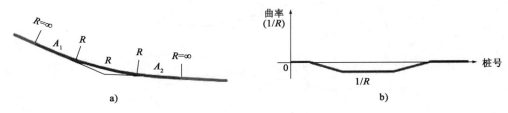

图 2-24　基本型

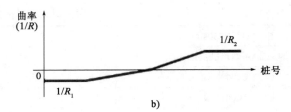

图 2-25　S 形

S 形两圆曲线半径之比不宜过大，一般控制在：

$$\frac{R_1}{R_2} \leqslant 2 \tag{2-75}$$

式中：R_1——大圆半径(m)；

R_2——小圆半径(m)。

3. 卵形

卵形是指用一个缓和曲线连接两个同向圆曲线的组合，见图 2-26。

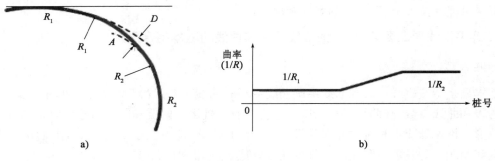

图 2-26　卵形

卵形上的缓和曲线参数 A 不应小于该级公路关于缓和曲线最小参数的规定，同时为满足视觉要求，宜控制在下列范围之内：

$$\frac{R_2}{2} \leqslant A \leqslant R_2 \tag{2-76}$$

式中：A——缓和曲线参数；

R_2——小圆半径(m)。

两圆曲线半径之比也应控制在下式的范围之内:

$$0.2 \leq \frac{R_2}{R_1} \leq 0.8 \tag{2-77}$$

式中:R_2——小圆半径(m)。

两圆曲线的间距,以 $D/R_2 = 0.003 \sim 0.03$ 为宜。D 为两圆曲线间的最小间距(m)。

卵形一般是为适应特殊地形需要设置的,多出现在互通式立体交叉的匝道线形设计中。

4. 凸形

凸形是指在两个同向缓和曲线之间不插入圆曲线而径相衔接的组合,见图2-27。

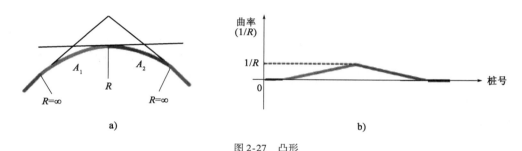

图2-27 凸形

凸形的缓和曲线的参数及其连接点的曲率半径,应分别符合容许最小缓和曲线参数和圆曲线一般最小半径的规定。连接点附近最小 $0.3V$ 的长度范围内,应保持以连接点的曲率半径确定的路拱横坡度。

凸形曲线尽管在各衔接处的曲率是连续的,但因中间圆曲线的长度为零,对驾驶操纵还是造成一些不利因素,所以只有在布设路线特别困难时方可采用凸形。

5. 复合型

复合型是指两个以上同向缓和曲线间在曲率相等处相互连接的形式,见图2-28。

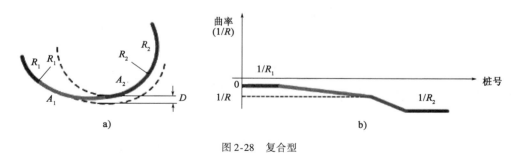

图2-28 复合型

复合型的两个缓和曲线参数之比应控制在 $A_1 : A_2 = 1 : 1.5$

复合型回旋线除了受地形和其他特殊限制的地方外一般很少使用,多出现在互通式立体交叉的匝道线形设计中。

6. C形

C形是指同向曲线的两回旋线在曲率为零处径相衔接的形式,见图2-29。其连接处的曲率为零,相当于两基本型的同向曲线中间直线长度为零,这种线形对行车也会产生不利影响。

因此,C 形曲线只有在特殊地形条件下方可采用。

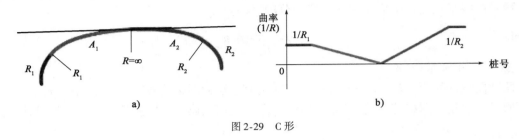

图 2-29　C 形

第七节　道路平面设计成果

道路平面设计成果主要有说明书、图、表等表达形式。平面设计所包括的主要设计图纸有:路线平面设计图、路线交叉设计图、平面布置图等。主要表格有:直线、曲线及转角一览表、路线交点坐标表、逐桩坐标表、路线固定点表、总里程及断链桩号表等。公路工程各种图纸的绘制和各种图表的填写都应符合交通部颁发的《公路工程基本建设项目设计文件编制办法》(交公路发〔2007〕358 号)中"设计文件图表示例"中的要求。

一、路线平面设计图

(一)公路路线平面设计图

路线平面设计图是道路设计文件的重要组成部分。该图全面、清晰地反映了道路平面位置和经过地区的地形、地物等,它是设计人员设计意图的重要体现。

1. 平面图的比例尺和测绘范围

公路路线平面图是指包括道路中线在内的有一定宽度的带状地形图。若用于工程可行性研究、初步设计阶段的方案研究与比选,可采用 1:5000 或 1:10000 的比例尺测绘(或向国家测绘部门和其他工程单位搜集)。但作为初步设计、施工图设计的设计文件组成部分应采用更大的比例尺,一般常用的是 1:2000,在平原微丘区可用 1:5000。在地形特别复杂地段的路线初步设计、施工图设计可用 1:1000。若为纸上移线,则比例尺将更大。

路线带状地形图的测绘宽度,一般为中线两侧 100～200m。对 1:5000 的地形图测绘宽度每侧应不小于 200m。若有比较线,应将比较线包括进去。

2. 路线平面图的内容及要求

路线平面图需示出地物、地形、平面控制点、高程控制点,路中心线位置及平曲线交点,公里桩、百米桩及平曲线主要桩位,断链位置及前后桩号,各种构造物的位置以及县以上境界等。标出指北图式,列出平曲线要素表。高速公路、一级公路及采用坐标控制的其他等级公路还应标出坐标网格,互通式立体交叉平面布置形式,跨线桥(包括分离式立体交叉桥)位置及交叉方式,复杂平面交叉位置及形式。标注地形图的坐标和高程体系以及中央子午线经度或投影轴经度。必要时增加在影像地形图上绘制的平面图。

初步设计阶段如比较方案如远离推荐方案时,可单独绘制(注明上承下接关系、对应桩号)。

3. 公路路线平面设计图示例(图2-30)

(二)城市道路平面设计图

1. 绘图比例尺和测绘范围

城市道路相对于公路,长度较短而宽度较宽,在绘图比例尺的选用上一般比公路大。在做技术设计时,可采用1:500~1:2000(立交1:500~1:1000)的比例尺绘制。绘图的范围,视道路等级而定,等级高的范围应大一些,等级低的可小些。通常在道路两侧红线以外各20~50m,或中线两侧各50~150m,特殊除外。

2. 城市道路平面设计图的内容及要求

城市道路平面设计图应标出规划道路中线位置、红线宽度、规划道路宽度、道路施工中线及主要部位的平面布置和尺寸。拆迁房屋征地范围,桥梁、立交平面布置,相交的主要道路规划中线、红线宽度、道路宽度、过街设施(含天桥和地道)及公交车站等设施,主要杆管线及附属构造物的位置。

一张完整的平面设计图,除清楚而正确地表达上述设计内容外,还可对某些细部设施或构件画出大样图。最后在图中的空白处做一些简要的工程说明,如工程范围、采用坐标系、引用的水准点位置。

在城市道路设计文件中所提供的平面设计图应包括两种图式:一种是直接在地形图上所做的平面布置图,红线以内和红线以外的地形地物一律保留;另一种是只绘红线以外的地形地物,红线以内只绘车道线和道路上的各种设施而不绘地形地物。两种图各有优缺点:前者可以看出设计人员是如何处理道路与地形地物之间的关系的(包括拆迁情况),后者则可更清晰地表现道路上各种设施的位置和尺寸;前一种图一般用在方案研究和初步设计中,后一种图用在技术设计或施工图设计中。

3. 技术设计或施工图设计阶段的城市道路平面图示例

图2-31为技术设计或施工图设计阶段的城市道路平面图。

二、逐桩坐标表

高等级公路的线形指标一般较高,具体反映就是圆曲线半径较大,缓和曲线较长,在测设和放线过程中要求使用坐标法,以便保证测量精度。因此,在设计文件中提供逐桩坐标表是十分必要的。高速公路、一级公路施工图阶段必须编制本表,列出桩号,纵、横坐标等并注明坐标系统及中央子午线经度或投影轴经度。

逐桩坐标即是每个中桩的坐标,一般按如下步骤进行计算:

1. 计算导线点坐标

采用两阶段勘测设计的公路或一阶段设计,但遇地形困难的路段,一般都要先作平面控制测量,而路线的平面控制测量多采用导线测量的方法,在有条件时可优先采用全球定位系统(简称GPS)测量的方法。导线测量的方法,又有经纬仪导线法,光电测距仪法和全站型电子速测仪法。其中全站仪可以直接读取导线点的坐标,其他方法可以在测得各边边长及其夹角后,用坐标增量法逐点推算其坐标。用GPS定位技术观测,则可在测站之间不通视的情况下,高精度、高效率地获得测点的三维坐标。

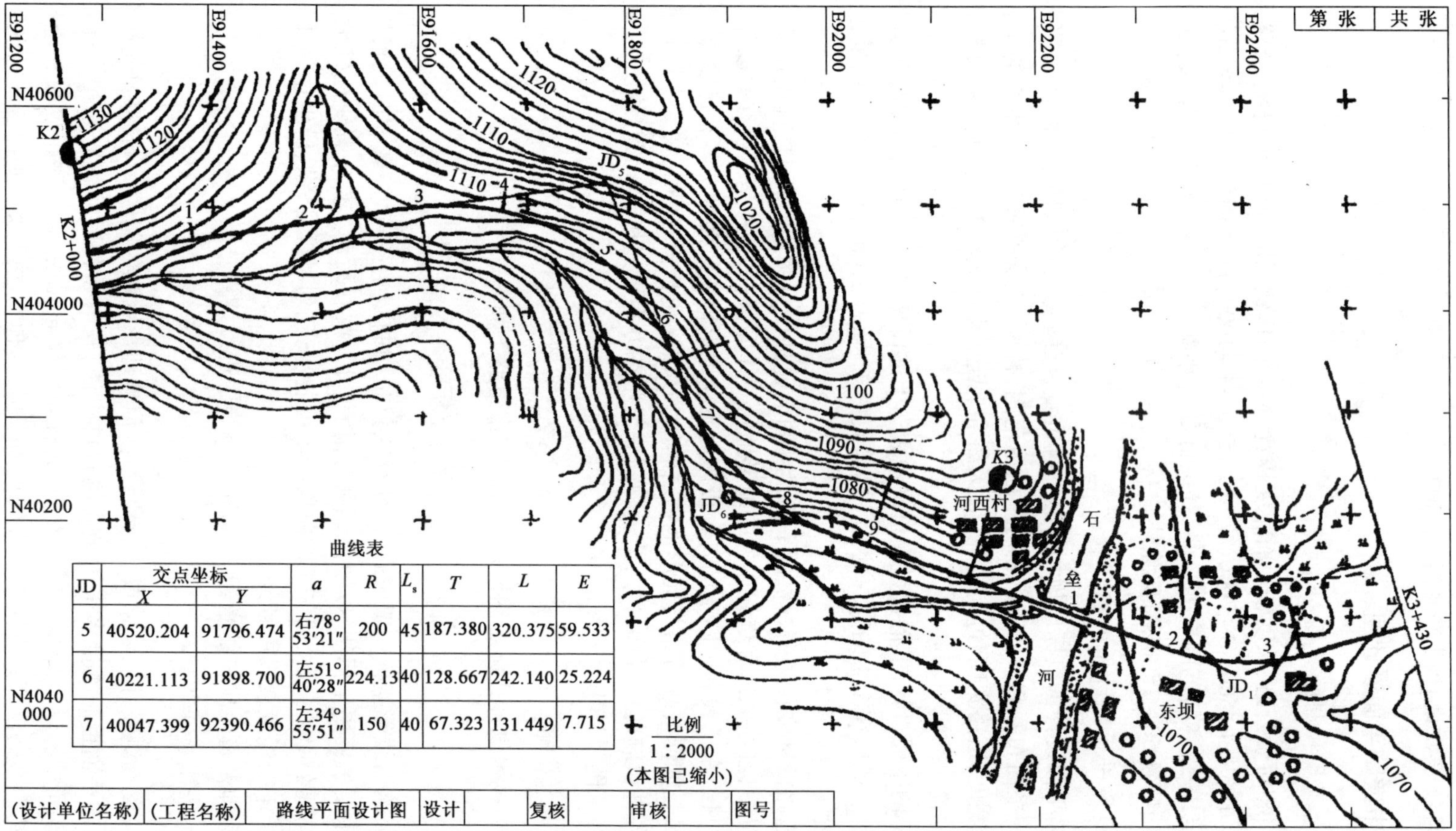

曲线表

JD	交点坐标 X	Y	α	R	L_s	T	L	E
5	40520.204	91796.474	右78°53'21"	200	45	187.380	320.375	59.533
6	40221.113	91898.700	左51°40'28"	224.1340		128.667	242.140	25.224
7	40047.399	92390.466	左34°55'51"	150	40	67.323	131.449	7.715

比例 1:2000
(本图已缩小)

(设计单位名称) | (工程名称) | 路线平面设计图 | 设计 | 复核 | 审核 | 图号

图2-30 公路路线平面设计图

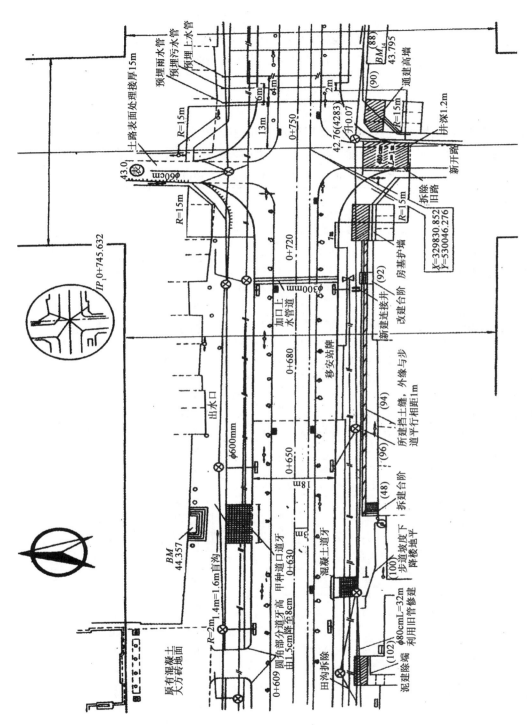

图2-31 城市道路平面设计图

2. 计算交点坐标

当导线点的精度满足要求并经平差后,即可展绘在图纸上,用以测绘地形图(纸上定线),或以导线点为依据在现场直接测得路线各交点的坐标(直接定线)。纸上定线的交点坐标可以在图纸上量取,而直接定线的交点坐标若是用全站仪测量则也可以很方便地获得(见《测量学》所学内容,这里不做重复)。

3. 计算各中桩坐标

可先计算直线和曲线主桩点坐标,然后计算缓和曲线、圆曲线上每一个中桩的坐标。有关中桩坐标的计算方法,可参见测量课所学内容,这里不再赘述。将计算结果列表,见表2-18。

某公路 K1+500.00 ~ K2+700.00 路段的逐桩坐标表　　表 2-18

桩　号	坐标(m) X	坐标(m) Y	方向角	桩　号	坐标(m) X	坐标(m) Y	方向角
K1+500.00	40632.336	90840.861	116°46′33.0″	K2+140.00	40471.158	91436.529	82°14′27.0″
K1+540.00	40614.316	90876.572	116°46′33.0″	K2+160.00	40473.858	91456.346	82°14′27.0″
K1+570.00	40600.801	90903.355	116°46′33.0″	K2+180.00	40476.558	91476.163	82°14′27.0″
K1+600.00	40587.286	90930.139	116°46′33.0″	K2+200.00	40479.258	91495.980	82°14′27.0″
K1+630.33	40573.623	90957.216	116°46′33.0″	K2+220.00	40481.959	91515.797	82°14′27.0″
K1+669.00	40556.202	90991.740	116°46′33.0″	K2+240.00	40484.659	91535.613	82°14′27.0″
K1+680.00	40551.246	91001.561	116°46′33.0″	K2+260.00	40487.359	91555.430	82°14′27.0″
K1+700.00	40542.236	91019.416	116°46′33.0″	K2+280.00	40490.059	91575.247	82°14′27.0″
K1+720.00	40533.226	91037.272	116°46′33.0″	K2+300.00	40492.759	91595.064	82°14′27.0″
K1+750.00	40519.711	91064.055	116°46′33.0″	ZH+315.89	40494.905	91610.809	82°14′27.0″
K1+780.00	40506.196	91090.838	116°46′33.0″	K2+340.00	40497.902	91634.730	84°05′26.5″
K1+800.00	40497.186	91108.694	116°46′33.0″	HY+360.89	40499.302	91655.568	84°41′08.7″
K1+820.00	40488.176	91126.549	116°46′33.0″	K2+380.00	40498.828	91674.665	94°09′37.3″
K1+840.00	40479.166	91144.405	116°46′33.0″	K2+400.00	40496.383	91694.506	99°53′23.8″
ZH+856.31	40471.593	91159.412	116°46′33.0″	K2+420.00	40491.969	91714.005	105°37′10.3″
K1+870.00	40465.708	91171.216	115°56′42.1″	K2+440.00	40485.631	91732.965	111°20′56.7″
HY+896.81	40455.191	91195.860	109°08′09.7″	K2+460.00	40477.431	91751.165	117°04′43.2″
K1+900.00	40454.177	91198.885	107°55′03.1″	QZ+476.08	40469.544	91765.206	121°41′06.9″
QZ+922.01	40448.963	91220.253	99°30′30.3″	K2+500.00	40455.794	91784.761	128°32′16.2″
K1+940.00	40447.061	91238.126	92°38′19.1″	K2+520.00	40442.573	91799.757	134°16′02.6″
YH+947.00	40446.902	91245.344	89°52′50.9″	K2+540.00	40427.920	91813.357	139°59′49.1″
K1+960.00	40447.413	91258.112	85°46′43.6″	K2+560.00	40411.983	91825.427	145°43′35.6″
K1+980.00	40449.567	91277.993	82°29′23.3″	K2+580.00	40394.921	91835.845	151°27′22.1″
HZ+987.22	40450.531	91285.148	82°14′27.0″	YH+591.27	40384.875	91840.947	154°41′05.3″
K2+000.00	40452.257	91297.811	82°14′27.0″	K2+600.00	40376.910	91844.518	156°56′35.0″
K2+010.00	40453.607	91307.719	82°14′27.0″	K2+620.00	40358.262	91851.740	160°17′15.4″
K2+030.00	40456.307	91327.536	82°14′27.0″	GQ+636.27	40342.893	91857.077	161°07′48.0″
K2+050.00	40459.007	91347.353	82°14′27.0″	K2+650.00	40329.916	91861.563	160°31′48.6″
K2+070.00	40461.707	91367.170	82°14′27.0″	K2+670.00	40311.219	91868.655	157°30′02.7″
K2+100.00	40465.757	91396.895	82°14′27.0″	K2+700.00	40284.324	91881.898	149°57′30.4″
K2+120.00	40468.458	91416.712	82°14′27.0″				

表 2-19

直线、曲线及转角一览表

点号	交点坐标 S(X)	交点坐标 E(Y)	交点桩号	转角值 左偏	转角值 右偏	曲线要素值(m) 半径	第一缓和曲线参数 A_1	第一缓和曲线长度 L_{s1}	第二缓和曲线参数 A_1	第二缓和曲线长度 L_{s2}	第一切线长度 T_1	第二切线长度 T_2	曲线长度 L	外矢距 E	第一缓和曲线终点或圆曲线起点 ZH	第一缓和曲线终点或圆曲线起点 HY (ZY)	曲线中点 QZ	第二缓和曲线终点或圆曲线起点 YH (YZ)	第二缓和曲线终点 HZ	直线段长(m)	交点间距(m)	计算方向及方向角	备注
0	10003.742	957.231	K0+000																				
1	9999.97	1000.33	K0+043.26	13°20′25″		170	77.1	35	77.1	35	37.41	37.41	74.58	1.46	K0+005.85	K0+040.85	K0+043.14	K0+045.43	K0+080.43	5.85	43.25		
2	1000.33	1542.13	K0+590.62	5°22′43″		760	0	0	0	0	35.7	35.7	71.35	0.84	K0+554.92	K0+554.92	K0+590.59	K0+626.27	K0+626.27	474.49	547.59		
3	10082.87	1609.26	K0+657.79	4°30′46″		798.47	0	0	0	0	31.46	31.46	62.89	0.62	K0+626.27	K0+626.27	K0+657.78	K0+689.22	K0+689.22	0	67.2		
4	10109.666	1799.745	K0+850.122																	160.9	192.4		
5	10232.675	2626.091	K1+685.573																	835.45	835.45		
6	10256.024	2777.365	K1+838.638			15	0	0	0	0	11.51	11.51	19.63	3.91						153.07	153.07		
7	10474.072	4242.51	K3+319.919																	1481.3	1481.3		
8	10554.858	4751.977	K3+835.750	74°59′56″		20	0	0	0	0	20.36	20.36	31.78	8.54	K3+824.24	K3+824.24	K3+834.06	K3+843.88	K3+843.88	504.32	515.82		
9	11001.084	4798.805	K4+281.05		91°01′54″	20	0	0	0	0	20.36	20.36	31.78	8.54	K4+260.68	K4+260.68	K4+276.57	K4+292.46	K4+292.46	416.8	437.2		
10	10993.154	4876.151	K4+336.955																	44.495	64.895		
11	10914.34	5591.809	K5+069.832																	732.88	732.88		

三、直线、曲线及转角一览表

直线、曲线及转角一览表是平面设计的主要成果之一。它反映了平面线形设计的直线、曲线要素及数据,是施工时恢复路线的主要依据之一,直线、曲线及转角表应列出交点号、交点桩号、交点坐标、偏角、曲线各要素值、平曲线主要桩位、直线长、计算方位角、备注路线起讫点桩号、断链桩号、坐标系统等,见表2-19。

四、其他成果

道路平面设计成果除了以上主要成果以外,还有:

(1)总里程及断链桩号表,应列出总里程、测量桩号、断链桩号断链(增长、减短)、断链累计(长链、短链)、换算连续里程等。

(2)道路用地图,应标出路线用地界线(变宽点处注明前后用地宽度及里程桩号)、土地类别、分界桩号及地表附着物,土地所属县、乡等。高速公路、一级公路在用地范围以外还应标出建筑红线。

(3)平面总体设计图,应标出设计道路在城市道路网中的位置,沿线规划布局及现状,重要建筑物、单位、文物古迹、立交、桥梁、隧道及主要相交道路和附近道路系统。

小结:直线在平面线形中占有一定的比例,有其一定的使用场合,尤其要注意短直线的合理应用问题;理论上圆曲线半径的确定要依据汽车在曲线上行驶的横向稳定性,实用中要结合地形及直、缓、圆的合理组合,视具体情况采用;缓和曲线只有在四级公路及圆曲线半径大于规定值时才不设,一般均应设置缓和曲线。

复习思考题

1. 平面线形三要素是什么?各有什么特点?
2. 简述直线的适用场合,长短直线的概念及实际如何应用。
3. 圆曲线半径确定的理论依据是什么?标准中有几种规定值?实用中如何选择曲线半径?
4. 缓和曲线的作用是什么?
5. 什么是视距?分几种?不同视距在什么情况下需要满足?
6. 三要素有那几种组合形式?
7. 如果弯道的半径很小,路面横坡 i_h 不适当,汽车的轮距 b 较窄,装载重心 h_g 又过大,车速 V 很高,则汽车有倾覆的可能性。试分析汽车开始倾覆时上述诸因素的关系。

设 $b=1.7 \text{m}, h_g=1.8 \text{m}, i_h=-0.03(反超高), R=50 \text{m}$

求倾覆时的临界速度 V?

8. 在气候良好,交通量不大时,部分汽车会采用较设计速度更高的速度,特别是在低速路上。据测一些驾驶员甚至采用的 μ 值可大至 0.3。请问在半径50m,超高率为0.06的弯道上,这类汽车的时速可高至多少?

9. 在冰雪覆盖的光滑路面上,一般驾驶员会降低车速以保持转弯时 μ 不超出 0.07,以保证安全。请问在半径为50m,超高率为0.06的弯道上,时速不超过多少 km?

10. 一条二级平原区路线，JD_3 的里程为 K5+146.94，$\alpha_y = 45°25'30''$，$L_s = 35m$，$R = 150m$。

计算：(1) 曲线要素。

(2) 主点桩里程。

(3) 缓和曲线上 10m 一桩，圆曲线上 15m 一桩，分别用支距法及偏角法计算放桩数据。

第三章 道路纵断面

本章教学要求

学习目标：掌握纵断面设计指标的理论依据及纵断面设计的一般规定，能够进行纵坡设计。
学习重、难点：平纵组合设计、竖曲线计算。

第一节 概 述

沿道路中线竖向剖切，然后展开的剖面称为道路的纵断面图，它反映了道路中线原地面的起伏情况以及路线设计的纵坡情况。路线纵断面设计即是根据自然地理条件、气候情况、汽车的动力特性以及道路等级等情况，拟定的道路竖向起伏变化的空间线形，也是道路设计的重要技术文件之一。本章的主要任务是研究纵断面线形的几何构成及其大小与长度。

图 3-1 为路线的纵断面示意图，把它和路线的平面图结合起来，即可确定道路的空间位置。

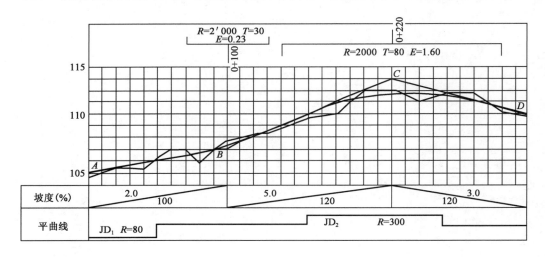

图 3-1 路线纵断面示意图

纵断面图上主要反映两条线：一是地面线，是根据道路中线上各桩的高程而点绘成的一条不规则的折线，反映了原地面的起伏变化情况。二是设计线，它是经过技术上、经济上以及美学上等多方面进行比较及研究后确定出来的一条具有规则形状的几何线形,它反映了道路路线的起伏变化情况。纵断面设计线是由直坡段及曲线段组成的,直坡段有上坡、下坡之分,上坡为正坡(+),下坡为负坡(-)。坡长(m)为直坡段的水平投影长。坡度(%)的大小直接影响车辆的行驶速度、行驶安全及运输效率,它们一些极限值的确定及限制,是受汽车类型及行驶动力制约的。在两直坡的变坡点处为平顺行车及必要的视距,以一曲线进行过渡,称为竖曲线。竖曲线分凹形竖曲线、凸形竖曲线,以半径大小及水平投影长度表示。

纵断面上的设计高程,即路基设计高程规定如下:

新建的高速公路和一级公路宜采用中央分隔带的外侧边缘高程;二、三、四级公路宜采用路基边缘高程,在设置超高、加宽地段为设超高、加宽前该处边缘高程。

改建公路一般宜按新建公路的规定执行,也可视具体情况而采用中央分隔带中线或行车道中线高程。

沿河及可能受水浸淹的道路,按设计高程推算的最低侧路基边缘高程,应高出表3-1规定的洪水频率计算水位加壅水高、波浪侵袭高和0.5m的安全高度。

路基设计洪水频率　　　　　　　　　　　　　表3-1

公路等级	高速公路	一	二	三	四
设计洪水频率	1/100	1/100	1/50	1/25	按具体情况确定

沿水库上游岸边的路线,路基最低侧边缘高程应考虑水库水位升高后地下水位壅升,以及水库淤积后壅水曲线抬高及浪高的影响;在寒冷地区还应考虑冰塞壅水对水位增高的影响。

大、中桥桥头引道(在洪水泛滥范围内)的路基最低侧边缘高程,一般应高于该桥设计洪水位(并包括壅水和浪高)至少0.5m;小桥涵附近的路基最低侧边缘高程应高于桥(涵)前壅水水位至少0.5m(不计浪高)。

城市周边地区的公路路基设计洪水频率应结合城市防洪标准,考虑救灾通道、排洪和泄洪需求综合确定。

具体工程设计时,路基边缘高程与地下水位的关系应根据公路所在地区情况,充分考虑水文环境对路基的影响。若遇特殊地质、地理、气候条件,应进行专项水文分析,并采取相应的设计措施。

城市道路纵断面的设计高程宜采用道路设计中线处的路面设计高程;当有中间分隔带时可采用中间分隔带外侧边缘线处的路面设计高程。

城市道路纵断面设计应参照城市竖向规划控制高程,并适应临街建筑立面布置,确保沿线范围地面水的排除;应与相交道路、街坊、广场和沿街建筑物的出入口有平顺的衔接。

城市道路纵断面设计应根据道路等级、综合交通安全、建设期间的工程费用与运营期间的经济效益、节能减排、环保效益等因素,合理确定路面设计纵坡和设计高程。

本章从汽车行驶特性出发,讨论纵断面设计指标及设计方法。

第二节　汽车的动力性能

道路纵断面设计线的起伏状况如前节所述,以坡度及坡长表示,坡度的大小及坡长的长短直接与行驶的车辆有关。为了保证车辆行驶的安全、快速与舒适,纵断面设计必须满足车辆行驶的要求。以下讨论汽车在纵断面上的行驶特性。

一、汽车的牵引力

道路坡度值的规定首先与汽车的动力性能相关,以下就汽车的动力性能进行讨论。

汽车的牵引力来自汽车的发动机,发动机首先旋转产生扭矩,通过一系列的变速传递到驱动轮上,在驱动轮与地面的作用中,产生牵引力,汽车的传动系统如图 3-2 所示。

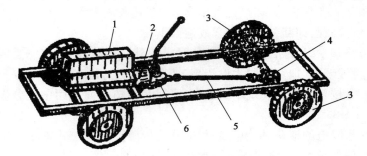

图 3-2　汽车的传动系统图

1-发动机;2-离合器;3-驱动轮;4-主传动器;5-万向传动机构;6-变速器

(一)发动机的曲轴扭矩 M_e

汽车的驱动力来自发动机,将热能转变成机械能产生有效功率 N_e。

$$N_e = M_e \omega \tag{3-1}$$

式中:ω——发动机曲轴转动角速度(rad/s),$\omega = 2\pi n_e/60$;

　　n_e——发动机曲轴转数(r/min);

　　M_e——发动机扭矩(N·m)。

$$N_e = \frac{M_e \cdot \omega}{1000} = \frac{M_e n_e}{9549} \tag{3-2}$$

$$M_e = \frac{1000 N_e}{\omega} = \frac{1000 N_e \times 60}{2\pi n_e} = \frac{9549 N_e}{n_e} \tag{3-3}$$

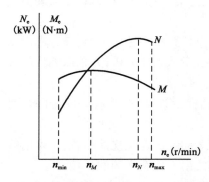

图 3-3　某汽车发动机的外特征曲线示意图

汽车最大的有效功率 N_e 与曲轴转数 n_e 之间的关系曲线是发动机基本特性,它被称为汽车的外特征曲线。它是在实验室中用专门的制动测功器求得的,如我国解放牌汽车的外特征曲线为:开始时,n_e 增大,N_e 增大;n_e 继续增大,机械损失增大,气缸充气变坏,故 N_e 变小。因此,一般汽车设计时使 n_{max} 为最大功率时 n 的 10%~25%。由外特征曲线用上述公式可得其相当的扭矩曲线,见图 3-3。

发动机曲轴的扭矩 M_e 经传动系(即离合器、变速器、传动轴、主传动器、差速器及半轴)传递到汽车的驱动轮上。而到驱动轮上的扭矩已不同于曲轴扭矩 M_e,下面讨论这些问题。

(二)驱动轮的扭矩 M_k 和牵引力 P_t

1. 驱动轮的转数 n_k 及功率 N_k

曲轴转数 n_e,经过变速箱速比 i_k、效率 η_k 的传递,到万向传动机构其转数及功率为:

$$n_n = \frac{n_e}{i_k N_n} = N_e \eta_k$$

万向传动机构的转数 n_n 经过主传动器的传递,主传动器的速比 i_0,效率 η_0,传到驱动轮上的转数 n_k 及功率 N_k 为:

$$n_k = \frac{n_n}{i_0} = \frac{n_e}{(i_k i_0) N_k} = N_n \eta_0 = N_e \eta_k \eta_0$$

设 $\gamma = i_k i_0, \eta = \eta_k \eta_0$

则:

$$n_k = \frac{n_e}{\gamma} \tag{3-4}$$

$$N_k = N_e \eta \tag{3-5}$$

2. 驱动轮的扭矩

$$M_k = \frac{9549 N_k}{n_k} = M_e \gamma \eta \tag{3-6}$$

式中:η——总机械效率,$\eta = \eta_k \eta_0$。

3. 汽车行驶速度

$$v = r_k \overline{\omega}_k = r_k \cdot \frac{2\pi n_k}{60} = \frac{2\pi r_k n_e}{60\gamma} = 0.105 \frac{r_k n_e}{\gamma}$$

$$V = 3.6v = 0.377 \frac{r_k n_e}{\gamma} \tag{3-7}$$

式中:r_k——车轮工作半径(m)。

4. 汽车牵引力 P_t

作用在驱动轮上的扭矩 M_k(M_k 可以用 P_k 一对力偶来代替)使车轮对路面产生一圆周力 P_k,其是车轮对路面的作用力,正常情况下路面产生一反力 P_t,P_t 是驱动汽车行驶的外力,称其为牵引力,见图3-4。

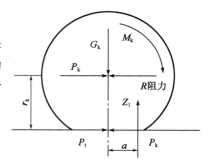

图3-4 驱动轮受力示意图

由图3-4得:

$$P_t = \frac{M_k}{r_k} - \frac{Z_1 a}{r_k}$$

一般可不考虑 Z_1 的影响,则:

$$P_t = \frac{M_k}{r_k} - \frac{Z_1 a}{r_k} \approx \frac{M_k}{r_k} = P_k \tag{3-8}$$

$$P_t = \frac{M_e \gamma \eta}{r_k} \tag{3-9}$$

式中:η——传动系的效率,一般取 0.8~0.95(一般载货汽车为 0.8~0.85,小客车为 0.85~0.95);

r_k——车轮工作半径(m),影响因素有气压、外胎构造、路面的刚性与平整度及荷载等。

关于 r_k 取值,我国 $r_k = 0.93 \sim 0.96 r$(r 未变形轮胎半径,m);英国 $r_k = d/2 + b(1-\lambda)$,单位为 in。其中,d 为轮胎直径(in);b 为轮缘宽度(in);λ 为轮胎变形系数,小客车 12%~14%;载货汽车、公共汽车 1%~3%;超低压 7%~9%。

5. P_t 与 V 的关系

由式(3-7)及(3-9)可得:

$$P_t = \frac{M_k}{r_k} = \frac{M_e \gamma \eta}{r_k} = 0.377 \frac{M_e \eta n_e}{V} \tag{3-10}$$

由式(3-10)可知 P_t 与 V 成反比,式(3-7)、(3-9)进一步揭示,欲要较大的 P_t,传动速比 γ 得大,而 γ 越大,V 越小。这就是汽车设置几个排挡的道理。排挡以不同的 γ 区别,低排挡 γ 大,而获得大的 P_t,小的 V(上坡);高排挡 γ 小,而获得小的 P_t、大的 V(下坡)。即同一台发动机,高速和大的牵引力不能同时获得,对某一定型汽车,γ 为定值。

二、汽车的行驶阻力

汽车在行驶中要克服各种行驶阻力,这些阻力与汽车周围的空气介质、道路状况、汽车行驶状态等因素相关。行驶阻力根据产生的原因分别为空气、道路、惯性等阻力,下面分别讨论。

(一)空气阻力

空气阻力主要由三部分组成:
(1)迎风面空气质点压力;
(2)车后面真空吸引力;
(3)空气质点与车身的摩擦力,总称空气阻力。
根据空气动力学原理及试验可按下式计算:

$$R_w = C\rho A v^2$$

一般写成:

$$R_w = \frac{KAV^2}{13} \tag{3-11}$$

式中: C——汽车流线型系数,取决于轮廓形状及车身光滑程度;
  ρ——空气密度,认为是常数;
  v、V——车速(m/s、km/h);
  K、$C\rho$——空气阻力系数,由实测得出(kg/m^3);可查表3-2。
  A——汽车在运动方向的正投影面积(m^2),可直接在投影面上测的,也可按下式计算:

$$A = BH \quad (m^2)$$

式中: B——轮距(m);
  H——汽车总高(m)。

$$A = B_1 H \quad (m^2)$$

式中: B_1——汽车的最大宽度(m)。

K 值表 表3-2

车 型	$K(kg/m^3)$	$A(m^2)$	$KA(kg/m^2)$
闭式车身小客车	0.20~0.35	1.6~2.8	0.3~0.9
敞式车身小客车	0.40~0.50	1.5~2.0	0.6~1.0
载货汽车	0.50~0.70	3.0~5.0	1.5~3.5
车厢式车身大客车	0.25~0.40	4.5~6.5	1.0~2.6

汽车列车的空气阻力一般按每节挂车的空气阻力为其牵引力的20%进行近似计算,则:

$$R_\mathrm{w} = \frac{(1+0.2n)KAV^2}{13} \quad (3\text{-}12)$$

式中:n——挂车节数。

消耗的功率:

$$N_\mathrm{w} = \frac{R_\mathrm{w}V}{3600} = 2.1 \times 10^{-5} KAV^3 \quad (3\text{-}13)$$

(二)道路阻力

1.滚动阻力 R_f

滚动阻力产生的主要原因:

(1)轮胎与道路的变形。

(2)轮胎在不平整道路上的震动和撞击。

(3)轮胎被吸向滚动表面的吸力及从动轮轴承之间的摩擦力。

滚动阻力可按下式计算:

$$R_\mathrm{f} = fG\cos\alpha \quad (3\text{-}14)$$

式中:G——车总重(N);

$G\cos\alpha$——车重在路面法向的分力;

f——滚动阻力系数,主要取决于路的平整度及刚度,其次为轮胎气压和行驶速度 V,可认为只与路况有关,其值如表3-3所示。

滚动阻力系数 f 值表　　　　表3-3

路面类型	水泥混凝土和沥青混凝土路面	表面平整黑色碎石路面	碎石路面	干燥平整的土路	潮湿不平整的土路
f 值	0.01~0.02	0.02~0.025	0.03~0.05	0.04~0.05	0.07~0.15

由于 α 一般小于5°,则有:

$$\cos\alpha \approx 1$$

故:

$$R_\mathrm{f} = fG \quad (3\text{-}15)$$

消耗的功率:

$$N_\mathrm{f} = \frac{R_\mathrm{f}V}{3600} = \frac{GfV}{3600} \quad (3\text{-}16)$$

2.坡度阻力 R_i

汽车在有坡度的路段行驶,有一个平行路面方向的力,这个力就是 R_i,如图3-5所示,故:

$$R_\mathrm{i} = G\sin\alpha$$

因为 $\alpha < 5°$,$i = \dfrac{h}{s} = \tan\alpha$,所以 $\sin\alpha \approx \tan\alpha = i$

$$R_\mathrm{i} = G \cdot i \quad (3\text{-}17)$$

式中:i——道路纵坡,"+"为上坡,"-"为下坡。

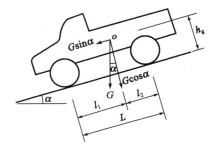

图3-5 坡度阻力示意图

其消耗功率：

$$N_i = \frac{R_i V}{3600} \tag{3-18}$$

(三) 惯性阻力 R_j

惯性阻力包括两部分：

(1) 汽车质量平移加减速前进产生的惯性力，其为 $\frac{G}{g}\frac{dv}{dt}$；

(2) 汽车所有转动部分加减速所产生的惯性力，计算复杂，它与第一部分成正比，一般以乘系数的方法解决。

$$R_j = \delta \cdot \frac{G}{g} \cdot \frac{dv}{dt} \quad (\text{加速取"}+\text{"}; \text{减速取"}-\text{"}) \tag{3-19}$$

式中：δ——旋转部分的影响系数（惯性力系数、回转质量系数），与车型及速比有关。

δ 的计算式为

我国：

$$\delta = 1 + \delta_1 + \delta_2 i_k^2$$

式中：δ_1、δ_2——系数，δ_1 一般 $0.03 \sim 0.05$，解放牌汽车 0.032；小汽车 δ_2 为 $0.05 \sim 0.07$，载货汽车 δ_2 为 $0.04 \sim 0.05$；

i_k——变速器的速比。

美国：

$$\delta = 1.04 + 0.004\gamma^2$$

式中：γ——总速比 $= i_k i_0$。

苏联：

$$\delta = 1 + 0.05 i_k^2$$

汽车行驶中，克服惯性阻力所消耗的功率为：

$$N_j = \frac{R_j V}{3600} = \frac{\delta G V}{3600 g} \cdot \frac{dV}{dt} \tag{3-20}$$

(四) 行驶总阻力 R

$$R = R_w + R_f + R_i + R_j = \frac{KAV^2}{13} + Gf + Gi + \delta \frac{G}{g} \cdot \frac{dv}{dt} \tag{3-21}$$

三、汽车的行驶条件

1. 牵引平衡

为使汽车行驶，牵引力必须足以克服各项阻力，行驶中牵引力与各项阻力平衡，称为牵引平衡。

即：

$$P_t = R = R_w + R_f + R_i + R_j \tag{3-22}$$

或：

$$\frac{M_e \gamma \eta}{r_k} = \frac{KAV^2}{13} + Gf + Gi + \delta \frac{G}{g} \cdot \frac{dv}{dt} \tag{3-23}$$

牵引力必须大于或等于各项行驶阻力之和，这是汽车行驶的必要条件，也称驱动条件。

2. 牵引力不能大于轮胎与路面间的摩擦力

汽车行驶中以增加发动机的扭矩,加大传动比等措施来增加牵引力,并不是总能生效。若轮胎与路面间的摩擦附着力不够大,汽车将在路面上打滑。这样增加扭矩只会使驱动轮加速旋转,路面的切向作用力(即牵引力)并不会增加,所以除了驱动条件外,还受附着条件的制约。

附着力 P_φ 是当车轮在未承受侧向力的条件下,车轮与路面在接触面上无相对位移时,路面对轮胎的切向作用力的极限值。

$$P_\varphi = Z\varphi \tag{3-24}$$

式中:Z——驱动轮的法向反作用力,小客车为车总重的 0.5~0.65 倍,载货汽车为车总重的 0.65~0.80 倍;

φ——附着系数。

影响 φ 值的因素有:

(1)路面的粗糙程度和潮湿泥泞程度。

(2)轮胎花纹和气压。

(3)行驶车速。

(4)荷载。

附着程度的好坏主要取决于路面与轮胎在接触变形后相互的摩擦情况。

在干燥而粗糙的路面上,突出的坚硬的矿质小颗粒,都被压入胎面橡皮内,阻止轮胎与路面间的相对滑移,附着系数可达 0.7 以上;在干燥平整的土路上附着系数取决于嵌入轮胎花纹内的土颗粒在水平方向上的剪切破坏力;在不平整的低级公路上,由于减小了轮胎与路面的接触面积,附着系数较低。

当路面潮湿泥泞时,其表面坑洼都被泥浆填满,阻碍了轮胎与路面的接触,使附着系数变低;在冬季结冰的公路上,附着系数将降低到 0.1 以下。

车轮胎面花纹和内胎气压对附着系数有较大的影响,在良好的公路上,可用较细花纹的外胎;在山路上行驶的汽车,宜用越野胎纹的轮胎以提高附着系数;低压轮胎较高压轮胎具有更大的附着系数。

在高速行驶时,轮胎橡皮来不及实现全部变形过程,路面粗糙部分压入胎面不深,因而附着系数就较低。另外,附着系数随载重量的增大而增大。实用时用表 3-4 各种类型路面上的均值。

附着系数值表　　　　表 3-4

路面类型	路面状况			
	干燥	潮湿	泥泞	冰滑
水泥混凝土路面	0.7	0.5	—	—
沥青混凝土路面	0.6	0.4	—	—
过渡式及低级路面	0.5	0.3	0.2	0.1

这就是汽车行驶的充分条件,也称附着条件。

综上所述,汽车行驶的充分必要条件为:驱动力大于或等于各种行驶阻力之和,且小于等于附着力,即:

$$\begin{cases} P_t = R_w + R_f + R_i + R_j \\ P_t \leq Z\varphi \end{cases} \tag{3-25}$$

依据汽车行驶的必要及充分条件,对实际中路面设计提出两个了两个基本要求,即:

(1)宏观要平整,以减小滚动阻力 f,不颠簸;减小油耗、磨损,行车舒适。

(2)微观要粗糙,以增大轮胎与路面间的摩擦系数 φ,以提供较大的附着力,增大牵引能力。

四、汽车的动力因素和行驶性能图

(一)汽车的动力因素

式(3-25)中,P_t、R_w 与汽车的构造及 V 有关,R_f、R_i 只与道路状况有关,R_j 取决于汽车的行驶方式,整理得:$P_t - R_w = R_f + R_i + R_j$。左边是与汽车构造和车速 V 有关的量,称为后备牵引力;右边取决于道路状况及行驶方式,一般认为不受 V 的影响。$P_t - R_w = Gf + Gi + \delta \dfrac{G}{g} \dfrac{dv}{dt} a$ 是一个与汽车重量 G 等有关的等式,不同的汽车重量 G 不同,结果也不同,为了有相同的评价尺度整理成:

$$\frac{P_t - R_w}{G} = f + i + \frac{\delta}{g} a \tag{3-26}$$

此式的意义:在海平面上,满载的情况下,汽车行驶中克服道路阻力和惯性阻力的能力。表明了爬坡及加、减速的能力,反映了汽车的重要行驶性能,定义此式为动力因素,以 D 表示。

即:

$$D = \frac{P_t - R_w}{G} \tag{3-27}$$

由:

$$P_t = \frac{3600 N_k}{V}, \quad R_w = \frac{3600 N_w}{V}$$

得:

$$D = 3600 \frac{N_k - N_w}{GV} = 3600 \frac{N_e \eta - N_w}{GV} \tag{3-28}$$

(二)汽车动力特性图

汽车动力特性图即 D-V 的关系曲线,如图 3-6 所示。

1. 绘制过程

在已知外特性曲线的前提下,按 $V = 0.377 \dfrac{r_k n_e}{\gamma}$ 计算出同一个挡位不同 n_e 时的 V,然后以海平面为标准情况,以这时的 P_t、k 为标准,按式(3-27)或式(3-28)计算不同 V 时的 D 值,得图 3-6。

2. 实用中对 D 值的修正

实际中汽车不一定是满载,且不一定在海平面上,故要对 D 值进行修正,一般乘以系数 λ。

$$\lambda = \frac{\xi G}{G_T} \tag{3-29}$$

式中:λ——海拔荷载系数;

G、G_T——分别是满载重及实际载重(N);

ξ——海拔系数。

随海拔高度而变,其变化如图 3-7 所示。

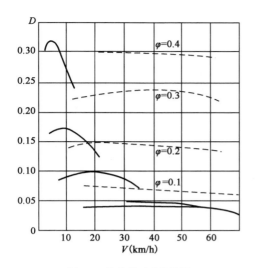

图 3-6 汽车的动力特性图

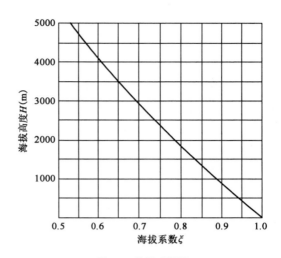

图 3-7 海拔系数图

考虑海拔修正以后,则有:

$$\lambda D = f + i + \frac{\delta}{g}a \tag{3-30}$$

3. D 值的使用范围

已知 $P_t \leq G_k\varphi$,若以 $G_k\varphi$ 代替 P_t 有:

$$D_\varphi = \frac{G_k\varphi - R_w}{G} \tag{3-31}$$

D_φ 受 φ 的控制,φ 增大,D_φ 增大。若 φ 取最大值,D_φ 亦取最大值,D 值大于 D_φ 汽车将不能稳定行驶了。在同一图中绘出 D_φ 曲线(图 3-6),只有在 D_φ 曲线以下的部分动力特性才能分析汽车的牵引平衡。

4. 特性图的作用

应用汽车动力特性图可以确定:

(1)汽车各排挡在正常行驶条件下的速度范围,即临界速度 V_k,D 最大时的速度,速度小于 V_k 将出现不稳定行驶。限制速度 $V_{\max}$,转速最大时的 V,当阻力大于此排挡时的阻力时应换低挡,反之换高挡。

(2)汽车在一定的道路状况下可能的行驶速度和在一定的速度下可能爬的坡度。

(3)在一定的道路状况下,确定汽车行驶的加减速情况,并确定最大的加速率和最小减速率。

五、汽车的最高速度和最小稳定速度

1. 最高速度

由 $\lambda D = f + i + \frac{\delta}{g} \cdot \frac{dv}{dt}$ 知,当 $\frac{dv}{dt} = 0$,即等速行驶或稳定行驶时,$\lambda D = f + i = \varphi$,在动力特性图上,$D = \varphi$ 线与 $D = f(v)$ 曲线的交点为最大速度 $V_{\max}$。

对于某一种道路状况,即 $D = f + i$ 值就有 $V_{\max}$ 值对应,反之,若保证汽车以一定的速度 V

行驶，$D=f+i$ 也为定值。

2. 临界速度

如图3-8所示，与 D_{max} 对应的 V 为某一排挡的临界速度，也即某排挡的最低速度。

（1）当汽车实际行驶速度 $V>V_k$ 时，遇到额外的阻力时，汽车减速以获得大的 D 克服阻力，安全平稳得行驶。

（2）当汽车实际行驶速度 $V<V_k$ 时，遇到额外的阻力时，汽车减速 D 也随之减小，直至熄火。

一般 V_{max} 与 V_k 之差越大，表示汽车对公路阻力的适应性越强。

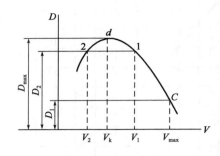

图3-8 汽车一个排挡的动力特性图

六、汽车的几种行驶情况

1. 等速行驶

等速行驶即 $a=0$，则 $\lambda D=f+i$，$D=\dfrac{f+i}{\lambda}$，令此时的 D 为 D_1，则 $D_1=\dfrac{f+i_1}{\lambda}$。如图3-9所示，在动力特性曲线中，由 λD_1 得等速 V_1，即在 $f+i_1$ 的道路阻力下，汽车将以 V_1 的速度持续行驶；反过来说，若要汽车维持以 V_1 的速度不变速行驶，道路阻力系数只能是 $f+i_1$。

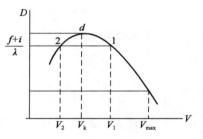

图3-9 汽车变速与动力因数示意图

2. 减速行驶

$$a=\dfrac{\lambda g}{\delta}\left(D_1-\dfrac{f+i_2}{\lambda}\right) \tag{3-32}$$

D_1 的意义是汽车等速行驶时克服阻力的能力。若道路阻力比其大，汽车将减速行驶，设初速度为 V_1，汽车行驶中将在 a 的作用下减速至 V_2。

3. 加速行驶

设初速度为 V_1，但道路阻力系数为 $f+i_x$ 小于 λD_1，汽车富余了 $D_1-\dfrac{f+i_x}{\lambda}$ 的动力因数用于加速，如果道路阻力系数更小，车速增加较快，当增加到 V_{max}，速度不能再增加时，汽车换入更高的挡位。

$$a=\dfrac{\lambda g}{\delta}\left(D_1-\dfrac{f+i_x}{\lambda}\right) \tag{3-33}$$

七、理想的最大坡度 i_1 和不限长度的最大坡度 i_2

1. 理想的最大坡度 i_1

所谓理想的最大坡度 i_1，就是汽车能以不变的较高的车速行驶，其所能克服的坡度就为理想最大坡度。

（1）i_1 的定义：载货汽车在油门全开的情况下，持续以 V_1 行驶所能克服的坡度。

(2)车型:较重型的载货汽车。

(3)V_1(称为"希望速度")的规定:低等级路为设计速度;高等级路为载货汽车的最高速度,一般以高挡最大速度计。

(4)i_1的计算过程如下:

①根据V_1,由动力特性图即D-V曲线查出D_1。

②计算λ,$\lambda = \xi \dfrac{G}{G_T}$。

③计算i_1。

因为:
$$D_1 = \frac{f + i_1}{\lambda}$$

所以:
$$i_1 = \lambda D_1 - f \tag{3-34}$$

2. 不限长度的最大坡度i_2

我们总希望道路的坡度小于等于i_1,汽车可以以最高速度行驶,但常因地形等条件的制约往往不易达到,故必须允许汽车行驶速度可以由V_1减到V_2,以获得克服较大坡度i_2的能力。

(1)i_2的定义:汽车行驶速度由V_1减到V_2,然后以V_2的速度等速行驶,这时所能克服的坡度为i_2。

(2)V_2的规定:V_2称为"允许速度",其值不得小于$1/2\,V_设 \sim 2/3V_设$。

(3)i_2的计算过程如下:

①根据V_2,由动力特性图,即D-V曲线查出D_2;

②计算λ:
$$\lambda = \xi \frac{G}{G_T}$$

③计算i_2:
$$i_2 = \lambda D_2 - f \tag{3-35}$$

3. i_1、i_2的计算结果,如表3-5所示。

i_1、i_2 计算表 表3-5

设计速度	V		120		100		80		60		40	
f	f		1.0		1.0		1.0		1.5		1.5	
减速范围	V_1	V_2	80	65	80	60	80	60	60	45	40	<25
查图3-6	D_1	D_2	1.9	2.7	1.9	2.9	1.9	2.9	2.9	3.2	5.3	5.9
$H=0$ $\lambda=1.2$	λD_1	λD_2	2.3	3.2	2.3	3.5	2.3	3.5	3.5	3.8	6.4	7.1
	i_1	i_2	1.3	2.2	1.3	2.5	1.3	2.5	2.0	2.3	4.9	5.6
$H=1000$ $\lambda=1.06$	λD_1	λD_2	2.0	2.4	2.0	3.1	2.0	3.1	3.1	3.4	5.6	6.3
	i_1	i_2	1.0	1.4	1.0	2.1	1.0	2.1	1.6	1.9	4.1	4.8
$H=2000$ $\lambda=0.94$	λD_1	λD_2	1.8	2.5	1.8	2.7	1.8	2.7	2.7	3.0	5.0	5.5
	i_1	i_2	0.8	1.5	0.8	1.7	0.8	1.7	1.2	1.5	3.5	4.0
$H=3000$ $\lambda=0.83$	λD_1	λD_2	1.6	2.2	1.6	2.4	1.6	2.4	2.4	2.7	4.4	4.9
	i_1	i_2	0.6	1.2	0.6	1.4	0.6	1.4	0.9	1.2	2.9	3.4

从表3-5中计算结果看出海拔高度对 i_1、i_2 的影响是较大的,故高原地区要对纵坡度进行折减。

【例题 3-1】 某沿海公路,$H=0$,$V_{设}=60\text{km/h}$,设汽车满载,$V_2=1/2V_{设}$,$f=0.01$,试求 i_2。

解:$\lambda = \xi \dfrac{G}{G_T}$,因 $H=0$、汽车满载,则 $\xi=1$、$\dfrac{G}{G_T}=1$,$\lambda=1$,以 V_2 查图3-6得,$D=0.059$,
$i_2 = \lambda D - f = 0.059 - 0.01 = 0.049 \approx 5\%$。

【例题 3-2】 设 $H=1500$,条件同例3-1,求 i_2。

解:同例3-1得 $\lambda=0.835$,以 V_2 查图3-6得,$D=0.059$,
$i_2 = \lambda D - f = 0.835 \times 0.059 - 0.01 = 0.049 - 0.01 = 0.039 \approx 4\%$。

八、加减速行程和坡长限制

上文解决了理想的最大坡度 i_1 和不限坡长的最大坡度 i_2 两个问题。下面就陡坡的最大长度和缓坡的最小长度问题进行讨论。当坡度大于 i_2 时,汽车持续行驶时,其速度将低于 V_2,其目的是当坡度大于 i_2 时,在车速未低于 V_2 以前,把坡度变缓,以恢复车速。这是一个行驶距离问题,也就是坡长限制问题,包括陡坡的最大长度和缓坡的最小长度。以下从汽车的加减速行程入手解决。

(一) 加速踏板全开时加减速行程 S

加速度 $a = \dfrac{dv}{dt}$ (m/s²) 是 v 的函数,则:

$$dt = \dfrac{dv}{a}$$

又有:

$$v = \dfrac{ds}{dt} \quad (\text{m/s})$$

则有:

$$ds = vdt = \dfrac{v}{a}dv = \dfrac{vdv}{\dfrac{dv}{dt}} = \dfrac{\dfrac{VdV}{3.6^2}}{\dfrac{dV}{3.6dT \times 3600}} = 1000\dfrac{VdV}{dT}$$

由初速 V_I 到终速 V_E 的行程 S 为:

$$S = \int_{V_I}^{V_E} \left(\dfrac{VdV}{\dfrac{dV}{dT}}\right)$$

分析

$$\dfrac{dV}{dT} = 3.6 \times 3600 \dfrac{dv}{dt} = \dfrac{3600^2}{1000} a = \dfrac{3600^2}{1000} \cdot \dfrac{\lambda g}{\delta}\left(D - \dfrac{f+i}{\lambda}\right) = 127000 \dfrac{\lambda}{\delta}\left(D - \dfrac{f+i}{\lambda}\right)$$

$$D = \dfrac{N_e \eta_m - N_w}{GV}$$

$$\dfrac{dV}{dT} = 127000 \dfrac{\lambda}{\delta}\left[\left(\dfrac{N_e \eta_m - N_w}{GV}\right) - \dfrac{f+i}{\lambda}\right]$$

$$S = 1000 \int_{V_I}^{V_E} \dfrac{VdV}{127000 \dfrac{\lambda}{\delta}\left[\left(\dfrac{N_e \eta_m - N_w}{GV}\right) - \dfrac{f+i}{\lambda}\right]} \tag{3-36}$$

从式(3-36)可知,当确定了 V_I 和 V_E 之后就可以通过求积计算出 S 来,但其是 i 的函数。由此可以确定:

(1)汽车在道路上行驶一定距离时,车速从 V_I 变到 V_E 可以克服的坡度。

(2)汽车在具有一定坡度的道路上行驶时,车速从 V_I 变到 V_E 可能的行驶距离。

从而建立了坡度和坡长的关系。

(二)换挡时的速度损失

以上从 V_I 变到 V_E 假设是连续的,而汽车是分几个排挡的,从低速加速(或相反),中间须要换挡,换挡的时候汽车脱离了发动机,而自由滑行产生速度的损失,相当于积分区间的中断,故上述距离要进行修正。

1. 换挡范围

Ⅰ挡速度范围为 0~15km/h;Ⅱ挡速度范围为 15~25km/h;Ⅲ挡速度范围为 25~45km/h;Ⅳ挡速度范围为 45~80km/h。

2. 速度损失

(1)换挡时间

换挡进程需要一定时间 t_n,且换挡时汽车在滑行行驶,速度有所降低 ΔV_n。换挡时间 t_n 与变速器结构及发动机型号有关,如表3-6所示。

换 挡 时 间 表　　　　　表3-6

变速器型号	换挡时间(s)	
	汽油发动机	柴油发动机
无同步器变速器	1~3	1~5
有同步器变速器	0.2~0.3	1~1.5
半自动变速器	0.05~0.1	—

(2)换挡时的速度损失 ΔV_n

换挡时速度的降低 ΔV_n 与 t_n 及公路阻力系数 φ 有关。换挡时汽车自由滑行,即汽车结构中的摩阻力和空气阻力都可以予以忽略,则:

$$a = \frac{g}{\delta}[\lambda D - (f+i)]$$

式中:δ——$\delta = 1$;

D——$D = 0$。

故:

$$a = -g(f+i)$$

车速损失:

$$\Delta v = -g(f+i)t_n$$
$$\Delta V = -3.6g(f+i)t_n = -35.5(f+i)t_n \tag{3-37}$$

滑行距离:

$$S_x = \frac{V_x}{3.6} t_n - \frac{1}{2} g(f+i) t_n^2$$

(三) 总行程

加速行程：

$$S = \int_{V_1}^{V_E} = \int_{V_1}^{25} + S_{x1} + \int_{25-\Delta V}^{45} + S_{x2} + \int_{45-\Delta V}^{V_E} \tag{3-38}$$

减速行程：

$$S = \int_{V_1}^{V_E} = \int_{80}^{45} + S_{x1} + \int_{45-\Delta V}^{25} + S_{x2} + \int_{25-\Delta V}^{V_E} \tag{3-39}$$

可以看出，S 的计算是较繁杂的，但在实用中并不要求很高的精度，且要应用方便，这样将行程与$(f+i)/\lambda$ 的关系绘成图，称为加减速行程图，如图3-10所示。

应用加减速行程图可以解决如下的问题：

(1) 在已知道路阻力系数$(f+i)/\lambda$的条件下，用给定的V_1和V_E求出加减速行程。

(2) 在已知道路阻力系数$(f+i)/\lambda$的条件下，用给定的V_1和S_{min}求出V_E。

前者用于计算限制坡长，后者用于计算出已设计出的路的沿线可能的最高车速图。

(四) 陡坡的最大长度和缓坡的最小长度

前面对各种设计车速假定了车型，规定了"希望速度"V_1和"容许速度"V_2，从而得出了"理想的最大坡度i_1和不限长度的最大坡度i_2"。以下明确陡坡i_D和缓坡i_A的意义。

i_D为陡坡，凡大于i_1的坡度都称之为陡坡，汽车在陡坡上行驶将减速，初速为V_1，终速为V_2，所以当坡度大于i_2时，坡长都应限制。

i_A为缓坡，凡小于i_1的坡度都称之为缓坡，汽车在缓坡上行驶将加速，初速为V_2，终速为V_1，所以当道路的设计坡度大于i_2时，当汽车的行驶速度下降到V_2以前，应按排一段坡度小于i_1的坡度，以使车速得以恢复。

在纵断面的设计中，当陡坡的长度大于限制长度时，应安排一段缓坡，用以恢复在前一段陡坡上降低的速度。初速设为V_2，终速为V_1，缓坡的长度应适应这个加速过程的需要。所谓陡坡长度是指汽车行驶速度从V_1降到V_2，在大于i_1的坡道上的行驶距离；缓坡长度是指汽车行驶速度从V_2升到V_1，在小于i_1的坡道上的行驶距离。实际设计中，当陡坡未完全用于限制长度时，其所接的缓坡长度也可适当减短。

限制坡长的具体计算可按如下步骤进行：

(1) 在已知道路设计速度V的前提下，确定V_1和V_2。

(2) 确定最小坡长S_{min}，最小坡长的限制是为了避免出现锯齿形崎岖不平的现象，且便于平面的合理布置及平纵的配合。为此最小坡长一般以9s行程控制，即：

$$S_{min} = \frac{V}{3.6} \times 9 = 2.5V \tag{3-40}$$

(3) 利用汽车加减速行程图（图3-10），确定在不同的道路阻力系数$\frac{f+i}{\lambda}$下，汽车行驶速度从$V_1(V_2)$减速（加速）到$V_2(V_1)$的行驶距离λS。结果见表3-14。

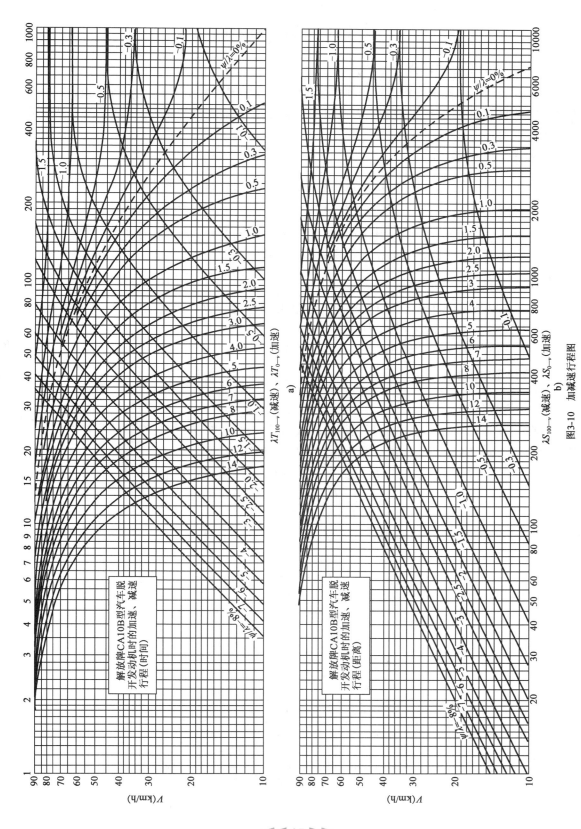

图3-10 加减速行程图

九、汽车行驶的纵向稳定性

(一)影响稳定性的因素

汽车行驶的稳定性是指在汽车行驶的过程中,在外部因素的作用下,尚能保持或很快自行恢复原行驶状态和方向,而不至于丧失控制产生倒溜、倾覆等现象的能力。影响汽车行驶稳定性的主要因素有:

1. 汽车本身的结构参数

如汽车的整体布置,几何参数,重量参数,轮胎特性,前后悬架的形式等。

2. 驾驶员的操作过程

若驾驶员思想集中、反应快、技术熟练、动作灵敏,则能及时采取措施使汽车的行驶趋于稳定;反之,对情况反应迟钝或判断错误就可能导致失稳。

3. 作用于汽车的外部因素

(1)汽车和路面间的相互作用情况,如道路的纵横坡度,汽车轮胎与路面间的附着情况。
(2)汽车作不等速行驶的惯性力。
(3)汽车作曲线行驶的附加力。

(二)稳定性分析

1. 纵向倾覆

现在一般的汽车为后轮驱动,而当前轮的法向反作用力 Z_1 为零时,汽车的前轮将离地导致纵向倾覆。如图3-11所示,各力对后轮着地点取矩得:

$$Z_1 L + M_{f1} + M_{f2} + M_{j1} + M_{j2} + R_w h_w + R_{j1} h_g + G\sin\alpha h_g = G\cos\alpha \cdot L_2 \tag{3-41}$$

$$Z_1 + Z_2 = G\cos\alpha \qquad G_k = G\cos\alpha$$

$$R_f = G_k f = G\cos\alpha \cdot f$$

$$M_{f1} + M_{f2} = (Z_1 + Z_2) f \cdot r_k = G\cos\alpha \cdot f \cdot r_k$$

则:

$$Z_1 = \frac{G\cos\alpha(L_2 - fr_k) - Gh_g\sin\alpha - R_w h_w - R_{j1} h_g - M_{j1} - M_{j2}}{L} \tag{3-42}$$

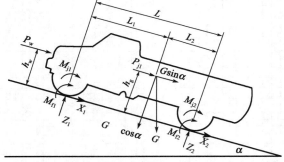

图3-11 汽车上坡受力示意图

因为汽车上坡时以低速等速行驶,则式(3-42)中的 $fr_k, R_{j1}, M_{j1}, M_{j2}$ 和 R_w 可以略去不计,

且纵向将倾覆时 $Z_1 = 0$，由式(3-42)有：

$$GL_2\cos\alpha - Gh_g\sin\alpha = 0$$

整理得：

$$\tan\alpha = \frac{L_2}{h_g}$$

令此时的 $\alpha = \alpha_0$，则：

$$\tan\alpha_0 = \frac{L_2}{h_g} \tag{3-43}$$

式中：α_0——前轮法向反力为零时，车辆纵向倾覆的极限坡度角。

由式(3-43)看出，汽车重心至后轴的距离 L_2 愈大，汽车重心的高度 h_g 愈低，则汽车能克服的纵向坡度愈大，汽车的纵向倾覆稳定性愈好。

2. 纵向倒溜

由汽车行驶的附着条件及图3-11可知，后轮驱动的汽车，驱动轮不发生滑移的临界状态为：

$$G\sin\alpha = Z_2\varphi \tag{3-44}$$

对前轮着地点取矩：

$$Z_2 = \frac{G\cos\alpha(L_1 - fr_k) + Gh_g\sin\alpha + R_w h_w + R_{j1} h_g + M_{j1} + M_{j2}}{L}$$

简化为：

$$Z_2 = \frac{G\cos\alpha L_1 + Gh_g\sin\alpha}{L}$$

代入式(3-44)得：

$$\tan\alpha = \frac{L_1\varphi}{L - h_g \cdot \varphi} \approx \frac{L_1}{L}\varphi = \frac{G_{驱}}{G} \cdot \varphi，令此时的 \alpha = \alpha_\varphi，则：$$

$$\tan\alpha_\varphi = \frac{G_{驱}}{G}\varphi \tag{3-45}$$

式中：α_φ——纵向倒溜时的坡度角(°)；

$G_{驱}$——作用于驱动轮的重力(N)。

由式(3-45)知，当道路的坡度角 α 大于 α_φ 时，由于驱动轮受附着条件的限制，所能产生的牵引力不足以克服 α_φ 的坡度，汽车即发生滑动而倒溜。

(三) 汽车行驶纵向稳定性的保证

由上文述知，如果 $\tan\alpha_0 > \tan\alpha_\varphi$(即 $\alpha_0 > \alpha_\varphi$)，则汽车在坡道上行驶时发生倒溜现象出现在倾覆之前，这就避免了汽车的纵向倾覆。因此，设计汽车时应满足 $\tan\alpha_\varphi < \tan\alpha_0$ 的条件。即：

$$\frac{L_1\varphi}{L - h_g\varphi} < \frac{L_2}{h_g}$$

整理得：

$$\varphi < \frac{L_2}{h_g} \tag{3-46}$$

从汽车设计来说，式(3-46)即为后轮驱动的汽车保障纵向稳定的条件。一般汽车均能满足，但要限制装载高度。

从道路设计来说：

（1）要保证汽车不倾覆，必须满足 $\tan\alpha < \tan\alpha_0 = \dfrac{L_2}{h_g}$。

（2）要保证汽车不倒溜，必须满足 $\tan\alpha < \tan\alpha_\varphi = \dfrac{G_{\text{驱}}}{G} \cdot \varphi$。

故有：

$$\tan\alpha < \tan\alpha_\varphi < \tan\alpha_0$$
$$\tan\alpha < \dfrac{G_{\text{驱}}}{G} \cdot \varphi < \dfrac{L_2}{h_g} \qquad (3\text{-}47)$$

一般载货汽车 $\dfrac{G_{\text{驱}}}{G} = 0.66 \sim 0.76$，$\varphi$ 值泥泞时为 0.2，冰滑时为 0.1，代入式（3-47）有：

泥泞时：
$$\tan\alpha < 0.132 \sim 0.152$$

冰滑时：
$$\tan\alpha < 0.06 \sim 0.076$$

汽车行驶的纵向稳定性是后续章节要讨论的超高横坡 i_h，是最大纵坡 i_{max} 及合成纵坡 I 等指标的依据之一。

第三节　纵 坡 设 计

一、纵坡设计的基本规定

道路纵断面设计线的起伏状况如前节所述，以坡度及坡长表示，坡度的大小及坡长的长短直接与行驶的车辆有关。为了保证车辆行驶的安全、快速与舒适，纵坡设计必须满足车辆行驶的要求。在充分考虑汽车行驶、自然条件、工程经济等因素后，《公路工程技术标准》（JTG B01—2014）对纵坡有如下规定：

1. 最大纵坡度

最大纵坡是指在进行纵坡设计时，各级公路所允许采用的最大纵坡值。它是纵坡设计的一项重要控制指标，在地形起伏较大的地区，最大纵坡的控制将直接影响路线的长短、使用质量、运输成本以及工程造价。

各级道路的最大纵坡一般是根据汽车的动力特性、道路等级、自然条件、通行能力等因素确定的。

（1）汽车的动力特性

按照道路上行驶的车辆的类型及其动力特性来确定汽车在规定的速度下的爬坡能力，最后确定道路的最大设计纵坡。

（2）道路等级

道路等级越高，交通密度越大，行车速度越高，也就要求纵坡设计越平缓；相反，较低等级的道路，则可采用较大的纵坡值。

（3）自然因素

道路所经过地区的地形起伏情况、海拔高度、气候条件等因素均对汽车的行驶造成影响，因此在进行纵坡设计时应充分考虑道路所经地区自然条件，以保证汽车行驶的安全性。

(4)道路通行能力

道路坡度较大时,上坡方向车辆尤其是大型车行驶速度受到明显影响,进而必将影响到道路通行能力。

针对上述情况,充分考虑各级道路的行驶条件,《公路工程技术标准》(JTG B01—2014)中对各级道路的最大纵坡做了相应的规定,见表3-7。

公路最大纵坡　　　　　　　　　　表3-7

设计速度(km/h)	120	100	80	60	40	30	20
最大纵坡(%)	3	4	5	6	7	8	9

高速公路和一级公路考虑行驶的舒适性及快速性要求,最大纵坡值取较小的数值,使车辆在坡道上行驶时,同在水平路段上行驶相比较,只在保持自由速度方面有轻微的影响。

纵坡过大会对行车造成极大危害,汽车沿较大坡度上坡行驶时,因要克服较大阻力需增大牵引力,车速将降低,若坡长过长,汽车水箱可能出现开锅、气阻的情况,严重时还可能使发动机熄火,使驾驶条件变坏;下坡行驶时,制动次数增加,制动器容易发热、失效,引发车祸。当道路泥泞时,情况更加严重。

各级公路的设计最大纵坡必须满足规定,当设计速度为120km/h、100km/h、80km/h的高速公路,受地形条件或其他特殊情况限制时,经技术经济论证,最大纵坡可增加1%,但大型车占比较大时,需慎用;设计速度为40km/h、30km/h、20km/h的公路,改扩建工程利用原有公路的路段,经技术经济论证,最大纵坡可增加1%;四级公路位于海拔2000m以上或积雪冰冻地区的路段,最大纵坡不应大于8%。

城市道路中非机动车交通量较多,对节能减排、环保效益方面比公路要求更高,故最大纵坡规定更严格一些,《城市道路路线设计规范》(CJJ 193—2012)中规定,机动车道最大纵坡应符合表3-8的规定。

城市道路机动车道最大纵坡　　　　　　　　　　表3-8

设计速度(km/h)		100	80	60	50	40	30	20
最大纵坡(%)	一般值(%)	3	4	5	5.5	6	7	8
	极限值(%)	4	5	6	6	7	8	8

城市道路设计时,新建道路应采用小于或等于最大纵坡的一般值;改建道路、受地形条件或其他特殊情况限制时,可采用最大纵坡极限值;除快速路外的其他等级道路,受地形条件或其他特殊情况限制时,经技术经济论证后,最大纵坡极限值可增加1个百分比;积雪或冰冻地区的快速路最大纵坡不应大于3.5%,其他等级城市道路最大纵坡不应大于6.0%;海拔3000m以上高原地区城市道路的最大纵坡一般值可减小1个百分比,当最大纵坡折减后小于4.0%时,仍可采用4.0%。非机动车道最大纵坡不宜大于2.5%;困难时不应大于3.5%。

2. 高原坡度折减

在高原地区,因空气稀薄而使汽车的功率和汽车的驱动力降低,从而导致汽车的爬坡能力下降。另外,在高原地区由于汽车水箱中的水易于沸腾而导致汽车的冷却系统破坏。因此,在高原地区宜采取措施使汽油充分燃烧,避免随海拔增高而使车辆功率降低过大,道路纵坡设计中宜采用较小的最大纵坡。设计速度小于或等于80km/h,且位于海拔3000m以上高原地区的公路,最大纵坡应按表3-9的规定予以折减;海拔3000m以上高原地区城市道路的最大纵坡一般可减小 1 个百分比。最大纵坡折减后若小于 4%,则仍采用 4%。

高原纵坡折减值 表 3-9

海拔高度(m)	3000~4000	4000~5000	5000 以上
折减值(%)	1	2	3

3. 平均纵坡

平均纵坡是指在一定的长度范围内,路线在纵向所克服的高差与水平距离之比,其是衡量纵断面线形好坏的重要指标之一。

平均纵坡的计算公式:

$$i_p = \frac{H}{L} \times 100 \tag{3-48}$$

式中:i_p——平均坡度(%);

L——路线长度(m);

H——路线长度 L 两端的高差(m)。

在纵坡设计中,特别是地形较为复杂的地区,设计者有可能多次使用最大纵坡,为控制最大纵坡的使用频率,使纵断面设计在整体上满足行车安全、快速的要求,《公路工程技术标准》(JTG B01—2014)中规定:二、三、四级公路越岭线连续上坡(或下坡)路段的平均纵坡,应不大于 5.5%(相对高差为 200~500m)和 5%(相对高差大于 500m),并注意任何相连 3km 路段的平均纵坡不宜大于 5.5%。即对于一条公路项目,"相对高差指标"的要求和"任意连续 3km 路段"的要求应同时满足。

高速公路、一级公路连续长、陡下坡路段的平均坡度与连续坡长不宜超过表 3-10 的规定;超过时,应进行交通安全性评价,提出路段速度控制和通行管理方案,完善交通工程和安全设施,并论证增设货车强制停车区。

连续长、陡下坡的平均坡度与连续坡长 表 3-10

平均坡度(%)	<2.5	2.5	3.0	3.5	4.0	4.5	5.0	5.5	6.0
连续坡长(km)	不限	20.0	14.8	9.3	6.8	5.4	4.4	3.8	3.3
相对高差(m)	不限	500	450	330	270	240	220	210	200

注:在积雪冰冻地区不允许采用最小值。

连续长陡纵坡路段指通行能力存在明显降低或路段行车安全性存在影响的路段,连续长陡下坡路段均应通过交通工程安全设施的设置,严禁驾驶员采用空挡下坡,严谨超载行驶,并控制合理的下坡速度。且对于可能存在连续纵坡的路段,均应进行安全性评价,基于运行速度等方法对各类指标、速度变化、安全设施等进行检验分析,进而通过优化线形设计、完善安全设施、实施速度管理等综合措施,提升公路的本质安全性。

连续长陡纵坡路段的下坡方向,为便于制动失效车辆撤离行车道,应重点依据交通量、车型组成和主要货车车型的综合性能条件,分析评价车辆连续下坡的交通安全性,对应完善和加强路段交通工程和路侧安全设施,提出路段交通组织管理、速度控制措施方案,必要时论证增设避险车道。

连续长陡纵坡路段的上坡方向,应重点依据交通量、车型组成和运行速度变化,分析评价其上坡路段的通行能力和服务水平,提出交通组织与管理措施方案,必要时论证增设爬坡车道。

城市道路的平均纵坡可以相应地减小 1 个百分点。对于海拔高度在 3000m 以上的高原地区,平均纵坡应低于规定值0.5%~1.0%。

4. 最小纵坡

为保证路基的排水,防止水分渗入路基,公路纵坡不宜小于0.3%,特别是长路堑、低填方或横向排水不畅通的路段,均应设置不小于0.3%的最小纵坡,一般情况下以不小于0.5%为宜。当必须设置平坡时,应做好边沟及纵向排水设计。在干旱地区及横向排水良好不产生路面积水的路段,设计时可不考虑最小纵坡的限制。

对于城市道路最小纵坡不应小于0.3%,当特殊困难纵坡小于0.3%时,应设置锯齿形街沟或采取其他排水措施;特大桥、大桥、中桥的桥面最小纵坡不宜小于0.3%,竖向高程最低点不应位于主桥范围内;高架路的桥面最小纵坡不应小于0.5%;困难时不应小0.3%,并应采取保证高架路纵横向及时排水的措施。

在弯道路段,为使行车道外侧边缘不出现反坡,设计最小纵坡不宜小于超高允许渐变率。

5. 合成坡度

合成坡度是路线纵坡i与弯道超高横坡或路拱横坡i_h组合而成的坡度。汽车在弯道上行驶,如果合成坡度过大将会向着合成坡度的方向倾斜或滑移,因此应将合成坡度控制在适当的范围以内。合成坡度计算公式如下:

$$I = \sqrt{i_h^2 + i^2} \tag{3-49}$$

式中:I——合成坡度(%);

i——路线设计纵坡坡度(%);

i_h——超高横坡度或路拱横坡度(%)。

我国《公路路线设计规范》(JTG D20—2017)中明确规定合成坡度不得超过表3-11的规定值,为避免陡坡与急弯的组合对行车产生的不利影响,在条件允许时,宜采用较小的合成坡度。

各级公路允许的合成纵坡值 表3-11

公路等级	高速公路、一级公路				二级公路			三级公路		四级公路	
设计速度(km/h)	120	100	80	60	80	60	40	40	30	30	20
合成坡度值(%)	10.0	10.0	10.5	10.5	9.0	9.5	10.0	10.0	10.0	10.0	10.0

当遇以下情况之一时,合成坡度必须小于8%,并按运行速度分析结果采用相应较小的合成坡度。

(1)冬季路面有积雪、结冰的地区。

(2)自然横坡较陡峻的傍山路段。

(3)非汽车交通量较大的路段。

城市道路中非机动车辆较多,机动车辆实际行驶速度也往往较低,为照顾慢车及非机动车的行驶安全性,城市道路的合成坡度较公路要小,《城市道路路线设计规范》(CJJ 193—2012)明确规定,最大合成坡度应符合表3-12的规定。

城市道路最大合成坡度值 表3-12

设计速度(km/h)	100、80	60、50	40、30	20
最大合成坡度(%)	7.0	7.0	7.0	8.0

积雪或冰冻地区道路的合成坡度应小于或等于6.0%。

各级道路最小合成坡度不宜小于0.5%;在超高过渡的变化处,合成坡度不应设计为0%;当合成坡度小于0.5%时,应采取综合排水措施,保证道路排水畅通。

为确保行车的安全性,合成坡度最大值也需满足一定的要求,合成坡度临界线图如图3-12所示。

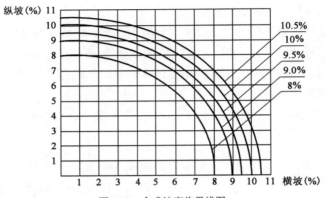

图3-12 合成坡度临界线图

图3-12给出了不同横坡和纵坡组合时合成坡度的最大值,但考虑最不利情况,积雪或冰冻地区道路的合成坡度应小于或等于6.0%。

6. 坡长限制

坡长限制主要有两个方面的内容,即最小坡长的限制和最大坡长的限制。

(1)最小坡长限制

在纵坡设计中,如果不限制最小坡长,会造成变坡点过多,车辆行驶颠簸,频繁变化在增重和失重当中,导致乘客感觉不舒适,这种情况在车速高时表现的更加突出。从路容上看,相邻两竖曲线的敷设和纵断面视距保证等条件也要求坡长应控制一定的最短长度。

我国现行《公路工程技术标准》(JTG B01—2014)、《城市道路工程设计规范》(CJJ 193—2012)中规定,各级道路的最小坡长可以按照表3-13选用。但平面交叉口、立体交叉的匝道以及过水路面可不在此限制之列。

最小坡长限制值　　　　　　　　　　表3-13

设计速度(km/h)		120	100	80	60	50	40	30	20
最小坡长(m)	公路	300	250	200	150	—	120	100	60
	城市道路	—	250	200	150	130	110	85	60

城市道路中,当主干路与支路相交时,支路纵断面在相交范围内可视为分段处理,不受最小坡长限制;对沉降量较大的加铺罩面道路,可按降低一级的设计速度控制最小坡长,且应满足相邻纵坡坡度差小于或等于0.5%的要求。

(2)陡坡最大坡长限制

道路纵坡的大小和坡长对汽车的正常行驶影响很大,特别是长距离的陡坡对汽车的安全行驶非常不利。主要表现在:车辆尤其是大型车上坡时运行速度降低,必将影响道路的通行能力和服务水平,进而引起路段拥堵问题;货车在上坡路段速度出现明显的折减降低之后,会增加大、小车型之间运行速度之差,易引发追尾、横向剐蹭等事故,对行车安全不利;同时,爬坡行驶的速度明显地下降,以致采用较低的档位克服坡度阻力而容易导致汽车爬坡无力,甚至熄火,下坡行驶制动次数频繁,易导致制动器发热而失效。因此《公路工程技术标准》(JTG B01—2014)规定要对陡坡的最大坡长进行限制,见表3-14。

公路不同纵坡最大坡长 表3-14

设计速度(km/h)		120	100	80	60	40	30	20
纵坡坡度(%)	3	900	1000	1100	1200	—	—	—
	4	700	800	900	1000	1100	1100	1200
	5	—	600	700	800	900	900	1000
	6	—	—	500	600	700	700	800
	7	—	—	—	—	500	500	600
	8	—	—	—	—	300	300	400
	9	—	—	—	—	—	200	300
	10	—	—	—	—	—	—	200

城市道路当纵坡大于表3-8中规定的一般值时,其最大坡长应符合表3-15的规定。

城市道路不同纵坡最大坡长 表3-15

设计速度(km/h)	100	80	60			50			40		
纵坡坡度(%)	4	5	6	6.5	7	6	6.5	7	6.5	7	8
最大坡长(m)	700	600	400	350	300	350	300	250	300	250	200

表3-14、表3-15规定的最大纵坡是针对采用同一坡度值的单一坡段而言的。当单一纵坡的长度超过表中规定值,或者路段平均纵坡较大时,应通过通行能力验算,论证设置供大型车辆上坡的爬坡车道。

当非机动车道的纵坡大于或等于2.5%时,其最大坡长应符合表3-16的规定。

非机动车道最大坡长 表3-16

纵坡(%)		3.5	3.0	2.5
最大坡长(m)	自行车	150	200	300
	三轮车	—	100	150

7. 缓和坡段

在设计中,当纵坡的长度达到不同坡度的限制坡长时,应设置一段缓坡,用以恢复在陡坡上降低的速度。各级公路的连续上坡路段,应根据载货汽车上坡时的速度折减变化,在不大于表3-14规定的纵坡长度之间设置缓和坡段。设计速度小于或等于80km/h的公路,缓和坡段的纵坡应不大于3%;设计速度小于80km/h的公路,缓和坡段的纵坡度应不大于2.5%;城市道路连续上坡或下坡路段,应在不大于表3-15规定的纵坡坡长之间设置缓和坡段,其坡度不应大于3.0%。缓和坡段长度应符合各级道路的最小坡长的规定。

缓和坡段的具体设置应结合纵向地形起伏情况,尽量减少填挖方工程量。一般情况下缓和坡段应设置在直线或较大半径的平曲线上,最大限度地发挥缓和坡段的作用。当有必要在较小半径的平曲线上设置缓和坡段时,应适当增加缓和坡段的长度,使缓和坡段端部的竖曲线位于平曲线之外。

在实际设计中,有时某一坡度坡长未达到限制坡长时,可变换坡度,但其长度应按坡长限制的规定进行折算。如设计速度为60km/h的一级公路,一段纵坡为5.0%,坡长为500m,该长度是限制坡长的5/8,如相邻的坡段的坡度是6.0%,其设计坡长则不应超过600×3/8=225m。

8. 桥上及桥头路线的纵坡

小桥与涵洞处的纵坡应按路线规定进行设计。桥梁及其引道的平、纵、横技术指标应与路线总体布设相协调。特大桥、大桥、中桥上的纵坡不宜小于0.3%,考虑桥梁结构受力和构造方面的要求,桥梁纵坡不宜大于4%,考虑行车方面的要求,桥头引道纵坡应与桥梁纵坡保持一致性,不宜大于5%,引道紧接桥头部分的线形应与桥上线形相配合,其长度不宜小于3s设计速度行程长度。在具体应用时,应根据桥型、结构受力特性和构造要求,选用合适的桥上纵坡。位于城镇附近非汽车交通较多的地段,桥上及桥头引道纵坡均不得大于3%。易结冰、积雪路段,桥上纵坡宜适当减小。

9. 隧道部分路线的纵坡

隧道内的纵坡应大于0.3%并小于3%,但短于100m的隧道不受此限。隧道最大纵坡与汽车排放的废弃量有关,其纵坡以接近3%为界限,纵坡再增大排放的废气量将急剧增加。高速公路、一级公路的中、短隧道,当条件受限制时,经技术经济论证后最大纵坡可适当加大,但不宜大于4%,城市道路可放宽到5%。隧道内的纵坡可设置成单向坡;地下水发育的隧道及特长、长隧道宜采用人字坡。隧道洞口内侧不小于3s设计速度行程长度与洞口外侧不小于3s设计速度行程长度范围内的平、纵线形应一致。洞口外与之相连接的路段应设置距洞口不小于3s设计速度行程长度,且不小于50m的过渡段,以保持横断面过渡的顺适。

10. 互通式主线的纵坡

互通式立交范围内主线的最大纵坡规定如表3-17所示。当主线以较大的下坡进入互通式立体交叉,且减速车道也为下坡,随后的匝道线形指标较低时,主线纵坡不得大于括号内的值。

互通式立交区主线最大纵坡　　　　　表3-17

设计速度(km/h)		120	100	80	60
最大纵坡(%)	一般值	2	2	3	4.5(4.0)
	最大值	2	3	4(3.5)	5.5(4.5)

11. 其他

位于城镇附近非汽车交通比例较大的路段,纵坡可根据具体情况适当放缓:平原、微丘区宜不大于2%~3%;山岭、重丘区宜不大于4%~5%。

二、纵坡设计的一般要求

为使纵坡达到经济合理的目的,必须全面掌握勘测资料,结合选线的意图进行综合分析、比较,确定较为合理的坡度及坡长。因此,纵坡设计应满足如下的一些要求:

(1)纵坡设计应对沿线的自然条件,如地形、土壤地质、水文、气候等做综合考虑,具体情况具体处理,最大限度地保证路基的稳定、管线覆土的厚度、防洪排涝及道路交通畅通的要求。

(2)填挖平衡是纵坡设计的重要控制因素,尽量就近移挖作填以减少借方,节省土石方数量和其他工程量,节约用地,降低工程造价。

(3)为确保行驶的安全性,纵坡应具有一定的平顺性,起伏不宜过大和频繁。尽量避免采用极限坡值,只有在正确高度利用有利地形,或避开工程艰巨地段等不得已时,方可采用。

(4)连续设置长、陡纵坡的路段,上坡方向应满足通行能力的要求,下坡方向应考虑行车安全,并结合前后路段各技术指标设置情况,采用运行速度对连续上坡方向的通行能力及下坡方向的行车安全性进行检验。

(5)平原微丘地形的纵坡应均匀、平缓;山岭、丘陵地形的纵坡应避免过分迁就地形而起伏过大,山区道路的垭口处的纵坡应尽量放缓一些;越岭线的纵坡应力求均匀,不宜采用最大值或接近最大值的坡度,更不宜连续采用不同纵坡最大坡长值的陡坡夹短距离缓坡的纵坡线形,连续上下坡路段不应设置反坡;山脊线和山腰线,除结合地形不得已时采用较大的纵坡外,在可能条件下应采用平缓的纵坡。

(6)机动车与非机动车混合行驶的道路,宜按非机动车骑行的设计纵坡度控制;旧路改建宜考虑利用原有路面;路线交叉处前后的纵坡宜平缓;积雪或冰冻地区应避免采用陡坡。

(7)穿城镇的公路及城市道路的纵坡设计时,应充分考虑城镇及城市的竖向规划控制高程,并适应临街建筑的立面布置,确保沿线范围地面的排水。

(8)纵坡设计时应充分考虑农田水利方面的需要,尽量照顾当地民间运输工具、农业机械等运输条件的要求。

(9)交通组成中无大型、重载型车辆的年平均日设计交通量在1000辆小客车及以下时,最大纵坡、最小坡长、最大坡长等取值标准均可适当降低,但需满足《小交通量农村公路工程技术标准》(JTG 2111—2019)的要求。

第四节 竖 曲 线

在道路纵断面设计中,为确保行车安全舒适,对于两个不同坡度的坡段,在转折处需要设置一段曲线进行缓和,我们把这一段曲线称为竖曲线。

《公路路线设计规范》(JTG D20—2017)中,竖曲线的形式可以采用抛物线或圆曲线,在使用范围内两者吻合良好,这里介绍抛物线型竖曲线。

一、竖曲线要素的计算公式

1. 坡度差 ω

变坡点指两条直坡段的交点,变坡点前后两侧纵坡坡度分别为 i_1 和 i_2,i_1、i_2 上坡为"+",下坡为"-",用 ω 表示坡度差,即 $\omega = i_2 - i_1$,当 $\omega > 0$ 时,竖曲线为凹形竖曲线;$\omega < 0$ 时,竖曲线为凸形竖曲线。

2. 竖曲线的基本方程式

取 xoy 坐标系,见图 3-13。在图示坐标系下,二次抛物线的一般方程式为:

$$y = k x^2 \tag{3-50}$$

对竖曲线上任一点 P,其切线的斜率(纵坡)为:

$$\frac{dy}{dx} = 2kx = i \tag{3-51}$$

其切线斜率的变化率为:

$$\frac{d^2y}{dx^2} = 2k \tag{3-52}$$

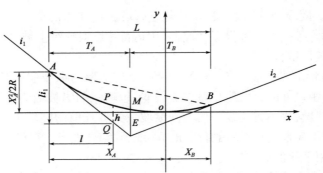

图 3-13　竖曲线要素示意图

抛物线上任一点的曲率半径为：

$$R = \frac{\left[1 + \left(\frac{dy}{dx}\right)^2\right]^{3/2}}{\frac{d^2y}{dx^2}} \tag{3-53}$$

将式(3-51)及式(3-52)代入式(3-53)可得：

$$R = \frac{(1+i^2)^{3/2}}{2k} \tag{3-54}$$

因为 i 介于 i_1 和 i_2 之间，且 i_1、i_2 均很小，故 i 可以略去，则：

$$R = \frac{1}{2k} \tag{3-55}$$

将式(3-55)代入式(3-50)得：

$$y = \frac{x^2}{2R} \tag{3-56}$$

$$\frac{dy}{dx} = i = \frac{x}{R} \tag{3-57}$$

3. 切线上任意一点与竖曲线的距离 h

$$h = PQ = y_P - y_Q = \frac{1}{2R}(x_A + l)^2 - \left(\frac{x_A^2}{2R} + li_1\right) = \frac{1}{2R}(x_A^2 + 2x_A l + l^2) - \left(\frac{x_A^2}{2R} + l\frac{x_A}{R}\right) = \frac{l^2}{2R} \tag{3-58}$$

注意：l 值从竖曲线的起讫点算起。

4. 竖曲线长度 L

当 $x = x_B$ 时，$\frac{dy}{dx} = i_2$，即：

$$i_2 = 2kx_B = \frac{x_B}{R}$$

当 $x = x_A$ 时，$\frac{dy}{dx} = i_1$，即：

$$i_1 = 2kx_A = \frac{x_A}{R}$$

则：
$$L = x_B - x_A = Ri_2 - Ri_1 = R\omega \tag{3-59}$$

5. 竖曲线切线长 T

因为在变坡点处：
$$h = E = \frac{T_A^2}{2R} = \frac{T_B^2}{2R} \tag{3-60}$$

所以：
$$T_A = T_B = T = \frac{L}{2} \tag{3-61}$$

6. 外距 E

由式(3-60)得：
$$E = \frac{T^2}{2R} \tag{3-62}$$

7. 内距 M

由图 3-13 得：
$$M + E = \frac{1}{2}(T_B i_2 - T_A i_1) = \frac{1}{2}T_A(i_2 - i_1) \tag{3-63}$$

将式(3-59)及式(3-61)代入式(3-63)可得：
$$M + E = \frac{1}{2}\left(\frac{L^2}{2R}\right) \tag{3-64}$$

将式(3-62)代入式(3-64)，可得：
$$M = \frac{L^2}{4R} - \frac{L^2}{8R} = \frac{L^2}{8R} = \frac{R\omega^2}{8} \tag{3-65}$$

设计竖曲线时常用的公式如下：
$$L = R\omega$$
$$T = \frac{L}{2}$$
$$E = \frac{T^2}{2R}$$
$$h = \frac{l^2}{2R}$$

二、平曲线与竖曲线几何要素对比分析

平曲线与竖曲线几何要素的对比分析如图 3-14 所示。

在道路平面图中，道路直线用方位角和实际里程长表示；平曲线路线偏角 α 为前后两直线方位角 α_2、α_1 之差；平曲线切线长 T、曲线长 L 均为道路平曲线的实际里程长度；外距 E 为 QZ 和 JD 的连线，任一点的支距 y 与切线垂直。

在道路纵断面图中，直坡段用坡度和坡长表示，坡长为该直坡段的水平长度而非斜长；竖曲线变坡点处坡度差 ω 为前后直坡段坡度值 i_2、i_1 之差；竖曲线切线长 T、曲线长 L 均为道路的水平长度即道路里程长度，而非纵断面设计线的实际长度；外距 E 为变坡点距竖曲线的垂

直高度,任一点支距(竖距)h为该点竖曲线与切线的垂直高差。

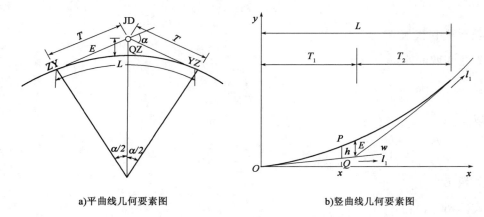

a)平曲线几何要素图　　　　　　b)竖曲线几何要素图

图 3-14　平曲线与竖曲线几何要素对比分析

三、竖曲线的最小半径

在纵断面设计中,竖曲线的设计要受到很多因素的限制,但对于竖曲线的最小半径和最小长度在理论上主要有三个因素限制,即汽车行驶的缓和冲击、行驶时间、视距要求。

(一)缓和冲击

汽车在竖曲线上行驶,将产生径向离心力F,其值为：

$$F = ma = \frac{Gv^2}{gR} = \frac{GV^2}{127R} \tag{3-66}$$

式中：a——径向离心加速度(m/s²)；
　　　R——竖曲线半径(m)；
　　　v,V——车速(m/s 或 km/h)；
　　　t——汽车在竖曲线上的行驶时间(s)。

这个力的存在对乘客的感觉会产生不良的影响,在凸形竖曲线上是减重,在凹形竖曲线上是增重。当这种变化达到一定程度时,乘客就会有不舒适的感觉,所以在确定竖曲线的半径时,应对所受的竖向离心力进行控制。一般可控制$\frac{F}{G}$的大小。

式(3-66)整理得：

$$R = \frac{V^2}{127\frac{F}{G}}$$

根据经验数据,$\left(\frac{F}{G}\right)_{\max}$可控制在 0.020~0.030 之间,参照日本数据取 0.028 时,则有：

$$R_{\min} = \frac{v^2}{3.6}$$

$$L_{\min} = \frac{V^2\omega}{3.6} \tag{3-67}$$

(二)行驶时间不宜过短

汽车在竖曲线上行驶的时间不宜过短,否则,汽车倏忽而过,乘客会有不舒服的感觉。一一般要求汽车在竖曲线上行驶的时间不应小于3s，即：

$$L_{\min} = \frac{V}{3.6}t = \frac{V}{1.2} \tag{3-68}$$

(三) 满足视距的要求

汽车在凸形竖曲线上行驶时，当半径很小时，会阻挡驾驶员的视线，因此为了安全，一般对凸形竖曲线的最小半径和最小长度加以限制。对于凹形竖曲线也存在着视距方面的问题，特别是起伏较大的道路以及高速公路及城市道路上的跨线桥、门式标志等都存在着视距方面的要求。

综上所述，可以看到，不论是凸形竖曲线还是凹形竖曲线，都受到这3个因素的限制。但在工作中应该分析那种因素是最不利的，只有这样才能对其进行有效的控制。

1. 凸形竖曲线的最小半径和最小长度

凸形竖曲线主要是以满足行车视距来进行控制，也就是凸形竖曲线的最小长度应满足行车视距的要求。根据竖曲线的长度与停车视距 S_T 相互关系可分为如下两种情况，见图3-15。

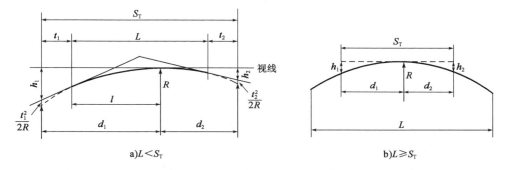

图3-15 凸型竖曲线最小长度计算图示

(1) 当 $L < S_T$ 时：

$$h_1 = \frac{d_1^2}{2R} - \frac{t_1^2}{2R}$$

则：

$$d_1 = \sqrt{2Rh_1 + t_1^2}$$

$$h_2 = \frac{d_2^2}{2R} - \frac{t_2^2}{2R}$$

则：

$$d_2 = \sqrt{2Rh_2 + t_2^2}$$

由 $t_1 = d_1 - l = \sqrt{2Rh_1 + t_1^2} - l$，得：

$$t_1 = \frac{Rh_1}{l} - \frac{l}{2}$$

由 $t_2 = d_2 - (L - l) = \sqrt{2Rh_2 + t_2^2} - (L - l)$，得：

$$t_2 = \frac{Rh_2}{L-l} - \frac{L-l}{2}$$

视距长度：

$$S_T = t_1 + L + t_2 = \frac{Rh_1}{l} + \frac{L}{2} + \frac{Rh_2}{L-l} \tag{3-69}$$

令 $\dfrac{dS_T}{dl}=0$，解得 $l=\dfrac{\sqrt{h_1}}{\sqrt{h_1}+\sqrt{h_2}}L$，代入式（3-69），得：

$$S_T = \dfrac{R}{L}(\sqrt{h_1}+\sqrt{h_2})^2 + \dfrac{L}{2} = \dfrac{(\sqrt{h_1}+\sqrt{h_2})^2}{\omega} + \dfrac{L}{2}$$

$$L_{\min} = 2S_T - \dfrac{2(\sqrt{h_1}+\sqrt{h_2})^2}{\omega} = 2S_T - \dfrac{4}{\omega} \tag{3-70}$$

式中：h_1——驾驶员的视线高，一般为 1.2m；

h_2——障碍物高，一般为 0.1m；

ω——竖曲线的变坡角，$\omega = i_2 - i_1$；

R——竖曲线半径（m）。

（2）当 $L \geqslant S_T$ 时：

$$h_1 = \dfrac{d_1^2}{2R}$$

则：

$$d_1 = \sqrt{2Rh_1}$$

$$h_2 = \dfrac{d_2^2}{2R}$$

则：

$$d_2 = \sqrt{2Rh_2}$$

视距长度：

$$S_T = d_1 + d_2 = \sqrt{2R}(\sqrt{h_1}+\sqrt{h_2}) = \sqrt{\dfrac{2L}{\omega}}(\sqrt{h_1}+\sqrt{h_2})$$

$$L_{\min} = \dfrac{S_T^2 \omega}{2(\sqrt{h_1}+\sqrt{h_2})^2} = \dfrac{S_T^2 \omega}{4}$$

$$R = \dfrac{S_T^2}{4} \tag{3-71}$$

比较以上两种情况，显然式（3-70）计算结果大于式（3-71）计算结果，以 $L \geqslant S_T$ 作为有效控制。

根据缓和冲击和行驶时间也可以计算出凸形竖曲线的最小半径和最小长度，但要控制其最主要的控制因素。

分别考虑 3 个因素，凸形竖曲线最小半径及最小长度计算结果及《公路工程技术标准》（JTG B01—2014）、《公路路线设计规范》（JTG D20—2017）、《城市道路路线设计规范》（CJJ 193—2012）中的规定值，见表 3-18。

凸形竖曲线最小半径及长度　　　　表 3-18

设计速度 (km/h)	停车视距 S_T (m)	竖曲线最小长度 计算值			竖曲线最小长度 采用值		竖曲线最小半径 计算值	竖曲线最小半径 采用值	
		缓和冲击 $\dfrac{V^2}{3.6}\omega$	行程要求 $\dfrac{V}{1.2}$	视距要求 $\dfrac{S_T^2}{4}\omega$	极限值	一般值	极限值 $\dfrac{L_{\min}}{\omega}$	极限值	一般值
120	210	4000ω	100.00	11025ω	100	250	11025	11000	17000
100	160	2778ω	83.33	6400ω	85	210	6400	6500	10000

续上表

设计速度 (km/h)	停车视距 S_T(m)	竖曲线最小长度					竖曲线最小半径		
		计算值			采用值		计算值	采用值	
		缓和冲击 $\dfrac{V^2}{3.6}\omega$	行程要求 $\dfrac{V}{1.2}$	视距要求 $\dfrac{S_T^2}{4}\omega$	极限值	一般值	极限值 $\dfrac{L_{\min}}{\omega}$	极限值	一般值
80	110	1778ω	66.67	3025ω	70	170	3025	3000	4500
60	75	1000ω	50.00	1406ω	50	120	1406	1400 (1200)	2000 (1800)
50	60	694ω	41.67	900ω	40	100	900	900	1350
40	40	444ω	33.33	400ω	35	90	444	450 (400)	700 (600)
30	30	250ω	25.00	225ω	25	60	250	250	400
20	20	111ω	16.67	100ω	20	50	111	100	200 (150)

注：当公路与城市道路取值不同时，( )内数字为城市道路相关规定值。

2. 凹形竖曲线的最小半径和最小长度

凹形竖曲线主要是满足汽车行驶中径向离心力冲击的作用，但在某些情况下也要满足视距的要求，即保证夜间行车安全，前灯应有足够的距离和跨线桥下行车的视距要求。

1）夜间行车前灯的照射距离的要求

根据凹形竖曲线的长度 L 与停车视距 S_T 的相互关系，可分为如下两种情况。

(1) 当 $L < S_T$ 时，见图3-16。

因为：
$$S_T = L + l$$

则：
$$l = S_T - L$$

$$h + S_T\tan\delta = \frac{(L+l)^2}{2R} - \frac{l^2}{2R} = \frac{\omega(2S_T - L)}{2}$$

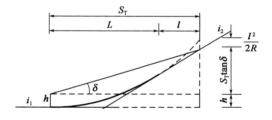

图3-16 车前灯照射距离 $L < S_T$

求解，得：

$$L_{\min} = 2\left(S_T - \frac{h + S_T\tan\delta}{\omega}\right) \tag{3-72}$$

式中：S_T——停车视距（m）；

h——车前灯的高度，一般为0.75m；

δ——车前灯光束扩散角，一般为1.5°。

代入已知数据得：

$$L_{\min} = 2\left(S_T - \frac{0.75 + 0.026S_T}{\omega}\right) \tag{3-73}$$

(2) 当 $L \geqslant S_T$ 时，见图3-17。则：

$$h + S_T\tan\delta = \frac{S_T^2}{2R} = \frac{S_T^2\omega}{2L} \tag{3-74}$$

求解式(3-73)，得：

$$L_{min} = \frac{S_T^2 \omega}{2(h + S_T \tan\delta)} \tag{3-75}$$

代入式(3-75)已知数据可得:

$$L_{min} = \frac{S_T^2 \omega}{1.5 + 0.0524 S_T} \tag{3-76}$$

式中的符号含义同上一种情况。

2) 跨线桥下行车视距的要求

(1) 当 $L < S_T$ 时,见图 3-18。

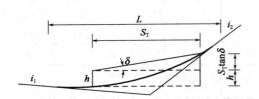

图 3-17 车前灯照射距离 $L \geqslant S_T$　　　　图 3-18 跨线桥下行车视距 $L < S_T$

$$h_0 = \frac{(L + t_2)^2}{2R} - \frac{t_2^2}{2R}$$

$$AB = h_1 + \frac{h_2 - h_1}{S_T}(t_1 + l)$$

$$BD = h_0 \frac{t_1 + l}{S_T} = \left[\frac{(L + t_2)^2}{2R} - \frac{t_2^2}{2R}\right]\frac{t_1 + l}{S_T}$$

$$CD = \frac{l^2}{2R}$$

因为:

$$S_T = t_1 + l + t_2$$
$$t_2 = S_T - t_1 - l$$

$$h = AB + BD - CD = h_1 + \frac{h_2 - h_1}{S_T}(t_1 + l) + \frac{L(t_1 + l)}{2RS_T}(2S_T - 2t_1 - L) - \frac{l^2}{2R} \tag{3-77}$$

由 $dh/dl = 0$ 可解出 l,代入式(3-77)并整理,得:

$$h_{max} = h_1 + \frac{1}{2RS_T^2}\left[2S_T t_1 + R(h_2 - h_1) + \frac{L}{2}(2S_T - 2t_1 - l)\right] \times \left[R(h_2 - h_1) + \frac{L}{2}(2S_T - 2t_1 - L)\right] \tag{3-78}$$

由 dh_{max}/dt_1 可解出 t_1,代入式(3-78)可得:

$$h_{max} = h_1 + \frac{[2R(h_2 - h_1) + (2S_T + L)]^2}{8RL(2S_T - L)} \tag{3-79}$$

由式(3-79)求得:

$$L_{min} = 2S_T - \frac{4h_{max}}{\omega}\left[1 - \frac{h_1 + h_2}{2h_{max}} + \sqrt{\left(1 - \frac{h_1}{h_{max}}\right)\left(1 - \frac{h_2}{h_{max}}\right)}\right] \tag{3-80}$$

式中: h_{max}——桥下设计净空,一般为 4.5~5.0m;

　　　h_1——驾驶员的视线高,一般为 1.5m;

h_2——障碍物高,一般为 0.75m。

将已知数据代入式(3-80)可得:

$$L_{\min} = 2S_T - \frac{26.92}{\omega} \quad (3-81)$$

(2)当 $L \geqslant S_T$ 时,见图 3-19。

$$h_0 = \frac{S_T^2}{2R}$$

$$AB = h_1 + \frac{h_2 - h_1}{S_T}l$$

$$BD = h_0 \frac{l}{S_T} = \frac{S_T}{2R}l$$

$$CD = \frac{l^2}{2R}$$

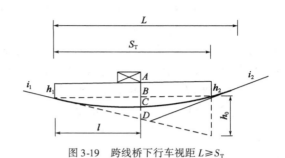

图 3-19 跨线桥下行车视距 $L \geqslant S_T$

同理可得:

$$h = h_1 + \frac{h_2 - h_1}{S_T}l + \frac{S_T}{2R}l - \frac{l^2}{2R} \quad (3-82)$$

由 $dh/dl = 0$ 可解出 l,代入式(3-82)并整理可得:

$$h_{\max} = h_1 + \frac{1}{2R}\left[\frac{R(h_2 - h_1)}{S_T} + \frac{S_T}{2R}\right]^2 \quad (3-83)$$

$$L_{\min} = \frac{S_T^2 \omega}{\left[\sqrt{2(h_{\max} - h_1)} + \sqrt{2(h_{\max} - h_2)}\right]^2} \quad (3-84)$$

将已知数据代入式(3-84),得:

$$L_{\min} = \frac{S_T^2 \omega}{26.92} \quad (3-85)$$

分别考虑 3 个因素,凹形竖曲线最小半径及最小长度计算结果如表 3-19 所示。

凹形竖曲线最小半径及长度   表 3-19

设计车速 (km/h)	停车视距 S_T(m)	竖曲线最小长度						竖曲线最小半径		
		计算值				采用值		计算值	采用值	
		缓和冲击 $\frac{V^2}{3.6}\omega$	行程要求 $\frac{V}{1.2}$	视距要求 $\frac{S_T^2}{26.92}$	前灯光束距离要求 $\frac{S_T^2\omega}{1.5+0.0524S_T}$	极限值	一般值	极限值 $\frac{L_{\min}}{\omega}$	极限值	一般值
120	210	4000ω	100.00	1638ω	3526.9ω	100	250	4000	4000	6000
100	160	2778ω	83.33	951ω	2590.0ω	85	210	2778	3000	4500
80	110	1778ω	66.67	449ω	1665.7ω	70	170	1778	2000 (1800)	3000 (2700)
60	75	1000ω	50.00	209ω	1035.9ω	50	120	1000	1000	1500
50	60	694ω	41.67	134ω	775.2ω	40	100	694	700	1050
40	40	444ω	33.33	59ω	444.9ω	35	90	444	450	700
30	30	250ω	25.00	33ω	293.0ω	25	60	250	250	400
20	20	111ω	16.67	15ω	157.0ω	20	50	111	100	200 (150)

注:当公路与城市道路取值不同时,( )内数字为城市道路相关规定值。

不论凸形竖曲线和凹形竖曲线,都可以根据它的3个控制因素计算出理论最小半径和最小长度值,但在设计中一般要控制其最主要的控制因素,因此根据《公路工程技术标准》(JTG B01—2014)、《公路路线设计规范》(JTG D20—2017)、《城市道路工程设计规范》(CJJ 193—2012)等相关规范以及计算结果和进行的大量实际调查,规定了竖曲线的最小半径值和最小长度值,见表3-18及表3-19。凸形竖曲线最不利的情况是视距方面的控制;凹形竖曲线的最不利的情况是径向离心力的冲击,故应以离心力作为有效控制。但是,当相邻坡度之差非常小时,竖曲线半径还必须满足行程时间的要求,以达到半径及曲线长度值同时满足规定。需要强调是,竖曲线最小半径的极限值在受地形等特殊情况约束时方可采用。竖曲线半径一般值是竖曲线最小半径极限值的1.5~2.0倍,是竖曲线最小半径的推荐采用值。

【例题3-3】 某二级路,纵坡设计一变坡点桩号为K5+030.00,高程为427.68m,$i_1 = +5\%$,$i_2 = -4\%$,竖曲线半径$R = 2000$m。试计算竖曲线诸要素以及桩号为K5+000.00和K5+100.00处的设计高程。

解:(1)计算竖曲线要素

$\omega = i_2 - i_1 = -0.04 - 0.05 = -0.09$,为凸形竖曲线。

曲线长:$L = R\omega = 2000 \times 0.09 = 180$m

切线长:$T = \dfrac{L}{2} = \dfrac{180}{2} = 90$m

外距:$E = \dfrac{T^2}{2R} = \dfrac{90^2}{2 \times 2000} = 2.03$m

(2)计算设计高程

竖曲线起点桩号 = (K5+030.00) - 90 = K4+940.00

竖曲线起点高程 = 427.68 - 90 × 0.05 = 423.18m

竖曲线终点桩号 = (K5+030.00) + 90 = K5+120.00

竖曲线终点高程 = 427.68 - 90 × 0.04 = 424.08m

桩号K5+000.00处:

横距:l = (K5+000.00) - (K4+940.00) = 60m

竖距:$h = \dfrac{l^2}{2R} = \dfrac{60^2}{2 \times 2000} = 0.90$m

切线高程 = 423.18 + 60 × 0.05 = 426.18m

设计高程 = 426.18 - 0.90 = 425.28m

桩号K5+100.00处:

横距:l = (K5+120.00) - (K5+100.00) = 20m

竖距:$h = \dfrac{l^2}{2R} = \dfrac{20^2}{2 \times 2000} = 0.10$m

切线高程 = 427.68 - 70 × 0.04 = 424.88m

设计高程 = 424.88 - 0.10 = 424.78m

四、竖曲线设计的一般要求

纵面线形应平顺、圆滑、视觉连续,并与地形相适应,与周围环境相协调,尽量减少因道路的修建对环境的影响。纵断面设计应根据道路等级,综合交通安全、建设期间的工程费用与运营期间的经济效益、节能减排、环保效益等因素,合理确定道路设计纵坡和设计高程。除纵坡设计必须满足《公路工程技术标准》(JTG B01—2014)中的相关规定之外,竖曲线设计还应符合以下要求:

(1)竖曲线半径和长度需满足相关规范和标准中的规定值。

(2)相邻纵坡之间,数值差小时,应采用大的竖曲线半径。

(3)设计速度大于或等于60km/h的公路,竖曲线设计宜采用长的竖曲线和长直线坡段的组合。有条件时宜采用大于或等于表3-20所列的视觉所需要的竖曲线半径值。

视觉所需要的最小竖曲线半径值　　　　　　　　　　　　　　　表3-20

设计速度	竖曲线半径(m)	
(km/h)	凸形	凹形
120	20000	12000
100	16000	10000
80	12000	8000
60	9000	6000

(4)竖曲线应选用较大的半径。当条件受限制时,宜采用大于或接近于竖曲线最小半径的一般值;地形条件特殊困难而不得已时,方可采用竖曲线最小半径的极限值。

(5)同向竖曲线间,特别是同向凹形竖曲线之间,直线坡段接近或达到最小坡长时,宜合并设置为单曲线或复曲线。

(6)双车道公路在有超车需求的路段,应考虑超车视距要求,采用较大的凸形竖曲线半径或设置必要的标志、标线等设施。

(7)非机动车道变坡点处应设竖曲线,其竖曲线最小半径不应小于100m。非机动车与行人共板道路的竖曲线最小半径不应小于60m。

(8)交通组成中无大型、重载型车辆的年平均日设计交通量在1000辆小客车及以下时,竖曲线最小半径、最小长度等取值标准均可适当降低,但需满足《小交通量农村公路工程技术标准》(JTG 2111—2019)的要求。

第五节　道路平纵线形组合设计

一、视觉分析

1.视觉分析的意义

道路设计时,除应充分考虑自然条件、汽车运动力学等方面的要求以外,还必须考虑驾驶员的心理和视觉上的反应。汽车在道路上快速行驶时,驾驶员通过视觉、运动感觉和时间变化感觉来判断道路线形条件、路面条件以及其他交通信息,其中接受这些信息的主要是视觉,因此,视觉是连接道路与汽车的重要媒介。

从运动视觉出发研究道路的空间线形与周围景观的配合是现代较为先进的设计理论,这样能充分地保持线形的连续性,使行车具有足够的舒适感和安全感。

2. 驾驶员的视觉规律

驾驶员的视觉规律与车速密切相关,车速越高,则其视线的集中点越远,视角越小。国内外的研究表明:驾驶员的注意力集中和心理紧张程度随车速的增加而增加。在汽车高速行驶时,驾驶员对前景细节的视觉开始变得模糊不清,视角也随车速的增加逐渐变窄。

由上所述,驾驶员在高速行车时,主要注意力是用来观察视点较远路段的线形状况,因此,必须使驾驶员能准确地了解线形,避免由于判断失误而导致交通事故。

二、道路平、纵线形组合设计

道路的线形状况是指道路的平面、纵断面及横断面所组成的立体形状。线形设计首先从路线规划开始,然后按照选线、平面线形设计、纵断面线形设计和平纵线形组合设计的过程进行,最终展现在驾驶员面前的平、纵、横三者组合的立体线形,特别是平、纵线形的组合对立体线形的优劣起着至关重要的作用。

平、纵线形组合设计是指在满足汽车动力学和力学要求的前提下,研究如何满足视觉、心理与生理方面的连续、舒适,与周围环境的协调和良好的排水条件,以提高汽车行驶的安全性、舒适性与经济性。特别在高等级公路的设计中必须注重平、纵线形的合理组合。

道路线形由公路平、纵、横三维立体线形构成,设计中必须综合考虑平面、纵断面、横断面间组合与协调。

线形设计从行驶力学上应保证汽车行驶的安全、舒适与经济,同时应注重驾驶者的视觉、心理及生理方面的要求。

线形设计的要求随道路等级和设计速度的不同而异,设计中应注意:

(1)线形设计应与地形地物、地质水文、地域气候、地下管线、排水等要求相结合,并符合各级道路的技术指标,应与周围环境相协调,线形应连续与均衡。

(2)线形设计应符合道路功能要求,并综合考虑土地利用、文物保护、环境景观、征地拆迁等因素。城市道路线形设计还应符合城市路网规划、道路红线要求。

(3)设计速度高的道路应选用较高的技术指标,不应轻易采用技术指标的最小(或最大)值,并保持各种线形要素的均衡性,避免线形突变。技术指标变化大的路段,宜采用运行速度进行检验。

(4)高速公路、承担干线功能的一级公路和二级公路、城市快速路、主干路应注重立体线形设计,做到立体线形连续、指标均衡、视觉良好、景观协调、安全舒适。设计速度愈高,线形设计所考虑的因素应愈周全,以提高服务质量。尤其是六车道及以上的高速公路,应重视直、曲线(含平、纵面)间的组合与搭配,在曲线间设置足够长的回旋线或直线,使其衔接过渡顺适,路面排水良好。

(5)承担集散功能的一级、二级公路,应根据混合交通情况确定公路横断面布置设计,并注重路线交叉等处的线形设计组合,保障通视良好,行驶通畅、安全。

(6)设计速度≥60km/h的公路,应注重路线平、纵线形组合设计。设计速度为≤40km/h的双车道道路,参照执行,在保证行驶安全的前提下,应正确地运用线形要素规定的最大、最小值,在条件允许情况下力求做到各种线形要素的合理组合,并避免或减轻不利的组合,以确保行车安全,充分发挥投资效益。

同一设计速度的设计路段长度不宜过短,线形技术指标应尽量保持相对均衡。两相邻不同设计路段之间其技术指标应逐渐变化。相衔接处附近不宜采用该路段设计速度的最小或最大平、纵技术指标值。

路线交叉前后应选用较高技术指标的平、纵线形,使之具有较好的通视条件。

各级公路均应采用运行速度方法,对平、纵线形组合设计、技术指标的协调性和一致性、视距以及路线视觉连续性等进行检验,依次优化线形设计、调整技术指标、完善交通工程与安全设施。

(一) 平、纵线形组合的一般设计原则

(1) 在视觉上能自然地诱导驾驶员的视线,并保持视线的连续性。任何使驾驶员感到迷惑和判断失误的线形都有可能导致操作的失误,最终导致交通事故。

(2) 保持平、纵线形的技术指标大小均衡。它不仅影响线形的平顺性,而且与工程费用密切相关,任何单一提高某方面的技术指标都是毫无意义的。

(3) 为保证路面排水和行车安全,必须选择适合的合成坡度。

(4) 注意同公路外部沿线自然景观的适应和地质条件等的配合,以减轻驾驶员的疲劳和紧张程度。特别是在路堑地段,要注意路堑边坡的美化设计。

(二) 平、纵线形组合的基本要求

(1) 平曲线与竖曲线组合宜相互对应,且稍长于竖曲线。当平、竖曲线半径均较小时,其相互对应程度应较严格;随着平、竖曲线半径的同时增大,其对应程度可适当放宽;当平、竖曲线半径均大时,可不严格相互对应。

(2) 合成坡度的设计应与线形组合设计相结合。有条件时,最大合成坡度不宜大于8%,最小合成坡度不小于0.5%。

(3) 平、纵面线形组合设计应使线形与自然环境和景观相配合、协调。

(4) 平曲线缓而长,且竖曲线坡差小于1%时,平曲线中可包含多个竖曲线。

(5) 竖曲线半径宜大于平曲线半径的10~20倍。随着平曲线半径的增大,竖曲线半径的增大倍数也宜增加。

(三) 平曲线和竖曲线的组合

1. 常见的组合形式

平曲线与竖曲线的组合设计直接关系到线形流畅及工程经济,由于众多因素的制约,是不容易设计好的,一般情况下,下述是几种较好的做法。

(1) 平曲线和竖曲线应相互重合,且平曲线应稍长于竖曲线

这种组合是使平曲线和竖曲线相互对应,竖曲线的起终点落在平曲线的两个缓和曲线内,即"平包竖"。图3-20即为平、竖曲线相互重合的透视形状。这种立体线形不仅能起到诱导视线的作用,而且可以取得平顺而流畅的效果。但在实际生产中往往不能完全做到这一点,如果平、竖曲线的顶点错开不超过曲线长度的1/4,即可取得较好的视觉效果。

(2) 平、竖曲线半径应保持均衡

平、竖曲线的线形,其中一方大而平缓时,另一方切忌不能形成多而小。一个长的平曲线内有两个以上的竖曲线,或一个长的竖曲线内含有两个以上的平曲线,从视觉上都会形成扭曲的形状,见图3-21。

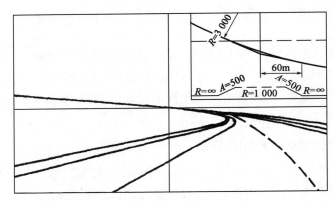

图 3-20 平、竖曲线组合透视图（尺寸单位：m）

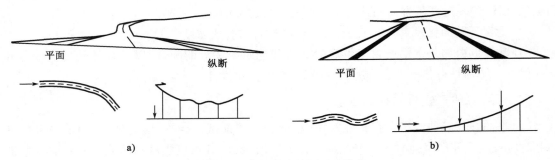

图 3-21 平曲线和竖曲线大小不均衡

根据德国统计资料表明，如果平曲线的半径小于 1000m，竖曲线的半径为平曲线的 10～20 倍时，即可以达到均衡的目的。

(3) 明、暗弯与凹、凸竖曲线的组合

明弯与凹形竖曲线及暗弯与凸形竖曲线的组合是合理的，比较符合驾驶员的心理反应和视觉反应。

对于明弯与凸形竖曲线及暗弯与凹形竖曲线的组合，当坡差较大时，一般给人留下舍坦坡、近路不走，而故意爬坡、绕弯的感觉。在山区公路设计中，有时难以避免这种情况，但只要坡差不大，对行车的影响也不是太大。

2. 平、纵曲线组合设计中应避免的组合

对于平、竖曲线的组合设计能够满足上述要求是最好的，但有时往往受各种条件的限制难以满足，这时应避免如下组合的出现。

(1) 小半径的平曲线起、讫点不宜设在或接近凸形竖曲线的顶部和凹形竖曲线的底部。计算行车速度 $V \geqslant 40$km/h 的道路，应避免在凸形竖曲线顶部或凹形竖曲线底部插入小半径的平曲线。前者失去诱导视线的作用，驾驶员须接近坡顶才发现平曲线，导致不必要的减速或交通事故；后者会出现汽车高速行驶时急转弯，行车极不安全。

(2) 长直线不宜与陡坡或半径小且长度短的竖曲线组合。插入小半径的竖曲线易形成线形的折曲。

(3) 长的平曲线内不宜包含多个短的竖曲线，易形成线形的跳跃；短的平曲线不宜与短的竖曲线组合，尤其是与短的凸形竖曲线组合。

(4) 长竖曲线内也不宜设置半径小的平曲线及短平曲线。

(5)要避免使凸形竖曲线的顶部或凹形竖曲线的底部与反向平曲线的拐点重合。二者都存在不同程度的扭曲外观;前者会使驾驶员操作失误,引起交通事故;后者虽无视线诱导问题,但路面排水困难,易产生积水。

(6)应避免驾驶员能在行驶视野内看到两个或两个以上的平曲线或竖曲线,易形成驼峰、跳跃、断背等,会造成驾驶员视觉中断的线形。

(7)应避免平曲线与竖曲线错位的组合。

(8)小半径竖曲线不宜与缓和曲线相重叠。对凸形竖曲线诱导性差,事故率较高;对凹形竖曲线路面排水不良。

(9)复曲线、S形曲线中的左转圆曲线不设超高时,应采用运行速度对其安全性予以验算。

(10)应避免在长下坡路段、长直线路段或大半径圆曲线路段的末端接小半径圆曲线的组合。

平曲线与竖曲线的组合可形象地表达为如图3-22所示。竖曲线的起、讫点最好分别放在两个缓和曲线上,其中任意一点都不要放在缓和曲线以外的直线上,也不要放在圆曲线段内。若平、竖曲线半径都很大,或相邻的坡度之差不大,则平、竖曲线的位置可不受上述限制;若做不到平、竖曲线较好的组合,宁可把两者拉开相当距离,使平曲线位于直坡段或竖曲线位于直线上。

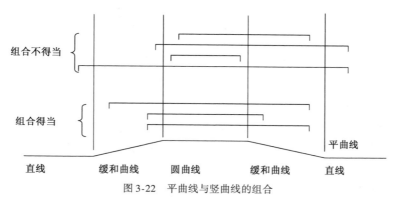

图 3-22 平曲线与竖曲线的组合

(四)直线与纵断面的组合

平面上的长直线及大而缓的平曲线如何与纵断面组合设计,随着高等级道路的大量修建必须进行认真研究,经过工程实践及相应的理论研究,有如下应用经验。

(1)平面的长直线与纵断面的直坡线配合,对双车道道路超车方便,在平坦地区易与地形相适应,但行车单调乏味,容易导致驾驶员的疲劳。

(2)直线上的纵面线形应避免出现驼峰、暗凹、跳跃、断背等使驾驶者视觉中断的线形。

直线上只有一次变坡是很好的平、纵组合,从美学观点讲,以包括一个凸形竖曲线为好,而包括一个凹形竖曲线次之;直线中短距离内两次以上变坡会形成反复凸凹的"驼峰"和"凹陷",看上去线形既不美观也不连贯,使驾驶员的视线中断。因此,只要路线有起有伏,就不要采用长直线,最好使平面路线线形随纵坡的变化略加转折,并把平、竖曲线合理地组合。尽量避免驾驶员一眼就能看到路线方向转折两次以上或纵坡起伏三次以上。

(3)直线段内不得插入短的竖曲线。

(4)避免在长直线上设置坡陡或曲线长度短、半径小的凹形竖曲线。

(5)应避免急弯与陡坡相重合。

三、路线线形与景观的协调配合

道路作为一种人工构造物,应将其视为景观对象来研究。修建道路会对自然景观产生影响,有时还会产生一定破坏作用。而道路两侧的自然景观反过来又会影响道路上汽车的行驶,特别是对驾驶员的视觉、心理以及驾驶操作等都有很大影响。

1. 线形与环境的协调应遵循的原则

(1)线形设计应利用地形,尽量少改变公路周围的地形、地貌、天然森林、建筑物等景观。横面设计应使边坡造型和绿化同原有景观相适宜,弥补挖方和填方对自然景观的破坏。

(2)当公路以挖方穿越山脊或通过宽阔林地时,路线应布设成曲线,以保持自然景观的连续。

(3)为减轻在长直线上行驶的单调感,应使驾驶员能看到前方显著的景物。

(4)应根据技术和景观要求合理选定构筑物的造型,使公路构筑物成为自然景观中的一部分。

2. 线形与环境的协调应注意的问题

平、纵线形组合必须是在充分与道路所经地区的景观相配合的基础上进行。否则,即使线形组合满足有关规定也不一定是良好设计。对于驾驶员来说,只有看上去具有滑顺优美的线形和景观,才能称为舒适和安全的道路。对计算行车速度高的道路,平纵线形组合设计与周围景观配合尤为重要。

平、纵面线形设计应同环境相协调。线形设计应充分考虑到速度对视觉的影响,设计速度高的公路,线形设计和周围环境配合的要求应更高。

应充分利用自然风景,如湖泊、大树、孤山,或人工构造物(如水坝、桥梁、农舍)或在路旁设置一些设施等,以消除景观单调感,使公路与大自然融为一体。

有条件时,宜适当放缓边坡或将边坡的变坡点修整圆滑,使边坡接近于自然地面,增进路容美观。

公路两侧的绿化应避免形式和品种的单一,应将绿化作为诱导视线、点缀风景以及改造环境的一种措施而进行专门设计。

四、路线线形与沿线设施的配合

线形设计应考虑到主线收费站、匝道收费站、服务区、停车区等沿线设施布置的要求。

主线收费站应选择在直线上或不设超高的曲线上,且不应设在凹形竖曲线的底部或连续下坡的中底部。主线收费站范围内主线的主要技术指标应大于表 3-21 的规定。

主线收费站范围内主线主要技术指标　　　　　表 3-21

设计速度(km/h)			120	100	80	60	40
最小平曲线半径 (m)		一般值	2000	1500	1100	500	250
		最小值	1500	1000	700	350	200
最小竖曲线半径 (m)	凸形	一般值	45000	25000	12000	6000	2000
		极限值	23000	15000	6000	3000	1500
	凹形	一般值	16000	12000	8000	4000	3000
		极限值	12000	8000	4000	2000	1500
最大纵坡(%)			2	2	2	3	3

服务区、停车区及公共汽车停靠站等区段内,主线主要技术指标可参照互通式立体交叉的有关规定设计。

路线设计时应考虑标志、标线的设置;交通安全设施应与路线同步设计,充分体现路线设计意图。路侧设计受限制的路段,应合理设置相应防护设施。

五、桥、隧与路线线形的配合

1. 桥头引道线形与桥上线形的配合

(1)桥涵等人工构筑物及其同路基相衔接处的线形应符合路线布设的有关规定。

(2)桥梁及其引道的线形应综合考虑其与路线的配合,使之视野开阔,视线诱导良好。

(3)高速公路、一级公路和承担干线功能的二级公路上的桥梁线形应与路线总体线形设计相协调,保持桥梁线形与路线线形连续、流畅。

2. 隧道洞口连接线与隧道线形的配合

(1)隧道及其同路基相衔接处的线形应与路线线形相协调,以利行车的安全性与舒适性,且各项技术指标应符合路线布设的有关规定。

(2)当设置曲线隧道时,宜采用不设超高的平曲线半径;受条件限制需采用设超高的平曲线时,其超高值不宜大于4%,并需对停车视距进行验算,避免采用需加宽的平曲线半径。

(3)隧道洞口外连接线应与隧道洞口内线形相协调,隧道洞口内侧不小于3s设计速度行程长度与洞口外侧不小于3s设计速度行程长度范围内的平、纵线形应一致。特殊困难路段,经技术经济比较论证后,洞口内外平曲线可采用回旋曲线,但应加强线形诱导设施。洞口的纵面线形宜采用直线坡段,需设置竖曲线时,宜采用较大的竖曲线半径。

(4)隧道内外路基宽度不一致时,应在隧道进口外设置不小于3s设计速度行程长度,且不小于50m的过渡段,以保持横断面过渡的顺适。

第六节 道路纵断面设计

一、纵断面设计的方法和步骤

(1)准备工作:纵坡设计(俗称拉坡)之前按比例标注里程桩号和点绘地面线,填写有关内容。同时应收集和熟悉有关资料,并领会设计意图和要求。

(2)标注控制点:控制点是指影响纵坡设计的高程控制点。如路线起、讫点,越岭垭口,重要桥涵,地质不良地段的最小填土高度,最大挖深,沿溪线的洪水位,隧道进出口,平面交叉和立体交叉点,铁路道口,城镇规划控制高程、山区道路填挖平衡的经济点以及受其他因素限制路线必须通过的高程控制点等。

(3)试坡:在已标出"控制点""经济点"的纵断面图上,根据技术指标、选线意图,结合地面起伏变化,本着以"控制点"为依据,照顾多数"经济点"的原则,在这些点位间进行穿插与取直,试定出若干直坡线。对各种可能坡度线方案反复比较,最后定出既符合技术标准,又满足控制点要求,且土石方较省的设计线作为初定坡度线。将前后坡度线延长交会出变坡点的初步位置。

(4)调整:将所定坡度与选线时坡度的安排比较,两者应基本相符。若有较大差异时应全面分析,权衡利弊,决定取舍。然后对照技术标准检查设计的最大纵坡、最小纵坡、坡长限制等是否满足规定,平、纵组合是否适当,以及路线交叉、桥隧和接线等处的纵坡是否合理,若有问题应进行调整。调整方法是对初定坡度线平抬、平降、延伸、缩短或改变坡度值。

(5)核对:选择有控制意义的重点横断面,如高填深挖、地面横坡较陡路基、挡土墙、重要桥涵以及其他重要控制点等,检查是否填挖过大、坡脚落空或过远、挡土墙工程过大、桥梁工程过高或过低、涵洞过长等情况,若有问题应及时调整纵坡。在横坡陡峻地段核对更显重要。

(6)定坡:经调整核对无误后,逐段把直坡线的坡度值、变坡点桩号和高程确定下来。要求取值到 0.1%,变坡点一般要调整到 10m 的整桩号上,相邻变坡点桩号之差为坡长。变坡点高程是由纵坡度和坡长依次推算而得。

(7)设置竖曲线:拉坡时已考虑了平、纵组合问题,该步是根据技术标准、平纵组合是否均衡等确定竖曲线半径,计算竖曲线要素。

(8)设计高程推算:坡度、坡长及竖曲线确定后,进行逐桩设计高程推算。

二、纵坡设计应注意的问题

(1)设置回头曲线地段,拉坡时应按回头曲线技术标准先定出该地段的纵坡,然后从两端接坡。应注意在回头曲线地段不宜设竖曲线。

(2)大、中桥上不宜设置竖曲线,桥头两端竖曲线起、终点应设在桥头 10m 以外,见图 3-23 桥涵纵坡处理。

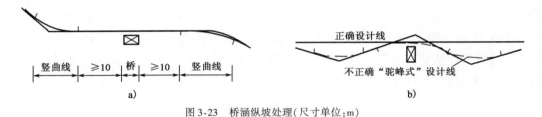

图 3-23 桥涵纵坡处理(尺寸单位:m)

(3)小桥涵允许设在斜坡地段或竖曲线上,为保证行车平顺,应尽量避免在小桥涵处出现"驼峰式"纵坡,见图 3-23b)。

(4)注意平面交叉口纵坡及两端接线要求。道路与道路交叉时,一般宜设在水平坡段,其长度不应不小于最短坡长规定。两端接线纵坡应不大于3%,山区工程艰巨地段不应大于5%。

三、纵断面图的绘制

纵断面设计图是道路设计重要技术文件之一,也是纵断面设计的最后成果。

纵断面采用直角坐标,以横坐标表示里程和桩号,纵坐标表示高程。为了明显地反映沿着中线地面起伏形状,通常横坐标比例尺采用 1:2000(城市道路采用 1:500~1:1000),纵坐标采用 1:200(城市道路为 1:50~1:100)。见图 3-24 和图 3-25。

纵断面图是由上、下两部分内容组成的。上部主要用来绘制地面线和纵坡设计线,另外,也用以标注竖曲线及其要素,坡度及坡长(有时标在下部);沿线桥涵及人工构造物的位置、结构类型、孔数和孔径;与道路、铁路交叉的桩号及路名;沿线跨越的河流名称、桩号、常水位和最高洪水位;水准点位置、编号和高程;断链桩位置、桩号及长短关系等。

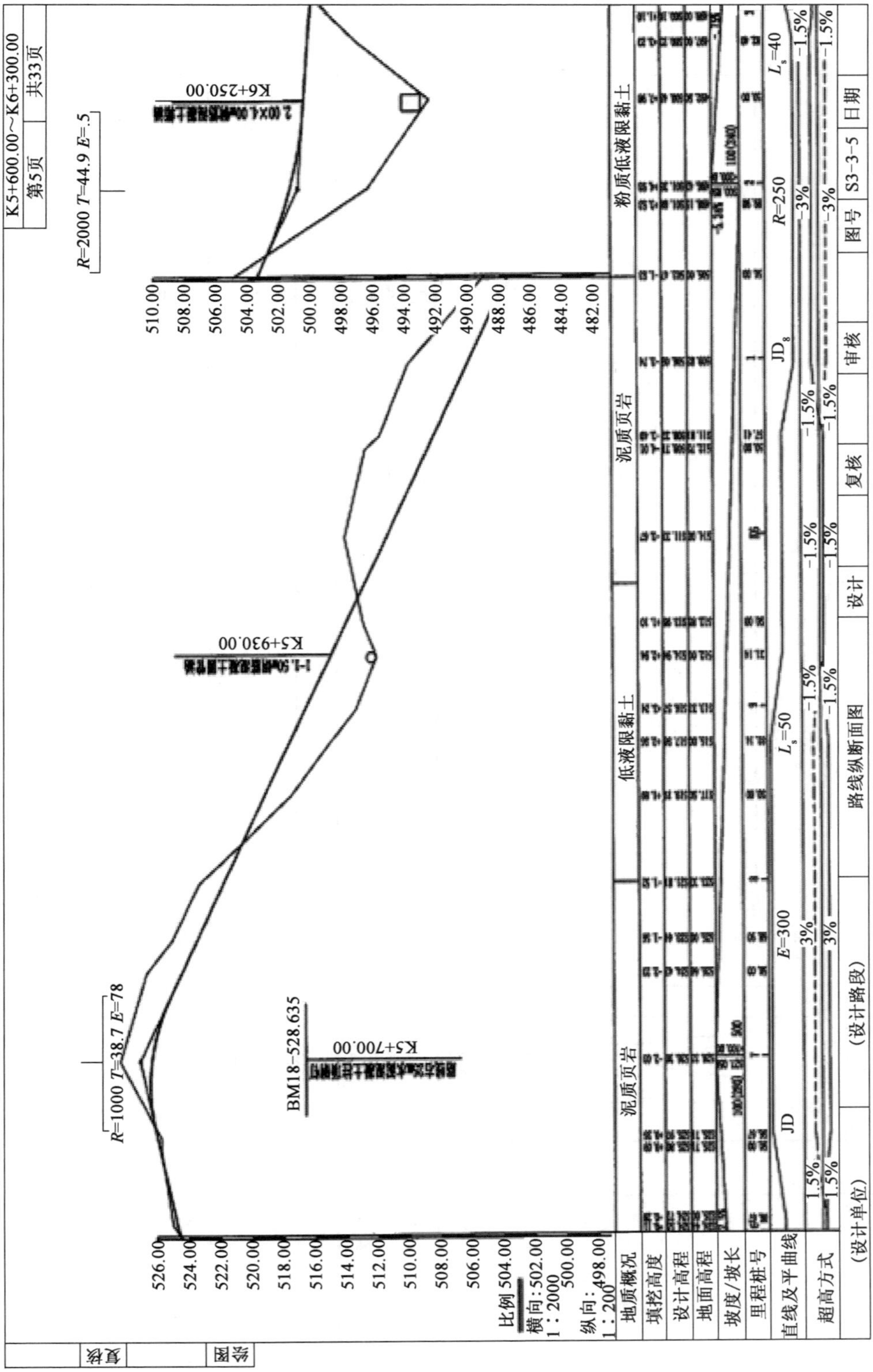

图3-24 公路纵断面设计图

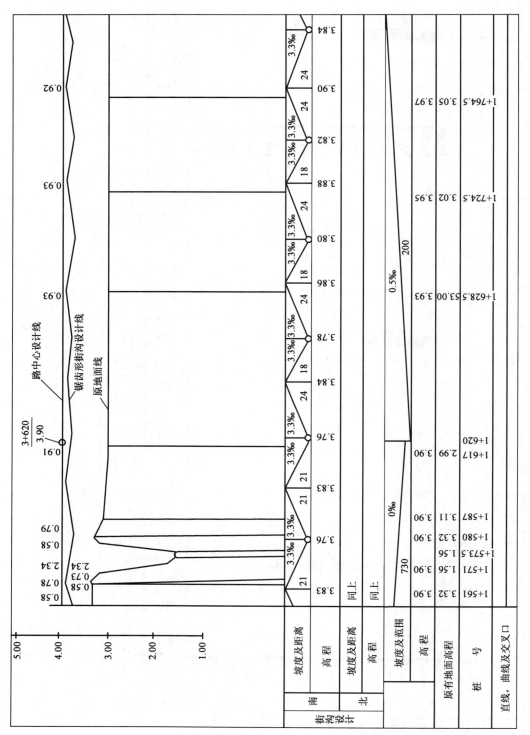

图3-25 城市道路纵断面设计图

下部主要用来填写有关内容,自下而上分别填写:超高;直线及平曲线;里程桩号;地面高程;设计高程;坡度(%)/坡长(m);土壤地质说明;设计排水沟沟底线及其坡度、距离、高程、流水方向等。

本章小结:汽车动力性能及稳定性是纵坡在设计时的重要依据,理解动力性能可以很好地理解纵坡设计的一些基本规定。竖曲线设计是纵坡设计的重要内容之一,设计的合理与否不仅关系到纵断面本身,同时也影响平纵配合的合理性。纵坡设计直接影响工程的经济性、行车的舒适性和安全性、工程的稳定性及耐久性,必须综合考虑多种影响因素合理安排。

复习思考题

1. 什么是动力因素?其作用是什么?
2. 纵坡设计的基本规定有哪些?依据是什么?
3. 平纵配合的原则是什么?简述一般平纵配合设计方法。
4. 某条路线纵断面一变坡点桩号为 K2+200.00,高程为 300.00m,$i_1=5\%$,$i_2=-4\%$,已选定 $R=1\,600\mathrm{m}$。

请回答:

(1)判断此线形是凹曲线还是凸曲线。

(2)计算竖曲线要素;

(3)推算 K2+160.00、K2+200.00、K2+240.00 各桩的设计高程。

5. 陡坡为什么限长?相邻两陡坡连续相接时,如前一陡坡 $i_1=5.5\%$,坡长 480m,试问后一坡段 $i_2=6.2\%$ 时,坡长允许长度是多少?(设 $5\%<i<6\%$,陡坡限长 800m,$6\%<i<7\%$,陡坡限长 500m)。

6. 习题表 3-1 设计所确定的坡度、竖曲线和边坡点桩号及里程,已部分给出,并算出了一部分设计高程,请把习题表 3-1 内未算出的设计高程补齐。

习题表 3-1 的填法说明如下:

(1)竖曲线的要素 E 一般取两位小数,填入"坡度及竖曲线"栏。

(2)根据已给的变坡点桩号和 T 值,算出竖曲线起讫点的桩号,注在"坡度及竖曲线"栏内。

(3)变坡点以前 $l=$ 计算点桩号 $-$ 竖曲线起点桩号,变坡点以后 $l=$ 竖曲线讫点桩号 $-$ 计算点桩号,填在"竖曲线计算"栏内。

(4)"竖曲线计算"栏内,$h=\dfrac{l^2}{2R}$。

(5)根据所给的边坡点高程、桩号及坡度,计算坡线上各桩号的高程。其方法是以边坡点的桩号与各计算点桩号之差乘以坡度,视上坡和下坡加或减变坡点高程即为计算点高程。

(6)竖曲线段的设计高程 = 切线上高程 $\pm h\begin{Bmatrix}\text{凹曲线}\\\text{凸曲线}\end{Bmatrix}$。

(7)"切线上高程"栏只在竖曲线范围内填注。

7. 某山岭区一级公路,有一弯道 $R=200\mathrm{m}$,该段纵坡初定为 5%,超高横坡度为 8%,试检查合成坡度是否符合要求。

竖曲线计算表   习题表 3-1

桩号	坡度及竖曲线		竖曲线设计			设计高程 (m)	地面高程 (m)	填挖值(m³)	
	凹曲线	凸曲线	切线高程(m)	l(m)	h(m)			T	W
K2+052.99		+6%	970.59	12.99	0.03	970.55	965.38		
+057.99			970.88	17.99	0.05	970.83	965.64		
+062.99			971.18	22.99	0.09	971.09	970.84		
+070.51	+070	$R=3000\ T=30\ E=0.15$	971.62	29.48	0.14	971.48	972.09		
+078.03	971.60		971.92	21.97	0.08	971.84	973.10		
+083.03			972.12	16.97	0.05	972.07	974.88		
+088.03			972.30	11.97	0.02	972.30	977.36		
+093.03			972.52	6.97	0.01	972.51	979.88		
ZY+098.03			972.72	1.97	0	972.72	973.66		
+103.03		+100				972.92	973.01		
+108.03						973.12	972.88		
+113.03						973.32	975.66		
+118.03						973.52	973.52		
QZ+123.88						973.72	974.08		
+129.73	4%					973.99	970.55		
+134.73						974.19	970.12		
+139.73						974.39	970.00		
+144.73						974.59	971.55		
YZ+149.73	+150					974.79	974.22		
+154.73							975.45		
+159.73							981.66		
+164.73	$R=4000\ T=20\ E=0.05$						980.45		
+169.73		+170					976.88		
+174.15		975.60					975.66		
+179.15							976.66		
+184.15							977.83		
+189.15							970.12		
ZY+194.15	+190						971.38		
+199.15							972.78		
K2+204.15							975.66		
							976.99		
	5%						975.32		

第四章 道路横断面

本章教学要求

学习目标：掌握横断面的组成及布置，能进行横断面形式选择；平曲线加宽、超高设计；土石方计算及调配。

学习重、难点：横断面的组成及布置，横断面超高设计。

道路横断面应在道路规划的基础上，结合道路系统、服务功能、交通特性等因素进行合理设计，道路的横断面是指中线上各点的法向切面，它是由横断面设计线和地面线所构成。其中横断面设计线包括行车道、路肩、分隔带、边沟边坡、截水沟、护坡道以及取土坑、弃土堆、环境保护等设施。城市道路的横断面组成中，还包括机动车道、非机动车道、人行道、绿带、分车带等。高速公路、一级公路及城市快速路还有加(减)车道、爬坡车道及避险车道等。

道路横断面设计，应根据道路交通性质、交通量(包括人流量)、行车速度，结合地形、气候、土壤等条件进行道路车行道、中央分隔带、人行道、路肩等的布置，以确定其横向几何尺寸，并进行必要的结构设计以保证它们的强度和稳定性。本课程中讨论的横断面设计重点在于与行车直接有关的这一部分，一般也称为"路幅设计"，其他部分以路基工程、土质土力学等相关课程讨论的为依据，一般直接引用。

第一节　道路横断面组成

一、公路横断面组成

公路横断面的组成和各部分的尺寸要根据设计交通量、交通组成、设计速度、地形条件等因素确定。在保证必要的通行能力、交通安全与畅通的前提下，尽量做到用地省、投资少，道路能发挥其最大的经济效益和社会效益。

(一)路幅的构成

路幅是指道路路基顶面两侧路肩外侧边缘或路侧带外侧边缘之间的部分。对于路幅有两种布置方式：一种是有分隔带，一种是无分隔带。等级高、交通量大的道路(如高速公路、一级公路)适用于第一种方式。通常是将上、下行车辆分开。分隔的方式有两种：一种是用分隔带分隔，另一种是将上、下行车道放在不同的平面上加以分隔；前者称作整体式断面，后者称作分离式断面。整体式断面应由车道、中间带(中央分隔带、左侧路缘带)、路肩(右侧硬路肩、左侧硬路肩、土路肩)等部分组成。分离式断面应由车道、路肩(右侧硬路肩、左侧硬路肩、土路肩)等部分组成。不设分隔带的整体式断面二级公路的路基横断面包括行车道、路肩(硬路肩、土路肩)、爬坡车道等组成部分；二级公路位于中、小城市城乡接合部、混合交通量大的连接线路段，实行快、慢车道分开行驶时，可根据当地经验设置右侧硬路肩；三、四级公路的路基横断面包括行车道、路肩以及错车道等组成部分，应根据道路的实际情况选用。图4-1为公路的几种典型横断面组成。

公路的小半径曲线路段与直线路段的宽度有所不同，在小半径曲线上，路幅宽度还包括行车道加宽的宽度。

为了迅速排除路面和路肩上的降水，将路面和路肩做成有一定横坡的斜面，直线路段的路面为中间高、两边低呈双向倾斜，称作路拱。小半径曲线上为了抵消部分离心力，路面做成向弯道内侧倾斜的单一横坡，称作超高。

(二) 路幅布置形式

1. 单幅双车道

单幅双车道公路指的是整体式的双车道公路。这类公路的交通量范围大，最高达7000辆/昼夜，车速度可以从20~80km/h。二级公路、三级公路和一部分四级公路都属于这一种。此类公路的最大缺点是混合交通所造成的交通干扰。

2. 双幅多车道

四车道、六车道和更多车道的公路，中间一般都设中间带或做成分离式路基而构成"双幅"路。有些分离式路基为了利用地形或处于风景区等原因甚至做成两条独立的单向行车的道路。

这种类型的公路设计车速高、通行能力大，每条车道能担负的交通量比一条双车道公路的还多，而且行车顺适、事故率低。我国《公路工程技术标准》(JTG B01—2014)中的高速公路和一级公路属于此种类型。

高速公路和一级公路的主要差别在是否全立交和全封闭，以及各种服务设施、安全设施、环境美化等方面的完备程度。

3. 双向单车道

对交通量小、地形复杂、工程艰巨的山区公路或地方性道路，可采用单车道，我国《公路工程技术标准》(JTG B01—2014)中的山区四级公路路基宽度为4.50m，路面宽度为3.50m的就属于此类。此类公路虽然交通量很小，但仍然会出现错车和超车，为此，应在不大于300m的距离内选择有利地点设置错车道，使驾驶员能够看到相邻两错车道驶来的车辆。错车道处的路基宽度不小于6.5m，有效长度不小于20m。详细布置如图4-2所示。

(三) 路基宽度

公路路基宽度为车道宽度与路肩宽度之和。当设有中间带、紧急停车带、爬坡车道、加(减)速车道、错车道时，还应包括这些部分的宽度。

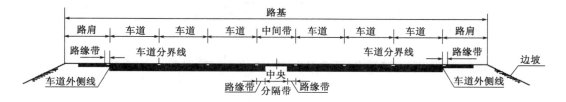

a)高速公路、一级公路一般整体式断面形式

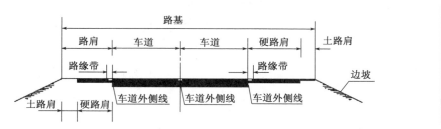

b)高速公路、一级公路一般分离式断面形式(右幅断面)

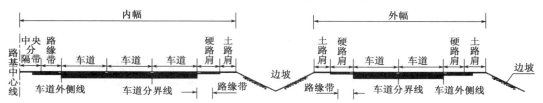

c)高速公路分离复合式断面形式(右幅断面)

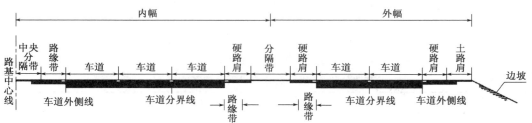

d)高速公路整体复合式断面形式(右幅断面)

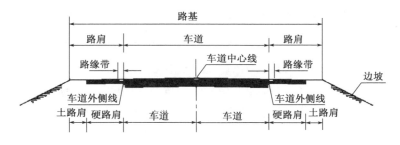

e)二级公路、三级公路、四级公路一般路基断面形式

图 4-1 公路的横断面布置图

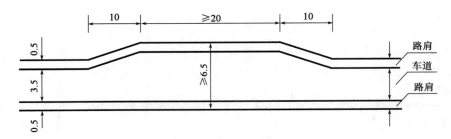

图 4-2 错车道(尺寸单位:m)

各级公路整体式断面的路基宽度规定如表 4-1 所示。

各级公路整体式断面路基宽度 表 4-1

公路等级		高速公路、一级公路							
设计速度(km/h)		120			100			80	60
车道数		8	6	4	8	6	4	6	4	4
路基宽度(m)	一般值	45.00	34.50	28.00	44.50	33.50	26.00	32.00	24.50	23.00
	最小值	42.00	—	26.00	—	—	24.50	—	21.50	20.00
公路等级		二级公路、三级公路、四级公路							
设计速度(km/h)		80		60		40	30	20	
车道数		2		2		2	2	2 或 1	
路基宽度(m)	一般值	12.00		10.00		8.50	7.50	6.50(双)	4.50(单)
	最小值	10.00		8.50		—	—	—	—

注:1. "一般值"为正常情况下的采用值;"最小值"为条件受限制时,可采用的值。

2. 八车道高速公路路基宽度 45.00m 为设置左侧硬路肩、内侧车道采用 3.50m 时的宽度。八车道高速公路路基宽度 42.00m 为不设置左侧硬路肩、内侧车道采用 3.75m 时的宽度。

高速公路、一级公路分离式断面的路基宽度规定如表 4-2 所示。

高速公路、一级公路分离式断面路基宽度 表 4-2

公路等级		高速公路、一级公路							
设计速度(km/h)		120			100			80	60
车道数		8	6	4	8	6	4	6	4	4
路基宽度(m)	一般值	22.00	17.00	13.75	21.75	16.75	13.00	16.00	12.25	11.25
	最小值	—	—	13.25	—	—	12.50	—	11.25	10.25

注:1. 八车道的内侧车道宽度如采用 3.50m,相应路基宽度可减 0.25m。

2. 表中所列"一般值"为正常情况下的采用值;"最小值"为条件受限制时,可采用的值。

公路路基宽度为行车道宽度与路肩宽度之和。当设有中间带、爬坡车道、加减速车道、错车道、紧急停车带、超车道、侧分隔带、慢车道和人行道时,还应计入该部分宽度。

高速公路、一级公路的路基宽度,一般情况下应采用表 4-1 中的一般值。设计速度为 120km/h 的四车道高速公路宜采用 28.0m 的路基宽度。当地形条件及其他特殊情况限制时,可采用表 4-1 中的最小值。

设计速度为 120km/h 的高速公路,按通行能力需要可设双向四车道、六车道、八车道,并采用相应的路基宽度;设计速度不大于 100km/h 的高速公路、一级公路,当交通量超过四个车道的通行能力时,其车道数可按双数增加,路基也应采用相应宽度。

设计速度为100km/h的四车道一级公路,当预测交通量接近适应交通量高限时,路基宽度宜采用26.00m。

高速公路为六、八车道,一级公路为六车道时,中间带宽度、路肩宽度均应采用一般值。

一级公路作为干线公路需紧靠行车道布设慢车道时,可利用路基宽度中的硬路肩及土路肩部分,作为非机动车道使用。

二级公路作为集散公路设计速度为80km/h时,需设置慢车道的路段,其路基宽度经技术经济论证可采用15.0m。

二级公路作为集散公路设计速度为60km/h时,需设置慢车道的路段,其路基宽度经技术经济论证可采用12.0m。

四级公路宜采用6.50m路基宽。工程特别艰巨且交通量小的路段,可采用单车道4.50m路基宽。

确定路基宽度时,其中央分隔带、路缘带、路肩宽度等的一般值、最小值应同类项相加,不得任意抽换组合。高速公路、一级公路的六、八车道的路基宽度不采用最小值同类项相加。

二、城市道路横断面组成

城市道路横断面设计应在城市规划的红线宽度范围内进行。横断面形式、布置、各组成部分尺寸及比例应按道路等级、设计速度、设计年限的机动车与非机动车交通量和人流量、交通特性、交通组织、交通设施、地上杆线、地下管线、绿化、地形等因素统一安排,以保障车辆和行人交通的安全畅通。

城市道路的交通性质和组成比较复杂,尤其表现在行人和各种非机动车较多,各种交通工具和行人的交通问题都需要在横断面设计中综合予以解决,所以城市道路路线设计中的横断面设计是矛盾的主要方面,一般都放在平面和纵断面设计之前进行。

城市道路上供各种车辆行驶的部分统称为行车道。在行车道断面上,供汽车、无轨电车、摩托车等机动车行驶的部分称为机动车道;供自行车、三轮车等非机动车行驶的部分称作非机动车道。此外,还有供行人步行使用的人行道和分隔各种车道(或人行道)的分隔带及绿化带。

城市道路各组成部分相互联系和影响,其位置的安排和宽度的确定必须首先保证车辆和行人的安全通畅,同时要与道路两侧的各种建筑及自然景观相协调,并能满足地面、地下水和各种管线埋设的要求。横断面设计应注意近期与远期相结合,使近期工程成为远期工程的组成部分,并预留好管线位置,以免造成"拉链"。路面宽度及高度等均应有发展的余地。

影响城市道路横断面形式与组成部分的因素众多,应综合考虑城市规模、道路红线宽度、交通量、设计速度、地理位置、排水方式、结构物的位置、相交道路交叉形式等。断面横向布置常见的几种形式有单幅路、两幅路、三幅路及四幅路,如图4-3所示。

(1)单幅路:俗称"一块板"断面,各种车辆在车道上混合行驶。在交通组织上可以有以下几种方式:

①划分快、慢车行驶分车线,快车在中间行驶,慢车和非机动车靠两侧行驶。

②不划分车线,车道的使用可以在不影响安全的条件下予以调整。如只允许机动车辆沿着同一方向行驶的"单行道";限制载货汽车和非机动车行驶,只允许小客车和公共汽车通行的街道;限制各种机动车辆、只允许行人通行的"步行道"等。上述措施可以是相对不变的,也可以按规定的周期进行变换。

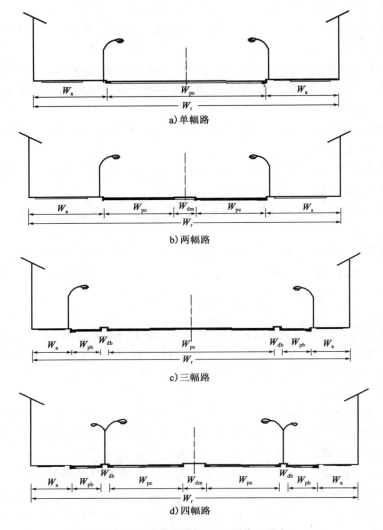

图 4-3 城市道路横断面的几种常见形式

单幅路适用于交通量不大的次干路、支路以及用地不足、拆迁困难的旧城区道路。

（2）两幅路：俗称"两块板"断面，在车道中心用分隔带或分隔墩将车行道分为两半，上、下行车辆分向行驶，各自再根据需要决定是否划分快、慢车道。

两幅路机动车与非机动车混合行驶，适用于单向两条机动车道以上，非机动车较少的道路，对绿化、照明、管线敷设均较有利。如中心商业区、经济开发区、风景区、高科技园区或别墅区道路、郊区道路、城市出入口道路。

两幅路适用于机动车交通量不大、非机动车较少的主干路；红线宽度较宽的次干路。对横向高差较大的特殊地形路段，宜采用上下分行的两幅路。两幅路单向机动车车道数不应少于2条。

快速路两侧不设置辅路时，应采用两幅路。

（3）三幅路：俗称"三块板"断面，中间为双向行驶的机动车道，两侧为靠右侧行驶的非机动车道。

三幅路实现了机动车（设置辅路时，为主路机动车）与非机动车的分隔行驶，保障了交通安全,提高了机动车的行驶速度。这种横断面布置形式适用于机动车及非机动车交通量大,红线宽度大于或等于40m的道路。主辅分行适用于两侧机动车进出需求量大,红线宽度大于或等于50m的主干路。主、辅路或机、非之间需设分隔带,可采用绿化带分割。

三幅路适用于机动车和非机动车交通量较大的主干路,需设置辅路的主干路,红线宽度较宽的次干路。

(4)四幅路:俗称"四块板"断面,在三幅路的基础上,再将中间机动车道分隔为二,分方向行驶。

四幅路实现了机动车(设置辅路时,为主路机动车)与非机动车的分隔行驶,保障了交通安全,提高了机动车的行驶速度。适用于机动车车速高,单向机动车车道两条以上,非机动车多的快速路与主干路。当有较高景观要求时人行道、两侧带、中央分隔带的宽度可适当增加。

四幅路适用于需设置辅路的快速路和主干路;机动车和非机动车交通量较大的主干路。

城市道路的路侧带可由人行道、绿化带、设施带等组成,见图4-4。分车带按其在横断面中的不同位置及功能,可分为中间分车带(简称中间带)及两侧分车带(简称两侧带),分车带由分隔带及两侧路缘带组成,见图4-5。

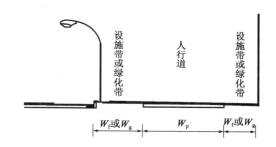

图4-4 城市道路路侧带布置图

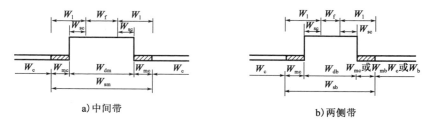

图4-5 城市道路分车带布置图

高架路是城市快速路或主干路布置的一种形式。横断面设计时,根据不同地形条件和交通组织设计,可采用整体式、分离式、双层式或组合形式,应因地制宜选用,灵活掌握。常用的布置如图4-6所示。

整体式高架路一般适用于城市建筑密集区、用地拆迁受限制、红线宽度较窄、交通流量大、路口间距较小的快速路或主干路,应按城市总体规划交通发展、用地范围、地形条件、立交设置、出入口设置,以及环境等因素,经技术经济综合比较后选用。

分离式高架路主路交通功能较好,上下行交通不在同一断面上,行车安全,可减少夜间眩光的干扰,有利于车辆快速疏解;两幅独立的桥位于地面道路两侧,两桥间留出采光空间,便于桥下辅路布设;但地面道路交通组织较复杂,需增加相应的交通设施引导交通。

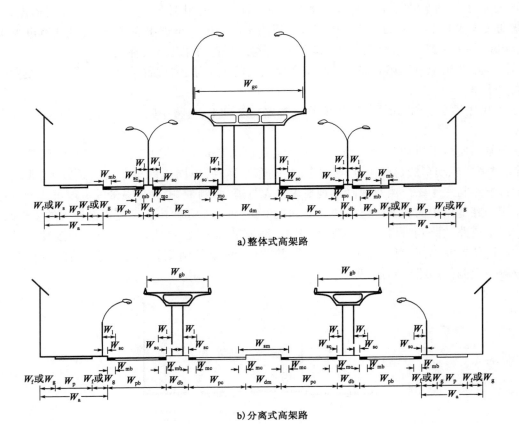

图 4-6 高架路横断面

当路线高程受限,或遇到无法动迁的障碍物,或敏感性地区以及特殊环保景观要求时,道路只能从地下以路堑式或隧道形式穿越。

路堑式横断面中的地面以下路堑部分应为主路,地面两侧或一侧宜设置辅路,如图 4-7 所示。

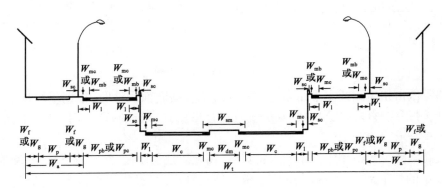

图 4-7 路堑式横断面

隧道时横断面中的地面以下隧道部分应为主路,地面道路宜设置辅路,如图 4-8 所示。
同一条路宜采用相同形式的横断面布置,以保证行车安全及景观要求;当横断面有变化时,变化点宜设置在大型构筑物前或路口处,并留有足够的渐变段以保障驾驶员的反应时间。

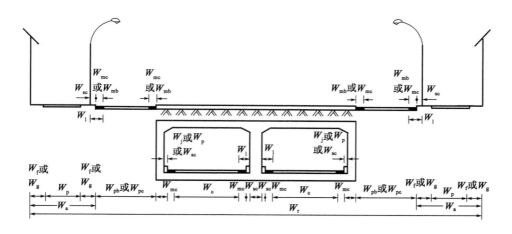

图 4-8　隧道式横断面

图 4-3～图 4-8 中各符号的意义如下:
W_a——路侧带宽度(m);
W_b——非机动车车行道宽度(m);
W_c——机动车道或机非混行车道宽度(m);
W_{db}——两侧分隔带宽度(m);
W_{dm}——中间分隔带宽度(m);
W_f——设施带宽度(m);
W_g——绿化带宽度(m);
W_{gb}——分离式高架路机动车道的路面宽度(m);
W_{gc}——整体式高架路机动车道的路面宽度(m);
W_j——检修道宽度(m);
W_l——侧向净宽度(m);
W_{mb}——非机动车道路缘带宽度(m);
W_{mc}——机动车道路缘带宽度(m);
W_p——人行道宽度(m);
W_{pb}——非机动车道路面宽度(m);
W_{pc}——机动车道或机非混行车道的路面宽度(m);
W_r——红线宽度(m);
W_s——路肩宽度(m);
W_{sb}——两侧分车带宽度(m);
W_{sc}——安全带宽度(m);
W_{sm}——中间分车带宽度(m)。

第二节　行车道宽度

一、行车道宽度

行车道是道路上供各种车辆行驶部分的总称,包括快车道和慢车道。在一般公路和城市道路上还有非机动车道。行车道的宽度要根据车辆宽度、设计交通量、交通组成和汽车行驶速度来确定。

1. 一般双车道公路行车道宽度的确定

双车道公路有两条车道,行车道宽度包括汽车宽度和富余宽度。汽车宽度取载货汽车车厢的总宽度,为 2.5m。富余宽度是指对向行驶时两车厢之间的安全间隙、汽车轮至路面边缘的安全距离,见图 4-9。

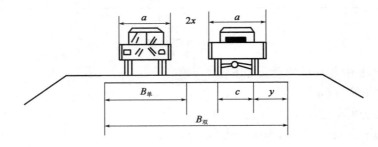

图 4-9　双车道公路的行驶宽度

双车道公路每一条单向行驶的车道宽度可用以下公式计算:

$$B_{单} = \frac{a + c}{2} + x + y \tag{4-1}$$

两条车道:

$$B_{双} = a + c + 2x + 2y$$

式中:a——车厢宽度(m);

　　　c——汽车轮距(m);

　　　$2x$——两车厢安全间距(m);

　　　y——轮胎与路面边缘之间的安全距离(m)。

根据大量试验观测,得出计算 x,y 的经验公式为:

$$x = y = 0.50 + 0.005V \tag{4-2}$$

式中:V——设计速度(km/h)。

2. 有中央分隔带的公路行车道宽度

高速公路、一级公路有四条以上的车道,一般设置中央分隔带。分隔带两侧的行车道只有同向行驶的汽车,见图 4-10。

车速、交通组成和大型车的混入率对行车道宽度的确定有较大的影响。根据实地观测,得出下列关系式:

$$S = 0.0103V_1 + 0.56 \tag{4-3}$$

$$D = 0.000066(V_2^2 - V_1^2) + 1.49 \tag{4-4}$$

$$M = 0.0103V_2 + 0.46 \tag{4-5}$$

式中：S——后轮外缘与车道外侧之间的安全间隙(m)；

D——两汽车后轮外缘之间的安全间隙(m)；

M——后轮外缘与车道内侧之间的安全间隙(m)；

V_1, V_2——分别为超车与被超车的车速(km/h)。

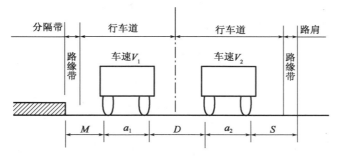

图 4-10 有中央分隔带的行车道宽度

则单侧行车带宽度：

$$B = S + D + M + a_1 + a_2 \tag{4-6}$$

式中：a_1, a_2——汽车的后轮外缘的间距，对于普通车 $a_1 = 1.60$m，大型车 $a_2 = 2.30$m。

根据式(4-6)计算结果得出下列结论：设计速度 $V = 120$km/h 时，每条车道的宽度均采用 3.75m，当 $V = 100$km/h，交通量大且大型车混入率高时，内侧车道应为 3.75m，外侧车道应为 3.75m 和 3.50m。当高速公路的交通量超过四个车道的容量时，其中车道数可按双数增加。

3. 城市道路的行车道宽度

(1) 一侧靠边，另一侧为反向行驶的车道(图 4-11)。其车道宽度为：

$$B_1 = \frac{x}{2} + a_1 + c \tag{4-7}$$

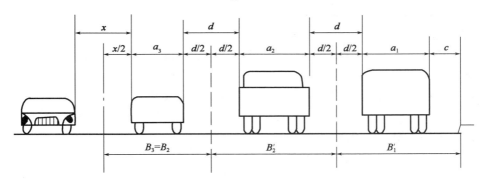

图 4-11 城市道路的行车宽度

(2) 一侧靠边，另一侧为同向行驶的车道，其车道宽度为：

$$B_1' = \frac{d}{2} + a_1 + c \tag{4-8}$$

(3) 靠路中心线的车道宽度为：

$$B_2 = \frac{x}{2} + a_3 + \frac{d}{2} \tag{4-9}$$

(4)同向行驶的中间车道宽度为:

$$B'_2 = \frac{d}{2} + a_2 + \frac{d}{2} \tag{4-10}$$

式中:a_1, a_2, a_3——车厢全宽(m);

x——反向行驶汽车间的安全间隙(m);

d——同向行驶的汽车间的安全间隙(m);

c——车身边缘与侧石边缘间的横向安全间距(m)。

根据实验观测得出 x、d、c 与车速之间的关系为:

$$c = 0.4 + 0.02V^{\frac{3}{4}} \tag{4-11}$$

$$d = 0.7 + 0.02V^{\frac{3}{4}} \tag{4-12}$$

$$x = 0.7 + 0.02(V_1 + V_2)^{\frac{3}{4}} \tag{4-13}$$

V 是以 km/h 为单位的实际车速。

上列诸式表明:车道 B 是车速 V 的函数,依车速的变化车道宽变化在 3.40~3.80m 之间,考虑到城市道路上行驶的车辆各异,且车道还需调剂使用,故一条车道的平均宽度取 3.50m 即可,当车速 V 大于 60km/h 时,可取 3.75m。

各级公路和城市道路的车道宽度见表 4-3 和表 4-4。

公路一条车道最小宽度 表 4-3

设计速度(km/h)	120	100	80	60	40	30	20
车道宽度(m)	3.75	3.75	3.75	3.50	3.50	3.25	3.00

城市道路机动车一条车道最小宽度 表 4-4

车型及车道类型	设计速度(km/h)	
	>60	≤60
大型车或混行车道(m)	3.75	3.50
小型客车专用道(m)	3.5	3.25

车道宽度选取时注意:

(1)八车道及以上公路在内侧车道(内侧第 1、2 车道)仅限小客车通行时,其车道宽度可采用 3.5m。

(2)以通行中、小型客运车辆为主且设计速度为 80km/h 及以上的公路,经论证车道宽度可采用 3.5m。

(3)四级公路采用单车道时,车道宽度应采用 3.5m。

(4)设置慢车道的二级公路,慢车道宽度应采用 3.5m。

(5)需要设置非机动车道和人行道的公路,非机动车道和人行道等的宽度,宜视情况确定。

二、平曲线加宽及其过渡

通过对汽车行驶状态及行驶轨迹的观测及理论分析得知,汽车在转弯行驶中,需要比直线段上占用更大的宽度空间,主要是因为汽车在曲线上行驶时后轮轨迹偏向曲线内侧所至,另外,由于曲线行车受横向力的影响,汽车行驶中会随着车速的不同出现不同程度的横向摆动及偏移。曲线半径越小，偏移值越大；车速越高，摆幅越大，所以为了保证在曲线段与在直线路段上有同样的富裕宽度，在曲线段上需要对行车道进行加宽，加宽只是在曲线段增加一部分额外的宽度。随着曲线半径的增大，偏移及摆动幅度值减小，我国《公路工程技术标准》(JTG B01—2014)、《城市道路工程设计规范》(CJJ 37—2012)规定，当平曲线半径值大于250m时加宽不再需要。

(一)加宽值的计算

汽车行驶在曲线上，各轮轨迹半径不同，以其中后内轮轨迹半径最小，且偏向曲线内侧，故曲线的内侧应增加路面宽度，另汽车在曲线段行驶受离心力的影响，横向摆幅及行车轨迹与行车道的偏离增大，曲线段应增加路面宽度以确保曲线上行车的顺适与安全。

1. 车辆曲线行驶时多占用的路面宽度

由图4-12所示的几何关系可得汽车行驶在曲线上时，多占用的路面的加宽值为：

$$b = R - (R_1 + B)$$

$$R_1 + B = \sqrt{R^2 - A^2} = R - \frac{A^2}{2R} - \frac{A^4}{8R^3} - \cdots \qquad (4\text{-}14)$$

故

$$b = \frac{A^2}{2R} + \frac{A^4}{8R^3} + \cdots$$

式(4-14)第二项以后的数值极小，在计算中可以省略不计，故一条车道的加宽值为：

$$b = \frac{A^2}{2R} \qquad (4\text{-}15)$$

式中：A——汽车后轴至前保险杠的距离(m)；

R——圆曲线半径(m)。

半挂车的加宽值由图4-13的几何关系求得：

$$b_1 = \frac{A_1^2}{2R}$$

$$b_2 = \frac{A_2^2}{2R'}$$

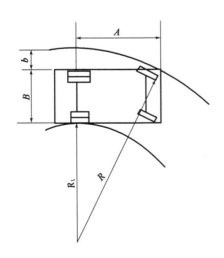

图4-12 普通汽车的加宽

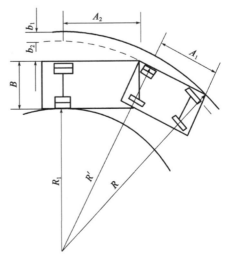

图4-13 半挂车的加宽

式中：b_1——牵引车的加宽值(m)；
b_2——拖车的加宽值(m)；
A_1——牵引车保险杠至第二轴的距离(m)；
A_2——第二轴至拖车最后轴的距离(m)；
其余符号的意义见图 4-13。

由于 $R' = R - b_1$，而 b_1 与 R 相比甚微，可取 $R' = R$，于是半挂车的加宽值为：

$$b = b_1 + b_2 = \frac{A_1^2 + A_2^2}{2R} \tag{4-16}$$

令 $A_1^2 + A_2^2 = A^2$，式(4-16)与式(4-15)有相同的形式：

$$b = \frac{A^2}{2R}$$

2. 汽车在曲线段行驶时横向摆幅及行车轨迹与行车道的偏离值

路面的加宽值除了需要考虑汽车曲线行驶时多占用的路面宽度外，还需考虑因离心力的影响产生的摆幅及偏离。摆幅及偏离值与行驶速度有关，其值为：

$$b_3 = \frac{0.05V}{\sqrt{R}} \tag{4-17}$$

因此，平曲线上单车道的加宽值应按下式计算：

$$b = \frac{A^2}{2R} + \frac{0.05V}{\sqrt{R}} \tag{4-18}$$

对于有 N 个车道的行车道，加宽值可按下式计算：

$$b_N = N\left(\frac{A^2}{2R} + \frac{0.05V}{\sqrt{R}}\right) \tag{4-19}$$

二级公路、三级公路、四级公路的圆曲线半径小于或等于 250m 时，应设置加宽。双车道公路路面加宽值应符合表 4-5 的规定，圆曲线加宽值应根据公路功能、技术等级和实际交通组成确定，并应符合下列规定：

(1)作为干线的二级公路，应采用第 3 类加宽值。
(2)作为集散的二级公路和三级公路，在考虑铰接列车通行时，应采用第 3 类加宽值；不考虑通行铰接列车时，可采用第 2 类加宽值。
(3)作为支线的三级公路、四级公路可采用第 1 类加宽值。
(4)有特殊车辆通行的专用公路应根据特殊车辆验算确定其加宽值。

双车道路面加宽值　　　　　　表 4-5

加宽类别	设计车辆	圆曲线半径(m)							
		200~250	150~200	100~150	70~100	50~70	30~50	25~30	20~25	15~20
第一类	小客车	0.4	0.5	0.6	0.7	0.9	1.3	1.5	1.8	2.2
第二类	载货汽车	0.6	0.7	0.9	1.2	1.5	2.0	—	—	—
第三类	铰接列车	0.8	1.0	1.5	2.0	2.7	—	—	—	—

注：单车道公路路面加宽值应为表列规定值的一半。

由三条以上车道构成的行车道，其加宽值应另行计算。单车道公路路面加宽值为表 4-5 规定值的一半。

城市道路路面加宽值规定如表4-6所示。

城市道路圆曲线段每条车道的加宽值 表4-6

加宽类别	车型	汽车前悬加轴距（m）	圆曲线半径(m)							
			$200<R\leq250$	$150<R\leq200$	$100<R\leq150$	$80<R\leq100$	$70<R\leq80$	$50<R\leq70$	$40<R\leq50$	$30<R\leq40$	$20\leq R\leq30$
第一类	小客车	0.8+3.8	0.30	0.30	0.35	0.40	0.40	0.45	0.50	0.60	0.75
第二类	大型车	1.5+6.5	0.40	0.45	0.60	0.65	0.70	0.90	1.05	1.30	1.80
第三类	铰接车	1.7+5.8+6.7	0.45	0.60	0.75	0.90	0.95	1.25	1.50	1.90	2.75

圆曲线段的路面加宽应设置在圆曲线的内侧，当平曲线半径较小时公路上可以在圆曲线的两侧加宽，两侧的具体加宽值视具体情况可均分或经计算确定；当条件受限制时城市道路的次干路、支路可在圆曲线的两侧加宽。

各级公路的路面加宽后，路基也要相应加宽。四级公路路基采用6.5m以上宽度，当路面加宽后剩余的路肩宽度不小于0.5时，则路基可不予加宽；小于0.5m时，则应加宽路基，以保证路肩宽度不小于0.5m。双车道公路在采取强制性措施实行分向行驶的路段，其圆曲线半径较小时，内侧车道的加宽值应大于外侧车道的加宽值，设计时应通过计算分别确定。

（二）加宽过渡段的长度

圆曲线范围内的加宽值应为不变的全加宽值，两端应设置加宽过渡段。

路面由直线段的正常宽度过渡到圆曲线上设置的加宽的宽度，需设置加宽过渡段，加宽过渡段设置应符合下列规定：

（1）设置回旋线或超高过渡段时，加宽过渡段长度应采用与回旋线或超高过渡段长度相同的数值。

（2）不设回旋线或超高过渡段时，加宽过渡段长度应按渐变率为1:15且长度不小于10m的要求设置。

对于四级公路的加宽过渡段，《公路路线设计规范》(JTG D20—2017)中规定：

（1）四级公路可不设回旋线而用超高、加宽过渡段代替。当直线同半径小于不设超高的最小半径和规定应设置加宽的圆曲线衔接时，应设置超高、加宽过渡段。

（2）四级公路的超高、加宽过渡段长度应分别按超高和加宽的有关规定计算，取其较长者，但最短应符合渐变率为1:15且不小于10m的要求。

（3）四级公路的超高、加宽过渡段应设在紧接圆曲线起点或讫点的直线上。受地形条件或其他特殊情况限制时，可将超高、加宽过渡段的一部分插入曲线，但插入曲线内的长度不得超过超高、加宽过渡段长度的1/2。不同半径的同向圆曲线径相连接构成的复曲线，其超高、加宽过渡段应对称地设在衔接处的两侧。

（4）四级公路设人工构造物处，当因设置超高、加宽过渡段而在圆曲线起、讫点内侧边缘产生明转折时，可采用路面加宽边缘线与圆曲线上路面加宽后的边缘圆弧相切的方法予以消除。

（三）加宽的过渡方式

路面由直线段的正常宽度过渡到圆曲线上设置的加宽的宽度，应在加宽过渡段上完成。在加宽缓过渡段上，路面的宽度逐渐变化。加宽过渡的方式应根据道路性质和等级采用不同的加宽过渡方式。

1. 按比例过渡

在加宽缓和段全长范围内按其长度成比例逐渐加宽,见图4-14。加宽缓和段内任意点的加宽值:

$$b_x = \frac{L_x}{L}b \qquad (4-20)$$

式中:L_x——任意点距缓和段起点的距离(m);

L——加宽缓和段长(m);

b——圆曲线上的全加宽值(m)。

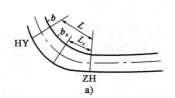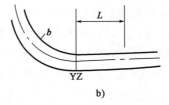

图4-14 加宽过渡示意图

比例过渡简单易作,但经过加宽以后的路面内侧与行车轨迹不符,缓和段的起讫点出现破折,路容也不美观。这种方法一般适用于公路的二、三、四级公路或城市道路的次干路及支路。

2. 高次抛物线过渡

在加宽缓和段上插入一条高次抛物线,抛物线上任意点的加宽值:

$$b_x = (4k^3 - 3k^4)b \qquad (4-21)$$

式中:k——$k = \frac{L_x}{L}$。

用这种方法处理以后的路面内侧边缘圆滑、美观,适用于各级道路。

3. 缓和曲线过渡

在缓和段上插入缓和曲线,这样不但中线上有缓和曲线,而且加宽以后的路面边线也是缓和曲线,与行车轨迹相符,保证了行车的顺适与线形的美观。它可用于高等级道路的下列路段:

(1)位于大城市近郊的路段。

(2)桥梁、高架桥、挡土墙、隧道等构造物处。

(3)设置各种安全防护设施的地段。

4. 插入二次抛物线过渡

对于设有缓和曲线的道路弯道,按上述第一种方法处理以后的加宽缓和段起讫点其曲率并不连续。为了弥补这一缺陷,可以在加宽起点及终点处各插入一条二次抛物线,见图4-15。插入抛物线以后,缓和段的长度有所增加,路容有所改进。缓和段上任意点的加宽值按下列公式计算:

$$\left.\begin{aligned} b_x &= \frac{b}{4TL_s}(T+L_x)^2 \quad [-T \leqslant L_x \leqslant T] \\ b_x &= \frac{L_x}{L}b \quad [T \leqslant L_x \leqslant L-T] \\ b_x &= \frac{L_x}{L}b - \frac{b}{4TL}(L_x-L+T)^2 \quad [L-T \leqslant L_x \leqslant L+T] \end{aligned}\right\} \quad (4\text{-}22)$$

式中：T——二次抛物线的切线长，当 $L \geqslant 50\text{m}$ 时，可取 $T=10\text{m}$；当 $L<50\text{m}$ 时，可取 $T=5\text{m}$；
其余符号意义同前。

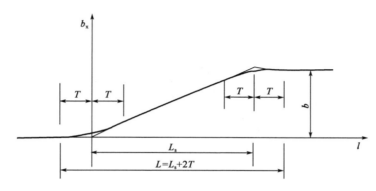

图 4-15　插入二次抛物线的过渡示意图

此外，还有直线与圆弧相切法、修正系数法等，不一一介绍。

上面介绍的诸多方法中，有的是对线形顺滑美观有利，但计算和测设比较烦琐，而另外一些则相反。我们强调高等级道路和人工构造物的地段应尽量采用于线形有利的方法，是因为这些地方即使增加计算的工作量也是值得的。尤其是当今计算机和光电类测量仪器普遍使用，使测设计算变得容易，故不但在高等级道路上，即使在一般道路上都宜优先考虑采用有利于线形的加宽过渡方法。

第三节　路肩、中间带、边坡、边沟

一、路　肩

位于行车道外缘且至路基边缘具有一定宽度的带状部分称为路肩。

1. 路肩的作用

设置合理、养护良好的路肩有如下作用：

(1) 保护及支撑行车道等路面结构。
(2) 供发生故障的车辆临时停车，避免对其他车辆通行产生影响。
(3) 充足的侧向余宽，可增加驾驶员的安全感和舒适感，保证行车道的行驶速度和通行能力。
(4) 对未设人行道的道路，可供行人及非机动车使用。
(5) 为设置道路设施、道路养护和埋设地下管线提供场地，也可供养护人员养护操作及避车之用。

(6)挖方路段,可增加弯道视距。

(7)精心养护的路肩可增加公路的美观。

(8)较宽的路肩,有的国家作为警察的临时专用道。

2. 路肩的宽度

根据我国的土地状况和路肩的功能,在满足路肩功能最低需要的条件下,应采用较窄的路肩。

路肩从结构功能上又分为硬路肩和土路肩。硬路肩是指进行了铺装的路肩,它可以承受汽车荷载的作用;土路肩是指不进行铺装的土质路肩,它起着保护路面和路基的作用。

我国现行的《公路工程技术标准》(JTG B01—2014)汇总了各省市的情况,明确规定了各级公路的路肩宽度,见表4-7。

路 肩 宽 度　　　　　　　　表4-7

公路等级		高速公路			一级公路(干线公路)	
设计速度(km/h)		120	100	80	100	80
右侧硬路肩宽度(m)	一般值	3.00 (2.50)	3.00 (2.50)	3.00 (2.50)	3.00 (2.50)	3.00 (2.50)
	最小值	1.50	1.50	1.50	1.50	1.50
土路肩宽度(m)	一般值	0.75	0.75	0.75	0.75	0.75
	最小值	0.75	0.75	0.75	0.75	0.75
公路等级		一级公路(集散功能)和二级公路		三级公路、四级公路		
设计速度(km/h)		80	60	40	30	20
右侧硬路肩宽度(m)	一般值	1.50	0.75	—	—	—
	最小值	1.50	1.50			
土路肩宽度(m)	一般值	0.75	0.75	0.75	0.75	0.75
	最小值	0.50	0.50			

注:1. 正常情况下,应采用"一般值";在设爬坡车道、加(减)车道及超车道路段,受地形、地物等条件限制路段及多车道公路特大桥,可论证采用"最小值"。
　　2. 高速公路和作为干线的一级公路以通行小客车为主时,右侧硬路肩宽度可采用括号内数值。

高速公路、一级公路为分离式断面时,应设置左侧硬路肩,其左侧路肩宽度规定如表4-8所示。

高速公路、一级公路分离式断面左侧路肩宽度　　　　　表4-8

设计速度(km/h)	120	100	80	60
左侧硬路肩宽度(m)	1.25	1.00	0.75	0.75
左侧土路肩宽度(m)	0.75	0.75	0.75	0.50

高速公路和一级公路应在右侧硬路肩宽度内设右侧路缘带,其宽度为0.5m。

高速公路和一级公路采用分离式断面时,应设置左侧硬路肩,其宽度不应小于表4-8的规定值。左侧硬路肩宽度包含左侧路缘带宽度。

八车道及以上高速公路宜设置左侧硬路肩,其宽度应不小于2.5m。左侧硬路肩宽度包含左侧路缘带宽度。

城市道路一般采用地下灌渠排水,行车道两侧设路缘石和人行道,一般不设路肩。如采用边沟排水且设计速度大于或等于 40km/h 时,则应在路面外侧设路肩。保护性路肩一般为土质或简易铺装,其作用是为城市道路的某些交通设施(如护栏、栏杆、交通标志牌等)的设置提供场地,最小宽度为 0.5m。有少量行人时,路肩最小宽度可为 1.5m。

3. 紧急停车带

紧急停车带是为故障车辆提供停车的主要设施之一,在关键时刻具有重要的作用。紧急停车带前后应设置供车辆减速驶入和加速驶出的过渡段。

高速公路和承担干线的一级公路,当右侧硬路肩的宽度小于 2.50m 时,应设紧急停车带。紧急停车带的设置间距不宜大于 500m,紧急停车带的宽度包括硬路肩在内应不小于 3.5m,有效长度不小于 30m,如图 4-16 所示。

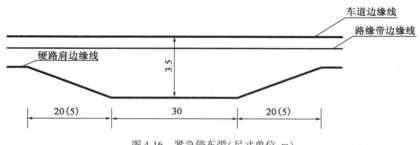

图 4-16 紧急停车带(尺寸单位:m)

二级公路为避免急需停靠的车辆占道,根据需要可设置紧急停车带,其间距不宜大于 500m。

高速公路和一级公路的特长桥梁、隧道,可根据需要设置紧急停车带,其间距为 750m 左右,过渡段长度一般采用 20m,工程特别艰巨时,最小可采用 5m。当采用最小值时,为使过渡段的外形不出现明显的折线,可用反向圆曲线连接,使之圆滑,如图 4-17 所示。

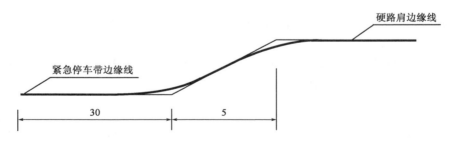

图 4-17 桥梁、隧道中的紧急停车带过渡段(尺寸单位:m)

4. 紧急出口

控制出入的公路,在能提供消防、急救、道路养护以及处理交通事故等条件的地点可设置紧急出口。紧急出口的位置应选择在通视良好,与外部一般道路连接方便的地点。

紧急出口与外部公路的连接公路,可按三级公路设计。

5. 路肩的横坡度

(1)硬路肩

当曲线超高小于或等于 5% 时,采用与邻近路面相同的横坡值,以利于施工;当曲线超高大于 5% 时,硬路肩横坡值应不大于 5%,这是考虑载货汽车在横坡值较大的硬路肩上停靠易失稳。在这种情况下,路肩的超高渐变与路面相同,旋转宽度加大到路肩全宽;对公路纵坡平缓且采用集中排水而设拦水带时,硬路肩的横坡值宜采用3%~4%;并要求平坡区段或直线向曲线过渡段的硬路肩横坡值,其过渡的渐变应控制在大于1/330且小于1/150之间,即渐变段的坡度在0.3%~0.7%之间,以满足排水的要求。

(2)土路肩

土路肩在直线或位于曲线较低一侧的横坡度,当行车道或硬路肩横坡值大于或等于3%时,应与行车道或硬路肩横坡度相同;行车道或硬路肩横坡值小于3%时,应比行车道或硬路肩横坡值大1个或2个百分点。而在曲线或位于过渡段较高一侧的土路肩横坡,应采用3%或4%的反向横坡值。

二、中间带的作用及其宽度

1. 中间带的作用

高速公路和一级公路整体式断面必须设置中间带,中间带的作用可归纳如下:

(1)分隔往返车流,防止车辆驶入对向车道,减少道路交通干扰,提高通行能力和行车安全。

(2)可以避免车辆中途随意掉头,消灭紊乱车流,减少交通事故。

(3)可作为设置道路标志、其他交通管理设施及管线的场地,也可作行人过街的安全岛。

(4)一定宽度的中间带种植花草灌木或设防眩网,可防止对向车灯炫目,还可起到美化路容和环境的作用。

(5)设于中央分隔带两侧的路缘带,有一定宽度且颜色醒目,能引导驾驶员视线,增加行车侧向余宽,提高行车的安全性和舒适性。

2. 中间带的组成

中间带一般有两条左侧路缘带和中央分隔带,以路缘石线等设施分界,在构造上起着分隔往返车辆的作用。

在中央分隔带两侧设置路缘带,路缘带即可引导驾驶员的视线,又增加了交通安全,还能保证行车所必须的侧向余宽,提高行车道的使用效率。

3. 中间带的宽度

中间带的宽度是根据行车带以外的侧向余宽,防止驶入对向车道的护栏、种植、防眩网、交叉公路的桥墩等所需的设置带宽度而定的。中间带越宽作用越明显,但受用地限制,采用宽中间带是困难的,我国一般采用窄的中间带。

高速公路和作为干线的一级公路,中央分隔带宽度应根据其对向分隔、设置安全护栏等功能需要确定。作为集散的一级公路,中央分隔带宽度应根据中间隔离设施的宽度确定。

左侧路缘带宽度不应小于表4-9的规定。设计速度为120km/h、100km/h时对应的左侧路缘带宽度一般为0.75m,受地形、地物限制的路段或多车道公路内侧车道仅限小型车辆通行的路段,左侧路缘带可采用0.50m。

左侧路缘带宽度　　　　　　　　　　表4-9

设计速度(km/h)	120	100	80	60
左侧路缘带宽度(m)	0.75	0.75	0.50	0.50

多车道公路(如通过管理措施,内侧车道仅限于小型车辆通行时)左侧路缘带经论证可采用0.50m。

高速公路、一级公路的一般路基路段和中、小型桥梁构造物路段,通常应尽量避免因采用不同的中央分隔带宽度引起公路线形和车辆行驶轨迹的频繁变化。对于路基与整体式结构的桥梁路段,在采用不同的中央分隔带(宽度)前后,均应设置必要的过渡段,以保持行车轨迹的连续性。

在城市道路分车带除了中间带,另有两侧带,《城市道路工程设计规范》(CJJ 37—2012)规定了城市道路分车带的宽度,见表4-10。

城市道路分车带最小宽度　　　　　　表4-10

类别		中间带		两侧带	
设计速度(km/h)		≥60	<60	≥60	<60
路缘带宽度(m)	机动车	0.5	0.25	0.5	0.25
	非机动车	—	—	0.25	0.25
安全带宽度W_{sc}(m)	机动车	0.25	0.25	0.25	0.25
	非机动车	—	—	0.25	0.25
侧向净宽W_1(m)	机动车	0.75	0.50	0.75	0.50
	非机动车	—	—	0.5	0.5
分隔带最小宽度(m)		1.50	1.50	1.50	1.50
分车带最小宽度(m)		2.50	2.00	2.50(2.25)	2.00

位于城市道路行车道两侧的人行道、绿化带、公用设施带等统称为路侧带。路侧带的宽度应根据道路类别、功能、行人流量、绿化、沿街建筑性质及布设公用设施要求等确定。

人行道主要是供行人步行之用,同时也是植物、立杆的场地。人行道的地下空间还可以埋设管线等。其宽度必须满足人行道的安全和畅通。

人行道上靠行车道一侧种植行道树。行道树的株距为4~6m,树池采用1.5m的正方形或1.2m×1.8m的矩形。也有种植草皮和花丛的。

设施带宽度包括设置行人护栏、照明灯柱、标志牌、信号灯等的宽度。红线宽度较窄及条件困难时,设施带可与种植带合并,但应避免各种设施与树木间的干扰。常用宽度为0.25~0.50m,杆柱1.0~1.5m。

综上所述步行带宽、绿带宽与设施宽之和即为人行道宽。此外还要考虑人行道下面埋设管线所需要的宽度。为了使街道各部分宽度相互协调,符合视觉上的正常比例,再将计算的人行道宽度与整个街道宽度相比较。一般认为街道宽与两侧人行道宽之比在5:1~7:1的范围内是比较合理的。

4. 分离式断面之间地带的处理

分离式路基间的间距是指多车道公路采用上、下行分离的断面形式且上下行均为路基断面时,两者之间的间距和位置。当公路断面从整体式路基过渡为分离式后,行车道左侧应设置左路肩(包括硬路肩及土路肩)。

分离式路基间应保持一定的间距,以满足设置必要的排水和安全防护设施等的需要。高速公路、一级公路采用分离式路基时,两相邻路基边缘之间的距离在人烟稀少、土地荒漠地区宜采用大于 4.5m 的宽中间带,宽中间带一般为 6~15m。该宽中间带可随地形变化而改变宽度,不必等宽度。地面较为平坦的宽中间带范围内宜种植草皮,两侧车道不必等高,应与地形、景观相配合。中间带内采用 4:1~6:1 向中央倾斜的斜坡以利排水。

分离式路基为供维修、养护或应急抢险之需,应每隔一定距离选择适当位置设置横向连接。横向连接道一般设置在隧道(隧道外)出入口、大型桥梁两端等且地形相对平坦的位置。

5. 不同宽度中间带的过渡

中间带的宽度一般情况下宜保持等宽度。

当中间带宽度受地形条件及其他特殊情况限制而减窄或增宽时,应设置过渡段。中间带宽度在一般值与最小值之间变动的过渡段以设在回旋线范围内为宜,长度应与回旋线长度相等,如图 4-18 所示。

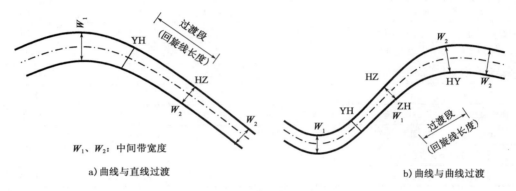

图 4-18 中间带宽度过渡方法

宽度大于规定或大于 4.5m 的中间带的过渡段,以设置在半径较大的平曲线路段为宜。

6. 中央分隔带形式

中央分隔带形式有凹形、凸形和平齐式三种。

中央分隔带宽度不小于 3.0m 时宜用凹形,并种植草皮;中央分隔带宽度小于 3.0m 时可采用凸形,可栽灌木或铺面封闭;对于存在风沙和风雪影响的路段,宜采用平齐式。

中央分隔带的形式根据缘石形状、分隔带表面形式及其处理方式而定。

7. 中央分隔带开口

中央分隔带开口的设置是为了使车辆在必要时可通过开口到反方向车道行驶以供维修、养护、应急抢险时使用。中央分隔带开口间距应视需要而定,最小间距应不小于 2km。

中央分隔带开口处应设置活动护栏,严禁车辆在此转弯(掉头)。活动护栏的防撞性能与等级应与一般路基段相同。

为了养护作业以及公务车辆的专用,中央分隔带应按一定的距离设置开口。在互通式立体交叉、隧道、特大桥、服务区等设施的前后,必须设置开口。

中央分隔带开口应设置在通视良好的路段,若开口位于曲线路段,其圆曲线半径宜大于 600m。开口的间隔距离以 2~3km 为宜。

中央分隔带开口端部形状,视中央分隔带宽度而定。当其宽度小于 3.0m 时可采用半圆形;当宽度大于或等于 3.0m 时宜采用弹头形。

中央分隔带开口不得用作车辆掉头转弯。

三、边沟和边坡

(一)边沟

边沟的作用是排除由边坡及路面汇集来的地表水,以确保路基与边坡的稳定。一般在路堑、低填方路段应设置边沟。

边沟的形式很多,归纳起来有梯形、三角形两大类,见图4-19。边沟形式的选定取决于以下几个方面:

(1)公路性质:如国防公路宜用三角形,以便于车辆横越边沟。

(2)土壤性质:渗透性良好的土壤,可用梯形或三角形边沟;渗透性不良的土壤,宜做梯形边沟;岩石路基可做成矩形或三角形边沟。

(3)排水量的大小:排水量小的边沟可选用三角形的;反之,可采用矩形或梯形。

(4)施工技术情况:机械化施工时,一般做成三角形边沟。

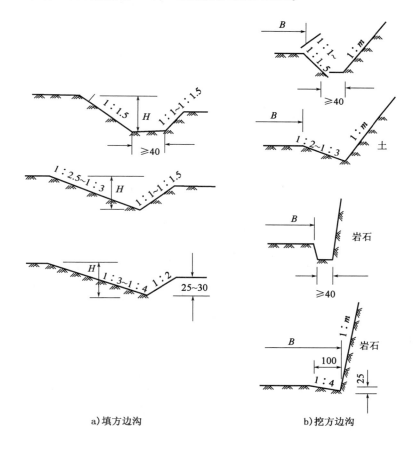

a)填方边沟　　　　　b)挖方边沟

图4-19　边沟形式(尺寸单位:cm)

边沟一般设在路侧,其保障了排水,但对行车安全并不利。从道路设计宽容性理念角度,路侧应有足够的宽度,来保障偏离车辆容错及纠错,避免恶性交通事故。所以边沟设置位置及处理方式应予以合理处理。

边沟的深度随路基宽度和土壤类别而定。

边沟的边坡值,内侧一般规定为1:1~1:1.5,当用机械化施工时,土方三角形边沟,其内侧可用 1:2～1:3；边沟外侧边坡通常与挖方边坡一致，边沟的底宽与深度一般都不应小于 0.4m。

边沟的纵坡，除出水口附近外，通常与路线纵坡相一致。但为了使沟渠中的水流不产生淤积的流速，最小纵坡一般不小于 0.5%，在工程困难地段亦不应小于 0.3%，另一方面，若边沟的纵坡过大，致使沟渠中水流速度大于冲刷流速时，应对边沟进行加固。

(二) 边坡

路基边坡是路基的一个重要组成部分，它的陡缓程度，直接影响到路基的稳定、路基土石方的数量及交通安全，就一般公路而言，所谓路基横断面设计，除了路幅设计以外，主要就是设计合理的路基边坡值。

1. 路堤边坡

路堤的边坡坡度，应根据填料的物理力学性质、气候条件、边坡高度、基底的工程地质和水文地质条件，以及交通安全进行合理的选定。

从路基稳定性考虑，当填方基底的情况良好时，土质路堤边坡坡度可参照表 4-11 所列的数值，结合已建成公路的实践采用。

路 堤 边 坡 坡 度　　　表 4-11

填料种类	边坡最大高度(m)			边坡坡度		
	全部高度	上部高度	下部高度	全部高度	上部高度	下部高度
一般性黏土	20	8	12	—	1:1.5	1:1.75
砾石土、粗砂、中砂	12	—	—	1:1.5	—	—
碎石土、卵石土	20	12	8	—	1:1.5	1:1.75
不易风化的石块	8	—	—	1:1.3	—	—
	20	—	—	1:1.5	—	—

注：如边坡高度超过表列总高度时，应进行路基稳定性的验算来确定边坡坡度。

利用开山块石填筑路堤时，其填石边坡的坡度，根据石料的大小、边坡的高度以及施工方法而定，见表 4-12。边坡高度超过 20m 时，应进行稳定性验算和采取其他措施。

填 石 路 基 边 坡　　　表 4-12

填料规格	边坡高度(m)	边坡坡度	施工方法
小于 25cm 的石块	<6	1:1.25～1:1.33	填筑
小于 25cm 的石块	6～20	1:1.5	填筑
大于 25cm 的石块	<20	1:1	表面用较大石块砌成规则整齐的行列，内部以一般石料分层填筑

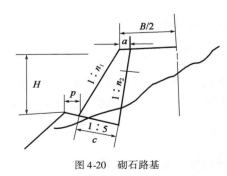

图 4-20　砌石路基

在侧坡较陡的山坡上，路基填方边坡较高，伸出较远，填筑困难，而附近又有较多挖方石料时，可修筑砌石路基，见图 4-20。砌石路基是一种路基支挡构造物，是比较经济的干砌片石工程。它能支挡填方，稳定路基，但与挡土墙不同，它的砌体与路基几乎成为一个整体，不像重力式挡土墙那样不依靠路基也能独立稳定。砌石路基的砌体按其高度不同，可分为四种类型，其各部分规格尺寸见表 4-13。

砌石路基砌体规格及体积表

表 4-13

形式	项目	砌体高度 H(m)															顶宽 a	外边坡	内边坡
		1.0	2.0	3.0	4.0	5.0	6.0	7.0	8.0	9.0	10	11	12	13	14	15	m	1:n_1	1:n_2
甲式	底宽 c(m)	0.96	1.16	1.35	1.55	1.74											0.8	1:0.5	1:0.3
	每延米体积(m³)	0.9	2.1	3.5	5.0	6.8													
乙式	底宽 c(m)					1.55	1.70	1.86	2.02	2.18	2.34						0.8	1:0.67	1:0.5
	每延米体积(m³)					6.4	8.2	10.1	12.3	14.6	17.1								
丙式	底宽 c(m)					2.05	2.30	2.55	2.80	3.05	3.30						0.8	1:0.5	1:0.25
	每延米体积(m³)					7.5	9.8	12.4	15.2	18.2	21.6								
丁式	底宽 c(m)										2.11	2.25	2.39	2.52	2.66	2.8	0.8	1:0.75	1:0.06
	每延米体积(m³)										16.0	18.4	21.0	23.8	26.7	29.7			

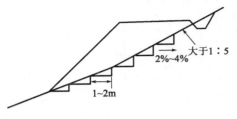

图 4-21　原地面挖台阶方法

对于受水浸淹的路堤,其边坡应放缓,一般采用 1:1.75～1:2,在常水位以下部分采用 1:2～1:3,并应视水流情况采取边坡加固及防护措施。

填方路堤处,如果原地面的自然横坡陡于 1:5 时,在填筑前须将地面挖成台阶,台阶宽度不小于 1m,台阶顶面应做成 2%～3% 的反向横坡(图 4-21),以防路基滑动而影响其稳定。

在宽容性设计理念下,填方路基的边坡坡度应放缓。当填方边坡坡度缓于 1:3 时,失控的车辆可以安全的驶离行车道,而不至于翻车,而当填方边坡坡度缓于 1:4 时,失控的车辆可以安全地驶离并驶回行车道。这样不仅能保证行车安全,同时无须救援既能保障失控车辆恢复正常行驶,有条件时应尽可能满足这种要求。

2. 路堑边坡

路堑边坡坡度应根据当地自然条件、土石类型及其结构、边坡高度和施工方法等确定。

当地质条件良好且土质均匀时,可参照表 4-14 所列数值范围,结合已成公路的实践经验采用。

路堑边坡坡度　　　　表 4-14

土 质 种 类		边坡最大高度(m)	边 坡 坡 度
一般土		20	1:0.5～1:1.5
黄土及类黄土		20	1:0.1～1:1.25
碎石和卵石(砾石)土	胶结和密实	20	1:0.5～1:1.0
	中密	20	1:1.0～1:1.5
风化岩石		20	1:0.5～1:1.5
一般岩石			1:0.1～1:0.5
坚岩			直立～1:0.1

在砂类土、黄土、易风化碎落的岩石和其他不良的土质路堑中,其边沟外侧边缘与边坡坡脚之间,宜设置碎落台。其宽度视边坡高度和土质而定,一般不小于 0.5m,当边坡已适当加固或其高度小于 2m 时,可不设碎落台。

当路堑较深,穿过几个不同的土、石层时,其各层的边坡坡度值应作相应变化。

第四节　路拱及超高

一、路拱及路肩的横坡度

为了利于路面横向排水,将路面做成由中央向两侧倾斜的拱形,称为路拱。其倾斜大小以百分率表示,称为路拱坡度。对于不同类型的路面,由于其表面的平整度和透水性不同,再考虑当地的自然条件选用不同的路拱坡度,见表 4-15 规定的数值。

路 拱 横 坡　　　　　　　　表 4-15

路 面 类 型	路拱横坡度(%)	路 面 类 型	路拱横坡度(%)
水泥混凝土路面、沥青混凝土路面	1.0~2.0	半整齐石块、不整齐石块	2.0~3.0
其他黑色路面、整齐石块	1.5~2.5	碎、砾石等粒料路面	2.5~3.5

高速公路、一级公路及城市快速路由于其路面较宽，迅速排除路面降水尤为重要，所以此类道路处于降雨强度较大的地区时应采用高值，在降雨强度很大的地区，路拱坡度可适当增大；积雪冰冻地区、透水路面的路拱设计坡度应采用低值。

分离式路基，每侧行车道可设置双向路拱，这样对排除路面积水有利。在降水量不大的地区也可以采用单向横坡，并向路基外侧倾斜。但在积雪冻融地区，应设置双向路拱。

路拱的形式一般有抛物线形、直线抛物线形、折线形等。

土路肩的排水性能远低于路面，其横坡度较路面宜增大 1.0%~2.0%，硬路肩视具体情况（材料、宽度）可与路面同一横坡，也可稍大于路面。

对于城市道路单幅路应根据道路宽度采用单向或双向路拱横坡；多幅路应采用由路中线向两侧的双向路拱横坡、人行道宜采用单向横坡，坡向应朝向雨水设施设置位置的一侧。采用单向坡时一般采用直线形路拱，双向坡时应采用抛物线加直线的路拱。为便于雨水的收集，道路坡向应朝向雨水设施设置位置的一侧。当道路设置超高时，雨水设施应按道路超高坡向的位置设置，保证道路的安全行驶。

道路横坡应根据路面宽度、路面类型、纵坡及气候条件确定，宜采用 1.0%~2.0%。快速路及降雨量大的地区宜采用 1.5%~2.0%；严寒积雪地区、透水路面宜采用 1.0%~1.5%。保护性路肩横坡度可比路面横坡度加大 1.0%。单幅路应根据道路宽度采用单向或双向路拱横坡；多幅路应采用由路中线向两侧的双向路拱横坡；人行道宜采用单向横坡。

二、超　高

为抵消车辆在曲线路段上行驶时所产生的离心力，将路面做成外侧高于内侧的单向横坡的形式，这就是曲线上的超高。合理地设置超高，可以全部或部分抵消离心力，提高汽车行驶在曲线上的稳定性和舒适性。

超高横坡度由直线段的双坡路拱过渡到与圆曲线半径相适应的单向横坡的路段，称作超高缓和段或超高过渡段。

(一) 超高横坡度的计算确定

超高横坡度可由平曲线最小半径公式：

$$R = \frac{V^2}{127(\mu + i_h)}$$

得出：

$$\mu + i_h = \frac{V^2}{127R}, \text{或} \ i_h = \frac{V^2}{127R} - \mu \tag{4-23}$$

由第二章已知，横向力的存在是造成车辆行驶失稳的重要因素，可以看出减小车辆曲线行驶时的横向力的方法有：

(1) 增大曲线半径。

(2) 降低车速。

(3)增大向内侧倾斜的横坡,即设置超高。而设置超高成本低、效果好。

由式(4-23)计算,可有如下结果:

(1)$i_h \leq i_{min}$,超高率取路拱横坡。

(2)$i_{min} < i_h < i_{max}$,超高率取计算值。

(3)$i_h \geq i_{max}$,超高率取最大值,但必须验算 μ 值,使其不超过允许的最大值。

对此,我国现行的《公路路线设计规范》(JTG D20—2017)中规定:各级道路凡半径小于不设超高的最小半径的平曲线均应设置超高。超高的横坡度按设计速度、半径大小,结合路面类型、自然条件和车辆组成等情况确定。高速公路、一级公路的超高横坡度不应大于10%,其他各级公路不应大于8%,在积雪冰冻地区,最大超高横坡度不宜大于6%,城市道路不大于6%。

当超高横坡度的计算值小于路拱横坡度时,应设置最小超高率,最小超高横坡度应与直线段的路拱横坡度相同。

各级公路圆曲线部分最大超高值的规定如表4-16所示。

各级公路圆曲线最大超高值　　表4-16

公路等级	高速公路、一级公路	二、三、四级公路
一般地区(%)	10 或 8	8
积雪冰冻地区(%)	6	

二、三、四级公路混合交通量较大且接近城镇路段,或通过城镇作为街道使用的路段,当车速受到限制,按规定设置超高有困难时,可按表4-17规定设置超高。

市区路段最大超高值　　表4-17

设计速度(km/h)	100、80	60、50	40、30、20
超高值(%)	6	4	2

在具体设计中,位于曲线上的行车道、硬路肩,均应根据设计速度、圆曲线半径、自然条件等按表4-18规定设置超高,也可查阅相应设计规范。

(二)超高的过渡方式

1.无中间带道路的超高过渡

无中间带的道路,无论是双车道还是单车道,在直线段的横断面均为以中线为脊向两侧倾斜的路拱。路面要由双向倾斜的路拱形式过渡到具有单向倾斜的超高形式,外侧需要逐渐抬高,在抬高过程中,行车道外侧是绕中线旋转的,若超高横坡度等于路拱坡度,则直至与内侧横坡相等为止,见图4-22。

若超高坡度大于路拱坡度时,可分别采用以下3种过渡方式,见图4-23。

(1)绕内侧边缘旋转

此过渡方式首先在超高过渡段以前抬高两侧路肩至路拱坡度,称为抬肩;然后抬升外侧路面至与内侧路面具有相同坡度,一般称为将外侧车道绕路中线旋转;最后整个断面再绕未加宽前的内侧路面边缘旋转,直至超高横坡度,超高过渡完成[图4-23a)]。

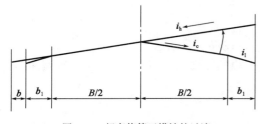

图4-22　超高值等于横坡的过渡

圆曲线半径与超高值

表 4-18

超高(%)	设计速度(km/h) 120 最大超高(%)			100 最大超高(%)			80 最大超高(%)			60 最大超高(%)		
	10	8	6	10	8	6	10	8	6	10	8	4
2	<5500 (<7550) ~2950	<5500 (<7550) ~2860	<5500 (<7550) ~2730	<4000 (<5250) ~2180	<4000 (<5250) ~2150	<4000 (<5250) ~2000	<2500 (<3350) ~1460	<2500 (<3350) ~1410	<2500 (<3350) ~1360	<1500 (<1900) ~900	<1500 (<1900) ~870	<1500 (<1900) ~610
3	<2950 ~2080	<2860 ~1990	<2730 ~1840	<2180 ~1520	<2150 ~1480	<2000 ~1320	<1460 ~1020	<1410 ~960	<1360 ~890	<900 ~620	<870 ~590	<610 ~270
4	<2080 ~1590	<1990 ~1500	<1840 ~1340	<1520 ~1160	<1480 ~1100	<1320 ~920	<1020 ~770	<960 ~710	<890 ~600	<620 ~470	<590 ~430	<270 ~150
5	<1590 ~1280	<1500 ~1190	<1340 ~970	<1160 ~920	<1100 ~860	<920 ~630	<770 ~610	<710 ~550	<600 ~400	<470 ~360	<430 ~320	
6	<1280 ~1070	<1190 ~980	<970 ~710	<920 ~760	<860 ~690	<630 ~440	<610 ~500	<550 ~420	<400 ~270	<360 ~290	<320 ~240	
7	<1070 ~910	<980 ~790		<760 ~640	<690 ~530		<500 ~410	<420 ~320		<290 ~240	<240 ~170	
8	<910 ~790	<790 ~650		<640 ~540	<530 ~400		<410 ~340	<320 ~250		<240 ~190	<170 ~125	
9	<790 ~680			<540 ~450			<340 ~280			<190 ~150		
10	<680 ~570			<450 ~360			<280 ~220			<150 ~115		

续上表

超高(%)	设计速度(km/h)											
	40				30				20			
	最大超高				最大超高				最大超高			
	8%	6%	4%	2%	8%	6%	4%	2%	8%	6%	4%	2%
2	<600 (<800) ~470	<600 (<800) ~410	<600 (<800) ~330	<600 (<800) ~75	<350 (<450) ~250	<350 (<450) ~230	<350 (<450) ~150	<350 (<450) ~40	<150 (<200) ~140	<150 (<200) ~110	<150 (<200) ~70	<150 (<200) ~20
3	<470 ~310	<410 ~250	<330 ~130		<250 ~170	<230 ~140	<150 ~60		<140 ~90	<110 ~70	<70 ~30	
4	<310 ~220	<250 ~150	<130 ~70		<170 ~120	<140 ~80	<60 ~35		<90 ~70	<70 ~40	<30 ~15	
5	<220 ~160	<150 ~90			<120 ~90	<80 ~50			<70 ~50	<40 ~30		
6	<160 ~120	<90 ~60			<90 ~60	<50 ~35			<50 ~40	<30 ~15		
7	<120 ~80				<60 ~40				<40 ~30			
8	<80 ~55				<40 ~30				<30 ~15			
9												
10												

注：括号值为路拱大于2%时的不设超高最小半径。

(2)绕路中线旋转

此过渡方式首先在超高过渡段以前抬高两侧路肩至路拱坡度,称为抬肩;然后将外侧车道绕路中线旋转,达到与内侧车道构成单向横坡;最后整个断面一同绕道路测量中线旋转,直至超高横坡度,超高过渡完成[图4-23b)]。

(3)绕车道外侧边缘旋转

此过渡方式先将外侧车道绕车道外侧边缘旋转,与此同时,内侧车道随中线的降低而相应降坡,待达到单向横坡后,整个断面继续绕外侧车道边缘旋转,直至超高横坡度[图4-23c)]。

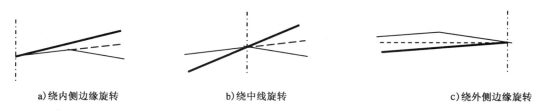

a)绕内侧边缘旋转　　　　b)绕中线旋转　　　　c)绕外侧边缘旋转

图4-23　无中间带公路的超高过渡方式

上述各种方法,绕内侧边缘旋转由于行车道内侧降低较少,有利于路基纵向排水及保障路基的干湿状态,一般新建工程多用此法;绕中线旋转可保持中线高程不变,且在超高坡度一定的情况下,外侧边缘的抬高值较小,多用于旧路改建工程及城市道路;而绕外侧边线旋转是一种比较特殊的设计,仅用于某些为改善路容的地点。

2. 有中间带公路的超高过渡

(1)绕中间带的中心线旋转

先将外侧车道绕中间带的中心线旋转,待达到与内侧车道构成单向横坡后,整个断面一同绕中心线旋转,直至超高横坡值。此时中央分隔带呈倾斜状[图4-24a)]。

(2)绕中央分隔带边缘旋转

将两侧车道分别绕中央分隔带边缘旋转,使之各自成为独立的单向超高断面,此时中央分隔带维持原有水平状态[图4-24b)]。

(3)绕各自车道中线旋转

将两侧车道分别绕各自的中心线旋转,使之各自成为独立的单向超高断面,此时中央分隔带两边缘分别升高与降低而成为倾斜断面[图4-24c)]。

a)绕中间带的中心线旋转　　　b)绕中央分隔带边缘旋转　　　c)绕各自行车道中线旋转

图4-24　有中间带公路的超高过渡方式

三种方式的优缺点与无中间带的道路相似。中间带宽度较窄的(小于或等于4.5m)可采用(1)法;各种中间带宽度都可以用(2)法;对于车道数大于4的公路可采用(3)法。城市道路的超高过渡方式与公路相同。

3. 分离式公路

分离式断面的道路由于上、下行车道是各自独立的,按无分隔带的道路分别予以处理。

(三)超高过渡段长度的确定

为了行车的舒适、路容的美观和排水的通畅,必须设置一定长度的超高缓和段,超高的过渡是在超高缓和段全长范围内进行的。双车道公路超高缓和段长度按下式计算：

$$L_C = \frac{\beta \Delta i}{p} \tag{4-24}$$

式中：L_C——超高缓和段长(m)；

　　　β——旋转轴至行车道(设路缘带时为路缘带)外侧边缘的宽度(m)；

　　　Δi——超高坡度与路拱坡度的代数差(%)；

　　　p——超高渐变率，即旋转轴与行车道(设路缘带时为路缘带)外侧边缘之间的相对坡度，其值见表4-19。

超 高 渐 变 率　　　　表4-19

设计速度(km/h)	超高旋转轴的位置		计算速度(km/h)	超高旋转轴的位置	
	中轴	边轴		中轴	边轴
120	1/250	1/200	40	1/150	1/100
100	1/225	1/175	30	1/125	1/75
80	1/200	1/150	20	1/100	1/50
60	1/175	1/125			

前面讲到缓和曲线，已经考虑到超高缓和段所需的最短长度。所以一般情况下，超高缓和段与缓和曲线长度相等。但有时因照顾到线形的协调性，在平曲线中配置了较长的缓和曲线，则超高的过渡可仅在缓和曲线某一区段内进行，但其超高起点宜设在曲率半径大于不设超高半径处。全超高断面宜设在缓圆点和圆缓点处。过小的渐变率对路面排水不利，从利于排除路面降水考虑，横坡度由2%(或1.5%)过渡到0%路段的超高渐变率不得小于1/330。

对不设缓和曲线的曲线，但圆曲线上若设有超高，则应设置超高缓和段，超高的过渡在超高缓和段的全长上进行。

(四) 超高值的计算

平曲线上设置超高以后，道路中线和内、外侧边线与原路线上的设计高程之高差 h，应予以计算并列于"路基设计表"中，以便于施工。这些超高值的计算公式见表4-20和表4-21，计算图式见图4-25。

绕边轴旋转超高值计算公式　　　　表4-20

超高位置		计算公式		注：
		$x \leq x_0$	$x > x_0$	1. 计算结果均为与设计高之高差
圆曲线上	外缘 h_c	$b_J i_J + (b_J + B) i_h$		2. 临界断面距过渡段起点的距离 $x_0 = \dfrac{i_G}{i_h} L_C$
	中线 h'_c	$b_J i_J + \dfrac{B}{2} i_h$		
	内缘 h''_c	$b_J i_J - (b_J + b) i_h$		3. x 距离处加宽值 $b_x = \dfrac{x}{L_C} b$（按比例过渡）；或
过渡段上	外缘 h_{ex}	$b_J(i_J - i_G) + [b_J i_G + (b_J + B) i_h] \dfrac{x}{L_C}$（或 $\approx \dfrac{x}{L_C} h_c$）		$b_x = \left[4\left(\dfrac{x}{L_C}\right)^3 - 3\left(\dfrac{x}{L_C}\right)^4\right] b$（高次抛物线过渡）
	中线 h'_{ex}	$b_J i_J + \dfrac{B}{2} i_G$	$b_J i_J + \dfrac{B}{2} \cdot \dfrac{x}{L_C} i_h$	
	内缘 h''_{ex}	$b_J i_J - (b_J + b_x) i_G$	$b_J i_J - (b_J + b_x) \dfrac{x}{L_C} i_h$	

绕中轴旋转超高值计算公式　　　　表 4-21

超高位置		计算公式		注：
		$x \leqslant x_0$	$x > x_0$	
圆曲线上	外缘 h_c	$b_J(i_J - i_G) + \left(b_J + \dfrac{B}{2}\right)(i_G + i_h)$		1.计算结果均为与设计高之高差 2.临界断面距过渡段起点的距离 $$x_0 = \dfrac{2i_G}{i_G + i_h}L_C$$ 3. x 距离处加宽值 $b_x = \dfrac{x}{L_C}b$（按比例过渡）；或 $$b_x = \left[4\left(\dfrac{x}{L_C}\right)^3 - 3\left(\dfrac{x}{L_C}\right)^4\right] \cdot b$$ （高次抛物线过渡）
	中线 h'_c	$b_J i_J + \dfrac{B}{2}i_G$		
	内缘 h''_c	$b_J i_J + \dfrac{B}{2}i_G - \left(b_J + \dfrac{B}{2} + b\right)i_h$		
过渡段上	外缘 h_{cx}	$b_J(i_J - i_G) + \left(b_J + \dfrac{B}{2}\right)(i_G + i_h)\dfrac{x}{L_C}$（或 $\approx \dfrac{x}{L_C}h_c$）		
	中线 h'_{cx}	$b_J i_J + \dfrac{B}{2}i_G$（定值）		
	内缘 h''_{cx}	$b_J i_J - (b_J + b_x)i_G$	$b_J i_J + \dfrac{B}{2}i_G - \left(b_J + \dfrac{B}{2} + b_x\right)\dfrac{x}{L_C}i_h$	

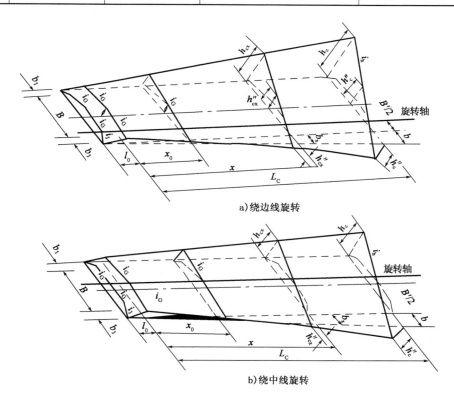

a) 绕边线旋转

b) 绕中线旋转

图 4-25　无中央分割带道路超高过渡方式图

B-路面宽度；b-加宽值；B_J-路肩宽度；i_G-路拱坡度；i_J-路肩坡度；i_h-超高横坡度；L_C-超高缓和段长度（或缓和曲线长度）；l_0-路基坡度由 i_J 变为 i_G 所需的距离，一般可取 1.0m；x_0-与路拱同坡度的单向超高点至超高缓和段起点的距离；x-超高缓和段中任意一点至起点的距离；h_c-圆曲线段路肩外缘最大抬高值；h'_c-圆曲线段路中线最大抬高值；h''_c-圆曲线段路基内缘最大降低值。h_{cx}-过渡段路肩外缘最大抬高值；h'_{cx}-过渡段路中线最大抬高值；h''_{cx}-过渡段路基内缘最大降低值

(五)超高过渡图的绘制

超高过渡有 3 种方式,沿路线纵向由于超高的过渡,道路内、外侧边缘及中线均产生高度的变化,这种变化图称为超高图。当非单一曲线超高设计时,这种图有其独到之处。

绘制该图时视点在路线右侧,路面横坡度倾向右侧时为正,反之为负。旋转轴为横坐标,超高值为纵坐标,如图 4-26 所示。

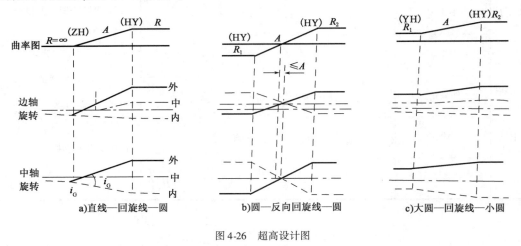

图 4-26　超高设计图

第五节　爬坡车道、加(减)速车道及避险车道

一、爬 坡 车 道

爬坡车道是在陡坡路段主线外侧增设的供载货汽车使用的专用车道。

在纵坡较大的路段,由于载货汽车爬坡时需要克服较大的坡度阻力,汽车的行驶速度下降,较大程度地影响到小汽车的行驶自由度,从而导致道路的通行能力降低,这时应该设置爬坡车道。特别是高等级公路为消除这种不利影响,更应在陡坡路段设置爬坡车道。把重载货车从车流中分离出去,从而确保交通安全,增大该路段的通行能力。

设置爬坡车道是一种权宜之计,我们所要的是通过精选路线,设计最理想的纵坡。但有时要从经济、技术角度出发,权衡两个方面的利益,选择最合适的方案。

(一)爬坡车道的设置条件

《公路工程技术标准》(JTG B01—2014)中规定,当高速公路、一级公路以及二级公路的连续上坡路段,当通行能力、运行安全受到影响时,应设置爬坡车道,爬坡车道宽度应为 3.5m。这只是一般规定,在实际应用中,应对路段内大型车的爬坡性能和混入率对通行能力及大、小车型速度差等的影响进行分析,以确定是否设置爬坡车道。

双向四车道高速公路、双向四车道一级公路以及二级公路连续上坡路段,符合下列情况之一时,宜在上坡方向行车道右侧设置爬坡车道:

(1)沿连续上坡方向载货汽车的行驶速度降低到表 4-22 所列的容许最低速度以下时。

上坡方向容许最低速度　　　　　　　　　　　　表 4-22

设计速度(km/h)	120	100	80	60	40
允许最低速度(km/h)	60	55	50	40	25

(2)单一纵坡坡长超过不同纵坡的最大坡长值的规定或上坡路段的设计通行能力小于设计小时交通量时。

(3)经设置爬坡车道与改善主线纵坡不设爬坡车道技术经济比较论证,设置爬坡车道的效益费用比、行车安全性较优时。

双向六车道及以上的公路一般采用分车道行驶,外侧车道行驶的载货汽车对公路整体的通行能力、服务水平影响较小,可不设爬坡车道。

对于山岭地区的高速公路,由于地形条件较为复杂,纵坡设计的控制因素较多,设计速度一般控制在 80km/h 以下,对于是否设置爬坡车道,应从工程的任务、性质以及投资、规模和工程技术出发,综合考虑建设条件,进行详细的论证以后再确定。

(二)爬坡车道的设计

爬坡车道的起点应设于陡坡路段上坡方向载货汽车的运行速度降低到表 4-22 的允许最低速度处。

爬坡车道的终点应设于载货汽车爬经陡坡路段后恢复至允许最低速度处,或陡坡路段后延伸的附加长度的端部。因此载货汽车爬坡完后,应设置一段附加长度以便于载货汽车恢复速度至最低允许速度。陡坡路段后延伸的附加长度规定如表 4-23 所示。

陡坡路段后延伸的附加长度　　　　　　　　　　　　表 4-23

附加路段的纵坡 (%)	下坡	平坡	上坡			
			0.5	1.0	1.5	2.0
附加长度(m)	100	150	200	250	300	350

爬坡车道的起、终点的具体位置还应充分考虑与线形的关系。通常应设在通视条件良好的路段,容易辨认,并且容易与主线连接顺适。

爬坡车道起、终点应分别设置分流渐变段和汇流渐变段。渐变段长度用以使驶离及驶入正线的车辆分别顺势进入爬坡车道及正线。分流、汇流渐变段长度规定如表 4-24 所示。

爬坡车道分流、汇流渐变段长度　　　　　　　　　　　　表 4-24

公 路 等 级	分流渐变段长度(m)	汇流渐变段长度(m)
高速公路、一级公路	100	150~200
二级公路	50	90

爬坡车道的总长度应由分流渐变段长度、爬坡车道长度(含附加长度)和汇流渐变段长度组成,如图 4-27 所示。

相邻两爬坡车道相距较近时,宜将两爬坡车道直接相接。

爬坡车道设置于上坡方向的主线行车道的右侧,见图 4-28。爬坡车道一般行车速度较低,车道宽度可以设置为 3.5m。设置爬坡车道的路段可以设置较窄的硬路肩,一般为 1m,土路肩同正线。

较窄的硬路肩不能用以停车,因此在较长的爬坡车道路段,其右侧应按规定设置紧急停车带。

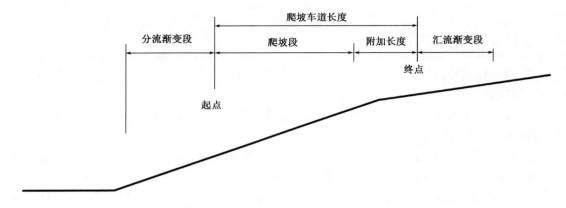

图 4-27 爬坡车道组成示意图

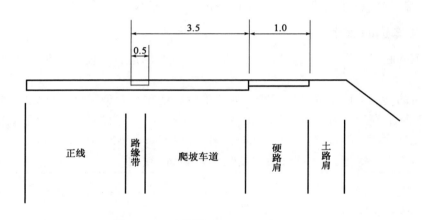

图 4-28 爬坡车道横向布置示意图(尺寸单位:m)

如果爬坡车道位于弯道上,由于车辆的行驶速度一般较主线要低,所以为了行车安全,可以减小爬坡车道的超高坡度,见表4-25。

弯道上爬坡车道的超高坡度值　　　　表 4-25

主线上超高坡度值(%)	10	9	8	7	3	5	4	3	2
爬坡车道的超高值(%)	5				4			3	2

超高坡度的旋转轴为爬坡车道的内侧边缘线。

如果爬坡车道位于直线路段上,爬坡车道的横坡度的大小可以与正线的横坡度相同。爬坡车道的总长度由 3 部分组成,即起点处分流渐变段长度、爬坡车道的主线长度(含附加长度)、终点处的汇流渐变段长度,平面布置如图 4-29 所示。

高速公路的爬坡车道应紧靠车道的外侧设置,可利用硬路肩宽度,爬坡车道的外侧可只设土路肩[图 4-29a)]。

一级公路、二级公路的爬坡车道应紧靠车道的外侧设置,原来供混合车辆行驶的硬路肩部分移至爬坡车道的外侧[图 4-29b)、c)]。

高速公路、一级公路爬坡车道长度大于 500m 时,应在其右侧按规定设置紧急停车带。

爬坡车道的曲线加宽按一个车道曲线加宽规定执行。

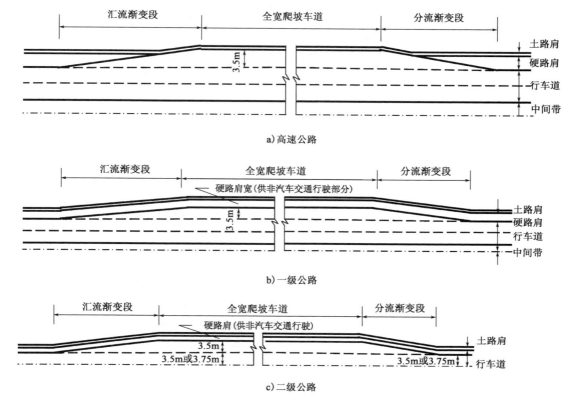

图 4-29 典型爬坡车道(半幅平面)

二、加(减)速车道

加(减)速车道是加速车道和减速车道的总称。加速车道是为了使车辆在进入主线之前,能安全地加速以保证汇流所需的距离而设置的加(减)速车道。减速车道是为了保证车辆驶出高速公路时能安全减速而设置的加(减)速车道。

(一)加(减)速车道的布置条件

在《公路工程技术标准》(JTG B01—2014)中明确规定:高速公路、一级公路的互通式立体交叉、服务区、停车区、公共汽车停靠站、管理与养护设施等与主线衔接出入口处,应设置加(减)速车道,其宽度应为 3.50m。枢纽互通式立体交叉的加(减)速车道宽度宜为 3.75m。

(二)加(减)速车道的设计

加(减)速车道的横断面应包括左侧路缘带(与主线车道共用)、车道、右路肩(含右侧路缘带)等组成部分。

加(减)速车道有直接式和平行式两种。加(减)速车道为单车道时,减速车道宜采用直接式,加速车道宜采用平行式。加(减)速车道为双车道时,加(减)速车道均应采用直接式。如图 4-30 所示。

加(减)速车道的横断面形式与一般车道相同,布置在主线的右侧,布置如图 4-31 所示。设置加(减)速车道路段,路基应相应加宽,不得占用硬路肩宽度。

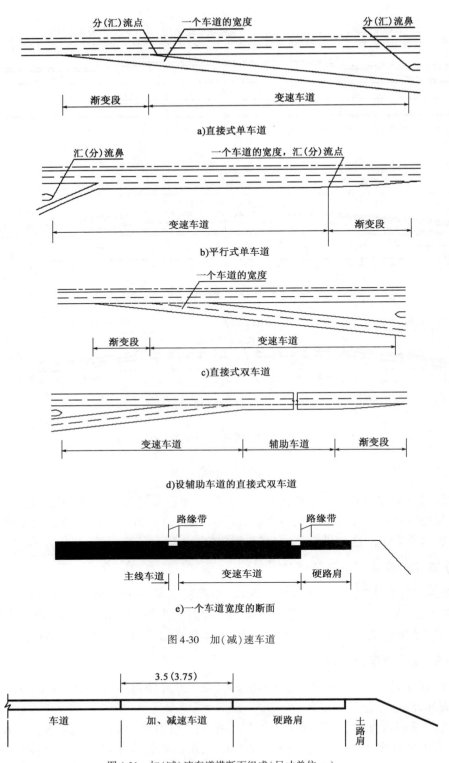

图 4-30 加(减)速车道

图 4-31 加(减)速车道横断面组成(尺寸单位:m)

主线为左偏并接近圆曲线最小半径的一般值时,其右方的减速车道应为平行式,且应缩短渐变段(将缩短的长度补在平行段上)。减速车道接小半径环形匝道时宜采用平行式。

加(减)速车道长度不小于如表 4-26 所示的规定。

加(减)速车道长度及有关参数　　　　　　　　　　　　　　　　表 4-26

加(减)速车道类别		主线设计速度 (km/h)	加(减)速车道长度 (m)	渐变率 (1/m)	渐变段长度 (m)	主线硬路肩或其加宽后的宽度 C_1(m)	分流鼻处匝道左侧硬路肩加宽 C_2(m)
出口	单车道	120	145	1/25	100	3.5	0.60
		100	125	1/22.5	90	3.0	0.80
		80	110	1/20	80	3.0	0.80
		60	95	1/17.5	70	3.0	0.70
	双车道	120	225	1/22.5	90	3.5	0.70
		100	190	1/20	80	3.0	0.70
		80	170	1/17.5	70	3.0	0.90
		60	140	1/15	60	3.0	0.60
入口	单车道*	120	230	-(1/45)	90(180)	3.5	—
		100	200	-(1/40)	80(160)	3.0	—
		80	180	-(1/40)	70(160)	2.5	—
		60	155	-(1/35)	60(140)	2.5	—
	双车道	120	400	-(1/45)	180	3.5	—
		100	350	-(1/40)	160	3.0	—
		80	310	-(1/37.5)	150	2.5	—
		60	270	-(1/35)	140	2.5	—

注：* 表中单车道入口为平行式的；当为直线时，采用括号内的数值。入口为单车道的双车道匝道其加速车道的长度应增加 10m 或 20m。

下坡路段的减速车道和上坡路段的加速车道，其长度应按表 4-27 中的修正系数予以修正。

坡道上加(减)车道长度的修正系数　　　　　　　　　　　　　　　　表 4-27

主线平均坡度(%)	$i \leqslant 2$	$2 \leqslant i \leqslant 3$	$3 \leqslant i \leqslant 4$	$i > 4$
下坡路段车道修正系数	1.00	1.10	1.20	1.30
上坡加速车道修正系数	1.00	1.20	1.30	1.40

三、避 险 车 道

避险车道是供制动失效车辆尽快驶离行车道、减速车道、自救的专用车道。《公路工程技术标准》(JTG B01—2014)要求在连续长、陡下坡路段，为便于制动失效车辆撤离行车道，应结合交通安全评价，论证是否需要设置避险车道以及避险车道的设置位置。

避险车道的设置位置应与主线保持恰当的驶离角度，并应修建在失控车辆不能安全转弯的主线弯道之前以及修建在坡底人口稠密区之前。

公路连续长、陡下坡路段，当平均纵坡≥4%，纵坡连续长度≥3km；车辆组成内，大、中型重车占 50% 以上，且载货汽车缺乏辅助制动装置。为避免车辆在行驶中速度失控而造成事故，应在长、陡下坡地段的右侧山坡上的适当位置设置避险车道。避险车道为大上坡断头路，其位置如图 4-32 所示。

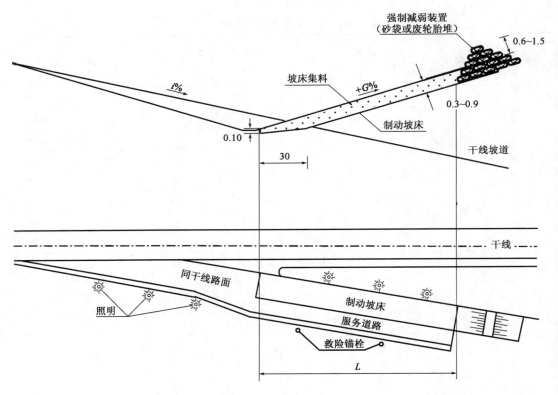

图 4-32 避险车道

避险车道的长度根据主线下坡运行速度及避险车道纵坡而定，其规定如表 4-28 所示。

避险车道长度　　　　　　　　　表 4-28

主线驶出车速 （km/h）	制动坡床纵坡 G （%）	坡床集料	坡床长度 （m）	强制减弱装置堆砌高度 （m）
100	10	碎砾石	239	1.5
		砾石	179	1.5
		砂	143	1.5
		豆砾石	102	1.5
100	15	碎砾石	179	1.2
		砾石	143	1.2
		砂	119	1.2
		豆砾石	90	1.2
110	15	碎砾石	220	1.5
		砾石	176	1.5
		砂	147	1.5
		豆砾石	110	1.5
110	20	碎砾石	176	1.2
		砾石	147	1.2
		砂	126	1.2
		豆砾石	98	1.2

避险车道的布置应注意：

（1）避险车道应布置在直线上，入口必须保证车辆能高速安全驶入，入口前应保证足够视距。

（2）避险车道（制动坡床）起点采用0.1m厚，以30m长度渐变至坡床集料总厚度。

（3）坡床集料采用碎砾石、砾石、砂、豆砾石等松散材料。

（4）制动坡床宽度应不小于4.5m，服务道路宽度不宜小于3.5m。

（5）救险锚栓间隔不宜大于90m。

（6）纵断面上变坡处应设置竖曲线。

第六节　道路横断面设计

一、公路横断面的设计方法

1. 公路横断面设计要求

公路横断面的组成，除了与行车有关的路幅宽度以外，还有与路基工程、排水工程、环保工程有关的各种设施，这些设施的位置和尺寸均应在横断面设计中有所体现。路基横断面形式和尺寸实际上在确定路线平面位置时就已经有了考虑，在纵断面设计中又根据路线标准和地形条件对路基的合理高度，特别是工程艰巨路段已经仔细做了分析研究，拟定了横断面设计图，作为计算土石方数量和日后施工的依据。

横断面设计，必须结合地形、地质、水文等条件，本着节约用地的原则，选用合理的断面形式，以满足行车顺适、工程经济、路基稳定且便于施工和养护的要求。

2. 路基标准横断面

在具体设计每个横断面之前，先确定路基的标准横断面（或称"典型横断面"）。在标准横断面图中，一般包括：路堤、路堑、半堤半堑、砌石路基等，断面中的边坡坡率、边沟尺寸、挡墙断面等，必须按现行《公路路基设计规范》的规定处理。对于高填、深挖、特殊地质、浸水路堤等应单独设计，详见相关章节。

3. 横断面设计方法

（1）在计算纸上绘制横断面的地面线。地面线是在现场测绘的，若是纸上定线，可从大比例尺的地形图上内插获得。在计算机辅助设计中，可以通过数字化仪或键盘向计算机输入横断面各变化点相对于中桩的坐标，由绘图机自动绘制。横断面图的比例尺一般是1∶200。

（2）从"路基设计表"中抄入路基中心填挖高度，对于有超高和加宽的曲线路段，还应抄入"左高""右高""左宽""右宽"等数据。

（3）根据现场调查所得来的"土壤、地质、水文资料"，参照"标准横断面图"，画出路幅宽度，填或挖的边坡坡线，在需要设置各种支挡工程和防护工程的地方画出该工程结构的断面示意图。

（4）根据综合排水设计，画出路基边沟、截水沟、排灌渠等的位置和断面形式。必要时须注明各部分尺寸。此外，对于取土坑、弃土堆、绿化等也尽可能画出，见图4-33。

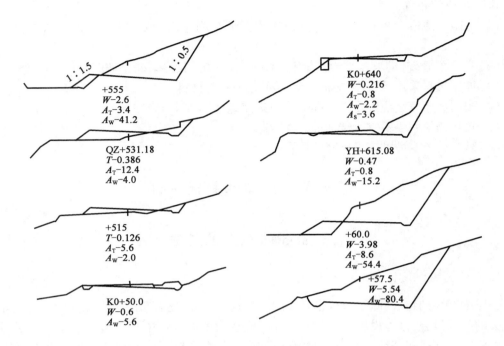

图 4-33 公路路基横断面设计图

对于分离式断面的公路和具有加(减)车道、紧急停车车道的断面,可参照上述步骤绘制。

一条道路的横断面图数量极大,所花费的时间和精力是比较大的。现在为提高工作效率,逐渐推广使用"路线 CAD"来绘制路基横断面图,它不但能准确自动绘制横断面,而且能自动解算横断面面积(关于"路线 CAD"的介绍,参见相关内容)。

上面所介绍的横断面设计,是一般横断面设计的方法和程序,我们形象化地称之为"戴帽子"。对特殊情况下的横断面,则必须按照路基课程中所讲述的原理和方法进行特殊设计,绘图比例尺也应按需要采用。

4."路基设计表"

"路基设计表"在道路设计文件中占有重要地位,见表 4-29。

二、城市道路横断面设计

1. 横断面设计图

当按照城市道路的交通性质、地形条件以及近期与远期相结合的原则确定了横断面组成和宽度以后,即可绘制横断面设计图。城市道路的横断面设计图与公路横断面图的作用是相同的,即为指导施工和计算土石方数量。

城市道路横断面设计图一般要用的比例尺为 1:100 或 1:200,在图上应绘出红线宽度、行车道、人行道、绿化带、照明、新建或改建的地下管道等各组成部分的位置和宽度,以及排水方向、路面横坡等,见图 4-34。

路 基 设 计 表

表 4-29

桩号	平曲线	变坡点高程桩号及纵坡坡度、坡长	竖曲线	地面高程	设计高	填挖高度(m) 填	填挖高度(m) 挖	路基宽(m) 左	路基宽(m) 右	路边设计高与中桩之高差(m) 左	路边设计高与中桩之高差(m) 中	路边设计高与中桩之高差(m) 右	施工时中桩(m) 左	施工时中桩(m) 右	边坡 1:m 左	边坡 1:m 右	护坡道宽 左	护坡道宽 右	护坡道坡度 1:m 左	护坡道坡度 1:m 右	坡度(%) 左	坡度(%) 右	边沟形状	边沟底宽(m)	边沟沟深(m)	内坡	坡脚坡口至中桩距离 左	坡脚坡口至中桩距离 右	备注
1	2	3	4	5	6	7	8	9	10	11	12	13	14	15	16	17	18	19	20	21	22	23	24	25	26	27	28	29	30
K2+100.00		K2+100.00 $i=0.65\%$ $L=400$		160.76	159.92		0.84	7.50	7.50	0.00	0.15	0.00		0.69															
K2+120.00				161.56	159.75		1.81	7.50	7.50	0.00	0.15	0.00		1.66															
K2+140.00				164.03	159.59		4.44	7.50	7.50	0.00	0.15	0.00		4.29															
K2+160.00				164.23	159.43		4.80	7.50	7.50	0.00	0.15	0.00		4.65															
K2+180.00				162.15	159.28		2.87	7.50	7.50	0.00	0.15	0.00		2.72															
K2+200.00				163.17	159.14		4.03	7.50	7.50	0.00	0.15	0.00		3.88															
K2+220.00				163.20	159.00		4.20	7.50	7.50	0.00	0.15	0.00		4.05															
K2+240.00				163.87	158.87		5.00	7.50	7.50	0.00	0.15	0.00		4.85															
K2+260.00			K2+243.5	165.69	158.74		6.95	7.50	7.50	0.00	0.15	0.00		6.80															
K2+280.00				166.31	158.61		7.70	7.50	7.50	0.00	0.15	0.00		7.55															
K2+300.00				166.36	158.48		7.88	7.50	7.50	0.00	0.15	0.00		7.73															
ZH+315.89				166.30	158.37		7.93	7.50	7.50	0.00	0.15	0.00		7.78															
ZH+340.00				166.06	158.22		7.84	7.50	7.71	0.59	0.29	−0.14		7.55															
HY+360.89			K2+404.6	166.06	158.08		7.98	7.50	7.90	1.11	0.51	−0.12		7.47															

续上表

桩号	平曲线	变坡点高程桩号及纵坡坡度、坡长	竖曲线	地面高程	设计高	填挖高度 (m)		路基宽 (m)		路边及中桩与设计高之高差 (m)			施工时中桩 (m)		边坡 1:m		护坡道				坡度 (%)		边沟			内坡	坡脚中桩口至中桩距离		备注
						填	挖	左	右	左	中	右	左	右	左	右	护坡道宽		坡度 1:m				形状	底宽 (m)	沟深 (m)		左	右	
																	左	右	左	右	左	右							
1	2	3	4	5	6	7	8	9	10	11	12	13	14	15	16	17	18	19	20	21	22	23	24	25	26	27	28	29	30
HY+380.00	JD5 右		K2+404.6	166.20	157.96		8.24	7.50	7.90	1.11	0.51	−0.12		7.73															
HY+400.00				166.01	157.83		8.18	7.50	7.90	1.11	0.51	−0.12		7.67															
HY+420.00	R=200			165.95	157.70		8.25	7.50	7.90	1.11	0.51	−0.12		7.74															
HY+440.00	LS1=45			165.61	157.60		8.01	7.50	7.90	1.11	0.51	−0.12		7.50															
HY+460.00	LS1=45	157.175		165.63	157.52		8.11	7.50	7.90	1.11	0.51	−0.12		7.60															
QZ+476.08	T1=187.38		凹 R-18 000 T-95.4 E-0.25	166.03	157.47		8.55	7.50	7.90	1.11	0.51	−0.12		8.04															
QZ+500.00	T2=187.38	K2+500		166.05	157.43		8.62	7.50	7.90	1.11	0.51	−0.12		8.11															
QZ+520.00	L=320.375	i=0.41%		166.02	157.41		8.61	7.50	7.90	1.11	0.51	−0.12		8.10															
QZ+540.00	E=59.533	L=400		165.43	157.42		8.01	7.50	7.90	1.11	0.51	−0.12		7.50															
QZ+560.00				165.89	157.46		8.43	7.50	7.90	1.11	0.51	−0.12		7.92															
QZ+580.00				163.21	157.51		5.70	7.50	7.90	1.11	0.51	−0.12		5.19															
YH+591.27				164.13	157.55		6.58	7.50	7.90	1.11	0.51	−0.12		6.07															
YH+600			K2+595.4	163.60	157.79		6.01	7.50	7.82	0.89	0.42	−0.09		5.59															
YH+620				162.86	157.67		5.19	7.50	7.64	0.40	0.20	−0.02		4.99															
HZ+636.27				161.35	157.73		3.62	7.50	7.50	0.00	0.15	0.00		3.47															

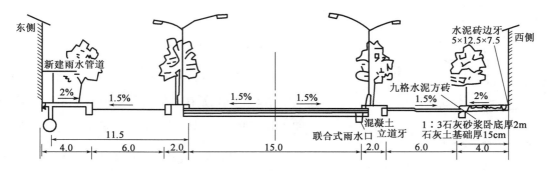

图 4-34 城市道路横断面设计图(尺寸单位:m)

2. 横断面现状图

沿道路中线每隔一定距离绘制横断面地面线。若属旧街道的改建,实际上就是横断面的现状图。图中包括地形、地物、原街道的各组成部分、边沟、路侧建筑等。比例尺为 1:100 或 1:200。有时为了更加明显地表现地形和地物高度的变化,也可采用纵、横不同的比例尺绘制。

3. 横断面施工图

在完成道路纵断面设计之后,即可知道各中线上的填挖高度。将这一高度点绘在相应的横断面现状图上,然后将设计横断面以相同的比例尺画于其上。此图反映了各断面上的填、挖和拆迁界线,是施工时的主要根据,见图 4-35。

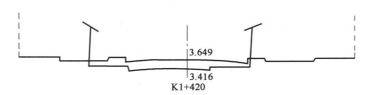

图 4-35 施工横断面图(尺寸单位:m)

第七节 路基土石方的计算与调配

路基土石方是公路工程的一项主要工程量,不论在方案比选阶段还是在路线设计阶段,路基土石方数量的多少是评价公路测设质量的主要技术经济指标之一。在编制公路施工组织计划和工程概预算时,还需要确定分段和全线的路基土石方数量。

地面形状是很复杂的,填挖方不是简单的几何体,所以其计算只能是近似的,计算的精确度取决于中桩间距、测绘横断面时采点的密度和计算公式与实际情况的接近程度等。计算时一般应按工程的要求,在保证使用的前提下力求简化。

一、横断面面积计算

路基填挖的断面积,是指断面图中原地面线与路基设计线所包围的面积,高于地面线者为填,低于地面线者为挖,两者应分别计算。下面介绍几种常用的面积计算方法。

1. 积矩法

如图 4-36 所示,将横断面按单位横宽划分为若干个梯形与三角形条块,每个小条块的近似横断面的面积为：

$$F_i = bh_i \tag{4-25}$$

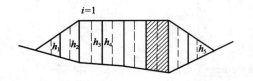

图 4-36　横断面面积计算（积距法）

则横断面的面积为：

$$F = bh_1 + bh_2 + \cdots\cdots + bh_n = b\sum_{i=1}^{n} h_i \tag{4-26}$$

当 $b=1$ 时，F 在数值上就等于各小条块平均高度之和。要求得横断面面积，只要求得 $\sum_{i=1}^{n} h_i$ 的值即可。$\sum_{i=1}^{n} h_i$ 值可用卡规量取，也可以用厘米方格纸折成窄条代替卡规量取。

用积距法计算面积简单、迅速。若要进一步提高精度，可增加测量次数最后取其平均值。

2. 坐标法

如图 4-37 所示，已知断面图上各转折点坐标 (x_i, y_i)，则断面面积为：

$$F = \frac{1}{2}\sum_{i=1}^{n}(x_i y_{i+1} - x_{i+1} y_i) \tag{4-27}$$

坐标法精度较高，适宜于用计算机计算。

计算断面面积还有几何图形法、数方格法、求积仪法等。

二、土石方数量计算

若相邻两断面均为填方或均为挖方且面积大小相近，则可假定两断面之间为一棱柱体，如图 4-38 所示。其体积的计算公式为：

$$V = \frac{1}{2}(F_1 + F_2)L \tag{4-28}$$

式中：V——体积，即土石方数量（m^3）；

F_1、F_2——分别为相邻两断面的面积（m^2）；

L——相邻断面之间的距离（m）。

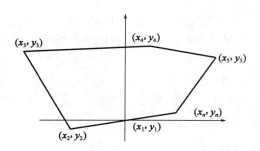

图 4-37　横断面面积计算（坐标法）

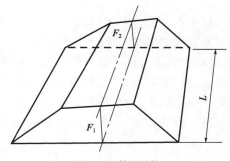

图 4-38　体积计算

此法计算简单，较为常用，一般称之为平均断面法。

若 F_1 和 F_2 相差甚大，则与棱台更为接近。其计算公式为：

$$V = \frac{1}{3}(F_1 + F_2)L\left(1 + \frac{\sqrt{m}}{1+m}\right) \tag{4-29}$$

$$m = \frac{F_1}{F_2}$$

式中：m——比例系数。

第二种方法的精度较高，应尽量采用，特别用计算机计算时。

用上述方法计算的土石方体积中，是包含了路面体积的。则应根据路线设计的实际情况，在设计当中扣除路面体积或增加路面体积。

土石方通常利用《路基土石方数量计算表》进行计算，见表4-30。

三、路基土石方调配

土石方调配的目的是为确定填方用土的来源、挖方弃土的去向，以及计价土石方的数量和运量等。通过调配合理地解决路段土石方平衡与利用问题，使从路堑挖出的土石方，在经济合理的调运条件下移挖作填，达到填方有所"取"，挖方有所"用"，避免不必要的路外借土和弃土，以减少占用耕地和降低公路造价。

（一）土石方调配原则

（1）在半填半挖断面中，应首先考虑在本路段内移挖作填进行横向平衡，然后再作纵向调配，以减少总的运输量。

（2）土石方调配应尽量考虑桥涵位置对施工的影响，一般大沟不做跨越调运，同时应注意施工的可能与方便，尽可能避免和减少上坡运土。

（3）为使调配合理，必须根据地形情况和施工条件，选用适当的运输方式，确定合理的经济运距，用以分析工程用土是调运还是外借。

（4）土方调配"移挖作填"固然要考虑经济运距问题，但这不是唯一的指标，还要综合考虑弃方或借方占地，赔偿青苗损失及对农业生产影响等。有时移挖作填虽然运距超出一些，运输费用可能稍高一些，但如能少占地，少影响农业生产，这样，对整体来说也未必是不经济的。

（5）不同的土方和石方应根据工程需要分别进行调配，以保证路基稳定和人工构造物的材料供应。

（6）位于山坡上的回头曲线路段，要优先考虑上下线的土方竖向调运。

（7）土方调配对于借土和弃土应事先同地方商量，妥善处理。借土应结合地形、农田规划等选择借土地点，并综合考虑借土还田、整地造田等措施。弃土应不占或少占耕地，在可能条件下宜将弃土平整为可耕地，防止乱弃乱堆，或堵塞河流，损坏农田。

（二）土石方调配方法

土石方调配方法有多种，如累积曲线法、调配图法及土石方计算表调配法等，目前生产上多采用土石方计算表调配法，该法不需绘制累积曲线与调配图，直接可在土石方表上进行调配，其优点是方法简捷，调配清晰，精度符合要求。具体调配步骤是：

（1）土石方调配是在土石方数量计算与复核完毕的基础上进行的，调配前应将可能影响运输调配的桥涵位置、陡坡、大沟等注在表旁，供调配时参考。

（2）弄清各桩号间路基填挖方情况并作横向平衡，明确利用、填缺与挖余数量。

（3）在作纵向调配前，应根据施工方法及可能采取的运输方式定出合理的经济运距，供土石方调配时参考。

表4-30

路基土石方数量计算表

桩号	横断面面积(或半面积)(m²)			平均面积(m²)				距离(m)	挖方分类及数量(m³)												填方数量(m³)		利用方数量(m³)					远运利用纵向调配示意	借方数量反运距		废方数量反运距		总运量(m³)	
	挖	填		挖	填				总数量	松土		普通土		硬土		软石		次坚石		坚石		土	石	本桩利用		填缺		挖余			土	石	土	石	土	石
		土	石		土	石				%	数量	%	数量	%	数量	%	数量	%	数量	%	数量			土	石	土	石	土	石							
1	2	3	4	5	6	7		8	9	10	11	12	13	14	15	16	17	18	19	20	21	22	23	24	25	26	27	28	29	30	31	32	33	34	35	36
K14+000	60.0			71.1	5.0 *2.0			17	1209	20	242	20	242		121				604	20	242		40					363	846	土:363 石:500 调至上公里				346①		1038
+017	82.2		10.0 *4.0	84.3		5.0 *2.0		8	675			20	135	10	67				337		135		*16		56			202	416	土:202 石:(87)				329②	987	
+025	86.4	78.0		43.2	39.0			12	518				103		52				259		104	295			84	295										
+037		69.6			73.8			4																												
+041	78.4			39.2 34.8				9	353				71		71				176		106	313	40	34					40	石:(40)						
+050	34.4			56.4	26.3 55.3			10	564				113		113				282		169		*16 60 *24	(279) 155		210	104	113	451	土:113 石:8				443②		886
+060	86.8			60.6	24.0 56.0			12	727				145		145				364		218			71 (242)		144	442	145	582	土:145 石:(44) 538						
+072	25.0			55.9	22.0 50.0			8	447				89		89				224		134	313				176	336	89	358	土:89 石:(22) 336						
+080				12.5	27.3			6	75			20	15		15				37		23		132 *6			59	400								8	
+086	24.0	24.6	54.6	12.0 12.0	22.0 *1.0			6	72				14		14				36	30	22	72		14 (56)	58	210	80			①						
+094	46.0	28.0	56.0	35.0				10	350				70		70				175		105	74	*15		15	144	104	60			②						
+100	16.0	20.0	56	31.0	4.0		*0.5	16	496				99		99				248		149	210	*8	64 (24)	8	176	442	15	582	土:70 石:265						226
+108	42.0	24.0	44.0	29.0	7.0		*1.5	20	580				116		116				290		174	144			58	215	336	70	265	土:35 石:(129) 215				45		33
+114	24.0		*2.0		3.0			20	1040				208		208				520		312	176	116 (24)	60			400	35	339					440		206
+124																																				
+140	16.0	8.0		52.0	3.0			20	1040				208		208				520		312	60	60	76 (29)	60				440							
+160	42.0	6.0		38.0 10.5				8	380				76		76				190		114	105						148	832	石:(215)				60		
+180	62.0							10																				148	832							
+190	14.0	21.0		7.0	28.5			10	70				14		14				35		21	285			215				275					148	35	
+200		36.0						200	7555		480		1270				3777		2028	2406	1574 *68	585 (630)	281	1191	1362	1165	4844	土:654 石:1362 (537)			148	2490	35	3384		
小计																																				

计算者: 复核者:

注: ①(4)、(7)、(23)栏中"*"表示砌石; ②(24)、(30)栏中"( )"表示以石代土; ③(31)、(32)、(33)、(34)栏中分子为数量, 分母为运距; ④(31)、(32)系指普通土和次坚石, 如有不同, 须加注明; ⑤(30)、(31)、(32)、(33)、(34)栏中"( )"内数字为平均超运距运距单位数。

(4)根据填缺挖余分布的情况,结合路线纵坡和自然条件,本着技术经济和支农的原则,具体拟定调配方案。方法是逐桩逐段地将毗邻路段的挖余就近纵向调运到填缺内加以利用,并把具体调运方向和数量用箭头标明在纵向利用调配栏中。

(5)经过纵向调配,如果仍有填缺或挖余,则应会同当地政府协商确定借土或弃土地点,然后将借土或弃土的数量和运距分别填注到借方或弃方栏内。

(6)土石方调配后,应按下式进行复核检查:

$$填方 = 横向调配 + 纵向调配 + 借方$$

$$挖方 = 横向调配 + 纵向调配 + 弃方$$

$$填方 + 弃方 = 挖方 + 借方$$

以上检查一般是逐页进行复核的,如有跨页调配,须将其数量考虑在内,通过复核可以发现调配与计算过程有无错误。经过核证无误后,即可分别计算计价土石方数量、运量和运距等,为编制施工预算提供土石方工程数量。

(三)关于调配计算的几个问题

1. 经济运距

填方用土来源,一是路上纵向调运,二是就近路外借土。一般情况调运路堑挖方来填筑距离较近的路堤还是比较经济的。但如果调运的距离过长,以致运价超过了在填方附近借土所需的费用时,移挖作填就不如在路堤附近就地借土经济。因此,采取"调"还是"借",有个限度距离问题,这个限度距离即所谓"经济运距",其值按下式计算:

$$经济运距:L_{经} = \frac{B}{T} + L_{免} \tag{4-30}$$

式中:B——借土单价(元/m³);

T——远运运费单价[元/(m³·km)];

$L_{免}$——免费运距(km)。

由上可知,经济运距是确定借土或调运的限界,当调运距离小于经济运距时,采取纵向调运是经济的,反之,则可考虑就近借土。

2. 平均运距

土方调配的运距,是指从挖方体积的重心到填方体积的重心之间的距离。在路线工程中为简化计算起见,这个距离可简单地按挖方断面间距中心至填方断面间距中心的距离计算,称平均运距。

在纵向调配时,当其平均运距超过定额规定的免费运距,应按其运距计算土石方运量。

3. 运量

当其平均运距超过定额规定的免费运距,应按其超运运距计算土石方,土石方运量为平均运距与土石方调配数量的乘积。

在生产中,工程定额是将平均运距每10m划为一个运输单位,称之为"级",20m为两个运输单位,称为二级,余类推。在土石方计算表内可用符号①、②表示,不足10m时,仍按一级计算或四舍五入。于是:

$$总运量 = 调配(土石方)方数 \times n \tag{4-31}$$

式中:n——平均运距单位(级)。

n 值为：

$$n = \frac{L - L_{免}}{10} \tag{4-32}$$

式中：L——平均运距；

$L_{免}$——免费运距。

4. 计价土石方

在土石方调配中，所有挖方无论是"弃"或"调"，都应予以计价。但对于填方则不然，要根据用土来源决定是否计价。如果是路外借土，那当然要计价，倘若是移挖作填调配利用，则不应再计价，否则形成双重计价。因此计价土石方必须通过土石方调配表来确定其数量为：

计价土石方数量 = 挖方数量 + 借方数量

一般工程上所说的土石方总量，实际上是指计价土石方数量。一条公路的土石方总量，一般包括路基工程、排水工程、临时工程、小桥涵工程等项目的土石方数量。对于独立大、中桥梁、长隧道的土石方工程数量应另外计算。

本章小结：横断面的布置及形式的确定是设计的重要内容，其对行车安全及路基稳定、土石方计算至关重要。超高方式及超高值的选择要根据道路性质、地形及气候条件确定，确保路基稳定，行车安全，工程经济。

关键概念：横断面、路拱、路基加宽、超高、计价土石方。

复习思考题

1. 公路横断面布置形式。
2. 城市道路横断面形式。
3. 超高方式有哪几种？各适用什么场合？
4. 什么情况下设置加减速车道？如何布置？
5. 某山区二级路 JD_{20} 的里程为 $K10 + 182.30$，$\alpha_y = 64°03'30''$，$R = 150m$，$L_s = 35m$，$T = 111.54m$，$L = 202.7m$，$E = 27.33m$，$L_{净圆} = 132.70m$。

计算：

(1) 过渡段上 $10m$、圆曲线上 $40m$ 一桩，计算各桩的加宽值。

设路面宽 $B = 7m$，路肩宽 $a = 0.75m$，计算路基宽度。（$A = 3.2 + 8.8$，要求计算宽度 b 与标准值比较采用标准值）

(2) 设超高率 $i_h = 5\%$，路拱坡度 $i_G = 2\%$，路肩坡度 $i_J = 3\%$，桩距同(1)，计算各桩路基边缘及中桩与设计高程之差。

第五章 选线

本章教学要求

学习目标：本章主要介绍公路选线的基本原则、方法和步骤；了解路线方案的比较原则和方法；同时介绍了不同地形条件下公路选线的要点。

学习重、难点：不同地形条件下公路选线的要点。

第一节 概　　述

选线是在道路规划的路线起讫点之间根据计划任务书规定的使用任务和性质，结合当地自然条件，选定一条道路中线位置的工作过程。所选路线中线要做到技术上可行、经济上合理，又能符合使用要求。在路线起讫点之间的广大范围内，选线面对的是十分复杂的自然环境和社会经济条件，需要综合考虑多方面因素。为达目的，选线必须由粗到细，由轮廓到具体，逐步深入，分阶段分步骤地加以分析比较，才能定出最合理的路线来。因此选线按照由粗到细的设计思想，将选线设计分为路线方案选择、路线布局和具体定出路线中线位置三个过程。

选线是整个道路设计的关键，其对道路使用质量、工程造价、环境保护及运输效率都有很大的影响。在选线过程中首先要按照一定的原则，充分考虑地形地质等自然条件选定路线方案。对各种方案要经过充分的分析和比选才能最大限度地保证路线优化。

本章内容主要适用于公路选线，城市道路的路线一般取决于城市干道网及红线规划。

一、选线的一般原则

选线是公路设计的重要环节，选线的质量直接关系到工程数量和工程费用以及公路使用的适用性、安全性、可靠性和寿命。在选线时应综合考虑各种因素，妥善处理好各方面的关系。其基本原则如下。

1. 处理好近期与远期、整体与局部的关系

选线应根据公路的性质和任务，综合考虑沿线国民经济发展情况和远景规划，正确处理好远期与近期的关系，以最大限度地带动区域经济发展，创造最大经济效益为目标，使路线在路网中发挥较好的作用。

路线方案选择应与其他铁路、水运、管道等各种运输方式协调、互补,发挥最佳的综合运输效益。在控制点选择中应全面权衡、分清主次,处理好局部与全局的关系。

对于高速公路和一级公路,由于其路幅宽,可根据通过地区的地形、地物、自然环境等条件,利用其上下行车道分离的特点,本着因地制宜的原则,合理采用上下行车道分离的形式设线。

2. 采用多方案比选

在路线设计的各个阶段,应运用各种先进手段对路线方案做深入、细致的研究。经过由面到带、由带到线,由浅到深、由轮廓到具体进行比较、优化与论证后,在多方案论证、比选的基础上,选定最优路线方案。

3. 正确掌握和运用技术标准

路线设计应在保证行车安全、舒适、迅速地前提下,使工程数量小、造价低、营运费用省、效益好,并有利于施工和养护。公路路线立体线形设计,应充分考虑设计中平、纵、横面的相互影响关系。在工程量增加不大时,平、纵线形应尽量采用较高的技术指标,不应轻易采用最小值或极限值,也不应不顾工程量的大幅增加,而片面追求高指标。

4. 注意与农业的配合,严格保护耕地

选线应同农田基本建设相配合,做到少占田地,并应尽量不占高产田、经济作物田或经济林园等。

5. 路线要与周围景观相协调

通过名胜、风景、古迹地区的公路,应与周围环境、景观相协调,桥梁、隧道、沿线设施应与该地区自然景观相适应,与环境融为一体。

6. 重视水文、地质问题

选线时应对工程地质和水文地质进行深入勘测,查清其对公路工程的影响。

对于地质不良地带(如滑坡、崩塌、岩堆、泥石流、岩溶、软土、泥沼、多年冻土等)一般情况下路线应设法绕避,当必须穿过时,应选择合适的位置,缩小穿越范围,并采取必要的工程措施。

对于高填、深挖路基地段,应做好路基边坡岩土情况的勘测工作,查清边坡及基底情况,据以进行填(挖)边坡的稳定计算,必要时采取切实可行及安全可靠的防护措施。

7. 重视环境保护工作

选线应重视环境保护,由于修建公路及汽车运行对环境所产生的影响与污染等问题。

一条公路除对用路者提供交通服务之外必须具有广泛的作用。同时公路的修建和运营必然会对环境产生重大影响,这里所说的环境是指人们周围环境的总体:社会环境和生态环境。它包括人类、土壤植被和生物三类群体以及对这三类群体起作用的各种力量。公路的选线设计应该充分考虑各种环境需求,使其更加完美并作为改善环境的促进因素。如在设计时对生态环境的考虑可从以下具体方面考虑:

(1)平原微丘区公路选线应着重论证以下影响因素:①填方、取土、弃土对农业资源、土壤耕作条件的影响;②对农田水利排灌系统的影响;③路面径流对养殖业水体的影响等方面。

(2)重丘山岭区公路选线应着重论证以下影响因素:①高填、深挖对自然景观、植被的影响;②公路的分隔与隔阻对珍稀动植物资源的影响;③对水土流失的影响;④开挖、弃方堆砌、爆破作业等诱发地质灾害的影响等方面。

(3)绕城线或城市出入口的公路选线应着重论证以下影响因素:①拆迁的影响;②阻隔出行、交往的影响;③交通噪声的影响;④环境空气污染的影响;⑤与环境敏感点的距离的影响等方面。

总之选线过程中处理好公路工程与外部环境的关系,协调好路线与路基路面、桥涵、隧道、交通工程、环境景观等各专业之间的关系,合理确定技术标准、建设规模和整体设计方案,保障用路者的安全,提高公路交通的服务质量。

充分体现"以人为本、全面协调、可持续发展"的观点,落实"安全、环保、节约、耐久、和谐"的设计理念。

对于上述原则的应用,不同等级的道路选线时,应根据道路的使用任务和功能,有所侧重。

二、自然条件对道路路线的影响

道路选线过程是一个复杂而有序的过程,在这一过程中充分考虑自然因素的影响,才能从基础上保证路线的安全及生态环保。影响道路的自然因素主要有地形、气候、水文、水文地质、地质、土壤及植物覆盖等。

1. 地形

地形决定了选线条件,并在很大程度上影响道路的技术标准。按道路布线范围内地形形态、相对高差、倾斜度及平整度对各类地形特征描述如下。

(1)平原、微丘地形

①平原,地形平坦,无明显起伏,地面自然坡度一般在3°以内。

②微丘地形指起伏下大的丘陵,地面自然坡度在20°以下,相对高差在100m以下,公路设线一般不受地形限制。

③河湾顺适、地形开阔且有连续的宽缓台地的河谷地形。河床坡度大部分在5°以下,地面自然坡度在20°以下。沿河设线一般不受限制,路线纵坡平缓或略有起伏。

(2)山岭、重丘地形

①重丘地形指连绵、起伏的山丘,具有深谷和较高的分水岭,地面自然坡度一般在20°以上,路线平、纵面大部分受地形限制。

②山岭地形指山脊、陡峻山坡、悬崖、峭壁、峡谷、深沟等。地形变化复杂,地面自然坡度大部分在20°以上,路线平、纵、横面大部分受地形限制。

③高原地带的深侵蚀沟,以及有明显分水线的绵延较长的高地。地面自然坡度多在20°以上。路线平、纵、横面大部分受地形限制。

2. 气候

气候情况直接或间接地影响着地面水的数量、地下水位高度、大气降水量及其强度和形态、路基水温状况、泥泞期、冬季积雪和冰冻延续期,并在一定程度上限制施工期限和条件。

3. 水文

水文情况决定排水结构物的数量和大小,水文地质情况决定了含水层的厚度和位置、地基或路基岩层滑坍的可能性。

4. 地质条件

地质构造决定地基及路基附近岩层的稳定性,确定有无滑坍、碎落和崩坍的可能;同时也决定土石方工程施工难易和筑路材料的质量。

5. 土质

土是路基与路面基层的材料,它影响路基形状和尺寸的决定,也影响着路面形式和结构的确定。

6 植被情况

地面的植物覆盖影响暴雨径流、水土流失程度,有些经济种植物还会对路线的走向有影响。

所有上述的一些自然情况,它们都是密切地相互联系与相互制约着的,并且处于经常相互作用和不断变化的过程中。因此道路选线时要细致调查、实地观察,充分考虑自然条件,并注意到今后的自然变化和道路建成后的影响,保证道路在复杂的自然条件下的坚固稳定与交通运输的畅通无阻。

三、选线的步骤和方法

一条路线的起、终点确定以后,在起终点间有许多种路线方案,选线的任务就是在众多的方案中选出一条符合设计要求、经济合理的最优方案。选线的范围是一个由面→带→线的过程,选线一般按以下 3 个步骤进行。

1. 全面布局

全面布局主要解决路线的基本走向问题,即在路线总方向(路线的起点、终点和任务书规定经过的中间控制点)之间,寻找出最合理的"通过点"作为大的控制点。这就是在路线的起、终点之间进行"面"的搜索,一般要有几个有比较价值的路线方案。此项工作通常是在工程可行性研究阶段进行的,先在小比例尺(1∶10000~1∶50000)地形图上从"面"上找出各种可能的方案,然后进行现场勘察确定控制点,收集各可能方案的有关资料。将多个有比较价值的大方案列入工程可行性研究(以下简称《工可报告》)报告,供《工可报告》评审采用。

2. 逐段安排

逐段安排是解决局部性路线方案,在路线基本走向确定的前提下,根据沿线的地形、地质、水文等自然条件结合技术标准进一步加密控制点,然后连接这些控制点,即构成路线带。在《工可报告》评审批复后,路线的基本走向问题,即路线"面"的问题已解决。路线基本走向选定后需要进一步加密细部控制点,解决局部路线方案问题,此项工程通常在初步设计阶段进行。先在 1∶1000~1∶5000 比例尺地形图上研究,然后到现场进行初测工作,逐段结合地形、地质、水文等自然条件选定一些细部控制点,将一些具有比较价值的细部方案列入初步设计文件。

3. 具体定线

具体定线是确定道路中线具体位置的过程。经过上述两个步骤的工作后,路线的基本雏形已勾绘出来,定线就是根据技术标准和路线方案,结合有关条件,在有利的定线带内进行平、纵、横综合设计,具体定出道路的中线。具体定线的内容在本章以后内容中讲述。

由此可见,选线是一个调查范围由大到小,工作深度由粗到细的工作过程,是一项涉及面广,影响因素多,政策性及技术性都很强的工作。

选定公路中线位置按具体做法不同有实地选线、纸上选线和自动化选线等。

(1)实地选线

实地选线就是由选线人员根据设计任务书或合同书的要求,在现场实地进行勘察测量,经过反复比较,直接选定路线的方法。这是我国传统的选线方法。

其特点是方法简便,切合实际,实地容易掌握地质、地形、地物的情况,做出的方案比较可靠。但这种方法野外的工作量很大,体力劳动强度大,野外工作时受气候季节的影响也大。同时,由于实地的视野的限制,路线的整体布局具有一定的片面性和局限性。

实地选线一般适用于等级比较低、方案比较明确的公路。

(2)纸上选线

纸上选线是指在地形图上确定路线,然后再将此路线放到实地的选线方法。

其特点是野外工作量小,工作时受季节、气候的影响小,能在室内纵观中线全局,结合地形、地物等条件,综合平、纵、横3方面的因素,所选定的路线比较合理。但纸上定线需要大比例尺地形图。

纸上定线随着测设技术的进步,应用越来越广泛。特别是对于高等级公路和地形、地物、路线方案十分复杂的公路更为适用。

(3)自动化选线

自动化选线是指将航测或数字化地形图按选线的设计要求转化为数学模型,通过计算机按一定的要求进行自动选线、分析比较、优化,最后通过输出设备将设计成果输出。

自动化选线用计算机代替人工进行大量的计算、绘图工作,能省工省时,是今后公路选线的发展方向。

第二节 路线总体布局与方案选择

路线走向的选择,应根据指定的路线基本走向(路线起、终点和中间主要控制点)、公路网规划、公路功能、等级,结合铁路、航运、水运、管道等综合运输体系的布局,和城镇、工矿企业、资源状况,以及地形、地质、水文、气象、筑路材料等自然条件,由面到带,从所有可能的路线方案中,通过调查、分析、比选,确定一条最优的路线走向方案。影响路线走向的因素很多,因此,选线是一项技术性、综合性和政策性都很强的工作。

一、路线方案拟定概要及主要影响因素

路线方案是根据指定路线总方向和设计道路的性质、任务及其在公路网中的作用,考虑社会、经济因素和自然条件等拟定的路线走向。路线方案是路线设计中的最根本的问题,主要是解决路线的起讫点和路线的走向。通常在一般的情况下,一条道路的走向,在国家或当地的路网发展规划中会有初步的轮廓。

路线的起终点及中间必须经过的重要的城镇或地点,我们把这些点称为"据点"或大控制点。通常据点是由公路网规划所规定或者是由当地行政部门根据国家及当地经济发展的需要指定的。把据点连接成线,就是设计道路的路线总方向或走向。两个据点之间可能组成许多局部方案,例如:越岭线修建隧道与不建隧道、长隧道与短隧道、明挖深堑还是展线或者几个方

案的组合;有的路线可能沿某河、越某岭,也可能沿某几条河、翻某几个岭;可能走某河的这一岸,靠近某城镇;也可能走对岸,避开某城镇等。这些每一种可能的走法就是一个的路线方案。作为选线工作的第一步就是找出各种可能的路线方案。

路线方案是路线设计中最根本的问题。方案是否合理,不但直接关系到公路本身的工程投资和运输效率,更重要的是,影响到路线在公路网中是否起到应有作用,即是否满足国家的政治、经济、国防的要求和长远利益。

选择路线方案应综合考虑以下主要因素:

(1)路线在政治、经济、国防上的意义,国家或地方建设对路线使用任务、性质的要求,改革开放、综合利用等重要方针的体现。

(2)路线在铁路、公路、航道、空运等交通网系中的作用,与沿线工矿、城镇等规划的关系,以及与沿线农田水利等建设的配合及用地情况。

(3)沿线地形、地质、水文、气象、地震等自然条件的影响;要求的路线技术等级与实际可能达到的技术标准及其对路线使用任务、性质的影响;路线长度、筑路材料来源、施工条件以及工程量、三材(钢筋、木材、水泥)用量、造价、工期、劳动力等情况及其对运营、施工、养护等方面的影响。

(4)工程费用、技术标准和施工条件对路线的影响。

(5)其他方面,如与沿线旅游景点、历史文物、风景名胜的联系等。

影响路线方案选择的因素是多方面的,各种因素又多是互相联系和互相影响的。路线应在满足使用任务和性质要求的前提下,综合考虑自然条件、技术标准和技术指标、工程投资、施工工期限和施工设备等因素,通过多方案的比较,精心选择,提出合理的推荐方案。

二、路线方案比选

(一) 路线方案选择的方法和步骤

路线方案是通过许多方案的比较淘汰而确定的。路线起终点之间的自然情况越复杂、距离越长,可能的比较方案就越多,需要淘汰的方案也就越多,淘汰的方法,不可能每条路线都通过实地查勘进行,因而要尽可能收集已有资料,先在室内进行研究筛选,然后就最佳的,而且优劣难辨的有限方案进行调查或踏勘。

路线方案选择的做法通常是:

(1)搜集与路线方案有关的规划、计划、统计资料及各种比例尺的地形图、航测图、水文、地质、气象等资料。

(2)根据确定了的路线总方向和公路等级,先在小比例尺(1:50000 或 1:100000)的地形图上,结合搜集的资料,初步研究各种可能的路线走向。研究重点应放在地形、地质、地物复杂、外界干扰多、牵涉面大的段落。比如可能沿哪些溪沟,越哪些垭口,路线经城镇或工矿区时,是穿过、靠近、还是避开而以支线连接等,要进行多种方案的比选,提出哪些方案应进行实地踏勘。

(3)按室内初步研究提出的方案进行实地调查,连同野外调查中发现的新方案,都必须坚持跑到、看到、调查到,不遗漏一个可能的方案。

野外调查要求做到以下几点:

①初步落实各据点的具体位置,路网规划所指定的控制点如确因干扰或技术上有很大困

难或发现下合理必须变动,应及时反映,并经过分析论证提出变动的理由,报有关部门审定。

②对路线、大桥、隧道均应提出推荐方案,对于确因限于调查条件下能肯定取舍的比较方案,应提出进一步勘测比较的范围和方法。

③分段提出采用技术标准和主要技术指标的意见。

④在深入调查的基础上,通过比较,选定路线必经的控制点,如越岭的垭口、跨较大河流的桥位、与铁路或其他公路交叉地点,以及应绕避的城镇、大型的不良地质地段等。对于地形、地质、地物情况复杂的地区,应提出路线具体布局的意见。

⑤分段估算各种工程量,如路基土石方数量,路面工程量,桥梁、涵洞、隧道、挡土墙等的长度、类型、式样和工程数量等。

⑥经济方面应调查:路线所经地区的筑路材料及工矿、农、林、牧、副、渔业以及其他大宗物资的年产量、年输出量、年输入量、货运流向以及运输季节和运输工具,路线联系地区的交通网系规划,预计对路线运量发展的影响,沿线人口、劳动力、运输力、工资标准等资料,供估算交通量、论证路线走向及控制点的合理性和拟定施工安排的原则意见的参考。

⑦其他如沿线民族习惯、居住、生活供应、水源、运输条件、气候特征、沿线林木覆盖、地形险阻、有无地方病疫和毒虫害兽等情况也应进行调查,为下一步勘测提供情况。

(4)分项整理汇总调查成果,编写工程可行性研究报告(内容参见交通部2010年制订的《水运、公路建设项目可行性研究报告编制办法》),为上级编制或补充修改设计任务书提供依据。

(二) 路线方案比较的内容

方案比较是选线中确定路线总体布局的有效方法,在可能布局的多种方案中,通过方案比较决定取舍,选择出技术合理、费用经济、切实可行的最优方案。

从方案比较的深度不同可有原则性方案比较和详细的方案比较两种。路线方案的比较,从形式上可分为质和量的比较。原则性的方案比较,问题多属于全面规划,主要是质的比较。这种比较不能以简单的公式计算技术指标和经济指标进行比较,主要通过前述各方面对路线的影响因素进行评比,一般采用综合评价方法。而对于局部方案的比较,则属于量的比较,主要是通过详细计算投资与工程量等技术指标、经济指标的比较。详细的方案比较一般在原则性的方案评价之后进行,一般计算的指标有以下几种。

1. 技术指标的计算

(1)路线长度及延长系数

路线延长系数为路线方案的实际长度与路线方案起终点间的直线距离之比。有时在进行方案比选时,可计算路线方案的实际长度与路线方案各据点之间的直线距离的和之比,这时计算的这个系数称为路线技术延长系数。其值一般在1.05~1.20之间,视地形条件而异。

(2)转角数

转角数包括全线的转角数和每千米的转角数。

(3)转角总和及转角平均度数

这是体现路线顺直程度的一种技术指标。可以用每千米平均转角数和平均转角度数来作为比较指标。

(4)最小曲线半径数。

(5)回头曲线数。

(6)与现有道路的交叉数目。

(7)限制行车速度的路段长度。

2.经济指标的计算

(1)土石方工程数量。

(2)桥涵工程数量。

(3)隧道工程数量。

(4)挡土墙工程数量。

(5)征购土地数量及费用。

(6)拆迁建筑物及管线设施的数量。

(7)主要材料数量。

(8)主要机械、劳动力数量。

(9)工程造价。

(10)投资成本——效益比。

(11)投资内利润率。

(12)投资回收期。

以上的各项技术经济指标,在进行路线方案比选时并不是每项都可能算出的,而是根据工程项目的具体情况,抓住可比的关键问题的控制方案的重点指标加以对比分析,做出正确的结论。

三、路线方案选择示例

(一)局部路线方案比较表

局部路线方案比较适应于初步设计阶段。以某公路如何避绕某集镇的局部路线方案比较为例,来说明局部方案选择的影响因素。E线为避开某集镇,F线为利用老路、穿过某集镇,路线定性综合评价见表5-1,主要技术经济比较见表5-2。

路线方案定性综合评价比较表　　　　表5-1

序号	指标名称	E 线	F 线	备 注
1	建设里程	差	好	
2	造价	好	差	
3	线形顺畅程度	好	较好	
4	乡镇规划	好	差	
5	地方政府意见	好	差	
6	实施难易程度	好	差	F线拆迁大
7	征用土地	差	好	
8	施工期间影响交通	好	差	
9	综合评价	推荐		

局部路线方案比较表 表 5-2

序号	项 目	单位	E线 EK11+261.64~EK13+788.87	F线 FK11+261.64~FK13+506.4
1	里程	km	2.52723	2.24477
2	平曲线最小半径	m/个	140/1	12.5/1
3	最大纵坡	%	3	5.8
4	路基宽度	m	8.5	8.5
5	拆迁建构筑物	m²	320	15000
6	拆迁电力电讯杆	根	5	14
7	征用土地	m²	67093.4	28966.7
8	其中水田	m²	53166.7	1100
9	计价土方数量	m³	120012	64838
10	计价石方数量	m³	35401	16210
11	路基排水及防护工程	m³	4102.6	5798.2
12	路面面积(沥青混凝土)	1000m²	16.7	15.08
13	隧道	m/道	—	—
14	大中桥	m/座	110/1	60/1
15	中小桥	m/座	32/1	30/1
16	涵洞	m/道	11	11
17	公路与公路平交	处	—	—
18	投资概算	万元	1449.1	1316.9
19	每公里造价	万元	573.4	586.6
20	推荐意见		推荐	

通过各项指标比较,E方案路线长度延长不大就可以避让城镇,虽然在占地、造价和工程量上有所增加,但通过绕避提高了路线的各项设计指标,提高了城镇未来发展的空间,并对城镇环境改善起到良好的作用。所以从长远发展的角度来看,E方案更有利。

(二) 多目标综合评价方案

1. 多目标评价体系

影响方案选择的因素较多,为了从定性和定量两方面对路线方案进行评价,特提出多目标综合评价方案体系。以某扶贫公路B、C两个方案为例,主要选择以下7个方面进行评价。

(1)方案所需的投资。考虑到目前建设资金短缺,各方面建设对资金的需求都很大,项目投资对方案影响的程度拟定为20%。

（2）方案的环境影响评估结果。环保是国民经济可持续发展的一项重要措施，其对方案的影响程度拟定为15%。

（3）方案通过和辐射的乡镇个数。通过和辐射的乡镇个数越多，社会效益就越大，其对方案的影响程度拟定为15%。

（4）方案通过地区的总人口或贫困人口数。方案通过的人口越多，其受益人口就越多，其对方案选择影响的程度拟定为10%。

（5）方案通过地区的现有经济强度。作为扶贫公路，方案通过地区现有经济强度越低，对交通扶贫的要求就越高。其对方案选择影响的程度拟定为10%。

（6）方案的里程长度。方案里程越短，公路运输成本就越低，效益越明显，其对方案选择影响程度拟定为20%。

（7）路网的连通度，其对方案影响程度拟定为10%。

2. 多目标综合评价方法

多目标评价体系总分为 100 分，根据综合评价体系各个方面对评价结果的影响程度，再乘以总分，可得其在综合评价体系中的权值 A_i：

$$\left. \begin{array}{l} A_i = a_i \times 100 \\ \sum a_i = 1 \\ \sum A_i = 100 \end{array} \right\} \quad (i = 1,2,3,4,5,6,7) \tag{5-1}$$

构造多目标决策函数：

$$V = \max F(x) \quad (K \in R, R\{B,C\})$$
$$F(x) = \sum A_i \tag{5-2}$$

式中：a_i——各方面对综合评价结果影响的程度；
　　　i——评价体系包括的各个方面；
　　　A_i——评价体系各方面的计分；
　　　V——最优目标函数；
　　　K——最优方案。

（1）方案所需投资

方案所需投资越低，其计分 A_{1K} 越高，以方案投资估算 B_{1K} 作为分析因素，不同方案按下式计分：

$$A_{1K} = \frac{\min(B_{1K})}{B_{1K} \times A_1} \tag{5-3}$$

（2）环境影响评估

环境影响按"6元3阶28项环境因子"法进行评估。本项目按"德菲尔"法对B、C两个方案进行了评估，评估结果见表5-3。以完工通车后的评价结果作为分析因素。不利影响计负值，有利影响计正值，无影响计零。按下式计算 A_{2K}：

表 5-3

某公路环境影响评估成果表

单元	物化环境						地文环境			生物环境				优美环境				经济环境						社会环境				
组别	空气	土地		水		噪声	地形	地层稳定	地下水	植物		动物		现有美景破坏		新景致的创造		区域开发		资源经营		就业		社会安定		游憩		历史价值
因子	空气污染	固体废弃物	占用良田	水质污染	水量	音量	地势改变	边坡稳定	地下水流向	珍贵林相	稀特品种	栖息地	稀特品种	视觉污染	景观破坏	景观眺望点	特殊工程景观	区域发展	区域交通	林业	矿业	每户所得	就业机会	征地拆迁与安置	当地群众积极性	游憩质量	游憩机会	遗址
序号	1	2	3	4	5	6	7	8	9	10	11	12	13	14	15	16	17	18	19	20	21	22	23	24	25	26	27	28
负	O√	√	√	O√		O√	O√	O√	O√	O√	O√	O√	O√		O√									√	√	√	√	O√
无			O											O														
正																O√	O√	O√	O√	O√	O√	O√	O√					
显著			√																									
不可逆							O√																					
长期		√					O√											O√				O√	O√	O	O	O	O	O
积累				√																								

注：1. 符号"√"表示 B 方案的影响因子
2. 符号"O"表示 C 方案的影响因子。

$$B_K = B_{pK} - B_{nK} \quad (K = B, C)$$

$$A_{2K} = \frac{B_{2K}}{\max(B_{2K})} \times A_2 \tag{5-4}$$

式中:B_{pK},B_{nK}——有利和不利影响的环境因子个数。

(3)方案通过的乡镇个数

以间接(辐射连接)通过的乡、镇为 0.5 个标准单位,直接通过的乡、镇为 1 个标准单位,按下式计算 A_{3K}:

$$A_{3K} = \frac{B_{3K}}{\max(B_{3K})} \times A_3 \quad (K = B, C) \tag{5-5}$$

式中:B_{3K}——K 方案通过的乡、镇的总标准单位。

(4)方案通过地区的总人口

方案通过地区的总人口越多,其计分值 A_{4K} 越高:

$$A_{4K} = \frac{B_{4K}}{\max(B_{4K})} \times A_4 \quad (K = B, C) \tag{5-6}$$

式中:B_{4K}——K 方案通过地区的总人口。

(5)方案通过地区的经济活动强度

方案通过地区的现有经济强度越低,其计分 A_{5K} 越高,本项目以人均 GDP 来表征其经济活动强度:

$$A_{5K} = \frac{\min(B_{5K})}{B_{5K}} \times A_5 \quad (K = B, C) \tag{5-7}$$

式中:B_{5K}——K 方案通过地区的经济活动强度。

(6)方案的里程长度

方案里程越短,其计分 A_{6K} 越高:

$$A_{6K} = \frac{\min(B_{6K})}{B_{6K}} \times A_6 \quad (K = B, C) \tag{5-8}$$

式中:B_{6K}——K 方案的里程(km)。

(7)路网的连通度

方案通过地区所形成的路网越密,其计分 A_{7K} 越高。本项目以公路网的面积密度(km/km^2)来表征其形成的路网连通度:

$$A_{7K} = \frac{B_{7K}}{\max(B_{7K})} \times A_7 \quad (K = B, C) \tag{5-9}$$

式中:B_{7K}——K 方案通过地区形成的路网密度。

3.多目标综合评价结论

根据上述计算 B、C 两方案的分数,计算过程见表5-4。B 方案计分为88.4分,C 方案计分为94.6分,因此把 C 方案作为推荐方案。

某公路多目标综合评价表（2000年）

表5-4

多目标评价体系		方案估算投资（万元）	环境影响评估			方案通过的乡镇个数		方案通过的地区总人口		方案通过地区现有经济强度人均GDP（元）	方案里程（km）	路网连通度（km/km²）	合　计
			有利	不利	无	直接单位	间接单位	总人口	其中贫困人口				
权值 A_i		20		15		15		10		10	20	10	100
数值	B	13183	13	5	10	5	1	13.5	3.6	3441	28.452	0.53	
	C	16660	13	3	12	6	3	18.3	7.3	3106	30.311	0.59	
计分	B	20		12		11		7.4		9	20	9	88.4
	C	15.8		15		15		10		10	18.8	10	94.6

第三节 平原区选线

一、平原区路线特点

平原区是地面高度变化微小的地区,地形平坦,有时有轻微的波状起伏和倾斜,平原地区除泥沼、盐渍土、河谷漫滩、草原、戈壁、沙漠等以外,一般多为耕地,且分布有各种建筑设施,居民点较密;在天然河网湖区,还具有湖泊、水塘、河流多等特点。从地质水文条件来看,平原区一般不良地质相对较少,但有时会遇到软土和沼泽地段。平原区地势平坦,往往排水比较困难,地下水位一般较高。平原区河流较宽阔,河床较浅,洪水泛滥较宽。

平原区地势比较平坦,地形对路线的约束不大,路线纵坡及曲线半径等几何要素比较容易达到较高的技术指标,其路线特征是:平面线形顺直,以直线为主体线形,弯道转角一般较小,平曲线半径较大;在纵面上,坡度平缓,以低路堤为主。路线布设除考虑地物障碍外,一般没有太大困难。

平原区路线往往由于受当地自然条件和地物的障碍,选线时应综合考虑多方面的因素。

平原区地形对路线的限制不大,路线的基本线形应是短捷顺直。两控制点之间,如无地物、地质等障碍和应协调的风景名胜、文物及居民点等,则与两点直接连线相吻合的路线是最理想的。但这只有在戈壁滩里和大草原上才有此可能。而在一般地区,农田密布,灌溉渠道网纵横交错,城镇、工业区较多,居民点也较稠密。由于这些原因,按照公路的使用任务和性质,有的需要靠近,有的需要绕避,从而产生了路线的转折,虽增加了距离,但这是必要的。因此,平原区选线,先是把路线总方向内所规定经过的地点如城镇、工厂、农场以及文物风景地点作为大控制点;然后在大控制点之间进行实地勘察,了解农田优劣及地物分布情况,确定哪些可穿、哪些该绕以及怎样绕避,从而建立起一系列中间控制点。路线一般应由一个控制点直达另一个控制点,不做任意的扭曲。为了增进路容的美观,需要把路线的平、纵面配合好。在坡度转折处设置适当的竖曲线也是必要的。

平原区路线要充分考虑近期和远期相结合,在线形上要尽量采用较高标准,以便将来提高公路等级时能充分利用原路基、桥涵等工程。

二、平原区路线布设要点

平原区路线,因地形限制不大,布线应在基本符合路线走向的前提下,着重考虑政治、经济因素,正确处理对地物、地质的避让与趋就,找出一条理想的路线。

综合平原地区的自然和路线特点,布线应注意如下要点:

1. 以平面为主安排路线

平面线形应尽可能采用较高技术指标,不应片面追求直线,也不应无故转弯,在避让局部障碍物时,要注意线形的舒顺和过渡,穿越时应有合理可靠的技术措施。深入调查研究沿线自然环境,正确处理好地物、地质的避让与趋就,选择一条短捷、顺直的路线方案。一般来讲,该方案应在符合路线总方向的前提下,在各必须避让的障碍物之间穿行。选线时,首先在路线起、讫点间把经过的城镇、厂矿、农场及风景文物点作为大的控制点,在控制点间通过实地勘察进一步根据地形条件和水文条件选择中间控制点,除一般较大的建筑群、水电设施、跨河桥位、洪水泛滥线范围以外以及其他必须绕过的障碍物外,均可作为中间控制点。在中间控制点之间,无充分理由一般不设交点。在安排平面线形时,既要使路线短捷、顺直,又要注意避免过长的直线,在可能条件下多采用转角小、半径大的长缓平曲线线形。纵面线形应综合考虑桥涵、通道、交叉等构造物,合理确定路基设计高度,以避免纵坡起伏频繁,但也不应过于平缓,造成排水不畅且增大工程量。

2. 正确处理路线与农业的关系

平原区农田成片,渠道纵横交错,处理好公路与农田规划、农业灌溉、水利设施等的关系,是平原区选线的重要问题。一般在平原区选线时应注意以下几点:

(1)平原区新建公路要占用一些农田,这是不可避免的,但要尽量做到少占和不占高产田。布线要从路线对国民经济的作用、对支农运输的效果、地形条件、工程数量、交通运输费用等方面全面分析比较,既不能片面求直占用大片良田,也不能片面强调不占某块田,使路线弯弯曲曲,造成行车条件恶化。如图 5-1 所示路线,如按虚线布设,直穿田间,路线短、线形好,但多占良田,填筑路基取土困难;如走实线,(将路线移向坡脚),里程略长,但避开了大片高产田,而沿山脚布线,路基可半填半挖,既节省土石方,又避免了填方借土及远运。

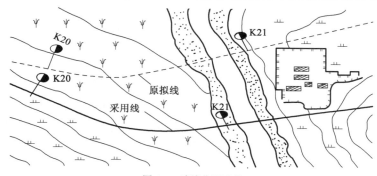

图 5-1 路线位置选择

(2)路线应与农田水利建设相配合,以有利农田灌溉,尽可能少和灌溉渠道相交,把路线布置在渠道上方非灌溉的一侧或渠道尾部。当路渠方向基本一致时,可沿渠(河)堤布线,堤路结合,桥闸结合,以减少占地和便利灌溉。路线必须跨水塘时,可考虑设在水塘的一侧,并拓宽水塘取土填筑路堤,使水塘面积不致缩小。

(3)在可能的情况下,布线要有利于造田、护田。当路线靠近河边低洼的村庄或田地通过时,应争取靠河岸布线,利用公路的防护措施,兼作保村保田之用。

(4)布线时要注意考虑为农业服务,对于一般公路,应较多地靠近居民点,考虑地方交通工具的行驶,并要注意与农村公路和机耕道的连接及与土地规划利用相结合,方便地方群众。

3. 合理考虑路线与城镇的联系

平原区有较多的城镇村庄、工业及其他设施,布线应根据公路的功能、等级、交通量,并结合城镇发展规划布设等情况,正确处理穿越和绕避问题。

(1)国防公路和新建的高等级公路,应尽量避免穿越城镇、工矿区及较密集的居民点。但又要考虑到便利支农运输,便利群众,便利与工矿的联系,路线不宜离开太远,必要时还可修建支线联系,做到"靠村不进村,利民不扰民",既方便运输又保证安全。

(2)一般沟通县、乡、村直接为农业运输服务的公路,经地方同意也可穿越城镇,但应有足够的行车视距,以保证行人、行车的安全。

(3)路线应尽量避开重要的电力、电信设施。当必须靠近或穿越时,应保持足够的距离和净空,尽量不拆或少拆各种电力、电信设施。

4. 处理好路线与桥位的关系

(1)指定的特大桥是路线基本走向的控制点。

(2)大桥原则上应服从路线基本走向,一般作为路线走向的控制点。

(3)中、小桥涵的位置应服从路线走向。

(4)一般情况下,桥位中线应尽可能与洪水的主流流向正交,桥梁和引道最好都在直线上。

大、中桥位常常是路线的控制点,但原则上应服从路线总方向并满足桥头接线的要求,桥路综合考虑。一般情况下,桥位中线应尽可能与洪水的主流流向正交,桥梁和引道最好都在直线上。位于直线上的桥梁,如两端引道必须设置曲线时,应在桥两端以外保持一定的直线段,并尽量采用较大平曲线半径。当条件受限制时,也可设置斜桥或曲线桥。要注意防止两种偏向:一种是单纯强调桥位,造成路线过多地迂绕,或过分强调正交桥位,出现桥头急弯影响行车安全;另一种只顾线形顺直,不顾桥位,造成桥位不合适或斜交过大,增加建桥困难。如图5-2所示,路线跨河有三个方案,就桥梁而言,乙线较好,但路线较长;就路线而言,甲线里程最短,但桥梁多,且都为斜交;丙线则各桥都近于正交,线形也较为顺畅。各方案均有可取之处,但考虑该路线交通量较大,故采用甲方案。

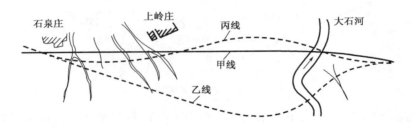

图5-2 路线与桥位的关系

在设计桥孔时,应少压缩水流,尽量避免桥前壅水而威胁河堤安全和淹没农田,尤其是上游沿河有宽阔低洼田地时,虽壅水水位提高不多,但淹没范围却往往很大。

小桥涵位置应服从路线走向,但遇到斜交过大(一般在桥轴线与洪水流向的夹角小于45°时)或河沟过于弯曲的情况,可采取改河措施或改移路线,调整桥轴线与流向的夹角,以免过分增加施工困难和加大工程投资,选线时应全面比较确定。

路线跨河修建渡口时,应在路线走向基本确定后,选择渡口位置。渡口要避开浅滩、暗礁等不良地段,两岸地形应适宜修建码头。

5. 注意土壤水文条件

平原地区的土壤水文条件较差,特别是河网湖区,地势低平,地下水位高,使路基稳定性差,因此应尽可能沿接近分水岭的地势较高处布线。当路线遇到面积较大的湖塘、泥沼和洼地时,一般应绕避;如需要穿越时,应选择最窄最浅和基底坡面较平缓的地方通过,并采取有效措施,保证路基的稳定。

6. 正确处理新旧路的关系

平原地区通常有较宽的人行大路或等级不高的公路,当设计交通量很大,需要新建公路时应尽可能予以利用。但要注意从公路长远发展考虑,根据该路在路网中的地位与作用,严格按技术标准的要求对老路进行改造,不能利用的可以恢复为耕地,或改造成为农用道路。

7. 尽量靠近建筑材料产地

平原地区一般缺乏砂石等建筑材料,特别是平原区高等级公路的填方工程量一般都很大,除设法尽可能降低设计高度以减少土方工程外,路线应尽可能靠近建筑材料产地为宜,以减少施工、养护材料运输费用。

第四节 山岭区选线

一、自然特征及路线布设特点

(一) 自然特征

山岭地区包括分水岭、起伏较大的山、陡峻的山坡,一般地面自然坡度在20°以上。其主要自然特征是:

(1) 山高谷深,地形复杂,山脉水系分明。由于山区高差大,加之陡峻的山坡和曲折幽深的河谷,形成了错综复杂的地形,这就使得公路路线弯急、坡陡、线形很差,给工程带来困难。但另一方面,清晰的山脉水系也给山区公路走向提供了依据。因此,在选线中摸清山脉水系的走向和变化规律,对于正确确定路线的基本走向、选择大的控制点是十分重要的。

(2) 石多、土薄、地质复杂。由于山区的地质层理和地壳性质在短距离内变化很大,地质构造复杂,加之气候、水文及其他大气候因素变化急剧,引起强烈的风化、侵蚀和分割作用,不良地质现象(如岩堆、滑坡、碎落、泥石流等)较多。这些直接影响着路线的位置和路基的稳定。因此,在山区选线工作中,认真做好地质调查,掌握区域地貌和地质情况,摸清不良地质现象的规律,处理好路线与地质的关系,并在选线设计中采取必要的防护措施,对于确保路线质量和路基稳定具有十分重要的意义。另外,山区石多、土薄,给公路建设提供了丰富的石料料场。

(3) 水文条件复杂。山区河流曲折迂回,河岸陡峻,比降大,水流急,一般多处于河流的发源地和上游河段。雨季暴雨集中,洪水历时短暂,猛涨猛落,流速快,流量大,冲刷和破坏力很大,这样复杂的水文条件,要求在选线中正确处理好路线和河流的关系,选择好桥位并对路基和排水构造物采取必要的加固措施,确保路基稳定。

(4) 变化的山区地形和地貌,引起多变的气候。一般山区气温较低,冬季多冰雪(特别是海拔较高的山区),一年四季和昼夜温差很大,山高雾大,空气较稀薄,气压较低。这些气象特征对于汽车行驶的效率、安全和通行性能都有很大的影响,这些在选线时应充分考虑。

(二) 路线特征

由于自然条件复杂,地形变化很大,使得路线在平、纵、横三方面受到很大限制,因而技术指标一般多采用低限。在所有自然因素中,高差变化是选线的主导因素。因此,在路线布设时,一般多以纵面线形为主安排路线,其次是考虑横断面和平面。在选线时要注意分析平、纵、横三方面因素,结合影响路线的主要自然因素综合考虑,求得协调合理。

山岭地区,山高谷深,坡陡流急,地形复杂;但山脉水系清晰,这就给山区选线指明了方向,不是顺山沿水,就是横越山岭。顺山沿水的路线按路线经过地带的部位不同,又可分为沿溪(河)、山腰、山脊等,通过不同部位的路线分别称为沿溪线、山腰线及山脊线;横越上岭的路线称为越岭线。

由于各种线形所处的部位不同,地形特征、地质条件决定了选线过程中要解决的主要问题也不一样,本节分别叙述沿溪(河)线、山腰线、越岭线、山脊线四种路线的选线布局。二级、三级、四级公路的沿溪(河)的高线、越岭线及山脊线的大部分路线都处于山腰,已涉及山腰线的内容,为避免重复,不再单独论述。而高速公路、一级公路由于线形指标较高,平面不能过于迂回,纵断面不能过于起伏,其山区路线需要沿山腰布置。山腰线只结合高速公路、一级公路布线的特点进行阐述。

(三) 布线原则

高速公路、一级公路布线原则:

(1)根据山岭区地形特点充分分析走廊带的自然、社会等综合环境状况,合理采用技术指标并确定线位。

(2)对控制路线走向的特长隧道、特大桥梁、互通立交等构造物的具体位置和设置形式进行由面到点、由点到面反复推敲论证。

(3)对长大纵坡的设计应进行总体布局,综合考虑安全措施的设置。

二级、三级、四级公路布线原则:

(1)展线路段路线纵坡应尽量接近平均坡度,以争取高度,若无特殊理由,一般不应采用反向坡度,不应无谓地展长路线。

(2)一般应从垭口控制点向山脚展线,当受山脚的控制点(如高桥)控制时,也可由山脚向垭口展线。

二、沿 溪 线

(一) 二级及以下等级道路沿溪线

沿溪(河)线是指沿着溪(河)岸布置的路线,如图5-3所示,它是山区选线中常被优先考虑的方案。

图 5-3 沿河线

山区河谷一般具有的特点:山区河流,谷底一般不宽,两岸台地较窄,谷坡时缓时陡,间或为浅滩和悬崖峭壁。河流多具有弯曲的特点,凹岸较陡而凸岸较缓,如沿一侧而行,常常是陡岸缓岸相间出现。两岸均为陡崖处即为峡谷,开阔处常有较宽台地,多是山区仅有的良好耕地;河谷地质情况复杂,常有滑坍、岩堆、泥石流等病害存在,寒冷地区的峡谷因日照少,常有积雪、雪崩和涎流冰等现象;山区河流,平时流量不大,但一遇暴雨,山洪暴发,洪流常夹带泥沙、砾石、树木等急速下泄,冲刷河岸,毁坏田园,为害甚大。

上述自然条件会给选线工作造成一些困难,但和山区其他线形相比较,沿溪(河)线平、纵线形标准一般较山岭区其他线形好,而且便于为分布在溪河两岸的居民点及工农业生产服务,有丰富的石料以及充足的水源,可供施工、养护使用,沿河设线只要善于利用有利地形,克服不良的地质、水文等不利因素,在路线标准、工程造价等方面就有可能胜于其他线形。因此,当有与路线顺向的河谷时,沿河线是首选方案。但其防护工程量一般较大,占地矛盾突出。

1. 沿溪(河)线布局要点

适于布线的河谷一般要符合下列条件:河谷走向接近路线空中直线方向;河岸地形比较连续;河岸横向坡度比较平缓;支流较少;地质条件较好;居民点较多。在研究了上述条件而确定选用沿河线时,要进一步处理好路线选择走河流的哪一岸、线位放在什么高度和在什么地点跨河这三个问题。

1) 河岸选择

由于河谷两岸情况各有利弊,选线时应比较两岸地形、地质、水文等条件以及农田水利规划等因素,避难就易,充分利用有利的一岸。当建桥工程不复杂时,为了避开不利地形和不良地质地带,或为了争取缩短里程,提高线形标准,可考虑跨河换岸设线;但河流越大,建桥工程也越大,跨河换岸就越要慎重考虑。河岸的选择一般应结合下列主要因素经过技术经济比较决定:

(1) 地形、地质、水文条件:路线应选在地形宽坦,有台地可利用,支沟较少、较小,水文及地质条件良好的一岸。这些有利的条件常交错出现在河流的两岸,选线时应深入调查,综合比较,全面权衡,决定取舍。

(2) 积雪和冰冻地区的选岸:积雪和冰冻地区的阳坡和阴坡,迎风面和背风面的气候差异很大,在不影响路线整体布局的前提下,尽可能选择阳坡和迎风的一岸,以减少积雪、涎流冰等病害。有时即使阳坡工程大些,也应当从增长通车时间和保证行车安全着眼,选择阳坡方案。

(3) 考虑城镇及居民点的分布:除国防公路外,一般路线应尽可能选择村镇较多、人口较密的一岸,其他如对革命史迹、历史文物、风景区等要创造便于联系的条件。

(4) 考虑施工、养护以及路线等级、投资等情况。

任何一条沿溪线公路,除了起终两点在同一岸,且相距又很近,工程又不大时,不考虑跨河外,一般情况下都有是否跨河两岸设线的问题。对于较大的河流,如果不是中间控制点的需要,一般因跨河桥梁工程过大而不宜跨河。但是,对于中小河谷,由于跨河较易,应充分利用两岸有利地形,往返跨河时有发生。当路线起讫点在河岸两侧,至少必须跨河一次。有时,起讫点在河流同一岸,控制点在对岸(图5-4),这时,可有两种布线方式:一种是两次跨河方案,如图5-4中虚线,另一种是一次跨河方案,如图5-4中实线,用支线与中间控制点连接。一般情况,后一方案可省一座桥梁,且干线直达,是应优先考虑的方案。

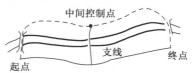

图 5-4 连接中间控制点的

2) 路线高度

沿溪(河)线的线位高低,是根据两岸地形、地质条件以及水流情况,结合路线等级标准和工程经济来选定的,当然最好是将路线设在地质、水文条件良好,不受洪水影响的平整台地上。但在谷坡陡峻的河谷中,往往缺乏这种有利地形,而必须傍山临河布线,因此,路线的高低必须慎重考虑。

低线一般是指高出设计水位(包括浪高加安全高度)不多,路基临水一侧边坡常受洪水威胁的路线,低线的优点是平、纵面线形比较顺直、平缓,易争取到较高标准,路基土石方工程也较省,边坡低,易稳定;路线活动范围较大,便于利用有利地形和避让不良的地形、地质;便于在沟口直跨支流,必须跨越主流时也较易处理,施工时用水、取材比较方便。最大缺点是受洪水威胁,防护工程较多。

高线是指高出设计水位较多,基本上不受洪水威胁的路线,一般多用在利用大段较高台地,或傍山临河低线易被积雪掩埋以及为避让艰巨工程而提高线位等情况,它的优点是不受洪水侵袭,废方较易处理。但由于高线一般位于山坡上,路线必然随山势曲折弯曲,线形差,工程大;遇缺口时,常需设置较高的挡土墙或其他构造物;此外,如避让不良地质和路线跨河,都较低线困难。

一般来讲,低线优点较多,在满足规定频率设计水位的前提下,路线越低工程越经济,线形标准也越高,各地有不少采用低线的成功经验,但也有不少水毁的教训,因此采用低线方案时,要特别注意洪水调查,把路线放在安全高度上,同时要采取切实的防洪措施,以保证路基稳定和安全。

3) 桥位选择

按路线与河流的关系,有跨支流和跨主流两类桥位。跨支流的桥位选择,一般属于局部方案问题,而跨主河的桥位选择多属于路线布局的问题,跨主河的桥位往往是确定路线走向的控制点,它与河岸选择相互依存,相互影响,当路线由于地形、地质原因需要换岸布线时,如果桥位选择不好,勉强跨河,不是造成桥头线形差,就是增大桥梁工程。因此,在选择河岸的同时,要研究处理好桥位及桥头路线的布设问题。

路线跨越主河,由于路线与河流接近平行,桥头布线一般比较困难,因此,在选择桥位时,除应考虑桥位本身水文、地质条件外,还要注意桥头路线的舒顺,处理好桥位与路线的关系。常见的情况有以下几种:

(1) 如图 5-5 所示,在 S 形河段腰部跨河,以争取桥轴线与河流呈较大交角。本例是个中小桥,采用斜桥方案,则更有利于路桥配合。

(2) 如图 5-6 所示,在河弯附近选择有利位置跨越。但应注意河弯水流对桥的影响,采取防护措施。

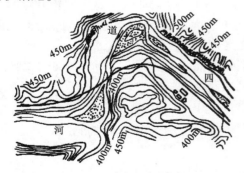 

图 5-5 在 S 形河段腰部跨河   图 5-6 在河弯附近选择有利位置跨河

(3) 在与路线接近平行的顺直河段上跨河,桥头引道难以舒顺。如图 5-7 所示桥位应尽量避免。当必须在这种河段跨越时,中、小桥可考虑设置斜桥以改善桥头线形;如为大桥,当不宜设斜桥时,宜把桥头路线做成勺形或布置一段弯引桥,如图 5-8 所示,或两者兼用。总之,桥头曲线要争取较大半径,以利行车。

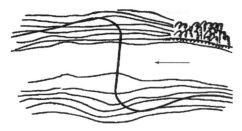
图 5-7 应避免的桥头线形

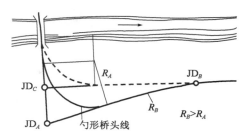
图 5-8 桥头线形的处理

路线跨支流的桥位,有从支河(沟)口直跨和绕进支沟上游跨越两种方案,如图 5-9 所示。采用何种为宜,要根据路线等级和桥位处的地质、地形条件,经过技术经济比较确定,不可不加比较而轻率决定。

2. 几种河谷地形的选线

1) 开阔河谷

这种河谷谷底地形简单、平缓,河流与山坡之间通常情况下有较宽的台地,且农田村镇较多,见图 5-10,布线时一般有三种选法:沿河线、傍山线、中穿线。

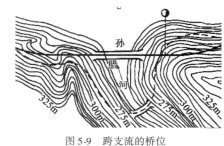
图 5-9 跨支流的桥位

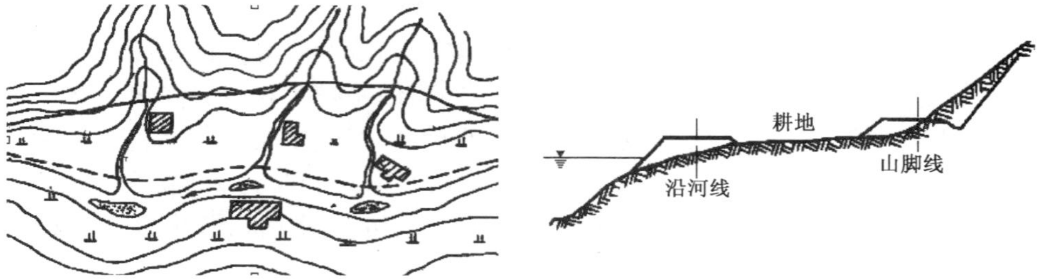

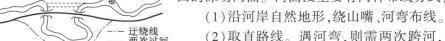

a) 沿河与山脚线平面布线示意图　　　　b) 沿河与山脚线横断面布置示意图

图 5-10 开阔河谷路线方案

(1) 沿河线:如图 5-10a)中虚线所示,坡度均匀平缓,线形好,临河一侧受洪水威胁,须做防护工程,如果将公路路堤和河堤相结合,有利于防洪和保护农田。

(2) 傍山线:如图 5-10a)中实线所示,路线略有增长,纵面会有起伏,但可不占或少占良田,不受洪水威胁,路基稳定,是常采用的一种布线方案。

(3) 中穿线线形标准高,但占田最多,在稻田区,路基稳定性差,有时还需换土,一般不宜采用。

2) 河道弯曲、狭窄的河谷

这种河谷一般凹岸多陡峭,而凸岸则多有一定的浅滩,有时也有突出的山嘴,有时出现迂回的深切河曲。河曲段主要有两种布线方式:

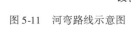

图 5-11 河弯路线示意图

(1) 沿河岸自然地形,绕山嘴、河弯布线。

(2) 取直路线。遇河弯,则需两次跨河,见图 5-11;遇山嘴,采用隧道或深路堑通过。

(3) 改移河道。为了减小桥梁的工程量,可以考虑改移河道。究竟采用哪种方案,应通过技术经济比较决定。一般来讲,技术等级高、交通量大的路线宜取直,等级较低的道路则采用工程量较小的方案为宜。

3) 陡崖峭壁河段

山区河谷常有陡崖峭壁错综复杂地交替出现,两岸都是陡崖峭壁的河段,即峡谷。峡谷一般河床狭窄,水流湍急。路线通过这种地段一般为绕避和直穿两种方案。应根据峡谷的水文、地质条件和路线性质任务、路线标准、工程大小、施工条件等因素通过比较确定。

(1) 绕避的方法有两种:一种是翻上峡谷陡岸顶部选择有利地带通过;另一种是另找越岭路线。前者需要崖顶有可供布线的良好地形,后者需要附近有基本符合路线走向的垭口。两种绕避方法的共同点是纵断面上而复下,都需要适合过渡段的地形。

(2) 直穿陡崖峭壁河段和峡谷的路线,其平、纵面受岸壁形状和洪水位的限制,活动余地不大。路线的线位主要根据河床宜泄洪水情况而拟订的合理的横断面而定。路线一般以低线为宜。如洪水位过高或有严重积雪情况,则不宜采用这种方案。直穿峡谷的路线,可根据河床宽窄、水文状况、岸壁陡缓等不同因素采用以下方法通过:

① 与河争路,侵占部分河床。当河床较宽,水流不因压缩部分河床而引起洪水位抬高过多时,路线可在崖脚下按低线设计通过。根据河床可能压缩的程度,有以下两种情况:河床宽阔,压缩后洪水抬高不多,路基可全面或大部分设在紧靠崖脚的水中或滩地上,借石或开小部分石崖填筑,路基临水一侧应做防护工程;河床狭窄,压缩后,将使洪水位有较大的抬高时,采取筑路与治河相结合的办法,路基也可部分占用河床,"开"与"砌"结合,以砌为主。这样,就使路基占用河床的泄水面积能从清理河床中得到补偿,见图5-12。

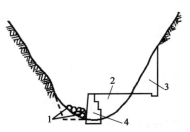

图 5-12　路基部分占用河床
1-开挖清理河床;2-填筑路基压占河道;
3-开挖石崖;4-支挡构造物

② 硬开石壁。当两岸峭壁逼近,河床很窄,不能容纳并行的河与路时,可硬开石壁通过,具体措施见图5-13。应注意,应用时,在石壁上硬开路基[图5-13b)],会造成大量废方,必须妥善处理,尽可能将大部分废方利用到附近路段,同时要考虑废方对水位的影响,适当提高线位;石质良好,可开凿半隧道,以减少石方和废方,见图5-13c);硬开石壁的路基,对个别缺口或短段不够宽的路段,可用半边桥或悬出路台处理;当两岸石壁十分逼近(有时仅几米宽),不宜硬开路基时,可建顺水桥通过。

4) 河床纵坡陡峭的河段

急流、跌水河段。河床纵断面在短距离内突然下落几米以至几十米,形成急流或跌水。路线由急流、跌水的上游延伸到其下游时,线位就高出谷底很多,为了尽快降低线位,避免继续走陡峻的山腰线,可利用急流、跌水下游支沟或平缓的山坡展线下降,见图5-14。这类河段多出现在山区河流的上游,是沿溪线和越岭线之间的过渡段。

(二) 高速公路、一级公路沿溪线

高速公路、一级公路沿溪线选线除了考虑二级及二级以下公路的选线要点外,同时应注意以下问题:

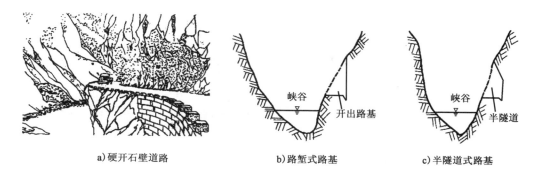

a) 硬开石壁道路　　　　b) 路堑式路基　　　　c) 半隧道式路基

图 5-13　石壁上硬开路基

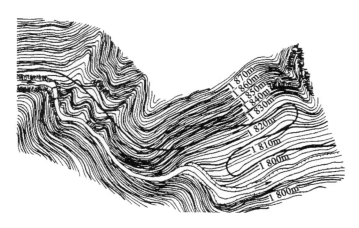

图 5-14　急流河段展线

1. 线位与村镇关系的处理

在狭窄的河道两岸分布有村镇时,路线布设应尽可能远离村镇,以减少对居民的声、水及光污染,减少房屋拆迁。选择线位时注意:

(1) 泉水或地下水是山区居民主要的饮用水源,路线应布设在村庄周围地势较低的一侧,避免污染饮用水源。

(2) 路线布设应考虑汽车灯光污染,当线形为右偏曲线时路线应布设在村庄左侧;当线形为左偏曲线时路线应布设在村庄右侧,如果条件不允许,则应采取栽植遮光林等遮挡措施。

(3) 路线布设应尽量避免或减少对当地居民出行的干扰,应避免村庄被围在山凹之中,如无法避免时,应设置通道或高架桥保证居民出行。

(4) 线位选择应避免大规模的拆迁安置。

2. 傍山隧道的线位选择

傍山隧道方案具有提高路线线形指标、绕避不良地质、减少土方开挖数量、保护自然环境等诸多优点,在沿溪线中广泛采用。布线时应注意以下要点:

(1) 线位应尽量向山体内部偏移,以减少隧道偏压,当路线沿溪右侧(相对于路线前进方向)布设时,隧址段线形宜采用左偏曲线;反之,宜采用右偏曲线。

(2) 隧址段平面线形宜采用灵活的布线方式,以适应洞外线形衔接的需要。如果洞口段地形狭窄，宜采用小间距隧道形式，以减小洞外工程规模。

（3）长隧道、特长隧道平面线形布设在确保隧道不受偏压的情况下，可将线位外移，为隧道侧向通风方案和侧向逃逸、救援方案提供条件。

（4）在有条件时，宜采用半路半隧的形式，以节约工程造价。

3. 跨河换岸的位置确定

（1）跨河换岸宜选择在河道主河槽稳定、两岸边坡稳定、桥址处无隐伏的地质断裂带、地质条件良好的位置；宜使路线与河流接近正交，桥梁最短。

（2）两岸的线形布设应有利于洪水迅速宣泄。

（3）当路线与河道交角较小时，路线纵断面必须充分考虑洪水位变化的影响，确定桥梁起点、中心及终点等多处位置的洪水控制高程和路线设计高程。

4. 互通式立交

（1）互通式立交是沿溪线的重要控制点，应进行多位置、多方案的论证比选。

（2）互通式立交位置的选择应与环境相协调，与自然景观有机结合，避免破坏自然环境和景观。

（3）立交区主线平纵面应具有良好的通视条件。

（4）互通式立交形式应灵活多样，可根据地形条件采用分体式、变异式等多种形式，在充分论证的前提下灵活掌握立交的线形指标。

5. 横断面形式

沿溪线应采用灵活的断面形式适应地形需要，具体应注意以下要点：

（1）根据地形条件，可采用纵向分离式路基，以减少路基上边坡的开挖高度和下边坡的填筑高度，线位布设应适度把握左右线分离距离和纵断面分离高度。

（2）分离式路基可采用沿河两岸布设，也可采用左右线交叉换位的布线方式，以减轻对沿线自然景观的破坏。

（3）岸坡陡峻、河道狭窄的路段可采用半桥半路基或半隧半路基的横断面方式，减少对山体的开挖和减少路基对河道泄洪断面的挤压。

（4）河谷宽度仅允许布设一侧路基且傍山隧道布设条件困难时，路线线位布设可采用左右幅叠加的高架桥方案。

6. 土方平衡

（1）如河谷内有大量的填方材料可供利用，应采用多填少挖的布线方式，减少挖方数量以减轻对自然环境的破坏。

（2）如河谷内天然填方材料较少，挖方材料适合于再利用，应采用填挖平衡的布线方式。

（3）如河谷内天然填方材料较少，挖方材料不适合再利用，应采用多挖少填的布线方式。

三、越 岭 线

沿分水岭一侧山坡爬上山脊，在适当地点穿过垭口，再沿另一侧山坡下降的路线，称为越岭线。它的特点是路线需要克服很大的高差；路线的长度和平面位置主要取决于路线纵坡的安排。因此,在越岭线的选线中,须以路线纵断面为主导,结合平面和路基的横断面来安排路线。

越岭线布局主要应解决的问题是:垭口选择、过岭高程选择和垭口两侧路线布线的拟订。它们是相互联系,相互影响的,布局时应综合考虑,处理好三者的关系。

道路等级不同,线形指标相差甚大,直接影响路线的线位及路线布设。以下主要针对二级及以下等级公路的越岭线进行讨论。

(一) 垭口选择

垭口是在分水岭山脊上的凹形地带(又叫鞍部)。由于它是山脊上高程较低的地带,所以低垭口一般越岭线方案的重要控制点,应在基本符合路线走向的较大范围内选择可能通过的垭口,选择垭口时要全面考虑垭口的位置、高程、地质情况和地形展线条件。

1. 垭口位置

垭口位置在基本符合路线走向的前提下,与两侧山坡展线方案结合一起考虑,首先考虑高差较小,而且展线坡后能与山下控制点直捷地衔接,不需无效延长路线。其次再考虑稍微偏离路线方向,但接线较顺,且不致过于增长里程的其他垭口。见图5-15,A、B 控制点间有 C、D 两个垭口。从平面位置看,D 垭口在直线 AB 上,D 垭口偏离直线较远,但从符合路线基本走向来看,穿 D 垭口比穿 C 垭口反而展线短些,平面线形还要好些、因此,D 垭口比 C 垭口更合乎路线走向。

图 5-15 垭口位置的选择

2. 垭口高程

垭口海拔高低及其与山下控制点的高差,对路线长短、工程量大小和运营条件有直接的影响,一般应选择高程较低的垭口,在高寒地区,特别是积雪、结冰地区:海拔高的路线对行车很不利。有时为了走低垭口,即使方向有些偏离、距离有些绕远,也应注意比较。但如积雪、结冰不是太严重,对于基本符合路线走向,展线条件较好,接线方向较顺,地质条件较好的垭口即使稍高,也不应轻易放弃。

3. 垭口的地质条件

垭口一般地质构造薄弱,常有不良地质存在,应深入调查研究其地层构造(图5-16),摸清其性质和对公路的影响。对软弱层型、构造型和松软土侵蚀型的垭口,只要注意到岩层产状及水的影响,路线通过一般问题不大。对断层破碎带型及断层陷落型垭口,一般应尽量避开;必须通过时,应查清破碎带的大小及程度,选择有利部位通过,并采取可靠工程措施(如设置挡土墙、明洞)以保证路基稳定。对地质条件恶劣的垭口,局部移动路线或采取工程措施亦不解决问题时,应予放弃。

4. 垭口两侧坡展线条件

山坡线是越岭线的主要组成部分。而山坡坡面的曲折程度、横坡陡缓、地质好坏等情况,直接关系到路线的线形标准和工程量大小。因此,选择垭口必须结合山坡展线条件一起考虑。如有地质较好、地形平缓、利于展线降坡的山坡,即使垭口位置略偏或较高,也应比较,不要轻易放弃。

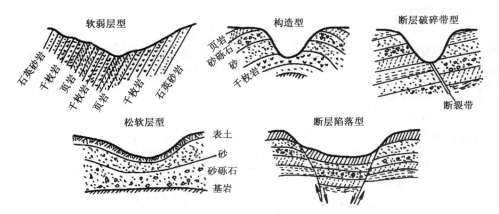

图 5-16 垭口的地层构造

(二)过岭高程的选择

过岭高程是越岭线布局的重要控制因素。不同的控制高程,不仅影响工程大小、路线长短、线形标准,而且直接关系到垭口两端的展线布局,见图5-17。由于选用了不同的挖深,出现了三个展线方案:甲方案浅挖9m,需设两个回头弯道;乙方案挖深13m,只需设一个回头弯道;丙方案挖深20m,不设回头弯道,顺山势展线。丙方案线形好,路线最短,有利于行车,在地质条件许可时是较好的方案。

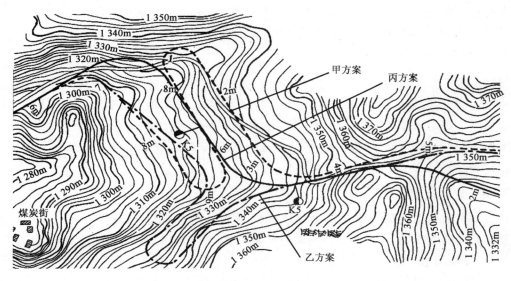

图 5-17 垭口用不同的挖深的展线布局方案

路线过岭,一般采用路堑或隧道通过。过岭高程越低,路线就越短,但路堑或隧道就越深、越长,工程量也越大。因此,过岭高程应结合路线等级、越岭地段的地形、地质以及两侧展线方案、过岭方式等因素经过技术经济比较来选定,这些因素是互相影响的,必须全面分析研究各种可能的比较方案,作出合理的选择。过岭方式主要有如下几种:

(1)浅挖低填。

遇到过岭地段山坡平缓、垭口宽而厚(有的达到 1~2km,有时还有沼泽出现)的地形,展线容易,只宜采用浅挖低填的方式过岭,过岭高程基本上就是垭口高程。

(2)深挖垭口。

当垭口比较瘦削时,常用深挖的方式过岭。深挖垭口,虽土石方工程较集中,但由于降低了过岭高程,相应缩短了展线长度,总工程量并不一定增加。即使有所增加,也可从改善行车条件、节约运营费中得到补偿。至于深挖程度,应视地形、地质、气象条件以及展线对垭口高程的要求等因素而定。现有资料表明,一般挖深在20m以内,地质情况良好时,还可深些。垭口越瘦,越宜深挖。但垭口通常地质条件较差,挖深应以不致危及路基稳定为度。否则,应采取有效措施,以防止遗留病害。有条件时,可采用隧道通过。

深挖垭口,工程量集中,往往要处理大量废方,施工条件差,影响施工期限,这些都应在选定过岭高程时充分考虑。

(3)隧道穿越。

当垭口挖深在20~25m以上,采用隧道往往比明堑经济,特别是垭口瘦薄时,采用不长的隧道能大大降低路线爬升高度,缩短里程,提高路线线形指标,在经济上非常合算。另外,为了避让严重不良地质以及减轻或消除高山严重积雪、结冰对公路的不良影响时,也应结合施工条件及施工期限,考虑采用隧道通过的方案。

一般情况,隧道高程越低,路线越短,技术指标也越易提高,对运营也越有利。但高程低,隧道就长,造价就高,工期也长,因此,隧道高程的选定通常根据越岭地段的地质条件,并以临界高程作为研究的基础。临界高程就是隧道造价和路线造价总和最小的过岭高程。设计高程如高于临界高程,则路线展长费用将多于隧道缩短的费用,设计高程如低于临界高程,则隧道加长费用将多于路线缩短费用。如设计高程降低,可节约运营费用,这对交通量大的路线意义尤其大,也应作为比选的因素。

隧道高程的选定不能单纯着眼于经济一方面,还应考虑以下因素:

(1)地质和水文地质条件是对选择高程有决定意义的因素,要尽可能把隧道放在较好的地层中。

(2)隧道高程应设在常年冰冻线和常年积雪线以下,以保证施工和行车安全。

(3)隧道长度要考虑施工期限和施工技术条件等。

(4)在不过多增加工程造价的情况下,要适当考虑远景的发展,尽可能把隧道高程降低一些。

(三)垭口两侧路线的展线

展线就是采用延长路线的办法,逐渐升坡,克服高差。

1.展线布局

越岭线的高程主要是通过垭口两侧山坡上的展线来克服的,虽然山坡地形千差万别,线形多种多样,但路线的布局首先要以纵坡为指引,即平、纵、横三个面的结合要以纵断面为主导。越岭线利用有利地形、地质,避让不良地形、地质,是通过合理调整坡度和设置必要的回头线来实现的,而回头线的布置,也要根据纵坡来选定,只有符合纵坡标准的路线方案,才能成立。因此,展线布局必须从纵坡的安排开始,其工作步骤如下:

(1)拟订路线大致走法。对在调查或踏勘阶段确定的主要控制点间,进行广泛勘察,调查周围地形及地质情况,以带角手水准粗略勘定坡度作为指引,注意利用有利地形、地质,拟订路线可能的大致走法。

(2)试坡布线。试坡的目的是进一步落实初步拟订的路线走法的可能性,发现和加密中间控制点，发现局部比较方案，拟订路线布局。

试坡由已定的控制点开始，越岭线通常先固定垭口，由上而下，视野开阔，便于争取有利地形。因此，一般多由垭口向下试坡。试坡选用的平均坡度，应根据标准的规定，地形曲折，小半径曲线多的地段，可略低于规定值，在试坡过程中，遇到必须避让的地物、工程艰巨及地质不良地段，以及拟用作回头的地点，要把路线最适宜通过的位置，暂时作为一个中间控制点。如果它和试坡线接近，并与前面一个暂定控制点之间的坡度不致超过最大坡度或过于平缓，就把这个点大致的里程、高程以及可活动的范围记录下来，供以后调整落实的参考。如果这个点和试坡线的高差较大，则应返回重新试坡，或修改前面的暂定控制点，认为合适后再向前试坡。如经过修改后的路线纵断面或路线行经地带不够理想，应另寻比较线。这就是通过试坡发现控制点和局部比较线的大致过程，当一系列中间控制点暂定下来后，路线布局大体就有轮廓了。

主要控制点间，可能有几个方案，要经过比选，剩下一两个较好的方案，据以进行下一步工作。

（3）分析、落实控制点，决定布局方案。控制点有固定和活动之分：一种是位置和高程都不能改变，如工程特别艰巨地点的路线和某些受限制很严的回头地点，必须利用的桥梁、必须通过的街道等；另一种是位置固定、高程可以活动，如垭口、重要桥位等；第三种是位置、高程都有活动余地的，如侧沟展线的跨沟地点、宽阔平缓山坡的回头地点等。

第一种情况较少，第二、三种情况居多。也就是说，控制点大多是有活动余地的，但活动范围有大有小。对活动范围小的控制点，可视为固定控制点，把位置、高程确定下来。然后再去研究固定控制点之间的、活动范围较大的那些控制点，以便通过适当调整，达到既不增大工程，而又能使线形更加合理的目的。

活动控制点的调整落实，有下面两种情况和做法：

（1）活动性较大的回头地点，可从前后两个固定控制点以适当的坡度分头放坡交会得出。

（2）两固定控制点间的非回头的活控制点，应在其可活动的范围内调整，以使固定控制点间的坡度尽量均匀些。

2. 展线方式

越岭线的展线方式主要有自然展线、回头展线、螺旋展线（图5-18）三种。

1）自然展线

自然展线是以适当的坡度，顺着自然地形，绕山嘴、侧沟来延展距离，克服高差。自然展线的优点是走向符合路线基本方向，行程与升降统一，路线最短。与回头展线相比，线形简单，技术指标一般也较高，特别是路线不重叠，对行车、施工、养护均有利。如路线所经地带地质稳定无割裂地形阻碍，布线应尽可能采用这种方案，缺点是避让艰巨工程或不良地质的自由度不大，只有调整坡度这一途径。如遇到高崖、深谷或大面积地质病害很难避开，而不得不采取其他展线方式。

2）回头展线

当控制点间的高差大，靠自然展线无法取得需要的距离以克服高差，或因地形、地质条件限制，不宜采用自然展线时，路线可利用有利地形设置回头曲线进行展线，见图5-19。

回头展线的缺点是在同一山面上，上、下线重叠，尤其是靠近回头曲线前后的上、下线相距很近，对于行车、施工、养护都不利；优点是便于利用有利地形，避让不良地形、地质和难点工程。

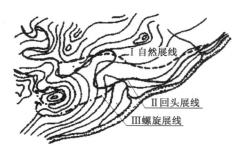

图 5-18 越岭线的展线方式

图 5-19 回头展线

回头地点对于回头曲线工程大小和使用质量关系很大，应慎重选择。回头曲线的形状取决于回头地点的地形，一般利用以下三种地形设置：

（1）直径较大、横坡较缓、相邻有较低鞍部的山包或平坦的山脊。

（2）地质、水文地质良好的平缓山坡。

（3）地形开阔，横坡较缓的山沟或山坳。

为了尽可能消除或减轻回头展线对于行车、施工、养护不利的影响，要尽量把回头曲线间的距离拉长，以分散回头曲线、减少回头个数。回头展线对不良地形、地质的避让有较大的自由度，但不要一遇见难点工程，不分困难大小和能否克服就轻易回头，致使路线在小范围内重叠盘绕。对障碍要进行具体分析，当突破一点而有利于全局时，就要做些工程突破它。

3）螺旋展线

当路线受到限制，需要在某处集中地提高或降低某一高度才能充分利用前后有利地形时，可考虑采用螺旋展线。螺旋展线一般多在山脊利用山包盘旋，以旱桥或隧道跨线，如图 5-20 所示；也有的在峡谷内，路线就地迂回，利用建桥跨沟跨线，如图 5-21 所示。这种展线实际上就是一种路线转角大于 360°的回头展线形式。在某种地形条件下，用以代替一组回头线。螺旋展线有上线桥跨和下线隧道两种方式。它虽比回头线具有线形较好、避免路线重叠的优点，但因需建隧道或高桥、长桥，造价相对很高，因而较少采用。必须采用时，应根据路线性质和任务，与回头展线的方案做详细比较。

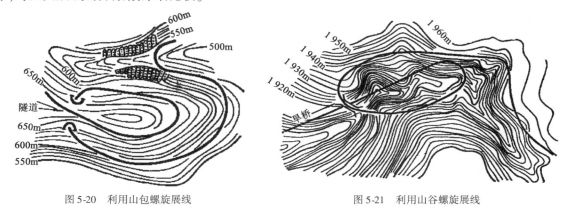

图 5-20 利用山包螺旋展线　　　　　　　图 5-21 利用山谷螺旋展线

四、山 脊 线

（一）山脊线的特点及选择条件

大体上沿分水岭布设的路线，称为山脊线。分水线顺直平缓，起伏不大，岭脊肥厚的分水岭是布设山脊线的理想地形,路线可大部或全部设在分水岭上。但高山地区的分水岭常常是峰峦、垭口相间排列,有时相对高差很大,这种地形的山脊线,则为一些较低垭口所控制,路线须沿分水岭的侧坡在垭口之间穿行,线位大部分设在山腰上。山脊线,一般线形大多起伏、曲折,其起伏和曲折程度则视分水岭的形状、控制垭口间的高差和具体地形而异。

山脊线一般具有土石方工程小,水文和地质情况好,桥涵构造物较少等优点。但是否采用山脊线方案主要应考虑以下条件决定取舍。

(1)分水岭的方向不能偏离路线总方向过远。

(2)分水岭平面不能过于迂回曲折,纵面上各垭口间的高差不能过于悬殊。

(3)控制垭口间山坡的地质情况较好,地形不能过于陡峻零乱。

(4)上下山脊的引线要有合适的地形可以利用,这是能否采用山脊线的主要条件之一,往往山脊本身条件很好,但因上下引线条件差而不得不放弃。

由于完全具备上述条件的分水岭不多,所以很长的山脊线比较少见。而往往是作为沿河线或山腰线的局部比较线及越岭线的两侧路线的连接段而出现。

山脊线线位较高,一般远离居民点,不便于为沿线工农业生产服务;有时筑路材料及水源缺乏,增加施工困难;另外,地势较高,空气稀薄,有云雾、积雪、结冰等对行车和养护不利等缺点,这些都应在与其他路线方案做比较时予以充分考虑。

(二)山脊线布局要点

山脊线如何布设取决于山脊的走向及形态,因为山脊线基本沿分水岭而行,大的走向已经明确,所以布线主要解决以下三个问题:选定控制垭口;在控制垭口间,决定路线走分水岭的哪一侧;决定路线的具体布设(包括选择中间控制点)。三者是互相依存,互为条件,紧密联系的,但道路等级不同三者的制约关系有所差异。以下仅讨论二级及二级以下公路。

1. 控制垭口选择

每一组控制垭口代表着一个山脊线的方案。因此,选择控制垭口是山脊线选线的关键。当分水岭方向顺直,起伏较大时,几乎每个垭口都可暂定为控制点。如地形复杂,起伏较大,且较频繁,各垭口高低悬殊,则高垭口之间的低垭口一般即为路线的控制点,突出的高垭口可舍去;在有支脉横隔的情况下,相距较远的、并排的几个垭口,则只选择其中一个与前后联系条件较好的垭口。

控制垭口的选择还必须联系分水岭两侧山坡的布线条件综合考虑,而在侧坡选择和试坡布线的过程中,对初步选定的控制点加以取舍、修正,最后落实。

2. 侧坡选择

分水岭的侧坡是山脊线的主要布线地带。要选择布线条件较好的那一侧,以取得平、纵线形好,工程量小和路基稳定的效果,坡面整齐、横坡平缓、地质情况好、无支脉横隔的向阳山坡较为理想。除两个侧坡优劣十分明显的情况外,两侧都要做比较以定取舍。同一侧坡也还可能有不同的路线方案,可通过试坡布线决定。多数初选的控制垭口,在侧坡选择过程中即可决定取舍,少数则需在试坡布线中落实。

3. 试坡布线

在两固定控制点间布线,应力求距离短捷,坡度和缓,山脊线有时控制点间高差很大,需要展线,也有时为避免路线过于迂绕,要采用起伏坡,以缩短距离。从总体看,山脊线难免有曲折、起伏，但不可使其过于急促、频繁，平、竖曲线和视距等指标也要掌握得高些，以利行车。

山脊布线常见有三种情况：

1) 控制垭口间平均坡度不超过规定

如两控制垭口中间，地形、地质方面没有太大障碍，应以均匀坡度沿侧坡布线。如控制垭口间平均坡度较缓，而其间遇有障碍或难点工程时，可加设中间控制点，调整坡度来避让，中间控制点和各垭口之间仍应以均匀坡度布线。如图 5-22 的甲线，AB、BD 两段，地面自然坡度一上一下已经很陡，当适当挖深垭口 B 后，才分别获得 +5.5% 和 -5% 较合理的坡度；BD 段两次跨冲沟，需要防护，工程稍大。欲减小防治工程，要在冲沟头上方加设中间控制点，这将使 B 到 D 的一段纵坡过陡，不宜采用。

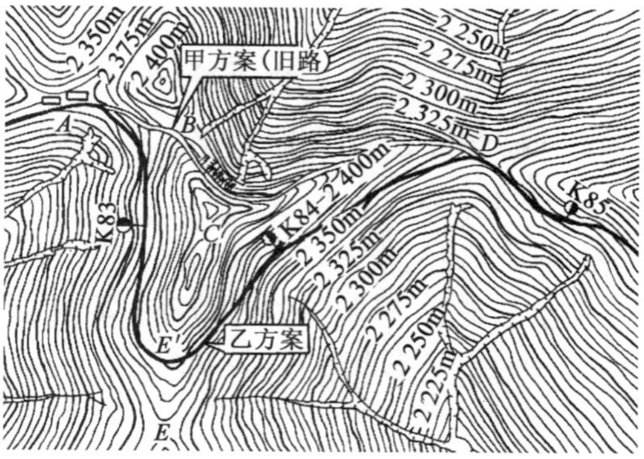

2) 控制垭口间有支脉横隔

路线穿过支脉，要在支脉上选择合适垭口作为中间控制点。该垭口应不致使路线过于迂绕，合理深挖后两翼路线坡度都不超过规定，并使路线能在较好的地形、地质地带通过。有时在支脉上选择的控制垭口虽能满足纵坡要求，但线形过于迂绕：为了缩短距离，控制点就不一定恰好设在垭口上。

图 5-22 山脊线布局比较示意

如图 5-22 所示的乙线是穿支脉的路线，支脉上有 C、E 两个垭口，选中间控制点时，首先考虑 C，因其位置过高，合理深挖后两翼路线坡度仍超过规定，只好放弃而选择垭口 E。E 的两翼自然纵坡均低于规定值，为了既保证坡度符合要求，又能尽量缩短距离，从低垭口 D 以 5% ~ 5.5% 的坡度沿山坡向垭口 E 试坡，定出控制点具体位置 E'，使乙线得到合理的最短长度。AE' 之间则按均匀坡度（约 3%）布线，乙线虽较甲线长 740m，但工程小，施工较易，当交通量小时，宜予采用。

3) 控制垭口间平均坡度超过规定

根据具体地形、地质条件，采用填挖、旱桥、隧道等工程措施来提高低垭口，降低高垭口，也可利用侧坡、山脊有利地形设置回头展线或螺旋展线，如图 5-23 所示。选线方法详见本节越岭线。

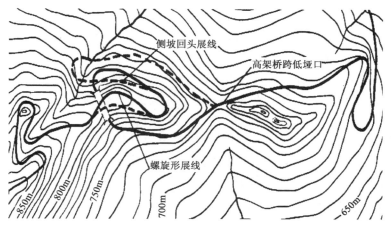

图 5-23 山脊线展线示意图

五、山 腰 线

高速公路、一级公路的山腰线选线应把握以下要点：

(一) 线位的总体布局

山腰线的布设应根据地形、地质、环境等因素综合考虑路基、桥梁、隧道等构造物的设置条件，从定性、定量两方面分析研究论证，选择合理的路线总体方案。

(二) 隧道位置的选择及隧道洞口高程的确定

(1) 应在地质测绘和综合地质勘探的基础上确定隧道的总体走向和平面位置，隧道布置应尽量绕避不良地质地段，若绕避增加工程数量过大时，对于中短隧道应采取必要的工程治理措施；对于长隧道、特长隧道宜调整山腰线走向。

(2) 应遵循"早进晚出"的原则，合理地选定洞口位置，隧道洞口应避免设在不良地质地段、排水困难的沟底或不稳定的山体处，避免在洞口形成高边坡和高仰坡。

(3) 洞口高程的确定应通过山腰线的布设反复调整确定。

(三) 隧道线形的确定

(1) 中、短隧道平面线形布设应采用灵活的布线方式与洞口外路线的布设相适应，隧道左、右线的距离可采用等净距、宽净距、小间距、连拱及变化净距等多种形式，满足总体线位布设的需求；隧道左、右线纵断面的布设可采用相同的纵坡、各自独立的纵坡以及左、右线纵断面高低错位布置等形式，与洞外纵面线形相衔接。

(2) 长隧道、特长隧道距洞口 500～750m 以内，平面线形应采用等间距布置形式，左、右线纵断面应采取相同的坡度；洞口内 500～750m 平纵面线形布设应适应洞外接线需求。

(四) 平、纵面指标的控制

(1) 应对展线的坡面进行总体分析研究，合理掌握平面指标，使路线线形与地形相适应。

(2) 平面指标除了与地形相适应外，还应注意与纵断面指标相适应。对于长大纵坡路段，应采用运行速度对平面指标进行检验，调整平面线形使之与纵面相适应，消除超速行驶的安全隐患，对线形难以调整的困难路段，可采取以下安全措施：

①改善视距，增加线形诱导标志；
②增加限速标志，设置减速标线；
③在长大坡路段内避免设置特殊构造设施(互通立交、休息区、服务区等)；
④设置一定数量的避险车道。

(3) 当无法避免长大纵坡时，靠近长大纵坡顶部应采用低于平均纵坡的坡度，靠近长大纵坡底部则宜采用高于平均纵坡的坡度，纵断面坡度应从长大纵坡坡顶至坡底按由小到大的顺序渐变。

(4) 缓坡的设置应根据车辆在长大纵坡上坡路段的行驶特性确定，同时应避免在下坡路段遇到缓坡时驾驶员放松警惕提高车速而发生危险。也可以采用上、下纵断面单独设计，在上坡方向设置缓坡而在下坡方向采用平均坡型，减少下坡路段的行驶风险。

(五) 避险车道、爬坡车道、慢行车道的考虑

(1) 长大纵坡路段线位选择应考虑设置避险车道的条件，避险车道的位置应根据计算结

果、构造物分布、自然条件等综合因素确定。

（2）长大纵坡路段经过论证需设置爬坡车道时，线位布设应考虑设置爬坡车道的条件。

（3）有条件时，长大纵坡路段线位布设可考虑在下坡路段设置慢车道。

（六）路基形式

（1）当坡面横坡较陡时，横断面宜采用高低错位式路基，设置路肩墙降低挖方高度，中央分隔带宽度可按 5m 左右考虑，左、右幅路基的错位高度一般可按 5~8m 考虑。

（2）当坡面较缓时经过经济技术比较论证可采用分离式路基，左、右幅路基间的净距一般可为 5~12m，左、右幅路基的高差一般可为 5~8m，两幅路基之间可采用自然防护。

（3）当左、右幅路基采用不同的纵断面设计方案时，必须考虑左、右幅之间的横向连接（中央分隔带开口），横向连接的间距可按 3~4km 控制。

（七）不稳定坡面上的布线要点

（1）对工程危害严重的坡面应考虑绕避方案，如无法绕避则应考虑高架桥方案。

（2）对工程危害程度一般的坡面要坚持低填或浅挖原则，并采取切实可行的工程措施。

（八）地方道路

（1）对于等级道路应充分利用微地形，选择合适的交叉位置和交叉形式。

（2）与地方道路长距离干扰时，主线的平面布设应为其改造创造条件。

（3）农村公路可充分利用主线过水构造物。

（九）土方平衡

在纵断面的线位布设中应充分研究施工过程中土方纵向调配方案，一般情况下，填、挖比例宜控制在 $(3~4):(7~6)$。

（十）施工组织

（1）线位的布设应充分研究项目实施的便利性和经济性，为施工便道的布设创造条件。

（2）线位布设应利用微地形，考虑预留大型构造物的构件预制场地。

第五节 丘陵区选线

一、丘陵区的地形特征与路线特征

丘陵地形是介于平原和山岭之间的地形，它具有平缓的外形和连绵不断的丘岗，地面起伏，但高差不大，不致引起高度的气候变化，其主要特征是：脉络和水系都不如山岭区那样明显。路线线形和平原区比较，平面上迂回转折，有较小半径的弯道，纵面上起伏和偶尔有较陡的坡道。由于受地形限制小，所以路线的可能方案较多。其中，微丘地形近似于平原、重丘则近似山岭。

丘陵区的地形决定了通过丘陵区的路线特点是：局部方案多，且为了充分适应地形，路线纵断面将会有起伏，路线平面也必将是以曲线为主体。在丘陵区布线，首先要因地制宜，掌握好线形技术指标。一般是微丘地形按平原区掌握，而重丘区则按山岭区方式处理。等级高的路要强调线形的平顺，路线只和地形大致相适应，不应就微小地形的变化而变化；等级低的则较多考虑微小地形,以节省工程投资。各级路线都要避免不顾纵坡起伏,片面追求长直线,或不屈平面过于弯曲,片面追求平缓纵坡的倾向;都应注意平、纵、横三方面协调,考虑驾驶员和乘客的视觉和心理反应。丘陵区路线的布设,要考虑横断面设计的经济合理。在一般横坡平缓地段,可采用半填半挖或填多于挖的路基,横坡较陡的地段,则宜采用全挖或挖多于填的路基,并要注意纵向土石方平衡,以减少废方和借方,尽量少破坏自然景观。

丘陵区农林业均比较发达,土地种植面积很广,低地为水稻田,坡地多为旱作物和经济林,小型水利设施多,布线时要注意支援农业,尽可能和当地的整田造地及水利规划密切配合。

根据上述要求,丘陵区布线方法应针对不同地带地形,采用不同布线方式。

二、路线布设方式

根据选线实践经验,可概括为三类地形地带和相应的三种布线方式。

(一) 平坦地带——走直线

两个已知控制点间地势平坦,应按平原区以方向为主导的原则办理。如其间无地物、地质障碍,或应趋就的风景、文物以及居民点,路线应走直线;如有障碍,或有应趋就的地点,则加设中间控制点,相邻控制点间仍以直线相连,路线转折处设长而缓的曲线。这样的路线是平坦地形上平、纵、横三面最好的统一体,如果无故拐弯,就不合理。

(二) 具有较陡横坡的地带——沿匀坡线布线

"匀坡线"是两点之间,顺自然地形,以均匀坡度定的地面点的连线,如图5-24所示。这种坡线常须多次试放才能求得。

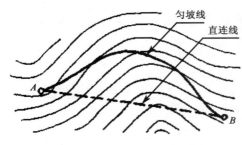

图 5-24 匀坡线示意图

在具有较陡横坡的地带,两个已定控制点间,如无地物、地形、地质上的障碍,路线应沿匀坡线布线;如有障碍,则在障碍处加设控制点,相邻控制点间仍沿匀坡线布线。

上述两类地带的布线方式,与前已论述的平原和山岭区并无明显区别,只在此加以总结,不再详述。唯有起伏地带,却是丘陵区所特有,下面对其布线原则和方法做重点讨论。

(三) 起伏地带——走直连线和匀坡线之间

起伏地带也属于具有横坡的地带,特点是地面横坡较缓,匀坡线很迂回。其布线原则和方法按起伏多少分述如下。

1. 两已定控制点间包括一组起伏时

路线要交替跨越丘梁和岰谷,在两个相邻的梁顶(或谷底)之间,即出现一组起伏,在这种地形上布设路线,如沿直连线走,路线最短,但起伏很大,为了减缓起伏,势必将出现高填深挖,增大工程;如沿匀坡线走,坡度最好,但路线绕长太多,工程一般也不省,这种"硬拉直线"和"弯曲求平"的做法,都是不正确的。

如果路线走在直连线和匀坡线之间,如图5-25所示Ⅰ和Ⅱ方案,比直连线的起伏小,比匀坡线的距离短,而工程一般将是省的。总的来说,使用质量有所提高,工程造价有所降低,故在起伏地带应在直连线与匀坡线之间寻找最合理的路线方案。至于路线在平面上的具体位置,应根据路线等级结合地形做具体分析,做到路线平、纵、横三面最恰当地结合。

对于较小的起伏,首先要坡度和缓,在这个前提下,再考虑平面与横断面之间的关系。大体来说,低等级路工程宜小,平面上稍多迂回,增长些距离是可以的,即路线可离直连线远些;高级路则宁可多做些工程,也要尽可能缩短一些距离,把路线定得离直连线近些。

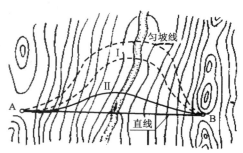

图 5-25　起伏地带路线方案

较大的起伏,两侧的高差常不相同,高差大的一侧的坡度常常成为决定因素,要根据应采用的合理坡度并结合梁顶的抬深和谷底的填高来确定路线的平面位置。

直连线和匀坡线给起伏地带指出一个布线范围;但不需要实地放出。因为确知梁顶处匀坡线是在直连线下方,谷底处匀坡线则在直连线上方;而且在梁顶应是暗弯和凸曲线,在谷底应是明弯和凹曲线,否则,路线就是越出了直连线和匀坡线范围,明显不合理。

2. 两已定控制点间有多组起伏时

两个已定控制点间有多组起伏时,需要在每个梁顶(或谷底)都定出控制点,然后按上述方法处理各组起伏。如何选定这些控制点要考虑许多因素,上述"起伏地带路线走直连线和匀坡线之间"的原则,可以为寻找这些控制点提供一个线索。

已定控制点间包括的起伏组数越多,直连线和匀坡线所包的范围越大,路线的方案也越多。布线可分头从两个已定控制点向中间进行,逐步减少包括的起伏组数,因而也缩小了直连线和匀坡线所包的范围,直到最后合拢。具体做法参见下面选线的步骤和示例加密控制点的内容。

两个已定控制点间,有时因地形、地质、地物上的障碍,路线会突破直连线与匀坡线的范围。这种为避让障碍所定的中间控制点,应视为又增加一个已定控制点,即这一控制点定下来后,实际上是把原来两定点间的路线分割成两段,上述"走直连线和匀坡线中间"的原则分别适用于两段内。

三、平、纵线形及其配合

丘陵区具体定线时还应注意平、纵线形及其配合。总结丘陵区选线的实践经验,应注意以下几点:

(1)平面:平面上不强拉长直线,而要尽量利用与地形协调的长缓平曲线,路线转折不要过于零碎频繁,相距不远的同向曲线尽可能并为一个单曲线或复曲线,反向曲线间应有一定长度的直线段,否则,可设计成 S 形。

(2)纵断面:起伏地区路线采用起伏坡型是缩短里程或节省工程的有效方法。但起伏切忌太频繁,太急剧,坡长要放长些,坡度要用得缓些,避免形成锯齿坡型和短距离的"驼峰"和"陷洼";陡而长的坡道中间要利用地形插设缓坡段,竖曲线也应像平曲线那样,要长而缓,相离不远的同向曲线尽量连接起来,反向曲线间最好有一段匀坡。

(3)平、纵面的配合:长陡下坡尽头避免设小半径平曲线。平、竖曲线的位置,在两者半径很大的情况下,各设在什么地方对行车并无太大影响;但在起伏地形如梁顶、沟底等处,使暗弯与凸竖曲线,明弯与凹竖曲线结合起来,则能增进行车安全感和路容的美观。但要注意两者的半径都应尽可能大些,特别是明弯与凹曲线重合处,因为这种地点,车速一般都比较高,半径太小会增加驾驶困难。最不好的情况是凸竖曲线与一个小半径平曲线相隔很近,因为凸竖曲线阻碍视线,驾驶员不能预先看到前方的平曲线,以致无法早做转弯准备,可能措手不及,发生事故。为避免这种情况,要把平、竖曲线重合起来,即使多费些工程也是应该的。

各类地形条件下的选线要点见表 5-5。

各类地形条件下的选线要点　　　　　　表 5-5

线别		自然特点	线形设计				选线要点	设计高程的控制
			指导思想	平	纵	横		
平原区路线		农田、村庄多,水系、渠网交错,地质条件差,软土、沼泽,地下水位高	以平面为主导	顺直	平缓	据实际情况可以以填为主、半填半挖、多填少挖、少填多挖或考虑支挡防护	以平面为主安排路线,正确处理路线与农业、城镇、大中桥的关系	最小填土高度,桥涵通道的设置
丘陵区路线		宽脊低岭,山丘连绵,高差不大,横坡不陡	平、纵、横综合考虑,线形和缓,局部方案多	圆滑	起伏		与地形配合,与景观协调	
山岭线	沿溪线	受洪水威胁大,布线活动范围小,桥梁及防护工程多,施工、养护、运营条件好	走向明显,平纵线形好,以横断面为控制	沿水	平缓		河岸选择,路线高度,跨河换岸地点,要防止水土流失	低线位以洪水位控制,宜高于洪水位 0.5m 以上
	越岭线	山高坡陡林密,沟深谷窄流急,但山脉水系清晰	以纵坡为主导,纵面决定平面和横断面	弯曲	陡		垭口选择,过岭高程,垭口两侧展线	
	山脊线	工程数量少,水文地质好,桥涵构造物少,但水源和建材缺乏	平面沿分水岭前进,纵坡受地形限制	较顺	陡		控制垭口,侧坡选择,垭口间的平均纵坡	

第六节　遥感、地理信息系统和全球定位系统在道路选线中的应用

一、简　介

遥感(Remote Sensing,RS)、地理信息系统(Geographic Information System,GIS)和全球定位系统(Global Position System,GPS)的有机结合,在道路选线中有非常广泛的应用。因为这三个概念的英文名称中都含有一个以 S 开头的单词,所以通常简称为 3S 技术。3S 技术以地理信息系统为核心,构成了对空间数据的实时采集、更新、处理、分析及为各种实际应用提供科学决策咨询的强大技术体系。

RS 是在远离目标的情况下判定、量测并分析目标性质的一种技术。具体说来,就是根据电磁波理论,应用现代技术在不用与研究对象直接接触的情况下,从高空或远距离通过传感器接收地面物体对电磁波的反射信号;并将这些信号记录下来,进行加工与处理;对研究对象的

性质、特点和数量进行分析和判读,这些过程统称为遥感技术。根据遥感工具的不同,RS技术包括航天遥感、航空遥感、雷达以及数字照相机或普通照相机摄制的图像。航天遥感由卫星实现,航空遥感通过飞机完成。

RS的主要作用是识别地物,在大范围的工程规划、设计中使用遥感数据,可以省时省力。根据卫星相片所呈现的图像,得到设计对象总体的基础数据(如植被空间分布图、水系分布图),这样就大大减少了实地调查进行数据采集的工作量。有了基础数据以后,就可以根据需要加工得出专业上需要的数据。

GIS是以地理空间数据库为基础,在计算机软硬件的支持下,对空间相关数据进行采集、管理、操作、分析、模拟和显示,并采用地理模型分析方法,适时提供多种空间和动态的地理信息,为地理研究和地理决策服务而建立起来的计算机技术系统。它是规划、管理与决策的有用工具。GIS具有以下三个方面的特征:第一,具有采集、管理、分析和输出多种地理空间信息的能力;第二,以地理研究和地理决策为目的,以地理模型方法为手段,具有空间分析、多要素综合分析和动态预测的能力,并能产生高层次的地理信息;第三,由计算机系统支持进行空间地理数据管理,并由计算机程序模拟常规的或专门的地理分析方法,作用于空间数据,产生有用信息,完成人类难以完成的任务。

GIS从外部来看,它表现为计算机软硬件系统;而其内涵却是由计算机程序和地理数据组织而成的地理空间信息模型,是一个逻辑缩小的、高度信息化的地理系统。信息的流动及信息流动的结果,完全由计算机程序的运行和数据的交换来仿真,地理学家可以在GIS支持下提取地理系统不同侧面、不同层次的空间和时间特征信息,也可以快速地模拟自然过程的演变和思维过程,取得地理预测和实验的结果,选择优化方案,避免错误的决策。

当具有一定地学知识的用户使用GIS时,他面对的就不再是毫无意义的数据,而是空间数据组成的客观世界的一个抽象模型,它比地图所表达的自然世界模型更为丰富和灵活,用户可以按应用的目的观测这个现实世界模型的各方面的内容,也可以提取这个模型所表达现象的各种空间尺度指标,更为重要的是,它可以将自然发生或人为规划的过程加在这个数据模型上,取得自然过程的分析和预测的信息,用于管理和决策,这就是GIS的深刻内涵。

GIS作为一个空间信息系统,至少具有以下功能:数据采集与编辑功能、地理数据库管理功能、制图功能、空间查询和空间分析功能、地形分析功能等。

GPS是现代进行导航和定位的一种最科学的方法。地理位置或地理坐标是空间资料中必须具有的重要信息,使用传统的罗盘和地物来确定工程的具体地理坐标往往是困难的,尤其是大面积范围,因此在较大范围内进行定位,往往采用GPS。它是建立在无线电定位系统、导航系统和定时系统基础上的空间导航系统,以距离为基本观测量,可同时通过多颗卫星进行距离测量来计算目标的位置。

作为测量的一种新技术,GPS已被成功应用于道路勘测设计、施工放样等道路工程测量的各方面,显著地提高了工程测量的效益,改变了传统的测量作业模式和质量标准,成为道路工程测量的一种主要方法,在某些困难工程地点成为一种不可替代的方法。

RS能高效地获取大面积的地面信息;GIS具有强大的空间查询、分析和综合处理能力;GPS能快速给出调查目标的准确位置。因此,可以将GIS看作中枢神经、RS看作传感器、GPS看作定位器。3S技术目前在很多领域广为应用,随着工程勘察设计新技术研究的进一步深入,3S技术在工程勘察设计中的作用也越来越重要,并将逐渐成为道路勘测设计必不可少的方法和手段。

二、3S 技术在道路选线中的应用

(一) RS 在道路选线中的应用

20 世纪 70 年代末,铁路选线开始应用遥感图像,RS 技术陆续应用到选线工作中。遥感图像具有宏观、逼真、直观、丰富的信息,为进行地形地貌、地质构造和地物的识别分析提供了可靠依据,具有其他方法无可比拟的优势。通过对高分辨率卫星图像的判释,查明路线经过地区的工程地质条件,并进行图像处理,通过计算机制图,绘制出彩色工程地质遥感判释图和水文地质遥感判释图,必要时进行少量有针对性的调查工作,为路线方案研究与比选提供依据;在道路定测、施工过程中,对地质复杂地段、路线重点工程地区开展遥感调查,为工程技术决策提供科学依据,保证施工顺利进行起到了重要作用。这方面已有很多应用成功的实例。此外,在应用遥感技术进行不良地质现象遥感解译预测、建立道路病害动态变化分析和区域预测模型、建立道路病害数据库等方面均进行了大量应用研究并取得了重要成果。可以说,在道路勘测设计各阶段、在道路建设中的各类工程和各类专业工作中,均可应用各种比例尺的航摄像片和卫星遥感图像,通过图像判释和图像处理,提供工程需要的有关资料,弥补其他勘测手段之不足,已成为道路工程中应用 RS 技术的一大特色。

应用 RS 技术开展道路选线工作,需要考虑设计阶段的具体要求。由于各阶段工作所依据的基础资料及文件要求深度不同,具体工作方法与详略程度也有所不同。

(1) 在工程预可行性研究阶段,主要是利用航测遥感技术的优势,在大面积范围内进行方案研究、论证和比选。运用遥感图像进行地貌、地层岩性、地质构造、不良工程地质现象(滑坡、崩塌、泥石流等)判释,初步进行工程地质的区分,然后现场踏勘、验证,编制 1:10000 ~ 1:50000 工程地质略图。同时,利用遥感图像还可进行控制线路方案的大、中桥位置的选择。在该阶段遥感工程地质判释的要求如下:

①遥感图像的判释工作应先于工程地质测绘,并贯穿于调查全过程。

②卫星图像和航摄像片结合使用。

③除基本的常规目视判释外,应充分利用遥感信息多时相、多波段的特点,采用数字图像处理技术,突出有效信息,提高判释水平和效果。

④室内判释成果应进行野外检查、验证。

⑤判释内容应包括:宏观地貌单元、地貌形态、成因类型,判定地形、地貌与地质构造、地层岩性、工程地质条件的关系等。

⑥遥感判释的最终成果应提交与调查比例尺相应的工程地质判释图和文字说明。

(2) 在工程可行性研究阶段,遥感技术的应用以大比例尺遥感图像为主,加深对工程地质的判释、调绘工作,采取综合勘探手段,获取所需的工程地质及水文地质资料。该阶段遥感工程地质判释的要求如下:

①遥感图像的判释工作可与该阶段的工程地质测绘提前或同步进行,并贯穿于调查全过程。

②尽量使用不同时相、不同种类、多种波段的图像。

③在室内详细判释的基础上进行全野外检查验证,将地面地质观测与判释紧密结合,充分利用单张航片进行实地布点,并结合地形图、GPS 进行定位。

④判释内容较预可行性研究阶段更为全、详细。

⑤最终成果资料应包括遥感工程地质判释报告,综合遥感工程地质平面图、剖面图,工点工程地质图,不良地质、特殊地质资料汇总表,遥感影像图,其他基础资料。

(3)在初测阶段,遥感图像、航片先于大比例尺地形图,为各有关专业提供了沿线地区的自然模型。路线技术人员首先根据批准的路线方案在航片上进行初步选线,其他有关专业技术人员,即可进行室内判释、调绘工作,并制订现场验证、测绘方案,指导现场调查、搜集资料。实践表明:采用航测遥感技术,外业可不测地形,有效地减少了外业工作量,地质测绘和钻探工作量大大减少。不仅提高了勘测设计质量,而且经济效益也是可观的。

(二) GIS在道路选线中的应用

(1)利用GIS的数据采集与地理数据库管理功能,对选线所需的基础资料进行统一管理和分类处理。

前已述及,路线方案的确定,需要考虑众多的影响因素,除地形、地质、水文、气象等自然条件因素,还有施工条件、技术条件等,并且还要考虑路线在政治、经济和国防上的意义。各因素之间的关系复杂,相互制约,传统的选线方法,在工作过程中,选线人员需要携带和处理大量的地形图和其他资料文献(交通资料、地区经济资料、发展规划等),工作中有许多不便,选线的工作量巨大,而且很难对全部的影响因素进行综合考虑。如果将与路线方案有关的各种信息,如遥感图像、地形图、地质、水文、土地利用、交通、矿产资源、地区经济发展水平等信息资料输入地理系统中,实现图文资料的数字化管理,GIS系统通过有效的数据组织和信息分析处理,就能大大提高信息的利用率。同时,由于GIS中录入了大量有关的地理空间信息,所有的信息都采用数字地图的方式存放,使得选线人员可以在其上建立研究对象的数学模型,进行预测或分析评价。

(2)利用GIS强大的空间查询与空间分析功能和地形分析功能,对信息进行加工处理,将影响路线方案的各种因素形象化地展现在选线人员面前。

采用地理信息系统,很容易进行各种信息的叠加和复合,如将遥感图像与地形信息叠加,形成可供全方位观测的立体影像,有助于设计者对整个地区的地形、地质、水文和地貌等特征有一个完整的概念;将遥感图像与数字高程模型复合,形成立体的卫星图像,将数字高程模型按地表的状况分层设色,GIS系统将生成十分生动、犹如实物模型的地貌景观立体图,从而使选线工作变得很直观、灵活。

在地理信息系统的支持下,设计者可以按自己的设想任意布设或修改路线方案,对每个方案,GIS系统可以很快地计算出路线里程、工程量等,可以实时生成路线断面图。可以通过预先设定的某些目标函数,让系统自动进行路线的平纵断面优化。因此,可以快速、方便地进行路线方案的比选。

(3)利用GIS的制图功能,输出设计用图纸。GIS可以方便地用于地图的制作,通过图形编辑清除图形采集的错误,并根据用户的要求和地物的类型对数字地图进行整饰、添加符号(包括颜色和注记),然后通过绘图仪输出,就可以得到一张精美的全要素地形图。还可以根据用户的需要,分层输出各种专题地图,例如行政区划图、土壤利用图、道路交通图、等高线图等等。还可以通过空间分析得到一些特殊的地学分析用图,如坡度图、坡向图、剖面图等等。

总之,GIS对于传统选线的作业流程皆可协助处理,并提高工作效率与减少不必要的时间损耗,让传统的图文作业凭借计算机的处理,使图文密切结合,以可视化的方式进行。

(三) GPS 在道路选线中的应用

目前，GPS 定位技术在道路工程中主要用于布设各等级的路线带状平面控制网；桥梁、隧道平面控制网；航测外业平面高程控制测量等。

随着载波相位差分 GPS 技术的发展，高精度实时动态 GPS 定位技术在道路工程中的应用受到了极大的关注，例如机载 GPS 在航空摄影测量中的应用、实时动态定位（RTK）技术在道路施工放样中的应用都在试验之中，并取得了可喜的成果。显然，随着这些技术的日渐成熟，实时动态载波相位差分技术必然会给道路测量带来一次新的、更深刻的变革。

在道路选线工作中，GPS 的主要作用是对航空照片和卫星相片等遥感图像进行定位和地面矫正。遥感数据在精度上还不够，因此需要 GPS 辅助矫正。目前，在动物活动监测、生境图、植被图的制作方面得到广泛应用，在景观生态规划过程中，由于要借助大量遥感数据，因此 GPS 的辅助功能也日益突出。

前面分别简要叙述了三者在道路选线中的应用，必须指出，要更好地发挥 3S 技术的优势，还有赖于 RS、GPS 与 GIS 结合而成为一个完整的体系，其中 GIS 技术扮演着主体的角色。

第七节　公路选线与环境协调

一、公路与环境

公路的建设和运营会对周边沿线环境和自然景观产生影响和破坏，同时，环境和自然景观又会对公路产生重要的作用。因此，公路作为环境的一部分，线形选择和设计时，就应考虑公路与环境之间的相互关系，使公路线形与沿线景观融为一体，给驾驶员和乘客营造一个良好的运行环境，同时又不会造成由于公路的存在而严重影响沿线的整体景观。

公路与环境的协调包含两方面的含义：公路建设期间和建成后不严重破坏周围环境的自然美，同时还应保护环境，减少对环境的不良影响；公路布线应注意合理利用和改良环境，使行车有良好的景观，为行车安全和舒适服务。

一条设计良好的公路线形，除了满足技术和经济的基本要求外，还应达到美学上的要求，因而路线的布设，除了考虑地形、地物、地质、水文等因素外，还应考虑环境因素。这些因素包括：

（1）自然环境，如水情、森林、农业、野生生物、特殊生态、土地利用等因素。
（2）社会环境，如土地开发状况、噪声、公共设施、文物古迹、风景名胜等因素。

二、环境保护的要点

高等级公路的兴建促进了沿线物资、信息交流，有利于通过地区的经济发展，有利于改善沿线居民的社会生活质量，具有良好的发展前景；然而在另一方面兴建公路要占用土地，影响天然的植被、地形、水系等，特别是在公路运营期间车辆排放的尾气、扬尘、废水以及产生的噪声、振动，将会给环境带来长期的不利影响。因此，路线设计不能局限于满足交通运输功能及经济发展的要求，还要重视保护沿线的生态环境，即根据该公路在路网中的作用以及城镇规划、工矿企业布局状况，结合地形、地质、水文、自产筑路材料等自然条件，正确运用公路工程技术标准、规范，慎重确定路线走向和主要技术指标。对环境产生的主要影响有：

(1)占用农田及拆迁建筑物。修路将占用大量农田,拆迁一定数量的房屋、电线杆等,影响沿线地区的农业生产和居民生活,还要解决搬迁居民的安置、就业等问题,另外还要占用满足灌溉或养殖水产品的水域,影响农副业生产及自然环境。

(2)分割城镇、耕地及水利设施。公路延伸长达数十到数百公里,穿越不同的省、市、县,路线对现有的行政区划、城镇布局、农业用地及其排灌系统、林场及水产养殖区等会造成分割,从而影响到路线两侧的人际交往、信息传递、原料及成品的交流等社会活动。

(3)破坏生态环境及自然平衡。公路建设会使沿线地区的生态环境发生变化,一些有特殊要求的生物种群便向偏僻地方或其他地区迁移;另外,使动物的活动区域缩小、领地被重新划分,可造成种群变小,种群间交流减少。如使野兔及一些鸟类远离公路至少达500m,一些蝴蝶和两栖动物也难以越过宽阔的高速公路;夜间车辆灯光增多,使许多喜欢光的昆虫在路侧的种类和数量明显增多等,从而影响生态平衡。

(4)破坏植被、导致水土流失。修建公路需取土填筑路堤、开挖岗丘形成路堑,必将破坏原有植被,干扰动物栖息环境,破坏土体的自然平衡,引起斜坡失稳、水土流失。在施工期取土场、弃土场及暴露的工作面成为水土流失的主要发生源,山区坡面弃土可带来长时间的水土流失,给自然环境造成一定的影响。

(5)污染环境。在路线施工及使用过程中,产生的噪声、振动及排放的废气、废水、废渣,必将污染大气、土壤、水体及周围环境。特别是路线通车后,将吸引附近地区的交通量,促进沿线城乡建设的发展,这样就增加了"三废"的排放量,也就增加了对沿线环境的污染。

在道路选线及设计过程中要合理解决下列问题:

(1)合理利用土地资源。

在公路规划设计阶段,就应对沿线的土地资源进行详细的调查研究,结合当地的发展规划合理开发,选择适宜的路线位置。如在平原区,应尽量不占或少占高产农田、果园,利用荒地、滩涂等荒芜区布线;在山区,应尽量不占或少占经济林区,利用荒岭等贫瘠地区布线。此外,还可能通过经济技术比较,设置挡土墙、护坡或高架桥等,以减少占地数量、节省土地资源。

(2)保护水资源。

①水体的保护。

水资源乃是生命之源。首先,不得占用城镇居民区的饮用水源,避让距离不宜小于100m;其次,对于满足灌溉及养殖水产品用的水库、鱼塘、虾池等也要注意避让,必须通过时宜将路线布设于水体下游,并采用绿化等隔离防护措施保护水质免受污染;最后,对有重要经济、旅游、保健价值的水体,如温泉、矿泉、瀑布等,公路更要注意避让。

②天然水系的保护。

路线设计应注意保护自然水流,尽量不改变水流方向、不压缩过水断面,更不得堵塞、阻隔水流,设计路线排水系统时,要注意水流方向,路面水、边沟水排入一定的水域,不得随意排入公路两侧的水体或土壤中,以免污染周围的水土资源。

(3)矿产资源的保护。

在公路规划设计阶段,就应对沿线的矿产资源(铜、铁、煤,石油、石料等)进行深入细致的调查研究。由于矿产一般埋藏于地下深处,调查研究的难度较大。路线要注意避让储量大、品位高、经济价值高的优质成矿带,便于开发利用。当必须穿过矿区时,应选择开采价值低的贫矿带,并缩短穿越范围;另一方面,还要了解废弃的矿井及采空区的分布范围,查清其对公路工程的影响,以免公路路线通过时产生路基沉陷、构造物变形等工程病害。

(4) 路线布设走向的控制。

路线设计除了合理利用土地资源及水资源之外,应尽可能避免穿越城镇,避开学校、医院、名胜古迹、精密仪器及军事设施等环境敏感区,以创建良好的社会环境。

(5) 路线设计高程的控制。

路基高度的确定主要受高等级公路与被交道路、机耕路、人行通道对通行高度的要求控制。即被交道路的路面高程尽量不低于原地面高程,以免导致局部路段因积水而影响交通。另外,根据地区经济发展和人民生活的需要,对个别高程偏低的路段要进行针对性的防排水设计处理。总之,路基设计高程主要综合考虑排灌、蓄防洪的需要,并注意保护天然水系。

(6) 路线的防护工程设计。

公路防护工程不仅可稳定路基,防止或减轻道路病害、确保行车安全,而且还可以节省土地资源,保护环境。在山区公路可以成为一项水土保持的有益工程。沿溪线靠山体一侧的加固,阻止了山坡土石滚入溪流;在溪边一侧的路基和挡墙,又形成了护岸,约束了由于河道摆动而造成的洪水泛滥、山坡失稳等环境问题。山腰线像一条缓冲阶地,将一泻而下的水流分成上下两部分,有利于进一步的水土治理。在路线经过平原区宽阔的洼地、滩地时,由于地基土含水率大、压缩性大、承载力低、稳定性差,易引起路基沉降等工程问题,必须采用地基加固措施(如砂垫层、砂井等)修建防护工程(如挡土墙、护坡等),以确保公路工程安全、稳定。

(7) 路线绿化工程的设计。

绿化对于稳定路基、保护斜坡、保持水土等均能起到良好的作用。即绿化具有良好的防护功能,有利于交通安全,从而提高公路的使用价值;另一方面,绿化还能吸附尘埃、净化空气、涵养水源、降低噪声,美化路容,具有改善公路环境的功能。

(8) 筑路材料的取用及废弃土石方的处理。

①取土场的选择。

在平原区,高等级公路平均填土高度较大,土源较困难,但不能因图方便而直接在路两侧取土,以免道路修成后两侧形成沟塘,破坏天然的排水系统,应该结合当地的经济发展规划,选择贫瘠地段集中取土,取土时仍应注意保护当地的植被及水土资源,将取土坑与地方水产养殖、农田排灌结合起来,综合利用。

②弃土的堆放。

在山区,高等级公路要达到技术标准的要求,虽然注意到纵向土石方平衡,但挖掘工程仍然较大,会产生较多的废方。为此,选用的弃土场应尽量减少毁坏植被、侵占农田,并不得阻塞原有的排水系统或污染水体。应对弃土堆及时整平复垦或绿化,以提高其使用价值。

三、沿线环境保护设计的方法

(一) 认真收集有关设计的资料

公路环境设计涉及的范围广,经综合考虑社会经济环境及自然地理环境,要求收集多方面的资料,要考虑工程对已建成项目的影响、对当前其他项目的影响以及对将来可能拟建项目的影响。

(二) 线形设计是路线环境设计工作的关键

公路是一条狭长的带状结构物,沿途经过的地形较复杂,城镇乡村也较多,要做到尽量少破坏环境,增进景观,涉及的内容也较多。在进行公路设计时,应妥善处理好公路主体工程对环境保护之间的关系。尽可能从路线方案、技术指标的运用上合理取舍,而不过多地依赖于环境保护设施来弥补。当公路工程对局部环境造成较大的影响时,应进行公路主体工程与采取环境措施间的多方案比选。

在线形设计中,不仅要满足公路运输功能的要求,同时要注意保护原有的环境景观。在设计道路线形时,依据自然地形和特征,充分利用地形地貌,尽量减少工程破坏,使整个工程与周围环境的风格相一致,使道路融入自然环境之中。

公路路线应结合地形、地物,针对路线所处的区域的不同环境特征,对不同的环境保护对象进行不同的考虑。

平原、微丘区公路应着重论证的环境因素是:

(1)填方、取土、弃土对农业资源、当地基本农田保护、耕地占用等给农业生产所造成的影响。

(2)对农田水利排灌系统的影响。

(3)路面径流对饮用水源以及养殖水体的影响等。

重丘、山岭区公路应着重论证的环境因素是:

(1)高填方、深挖方路段对自然景观、植被的影响。

(2)公路的分割与阻隔对野生保护动物资源的影响。

(3)填挖方路基新增边坡坡面以及取、弃土(渣)场地对当地水土流失的影响。

(4)开挖、弃方、爆破作业等诱发地质灾害的影响等。

绕城线或接城市出入口的公路,应着重论证的环境因素是:

(1)拆迁与再安置给相应居民生活质量的影响。

(2)阻隔出行对交往影响。

(3)交通噪声及车辆排放废气对环境的影响等。

在具体选线及设计中,要综合考虑线形及工程的各个方面。

在平面线形设计中采用直线线形大多难以与地形协调,特别是过长的直线易使驾驶员感到单调、疲倦。因此,可采用绿化树种的不同组合或人工雕塑群改善单调的景观、调整驾驶员心理。曲线线形应注意其连续性;避免出现断背曲线,处理好小偏角大半径曲线的足够长度。一般情况下与自然等高线大致相适应的平面线形设计较好,可使得公路与周围环境相协调。

在纵面线形设计中,注意与原始地形协调,以利于路面和边沟排水,设计成坡度缓和而平顺的纵向线形。大半径的竖曲线有利于扩大视距、美化路容,有利于安全行车。

在横断面设计中,高等级公路横断面较宽,对于山岭重丘区横向地面起伏较大的路段,若整个横断面设计为同一高程,势必增加填挖方的工程量,对原有的地形、植被破坏较大,另外半填半挖路基的稳定性也要差一些。因此,横断面设计不必强求上、下行车道同一高程,即不必强求设计整体式断面,也可设计分离式断面,有分有合,既减少了工程量,又能与周围环境协调。

平、纵线形组合设计除了应满足公路技术标准、满足汽车运动学的要求外,还要满足人们视觉和心理上连续舒适、迅速安全的要求;同时,必须满足环境保护的要求,一方面尽可能少破坏周围的天然植被、地形地貌,避免高填深挖,另一方面充分利用天然景点(如孤山、湖泊、高大树木)或人工构筑物(如古建筑、园林、水坝)等,美化公路环境,使公路与大自然融为一体。最后,为了美化环境,作为公路工程有机的组成部分,路线与桥梁、隧道、立体交叉、沿线设施等构造物,应组成有特定风格的建筑群体,并利用绿化或雕塑等设施改善它们与沿线地形地物的配合,消除因兴建公路而造成的对自然景观的破坏。大型的构造物(如特大桥、互通立交)及其附属设施(带状公园、雕塑群)将成为新的旅游景区。

(三) 路基设计

应结合公路沿线工程地质条件,贯彻因地制宜、就地取材的原则,按环保要求,应做到:

(1) 对取土、石、砂砾料的料场,应考虑其位置和开采方式、数量等对坡面植被、河道等的影响。

(2) 对弃方的位置、数量应考虑其对自然环境的影响,以及水土流失的影响等。

(3) 路基综合排水系统应与当地排灌系统协调。

(四) 互通立交设计

(1) 应针对互通立交区的地形、地质条件,以及周围自然环境、社会环境等特点进行设计;

(2) 在满足使用功能的同时,应考虑其形式、布局的美观;

(3) 综合考虑互通立交区周围自然环境进行上跨主线与下穿主线的方案比选,合理确定桥上纵坡及桥头路基高度;

(4) 立交桥结构形式、跨径、桥长本身应成比例,应与周围环境相协调;

(5) 做好立交区的景观与绿化工程设计以及排水系统设计等。

(五) 桥梁隧道设计

(1) 桥址的选择,应结合接线设计考虑,注意与水源保护地及城镇饮用水集中取水口保持足够的距离。同时,注意防洪、排涝等环境问题;

(2) 隧址的选择应综合考虑接线设计、洞内外排水系统、弃渣处理、施工和运营管理等,并提出必要的环保措施;

(3) 隧址通过含有害气体的地层或有放射性矿床时,应预测对施工、运营的影响,并提出防治措施;

(4) 隧址应避开或保护储水结构层和蓄水层,保护地下水径流和地表植被等。

(六) 服务区、管理设施设计

(1) 对生活污水、废弃物等应进行综合治理,做到达标排放;

(2) 污染防治措施应进行多方案比选;

(3) 拟分期实施的防污染设施,应进行经济技术论证并确定实施年限;

(4) 结合周围的环境特征,进行景观与绿化工程的专项设计。

(七) 施工组织设计

(1) 应采取必要措施防止或减缓对声环境、环境空气、水环境、生态环境以及社会环境的影响,并做好以下工作;

(2) 做好施工便道的调查与设计;

(3) 应采取临时工程措施,确保施工地段的排灌系统畅通;

(4) 应采取预防措施,使施工作业产生的粉尘污染降至最低限度;

(5) 沥青混合料及稳定土等拌和厂的位置应远离居民区;

(6) 限定噪声高的施工机械或设备的作业时间;

(7) 对爆破作业应采取既能保证路基与边坡稳定又能够减少对环境影响的施工方法。

公路是一种特殊的带状人工建筑物,经过的地区多、影响的范围大,是人们生活环境中的一个重要组成部分,其对自然环境和社会环境都有一定的影响。一个城市或一个大型厂矿企业、文教设施的布局,在很大程度上取决于公路网的规划和设计。人们对公路的要求越来越高,因此,必须解决好公路设施与沿线的建筑风格协调、与自然环境协调,创造有独特风格的和谐的公路运行环境。在考虑满足公路运输技术要求、进行功能设计的同时,还必须满足环保要求,必须符合国家有关环境保护、土地管理、水土保持等法规要求。进行环境设计,要尽量保持原有的生态平衡,减少对公路沿线及土石料场、弃土堆等处原有植被、地貌的破坏,少占良田,以保护环境,保护土地资源,切实做到公路主体工程与环境工程同时设计、同时施工、同时投入使用(即"三同时"),尽量做到线形连续、视线良好、景观协调、安全舒适。

公路经过沿线城镇时,应根据公路的使用任务、性质,结合城镇发展规划,采用绕行或以支线连接的方案,以减少拆迁,节省投资,减少交通噪声及废气、废水、废渣对人口密集区的污染,还可减少交通事故。

公路沿线环境设计要有超前意识。必须认真研究公路工程建设对自然环境及社会环境带来的影响,并结合沿线城镇居民区、工农业经济区、名胜古迹旅游区、自然保护区的现有规模的发展规划进行综合分析,以预测工程对环境短期、中期及长期的影响,合理布设路线,以利于沿线资源的开发利用,利于沿线社会经济环境的改善。

总之,公路环境构筑要有利于沿途优美自然风景的开拓,以及对不美观景物的改造或遮蔽,不只限于公路本身创造出一个行车迅速舒适、清洁安全的环境,还在于创造一个更适合于公路两侧地区人民生活改善和经济发展、更适合于各种生物繁衍发展的、生机勃勃的大环境。

四、公路沿线生态环境保护

公路环境保护设计所称的生态环境是指公路中心线两侧各 200m 范围内的自然保护区、水源保护地、森林、草原、湿地和野生生物及其栖息地等。

公路应绕避生态环境中所列的保护对象。公路对生态环境中的保护对象产生干扰时,应结合受保护对象的特性提出保护方案,将不利影响减少到最低的程度。有条件时,宜进行环境补偿。

(一) 生物及栖息环境的保护

公路中心线距省级以上自然保护区边缘宜不小于 100m。当公路必须进入自然保护区时,应遵照国家有关规定执行。公路通过林地时应严格控制林木的砍伐数量,严禁砍伐公路用地范围之外不影响视线的林木。公路用地范围内,应按绿化设计要求进行栽植。有条件时,填方边坡的植被覆盖率,如秦岭、淮河以南地区应达到 70% 以上;秦岭、淮河以北地区应达到 50% 以上。

公路经过草原时,应注意保护草原植被。取、弃土场地应选择在牧草生长差的地方。公路进入法定保护的湿地时,工程方案应避免造成生态环境的重大改变。施工废料应弃于湿地之外。

在有国家级保护的野生动物出没路段,应设置预告、禁止鸣笛等标志,并为动物横向过路设置兽道。

(二) 水资源、自然水流形态的保护

应调查和搜集公路中心线两侧各 200m 范围内的地表水资源分布、容量以及水体的主要功能。路面径流不得直接排入饮用水体和养殖水体。不得占用居民集中地区的饮用水体;当路基边缘距饮用水体小于 100m、距养殖水体小于 20m 时,应采取绿化带或者其他隔离防护措施。公路在湖泊、水库等地表径流汇水区通过时,应采取措施防止公路对地表径流的阻隔。公

路经过瀑布上游、温泉区等特殊水体时,应符合国家现行的有关规定,确定避让距离。在作饮用水的地下水水源保护区设置的排、渗水构造物可能造成地下水水质污染时,应采取措施隔离地表污水。应注意保护自然水流形态,做到不淤、不堵、不留工程隐患。跨越溪、河、沟的桥涵的过水断面,应保证泄洪能力。公路跨越山谷时,应根据山谷宽、深及汇水面积等选择通过方式,有条件时宜优先采用桥梁跨越,对工程废方弃置做出设计,避免阻塞河道水流或造成水土流失。

(三)水土保持

应充分调查沿线的工程地质、地形地貌、气候条件、植被种类及覆盖率、水土流失现状等,综合采用生物防护和工程防护措施,做好水土保持工作。在山区公路地质病害地段,当采取生物防护措施进行水土保持时,应考虑当地区域水土保持规划。山区、丘陵区公路应尽可能与原有地形、地貌相配合,减少开挖面、开挖量,注意填挖平衡。弃土场应做好排水防护设计,以避免成为新的水土流失源。取土点宜选择荒山,荒地。暴雨强度较大、岩体风化严重、节理发育的石质挖方边坡或松散碎(砾)石土填挖方边坡地段,宜采用植物与工程综合防护措施。做好公路综合排水设计,应充分利用地形和天然水系将路界范围内地表径流引入自然沟中。各种排水沟渠的水流不应直接排放到水源、农田、园林等地。应注重高速公路绿化设计,选用适合当地生长的花草、灌木、乔木等植物,对路堤边坡、弃土等进行绿化,防止水土流失。

五、公路沿线文物保护

应搜集公路沿线已发现的文物、遗址、名胜古迹、风景区等的位置和保护级别,并拟订环境保护设计对策。公路应绕避省级以上文物、遗址等保护区。公路对文物、遗址等保护区产生干扰时,应按文物保护法中有关规定执行。

本章小结:选线过程是整个路线设计的关键,它直接关系到路线的技术标准、工程经济和使用质量。在本章选线时,由于地形条件不同,需要解决的主要矛盾也不同,平原微丘区相对高差小,选线时主要解决路线和地物之间的矛盾,而山岭重丘区由于地形复杂相对高差大,选线时必须以纵坡为主导。

复习思考题

1. 公路路线方案比选通常采用的方法有哪些?
2. 公路选线的要求是什么?
3. 哪些主要的自然因素会影响公路路线的选择?关系如何?
4. 选线主要经过哪几个步骤?每一步需解决的主要问题是什么?
5. 平原区公路选线的特点是什么?选线时要处理好路线和哪几个方面的关系?
6. 越岭线选线的要点有哪些?如何选择垭口?
7. 选定沿河(溪)线时,应注意哪些主要问题?
8. 什么是山脊线选线的主要关键点?
9. 对丘陵区公路选线应掌握哪些要点?
10. 沿溪线高、低线位的特点是什么?

第六章 定线

本章教学要求

学习目标：本章主要介绍道路常用定线的方法；公路纸上定线和直接定线的方法和步骤；实地放线的方法。

学习重点：纸上定线的基本方法。

公路定线是公路选线的第三个步骤，就是具体落实公路中线确切位置的工作，其任务是：在路线总体布局和逐段安排的基础上，按照已采用的技术标准和技术指标，在选线布局阶段选定的"路线带"（或叫定线走廊）的范围内，结合地形、地质及其他沿线条件，综合考虑平、纵、横三方面因素，合理安排、定出路线中线确切位置的工作。

定线是公路选线的重要步骤，它不仅要解决工程技术及工程经济方面的问题，而且对如何使公路与周围环境相配合，公路与生态平衡的关系，公路本身线形的实用、美观，以及驾乘人员的视觉和心理反应等问题，都必须在定线过程给予充分考虑。

定线除受地形、地质及地物等有形因素的制约外，还受技术标准、国家政策、经济、美学及其他因素的制约。因此除要求定线人员必须具有广博的知识和娴熟的定线技巧外，还必须具有精益求精的工作精神，充分掌握路线的任务、性质及要求，熟悉路线所经过地区的地形、地质情况，反复试线，多做方案比较，以求在众多相互制约的因素中得出一条最佳的路线方案。影响路线定线的因素很多，涉及的知识面很广，必须征询当地有关部门的意见，同时应吸收桥梁、水文、地质等专业人员参加。

公路定线质量还在很大程度上取决于采用的定线方法，公路定线根据公路等级、要求和条件，一般有纸上定线、实地定线、航测定线三种方法。技术标准高或地形、地物复杂的路线一般使用纸上定线方法，纸上定线可分为在纸质地形图上手工定线、在电子地形图上用计算机定线，两种纸上定线原理方法相同、手段各异。具体的做法是：先在大比例尺地形图上室内定线，然后把纸上路线敷设在地面上；标准较低或地形比较简单、方案明确的路线一般采用直接定线的方法。实地定线省去了纸上定线这一步，就是在实地现场直接定出路线中线位置的方法。航测定线是利用航摄像片、影像地图等资料，借助于航测仪器建立与实地完全相似的光学模型，在模型上直接定线。本章重点介绍在纸质地形图上完成的纸上定线和实地定线两种方法。

第一节　纸　上　定　线

纸上定线是在大比例尺（一般以1:500～1:2000为宜）地形图上按照选线阶段所选定的路线带范围内,结合局部地形、地质和地物分布情况,综合考虑平、纵、横三方面的协调配合,按一定的技术标准指标具体定出道路的中线位置。

纸上定线的优点就是能够适应这一要求,在纸上尽可能作出各种方案和反复比较、调整修改,直到认为满意为止。在具备大比例尺地形图时,应采用纸上定线的方法,尤其是等级较高的道路和复杂的山区道路,以及研究地质不良路段布线方案、桥位设计、隧道线路等。通常,采用纸上定线的方法来完成定线设计工作,能取得较好的效果。在缺乏大比例尺地形图时,可测绘局部地形图,供纸上定线使用。

对定线来讲,不同的地形条件须解决不同的矛盾,譬如平原、微丘地区,地形平整,路线一般不受高程限制,定线主要是正确绕避平面上的障碍,力争控制点间路线顺直、短捷。山岭、重丘地区,地形复杂,横坡陡峻,定线时利用有利地形,避让艰巨工程、不良地质地段或地物,而山岭区纵坡的限制又是较严的,因此在山区和重丘陵区安排好纵坡就成为首要问题。这些因地形而异的指导原则,并不因采用的定线方法不同而改变。

路线定线可以概括为"以点定线,以线交点"。"以点定线"的"点",是指对路线位置起控制作用的点,为控制点,控制点可分为必须通过的点(亦称死点)和尽可能通过的点(亦称活点),包括地形、地物及地质控制点,构造物布置控制点,路基稳定及安全控制点等等,不同的地形条件,控制点的确定方法不同;"以线交点"的"点"是指路线的交点;"以点定线,以线交点"的"线"是指交点前后的直线。完成了点、线位置的确定,即标定了路线中线。下面就平原微丘区路线及山岭区越岭线分别说明纸上定线的方法及过程。

一、平原微丘区纸上定线的步骤

(1)定控制点,确定路线走向。在选线已确定的控制点之间,根据平原微丘区路线布设的要点,通过分析比较,确定可穿越、应绕避点和路线可活动的范围,建立一些中间控制点,从而确定路线的走向。

(2)穿点定线,初步定出路线直线段中线和交点位置。分析控制点可穿可避的情况,按规定的技术指标,试穿一系列直线。延长直线使之相交,定出交点位置。

(3)初定平曲线。读取交点坐标计算或者直接量得初定交点处的路线偏角和交点间的距离,依据道路设计等级初步设计圆曲线半径和缓和曲线长度,计算曲线要素及曲线里程桩号。

(4)检核线位及技术指标。检查路线通过各控制点情况及各项技术指标是否满足《公路工程技术标准》的要求、平曲线的线位是否合适等。如不满足,则调整线位、交点位置或圆曲线半径或缓和曲线长度,直到满足要求为止。

(5)定线。计算曲线并推出路线的里程桩号,进行路线纵、横断面设计。在设计中,应注意进行平面、纵断面和横断面线形是否协调的检查。主要内容包括平面线形组合是否符合要求、平纵线形组合是否合理,横断面路基高度、边坡是否稳定,排水、挡墙、桥涵等工程构造物是否合理。发现问题应及时修改,直到满意为止。

二、山岭区越岭线纸上定线的步骤

现就路线平、纵、横三方面均受限较严的山岭区越岭线为例,说明纸上定线的工作步骤。

为了克服高差,越岭线必须用足坡度,开始一般以平均坡度控制,按《公路工程技术标准》(JTG B01—2014)规定,平均坡度 $i_{均}=5\%\sim5.5\%$,视地形曲折程度而定。用 $i_{均}$ 的意义在于,对整条路线或某一长度范围内的路线起控制作用。其目的在于,满足陡坡的坡长限制与接缓坡的规定,便于坡长的合理安排;定线过程中由于曲线的插设、穿线的需要对放坡路线有所缩短,保障实际坡度不过大;为了满足合成坡度的要求,在半径较小的情况下,超高坡度较大,路线坡度一般较小。越岭线定线后的平均坡度如果过缓,说明浪费了坡度,徒增了里程,造成经济上的浪费。所以,5%~5.5%的平均坡度也是衡量一条越岭线合理性的指标之一。

(一)定导向线

1. 确定路线方案

在大比例尺地形图上,仔细研究路线布局阶段选定的主要控制点间的地形、地质情况,选择有利地形如平缓、顺直的山坡,开阔的侧沟,利于回头的地点等,拟订路线各种可能的走法。

2. 定匀坡线

根据等高线间距 h 及选用的平均坡度 $i_{均}$,按 $a=h/i_{均}$ 计算出等高线间平距 a,使两脚规的开度等于 a(比例尺与地形图同),从某一固定点(图6-1)的 A 开始,沿各拟订走法在等高线上依次截取1、2、3、4等点,如最后一点的位置和高程均接近另一固定点 B 时,说明这个方案能够成立,否则,修改走法或调整 $i_{均}$,重新试坡至方案成立为止,见图6-1。也可以视地形及技术指标情况,在不同的路段采用不同的 $i_{均}$。

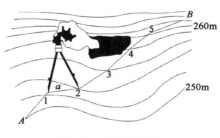

图6-1 匀坡线示意图

3. 定导向线

连接各导向点,分析这条匀坡线对地形、地物及艰苦工程和不良地质的避让情况。如有不合理之处,应选择出需避让或利用的中间控制点,调整平均纵坡,重新试坡。经过调整修整后得出的折线,称为导向线。如图6-2所示,A、a、b、…D 折线从 C 处陡崖中间通过,B 处利于回头的地点也未利用上,如调整一下 B、C 前后路段的坡度,即能避开陡崖和利用上有利的回头地点,因此可以把 B、C 定为中间控制点,然后再分段仿照上法截取 a'、b' 诸点,连接 A、a'、b'、…D 的折线,示出了路线将行经的部位,即为"导向线"。

(二)修正导向线

1. 平面试线

穿直线:按照"照顾多数,保证重点"的原则综合考虑平面线形设计的要求,然后用"以点连线,以线交点"的办法平面试线,反复试线最后确定出初定交点。

敷设曲线:按初定中线计划通过部位选取且注明各弯道的圆曲线半径、缓和曲线长度等。

平面试线中要考虑平、纵配合,满足线形设计和《公路工程技术标准》的规定和要求,综合分析地形、地物等情况,穿出直线并选定曲线半径。

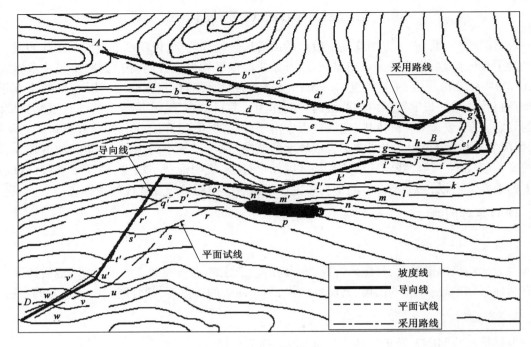

图 6-2 纸上放坡示意图

2. 设计理想纵断面

在平面试线的基础上量出地形变化特征点桩号及地面高程,点绘出粗略纵断面地面线(可用分规直接在图纸上量距,确定地面高程),进行理想纵坡设计,计算各桩号的概略设计高程。

3. 一次修正导向线

在平面试线各桩的横断面方向上点出与概略设计高程相应的点,这些点的连线是具有理想纵坡且不填不挖的折线,称为一次修正导向线。当纵断面上填挖过大时,应进行修改。

4. 二次修正导向线(横断面校核)

在一次修正导向线各点的横断图上,用路基模板逐点找出最经济的或起控制作用的最佳路基中线位置(控制点)及其可以活动的范围,见图 6-3。

最佳路基中线位置,就是控制和影响公路中线位置的控制点位。这些点一般有经济性和控制性两种控制点。

1)经济性控制点

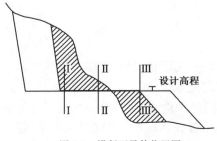

图 6-3 横断面最佳位置图

这类点,主要在路线穿过斜坡地带,考虑横向填挖平衡或横向施工经济(有挡土墙及其他加固边坡时)因素而确定的小控制点。如图 6-3 中Ⅱ—Ⅱ中线位置,使挖方面积和填方面积大致相等,这时的线位即为经济控制点。由于这类点仅从横向施工经济出发控制线位,它只能作为穿线定点的参考位置。Ⅰ—Ⅰ中线位置挖方比较多,而Ⅲ—Ⅲ位置点的填方比较多。

2)控制性的点

这类控制点,是受艰巨工程、不良地质、地物障碍、路基边坡稳定等因素限制所确定的公路中线位置。如图6-4所示是几个主要因素对线位影响的示意。从图中可看出,控制点的位置还与路基的形状、尺寸、加固方式、通过不良地质地段的工程控制、地表形状、路基设计高程等因素有关。定线时应综合考虑这些因素,合理确定小控制点的位置。

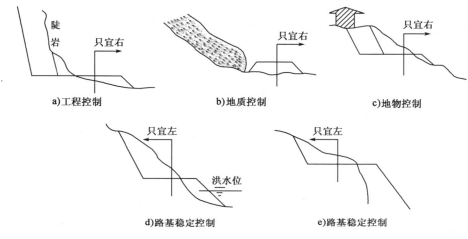

图6-4 路基断面控制因素

受各种因素限制的平面位置控制点比较多,而且这些点在平面上的分布又没有一定的规律,根据最佳位置点的性质分别用不同符号点在平面图上,这些点的连线是一条有理想纵坡、横断面上位置最佳的平面折线,称为二次修正导向线(小比例尺地形图上,最佳位置点显示不出者,可不做)。

(三)具体定线

定线应该既符合该级路规定的几何标准,又能充分适应当地地形,避开尽可能多的障碍物。为此,定线必须在分析研究二次修正导向线(小比例尺地图上,最佳位置显示不出、未做二次修正导向线时,为一次修正导向线)各特征点的性质和可活动范围的基础上,结合横坡变化情况,确定必须通过的点、适当照顾的点和可不考虑的点,反复试线,才能得到满意的结果。因此,定线就是根据技术标准和线形组合的要求,满足控制点的要求且照顾多数经济点,定出路线中线的具体位置,从而敷设曲线、计算里程及坐标。其计算公式见直线定线法和曲线定线法。

纸上定线根据实际地形、地物情况,可采用先定直线,再插设曲线,称为直线型定线法。或先设置合适的曲线,再以直线或缓和曲线相连,称为曲线型定线法。随着定线手段的改进及计算机的使用,曲线型定线法将得到广泛的应用。下面对两种定线方法和其中桩坐标计算分别进行详细说明。

三、直线型定线法

直线型定线法(传统法):直线型定线方法是根据控制点或导向线和相应的技术指标,先用直线尺试穿出与较大地形相适应的一系列直线,延长直线后定出交点,然后在交点处设计适当的曲线把相邻直线连接起来。

(一) 路线标定

道路中线确定后,必须采集交点坐标,并由此计算路线偏角 α 和交点间距 D;确定圆曲线半径 R 和曲线长度 L;计算平曲线要素和推算主点桩号,最后,计算逐桩坐标,通常采集交点坐标有两种办法。

1. 直接采集法

即在绘有格网的地形图上读取各交点坐标,一般只能估读到米。适合于交点前后直线方向和位置限制不严的情况。

2. 定前后直线间接推算交点坐标

当交点前后直线方向及位置受限制较严时,可先固定前后直线(即在直线上读取两个点的坐标),再用相邻两直线相交的解析法计算交点坐标。

如已知交点前直线上两点的坐标为 (x_1, y_1) 和 (x_2, y_2),后直线上两点坐标为 (x_3, y_3) 和 (x_4, y_4),则交点坐标 (x, y) 由式(6-1)计算。

$$\left.\begin{array}{l} k_1 = \dfrac{(y_2 - y_1)}{(x_2 - x_1)}, k_2 = \dfrac{(y_4 - y_3)}{(x_4 - x_3)} \\ x = \dfrac{k_1 x_1 - k_2 x_3 - y_1 + y_2}{(k_1 - k_2)} \\ y = k_1(x - x_1) + y_1 \end{array}\right\} \quad (6\text{-}1)$$

当 $x_1 = x_2$ 时:

$$x = x_1 = x_2$$
$$y = k_2(x - x_3) + y_3$$

当 $x_3 = x_4$ 时:

$$x = x_3 = x_4$$
$$y = k_1(x - x_1) + y_1$$

(二) 曲线设置

曲线设置是在定出直线和交点组成的路线导线后,在得知了交点坐标、交点间距和路线转角等设计条件后,就需要根据这些条件在交点处设计合理的平曲线以使路线连续圆滑。主要工作任务是确定圆曲线半径 R 及缓和曲线长度 L_s。曲线设置主要是根据技术标准和地形条件,通过试算或反算的办法确定。试算是根据经验先初定 R 和 L_s,计算曲线要素切线长 T、外距 E 和平曲线长度 L,检查线形是否满足技术标准和线位是否适应地形条件,当不满足时应调整 R 或 L_s 或二者都调整,直至满足为止。反算是根据控制较严的切线长 T(或外距 E)和试定的 L_s 计算半径 R,取整并判断 R 是否满足标准要求,否则应进行调整。试算或反算的结果经调整后仍然不能满足技术标准时,应调整路线导线。以下公式中,当平曲线不设缓和曲线时,只要令 $L_s = 0$ 即可。

1. 单交点曲线

1) 已知切线长 T 反算半径 R

测算出路线导线转角 α 和控制切线长 T,根据缓和曲线的要求试定 L_s,取 $p \approx L_s^2/24$、$q \approx$

$L_s/2$,用式(6-2)解算半径 R。

$$\tan\frac{\alpha}{2}R^2 + \left(\frac{L_s}{2} - T\right)R + \frac{L_s^2}{24}\tan\frac{\alpha}{2} = 0 \tag{6-2}$$

对反算出的半径 R 应根据控制切线长 T 取整,当 T 为最大控制时 R 向小取整,T 为最小控制时 R 向大取整,取整后再由第三章的精确计算公式计算曲线要素。另外,当 T 为一个严格控制值时,不宜用上式反算 R,应取 p 和 q 的更精确值,采用牛顿求根法解算高次方程求得半径 R。

2) 已知外距 E 反算半径 R

根据转角 α、控制外距 E 和试定的 L_s,取 $p \approx L_s^2/24$,用式(6-3)解算半径 R。

$$\left(\sec\frac{\alpha}{2} - 1\right)R^2 - ER + \frac{L_s^2}{24}\sec\frac{\alpha}{2} = 0 \tag{6-3}$$

同理,仿照由 T 反算 R 的思路,对由 E 反算出的 R 取整或精确计算。

2. 双交点曲线

双交点曲线实际上是虚交点曲线的特例。双交点适用于转角较大、交点过远或交点处难以安置仪器(如河中、建筑物或陡坡上)的情况,直接定线常采用这种曲线,而纸上定线一般采用较少,只有当设置回头曲线或因交点过远和难以安置仪器而使实地放线困难时采用双交点曲线。当然,虚交点曲线也具有这种作用,但从控制线位和推算合适半径考虑,采用双交点曲线反算半径更准确一些。

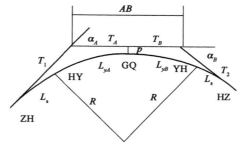

图 6-5 双交点曲线

如图 6-5 所示,已知基线长 AB、转角 α_A 和 α_B,试定 L_s,则由式(6-4)解算半径 R。

$$R^2 - \frac{AB}{\left(\tan\frac{\alpha_A}{2} + \tan\frac{\alpha_B}{2}\right)}R + \frac{L_s^2}{24} = 0 \tag{6-4}$$

解算出的半径 R,若为双交点曲线不取整,若为虚交点曲线则可取整。检查各曲线要素和平曲线指标是否满足规定,否则应进行调整。虚交点曲线元素计算比较简单,只要解算出基线三角形后按单交点曲线计算即可,而双交点曲线计算相对复杂,计算公式如下:

$$p = \frac{L_s^2}{24R} \qquad q = \frac{L_s}{2} - \frac{L_s^3}{240R^2} \qquad AB = T_A + T_B \qquad \beta_0 = 28.6479\frac{L_s}{R}(°)$$

$$T_A = (R+p)\tan\frac{\alpha_A}{2} \qquad T_B = (R+p)\tan\frac{\alpha_B}{2}$$

$$T_1 = T_A + q \qquad T_2 = T_B + q$$

$$L_{yA} = (\alpha_A - 2\beta_0)\frac{\pi}{180}R + \frac{L_s}{2} \qquad L_{yB} = (\alpha_B - 2\beta_0)\frac{\pi}{180}R + \frac{L_s}{2}$$

3. 复曲线

复曲线有两圆曲线间直接衔接和用缓和曲线段衔接两种情况,其中后者计算复杂,道路路线中使用不多,下面以直接衔接为例介绍曲线设置方法。

如图 6-6 所示,曲线两端分别设有缓和曲线 L_{s1} 和 L_{s2},为使两圆曲线 R_1 和 R_2 在公切点(GQ)直接衔接,两缓和曲线的内移值必须相等,即 $p_1 = p_2 = p$,则有式(6-5)成立。

$$\frac{L_{s1}^2}{R_1} = \frac{L_{s2}^2}{R_2} \tag{6-5}$$

若 $R_1 > R_2$,一般应先选定 L_{s2} 和 R_2,则:

$$R_1 = \frac{AB - T_B}{\tan\frac{\alpha_1}{2}} - p_1 = \frac{AB - \left(R_2 + \frac{L_{s2}^2}{24R_2}\right)\tan\frac{\alpha_2}{2}}{\tan\frac{\alpha_1}{2}} - \frac{L_{s2}^2}{24R_2}$$

$$L_{s1} = L_{s2}\sqrt{\frac{R_1}{R_2}}$$

按此推算出的 R_1 和 L_{s1} 不能取整,检查 R_1、R_2、L_{s1}、L_{s2} 的规定及其他曲线要素,若不满足时应重新选定并试算,必要时应调整路线导线。

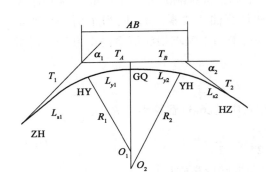

图 6-6 复曲线(直接衔接)

4. 回头曲线

回头曲线的圆曲线半径 R 和缓和曲线 L_s 一般都是已知的,而且线位控制较严,可参照双交点设置回头曲线。如图 6-5 所示,当 R、L_s、α_A 和 α_B 已知时,可由式(6-6)计算基线长 AB。

$$AB = \left(R + \frac{L_s^2}{24R}\right)\left(\tan\frac{\alpha_A}{2} + \tan\frac{\alpha_B}{2}\right) \tag{6-6}$$

求得 AB 后,平行移动 T_1 或 T_2 直线或二者都平移(即保持 α_A、α_B 不变),使 JD_{1A} 和 JD_{1B} 间的距离等于 AB,则回头曲线位置确定,检查回头曲线与其前、后平曲线的配合,若满足要求,则按双交点曲线公式计算回头曲线的曲线要素,否则应对路线导线调整后重新设置回头曲线。具体设置方法可参见直接定线的曲线插设。

(三)坐标计算

先建立一个贯穿全线统一的坐标系,一般采用国家坐标系统。根据路线地理位置和几何关系计算出道路中线上各桩点的统一坐标。编制逐桩坐标表。然后根据逐桩坐标实地放线。

1. 路线转角、交点间距、曲线要素及主点桩计算

设起点坐标 $JD_0(XJ_0, YJ_0)$,第 i 个交点坐标为 $JD_i(XJ_i, YJ_i)$,$i = ,2,\cdots,n$,则:

坐标增量:

$$DX = XJ_i - XJ_{i-1}$$
$$DY = YJ_i - YJ_{i-1}$$

交点间距:

$$S = \sqrt{(DX)^2 + (DY)^2}$$

象限角:

$$\theta = \arctan\left|\frac{DY}{DX}\right|$$

计算方位角 A:

$$DX > 0, DY > 0, A = \theta$$

$$DX<0, DY>0, A=180°-\theta$$
$$DX<0, DY<0, A=180°+\theta$$
$$DX>0, DY<0, A=360°-\theta$$

转角：
$$\alpha_i = A_i - A_{i-1}$$

α_i 为"+"路线右转；α_i 为"-"路线左转。

曲线要素及主点桩号计算公式与传统方法相同。对于高速公路和一级公路，由于精度要求较高，在应用传统公式时，必须注意取舍误差，否则会影响计算精度。如 p、q、x、y 等均为级数展开式，应增大项数。

2. 直线上中桩坐标计算

如图 6-7 所示，设交点坐标为 JD(XY, YJ)，交点相邻直线的方位角分别为 A_1 和 A_2，则 ZH（或 ZY）点坐标：

$$\left. \begin{array}{l} X_{ZH} = XJ + T\cos(A_1 + 180°) \\ Y_{ZH} = YJ + T\sin(A_1 + 180°) \end{array} \right\} \quad (6-7)$$

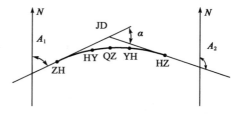

图 6-7 中桩坐标计算示意图

HZ（或 YZ）点坐标：

$$\left. \begin{array}{l} X_{HZ} = XJ + T\cos A_2 \\ Y_{HZ} = YJ + T\sin A_2 \end{array} \right\} \quad (6-8)$$

设直线上加桩里程为 L，ZH、HZ 表示曲线起、终点里程，则前直线上任意点坐标（$L \leq$ ZH）。

$$\left. \begin{array}{l} X = XJ + (T + ZH - L) \cdot \cos(A_1 + 180°) \\ Y = YJ + (T + ZH - L) \cdot \sin(A_1 + 180°) \end{array} \right\} \quad (6-9)$$

后直线上任意点坐标（$L >$ HZ）：

$$\left. \begin{array}{l} X = XJ + (T + L - HZ) \cdot \cos A_2 \\ Y = YJ + (T + L - HZ) \cdot \sin A_2 \end{array} \right\} \quad (6-10)$$

3. 单曲线内中桩坐标计算

1) 不设缓和曲线的单曲线

曲线起终点坐标按式(6-7)、式(6-8)计算，设其坐标分别为 $ZY(X_{zy}, Y_{zy})$，$YZ(X_{yz}, Y_{yz})$，则圆曲线上坐标为：

$$\left. \begin{array}{l} X = X_{zy} + 2R\sin\left(\dfrac{90°l}{\pi R}\right) \cdot \cos\left(A_1 + \xi\dfrac{90°l}{\pi R}\right) \\ Y = Y_{zy} + 2R\sin\left(\dfrac{90°l}{\pi R}\right) \cdot \sin\left(A_1 + \xi\dfrac{90°l}{\pi R}\right) \end{array} \right\} \quad (6-11)$$

式中：l——圆曲线内任意点至 ZY 点的曲线长；

R——圆曲线半径；

ξ——转角符号，右转为"+"，左转为"-"，下同。

2) 设缓和曲线的单曲线

缓和曲线上任意点的切线横距：

$$x = l - \frac{l^5}{40R^2L_s^2} + \frac{l^9}{3456R^4L_s^4} - \frac{l^{13}}{599040R^6L_s^6} + \cdots \tag{6-12}$$

式中：l——缓和曲线上任意点至 ZH（或 HZ）点的曲线长；

L_s——缓和曲线长度。

（1）第一缓和曲线（ZH～HY）任意点坐标：

$$\left. \begin{array}{l} X = X_{ZH} + x/\cos\left(\dfrac{30l^2}{\pi RL_s}\right) \cdot \cos\left(A_1 + \xi \dfrac{30l^2}{\pi RL_s}\right) \\ Y = Y_{ZH} + x/\cos\left(\dfrac{30l^2}{\pi RL_s}\right) \cdot \sin\left(A_1 + \xi \dfrac{30l^2}{\pi RL_s}\right) \end{array} \right\} \tag{6-13}$$

（2）圆曲线内任意点坐标。

① 由 HY～YH 时：

$$\left. \begin{array}{l} X = X_{HY} + 2R\sin\left(\dfrac{90l}{\pi R}\right) \cdot \cos\left[A_1 + \xi \dfrac{90(l+L_s)}{\pi R}\right] \\ Y = Y_{HY} + 2R\sin\left(\dfrac{90l}{\pi R}\right) \cdot \sin\left[A_1 + \xi \dfrac{90(l+l_s)}{\pi R}\right] \end{array} \right\} \tag{6-14}$$

式中：l——圆曲线内任意点至 HY 点的曲线长；

X_{HY}、Y_{HY}——HY 点的坐标，由式（6-13）计算而来。

② 由 YH～HY 时：

$$\left. \begin{array}{l} X = X_{YH} + 2R\sin\left(\dfrac{90l}{\pi R}\right) \cdot \cos\left[A_2 + 180 - \xi \dfrac{90(l+L_s)}{\pi R}\right] \\ Y = Y_{YH} + 2R\sin\left(\dfrac{90l}{\pi R}\right) \cdot \sin\left[A_2 + 180 - \xi \dfrac{90(l+L_s)}{\pi R}\right] \end{array} \right\} \tag{6-15}$$

式中：l——圆曲线内任意点至 YH 点的曲线长。

（3）第二缓和曲线（HZ～YH）内任意点坐标。

$$\left. \begin{array}{l} X = X_{HZ} + x/\cos\left(\dfrac{30l^2}{\pi RL_s}\right) \cdot \cos\left(A_2 + 180 - \xi \dfrac{30l^2}{\pi RL_s}\right) \\ Y = Y_{HZ} + x/\cos\left(\dfrac{30l^2}{\pi RL_s}\right) \cdot \sin\left(A_2 + 180 - \xi \dfrac{30l^2}{\pi RL_s}\right) \end{array} \right\} \tag{6-16}$$

式中：l——第二缓和曲线内任意点至 HZ 点的曲线长。

4. 复曲线坐标计算

1）复曲线中间缓和曲线 L_F 上任意点坐标

复曲线中间有设缓和曲线和不设缓和曲线两种情况，设缓和曲线时即构成卵形曲线。该缓和曲线仍然采用回旋线，但它的曲率不是从零开始，而是截取曲率 $1/R_1$～$1/R_2$ 这一段作为缓和曲线。

如图 6-8 所示，缓和曲线 AB 的长度为 L_F，A、B 点的曲率半径分别为 R_1、R_2，M 为缓和曲线 AB 上曲率为零的点，AB 段内任意点的坐标从 M 点推算。

根据回旋线几何关系：

因

$$L_F = \sqrt{\dfrac{24R_1R_2P_F}{R_1 - R_2}}$$

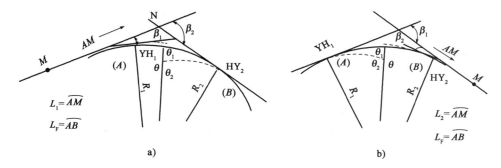

图 6-8　复曲线坐标计算示意图

而
$$P_F = p_2 - p_1 = \frac{L_{s2}^2}{24R_2} - \frac{L_{s1}^2}{24R_1}$$

故
$$L_F = \sqrt{\frac{|R_2 L_{s1}^2 - R_1 L_{s2}^2|}{|R_1 - R_2|}} \tag{6-17}$$

式中：L_{s1}、L_{s2}——第一、第二缓和曲线长度；

R_1、R_2——L_F 两端的圆曲线半径。

（1）当时 $R_1 > R_2$ 时。

如图 6-8a）所示，设 A 点（YH_1）的坐标为（X_A, Y_A），由式（6-14）计算得到，切线方位角 A_A 用下式计算：

$$A_A = A_1 + \xi\left[\frac{90(L_{s1} + 2l)}{\pi R_1}\right] \tag{6-18}$$

式中：l——半径为 R_1 的平曲线 HY_1 至 YH_1 的曲线长。

M 点的坐标（X_M、Y_M）为：

$$\left. \begin{array}{l} X_M = X_A + \left(l_1 - \dfrac{l_1^3}{40R_1^2}\right) \Big/ \cos\left(\dfrac{30 l_1}{\pi R_1}\right) \cdot \cos\left(A_A + 180 - \xi \dfrac{2}{3}\beta_1\right) \\[2mm] Y_M = Y_A + \left(l_1 - \dfrac{l_1^3}{40R_1^2}\right) \Big/ \cos\left(\dfrac{30 l_1}{\pi R_1}\right) \cdot \sin\left(A_A + 180 - \xi \dfrac{2}{3}\beta_1\right) \end{array} \right\} \tag{6-19}$$

式中：$l_1 = \dfrac{R_2 L_F}{R_1 - R_2}$，$\beta_1 = \dfrac{90 l_1}{\pi R_1}$。

M 点的切线方位角：

$$A_M = A_A - \xi \beta_1$$

（2）当时 $R_1 < R_2$ 时。

如图 6-8b）所示，M 点的坐标：

$$\left. \begin{array}{l} X_M = X_A + \left(l_2 - \dfrac{l_2^3}{40R_1^2}\right) \Big/ \cos\left(\dfrac{30 l_2}{\pi R_1}\right) \cdot \cos\left(A_A + \xi \dfrac{2}{3}\beta_1\right) \\[2mm] Y_M = Y_A + \left(l_2 - \dfrac{l_2^3}{40R_1^2}\right) \Big/ \cos\left(\dfrac{30 l_2}{\pi R_1}\right) \cdot \sin\left(A_A + \xi \dfrac{2}{3}\beta_1\right) \end{array} \right\} \tag{6-20}$$

式中：$l_2 = \dfrac{R_2 L_F}{R_2 - R_1}$，$\beta_1 = \dfrac{90 l_2}{\pi R_1}$。

M 点的切线方位角：

$$A_M = A_A + \xi \beta_1$$

(3) L_F 内任意点坐标。

计算出 M 点的坐标及切线方位角后，当 $R_1 > R_2$ 时，用式(6-13)计算 L_F 上任意点坐标；$R_1 < R_2$ 时，用式(6-16)计算。应注意的是，式中的 l 应为中间缓和曲线上计算点至 M 点的曲线长，A_1、A_2 相应换成 A_M。

2) 复曲线内 L_F 段以外的任意点坐标

复曲线内除 L_F 段外其他部位上任意点坐标计算公式同式(6-12)~式(6-16)。

四、曲线型定线法

曲线型定线法是根据导向线上各点控制性严宽的程度，参照设计路线标准的要求，先用一系列圆弧去拟合控制较严的地段或部位，然后把这些圆弧用适当的直线或缓和曲线连接起来，形成以曲线为主的连续线形。

(一) 曲线型定线法操作步骤

(1) 在地形图上根据路线布局所确定的定线走廊和限制较严的控制点，以曲线线形顺适、平缓地连接各控制点，初步定出与地形相适应的路线概略位置。

(2) 线形的标准化。选用直线和不同半径的圆曲线拟合曲线，把该曲线分解成规则的数学单元——圆弧和直线，形成一个圆弧和直线组成的具有错位(即设缓和曲线后圆曲线的内移值)的间断线形。

(3) 在每一被分解后的圆弧或直线上各采集两个点的坐标，从而将直线和圆固定下来。通过试定或试算，用合适的缓和曲线将固定的线形单元顺滑地连接，形成一条以曲线为主的连续平面线形。

(二) 确定缓和曲线参数 A

A 的确定是曲线型定线法重要的一环，常用方法有：回旋曲线尺法、回旋曲线表法、公式试算法以及解析法等。解析法在计算机上直接计算完成，是曲线型定线法的常用方法，另外三种方法适于手工拟合，简单直观。

1. 近似计算法

回旋线参数 A 的近似计算公式为：

$$A = \sqrt[4]{24 D R^3} \tag{6-21}$$

式中：D——基本型曲线时的内移值 p，S 形和卵形曲线(图6-9)时为圆弧之间距离；

R——基本型为单圆曲线半径，S 形和卵形为换算半径，分别按下式计算：

S 形曲线换算半径：

$$R = \dfrac{R_1 R_2}{R_1 + R_2}$$

卵形曲线换算半径：

$$R = \frac{R_1 R_2}{R_1 - R_2}$$

式中：R_1——大圆半径；
R_2——小圆半径。

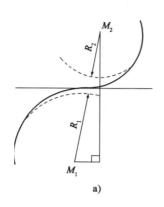
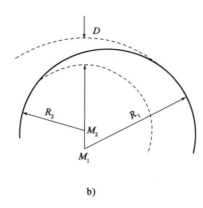

图 6-9 S 形和卵形曲线计算图

计算出 A 值后，应检查其大小是否满足 $A \geq A_{\min}$ 或 $R/3 \leq A \leq R$ 的要求，不满足时可调整圆弧位置，使 D 值变化后重新计算 A 值，直到满意为止。S 形曲线是由两条回旋线构成的，为了计算简便宜采用等参数 A 的回旋线，对于两个缓和曲线参数设计不相等的 S 形曲线计算比较复杂，一般很少使用。

2. 解析计算法

解析计算法是根据几何关系，建立含有参数 A 的方程式，通过精确计算确定 A 值。下面分三种连接情况进行介绍。

1）直线与圆曲线连接

如图 6-10 所示，已知直线上两点 $D_1(X_{D1}, Y_{D1})$、$D_2(X_{D2}, Y_{D2})$ 和圆上两点 $C_1(X_{C1}, Y_{C1})$、$C_2(X_{C2}, Y_{C2})$ 以及圆曲线半径 R。

（1）圆心坐标。
由图得：

$$\theta = \cos^{-1}\frac{S}{2R}$$

$C_1 M$ 方位角：

$$\alpha_m = \alpha_c + \xi\theta$$

式中：α_c——$C_1 C_2$ 的方位角。

圆心坐标为：

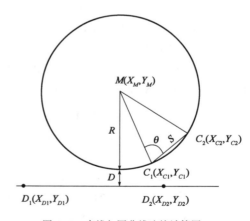

图 6-10 直线与圆曲线连接计算图

$$\left.\begin{array}{l} X_M = X_{C1} + R\cos\alpha_m \\ Y_M = Y_{C1} + R\sin\alpha_m \end{array}\right\} \quad (6\text{-}22)$$

式中：$R = |R|$，下同。

（2）直线与圆曲线间距 D。
令

$$k = \frac{Y_{D2} - Y_{D1}}{X_{D2} - X_{D1}}$$

则
$$D = \frac{|k(X_M - X_{D1}) - (Y_M - Y_{D1})|}{\sqrt{1+k^2}} - R \tag{6-23}$$

(3) 回旋线参数 A 及长度 L_s。

由回旋线的几何关系得：
$$p = y + R\cos\tau - R \tag{6-24}$$

式中：$y = \frac{L_s^2}{6R}\left(1 - \frac{L_s^2}{56R^2} + \frac{L_s^4}{7040R^4} - \cdots\right)$；

$\tau = \frac{L_s}{2R}$。

因 $p = D$，故式(6-24)只含未知数 L_s，可采用牛顿求根法解出 L_s，一般精确到 10^{-4}。则参数 A 值计算公式为：
$$A = \sqrt{L_s R} \tag{6-25}$$

2) 两反向曲线连接

如图 6-9a) 所示，已知两圆曲线上各两点坐标及相应半径 R_1 和 R_2，用上述方法可算出圆心坐标为 $M_1(X_{M1}, Y_{M1})$ 和 $M_2(X_{M2}, Y_{M2})$。

(1) 计算两圆间距 D。
$$M_1 M_2 = R_1 + R_2 + D = \sqrt{(X_{M2} - X_{M1})^2 + (Y_{M2} - Y_{M1})^2} \tag{6-26}$$

则
$$D = |M_1 M_2 - R_1 - R_2| = |\sqrt{(X_{M2} - X_{M1})^2 + (Y_{M2} - Y_{M1})^2} - R_1 - R_2|$$

式中：$R_1 = |R_1|, R_2 = |R_2|$，下同。

(2) 计算回旋线参数 A。

S 形曲线两个回旋线参数 A_1 与 A_2 宜相等，当采用不同参数时，A_1 与 A_2 之比宜小于 2.0，有条件时以小于 1.5 为宜。用 $k = A_1/A_2$ 表示回旋线参数的比值，则由几何关系知：
$$M_1 M_2 = \sqrt{(R_1 + R_2 + p_1 + p_2)^2 + (q_1 + q_2)^2} \tag{6-27}$$

式中：$p_i = y_i + R_i\cos\tau_i - R_i \ (i = 1, 2)$；

$q_i = x_i - R_i \sin\tau_i$；

$x_i = 2R_i\tau_i\left(1 - \frac{\tau_i^2}{10} + \frac{\tau_i^4}{216} - \frac{\tau_i^6}{9360} + \cdots\right)$；

$y_i = \frac{2}{3}R_i\tau_i^2\left(1 - \frac{\tau_i^2}{14} + \frac{\tau_i^4}{440} - \frac{\tau_i^6}{25200} + \cdots\right)$；

$\tau_2 = \frac{1}{k^2}\left(\frac{R_1}{R_2}\right)^2 \tau_1$。

由式(6-26)和式(6-27)可建立含 τ_1 的方程 $F(\tau_1) = 0$，解算出 τ_1 并求得 τ_2 后按下式计算参数：
$$A_1 = R_1\sqrt{2\tau_1} \qquad A_2 = R_2\sqrt{2\tau_2} \tag{6-28}$$

3) 两同向曲线连接

如图 6-9b) 所示，求得圆心 M_1 和 M_2 的坐标后：

$$D = |R_1 - R_2 - M_1M_2|$$

$$M_1M_2 = \sqrt{(R_1 + p_1 - R_2 - p_2)^2 + (q_2 - q_1)^2}$$

同样，可建立含 τ_1 的方程，解出 τ_1 后按下式计算 τ_2 和 A。

$$\tau_2 = \left(\frac{R_1}{R_2}\right)^2 \tau_1 \quad A = R_1\sqrt{2\tau_1} \tag{6-29}$$

定线操作是一个由粗到细的工作过程。因近似法计算中只保留了级数展开式中的第一项，所以计算简单但精度不高，适用于初定线位或精度要求不高的定线。解析法精度较高但计算复杂，需在计算机上完成，适用于精细定线。

（三）坐标计算

采用曲线型定线法定出的路线平面线形仍然是由直线、圆曲线和回旋线三种线形元素所组成的。当各线形元素衔接点的坐标一经确定，路线平面线形的形状和位置便完全确定了。下面就各种组合线形线形元衔接点的坐标和线形元上任意点坐标计算分别进行介绍。

1. 各线形元衔接点坐标计算

1）直线与圆曲线的连接

如图 6-11 所示，ZH、HZ 点到圆心 M 的方位角为：

$$\alpha_{ZM} = \alpha_1 + \xi\varphi$$

$$\alpha_{HM} = \alpha_2 + 180 - \xi\varphi$$

式中：$\varphi = \arctan\left(\dfrac{Y_M}{q}\right), Y_M = |R| + p, q = x - |R|\sin\tau, \tau = \dfrac{90L_s}{\pi R}$。

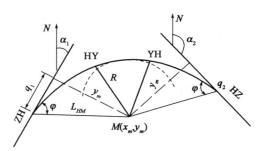

图 6-11　直线与圆连接

各衔接点坐标计算式为：

$$\begin{cases} X_{ZH(HZ)} = X_M + L_{HM} \cdot \cos(\alpha_{ZM(HM)} + 180) \\ Y_{ZH(HZ)} = Y_M + L_{HM} \cdot \sin(\alpha_{ZM(HM)} + 180) \end{cases}$$

$$\begin{cases} X_{HY} = X_{ZH} + x\cos\alpha_1 - \xi y\sin\alpha_1 \\ Y_{HY} = Y_{ZH} + x\sin\alpha_1 + \xi y\cos\alpha_1 \end{cases} \tag{6-30}$$

$$\begin{cases} X_{YH} = X_{HZ} - x\cos\alpha_2 - \xi y\sin\alpha_2 \\ Y_{YH} = Y_{HZ} - x\sin\alpha_2 + \xi y\cos\alpha_2 \end{cases}$$

式中：$L_{HM} = \sqrt{q^2 + Y_M^2}$。

$$\left. \begin{aligned} x &= L_s\left(1 - \frac{L_s^2}{40R^2} + \frac{L_s^4}{3456R^4} - \frac{L_s^6}{599040R^6} + \cdots\right) \\ y &= \frac{L_s^2}{6|R|}\left(1 - \frac{L_s^2}{56R^2} + \frac{L_s^4}{7040R^4} - \cdots\right) \end{aligned} \right\} \quad (6\text{-}31)$$

各衔接点的桩号：

$$S_{ZH} = S_0 + 起点至 ZH 点的距离$$
$$S_{HY} = S_{ZH} + L_s$$
$$S_{YH} = S_{HY} + L_c$$
$$S_{HZ} = S_{YH} + L_s$$

式中：L_c——HY 点至点 YH 的圆弧长度。

2）两反向曲线的连接

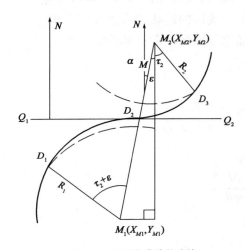

图 6-12 两反向曲线的连接

如图 6-12 所示，由几何关系得：

$$\tan\varepsilon = \frac{q_1 + q_2}{R_1 + R_2 + p_1 + p_2}$$

则公切线 Q_1Q_2 的方位角：

$$\alpha_Q = \alpha_M + \xi(90 - \varepsilon)$$

式中：$\xi = \text{SGN}(R_1)$。

衔接点 D_1、D_2、D_3 坐标计算：

D_2 到 M_1 的方位角：

$$\alpha_{D2M1} = \alpha_Q + 180 - \xi\theta$$

式中：$\xi = \text{SGN}(R_1)$；

$$\theta = \arctan\left(\frac{Y_{M1}}{q_1}\right);$$

$$Y_{M1} = |R_1| + p_1。$$

D_2 点的坐标：

$$\left. \begin{aligned} X_{D2} &= X_{M1} + L_D\cos(\alpha_{D2M1} + 180) \\ Y_{D2} &= Y_{M1} + L_D\sin(\alpha_{D2M1} + 180) \end{aligned} \right\} \quad (6\text{-}32)$$

式中：$L_D = \sqrt{q_1^2 + Y_{M1}^2}$。

D_1 点的坐标：

$$\left. \begin{aligned} X_{D1} &= X_{D2} - x\cos\alpha_Q - \xi y\sin\alpha_Q \\ Y_{D1} &= Y_{D2} - x\sin\alpha_Q + \xi y\cos\alpha_Q \end{aligned} \right\} \quad (6\text{-}33)$$

式中：$\xi = SGN(R_1)$。

D_3 点的坐标：

$$\left. \begin{aligned} X_{D3} &= X_{D2} + x\cos\alpha_Q - \xi y\sin\alpha_Q \\ Y_{D3} &= Y_{D2} + x\sin\alpha_Q + \xi y\cos\alpha_Q \end{aligned} \right\} \quad (6\text{-}34)$$

式中：$\xi = SGN(R_2)$；

x、y 由式(6-31)计算。

3）同向圆曲线的连接

如图6-13所示,由图可知 $R_1 > R_2$。

$$\tan\alpha_0 = \tan(\varepsilon_1 + \tau_1) = \frac{(q_2 - q_1)}{R_1 + p_1 - R_2 - p_2}$$

$$\varepsilon_1 = \alpha_0 - \tau_1, \varepsilon_2 = \alpha_0 - \tau_2$$

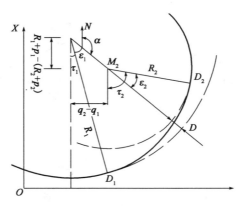

图6-13 同向圆曲线的连接

若从大圆过渡到小圆时方位角:

$$\alpha_{M1D1} = \alpha - \xi_1\varepsilon_1$$

$$\alpha_{M2D2} = \alpha + \xi_2\varepsilon_2$$

若从小圆过渡到大圆时方位角:

$$\alpha_{M1D1} = \alpha + 180 - \xi_1\varepsilon_1$$

$$\alpha_{M2D2} = a + 180 + \xi_2\varepsilon_2$$

式中: $\xi_1 = SGN(R_1)$;

$\xi_2 = SGN(R_2)$;

a 为 M_1M_2 的方位角。

则衔接点 D_1 和 D_2 的坐标计算公式为($i = 1,2$):

$$\left. \begin{array}{l} X_{Di} = X_{Mi} + |R_i|\cos\alpha_{MiDi} \\ Y_{Di} = Y_{Mi} + |R_i|\sin\alpha_{MiDi} \end{array} \right\} \quad (6-35)$$

2. 各线形元上加桩坐标计算

1）直线上加桩坐标

如图6-14所示,设 $S_0(X_0, Y_0)$ 为直线上已知点,S 为任意点桩号,α 为该直线的方位角,则:

$$\left. \begin{array}{l} X = X_0 + (S - S_0)\cos\alpha \\ Y = Y_0 + (S - S_0)\sin\alpha \end{array} \right\} \quad (6-36)$$

2）圆曲线上加桩坐标

如图6-15所示,α_0 为 S_0 点的切线方位角,α 为 S 点的切线方位角,则:

$$X = X_0 + R\left[\sin\left(\alpha_0 + \frac{S-S_0}{R} \cdot \frac{180}{\pi}\right) - \sin\alpha_0\right]$$
$$Y = Y_0 + R\left[\cos\left(\alpha_0 + \frac{S-S_0}{R} \cdot \frac{180}{\pi}\right) - \cos\alpha_0\right]$$
(6-37)

式中：R——圆曲线半径，右转为正，左转为负。

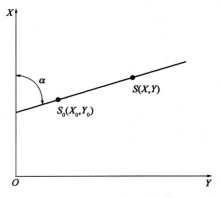

图 6-14　直线上点的坐标计算　　　　图 6-15　圆曲线上点的坐标计算

圆曲线上任意点坐标也可以参照式（6-11）、式（6-15）计算。

3）缓和曲线上加桩坐标

（1）直线与圆曲线连接时。

由图 6-11 和式（6-30）可得：

以 ZH 为局部坐标原点时：

$$\left.\begin{array}{l}X = X_{ZH} + x\cos\alpha_1 - \xi y\sin\alpha_1 \\ Y = Y_{ZH} + x\sin\alpha_1 + \xi y\cos\alpha_1\end{array}\right\}$$
(6-38)

以 HZ 为局部坐标原点时：

$$\left.\begin{array}{l}X = X_{HZ} - x\cos\alpha_2 - \xi y\sin\alpha_2 \\ Y = Y_{HZ} - x\sin\alpha_2 + \xi y\cos\alpha_2\end{array}\right\}$$
(6-39)

式中：
$$\left.\begin{array}{l}x = l\left(1 - \dfrac{l^4}{40R^2L_s^2} + \dfrac{l^8}{3456R^4L_s^4} - \cdots\right) \\ y = \dfrac{l^3}{6|R|L_s}\left(1 - \dfrac{l^4}{56R^2L_s^2} + \dfrac{l^8}{7040R^4L_s^4} - \cdots\right)\end{array}\right\}$$
(6-40)

式中：$\xi = \mathrm{SGN}(R)$；

l——缓和曲线上任意点至 ZH 或 HZ 点的曲线长。

同样，直线与圆曲线之间的回旋线上任意点坐标也可用式（6-13）和式（6-16）计算。

（2）反向曲线连接时。

对于反向圆曲线之间的回旋线如图 6-12 所示，当公切线方位角 α_Q 以及拐点 $D_2(X_{D2}, Y_{D2})$ 确定以后，回旋线上任意点的坐标可参照直线型定线法有关公式计算。下面介绍另一种计算方法，由式（6-33）和式（6-34）得：

由 D_2 过渡到 D_1：

$$\left.\begin{array}{l}X = X_{D2} - x\cos\alpha_Q - \xi_1 y\sin\alpha_Q \\ Y = Y_{D2} - x\sin\alpha_Q + \xi_1 y\cos\alpha_Q\end{array}\right\} \quad (6\text{-}41)$$

由 D_2 过渡到 D_3：

$$\left.\begin{array}{l}X = X_{D2} + x\cos\alpha_Q - \xi_2 y\sin\alpha_Q \\ Y = Y_{D2} + x\sin\alpha_Q + \xi_2 y\cos\alpha_Q\end{array}\right\} \quad (6\text{-}42)$$

式中：$\xi_1 = \mathrm{SGN}(R_1)$；

$\xi_2 = \mathrm{SGN}(R_2)$；

x、y 由式(6-40)计算。

(3)同向曲线连接时。

由几何关系得知同向曲线间回旋线长度：

$$L_F = \sqrt{\left|\frac{24R_1R_2D}{R_1-R_2}\right|}$$

①当 $R_1 > R_2$，如图 6-16 所示，M_1、M_2 以及 D_1、D_2 的坐标已知，M_1D_1 的方位角为 α_{M1D1}，若 D_1 点的切线方位角用 α_{D1} 表示，则：

$$\alpha_{D1} = \alpha_{M1D1} + \xi \cdot 90$$

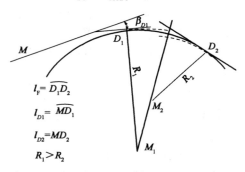

图 6-16　同向圆曲线之间的回旋线上点坐标计算

回旋线起点 M 的切线方位角：

$$\alpha_M = \alpha_{D1} - \xi\beta_{D1}$$

式中：$\beta_{D1} = \dfrac{90l_{D1}}{\pi R_1}$；

$l_{D1} = \dfrac{L_F R_2}{R_1 - R_2}$。

M 点的坐标为：

$$\left.\begin{array}{l}X_M = X_{D1} + \left(l_{D1} - \dfrac{l_{D1}^3}{40R_1^2}\right)\bigg/\cos\left(\dfrac{30l_{D1}}{\pi R_1}\right) \cdot \cos\left(\alpha_{D1} + 180 - \xi\dfrac{2}{3}\beta_{D1}\right) \\ Y_M = Y_{D1} + \left(l_{D1} - \dfrac{l_{D1}^3}{40R_1^2}\right)\bigg/\cos\left(\dfrac{30l_{D1}}{\pi R_1}\right) \cdot \sin\left(\alpha_{D1} + 180 - \xi\dfrac{2}{3}\beta_{D1}\right)\end{array}\right\} \quad (6\text{-}43)$$

②当 $R_1 < R_2$。

参见图 6-8b)，M 点的切线方位角：

$$\alpha_M = \alpha_{D1} + \xi\beta_{D1}$$

式中：$\beta_{D1} = \dfrac{90l_{D2}}{\pi R_1}$；$l_{D2} = \dfrac{L_F R_2}{R_2 - R_1}$。

$$\left.\begin{array}{l} X_M = X_{D1} + \left(l_{D2} - \dfrac{l_{D2}^3}{40R_1^2}\right) \Big/ \cos\left(\dfrac{30l_{D2}}{\pi R_1}\right) \cdot \cos\left(\alpha_{D1} + \xi\dfrac{2}{3}\beta_{D1}\right) \\ Y_M = Y_{D1} + \left(l_{D2} - \dfrac{l_{D2}^3}{40R_1^2}\right) \Big/ \cos\left(\dfrac{30l_{D2}}{\pi R_1}\right) \cdot \sin\left(\alpha_{D1} + \xi\dfrac{2}{3}\beta_{D1}\right) \end{array}\right\} \quad (6\text{-}44)$$

计算出 M 点的坐标和切线方位角后，当 $R_1 > R_2$ 时，用式(6-38)计算 L_F 上计算点坐标，当 $R_1 < R_2$，用式(6-39)计算。

上述直线型和曲线型两种定线方法，在本质上并无区别，定线成果都是直线、缓和曲线、圆曲线组成的中线。但在定线手法上二者正好相反；另外，直线型定线法可用于纸上定线也可用于现场直接定线，而曲线型只能用于纸上定线。

五、设计纵断面

计算出路线每一桩号的高程，绘制路线纵断面的地面线。设计者根据地形图，把竖向需要控制的各特征点(如为保证桥涵净空的最小高度等)的高程分别用不同符号注在图上作为填挖控制点。然后仿照平面试线的方法确定纵坡设计线。定纵坡设计线应参考试线时的理想纵坡，纵坡要符合该级公路技术标准要求，努力争取满足各种竖向控制以及纵坡线形与平面线形的配合。

根据设计纵坡，检查所定路线是否经济合理，如填挖过大，应进行修改。修改是调整纵坡还是改移中线，或两者都改，应在对平、纵、横三面充分研究后确定。越岭线上，一般纵坡灵活性不大，常常要平、纵面同时考虑。

纸上定线的过程是一个反复试线、比较、逐步趋于完善的过程。定线时要在满足标准的前提下结合自然条件，平、纵、横综合考虑，反复试线，直到满意为止。在某种程度上说，试线越多，考虑的因素越多，那么最后的成果也就越好。直到无论采取什么措施都不能显著节省工程量或增进美感时，才可认为纸上定线工作已告完成。

纸上定线后的平、纵、横面的成果，应再到现场进行实地核对检查。当检查无误后，方可最后定案，然后实地敷设中线控制桩，以便进行水文、地质勘探调查工作。

第二节　直接定线

直接定线，又称现场定线或实地定线，就是设计人员直接在现场定线。在地形简单、路线等级低、时间紧迫的情况下，可以采用实地定线，只要设计人员肯下功夫，不怕辛苦、不怕麻烦、多跑、多看、多问、多比较，也能把路线定在比较合适的位置上。在今后一个相当长的时期内，实地定线将是地方道路的一个重要定线方法。

直接定线要求现场直接定出交点位置，与纸上定线相比只是定线条件变了，工作步骤应做相应的改变。

一、路线交点的选定

直接定线要求在现场直接定出路线的交点，交点的选定可以归纳为两句话："以点定线，以线交点"。

"以点定线"就是在全面布局和逐段安排确定的控制点间,结合各方面因素进一步确定影响公路中线位置的小控制点,然后,按照这些小控制点,大致穿出公路的直线。这些小控制点为避让障碍物或利用有利地形而路线适宜通过的点位,按控制点对路线位置的制约程度可把控制点分为两种。

(一)经济控制点

这类控制点大多是以满足纵横向土石方填挖平衡为前提而选择的中线位置,必要时与横向支挡构造物结合起来考虑。经济性控制点着眼点只是从经济观点出发,因此其只宜作为定线的参考点。

(二)制约性控制点

这类控制点是由避让不良地质、绕越地物障碍或从路基稳定要求所决定的路线控制点,是定线时必须考虑的点位。

"以线交点"就是在已定小控制点的基础上结合路线标准和前后路线条件,穿出直线,并延长交出交点。

受各种因素限制的平面位置控制点比较多,而且这些点在平面上的分布又没有一定的规律,另一方面路线受技术标准和平面线形组合的限制,不可能照顾到每一个控制点。因此,穿线定点,就是根据技术标准和线形组合的要求,满足制约性控制点和照顾多数经济点,前后考虑,用穿线的方法延长直线,并出交点。

直接定线的指导原则与纸上定线相同。通常,平原微丘区路线以平面为主具体定线;越岭线需从安排纵坡开始,再结合平面及横断面具体定线;沿溪线以平面为主,再结合横断面具体定线。现场定线必须在现场充分考虑和解决平面线形三要素的合理组合、平面与纵断面的良好配合、平面与横断面的配合及路线与桥涵构造物的配合等问题。

下面仍以受地形控制较严的山区越岭线为例,阐明直接定线工作步骤。

二、直接定线的工作步骤

(一)分段安排路线

直接定线直接面对现场条件,但由于视力及其他因素的限制,一般把路线按布局阶段选定的大控制点分段考虑,逐段解决路线位置。在主要控制点之间,沿拟订方向用试坡方法粗定出沿线应穿应避的一系列中间控制点,拟订路线轮廓方案。

(二)放坡定导向线

放坡是要解决控制点间纵坡合理安排问题,实质上就是现场设计纵坡。

在山岭重丘区路段,天然地面坡度角均在20°以上,而设计纵坡(或平均纵坡)有一定要求,如图6-17所示路线由 A 点到 B 点,如果沿最大地面自然坡度方向 AB 前进,将使路线上不去,显然不可能实施。如果路线沿等高线走(AC 方向)虽然纵坡平缓,但方向偏离,达不到上山目的,因此,就需要在 AB 和 AC 方向间找

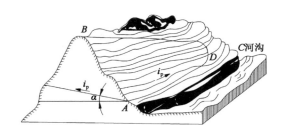

图6-17 放坡原理示意图

到 AD 方向线,使其地面坡度正好等于设计坡度(或平均坡度 $i_{均}$),这样既使路线坡度平缓,又使填挖数量最小,寻求这条地面坡度等于设计坡度线(或平均纵坡 $i_{均}$)的工作就是放坡的任务。

纵坡安排和选择坡值应考虑如下几点:

(1)纵坡线形要符合《公路工程技术标准》要求(如坡长限制、设置缓坡、合成坡度等),并力求两控制点间坡度均匀,避免设反坡。

(2)要结合地形选用坡度,尽可能不用极限纵坡,但也不应太缓,一般以接近控制点间平均坡度为宜,地形整齐地段可稍大,曲折多处宜稍缓。

放坡由受限较严的控制点开始,一人用带角度的手水准,对好与选用坡度相当的角度,立于控制高程处指挥另一持花杆的人在山嘴、山坳等地形变化处和计划变坡处及顺直山坡上每隔一定距离定点,做好标记。如果一边放坡一边插线,必须先放完一定长度(一般不应少于 4~5 条导线边长)的坡度点之后,定线人员再利用返程进行下一步工作。

照上述方法定出的这些坡度点的连线如图 6-18 中的 A_0、A_1、A_2、…,相当于纸上定线的一次修正导向线,也起指引路线方向的作用,称为导向线。

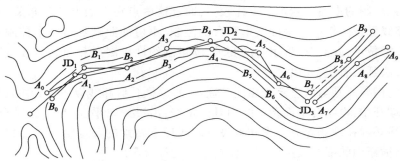

图 6-18 放坡定线示意图

(三)修正导向线

放坡后的坡度点就是概略的路基设计高程位置,而实地路中线的位置对于路基的稳定和填挖工程量影响很大,如图 6-19 所示,如果中线在坡度点的下方[图 6-19a)],则横断面为填多挖少的形式,若中线在坡度点上方[图 6-19c)],则横断面以路堑形式为主。因此,坡度点就是概略的路基设计高程,由于各点的坡度陡缓不一,线位放上放下对路基的稳定和填挖工程量影响很大,故应根据路基设计的要求,在各坡度点的横断方向上选定最合适的中线位置,插上标志。如图 6-19 中的 B_0、B_1、B_2 等连线,叫作修正导向线(相当于纸上定线的二次修正导向线)。有定线经验的人,常常把第 2、3 两步工作合并为一步来做,即一次完成修正导向线。

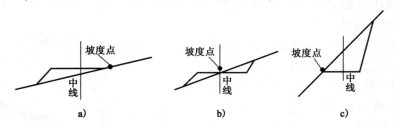

图 6-19 中线与坡度点在横断面上的位置

根据经验,一般情况当地面横坡在 1∶5 以下时,中线在坡度点上下方对路基稳定和工程经济影响不大;当为 1:5~1:2 时,中线与坡度点重合为宜;当横坡大于 1:2 时,中线宜在坡度点上方,以形成全挖的台口式断面为好。

(四) 穿线交点

修正导向线是具有合理纵坡、横断面上位置最佳的一条折线,穿线要从平面线形要求着眼,尽可能多地靠近或穿过修正导向线上的特征点,特别要注意控制性严的点,裁弯取直,使平、纵、横三面恰当结合,穿出与地形相适应的若干直线,延伸这些直线定出交点,即为路线导线,如图 6-18 中 JD_1、JD_2、JD_3。这步工作很重要,定线人员必须反复试插修改,才能定出合理的路线。

(五) 曲线插设

经过穿线交点确定了路线的交点位置,在交点处还需要根据《公路工程技术标准》结合地形、地物及其他因素选择适宜的平曲线半径,控制曲线线位。

地形复杂的山区路线,曲线在路线总长中占很大比重,且常常是地形困难处,正是需要设置曲线的地方,因此必须研究曲线的插设方法。根据不同的地形条件、交点布设方式,曲线的插设方法一般有:

1. 单交点法

单交点是实地定线最常用的方法之一。它是用一个交点来确定一段单圆曲线的插设曲线方法。适用于一般转角不大、实地能直接钉设交点时。

半径 R 的大小,直接影响曲线线位,如图 6-20 所示,当转角较大,不同半径可能使曲线线位相差几米甚至几十米。线位的移动将直接影响线形、工程数量及路基稳定,确定半径一般结合地形和其他因素按以下控制条件来选择。

1) 外距控制(曲线中点控制)

如图 6-21 所示,根据弯道内侧的固定建筑物,确定曲线 A 点是不与其发生干扰的控制点,即可用皮尺量出控制的外距值 E,并测出转角,即可反复确定半径。可由下式进行计算:

$$\left(\sec\frac{\alpha}{2} - 1\right)R^2 - ER + \frac{L_s^2}{24}\sec\frac{\alpha}{2} = 0 \tag{6-45}$$

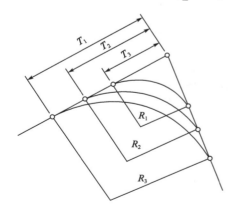

图 6-20 半径对线位的影响

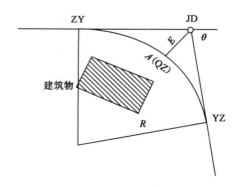

图 6-21 外距控制曲线半径

2)切线控制(曲线起、终点控制)

有时路线为了控制曲线起终点位置,要求曲线的切线长为一定值,比如相邻的反向曲线间要求一定的直线长度,或者要求桥头或隧道洞口在直线上等,这时曲线半径就由控制的切线长来选定。

$$\tan\frac{\alpha}{2}R^2 + \left(\frac{L_2}{2} - T\right)R + \frac{L_s^2}{24}\tan\frac{\alpha}{2} = 0 \qquad (6\text{-}46)$$

3)曲线长控制

当路线转角较小,为使曲线长度满足最短曲线长度 L_{min},则曲线半径最小值可以反复确定(未考虑设置缓和曲线)。

$$R = \frac{180L_{min}}{\alpha\pi} \qquad (6\text{-}47)$$

4)曲线上任意点控制

如图 6-22 所示,有时路线由于桥涵人工构造物位置或原路改建的要求,控制曲线必须从任意点 A 通过时,可用试算法选择半径。其办法是:先实地量出 JD 至 B 点的距离和要求的支距(BA),初选半径 R,用试算法确定。

5)按纵坡控制

当路线纵坡紧迫时,为使弯道上合成纵坡不因曲线半径太小而超过规定值,这时,应根据已定的纵坡和合成纵坡标准值来反算出超高横坡,再按控制的超高横坡求得最小控制半径。

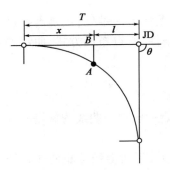

图 6-22 曲线上任意点控制

2. 双交点法(虚交点法)

当路线偏角很大及交点受地形或地物障碍限制,无法钉设交点时,如图 6-23 所示,可在前后直线上选两个辅助交点 JD_A、JD_B,来代替交点 JD,敷设曲线选择半径,JD_A 和 JD_B 的连线叫作基线,具体作法有两种:

(1)切基线法:当选择基线可以控制曲线位置,能使所定曲线与基线相切时,叫作切基线法。如图 6-23 所示,GQ 为公切点,量出转角 θ_A、θ_B 和基线长度 AB 后可反算半径。

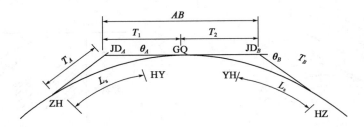

图 6-23 切基线的双交点法

选择半径后,还要检查是否合乎《公路工程技术标准》的要求。切基线法,方便简单,容易控制线位,计算容易,是生产中较常用的方法。

(2)不切基线法:当选择基线不能控制曲线线位或切基线计算的半径不能满足标准要求时,则所设曲线不能与基线相切,只能按不切基线办法来选择半径。如图 6-24 所示,其方法是:先根据标准要求初选半径 R,测量 θ_A、θ_B,基线 AB,计算出 T_A、T_B,由计算出的 T_A、T_B 即可根据 JD_A、JD_B 量距定出曲线起、终点 ZH、HZ,并用切线支距 X、Y,检查曲线上任意一点的线位,如与实际情况相符,则所选半径合适,反之,则应再调整、计算。

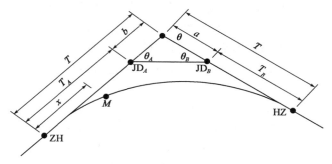

图 6-24　不切基线的双交点法

3. 回头曲线定线法

一般来讲,有回头曲线的地方,路线受地形约束较大,主曲线和辅助曲线的平、纵面控制较严,定线时稍有不慎,会对线形和工程数量影响很大,插线时必须反复试线,才能得到满意的结果。回头曲线定线的方法很多,通常采用切基线的双交点定线。

按照放坡的导向线,先确定辅助曲线交点 JD_1、JD_2 和上下线位置,如图 6-25 所示,然后反复移动基线 JD_A、JD_B 控制确定主曲线,直到满意为止。其具体方法同切基线的双交点法。

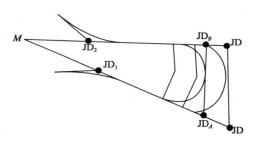

图 6-25　回头曲线定线(双交点法)

(六)纵断面设计

直接定线的纵坡设计,是在对平面线形做了某种程度的肯定之后进行的。这就要求设计纵坡不仅要满足工程经济和技术标准的规定,而且还担负着实现平、纵面线形配合的主要责任。这等于给纵坡设计又增添了一些限制因素,因此必须反复检查修改,才能得到满意的结果。具体做法是:

先按常规拉坡办法,借用横断面,并参考定线时的设想,逐桩拟订最合适的填、挖高度,并按控制松严的程度分别用不同符号标注在纵断图上。按照"注意重点,照顾多数"的原则试定纵坡,试坡应符合《公路工程技术标准》要求,设置竖曲线。然后检查平、纵面线形配合情况,可能出现如下几种情况:

(1)只需调整纵坡即能满足要求时,按需要调整纵坡。

(2)靠调整纵坡无法满足要求时,应综合考虑调整方案。

(3)工程经济与平、纵配合矛盾很大时,应结合路线等级、工程量大小等因素具体分析,确定调整方案。

多次检查、反复修改后的纵坡经现场核实无误即是最后成果。

三、直接定线与纸上定线的比较

直接定线,面对实际地形、地物、地质及水文等,只要定线人员有一定的经验,不怕辛苦,不怕麻烦,肯多跑、多看、多调查,掌握充分资料,反复试插,多次改进,也能把路线定在比较合适的位置上。路线纵坡设计也采用试验改进的办法,做到不仅符合标准、工程经济,而且使平、纵面线形能较好地配合,才可以认为定线工作已告完成。

经过多次试验修改后的路线,应该说已具有较好质量,但是直接定线有两个根本弱点。

(1)研究利用地形的不彻底性:直接定线时,定线人员对地形、地质、水文等情况的了解,全靠自己去跑、去调查。而现场工作条件不允许对每一处的自然状况都深入研究、再由于视野受到限制,定线时难免顾此失彼,虽经过多次试验,但毕竟还是有限的。

(2)平、纵面线形配合问题难以彻底解决:直接定线的平面设计是在现场进行的,而纵断面的精细设计则在室内,尽管设计路线平面时,已充分考虑了纵断面,但毕竟是粗略的。从分析纵坡中,常可以发现,如果平面上略加调整,就有可能使路线更加适应地形,或者平、纵面配合得更好。但是因为修改平面要重新钉桩,纵断面也要重做。定线者往往不愿承担"返工"的压力而勉强接受原方案。所以直接定线就其性质来讲,基本上是要求"一次成功"的定线,它与选线者的实际工作经验有直接关系,这显然是不能确保质量的。

纸上定线是指在定线过程中采用的一种重要的中间步骤,代替直接在实地定线。定线者或定线组先要取得"定线走廊"范围内的大比例尺地形图。从图上可以俯视较大范围内的地形,不像直接定线那样视野受到限制,可以较容易地找出所有控制地形的特征点,从而定出平面试线和试线的纵坡设计线,经过平、纵面反复试验修改,直至自己认为再修改已得不到显著效果时为止。

由于纸上定线不受野外因素的限制,定线者在室内想做多少修改工作就做多少修改工作,能使工程节省和平、纵面线形的配合尽善尽美。纸上定线有利于发挥定线组的集体作用,其他专业人员的有益观点都能反映到方案中来,不像直接定线,大量的工作都依靠个别定线者现场的简单判断与技术能力。自从计算机引进公路勘测设计以后,过去一向被认为烦琐而缓慢的工作如土石方计算、绘透视图等已变得轻而易举了。这为利用地形图进行定线和方案优选开辟了更加美好的前景。

总之,多年来的实践证明,纸上定线比直接定线有明显的优越性,应该大力提倡。现在的问题是,纸上定线需要精度较高的大比例尺地形图,目前在我国取得这类图纸还有一定困难,所以只能在地形复杂、路线等级高时才采用此法。随着我国航空摄影测量技术的发展,取得大比例尺地形图不再很难时,纸上定线法将会广泛使用。

直接定线虽有其不足之处,但在一定条件下,如地形障碍不多的平坦地区或路线等级不高时,只要定线人员肯下功夫,也能定出比较满意的线来。直接定线在今后一个相当长的时期内,仍将是低等级道路及地方道路一个重要的定线方法。

小结:定线是选线的具体体现,常用方法有纸上定线、现场定线,每种定线方法针对不同地形条件有相应的操作方法,每种定线方法均需要综合考虑各方面的因素,才能定出一条最佳的路线中线。

第三节 实地放线

实地放线是将纸上定好的路线敷设到地面上,供详细测量和施工之用。实地放线的方法很多,具体应根据路线的复杂程度和精度要求的高低、测量仪具设备、地形难易等具体条件选用。

以下是工程上常用的几种实地放线方法。

一、穿线交点法

穿线交点法是根据平面图上路线与测量地形图时敷设的控制导线(以下简称导线)之间的关系,将纸上路线的各条边独立地放到地面上,延长这些直线即可在实地放出交点,具体作法又有两种:

(一)支距法

穿线交点法一般即指支距法,此法适用于地形不太复杂、路线与导线相离不远、测量设备不齐备的情况,如图6-26所示。首先在图上量取路线与导线间的支距,如图6-26中导1—A、导2—B、导3—D 等,量取时每条边至少应取三点,它们之间最好互相通视。然后在现场找到相应的导线点,用皮尺和方向架(或经纬仪)定出路线上各点,如图中 A、B、D…各点,插上花杆。放出的各点应在一条直线上,但由于量距及放线的误差,不可能恰好在一条直线上,必须穿直。穿出直线后要根据实际地形审查路线是否合理,否则现场修改。两相邻直线相交得出交点。如交点离路线很远或交在不能架设仪器的地方,可设置成虚交的形式。所有交点和转点都应定桩以标定中线。

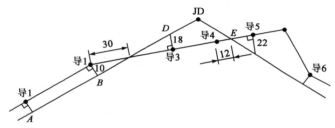

图6-26 支距法放线(尺寸单位:m)

(二)解析法

解析法是用经纬距计算图上路线与导线关系,再按极坐标原理在实地放出各路线点的方法,此法计算较准确,精度较高,在地形较复杂或直线较长、线拉控制要求较高的时常用此法,见图6-27。

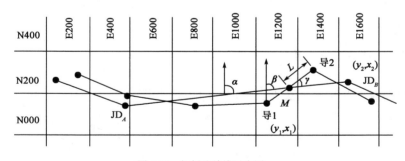

图6-27 解析法放线示意图

其步骤如下:

1.计算路线与导线的夹角

如图6-27所示,欲确定 JD_A—JD_B 的方向必须计算其夹角 γ 和距离 l。从平面图上可量出

交点 JD_A—JD_B 的经纬距 $(Y_A、Y_B)$，$(Y_B、X_B)$ 则 JD_A—JD_B 的象限角可按下式计算：

$$\tan\alpha = \frac{Y_B - Y_A}{X_B - X_A} = \frac{\Delta Y}{\Delta X}$$

导1—导2 的象限角 β 已知，则 JD_A—JD_B 与导1—导2 的夹角：

$$\gamma = \alpha - \beta \tag{6-48}$$

计算时要注意经纬距的正负号，即经距东正西负，纬距北正南负。

2. 计算距离 l

导线与路线交点 M 的位置可由 l 来确定，先计算 M 点的经纬距 $(X_M、Y_M)$ 解以下联立方程即可：

$$\frac{Y_B - Y_M}{X_B - X_M} = \frac{Y_B - Y_1}{X_B - X_1}$$

$$\frac{Y_2 - Y_M}{X_2 - X_M} = \frac{Y_2 - Y_A}{X_2 - X_A} \tag{6-49}$$

式中：$(Y_1、X_1)$、$(Y_2、X_2)$——导1、导2 的经纬距；

$(Y_A、X_A)$、$(Y_B、X_B)$——JD_A—JD_B 的经纬距（可由平面图上量得）。

由此，即可计算导2 至 M 点的距离：

$$l = \frac{Y_2 - Y_M}{\cos\beta} = \frac{Y_2 - Y_M}{\sin\beta}$$

$$l = \sqrt{(Y_2 - Y_M)^2 + (Y_2 - Y_M)^2} \tag{6-50}$$

3. 放线

置镜于导2，后视导1，量距 l 定出 M 点，移经纬仪于 M，后视导2，拨角 γ 定出 JD_A、JD_B 的方向，同样方法确定相邻直线的方向，即可交出 JD_A。当地形图比例较大时，亦可从图上直接按比例量取 l 长度。

二、拨角法

拨角法是根据图上求得的经纬距计算每条线的距离、方向、转角和各控制桩的里程，按此资料直接拨角量距定出交点，不必再穿线定点。现举例说明步骤如下：

(一) 内业计算

路线各直线的长度，象限角的计算与解析法相同（图6-28）。

计算路线起点 A 与导线的关系，已知导1 的经纬距为 $Y_1 = 10259$、$X_1 = 10117$，导1—导2 的象限角 $N72°14'07''$；从平面图上量得 $A、B$ 的经纬距为 $Y_A = 10268$、$X_A = 10045$、$Y_B = 12094$、$X_B = 11186$。导 $1-A$ 的象限角为：

$$\tan\alpha_A = \frac{Y_A - Y_1}{X_A - X_1}$$

$$\alpha_A = \arctan\frac{10268 - 10259}{10045 - 10117} = S7°07'30''E$$

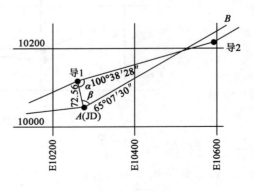

图6-28 拨角法放线

$A-B$ 的象限角为:

$$\tan\alpha_B = \frac{Y_B - Y_A}{X_B - X_A}$$

$$\alpha_B = \arctan\frac{12094-10268}{11186-10045} = N58°00'00''E$$

$$\alpha = 180° - (7°07'30'' + 72°14'07'') = 100°38'23''$$

$$\beta = 58°00'00'' + 7°07'30'' = 65°07'30''$$

按上述方法依次计算各边的象限角、转向角、距离、列表以供放线之用。

导1—A 的距离:

$$l = \frac{X_A - X_1}{\cos\alpha_A} = \frac{10045-1017}{\cos 7°07'30''} = 72.56(\text{m})$$

(二) 外业放线

先由导1,按夹角 α 和距离 l 定出路线起点 A,在 A 点置镜拨角即可定出 AB 方向,以后直接定出各交点 B、C 点。

拨角法计算较繁,但外业工作不需穿线,速度较快,其放线精度受原始资料的可靠程度和放线累计误差影响大。为了减少累计误差,可与穿线交点法配合使用。

三、直接定交点法

在地形平坦、视线开阔、路线受限不很严时,路线位置可直接根据地物明显目标确定,如图6-29所示交点 JD 即可由桥头和房角的相对距离(50m 和 35m)量距交会确定。

综上所述,穿线交点定线费时较多,拨角定线误差积累,为了弥补这些工作方法的缺点,取长补短,可以两者结合应用,即拨角定线到一定距离后,再用穿线交点法放线相交,这样又拨又交,既能提高工作进度,又能截断拨角定线的误差累积。

上述三种方法中,穿线交点和直接定交点法,放线资料大都来自图解,准确度不高,适用于活动余地较大的路线。拨角法放线资料虽较准确,但放线误差累积,也影响定线的精度。

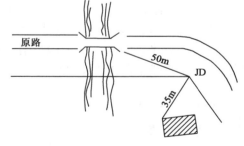

图 6-29　直接定交点法放线

现代测量中,以上三种方法已较少使用。

四、坐 标 法

目前,随着测量设备的改进,尤其是全站仪、GPS 仪的全面使用,以及设计的计算机化,实地放线一般采用坐标法,即建立一个贯穿全线统一的国家坐标系统,通过坐标计算,可编制成逐桩坐标表,然后根据极坐标放线法或坐标放线法,以全站仪、GPS 仪为测设工具将路线敷设在地面上。

(一) 极坐标放线法

极坐标放线的基本原理是以控制导线为根据,以角度和距离定点。如图6-30所示,在控制导线点 T_i 置仪,后视 T_{i-1}(或 T_{i+1}),待放点为 P。图6-30a)所示为采用方位角 A 的放点。

只要算出 J 和 A 和置仪点 T_i 到待放点 P 的距离 D，就可在实地放出 P 点。

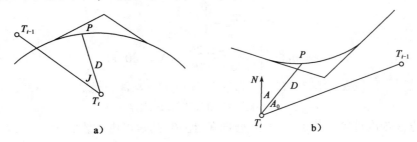

图 6-30 极坐标放线示意图

设置仪点的坐标为 $T_i(X_0,Y_0)$，后视点的坐标为 $J_{i-1}(X_h,Y_h)$，待放点的坐标为 $P(X,Y)$。放线数据 D、A、J，可按直线型定线法计算，据此拨角测距即可放出待定点 P。

（二）坐标放线

此法的基本原理与极坐标法相同，它是利用现代自动测量仪的坐标计算功能，只需输入有关点的坐标值即可，现场不需做任何手工计算，而是由仪器内计算机自动完成有关数据计算。放线的具体操作步骤如下：

(1) 在置仪点 T_i 安置仪器，后视 T_{i-1} 点。

(2) 键入置仪点和后视点坐标 $T_i(X_0,Y_0)$、$T_{i-1}(X_h,Y_h)$，完成定向工作。

(3) 键入待放点坐标 $P(X,Y)$。

(4) 转动照准头使水平角为 $0°00'000''$，完成待放点 P 定向。

(5) 置反射镜于 P 点方向上，并使面板上显示 $0.000\mathrm{m}$ 时，即为 P 点的精确点位。

重复 (3) ~ (5) 步，可放出其他点位。当改变置仪点的位置后，重复 (1) ~ (5) 步。

坐标法放线数据全部来自于精确计算，放线精度高，可用于直线或曲线的标定。因此，坐标法适用于直线型定线法和曲线型定线法。

复习思考题

1. 纸上定线的方法和步骤是什么？

2. 实地定线的方法和步骤是什么？

3. 某公路平曲线偏角为 $\alpha = 6°15'32''$，为了使曲线长度超过 $200\mathrm{m}$，平曲线的半径最小为多少？

4. 双交点法确定圆曲线半径。已知 JD_3 的位置不能定，设辅助交点 JD_{3A} 和 JD_{3B}。

(1) 如习题图 6-1 所示，不设缓和曲线，确定圆曲线半径。

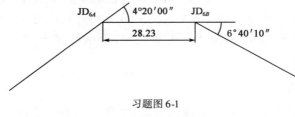

习题图 6-1

(2)如习题图 6-2 所示,缓和曲线长 35m,确定圆曲线半径。

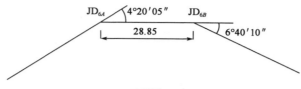

习题图 6-2

5. 复曲线法确定圆曲线半径。

(1)不设缓和曲线,已确定 $R_1=500$m,布置情况如习题图 6-3 所示,确定 R_2。

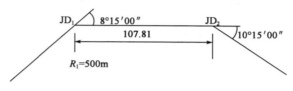

习题图 6-3

(2)已确定缓和曲线长 50m,$R_1=500$m,布置情况如习题图 6-4 所示,确定 R_2。

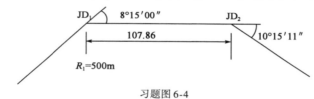

习题图 6-4

6. 外矩控制确定圆曲线半径,布置如习题图 6-5 所示。

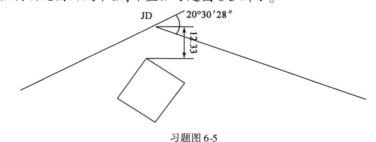

习题图 6-5

(1)已知路基宽 9m,路基外设置边沟,顶宽 1.5m,JD_2 距离房角 12.33m,在不能拆房的条件下,不设缓和曲线圆曲线半径应选择多大?

(2)已知路基宽 9m,路基外设置边沟,顶宽 1.5m,JD_2 距离房角 12.33m,在不能拆房的条件下,缓和曲线长 50m,圆曲线半径应选择多大?

7. 按切线长控制确定圆曲线半径。

(1)如习题图 6-6 所示,为一段四级路的相邻两个交点,要求夹直线长不小于 25m,确定 R_2。

(2)如习题图 6-7 所示,为一段路的相邻两个交点,缓和曲线长按 25m 考虑,布置成 S 形曲线,确定 R_2。

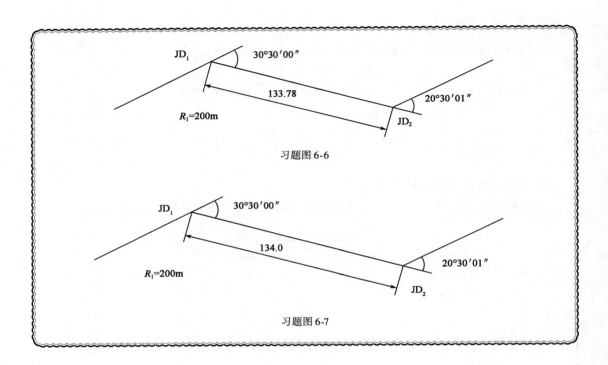

习题图 6-6

习题图 6-7

第七章 道路交叉口设计

本章教学要求

学习目标：了解交叉口设计的意义；了解平面交叉的形式和适用场合；掌握环形交叉口设计的方法和步骤及交叉口的竖向设计；了解立体交叉的形式和特点；了解立体交叉设计的内容和要求。

学习重、难点：平面交叉和立体交叉的形式及交叉口设计内容和步骤；互通立交设计。

道路交叉口是不同方向的多条道路相交或连接的地方，是道路系统中的重要组成部分，是相交道路上各种车辆、行人交通汇集的咽喉。由于在交叉口处来自各条道路的车辆既有直行交通，又有转弯交通，不同方向的车辆及行人相互干扰，不仅会降低行车速度、造成交通延误、影响通行能力，而且容易发生交通事故。据统计，公路交通事故半数以上交叉口处，而城市道路中的这一比例高达60%以上。因此，正确设计交叉口、合理组织交通，对于提高道路通行能力、减少交通事故、避免交通阻塞，具有重要意义。

根据相交道路的性质、等级，道路交叉可分为：道路与铁路、道路与道路、道路与乡村道路、道路与管线交叉等，如图7-1所示。

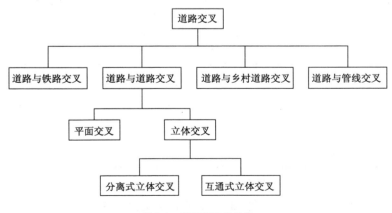

图7-1 道路交叉的分类

第一节　平面交叉设计概述

一、平面交叉口的交通特征分析

(一) 交通危险点分析

进出交叉口的车辆,由于行驶方向的不同,车辆与车辆之间的交错方式也不尽相同,可能产生的交错点(存在碰撞可能的点)的性质也不一样。

同一行驶方向的车辆向不同方向分离行驶的地点称为分流点;来自不同行驶方向的车辆以较小的角度,向同一方向汇合行驶的地点称为汇流点;来自不同行驶方向的车辆以较大的角度相互交叉的地点称为冲突点。任何交叉口都存在分流点和汇流点,但有些交叉口不存在冲突点。此三类交错点都存在相互尾撞、挤撞或碰撞的可能,是影响交叉口行驶速度、通行能力和行车安全的主要原因。其中,以直行与直行、左转与左转以及直行与左转车辆之间所产生的冲突点,对交通的干扰和行车的安全影响最大,其次是汇流点,再次是分流点。因此,在交叉口设计时,应尽量采取措施减少冲突点和汇流点,尤其要减少或消灭冲突点。

在无交通管制时,三路、四路相交和五路(均为双车道)相交时,平面交叉口的交错点分布情况见图 7-2,交错点数量见表 7-1。

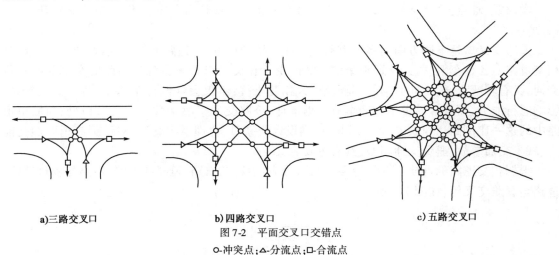

a) 三路交叉口　　　b) 四路交叉口　　　c) 五路交叉口

图 7-2　平面交叉口交错点

○-冲突点;△-分流点;□-合流点

平面交叉口交错点数量表　　　　　　表 7-1

交叉口类型	分 流 点	汇 流 点	冲 突 点		总 数
			直行车流	左转车流	
三路交叉	3	3	0	3	9
四路交叉	8	8	4	12	32
五路交叉	15	15	5	45	80

分析图 7-2 和表 7-1,可以得出两点结论:

(1) 在无交通管制的交叉口,交错点的数量随相交道路条数的增加而增加,其中增加最快的为冲突点。当相交道路均为双车道时,各交错点的数量可用下式计算:

$$\left.\begin{array}{l}\text{分流点} = \text{合流点} = n(n-2) \\ \text{冲突点} = \dfrac{n^2(n-1)(n-2)}{6}\end{array}\right\} \qquad (7\text{-}1)$$

式中：n——相交道路的条数。

因此，在规划和设计交叉口时，应力求减少相交道路的条数。尽量避免 5 条或 5 条以上道路相交，使交通简化。

(2) 产生冲突点最多的是左转弯车辆。如图 7-1b) 所示，四路交叉口若没有左转车流，则冲突点可由 16 个减至 4 个，而 5 路交叉口则从 50 个减到 5 个。因此，在交叉口设计中如何正确地处理和组织左转弯车辆，是保证交叉口交通通畅和安全的关键所在。

(二) 消灭或减少冲突点的措施

1. 使交通流在时间上分离

用交通组织和管理的方法，对平面交叉口的交通进行限制，使发生冲突的车流在通行时间上错开。如在交叉口装置交通信号灯，或由交警指挥，或设置让路交叉路口，或定时不准左转车流通行等，均属于在时间上将交通流分离的措施。

2. 使交通流在平面上分离

在交叉口采用各种交通设施或进行交通组织，使交通流在平面上分离，这也是减少交叉口危险点的有效途径。通常采用的措施和方法有：

(1) 在交叉口设置专用车道，将不同方向的车辆在通过交叉口前分离在各专用车道上，减少行车干扰。

(2) 合理组织交通路线，变左转为右转，如设置中心岛组织环形交通、街坊绕行、远引掉头等。

(3) 组织渠化交通。在交叉口采用画线、绿化、交通岛和各种交通标志等方法，限制交通路线，使交通流在平面上分离的交通组织方法。

3. 使交通流在空间上分离

设置立体交叉，将互相冲突的车流从通行空间上分开，使其互不干扰。这是解决交叉口交通问题最彻底的办法。

二、交叉口设计的基本要求和内容

(一) 交叉口设计的基本要求

(1) 在确保安全的前提下，使车辆和行人在交叉口能以最短的时间顺利通过，并兼顾环境道路景观要求。

(2) 交叉口设计应根据相交道路的功能、性质、等级、设计速度、设计小时交通量、流向及自然条件等进行，合理选择交叉形式，满足交通需求，使工程经济。

(3) 规模合理适度，适当超前，节省用地，并使前期工程为后期扩建预留用地。

(4) 正确设计交叉口立面，保证转弯车辆的稳定，同时保证交叉口范围内的地面水能迅速排出。

(二)交叉口设计的主要内容

(1)正确选择交叉口形式。
(2)进行交通组织,合理布置各种交通设施。
(3)交叉口的几何设计,合理确定各组成部分的几何尺寸。
(4)验算交叉口行车视距,保证安全通视条件。
(5)交叉口立面设计及排水设计。

三、平面交叉设置要求和间距

(一)平面交叉的设置要求

平面交叉应根据相交道路的功能、技术等级、区域路网的现状与规划,以及交叉区域地形、地貌条件等合理设置。

公路平面交叉设置应符合表7-2的规定。

公路平面交叉设置要求　　　　　　　　　表7-2

被交叉公路	公 路 主 线				
	一级公路(干线)	一级公路(集散)	二级公路(干线)	二级公路(集散)	三级、四级公路
一级公路(干线)	严格限制	—	—	—	—
一级公路(集散)	严格限制	限制	—	—	—
二级公路(干线)	严格限制	限制	限制	—	—
二级公路(集散)	严格限制	限制	限制	允许	—
三级、四级公路	严格限制	限制	限制	允许	允许

城市道路的快速路应禁止主干路、次干路、支路以平面交叉的形式接入;主干路和交通性次干路应严格控制平面交叉的接入,其他次干路和支路可根据需要设置平面交叉。

平面交叉的形式位置与选定应根据地形、地物和地貌综合确定,以满足平面交叉范围内的通视条件要求。

(二)平面交叉的间距要求

公路平面交叉间距的控制应符合下列规定:

(1)平面交叉间距应根据公路功能、技术等级,以及其对行车安全、通行能力和交通延误的影响确定。

(2)一级公路、二级公路的平面交叉最小间距应符合表7-3的规定。

公路平面交叉的最小间距　　　　　　　　　表7-3

公路等级	一级公路			二级公路	
公路功能	干线公路		集散公路	干线公路	集散公路
	一般值	最小值			
间距(m)	2000	1000	500	500	300

(3)一级公路、二级公路作为干线公路时,应优先保证干线公路的顺畅,采取排除纵、横向干扰的措施,平面交叉应保持足够大的间距,必要时可设置立体交叉。

(4)一级公路、二级公路作为集散公路时,应合理设置平面交叉,通过支路合并等措施,减少平面交叉的数量。

城市道路平面交叉间距应根据城市规模、路网规划、道路类型及其在城市中的区域位置而定;干路交叉口间距宜大致相等;各类交叉口最小间距应能满足转向车辆变换车道所需最短长度、满足红灯期车辆最大排队长度,以及满足进出口道总长度的要求,且不宜小于150m。

四、平面交叉的设计依据

(一)交叉口的设计速度

设计速度是进行平面交叉设计的关键技术指标,交叉口的交通岛、附加车道和转角曲线等各部分几何尺寸均取决于设计速度。交叉口的设计速度与路段的设计速度密切相关,二者速差大时会因减速过大而影响行车安全,速差小而路段车速又高时仍有行车危险,对环形交叉口又有用地过大和左转绕行过长等。

平面交叉范围内主要公路的设计速度,宜与路段设计速度相同。两相交公路的功能、等级相同或交通量相近时,平面交叉范围内的直行车道的设计速度可适当降低,但不应低于路段的70%。当主要公路与次要公路相交,次要公路因交角等原因改线,或因条件受限采用较低的线形指标时,可适当降低设计速度。转弯车道的设计速度应根据路段设计速度、交通量、交叉类型、交通管理方式和用地情况等因素综合确定。

城市道路平面交叉口内的设计速度在保证安全的前提下,应按组成交叉口的各条道路的设计速度的50%~70%计算,转弯车取小值,直行车取大值。在交叉口视距三角形验算时,进口道直行车设计速度应与相应道路设计速度一致。

(二)交叉口的设计车辆

道路路段设计时,设计车辆采用小客车、大型客车、铰接客车、载货汽车和铰接列车五种,平面交叉口的设计车辆也采用这五种车辆作为设计依据。原则上,平面交叉口的设计车辆应与路段设计车辆一致。有特殊通行需求时,应根据实际通行车型,对平面交叉口的通行条件进行验算或进行相关设计,使其满足特殊的通行要求。

(三)设计交通量

平面交叉的设计交通量应满足相交道路的通行需求,一般多采用相交道路的设计小时交通量作为平面交叉口的设计交通量,并需要根据实测或预测资料,确定平面交叉口的各个行车方向(左转、右转、直行)的交通量。

平面交叉口设计年限应与道路的设计年限一致。组成交叉口的各条道路等级不同时,以等级较高道路的设计年限为准。

(四)通行能力

平面交叉的设计通行能力必须满足交叉口相应设计服务水平时的设计交通量要求。并且,平面交叉口设计时,应使进出口道通行能力与其上游路段通行能力相匹配,并注意与相邻交叉口之间的协调。

设计中,承担干线功能的一级公路平面交叉口的设计服务水平应不低于三级;承担集散功能的一级公路及二级公路、三级公路平面交叉的设计服务水平应不低于四级。

第二节 平面交叉口的形式与选择

一、平面交叉的形式及适用范围

平面交叉口的形式,取决于道路网的规划、交叉口用地及其周围的地形、地物情况,以及交通量、交通性质和交通组织等。按照不同的分类方法,会有不同的形式。

(一)按交叉口的几何形状分类

平面交叉口按几何形状可分为十字形、X 形、T 形、错位形、Y 形、多路交叉形等叉口,如图 7-3 所示。

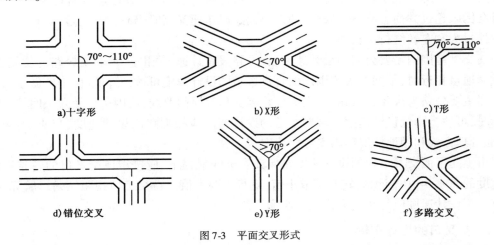

图 7-3 平面交叉形式

十字形交叉口是最基本的平面交叉口形式,如图 7-3a)所示,适用于相同或不同等级道路的交叉,它形式简单,交通组织方便,街角建筑易处理。

X 形交叉口是两条道路以锐角或钝角斜交,如图 7-3b)所示,此形式转弯交通不便,驾驶员不易判断方向、街角建筑难处理,当锐角太小时此种形式不宜采用。

T 形交叉口,如图 7-3c)所示,适用于次干路连接主干路或尽头式干道连接滨河干道的交叉口。

错位交叉是两个相距不远的 T 形交叉相对拼接,见图 7-3d),通常将斜交改造为这种形式。

Y 形交叉是道路分叉的结果,如图 7-3e)所示,存在着与 X 形交叉口类似的问题。

多路交叉指 5 路及 5 路以上的道路交叉口,如图 7-3f)所示,该形式对交通负面影响较大,交通难以组织。通常,在用地面积足够时,可以在城市中心广场等处采用。但一般情况下不宜采用。

环形交叉是在交叉口中心设置交通岛(圆形或椭圆形),组织车辆绕中心岛逆时针单向行驶的一种形式,将在第五节详细介绍。

(二)按交通特性分类

交叉口的形状由道路网规划所确定,一般不易改变。在具体设计中常因相交道路的功能、交通量、交通性质以及不同的交通组织方式,把平面交叉口设计成各具交通特点的形式,可归纳为:加铺转角式、分道转弯式、扩宽路口式和环形交叉四类。

1. 加铺转角式

加铺转角式是指在交叉口用适当半径的单圆曲线或复曲线平顺连接相交道路的路基和路面,见图7-4。此类交叉口形式简单,占地少,造价低,设计简单方便,但行车速度低,通行能力小。适用于车速低,交通量少,转弯车量少的三级、四级公路或地方道路,若斜交角度不大时,也可用于转弯交通量较小的主要道路与次要道路交叉。设计中主要解决合适的转角曲线半径和保证足够的视距问题。

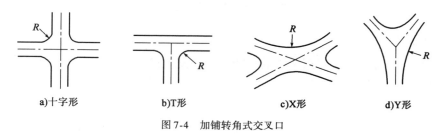

a)十字形　　b)T形　　c)X形　　d)Y形

图7-4　加铺转角式交叉口

2. 分道转弯式

分道转弯式是指采用设置分流岛、划分车道等措施,使转弯车辆分道行驶的平面交叉,如图7-5所示。此类交叉口转弯车辆,尤其是右转弯车辆行驶速度和通行能力较高,适用于车速较高、转弯车辆较多的主要道路。设计时,主要解决分道转弯半径、保证足够的视距和满足导流岛端部半径的要求。

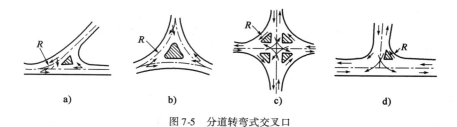

图7-5　分道转弯式交叉口

3. 扩宽路口式

扩宽路口式交叉口,是为减少转弯车辆对其他车辆的行驶干扰,在接近交叉口的道路两侧展宽或增辟附加车道的平面交叉。可单增右转或左转车道,也可同时增设左、右转车道,如图7-6所示。此类交叉口可以减少转弯交通对直行交通的干扰,车速较高,交通事故率低,通行能力大,但占地多,投资大。常用于交通量较大,转弯车量较多的一级、二级公路和城市主干路。设计时,主要解决扩宽的车道数和位置,同时满足视距及转角曲线半径的要求。

4. 环形交叉

环形交叉(俗称转盘),是在交叉口中央设置中心岛,用环道组织渠化交通,使进入环道的所有车辆一律按逆时针方向绕岛单向行驶,直至所要去的路口离岛驶出交叉口,见图7-23。

(三)按交通组织方式分类

公路与城市道路因交通特性的区别,交叉口布局与交通组织方式各有特点,但从交通组织方式划分均可划分为有信号控制与无信号控制交叉口。

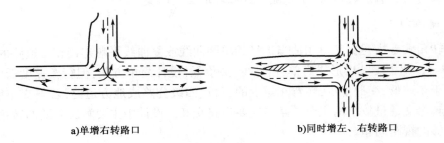

a) 单增右转路口　　　　　　b) 同时增左、右转路口

图 7-6　拓宽路口式交叉口

1. 公路平面交叉口的分类

公路平面交叉口设计中,根据公路的功能、等级、交通量等可分别采用主路优先交叉、无优先交叉和信号控制交叉三种方式。

1) 主路优先交叉

主路优先交叉是指对没有实施信号控制的主、次道路相交的交叉口,主路车辆可优先通行,次路车辆必须停车让行或减速让行的控制方式。适用于公路功能、等级、交通量有明显差别,有明显的主、次关系的交叉口。在非优先车流的进口道上设置停车让行或减速让行标志,在保障有优先通行权车辆通行的前提下,以停车让行或减速让行的方式通过交叉口。

这种交叉口可最大限度地保证主车辆的顺畅通行,车流通常不受影响;但次路因让行,会产生较大的延误。

2) 无优先交叉

无优先交叉是在相交公路的等级均低且交通量较小时,各方向车流在交叉口寻找安全间隙通过,不设任何管理措施的交叉口。

3) 信号控制交叉

信号控制交叉是采用交通信号控制的方式,对平面交叉口的交通流实施动态管理和调节的交叉口。实行信号控制的交叉口,能够使相互冲突的车流在时间上分离,减少了各方向车流之间的相互干扰,有利于提高交叉口车流通行的效率与安全性。

2. 城市道路平面交叉口的分类

根据《城市道路交叉口设计规程》(CJJ 152—2010),城市道路交叉口按照交通组织方式分为:信号控制交叉口、无信号控制交叉口和环形交叉口三类,分别定义为平 A 类、平 B 类及平 C 类交叉。

1) A 类:信号控制交叉口

(1) 平 A_1 类:交通信号控制,进口道展宽交叉口。

(2) 平 A_2 类:交通信号控制,进口道不展宽交叉口。

2) B 类:无信号控制交叉口

(1) 平 B_1 类:干路中心隔离封闭、支路只准右转通行的交叉口。

(2) 平 B_2 类:减速让行或停车让行标志管制交叉口。

(3) 平 B_3 类:全无管制交叉口。

3)C类:环形交叉口

平C类:环形交叉口。

二、平面交叉形式的选择

交叉口形式的选择涉及的因素较多,如交叉口现状、交通量及交通组成、地形地物和道路用地等,应根据具体情况做具体分析,作出不同设计方案加以比较,择优选用。选择和改建交叉口的形式,应有利于减少或消除冲突点以及提高交叉口通行能力。

(一)交叉口形式选择的要求

(1)既占地面积小又能安全迅速地通过最大交通量。
(2)平面形式、断面组成应符合道路等级、交通量的要求。
(3)交叉口竖向设计能既满足排水、管线的要求又和周围地形环境相适应。
(4)具有合理的交通管理、导流及防护安全等措施。

(二)应避免的交叉口形式

(1)交叉角小于45°的斜交交叉。
(2)两相邻交叉口间距小于60m的交叉。
(3)复合(或多路)交叉和畸形交叉。

对多路交叉,条件适宜时,可采用环形交叉。

(三)平面交叉口形式的选择

1. 公路平面交叉口的形式选择

公路平面交叉口不同交通组织方式的选择,应符合如下规定:

(1)公路功能、等级、交通量有明显差别的两条公路相交,或交通量较大的T形交叉,应采用主路优先交叉交通管理方式。

(2)两条相交公路或多条交叉岔路的等级均低且交通量较小时,应采用无优先交叉交通管理方式。

(3)下述交叉应采用信号控制交叉交通管理方式:

①两条交通量均大,且功能、等级相同的公路相交,难以用"主路优先"的规则管理时。

②两相交公路虽有主次之别,但交通量均大(主要公路双向交通量大于或等于750辆/h,次要公路单向交通量大于或等于300辆/h),采用"主路优先"交通管理方式,会出现频繁的交通事故和过分的交通延误时。

③主要公路交通量相当大(主要公路双向交通量大于或等于900辆/h),而次要公路尽管交通量不大,但采用"主路优先"交通管理方式,次要公路上的车辆由于难以遇到可供驶入的主流间隙而引起不可接受的交通延误,或出现冒险驶入长度不足的主流间隙而危及安全时。

④两条相交公路的交通量虽未达到上述程度,但由于有相当数量的行人和非机动车穿越交叉口而引起交通延误,甚至造成阻塞或交通事故时。

⑤环形交叉的入口因交通量大而出现过多的交通延误时。

⑥位于城镇路段的平面交叉。

2. 城市道路平面交叉口的形式选择

城市道路平面交叉口的形式选用,应符合表7-4的规定。

城市道路平面交叉口的形式选用　　　　　　　　　　　表 7-4

平面交叉口类型	选　　型	
	推荐形式	可用形式
主干路—主干路	平 A_1 类	—
主干路—次干路	平 A_1 类	—
主干路—支路	平 B_1 类	平 A_1 类
次干路—次干路	平 A_1 类	—
次干路—支路	平 B_2 类	平 A_1 类或平 B_1 类
支路—支路	平 B_2 类或平 B_3 类	平 C 类或平 A_2 类

第三节　平面交叉口的交通组织

交叉口设计与道路路段设计的最大区别在于：交叉口设计必须要结合交叉口的交通状况（包括各种交通方式的流量、转弯数量、比例等）来采取必要的组织管理措施以减少不同交通方式和不同方向交通的相互干扰。因此，交叉口的几何设计必须结合交叉口的交通组织设计来进行。

一、平面交叉口的交通流特性

（一）交通组织设计原则

交叉口的交通组织设计的基本任务，就是保证相交道路上的车流和行人的交通安全，并提高交叉口的通行能力。其设计方法归纳起来就是：正确组织不同去向的车流，设置必需的车道数，合理布置交通岛、交通信号灯及地面各种交通标志等，使车辆在交叉口能按渠化交通的原则组织起来，有序而迅速地通过交叉口。

交叉口的交通组织设计的基本原则：

(1) 优先合理组织机动车交通；

(2) 组织行人交通应以保证行人安全为前提，同时注意使行人交通尽量少的干扰其他交通方式。

(3) 保证非机动车快速，安全的通过交叉口，同时着眼点放在减少非机动车对机动车的干扰和如何提高非机动车的通过能力上。

（二）交通流特性比较

各种交通方式在通过交叉口的时候，其交通特性有明显的区别，分析如表 7-5 所示。

交通流特性比较分析表　　　　　　　　　　　表 7-5

状　　态	机　动　车	非机动车	行　　人
排队状态	按车道顺序依次排列	交错/紧密型排队	交错/紧密型排队
起动反应	一般需 2~3s 的反应时间	反应时间几乎可以忽略，集团式进入交叉口	反应时间可以忽略，集团式进入交叉口
起动后的运行状态	车速快速提高，速度差较大，驶出交叉口时速度较高	速度差不大，以膨胀的状态驶出进口道	以均匀的速度缓慢通过人行横道线
交通流强弱式	强势	弱势	弱势

根据以上分析可以明确,对非机动车和行人可以放在一起考虑,形成慢速交通,而不应该与机动车混合通行。这样既可以避免非机动车与机动车的相互干扰,又有利于提高非机动车流的安全性。

二、机动车交通组织

(一)设置专用车道

交叉口处车辆必须要减速或等待以后才能通过,一个车道的通行能力低于路段车道的通行能力,因此为保证在交叉口上的通行能力不过多地低于路段通行能力,通常采用在交叉口进口处增加车道的办法来解决。

组织不同行驶方向的左转、直行和右转车辆在各自的车道上分道行驶,互不干扰。根据行车道宽度和左、直、右行车辆的交通量大小,可作出多种组合的车道划分,如图7-7所示。

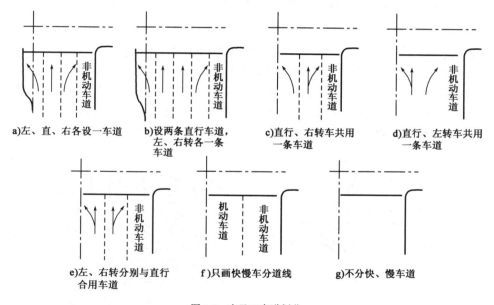

图7-7 交叉口车道划分

(1)左、直、右方向车辆组成均匀,各设一专用车道。如果车道宽度不足时,左转车道可向路中心偏移,如图7-7a)所示。

(2)直行车辆很多且左、右转也有一定数量时,设两条直行车道和左、右转各一条车道,如图7-7b)所示。

(3)左转车多而右转车少时,设一条左转车道,直行和右转车共用一条车道,如图7-7c)所示。

(4)左转车少而右转车多时,设一条右转车道,直行和左转车共用一条车道,如图7-7d)所示。

(5)左、右转车辆都较少时,分别与直行车合用车道,如图7-7e)所示。

(6)行车道宽度较窄,无法划分左、直、右车道,只划快、慢车分道线,如图7-7f)所示。

(7)行车道宽度很窄时,快、慢车道线也不划分,如图7-7g)所示。

(二) 左转弯车辆的交通组织

左转弯车辆是引起交叉口车流冲突的主要原因,而且也影响直行方向车流的通行。合理地组织左转弯车辆的交通,是保证交通安全、提高交叉口通行能力的有效方法。左转弯车辆交通组织方法可采用以下几种形式。

1. 设置专用左转车道

左转弯车辆在停车线后等候,开放通行信号灯时才通过。当直行车辆较多时,最好能为左转车辆设置专用车道,以免阻碍直行车辆的通行;如原有车道的宽度不够,以致左转弯车辆在停车时影响直行和右转弯车辆的通行时,可在靠近交叉口一定距离的范围内拓宽车行道,以便驶进交叉口的车辆能按渠化交通的原则分道停候和行驶。

2. 实行交通管制

通过信号灯或交警指挥,在规定时间内不准左转。

3. 变左转为右转

(1) 环行交通。在交叉口中央设置圆形或椭圆形交通岛,进入交叉口的车辆不受交通管制,一律绕岛逆时针单向行驶,使冲突车流变为汇流或分流,如图7-8a)所示。

(2) 绕街坊变左转为右转,如图7-8b)所示。这种形式的主要缺点是使左转弯车辆绕街坊的行程增加很多。它通常用在旧城改建有困难或在桥头引道有十字交叉口之处,目的是为了防止车辆高速下坡时直角转弯而发生事故。

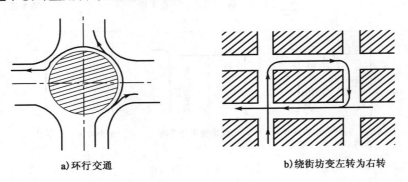

a) 环行交通　　　　　　　b) 绕街坊变左转为右转

图7-8　变左转为右转

(三) 渠化交通组织

所谓渠化交通,就是指在道路上画线或用绿带和交通岛分隔车道,使各种不同类型和不同速度的车辆,能像渠道内的水流那样,顺着一定的方向互不干扰地通过。渠化交通在一定条件下可以有效地提高道路的通行能力,减少交通事故。它对解决畸形交叉口的交通问题尤为有效。

1. 渠化交通的主要作用

(1) 利用分车线或分隔带、交通岛等,把不同方向和速度的车辆划分车道行驶,使行人和驾驶员很容易看清互相行驶的方向,避免车辆相互侵占车道和干扰行车路线,因而可减少车辆相互碰撞的机会,增加行车安全,如图7-9a)所示。

(2)利用交通岛的布置,限制车辆行驶方向,使斜交对冲的车流为直角交叉或较大的锐角交叉,如图 7-9b)、c)所示。

(3)利用交通岛的布置,限制车道宽度,控制车速,防止超车,如图 7-9d)、e)所示。

(4)可利用渠化交通设施(如交通岛或分隔带),设置各种交通标志,并可作为行人过街时避让车辆的安全岛。

在交通量较大、车速较高的交叉口利用交通岛组织渠化交通时,还需考虑设置变速车道和候驶车道,如图 7-9f)所示,以利左转弯车辆转向行驶和变速行驶的需要。

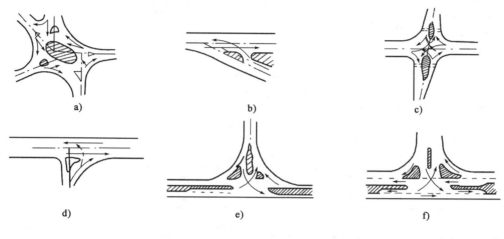

图 7-9 渠化交通

2. 交通岛的设计

在渠化交通中,为控制行车方向和保障行人安全,在车道之间设置的岛状设施称为交通岛。按其作用不同可分为方向岛、分隔岛、中心岛、安全岛等。

方向岛又称导流岛,用以指引行车方向,它在渠化交通中起着很大作用,许多复杂的交叉口,往往只需用几个简单的方向岛,就能组织好交通,减少或消灭冲突点。方向岛还可用于约束车道,使车辆减速转弯,保证行车安全。

分隔岛是用以分隔机动车和非机动车、快速车和慢速车,以及对向行驶的车流,保证行车速度和交通安全的长条形交通岛,有时也可在路面上画线来代替分隔岛。

中心岛是设在交叉口中央,用来组织左转弯车辆和分隔对向车流的交通岛。

安全岛供行人过街时避让车辆之用。在宽阔的街道上,宜在人行横道线中央设置安全岛,以保证行人过街安全。

交通岛的形状为直线与圆曲线的组合,导流用交通岛的要素如图 7-10 所示,其尺寸规定如表 7-6 ~ 表 7-8 所示。

导流岛各要素的最小值 表 7-6

图号		a)			b)			c)		d)
要素名称		W_a	L_a	R_a	W_p	L_d	R_d	W_c	L_c	W_d
最小值	市区道路	1.0	3.0	0.5	1.5	4.0	0.5	$D+1.0$	5.0	1.0
	公路及郊区道路	1.5	5.0	0.5	2.0	5.0	0.5	$D+1.5$	5.0	1.5

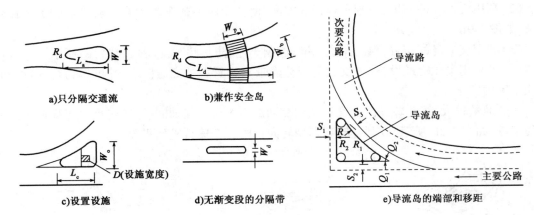

图 7-10 导流岛要素

导流岛偏移距、内移距　　　　　　　　　　　　　　　　　表 7-7

设计速度	偏移距(m)			内移距(m)	
(km/h)	S_1	S_2	S_3	Q_1	Q_2
80	1.00	1.00	0.50	1.50	1.00
60	0.75	0.75	0.50	1.00	0.75
50 以下	0.50	0.50	0.50	0.50	0.50

导流岛端部半径　　　　　　　　　　　　　　　　　　　　表 7-8

R_0(m)	R_1(m)	R_2(m)
0.5	0.5~1.0	0.5~1.5

当导流岛很大时，端部内移距在主要道路一侧按 1/10~1/20 过渡，次要道路一侧为 1/5~1/10，如图 1-13e)所示。

各种交通岛的面积在城区不小于 $5m^2$，其他地区不小于 $7m^2$。用缘石标界的交通岛一般高出路面 15~25cm，有行人通过时则为 12~15cm。

（四）调整交通组织

当旧城道路改建困难时，可对城市道路网综合考虑，采取改变交通路线、限制车辆行驶、控制行驶方向、组织单向交通，以及适当封闭一些主要干道上的支路等措施，简化交叉口交通，提高整个道路网的通行能力。

（五）采用自动控制的交通信号指挥系统

采用自动控制的交通信号指挥系统，提高行车速度和通行能力。

三、行人及非机动车交通组织

距离城镇较远的公路设计中，往往不考虑行人和非机动车交通。但对于城市道路、两侧土地开发程度高的公路、城市出入口处的公路，因大量行人和非机动车存在，合理组织行人和非机动车交通，是消除交叉口交通阻塞，保障交通安全最有效的方法。

（一）行人交通组织

行人交通组织的主要任务是组织行人在人行道上行走，在人行横道线内安全过街，使人、车分离,干扰最小。在交叉口上,最主要的问题就是布置行人过街的问题,一般采用人行横道过街,当采用过街天桥或地道时,按照立体交叉处理。

人行横道的设置应考虑以下几个方面的要求:

(1)人行横道应设在驾驶员容易看清楚的位置,标线应醒目。

(2)人行横道应与行人的自然流向一致,否则将导致行人在人行横道以外的地方横过车行道,不利于安全。

(3)人行横道应尽量与车行道垂直,以缩短行人过街的步行距离,使行人尽快通过交叉口。

(4)人行横道应尽量靠近交叉口,以缩小交叉口的面积,使车辆尽快通过交叉口,减少车辆在交叉口内的通行时间。

在设置信号灯或停车标志的交叉口,应在路面上标绘停车线,指明停车位置。停车线应布置在人行横道后至少 1m 处,并应与人行横道平行。一般布置如图 7-11 所示。

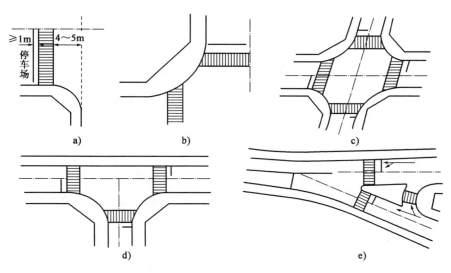

图 7-11 人行横道的一般布置

人行横道的宽度主要取决于过街人流量的大小,一般应比路段人行道宽些,其最小宽度为 4m,当过街人流量较大时,可适当加宽,但不宜超过 8m。

当行车道较宽时,行人一次横穿越过长的街道会引起思想紧张,尤其是行走缓慢的老、弱、病、孕、孺等,会感到不安。因而,当机动车车道数大于或等于 6 条或人行横道长度大于 30m 时,应在道路中线附近设置宽度不小于 1.0m 的安全岛。

(二)非机动车交通组织

在交叉口,非机动车道通常布置在机动车道和人行道之间。但非机动车与机动车、行人之间的交通干扰很大。在交叉口上,对于非机动车主要采用交通管制和组织措施。

根据自行车交通的基本特性和提高通行能力等方面考虑,为了充分利用交叉口的时间和空间资源,交叉口内自行车通行空间优化设计方法,可分别采用设置右转弯专用车道、左转弯等待区间等方式,如图 7-12 所示。

当车流量很大,机、非之间干扰严重时,可考虑采用立体非机动车交通组织,并与人行天桥或地道一起考虑。上下人行天桥或地道,可用梯道、坡道或混合式。一般行人宜用梯道型升降方式;非机动车应采用坡道型,非机动车较多,又因地形或其他理由不能设坡道时,可用梯道带坡道的混合型升降方式。

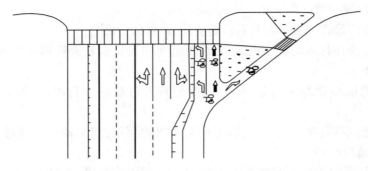

图 7-12　交叉口的非机动车与行人的组织

第四节　交叉口平面布设

一、交叉口的平面线形布设要点

（1）平面交叉范围内两相交道路应正交或接近正交,且平面线形宜为直线或大半径曲线,尽量避免采用需设超高的曲线半径。

（2）新建道路与等级较低的既有道路交角小于70°时,应对次要道路在交叉前后一定范围内实施局部改线。

（3）斜交十字交叉中,次要道路进行扭正改造（图 7-13）,使其垂直交叉。此方法的缺点是次要道路重新定线所增加的几个曲线段,很容易成为危险路段,应采取相应的交通管理措施。

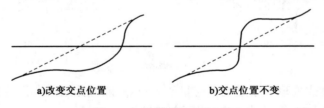

a) 改变交点位置　　　　　　　　b) 交点位置不变

图 7-13　改斜交为十字形交叉

（4）当条件受限,不能将斜交扭正为十字交叉时,可将次要道路上的两岔单独改线组成两个 T 形交叉,即错位交叉（图 7-14）。应该注意双 T 形交叉本身的问题,当斜交角度很小（小于45°）时,且改造后两个路口之间距离大于 60m 以上时,会收到好的效果,否则对于该方案的选取要慎重,避免带来新的问题。

图 7-13a）所示为顺错位,方案较优,因为次要道路上的车辆,在通过主干道时均先左转,而后右转,左转时若遇阻,可在次要道路停车线上停候,不影响主干线交通;在主干道上右转也不影响交通。而图 7-13b）所示为逆错位,次要道路上的交通均要先右转而后左转,左转时如遇阻,则必须在主干道上停候,如主干道上没有设置专用左转车道,则停候时将影响主干道上的交通。

（5）如图 7-15 所示,当在锐角上左转车辆较多,且用地有一定空间时,可以通过局部改线的方法,改小交角为大交角。此外,可以按照这种形式将 Y 形交叉改为 T 形交叉。

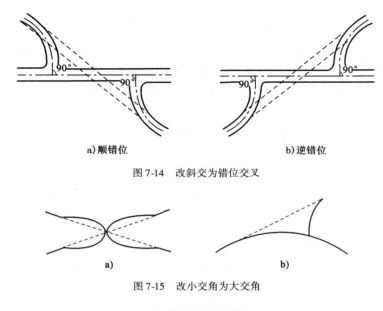

a) 顺错位　　　　　　　　　　b) 逆错位

图 7-14　改斜交为错位交叉

图 7-15　改小交角为大交角

二、交叉口的视距

(一) 视距三角形

为了保证交叉口上行车安全,驾驶员在进入交叉口之前的一段距离内,应能看到相交道路上的行车情况,以便能及时采取措施顺利驶过或安全停车。这段必需的距离应该大于或等于停车视距 S_T。

由相交道路上的停车视距所构成的三角形称为视距三角形,其区域称为通视三角区,在其范围内不能有任何阻挡驾驶员视线的障碍物,如图 7-16 所示。

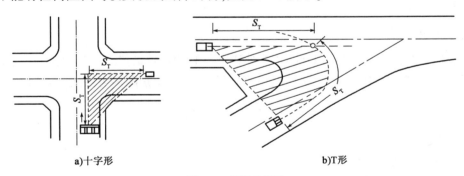

a) 十字形　　　　　　　　　　b) T形

图 7-16　视距三角形

视距三角形以最不利情况绘制,绘制方法和步骤如下：

(1) 确定停车视距 S_T。

可用前述停车视距计算公式计算或根据相交道路的设计速度按表 7-9 选用。

安全交叉停车视距　　　　　　　　　表 7-9

设计速度(km/h)	100	80	60	50	40	30	20
停车视距(m)	160	110	75	60	40	30	20
安全交叉停车视距(m)	120	75	55	45	30	25	15

(2)找出行车最危险的冲突点。不同形式交叉口的最危险冲突点的找法不尽相同。对常见十字形和T形(或Y形)交叉口的最危险的冲突点可按下述方法确定:

①对十字形交叉口[图7-16a],最危险的冲突点是在最靠右侧的第一条直行机动车道的轴线与相交道路最靠中心线的第一条左转车道的轴线所构成的交叉点。

②Y形或T形交叉口[图7-16b],其最危险的冲突点则在直行道路最靠右侧的第一条直行车道的轴线与相交道路最靠中心线的一条左转车道的轴线所构成的交叉点。

(3)从最危险的冲突点向后沿行车的轨迹线各量取停车视距 S_T。

(4)连接末端构成视距三角形。

条件受限不能保证由停车视距所构成的通视三角区时,应保证主要道路的安全交叉视距和次要道路至主要道路边车道中心线 5~7m 所组成的通视三角区,如图7-17所示。

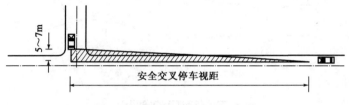

图7-17 安全交叉停车视距三角形

(二)识别距离

为保证车辆安全顺利通过交叉口,应使驾驶员在平面交叉口之前的一定距离能识别交叉的存在及交通信号和交通标志等,这一距离称为识别距离。该识别距离随交通管制条件而异。

1. 无信号控制交叉口

对于无信号控制的交叉口,通常是等级低、交通量小及车速不高的次要交叉口,识别距离可采用各相交道路的停车视距。

2. 有信号控制交叉口

对于有信号控制的交叉口,识别距离为使正常行驶的驾驶员能看清交通信号和显示内容,有足够时间制动减速直至停车,但这种制动并非紧急制动,识别距离可按式(7-2)计算。

$$S_S = \frac{V}{3.6}t + \frac{V^2}{26a} \qquad (7\text{-}2)$$

式中:S_S——交叉口的识别距离(m);

V——路段的设计速度(km/h);

a——减速度(m/s^2),取 $a = 2m/s^2$;

t——识别时间(s)。

识别时间 t 包括驾驶员的反应时间和制动生效时间。在公路上识别时间可取10s;在城市道路上因交叉口较多,驾驶员对其存在已有思想准备,识别时间可取6s。

3. 停车标志控制交叉口

对于停车标志控制交叉口,一般为主要道路与次要道路交叉,主次关系明确,且对标志的识别要比对信号识别容易,可采用式(7-2)和识别时间2s计算。

信号控制和停车标志控制的识别距离规定如表7-10所示。

交叉口的识别距离（m）　　　　　　　　表 7-10

设计速度 （km/h）	信号控制交叉口				停车标志控制交叉口	
	公路		城市道路			
	计算值	采用值	计算值	采用值	计算值	采用值
80	348	350	—	—	—	—
60	237	240	171	170	104	105
40	143	140	99	100	54	55
30	102	100	68	70	35	35
20	64	60	42	40	19	20

三、交叉口转角半径

为了保证各种右转弯车辆能以一定的速度顺利地转弯，交叉口转角处的缘石应做成圆曲线或多圆心复曲线等，一般多采用圆曲线。转角处的半径 R_1 称为转角半径，如图 7-18 所示。

在未考虑机动车道加宽的情况下，转角半径 R_1 为：

$$R_1 = R - \left(\frac{B}{2} + F\right) \quad (m) \quad (7-3)$$

式中：B——机动车道宽度（m），一般采用 3.5m；
　　　F——转弯处的非机动车道宽度（m），无非机动车道时取 $F=0$；
　　　R——右转车道中心线半径（m）。

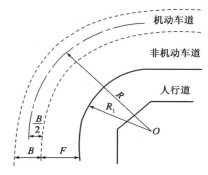

图 7-18　转角半径计算图示

其中，右转车道中心线半径 R 可用前述圆曲线半径公式计算。由于此类交叉口多用于交通量小、车速不高的低等级道路，因此右转车速可取路段设计速度的 0.5~0.7 倍，计算时可用 0.6 倍。据观测，右转车速一般为 10~25km/h。横向力系数 μ 为 0.15~0.20。超高横坡度采用 2%。城市道路平面交叉口的转角处缘石半径应满足机动车和非机动车的行驶要求，可按表 7-11 选取。

城市道路平面交叉口的路缘石转角最小半径（单位：m）　　　表 7-11

右转弯设计速度（km/h）	30	25	20	15
无非机动车道路缘石推荐半径（m）	25	20	15	10

注：有非机动车道时，推荐转弯半径可减去非机动车道及机非分隔带宽度。

各级公路平面交叉转弯设计以铰接列车进行控制，铰接列车转角曲线路面内缘的最小半径详见表 7-12。

公路转角曲线路面内缘的最小半径　　　　　　表 7-12

设计速度（km/h）	≤15	20	25	30	40	50	60	70
最小半径（m）	15	20(15)	25(20)	30	45	60	75	90
最小超高（％）	2	2	2	2	3	4	5	6
最大超高（％）	一般值 6；极限值 8							

公路交叉口转角曲线路面内缘的线形应符合车辆转弯时的行车轨迹。以载货汽车为主的简单非渠化平面交叉转弯路面边缘可采用半径 15m 的圆曲线。以铰接列车控制设计时，相交

路面的边缘应采用图 7-19 所示的复曲线，相应的 R_1、R_2 的取值详见表 7-13。

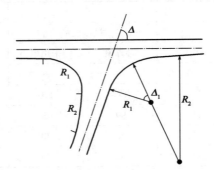

图 7-19　以铰接列车控制设计时简单交叉口的转弯线形

R_1、R_2 的取值　　　　　　　　　　　表 7-13

$\Delta(°)$	$R_1(m)$	$R_2(m)$	Δ_1
70~74	18(m)	80	53°30′~58°50′
75~84	17	80	58°55′~68°00′
85~91	16	80	69°00′~75°00′
92~99	15	80	76°00′~83°00′
100~110	14	90	84°00′~95°00′

四、交叉口的拓宽设计

当相交道路的交通量较大、转弯车辆较多时，如果交叉口进口道仍采用路段上的车道数，就会导致转弯车辆与直行车辆之间的严重干扰，发生交通阻塞，甚至交通事故。为了提高交叉口的通行能力，常采用向道路的一侧或两侧拓宽的办法，增辟左、右转专用车道。交叉口拓宽车道的设计主要解决拓宽车道的设置条件、设置形式和拓宽长度三个方面。

(一) 转弯车道的设置条件

1. 公路平面交叉右转弯车道的设置条件

(1) 主要公路设计速度大于或等于 60km/h 时，应在主要公路上增设减速分流车道和加速汇流车道。

(2) 两条一级公路相交或一级公路与交通量大的二级公路相交时，其右转弯运行应设置经渠化分隔的右转弯车道。

(3) 一级公路、二级公路的平面交叉中，符合下列情况之一时设置右转弯车道：

① 斜交角接近于 70° 的锐角象限。
② 交通量较大，右转弯交通会引起不合理的交通延误。
③ 右转弯车流中大型车比例较大。
④ 右转弯行驶速度大于 30km/h。
⑤ 互通式立体交叉连接线中的平面交叉右转弯交通量较大。

2. 公路平面交叉左转弯车道的设置条件

(1) 四车道公路除左转交通量很小且对直行交通不造成阻塞或延误者外，均应在平面交叉范围内设置左转弯车道。

（2）二级公路符合下列情况之一时,应设置左转弯车道。

①与高速公路或一级公路互通式立体交叉连接线相交的平面交叉。

②非机动车较多且未设置慢车道的平面交叉。

③左转弯交通会引起交通拥阻或交通事故。

3.城市道路平面交叉转弯车道的设置条件

城市道路,高峰小时一个信号周期进入交叉口的右转（或左转）车辆多于 3~4 辆,此时应增设右转弯（或左转弯）车道。

（二）转弯车道的设置方法

1.右转车道的设置方法

右转车道的设置方法比较简单,而且方法固定。就是在进口道的右侧或同时在出口道的右侧拓宽右转车道,如图 7-20 所示。

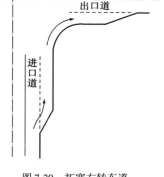

图 7-20　拓宽右转车道

2.左转车道的设置方法

1）宽型中间带

当设有较宽的中间带（一般不小于 4.5m）时,可将进口道一定长度的中间带压缩,由此增设出左转车道,如图 7-21a）所示。

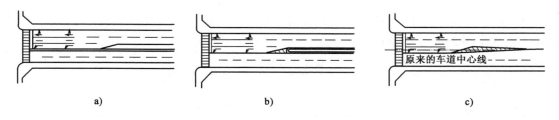

图 7-21　拓宽左转车道

2）窄型中间带

当设有较窄的中间带（宽度小于 4.5m）时,利用中间带的宽度不足以设置左转车道,可压缩中间带,并同时将进口道向外侧偏移在,增加宽度的不足。向外侧偏移车道线后,在路幅总宽度不变的情况下,根据具体条件压缩人行道、两侧带或进口道车道宽度,如图 7-21b）所示。

3）无中间带

当平面交叉口的相交道路不设中间带时,可通过两种途径增设左转车道,一是向进口道的一侧或两侧扩宽,增加进口道路幅总宽度,在进口道中线附近增辟出左转车道；二是不扩宽进口道,占用靠近中心线的对向车道作为左转车道,如图 7-21c）所示。

（三）拓宽车道的长度

拓宽右转车道的长度,应满足右转车辆变速所需要的长度,并使右转车不受等候车队长度的影响（能从最大的候车车列的尾车驶入拓宽的右转车道）,其长度由渐变段长度 L_1 和减（加）速段长度 $L_d(L_a)$ 两部分组成,如图 7-22 所示。

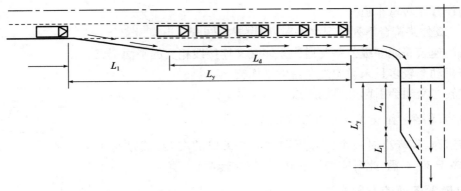

图 7-22 右转车道长度计算示意图

1. 渐变段的长度 L_1

渐变段的长度 L_1 可按转弯车辆以路段平均速度 V_A 侧向移动行驶计算,即:

$$L_1 = \frac{V_A}{3.6J}B \tag{7-4}$$

式中:L_1——渐变段长度(m);
  V_A——路段平均行驶速度(km/h);
  B——右转车道宽度(m);
  J——车辆行驶时变换车道的侧向移动速率(m/s),一般取 $J=1.0$m/s。

公路最小渐变段长度可按照表7-14选用。城市道路最小渐变段长度应不小于:主干路 30~35m,次干路 25m,支路 20m。

最小渐变段长度   表7-14

设计速度(km/h)	100	80	60	40	30	20
最小渐变段长度(m)	60	50	40	30	10	10

2. 减(加)速段的长度(L_d 或 L_a)

进口道减速所需要的长度 L_d 和出口道加速所需要的长度 L_a,可按下式计算:

$$L_d(\text{或} L_a) = \frac{V_A^2 - V_R^2}{26\alpha} \quad (\text{m}) \tag{7-5}$$

式中:V_A——减速时进口道或加速时出口道处路段平均行驶速度(km/h);
  V_R——减速后的末速度或加速前的初速度(km/h);
  α——减速度或加速度(m/s²)。转弯交通的设计速度,因分、汇流及用地影响,通常应适当降低,或按变速行驶需要而定。交叉范围车辆变速的加、减速度见表7-15。

加、减速度值(m/s²)   表7-15

道路类别		加速度	减速度
城市道路		1.5	3.0
公路	主要公路	1.0	2.5
	次要公路	1.5	3.0

L_d 或 L_a 可采用表7-16所列的数值。

变 速 车 道 长 度   表 7-16

类　别	设计速度 (km/h)	减速所需长度 L_d(m)			加速所需长度 L_a(m)		
		末速(km/h)			始速(km/h)		
		0	20	40	0	20	40
主要道路	100	100	95	70	250	230	190
	80	60	50	32	140	120	80
	60	40	30	20	100	80	40
	40	20	10	—	40	20	—
次要道路	80	45	40	25	90	80	50
	60	30	20	10	65	55	25
	40	15	10	—	25	15	—
	30	10	—	—	10	—	—

3. 等候车队长度 L_s

右转车道长度应能使转弯车辆从直行车道最长的等候车队的尾车后驶入拓宽的车道,其长度为:

$$L_s = n \times l_n \quad (m) \tag{7-6}$$

式中: l_n——直行等候车辆所占的长度(m),一般取 6~12m,小型车取低值,大型车取高值;

n——每周期信号的右转车排队的车辆数,可按下式计算:

$$n = \frac{每条直行车道通行能力 \times (1 - 右转车比例)}{每小时周期数/该向红灯占周期长的比例}$$

所以,拓宽车道长度 L_y 为:

$$L_y = L_1 + \max(L_{d,a}, L_s) \quad (m) \tag{7-7}$$

式中: L_y——右转拓宽车道总长度(m);

L_1——渐变段长度(m);

$\max(L_{d,a}, L_s)$——减、加速所需长度 $L_{d,a}$ 和 L_s 中取大值。

第五节　环形交叉设计

一、环形交叉口的组成

环形交叉口的组成如图 7-23 所示。

二、环形交叉口的特点

(一) 环形交叉口的优点

驶入交叉口的各种车辆可连续不断地单向运行,没有停滞,减少了车辆在交叉口的延误时间;环道上行车只有分流和汇流,消灭了冲突点,提高了行车的安全性;交通组织简便,不需要信号管制;中心岛绿化可美化环境。

(二) 环形交叉口的缺点

占地面积大,城区改建困难;增加了车辆绕行距离,特别是左转弯车辆;一般造价高于其他平面交叉。当交通量超过其通行能力时,很容易造成拥堵。

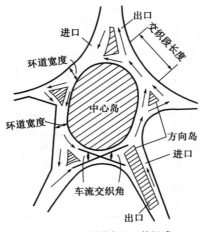

图 7-23　环形交叉口的组成

当多条道路相交,通过交叉口的交通量总数为 500~3000 辆/h,左右转弯车辆较多,且地形较平坦时可考虑采用。在快速道路和交通量大的干线道路上、有大量非机动车和行人交通、位于斜坡较大地形以及桥头引道上均不宜采用。

三、中心岛的形状和半径

(一) 中心岛的形状

环形交叉口中心岛的形状应根据交通流特性、相交道路等级和地形地物等条件确定。原则上应保证车辆能够以一定速度安全、顺适完成交织运行,有利于主要道路方向车辆行驶,应满足交叉所在地的地形、地物和用地条件的限制。

中心岛的形状一般多用圆形,有时也采用圆角方形和菱形,主次道路相交时宜采用椭圆形,交角不等的畸形交叉可采用复合曲线形。此外,结合地形、地物和交角等,也可以采用其他规则或不规则的形状的中心岛。

(二) 中心岛的半径

中心岛的半径首先应满足设计速度的要求,然后按照相交道路的条数和宽度,验算相邻道口之间的距离是否满足车辆交织行驶的要求。下面以圆形中心岛为例,介绍中心岛半径的计算方法。

1. 按设计速度的要求

设计速度要求的中心岛半径 R 仍按圆曲线半径计算公式计算,但绕岛车辆是在紧靠中心岛、宽度为 b 的车道中间行驶,据中心岛边缘 $b/2$,故实际采用的中心岛半径应按式(7-8)计算。

$$R = \frac{V^2}{127(\mu \pm i_h)} - \frac{b}{2} \quad (\text{m}) \tag{7-8}$$

式中:R——中心岛半径(m);
　　　b——紧靠中心岛的车道宽度(m);
　　　μ——横向力系数,建议大型客车 $\mu = 0.10 \sim 0.15$、小汽车 $\mu = 0.15 \sim 0.20$;

i_h——环道横坡度(%),一般采用 1.5%;

V——环道设计速度(km/h),国外一般采用路段设计速度的 0.7 倍。我国实测资料:公共汽车为 0.5 倍、载货汽车 0.6 倍、小客车 0.65 倍,供参考。

2. 按交织长度的要求

所谓交织是指两股车流汇合交换位置后又分离的过程。进环和出环的两辆车辆,在环道行驶时互相交织,交换一次车道位置所行驶的距离,称为交织长度。交织长度的大小主要取决于车辆在环道上的行驶速度。当两个相邻路口之间有足够距离,使进环和出环的车辆在环岛上均可在合适的机会机互相交织连续行驶时,该段距离即为交织段长度。其位置大致可取相邻道路机动车道外侧边缘延长线与环道中心线交叉点之间的弧长,如图 7-24 所示。

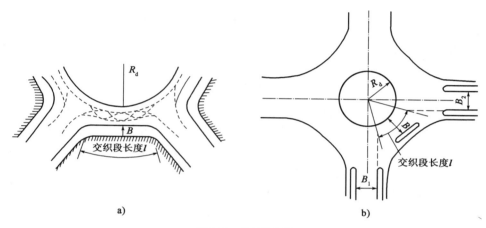

图 7-24 交织段长度

中心岛半径必须满足两个路口之间最小交织段长度的要求,否则,在环道上行驶中需要互相交织的车辆,就要停车等候,不符合环形交叉连续行驶的交通特征。环道上不同车速所需要的最小交织长度如表 7-17 所示。

最小交织段长度   表 7-17

环道设计速度(km/h)	50	45	40	35	30	25	20
最小交织段长度(m)	60	50	45	40	35	30	25

按交织段长度所要求的中心岛半径 R_d,近似地按交织段长度所围成地圆周大小来推导,计算公式为:

$$R_d = \frac{n(l+B_P)}{2\pi} - \frac{B}{2} \quad (m) \tag{7-9}$$

式中:n——相交道路的条数;

l——相邻路口之间的交织段长度(m);

B——环道宽度(m);

B_P——相交道路平均路宽(m)。中心岛为圆形,交汇道路为十字正交时,$B_P = (B_1+B_2)/2$,其中 B_1 和 B_2 分别为相邻路口车行道宽度。

由式(7-9)可知,交叉口相交道路条数越多,为保证最小交织段长度的要求,则中心岛的半径就越大,将会大大增加交叉口的用地面积和车辆在环道上的绕行距离,这样既不经济也不合理。因此,环形交叉的相交道路条数以不多余六条为宜。

对四路相交的环形交叉口,一般可用式(7-8)和式(7-9)分别计算中心岛半径,然后选取较大者。对中心线夹角差别较大或多路交叉口,也可以先按式(7-8)确定中心岛的半径 R,然后再按下式验算其交织段长度是否符合要求:

$$\left. \begin{array}{l} l = \dfrac{2\pi}{n}\left(R + \dfrac{B}{2}\right) - B_\mathrm{P} \\[6pt] 或\ l = \dfrac{\pi\alpha}{180}\left(R + \dfrac{B}{2}\right) - B_\mathrm{P} \end{array} \right\} \qquad (7\text{-}10)$$

式中:α——相交道路中心线的夹角(°),当夹角不等时,用最小夹角验算。

当用式(7-10)计算的 l 大于最小交织段长度时,符合要求;否则,增大 R 值重新验算,直至符合要求为止。根据实践经验,中心岛最小半径见表 7-18,可供参考。

中心岛最小半径　　　　　　　　　　　　　　表 7-18

环道设计速度(km/h)	40	35	30	25	20
中心岛最小半径(m)	65	50	35	25	20

四、环道的宽度

环道即环绕中心岛的单向行车带。其宽度取决于相交道路的交通量和交通组织。

一般来说,靠近中心岛的一条车道做绕行之用,最靠外侧的一条车道供车辆右转弯之用,中间的一至两条车道为交织之用,这样,环道上一般是三、四条车道。实践证明,车道过多,不仅难以充分利用,反而使行车混乱,导致不安全。当车道数从两条增加到三条时,通行能力提高得最为显著;当车道增加到四条以上时,通行能力增加得很少。因为车辆在绕岛行驶时需要交织,而当交织段长度小于两倍的最小交织长度(考虑占地和经济性,一般不可能超过两倍)范围内,车辆只能顺序行驶,不可能同时出现大于两辆车交织。所以,不论车道数设计多少条,在交织断面上只能起到一条车道的作用。

因此,环道的车道数采用三条为宜;如交织段长度较长时,环道车道数可布置四条;若相交道路的车行道较窄,也可设两条车道。

如采用三条机动车道,每条车道宽 3.50～3.75m,并按前述曲线加宽中单条车道部分的加宽值,当中心岛半径为 20～40m 时,则环道机动车道的总宽度一般为 15～16m。

对非机动车交通可与机动车混行或分行布置,为保证交通安全、减少相互干扰,一般以分行为宜,可用分隔带(或墩)或标线分隔。非机动车道宽度应视具体情况而定,一般不小于相交道路中的最大非机动车行车道宽度,也不宜超过 8m。

五、交织角

交织角是进环车辆轨迹与出环车辆轨迹的平均相交角度。它以右转机动车道的外缘 1.5m 和中心岛缘石外 1.5m 的两条切线的交角来表示,如图 7-25 所示。

交织角的大小取决于环道的宽度和交织段长度。环道宽度越窄,交织段长度越大,则交织角越小,行车越安全。但交织段要长,中心岛半径就要增大,占地也要增加。根据经验,交织角控制在 20°～30°之间为宜。

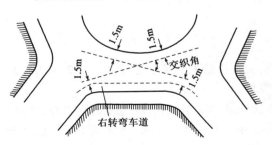

图 7-25　交织角

六、环道的外缘线形及进出口曲线半径

从满足交通需要和工程节约考虑,环道外缘石不宜做成反向曲线形状,如图 7-26 中虚线所示。实践证明,这种反向曲线形状的环道外侧有 20% 的路面(图 7-26 中的阴影部分)从来没有车辆行驶,因此环道外缘石宜采用直线圆角形或三心复曲线,如图 7-26 中实线所示。

环道进出口的曲线半径,决定于环道的设计车速。为了使进环车辆的速度与环道上的车速相适应,应对进环车辆的车速加以限制。一般进口曲线半径采用接近或小于中心岛的半径,且各相交道路的进口曲线半径不应相差太大。环道出口的曲线半径可较进口的曲线半径大些,以便车辆加速驶出环道。

七、环道的横断面

环道的横断面形状对行车的平稳和路面排水有很大的影响,而横断面的形状取决于路脊线的选择。通常环道横断面的路脊线设在交织车道的中间。若机动车与非机动车之间设有分隔带时,其路脊线也可设在分隔带上。环道路脊线通过设于进、出口之间的三角形方向岛或直接与交汇道路的路脊线相连,见图 7-27,图中虚线为路脊线,箭头指向为排水方向。应在中心岛的四周设置雨水口,以保证环道内不产生积水。另外,进、出环道处的横坡度宜缓一些。

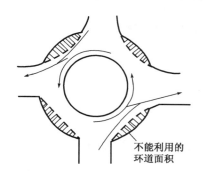

图 7-26 环道的外缘石形状

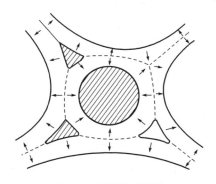

图 7-27 环道的路脊线

第六节 交叉口的立面设计

一、平面交叉口道路主线的纵面线形

(1)平面交叉范围内,两相交道路的纵面宜平缓。纵面线形应满足停车视距的要求。

(2)主要道路在平面交叉范围内的纵坡应在 0.15%~3% 的范围内;次要道路上紧接平面交叉的引道部分应以 0.5%~2% 的上坡通往交叉,而且此坡段至主要道路的路缘至少 25m,如图 7-28 所示。

(3)主要道路在交叉范围内的圆曲线设置超高时,次要道路的纵坡应服从主要道路的横坡。若次要道路在交叉前后一定长度范围内纵坡的趋势与主要道路的横坡相反,则次要道路在引道的一定范围内应设置 S 形竖曲线,如图 7-29 所示。

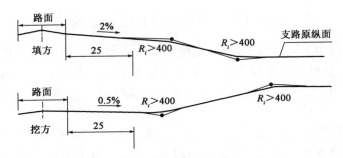

图 7-28 次要道路的引道纵坡(尺寸单位:m)

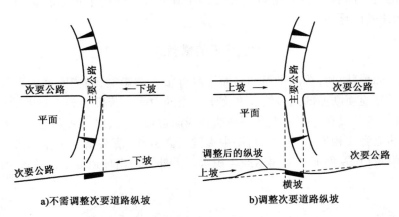

a)不需调整次要道路纵坡   b)调整次要道路纵坡

图 7-29 主要道路设置超高时次要道路引道纵坡

二、平面交叉口的立面设计

(一) 交叉口立面设计的目的和要求

交叉口立面设计(也称竖向设计)的目的是合理地确定交叉口范围内各相交道路共同面的形状及其相应部分的设计高程。综合解决行车、排水和建筑艺术三方面在立面上的要求。使相交道路在交叉口内有一个平顺的共同面,使交叉口范围内排水通畅;使交叉口范围内各点高程与周围地面高程协调一致。

交叉口的立面设计主要取决于相交道路的等级、交通量、横断面形状、纵坡大小和方向,以及周围地形情况等。设计时首先应照顾主要道路上的行车,在不影响主要道路行车方便的前提下,也应适当改变主要道路的纵、横坡,以照顾次要道路和行车方便。

(二) 交叉口立面设计的原则

交叉口立面设计的一般原则如下:

(1) 主、次道路相交,主要道路的纵、横坡度一般均保持不变(非机动车道纵坡、横坡可变),次要道路的纵、横坡度可适当改变。

(2) 同级道路相交,各自纵坡一般不变,而横坡可变。

(3) 设计时至少应有一条道路纵坡方向背离交叉口,以利于排水。如遇特殊地形,所有道路纵坡方向都向着交叉口时,必须在交叉口内设置雨水口和排水管道,以保证排水要求。

(4) 交叉口范围内的纵坡不宜过大,一般不大于2%,困难情况下不大于3%。

(5) 交叉口范围布置雨水口时,一条道路的雨水不应流过交叉口的人行横道,或流入另一条道路,也不能使交叉口内产生积水。

(6)交叉口立面设计高程应与周围建筑物的地坪高程协调一致。

(三)交叉口立面设计的基本类型

交叉口立面设计的形式,主要取决于交叉范围相交道路的纵坡、横坡及地形。以十字形交叉口为例,根据相交道路纵坡方向的不同,立面设计有以下六种基本形式,如图7-30所示。

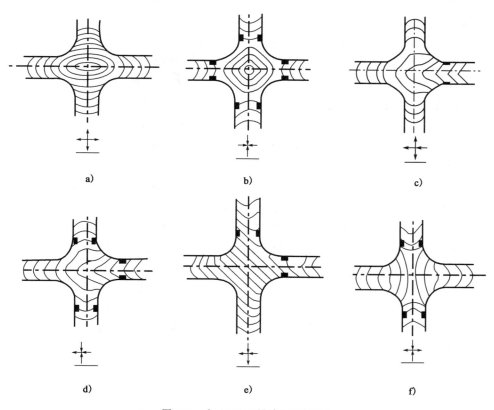

图7-30 交叉口立面设计的基本形式

(1)交叉口处于凸形地形上,相交道路的纵坡均自交叉口中心向外倾斜[图7-30a)]。

设计时将交叉口上的坡度做成与相交道路同样的坡度,适当调整接近交叉口的道路横坡,让雨水流向交叉口四个转角的街沟或路基外排除,交叉口内不需设置雨水口。

(2)交叉口处于凹形地形上,相交道路的纵坡方向均指向交叉口[图7-30b)]。

这种形式路面水都向交叉口集中,排水比较困难,应尽量避免。若因地形限制,必须时应设置地下管道排水。为防止雨水汇集到交叉口中心,应适当改变相交道路的纵坡,以抬高交叉口中心高程,并在交叉口四个转角的低洼处设置雨水口。最好在相交道路纵坡设计时,应将一条主要道路变坡点设在远离交叉口的地方,保证有一条道路的纵坡方向能背离交叉口。

(3)交叉口处于分水线地形上,有三条道路纵坡方向背离而一条指向交叉口[图7-30c)]。

设计时应将纵坡指向交叉口的道路路脊线在入口处分为三个方向,相交道路的横断面不变,并在纵坡指向交叉口的道路两侧设置雨水口拦截地面水,防止雨水流入交叉口内。

(4)交叉口处于谷线地形上,有三条道路纵坡方向指向交叉口而一条背离[图7-30d)]。

设计时与谷线相交的道路进入交叉口之前,在纵断面上产生转折而不利于行车,应尽量使纵坡转折点远离交叉口,并在该处插入竖曲线。纵坡指向交叉口的道路两侧应设置雨水口。

(5)交叉口处于斜坡地形上,相邻两条道路纵坡指向交叉口而另两条背离[图7-30e]。设计时相交道路的纵坡均不变,而将两条道路的横坡在进入交叉口之前逐渐向相交道路的纵坡方向变化,使交叉口上形成一个单向倾斜面。并在纵坡指向交叉口的道路两侧设置雨水口。

(6)交叉口处于马鞍形地形上,相对两条道路纵坡指向交叉口而另两条背离[图7-30f]。设计时相交道路的纵、横坡都可以按自然地形在交叉口内适当调整,并在纵坡指向交叉口的道路两侧设置雨水口。

除以上六种基本形式外,还有一种特殊形式,即交叉口位于水平的地形上,在这种情况下,只要把交叉口的设计高程稍微抬高一些,就可设计成如图7-30所示的第一种形式。必要时,也可以不改变纵坡,而将相交道路的街沟都设计成锯齿形,用以排除地面水。

(四)交叉口的立面设计方法和步骤

平面交叉口立面设计的方法有方格网法、设计等高线以及方格网设计等高线法三种。

方格网法是在交叉口范围内以相交道路中心线为坐标基线打方格网,测出方格点上的地面高程,求出其设计高程,并标出相应的施工高度。设计等高线法是在交叉口范围内选定路脊线和高程计算线网,并计算其上各点的设计高程,勾绘交叉口设计等高线,最后标出各点施工高度。比较上述两种方法,其中设计等高线法比方格网法更能清晰地反映出交叉口地立面设计形状,但等高线上的高程点在施工放样时不如方格网法方便。为此,通常把以上两种方法结合使用,称为方格网设计等高线,它可以取长补短,既能直观地看出交叉口的立面形状,又能满足施工放样方便的要求。

对于普通交叉口,多采用方格网法或设计等高线法,其中混凝土路面宜采用方格网法,而沥青路面宜采用设计等高线法;对于大型、复杂的交叉口和广场的立面设计,通常采用方格网设计等高线法。下面以方格网设计等高线法为例来介绍交叉口立面设计的方法和步骤。实际工作中,若采用方格网法,则不需勾绘设计等高线,而采用设计等高线法时,可不打方格,只加注一些特征点的设计高程即可。

1. 收集资料

测量资料:交叉口的控制高程和控制坐标;收集或实测1:500或1:200地形图,详细标注附近地坪及建筑物高程。

道路资料:相交道路等级、宽度、半径、纵坡、横坡等平纵横设计或规划资料。

交通资料:交通量及交通组成、各向(直行、左转、右转)流量比例。

排水资料:区域排水方式,已建成或拟建地下、地上排水管渠的位置和尺寸。

2. 绘制交叉口平面设计图和方格线

绘制相交道路和交叉口的中心线、车行道和人行道宽度、缘石半径;以相交道路中心线为坐标基线打方格网,方格尺寸一般用$(5 \times 5 \sim 10 \times 10) m^2$,并量测方格点的地面高程。

3. 确定交叉口的设计范围

一般为缘石半径的切点以外 $5 \sim 10m$(相当一个方格),以便于双向横坡过渡到单向横坡提供所需长度以及与相交道路路面高程衔接。

4. 拟订交叉口立面设计图式和等高距

根据交叉口地形条件、相交道路等级和纵坡以及排水要求等,拟订相邻等高线之高差用于过渡处理、高程的过渡等等。

5. 绘出相交道路路段立面设计等高线图

1）路段设计等高线的计算和画法

当道路的纵坡、横断面形式及路拱横坡度确定以后，可按照所需要的等高距 h，计算路段上设计等高线的水平距离。

如图 7-31 所示，图中 i_1 和 i_3 分别为车行道中心线和边线的设计纵坡（通常情况下 $i_1 = i_3$）(%)；i_2 为车行道路拱的横坡度(%)；B 为车行道的宽度(m)；h_1 为车行道的路拱高度(m)。

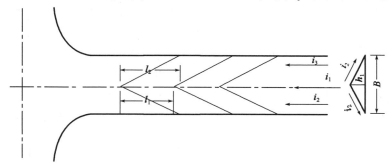

图 7-31　路段设计等高线的绘制

中心线上相邻等高线的水平距离 l_1 为：

$$l_1 = \frac{h}{i_1} \quad (\text{m}) \tag{7-11}$$

设置路拱以后，等高线在车行道边线上的位置沿纵向上坡方向偏移的水平距离为 l_2 为：

$$l_2 = h_1 \times \frac{1}{i_3} = \frac{B}{2} \times \frac{i_2}{i_3} \quad (\text{m}) \tag{7-12}$$

计算出 l_1 和 l_2 位置后，由 l_1 定出中心线上其余等高线的位置，再由 l_1 定出中心线上其余等高线的位置，再由 l_2 定出沿边线上相应等高线的位置，最后连接相应的等高点，即得用设计等高线表示的路段立面设计图。实际上，如路拱形式为抛物线时，等高线应以曲线勾绘，只有直线形路拱可用折线连成等高线，为简化起见，图 7-31 用折线表示。

2）交叉口上设计等高线的计算和画法

（1）首先选定交叉口范围内合适的路脊线和控制高程。

所谓路脊线，即是路拱顶点（分水点）的连线。路脊线位置的选定合理与否，将直接影响交叉口上的排水、行车和立面美观。所以，要做好竖向设计，首先要选好路脊线位置。

在交叉口上，相交道路的路中心线交汇于一点时，一般来说，路中心线即为其路脊线，路脊线的交点即为其控制高程。

在斜交的 T 形交叉口上，相交的道路虽然必交于一点，但当斜交的偏角过大时，其路中心线就不宜作为路脊线，应加以调整，如图 7-32 中所示的 AB'。修正路脊线的起点 A，一般取在缘石转弯半径的切点断面处，B' 的位置则应选在双向车流的中间位置（车行道中间）为原则。

选定路脊线的基本原则是：既要考虑行车平顺，又要考虑整个交叉口的均衡美观。一般来说，路脊线常是对向

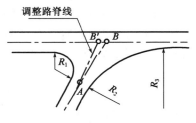

图 7-32　调整路脊线

车辆行驶轨迹的分界线。

交叉口的控制高程,应根据相交道路的纵坡、交叉口四周地形、路面厚度和建筑物的布置等综合考虑确定。在确定相交道路中心线交点的控制高程时,不宜使相交道路的纵坡值相差太大,其差值一般要求不大于0.5%,有可能的话,应尽量使交叉口处相交道路的纵坡大致相等,这有利于立面设计的处理。

(2)确定高程计算线网。

只有路脊线上的设计高程,还不能足够反映交叉口设计范围内的立面设计地形,还必须算出路脊线以外各点的设计高程。高程计算线网是竖向设计中计算交叉口范围内各点高程必不可少的辅助线。高程计算线网的确定可以采用如下几种方法:

①方格网法。

如图7-33所示,方格网法高程计算线网就是前述已打了方格的交叉口平面图,该法适用于道路正交的交叉口。

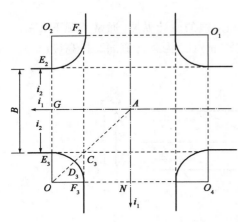

图7-33 方格网法

根据路脊线交叉点A的控制高程h_A,可逐一推算出某些特征点的设计高程。转角曲线切点横断面上的三点高程为:

$$h_G = h_A - AG \times i_1 \tag{7-13}$$

$$h_{E_3}(或 h_{E_2}) = h_G - \frac{B}{2} \times i_2 \tag{7-14}$$

同理,可求得其余三个切点横断面上的三个标点。

由E_3或F_3的高程可推算出车行道边线延长线交叉点C_3的高程,如不相等取平均值,即:

$$h_{C_3} = \frac{(h_{E_3} + R \times i_1) + (h_{F_3} + R \times i_1)}{2} \tag{7-15}$$

过C_3的A、O_3连线与转角曲线相交于D_3,则D_3点的高程为:

$$h_{D_3} = h_A - \frac{h_A - h_{C_3}}{AC_3} \times AD_3 \tag{7-16}$$

转角曲线E_3F_3和路脊线AG、AN上所需其他各点高程,可根据已算出的特征点高程,用补差法求得。

同理,可推算出其余转角所需各点的设计高程。

②圆心法。

如图7-34所示,在路脊线上根据施工的需要每隔一定距离(或等分)定出若干点,把这些点分别与相应的缘石转弯半径的圆心连成直线(只画到缘石曲线上即可),这样,就形成以路脊线为分水线、以路脊线交点为控制中心的高程计算线网。

③等分法。

如图7-35所示,把交叉口范围内的路脊线等分为若干份,然后在相应的缘石曲线上也分成同样数量的等分,顺序连接这些等分点,即得等分法高程计算线网。

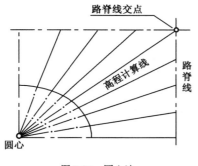

图 7-34 圆心法

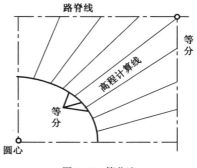

图 7-35 等分法

④平行线法。

如图 7-36 所示,先把路脊线交点与各转角的圆心连成直线,然后根据施工需要把路脊线分成若干点,通过这些点作平行线交于缘石曲线,即得高程计算线网。

从以上划分高程计算线网的四种图形可以看出,高程计算线所在位置,即是用于计算该断面路拱设计高程的依据,而标准的路拱横断面应是与车辆的行驶方向相垂直,所以,如果所确定的高程计算线位置不与行车方向垂直,即高程计算线与要求的路拱横断面并不在同一位置上,那么,按选用的路拱方程式计算出来的路拱高程,将不是正确的路拱形状。因此,不论选用哪一种形式,都应力求使高程计算线处于行车方向垂直的位置,同时,还要便于计算。根据这个要求,在上述确定高程计算线网的四种方法中,通常采用等分法。

当主要道路与次要道路相交而主要道路的交叉口横坡不变时,则路脊线的交点即要移到次要道路的路脊线与主要道路的车行道边线的交点上,见图 7-37,此时的高程计算线网不论采用哪一种方法拉线,都必须自移位后的路脊线交点拉出。

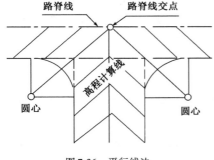

图 7-36 平行线法

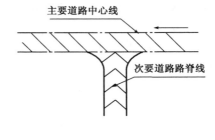

图 7-37 路脊线交叉点位移

(3)计算高程设计线上的设计高程。

每条高程计算线上高程点的数目,可根据路面宽度、施工需要和设计等高线的数量来决定。凡路宽的、施工精度要求较高的则高程点数可多些,反之,则可少些见图 7-38、图 7-39。

高程点的计算,一般是采用下列公式的抛物线路拱形式来计算:

$$y = \frac{h_1}{B}x + \frac{2h_1}{B}x^2 \quad (\text{m}) \tag{7-17}$$

$$y = \frac{h_1}{B}x + \frac{4h_1}{B^3}x^3 \quad (\text{m}) \tag{7-18}$$

式中:h_1——高程计算线两端(其中一端在路脊线上)的高差或路拱高度(m),$h_1 = \frac{B}{2} \times i_h$;

B——车行道宽度(m);
i_h——路拱横坡(%)。

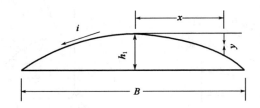

图 7-38 路拱高程计算图式

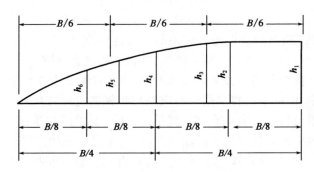

图 7-39 高程点数划分

以上公式可根据路面的类型来采用。一般 14m 宽以下沥青贯入式、沥青碎石、沥青表面处置及砂石路面采用式(7-17)计算;宽 14m 以上的沥青混凝、水泥混凝土路面采用式(7-18)计算。

确定了路脊线和高程计算线网,根据所定的控制高程,即可算出每条高程计算线两端点的设计高程。因为高程计算线的位置是作为计算路拱的断面位置,所以高程计算线两端点(其中一端位于路脊线上)的高程之差。根据 h_1 值和所选用的路拱形式,即可算出每条高程计算线上各等分点的设计高程。

(4)勾绘和调整等高线。

参照已知的立面设计图式和形状,把各等高点连接起来,即得初步的、以设计等高线表示的交叉口设计等高线图。

按行车平顺和排水迅速的要求,调整等高线的疏密(一般是中间疏、边沟密)和均匀变化,调整个别不合理的高程,补设雨水口。

检查方法:用大三角板或直尺沿行车方向、横断面方向或任一方向,检查设计等高线的分布是否合理,以判别纵坡、横坡和合成坡度是否满足行车和排水要求。最后再检查街沟线上的纵坡能否顺利排水,以及雨水口的布置是否合理。

6. 计算施工高度

根据设计等高线图,用内差法求出方格点上的设计高程,则施工高度等于设计高程减去地面高程。

【例题 7-1】 已知某交叉口位于斜坡地形上,已知相交道路的路中心线、街沟纵坡 i_1、i_3 = 0.03,路拱横坡 i_2 = 0.02,车行道宽度 B = 15m;转角缘石半径 R = 10m。交叉口中心高程为 2.05m,等高线间距采用 0.10m,试绘制交叉口的立面设计图。

本例题立面设计方法是采用方格网设计等高线,立面设计图式见图 7-30e)。主要步骤如下(图 7-40):

1)路段上设计等高线的绘制

$$l_1 = \frac{h}{i_1} = \frac{0.1}{0.03} = 3.33 \quad (m)$$

$$l_2 = \frac{B}{2} \times \frac{i_2}{i_3} = \frac{15}{2} \times \frac{0.02}{0.03} = 5.00 \quad (m)$$

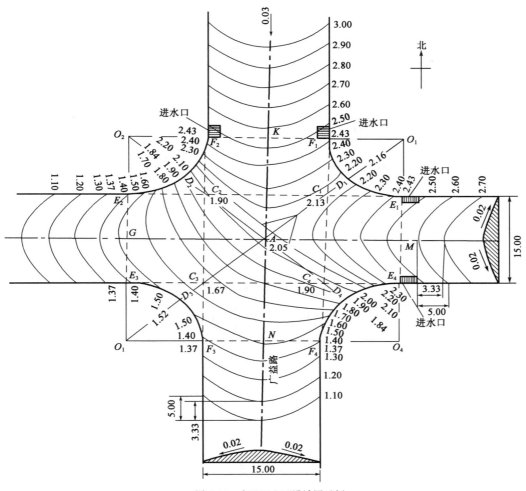

图 7-40 交叉口立面设计图示例

由 l_1 和 l_2 即可绘制路段上的设计等高线。

2)交叉口上设计等高线和绘制

(1)根据交叉口控制高程推算 F_3、N、F_4 三点高程:

$$h_N = h_A - AN \times i_1 = 2.05 - 17.5 \times 0.03 = 1.52(m)$$

$$h_{F_3} = h_{F_4} = h_N - \frac{B}{2} \times i_2 = 1.52 - \frac{15}{2} \times 0.02 = 1.37(m)$$

同理,可求得其余道口切点横断面的三点高程分别为:

$$h_M = 2.58\text{m} \qquad h_{E_4} = h_{E_1} = 2.43\text{m}$$

$$h_k = 2.58\text{m} \qquad h_{F_1} = h_{F_2} = 2.43\text{m}$$

$$h_G = 1.52\text{m} \qquad h_{E_2} = h_{E_3} = 1.37\text{m}$$

(2)根据 A、F_4、E_4 三点高程,求 C_4、D_4 等点的设计高程:

$$h_{C_4} = \frac{(h_{F_4} + R \times i_1) + (h_{E_4} - R \times i_1)}{2}$$

$$= \frac{(1.37 + 10 \times 0.03) + (2.43 - 10 \times 0.03)}{2}$$

$$= 1.90(\text{m})$$

$$h_{D_4} = h_A - \frac{h_A - h_{C_4}}{AC_4} \times AD_4$$

$$= 2.05 - \frac{2.05 - 1.90}{\sqrt{7.5^2 + 7.5^2}} \times (\sqrt{(7.5+10)^2 + (7.5+10)^2} - 10)$$

$$= 1.84(\text{m})$$

同理,可得:

$$h_{C_1} = 2.13\text{m} \qquad h_{C_2} = 1.90\text{m} \qquad h_{C_3} = 1.67\text{m}$$

$$h_{D_1} = 2.16\text{m} \qquad h_{D_2} = 1.84\text{m} \qquad h_{D_3} = 1.52\text{m}$$

(3)根据 F_4、E_4、D_4 点高程,求转角曲线上各等高点的高程。
本例采用平均分配法确定。

F_4D_4 及 D_4E_4 的弧长为:

$$L = \frac{1}{8} \times 2\pi R = \frac{1}{8} \times 2 \times \pi \times 10 = 7.85(\text{m})$$

F_4D_4 间应有设计等高线为:

$$\frac{1.84 - 1.37}{0.10} \approx 5(根)$$

等高线的平均间距为:

$$\frac{7.85}{5} = 1.57(\text{m})$$

D_4E_4 间应有设计等高线为:

$$\frac{2.43 - 1.84}{0.10} \approx 6(根)$$

等高线的平均间距为:

$$\frac{7.85}{6}=1.31(\mathrm{m})$$

F_3D_3 及 D_3E_3 间应有设计等高线为：

$$\frac{1.52-1.37}{0.10}\approx2(根)$$

等高线的平均间距为：

$$\frac{7.85}{2}=3.93(\mathrm{m})$$

F_2D_2 及 D_2E_2 分别与 F_4D_4 及 D_4E_4 相同。

E_1D_1 及 D_1E_1 间应有设计等高线为：

$$\frac{2.43+2.16}{0.10}\approx3(根)$$

等高线的平均间距为：

$$\frac{7.85}{3}=2.62(\mathrm{m})$$

(4) 根据 A、M、K、G、N 各点高程，可分别求出路脊线 AM、AK、AG、AN 上的等高点。对路脊线上的高程点位置，也可以根据待定等高线高程、A 点高程以及纵坡 i_1 来确定。比如南端高程为 1.70m 的等高点距 A 点在路脊线上的距离为 $(2.05-1.70)/0.03=11.67(\mathrm{m})$。

(5) 按所选定的立面设计图式，将对应的等高点连接起来，即得到初步立面设计图。

(6) 根据交叉口等高线中间疏一些、边缘应密一些，且疏与密过渡应均匀的原则，对初定立面设计图进行调整，即得图 7-40 所示的交叉口立面设计图。

对简单交叉口的立面设计也可以采用特征断面法，即过路缘石曲线切点做相交道路的横断面，过曲中点做与交叉点连线断面，或绘制其他便于施工放样的典型断面，然后根据相交道路的纵、横坡度，由交叉口控制高程出发，依次推算出各断面的左、中、右点设计高程，由此构成交叉口高程控制。

第七节　立体交叉概述

立体交叉是利用跨线构造物使道路与道路或道路与其他线形工程，在不同高程处相互交叉的连接方式，简称立交。立体交叉是高等级道路的重要组成部分。

采用立体交叉可使各方向车流在不同高程的平面上行驶，消除或减少冲突点；车流可以连续运行，提高道路的通行能力；节约运行时间和燃料消耗；控制相交道路车辆的出入，减少对高等级道路交通的干扰。

一、立体交叉的组成

立体交叉主要由以下几个部分组成，如图 7-41 所示。

(1) 跨线构造物：它是立体交叉实现车流空间分离的主体构造物，包括设在地面上的跨线桥(上跨式)或设在地面下的地道(下穿式)。

(2) 正线：它是组成立体交叉的主体，指相交道路，包括主要道路(简称主线)和次要道路(简称次线或被交道)。

(3) 匝道：它是立体交叉的重要组成部分，指供转弯车辆上下相交道路的连接道，包括左转弯匝道和右转弯匝道。

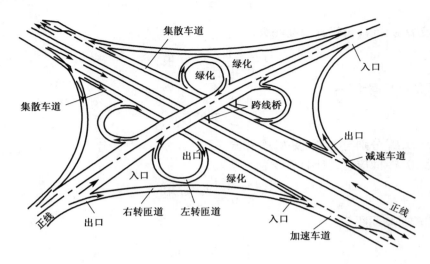

图 7-41 立交的主要组成

(4)出口与入口：转弯车辆由正线驶出进入匝道的道口为出口,由匝道驶入正线的道口为入口。

(5)变速车道：为适应车辆变速行驶的需要,在正线外侧的出、入口附近设置的附加车道称为变速车道,包括减速车道和加速车道。出口端为减速车道,入口端为加速车道。

(6)辅助车道：在交叉口的分、汇流附近,为维持正线的车道数平衡和保持正线的基本车道数而在正线外侧增加的附加车道称为辅助车道。

(7)集散车道：为了减少车辆进出高等级道路的交织和出入口数量,可在立体交叉范围内正线的一侧或两侧设置与其平行且分离的附加道路称为集散车道。

立体交叉的范围,一般是指各相交道路变速车道渐变段顶点以内所包含的正线、跨线构造物和匝道的全部区域。

除以上主要组成部分外,还包括绿化带、立体交叉范围内的排水系统、照明设备及交通工程设施等。对于城市道路立交,还应包括人行道、非机动车道和各种管线设施等。对于收费立交,还应包括收费站、收费广场和服务设施等。

二、公路立交与城市立交的主要特征

公路立体交叉与城市立体交叉,在其作用、主要组成部分和设计方法等方面基本相同,但是其无论在形态上还是设施设置上都有很大的区别,各具特点。

公路立体交叉常设设收费站,相邻立体交叉之间的间距较大,地物障碍少,用地较宽松,多采用地上明沟排水系统,常用立体交叉形式简单,但因匝道设计速度相对较高,线形指标较高,立交占地面积较大,以两层式为主。

城市道路立体交叉一般不收费,相邻立体交叉的间距较小,有时需要考虑解决非机动车和行人交通,用地较紧,受地上和地下各种管线及建筑物影响大,拆迁费用高,多采用地下排水系统;要考虑施工时便于维持原有交通和快速施工问题,比公路立交更加重视美观和绿化要求,常作为一种城市景观来设计,立体交叉形式复杂多样,以多层式为主。

三、立体交叉的规划布置

(一) 立体交叉的设置条件

1. 分离式立体交叉设置条件

分离式立体交叉的设置应根据路网规划、相交道路的功能、等级、交通量、地形和地质条件、经济与环境因素等综合确定。

公路下列交叉应设置分离式立体交叉：

(1) 高速公路与其他各级公路交叉，除因交通转换而设置互通式立体交叉外，均必须设置分离式立体交叉。

(2) 承担干线功能的一级公路与其他各级公路的交叉，除因交通转换需要而设互通式立体交叉外，为减少平面交叉，且相交的公路又不能截断时，应采用分离式立体交叉。

(3) 二级、三级、四级公路相互交叉，直行交通量很大或地形条件适宜，且不考虑交通转换时，可设置分离式立体交叉。

城市道路的快速路与次干路相交，应采用分离式立交。

2. 互通式立体交叉设置条件

公路与公路相交，符合下列条件之一者应设置互通式立体交叉：

(1) 高速公路间及其与一级公路相交处。

(2) 高速公路、一级公路与通往县级以上城市、重要的政治或经济中心的主要公路相交处。

(3) 高速公路、一级公路与通往重要工矿区、港口、机场、车站和游览胜地等主要公路相交处。

(4) 高速公路与通往重要交通源的公路相交而使该公路成为其支线时。

(5) 承担干线功能的一级公路间及其与其他干线公路和集散公路相交时。

(6) 一级公路上，当平面交叉的通行能力不能满足需要或出现频繁的交通事故时。

(7) 由于地形或场地条件等原因设置互通式立体交叉的综合效益大于设置平面交叉时。

城市道路在下列情况时设置互通式立体交叉：

(1) 快速路与快速路相交时。

(2) 快速路与主干路相交时。

(二) 立体交叉位置选择的一般要求

立体交叉的位置选择应满足路网规划、交通特征及技术经济条件等方面的要求，在满足交通快速、安全、畅通的前提下，结合各方面的因素来确定。一般根据下列条件选定立体交叉的位置。

(1) 相交道路的性质：如高速道路之间及其与其他各级道路相交时，一级公路与交通繁忙的一般公路相交时，均应设置互通式立体交叉。

(2) 相交道路的任务：通往大城市的重要政治、经济中心，重要港口、机场、车站和游览胜地的道路，在路网中应不低于次要干道或集散路的功能，不应有较大的横向干扰。

(3)相交道路的交通量:相交道路的通行能力应满足过境和集散交通量的要求,与主要交通源的连接应短捷,分配到路网中附近公路的交通量应适当,不应使某些道路或路段负荷过重,根据路网布局等条件而选定的被沟通的公路,在通行能力和其他方面不能满足需要时,应进行改建设计;城市道路规定进入交叉口的交通量达 4000~6000 辆/h,相交道路为四车道以上,且对平面交叉口采取改善措施和调整交通组织均难以奏效时可采用立体交叉。

(4)地形条件:当立体交叉所在地形适宜修建立体交叉时可采用,如高填方路段与其他道路交叉处,较高的桥头引道与滨河路交叉等。

(5)立体交叉的位置布局应该与立体交叉的间距相协调。

(三)互通式立体交叉间距

互通式立体交叉的间距考虑原则如下:

(1)能均匀地分散交通量。选择立交位置应与相邻立体交叉保持一定的间隔距离,并且与相邻立体交叉所负担的交通要保持平衡,即不能够产生一处立体交叉交通量过分集中,而另一处立体交叉的交通量稀少,使整条干道和区域的交通流量分配不协调。因此,为了充分发挥主干线(高速公路或快速路)的交通功能,立体交叉设置合理的间距是很重要的。立体交叉的间距主要取决于交通流的密度。高速公路干道的立体交叉的设置间距若太大,则从交通使用的观点讲不能满足其交通需要,且对高速公路的潜在功能发挥不充分;反之,其间距过密,不仅会降低交通通行能力和行车速度,增加了交通事故的可能性,而且会导致交通运行上的困难,同时也增加建设投资。所以,立体交叉的间距要根据交通的经济、技术条件综合平衡后确定。城市道路的立体交叉间距过密也会造成技术上的困难。

(2)要有足够的交织段长度。

在相邻两个立体交叉之间,必须考虑立体交叉间距应有足够的交织段距离。交织段是在前一个立体交叉的匝道上车辆驶入主干线的汇流点到后一个立体交叉的主干线车辆驶出至匝道的分流点之间的长度。日本研究认为交织段长度应根据交通量来定,但最少应为 150~200m,如图 7-42 所示。

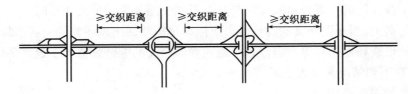

图 7-42 立体交叉的间距示意图

(3)满足标志和信号布置的需要,相邻立交之间应保证足够的距离,在此路段内设置一系列标志和信号,以便连续不断地告诉驾驶员下一立交出口的到来。

(4)驾驶员操作顺适的要求:相邻立交之间的距离如果过近,特别是在城市道路上,因互通式立交的平面连续变化,纵断面起伏频繁,对车辆运行、驾驶操作以及景观均不利。

对互通式立交的标准间距,公路与城市道路不尽相同。公路上,在大城市、重要工业区周围为 5~10km;一般地区为 15~25km;最大间距以不超过 30km 为宜;最小间距不应小于 4km。城市道路上互通式立交的间距一般比公路小,但最小间距按正线计算行车速度为 80km/h、60km/h 和 50km/h,分别采用 1km、0.9km 和 0.8km。

四、立体交叉的设计资料与设计步骤

(一)设计资料

立体交叉设计之前,应通过实地勘测和调查,收集下列所需设计资料:

(1)自然资料:收集或测绘立体交叉范围的1:500~1:2000的地形图,详细标注建筑物的种类、建筑红线、面积、层高、地上及地下各种杆柱和管线等地物;调查并收集用地发展规划、水文、地质、土壤、气候资料等。

(2)交通资料:调查并收集交叉路口各转弯及直行交通量,交通组成;推算远景交通量,制作交通量流量、流向图或表;调查非机动车和行人流量等。

(3)道路资料:调查相交道路的等级、平纵面线形、横断面形式和尺寸;相交角度、控制坐标和高程;路面类型及厚度;确定净空高度、设计荷载、设计速度及平纵横指标等。与铁路交叉时,还应调查铁路的轨股数、间距、列车通过次数、断道时间、净空和净宽要求等资料。

(4)排水资料:收集立交所在区域的排水系统、现状和规划;调查各种管渠的位置、埋深和尺寸等。

(5)文书资料:收集设计任务书,上级主管部门的具体要求、意见及有关文件;有关技术标准和规范等资料。

(6)其他资料:调查取土、弃土和材料来源;施工单位、季节、工期、交通组织和安全等方面的资料。

(二)设计步骤

一座立体交叉的设计,是指通过规划、可行性研究、方案设计到技术设计的全过程。其中,方案设计和技术设计一般可按以下步骤进行:

(1)初拟方案:根据设计要求和地形条件,在地形图或其上覆盖的透明纸上勾绘出各种可能的立交方案。

(2)确定比较方案:对初拟方案进行分析,应考虑线形是否顺适,转弯半径能否满足规定要求,各层间可否跨越,拆迁是否合理,一般选2~4个比较方案。

(3)确定推荐方案:在地形图上按比例绘出各比较方案,完成初步的平纵设计、桥跨方案和概略工程量计算,作出各方案比较表,全面比较后一般确定1~2个推荐方案。比较时应考虑交通是否流畅安全,各匝道的平、纵、横及其相互配合是否合适,立交桥的结构、布置是否合理,设计和施工难易程度,整体工程的估价,养护营运条件以及立体交叉的造型和绿化等。

(4)确定采用方案:对推荐方案视需要作出模型或透视图,征询有关方面的意见,最后定出采用方案。应权衡造价与方案、近期与远期、局部与全局的关系,也可采用分期修建的立交方案。

(5)详细测量:对采用方案实地放线并详细测量,进一步收集技术设计所需的所有资料。

(6)技术设计:完成全部施工图设计和工程预算。

以上(1)~(4)步为初步设计阶段,当可选方案较少或简单明了时可酌减步骤,(5)~(6)步为施工图设计阶段。

第八节 立体交叉的分类和形式选择

一、立体交叉的分类

(一) 按相交道路的跨越方式分类

立体交叉按相交道路的跨越方式分为上跨式和下穿式两类(图7-43)。

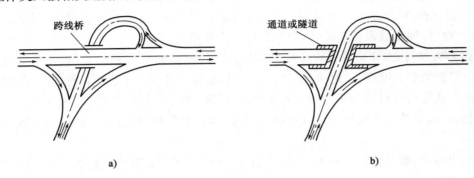

图7-43 上跨式和下穿式立体交叉

1. 上跨式立体交叉

用跨线桥从相交道路上方跨过的交叉方式,多用于设有收费站的高速公路出口、市郊或附近有高大建筑物处。这种立交施工方便,造价较低,排水易处理,但占地大,引道较长,高架桥影响视线和市容。

2. 下穿式立体交叉

用地道从相交道路下方穿过的交叉方式,多用于用地较紧张的市区。这种立体交叉正线低于地表面,占地较小,构造物对视线和周围景观影响较小,其缺点是施工期较长,造价较高,排水困难。多用于市区。

(二) 按交通功能分类

立体交叉按交通功能可分为分离式立体交叉和互通式立体交叉两类。

1. 分离式立体交叉

仅设一座跨线构造物,使相交道路空间分离,上、下道路无匝道连接的交叉方式(图7-44)。这种立体交叉结构简单,占地少,造价低,但相交道路的车辆不能转弯行驶。一般适用于主要道路与铁路、主要道路与次要道路之间的交叉。

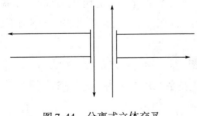

图7-44 分离式立体交叉

2. 互通式立体交叉

不仅设跨线构造物使相交道路空间分离,而且上、下道路之间有匝道连接,以供转弯车辆上、下相交道路的交叉方式。这种立体交叉相交道路的车辆能转弯行驶,全部或部分消除了冲突点,各方向行车干扰较小,但结构复杂、占地多、造价高。

互通式立体交叉的形式多样,各具特色,分别适用于不同的场合。互通式立体交叉,随匝道的不同布置,会形成许许多多不同形式的立体交叉。下面对互通式立体交叉的形式、特点及适用性进行介绍。

互通式立体交叉根据交叉处车流轨迹线的交错方式和几何形状的不同,又可进一步分为完全互通式、部分互通式和交织形立体交叉三种类型。

1) 完全互通式立体交叉

完全互通式立体交叉是指相交道路的车流轨迹线全部在空间分离的交叉。它是一种比较完善的高级形式,匝道数与转弯方向数相等,各转向都有专用匝道。其代表形式有喇叭形、苜蓿叶型、Y形、X形等众多形式。

(1) 喇叭形立体交叉。如图 7-45 所示,喇叭形立体交叉使用一个环形左转匝道(转向约为 270°)和一个半直连式左转匝道组成的完全互通式立体交叉。是三路立体交叉的代表形式。喇叭形立体交叉按车辆沿环形匝道的出入方式又分为 A 型和 B 型两种。沿环形匝道驶入正线(或主线)为 A 型,沿环形匝道驶出正线(或主线)为 B 型。

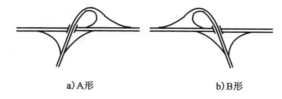

a) A形　　　　b) B形

图 7-45　喇叭形立体交叉

这种立体交叉除环形匝道适应的车速较低外,其他匝道都能为转弯车辆提高较高速度的直连式或半直连式运行;只需要一座跨线构造物,投资较省;无冲突点和交织,通行能力大,行车安全;造型美观,行车方向容易辨别。

布设时应将环圈式匝道设在交通量小的方向上,主线左转弯交通量大时宜采用 A 型,反之可采用 B 型。一般道路上跨对转弯交通视野有利,下穿时宜斜交或弯穿。

(2) 苜蓿叶式立体交叉。苜蓿叶式立体交叉使用四个对称的环形左转弯匝道实现各方向左转车辆运行的完全互通式立体交叉,如图 7-46 所示。苜蓿叶式立体交叉是四路交叉常用的立体交叉方式。

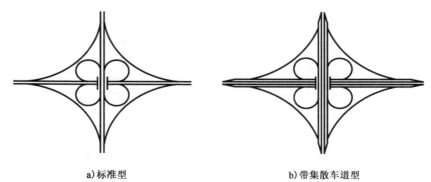

a) 标准型　　　　b) 带集散车道型

图 7-46　苜蓿叶式立体交叉

该立交平面形似苜蓿叶,交通运行连续自然,无冲突点,可分期修建,仅需一座构造物。但这种立交占地面积大,左转绕行距离较长,环圈式匝道适应车速较低,且桥上、下存在交织,限制了通行能力。多用于高速公路之间或城市外围环路上的不收费立交。

布设时为消除正线上的交织,避免双重出口而使标志简化,提高立交的通行能力和行车安全,可加设集散车道,使出入口及交织段布置在集散车道上,成为带集散车道的苜蓿叶式立体交叉[图7-46b)]。

(3)子叶式立体交叉。子叶式互通式立体交叉是用两个环形匝道实现车辆左转的完全互通式立体交叉,如图7-47所示。是三路立交的一种,只需一座构造物,造价较低,匝道对称,造型美观。但交通运行条件不如喇叭形好,正线存在交织,左转车辆绕行长。多用于苜蓿叶式立交的前期工程,布设以使正线下穿为宜。

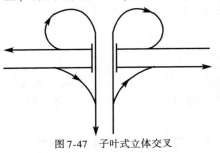

图7-47 子叶式立体交叉

(4)Y形立体交叉。用直连式匝道或半直连式匝道实现车辆左转的安全互通式立体交叉,如图7-48所示,图4-78a)为直连Y形、图4-78b)为半直连Y形,右下图为三层式。

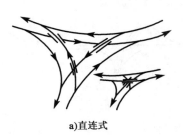 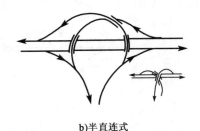

a)直连式　　　　　　　　　b)半直连式

图7-48 Y形立体交叉

Y形立体交叉是三路立交的一种,匝道全部采用直连式或半直连式。能为转弯车辆提供高速的定向或半定向运行;无交织,无冲突点,行车安全;方向明确;正线外侧占地宽度较小,但需要构造物多,造价较高。

(5)X形立体交叉,又称半直连式立体交叉,是四路完全互通的最高级形式之一。如图7-49所示,图7-49a)为对左转匝道对角靠拢布置,图7-49b)为对向左转匝道对角拉开布置方式。

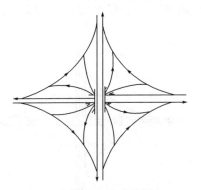 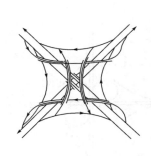

a)对向左转匝道对角靠拢布置　　　　b)对向左转匝道对角拉开布置形

图7-49 X形立交

这种立体交叉各个方向运行都有专用匝道,自由流畅,转向明确;单一的出口或入口,便于车辆运行和简化标志;无冲突点,无交织,通行能力大;适应车速高。但占地面积大,层多桥长,造价高,在城区很难实现。

(6)涡轮式立体交叉。涡轮式立体交叉是由四条半直连式左转匝道组成的一种高级完全互通式立体交叉,如图 7-50 所示。

这种立体交叉匝道纵坡和缓,适应车速较高;车辆进出主线安全通畅;无冲突点,无交织,通行能力大。但左转弯车辆绕行距离较长,运营费用较大;需建两层式跨线构造物五座,造价较高;占地面积大,适用于高速道路之间转弯速度要求较低的枢纽互通立体交叉。布设时,为使匝道平面线形与汽车行驶速度的变化相适应,通常匝道出口线形比入口线形好。

(7)组合型立体交叉。组合型立体交叉是根据交通量并结合地形、地物限制条件,在同一座立体交叉中采用两种或两种以上不同形式的左转弯匝道组合而成的完全互通式立体交叉,如图 7-51 所示。

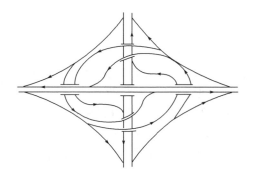

图 7-50 涡轮式立体交叉

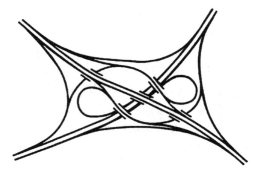

图 7-51 组合型立体交叉

这种立体交叉正线双向行车道在立体交叉范围内不拉开距离的情况下,左转匝道多为环形和半直连式匝道,组合形式多样;匝道布设形式与交通量相适应;充分利用地形、地物,因地制宜。适用于一个或两个左转弯交通量较小的枢纽互通式立体交叉。

2)部分互通式立体交叉

相交道路的车流轨迹线之间至少有一个平面冲突点的立体交叉称为部分互通式立体交叉。一般多用于主要道路与次要道路相交,当个别方向的交通量很小或分期修建,或受地形、地物等因素限制时采用。其代表形式有菱形立交和部分苜蓿叶式立交等。

(1)菱形立交,如图 7-52 所示,是设有四条单向匝道通向被交道路,在次要道路上存在平面交叉的互通式立体交叉。

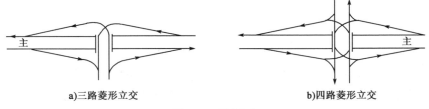

a)三路菱形立交　　　　　　　　　　b)四路菱形立交

图 7-52 菱形立交

这种立交能保证主线直行车辆快速通畅;左转弯车辆绕行距离较短;主线上具有高标准的单一进出口,交通标志简单;主线下穿时匝道纵坡便于驶出车辆减速和驶入车辆加速;形式简单,仅需跨线构造物,用地与工程费用小。但次线与匝道连接处为平面交叉,影响了通行能力和行车安全。适用于城市主要道路与次要道路相交且用地或拆迁困难的情况,公路上较少采用。布设时应将平面交叉安排在次要道路上。

(2)部分苜蓿叶式立交,部分苜蓿叶式立交是相对于全苜蓿叶式立交而言,在部分左转弯方向不设环圈式匝道,而在次要道路上以平面交叉的方式实现左转弯运行的立体交叉,如图7-53所示。实际中可根据转弯交通量的大小或场地的限制,采用图示任一种形式或其他变形形式。

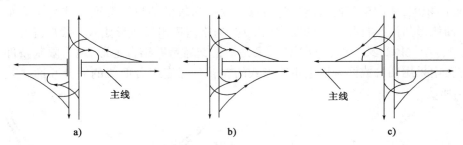

图7-53 部分苜蓿叶式立交

部分苜蓿叶式立交可以保证主线直行车流的快速顺畅;单一进出口,交通标志简单;仅需跨线构造物,用地与工程费用较小;便于分期建设,远期方便扩建为全苜蓿叶式立交。但次线上存在平面交叉,有停车等待和错路运行可能。适用于主要道路与次要道路相交。

布设时应使转弯车辆的出入尽可能少妨碍主线的交通,最好使每一转弯运行均为右转弯出入,平面交叉口应布置在次线上,必要时可在次线上组织渠化交通或设置信号控制。

3)交织型互通式立体交叉

交织型互通式立体交叉是将转弯车辆依靠交织来消除冲突点的一种互通式立体交叉。一般适用于高等级公路与一般公路之间的交叉,城市道路采用较多。

交织型立体交叉常用的形式是环形立体交叉,另外还包括正线交织及匝道交织型立体交叉。

(1)三路交织型立交,如图7-54所示,图7-54a)为三路环形立交;图7-54b)为正线交织立交。

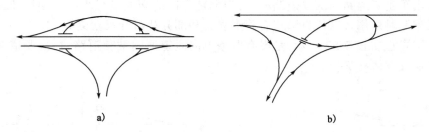

图7-54 三路交织型立交

交织型的立交主要优点是,转弯车辆行驶明确,交通组织方便,不需要信号控制,结构紧凑,占地较少。缺点是左转绕行距离较长,交织运行限制了通行能力。图7-54b)中正线存在交织,会限制正线的通行能力和车速,应慎重采用。

(2)四路交织型立交,如图7-55所示,图7-55a)为四路环形立交;图7-55b)为匝道交织型立交。其中,四路环形交叉较为多见。环形交叉能保证正线的直行交通,无冲突点,占地较少。但次要道路的通行能力受到环道交织能力的限制,左转弯车辆绕行距离较长。

(3)多路交织型立交,如图7-56所示,五路以上的道路相交的交织型立体交叉称为多路交织型立体交叉,主要是前几种类型组合形成的,但多路立交的设计更为复杂。

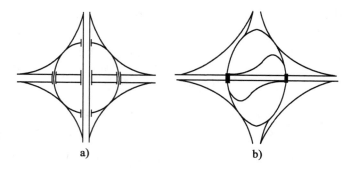

图 7-55 四路交织型立交

交织型立体交叉布设时应让主线直通,中心岛可采用圆形、椭圆形或其他形状。

(三) 按立交重要度分类

立体交叉根据相交道路的等级、直行及转向(主要是左转)车流行驶特性、非机动车对机动车干扰等分为枢纽立交与一般立交。

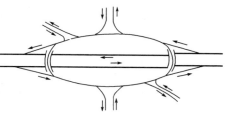

图 7-56 多路交织型立交

(1) 立 A 类:枢纽立交,是指交通组织方式既要保证相交道路主线车流能连续快速行驶,又要使转向车流能以较高车速无冲突换向行驶的完全互通式立交。主要交通特征是主要车流只有减速分流、加速汇流、较少交织和无平面交叉。

立 A_1 类:主要形式为全定向、喇叭形、组合式全互通立交。

立 A_2 类:主要形式为喇叭形、苜蓿叶形、半定向、组合式全互通立交。

(2) 立 B 类:一般立交,是指交通组织方式既要使快速路或高速公路主线车流能连续快速通行,又要使主、次干路车辆能从快速路或高速路方便集散的完全互通或部分互通式立交。主要交通特征是部分车流存在交织或平面交叉。

主要形式为喇叭形、苜蓿叶形、环形、菱形、迂回式、组合式全互通立交或半互通立交。

(3) 立 C 类:分离式立交。

与枢纽立交、一般立交、分离式立交相对应的交通功能特征,如表 7-19 所示。

立体交叉口类型及交通功能流特征　　　　表 7-19

立体交叉口类型	主线直行车流行驶特征	转向(主要指左转)车流行驶特征	非机动车及行人干扰情况
立 A_1	快速或按设计速度连续快速行驶	经直连式匝道或经集散、变速车道行驶	机非分行,无干扰;车辆与行人无干扰
立 A_2	快速或按设计速度连续快速行驶	一般经直连式匝道或经集散、变速车道行驶,或部分左转车减速行驶	机非分行,无干扰;车辆与行人无干扰
立 B	快速或按设计速度连续快速行驶,次要主线受转向车流交织干扰或受平面交叉口左转车辆冲突影响,为间断流	减速交织行驶或受平面交叉口影响减速交织行驶,为间断流	机非分行或混行,有干扰;主线车辆与行人无干扰
立 C	快速或按设计速度连续快速行驶	—	—

前文所述的几种立交类型在立交中是最基本的形式,在实际应用中,根据实际条件的差别,对这些立交通常加以改造,但立交的核心机理并没有改变。另外,在实际应用中,常常综合各个立交的特点而形成全新的立交形式,希望读者多观察和体会。

二、立体交叉形式的选择

立体交叉形式选择的目的,是为了提供行车效率高,安全舒适,适应设计交通量和设计速度,满足车辆转弯需要,并与环境相协调的立交形式。立体交叉形式选择是否合理,不仅影响立体交叉本身的功能,如通行能力、行车安全和工程经济等,而且对地区整体规划、地方交通能力的发挥以及市容环境等方面都有密切的关系。

(一)影响立体交叉形式选择的因素

影响立体交叉形式选择的因素很多,归纳起来可概括为道路、交通、环境及自然条件,具体内容详见图 7-57。

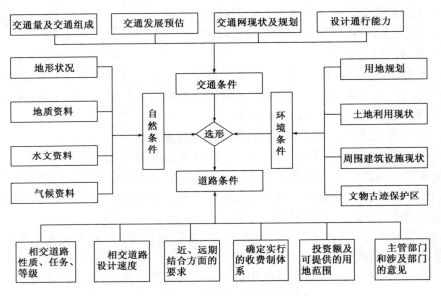

图 7-57 影响立体交叉形式的基本因素

(二)立体交叉形式选择的基本原则

立体交叉形式的选择,应根据道路、交通条件,结合自然、环境条件综合考虑而定,并遵循下列基本原则。

(1)应根据路网布局和规划选形,一条道路上的互通式立交的形式应尽量合理统一,进出口的形式保持一致。

(2)立交的形式主要取决于相交道路的性质、任务和远景交通规划以及流量流向量等,确保行车安全畅通和车流的连续。满足交通功能的需要。

(3)立体交叉选形应与所在地的自然条件和环境条件相适应,要充分考虑区域规划、地形地质条件、可能提供的用地范围、文物古迹保护区、周围建筑物及设施分布现状等。在满足交通要求的前提下力求合理利用地形、工程营运经济、与环境相协调、造型美观、结构新颖合理。

(4)选形应全面考虑近、远期结合,既要考虑近期交通要求,减少投资费用,全面考虑远期交通发展需要改建提高的可能。

(5)选择立交的形式和总体布置要全面安排,分清主次,考虑平面线形指标和竖向高程的要求。如铁路与道路相交,常以铁路上跨为宜,可减小净空高度;高等级公路与其他道路相交,原则上高等级公路不变或少变,其他道路抬高或降低。

(6)选择立交的形式应与定位相结合。立交的形式随所在地的自然条件和环境条件而异,通常先定位后选形,并使选形与定位结合考虑。

(7)选择立交的形式应考虑收费制式问题,根据转弯交通量的大小确定连接线的象限及其具体位置。

(8)立交选形应从实际出发,有利于施工、养护和排水,尽量采用新技术、新工艺、新结构,以提高工程质量、缩短工期和降低成本。

(三)立体交叉形式选择的步骤和方法

立体交叉形式选择是在交叉位置选定后,在定位时提供的可选形式基础上,按下列步骤确定该位置可采用的立体交叉形式。

1. 初定立体交叉的基本形式

首先应选择立体交叉的总体布局。如采用收费还是不收费立体交叉,分离式还是互通式立体交叉。分离式立体交叉采用上跨式还是下穿式,互通式立体交叉采用完全互通、部分互通还是交织形。立体交叉采用两层、三层还是四层,主线上跨还是下穿被交线。机动车与非机动车是分离形式还是混合行驶,是否考虑行人交通。在此基础上,进一步选择立体交叉的常用形式。

根据影响立体交叉的主要因素,表7-20给出了常用立体交叉的选择条件(相交道路按六车道计,交通量为当量小客车数),可供参考。

互通式立交形式的选择　　　　　　　　　表7-20

立交形式	设计速度(km/h)			交叉口总通行能力(pcu/h)	占地面积(公顷)	相交道路等级及交叉口情况
	直行	左转	右转			
直连式立交	80~100	70~80	70~80	13000~15000	8.5~12.5	1. 高速公路相互交叉; 2. 高速公路与市郊快速路相交
苜蓿叶式立交	60~80	30~40	30~40	9000~13000	7.0~9.0	1. 高速公路相互交叉; 2. 高速公路与快速路、主干路相交; 3. 用地允许的市区主要交叉口
部分苜蓿叶式立交	30~80	25~35	25~35	6000~8000	3.5~5.0	1. 高速公路与快速路、主干路相交; 2. 苜蓿叶式立交的前期工程
菱形立交	30~80	25~35	25~35	5000~7000	2.5~3.5	1. 高速公路与次要公路相交; 2. 快速路与主干路相交
三、四层式环形立交	60~80	25~35	25~35	7000~10000	4.0~4.5	1. 快速路相互交叉; 2. 市区交叉口; 3. 高等级公路与次要相交

续上表

立交形式	设计速度(km/h)			交叉口总通行能力(pcu/h)	占地面积(公顷)	相交道路等级及交叉口情况
	直行	左转	右转			
喇叭形立交	60~80	30~40	30~40	6000~8000	3.4~4.5	1. 高速公路与快速路相交； 2. 高等级公路相互交叉； 3. 用地允许的市区交叉口
三路环形立交	60~80	25~35	25~35	5000~7000	2.5~3.0	1. 高等级公路相互交叉； 2. 市区T形、Y形交叉口
三路子叶式立交	60~80	25~35	25~35	5000~7000	3.0~4.0	1. 高等级公路相互交叉； 2. 苜蓿叶式立交的前期工程
三路直连型立交	80~100	70~80	70~80	8000~11000	6.0~7.0	1. 高速公路相互交叉； 2. 地形适宜的双向分离式道路相交

公路互通式立体交叉的形式，应根据各方向的交通量，结合地形、地物、交通条件综合考虑而定，并遵循以下几点：

（1）直行和转弯交通量均较大，相交公路的设计速度较高，并要求用较高的速度集散时，可采用直连形或半直连形立体交叉，也可采用涡轮形或组合形立体交叉。

（2）高速公路与一级公路相交，且不设收费站时，可采用组合形立体交叉。交通量大时，可采用直连和半直连式匝道，部分方向左转弯交通量不大时可采用环形匝道。

（3）两条一级公路相交，宜采用苜蓿叶形、环形或组合形立体交叉。

（4）高速公路与一级公路或交通量大的二级公路相交，且设置收费站时，宜采用双喇叭形立体交叉。

（5）高速公路与交通量小的二级公路相交，宜采用在被交道路上设置平面交叉的单喇叭形、部分苜蓿叶形立体交叉。匝道上不设收费站时，宜采用菱形立体交叉。

（6）一级公路与二级、三级、四级公路相交，因交通转换而设置互通式立体交叉时，宜采用菱形、部分苜蓿叶形立体交叉。

2. 立体交叉几何形状及结构的选择

立体交叉的几何形状及结构对整个立体交叉的车辆运行速度、运行距离、行车安全和舒顺、行车视距、视野范围、交通功能、服务水平和通行能力等影响很大。在立体交叉基本形式的基础上，通过仔细研究，对立体交叉的总体结构布局和匝道布设进行安排，如跨线构造物的布置，出入口的位置，匝道布设的象限，内外匝道采用整体式或分离式断面，匝道的平、纵、横几何形状及尺寸，变速车道的布置等。

3. 立体交叉方案比选

经过立体交叉基本形式和几何线形及结构选择，会产生多个立体交叉方案，必须经过对多方案技术、经济、效益比较，选择合理的立体交叉形式和适当的规模，设计出满足交通功能要求、适合现场条件、工程量小、造型美观且投资少的立体交叉方案。对于复杂的大型立体交叉，还应制作透视图或三维仿真进行检查比较。

(四)立体交叉形式的选用

1. 公路立体交叉

(1)高速公路间或高速公路与承担干线功能的一级公路间或承担干线功能的一级公路间的互通式立体交叉,应选用枢纽互通式立体交叉。

(2)高速公路、承担干线功能的一级公路间与承担集散功能的以及公路及其他公路相交的互通式立体交叉,应选用一般互通式立体交叉。

2. 城市道路立体交叉

城市道路立体交叉的形式选用,应根据交叉口在路网中的地位、作用、相交道路的等级,并结合城市性质、规模、交通需求及立交所在区域用地条件,按表7-21选用。

城市道路立体交叉选型 表7-21

立体交叉类型	选 型	
	推荐形式	可选形式
快速路—高速公路	立 A_1 类	—
快速路—快速路(一级公路)	立 A_1 类	—
快速路—主干路	立 B 类	立 A_2 类、立 C 类
快速路—次干路	立 C 类	立 B 类
快速路—支路	—	立 C 类
主干路—高速公路	立 B 类	立 A_2 类、立 C 类
主干路—主干路	—	立 B 类
主干路—次干路	—	立 B 类
次干路—高速公路	—	立 C 类
支路—高速公路	—	立 C 类

注:主干路与高速公路相交,经分析论证,可选立 A_1 类。

第九节 匝道设计

匝道是互通式立体交叉必不可少的组成部分,是供上、下相交道路转弯车辆行驶的连接道。匝道设计的合理与否,直接关系到立交枢纽的功能、运营及安全等。因此,匝道的合理布置及使用合适的线形非常重要。

一、匝道的类型与特性

(一)匝道的组成

在互通式立体交叉中,匝道是供车辆从一条道路转弯到另一条道路上去的专用转弯道路。对于一条匝道来说,无论是左转匝道和右转匝道,一般可将匝道划分为三部分,即驶出道口、中间匝道路段和驶入道口,如图7-58所示。其中,驶出道口和驶入道口又称为匝道的端部。

1. 驶出道口

驶出道口是由减速车道、出口和楔形端三部分组成。需要指出的是,当不设减速车道时,出口是指由正线驶出进入匝道的道口,当设减速车道时,出口特指正线与匝道的分岔口。减速车道和楔形端的组成与设计详见匝道的连接部设计。

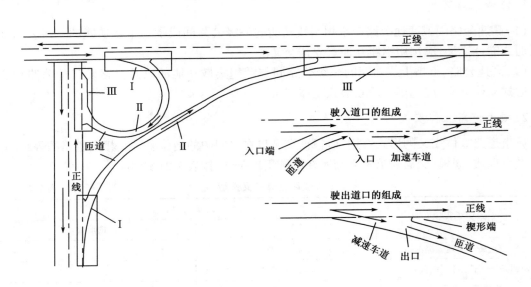

图 7-58　匝道的组成
Ⅰ-驶出道口；Ⅱ-中间匝道路段；Ⅲ-驶入道口

2. 中间匝道路段

中间匝道路段为匝道的主体,其组成单一。匝道有时是用土方填筑的路堤道路,有时又可能是路堑或高架桥形式,应视具体情况而定。

3. 驶入道口

驶入道口是由入口端、入口和加速车道三部分组成。同样,当不设加速车道时,入口是由匝道驶出进入正线的道口,而当设加速车道时,入口特指匝道与正线的会合口。

(二)匝道的类型

按匝道的功能及其与相交道路的关系,可将匝道分为右转匝道和左转匝道两大类。

1. 右转匝道

右转匝道是从正线右侧驶出后直接右转约 90°,到被交道路的右侧驶入,一般不设跨线构造物,如图 7-59 所示。根据立体交叉的形式和用地限制条件,右转匝道可以布设为单(或复)曲线、反向曲线、平行线或斜线四种。右转匝道属右出右进的直连式匝道,其特点是形式简单,直捷顺畅,行车安全。

2. 左转匝道

左转匝道是车辆须转 90°～270°越过对向车道,除环圈式左转匝道外,匝道上至少需要一座跨线构造物。按匝道与相交道路的关系,左转匝道有直连式(定向式)、半直连式(半定向式)和环形(间接式、环圈式)匝道三种类型。

1)直连式(又称定向式、直接式、左出左进式)左转匝道

如图 7-60 所示,左转弯车辆直接从正线行车道左侧驶出,左转约 90°,到相交道路行车道

的左侧驶入。直连式左转匝道的优点是匝道长度最短,可降低运营费用;没有反向迂回运行,自然顺畅,适应车速高,通行能力较大。缺点是跨线构造物较多,需要单向跨线桥两层式两座或三层式一座;正线及被交道路的双向行车之间须有足够间距或设置成不等高,以便上跨或下穿;对重型车和慢速车左侧驶出、左侧驶入困难且不安全。

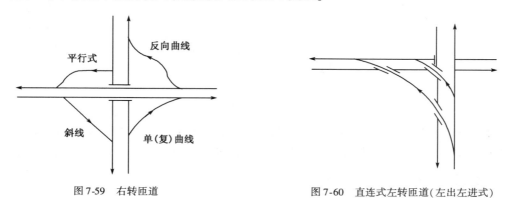

图7-59 右转匝道　　　　　　图7-60 直连式左转匝道(左出左进式)

2) 半直连式(又称半定向式、半直接式)左转匝道

为了克服直连式匝道从左驶出、从左驶入在运行上的缺点,而改为从右驶出或从右驶入的做法。这时,车辆为了左转还须做反向的右转运行,但匝道上车辆运行的总体方向仍然是向左转弯的,这种匝道称为半直连式。按车辆由相交道路的进出方式可分为左出右入式、右出左入式和右出右入式等三种基本形式

(1) 左出右进式:如图7-61a)所示,左转车辆从行车道左侧直接驶出后左转弯,到相交道路时由行车道右侧驶入。与直连式左转匝道相比,右进改变了左进的缺点,车辆驶入安全,但仍存在左出的问题;匝道上车辆略有绕行;驶出道路双向车道之间需有足够的间距;图示三种情况均可采用,应视地形、地物与环境条件而定。

(2) 右出左进式:如图7-61b)所示,左转车辆从行车道右侧右转弯驶出,在匝道上左转弯,到相交道路后直接由行车道左侧驶入。改善了左出的缺点,车辆驶出安全方便,但仍存在左进的问题;驶入道路双向车道之间需有足够间距。

(3) 右出右进式:如图7-61c)所示,左转车辆从由行车道右侧右转弯驶出和驶入,在匝道上左转改变方向。右出右进式半直连式左转匝道完全消除了左出、左进的缺点,行车安全方便;但匝道绕行距离较长,跨线构造物较多。图中五种形式应视地形、地物及线形等条件而定。

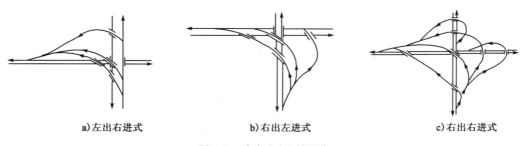

a) 左出右进式　　　　b) 右出左进式　　　　c) 右出右进式

图7-61 半直连式左转匝道

3) 环形(又称间接式、环圈式)左转匝道

如图7-62所示,左转弯车辆驶过正线跨线构造物后向右回转约270°达到左转的目的,在相

交道路的行车道右侧驶入。环形左转匝道的特点是右出右进,行车安全,匝道上不需设跨线构造物,造价最低;匝道线形指标差,适应车速低,通行能力较小,占地面积大,左转绕行距离长。

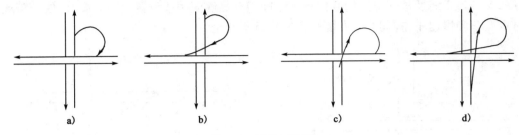

图 7-62　环形左转匝道

环形左转匝道是苜蓿叶式、喇叭口式、子叶式立体交叉的标准组成部分。图 7-62a)所示为常用基本形式,当互通式立体交叉为了改善交织而设置集散车道时,可采用其余三种形式。

(三)匝道的布设特性

上述的多种匝道中,右转匝道在不设跨线构造物的前提下是定型的,几乎都采用右出右进的形式,其线形在具体方案中根据场地条件而定。

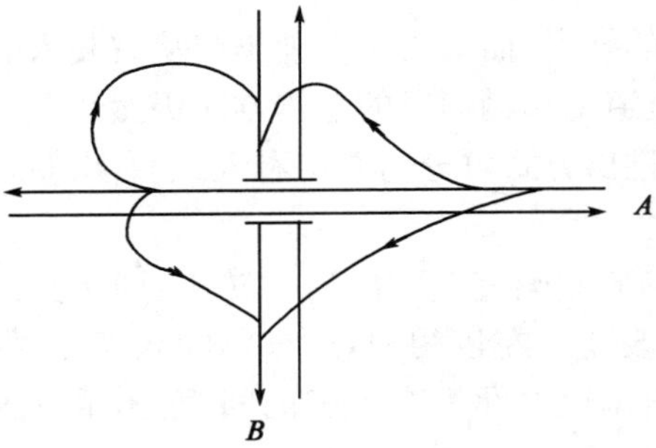

左转匝道的基本形式变化多端,各种匝道可以单独或组合使用形成许多不同类型的立交方案。在布设左转匝道时,可根据现场地形、地物及用地限制条件灵活安排匝道的空间位置与线形。左转匝道布设有两大特性:

(1)任何一个方向的左转车辆,均可在所有的象限内完成左转运行。如图 7-63 所示,若 A 方向来车拟左转到 B 方向时,可在四个象限内布置左转匝道。

图 7-63　一个方向左转匝道布置

(2)所有行驶方向的左转车辆,均可在部分象限内完成左转弯运行,如图 7-64 所示,图 7-64a)为一个象限内集中布置,图 7-64b)和图 7-64c)分别只在两个和三个象限内布置。

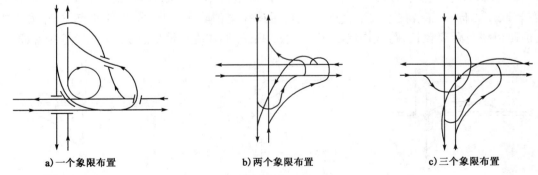

a)一个象限布置　　　　　　b)两个象限布置　　　　　　c)三个象限布置

图 7-64　部分象限所有左转匝道布置

二、匝道的设计依据

匝道设计依据主要有互通式立体交叉的类型及主线的线形指标、匝道设计速度、设计交通量和设计通行能力等。互通式立交的类型是确定匝道设计速度的主要依据,主线的线形指标决定匝道端部设计,匝道的设计速度和设计交通量是确定匝道平纵面线形和横断面几何尺寸的主要依据,而匝道的通行能力则是检验匝道适应交通量的能力。

1. 互通式立体交叉的类型及主线的线形指标

互通式立体交叉按照重要度一般分为枢纽互通式立体交叉和一般互通式立体交叉两类。互通式立体交叉范围内的主线线形指标应符合表 7-22 的规定。

互通式立体交叉范围内的主线线形指标　　表 7-22

设计速度(km/h)			120	100	80	60
最小圆曲线半径(m)		一般值	2000	1500	1100	500
		极限值	1500	1000	700	350
最小竖曲线半径(m)	凸形	一般值	45000	25000	12000	6000
		极限值	23000	15000	6000	3000
	凹形	一般值	16000	12000	8000	4000
		极限值	12000	8000	4000	2000
最大纵坡(%)		一般值	2	2	3	4.5(4)
		极限值	2	3	4(3.5)	5.5(4.5)

注:当主要公路以较大的下坡进入互通式立体交叉,且所接的减速车道为下坡,同时,后随的匝道线形指标较低时,主要公路的纵坡不得大于括号内的值。

2. 设计速度

匝道的设计速度是匝道线形受限路段所能保证的最大速度。主要是根据立体交叉的类型、匝道的形式、转弯交通量的大小以及用地和建设费用等条件选定。匝道的设计速度通常都较低于正线,但降低不得过大,以免车辆在离开或进入正线时产生急剧的减速或加速,导致行车危险和不顺畅,降低通行能力。期望值以接近主线平均行驶速度为宜,但是当受用地或其他条件限制时,匝道设计速度可适当降低。公路互通式立体交叉匝道的设计速度见表 7-23。城市道路立体交叉匝道的设计速度宜为相应道路设计速度的 50%～70%,直连式、半直连式匝道取上限,一般匝道区下限。

公路立交匝道的设计速度　　表 7-23

匝道类型		直连式	半直连式	环形匝道
匝道设计速度(km/h)	枢纽互通式立交	80、70、60、50	80、70、60、50、40	40
	一般互通式立交	60、50、40	60、50、40、	40、35、30

选用匝道设计速度时应注意以下几点。

(1)满足最佳车速的要求:匝道采用较主线低的车速不一定意味着会降低立交的通行能力,因为车速高时由于制动距离增加而使车头间距变大,使通行能力降低。所以,为确保行车安全和通行能力要求,并考虑占地及行驶条件,匝道设计速度宜接近最大通行能力时的车速,即最佳车速 V_k,可由下式计算。

$$V_k = 3.6\sqrt{\frac{L+L_0}{C}} \tag{7-19}$$

式中:L——车长(m);

L_0——安全距离(m),一般取 5～10m;

C——制动系数(s^2/m),一般取 0.15~0.30。

最佳速度 V_k 一般为 40~50km/h。

(2)按匝道的不同形式选用:同一座互通式立体交叉各条匝道的设计速度可不同,应根据匝道的形式选用。通常,右转匝道宜采用上限或中间值;直连式左转匝道宜采用上限或接近上限值;半直连式宜采用中间或接近中间值;环形匝道半径过大时,占地面积较大,通常降低设计速度的采用值,宜采用下限或接近下限值。

(3)适应出、入口行驶状态需要:驶出匝道分流端的设计速度不小于主线设计速度的 50%~60%;驶入匝道与加速车道连接处的设计速度应保证车辆驶至加速车道末端的速度能达到主线的 70%;接近收费站或平面交叉的末端,设计速度可酌情降低。

(4)考虑匝道的交通组织:双向无分隔带的匝道应取同一设计速度;双向独立的匝道依交通量的不同而分别选用。

(5)适用车辆连续减速或预加速的需要:匝道设计速度采用较低值时,匝道接近分、汇流鼻端处,应设置一定长度的路段,以适应较高速度连续减速或预加速的需要。

3. 设计交通量

匝道的设计交通量是指远景设计年限的设计小时交通量。匝道设计交通量是确定匝道类型、设计速度、车道数、几何形状、平交或立交及是否分期修建等的基本依据。设计交通量主要根据相交道路的交通量,结合交通资料分析、预测,推算出设计年限末的年平均日交通量,并将交叉口各个匝道单向年平均日交通量换算为设计小时交通量,推算方法与相交道路相同。互通式立体交叉的设计年限一般与高速公路相同,采用 20 年。交通组成及左、直、右行方向的交通量一般用交通量流向、流量分布图表示。

4. 通行能力

匝道的通行能力取决于匝道基本路段和出入口处的通行能力,以三者之中较小者作为采用值。通常出口和入口处的通行能力与匝道基本路段通行能力相比甚小,故匝道的通行能力主要受出入口处通行能力的控制,并受主线通行能力、车道数、设计交通量等影响。

三、匝道的线形设计

(一)匝道平面线形设计

互通式立体交叉匝道的平面线形设计指标,应根据互通式立体交叉的形式、匝道的设计速度、交通量、地形、用地条件以及造价等因素确定,并保证车辆能连续、安全地运行,达到工程及运营经济。

1. 一般要求

(1)汽车在匝道上的行驶速度是由高到低再到高逐渐变化的过程,在匝道平面线形设计中,平曲线的曲率变化也应与此变速行驶状态相适应。

(2)匝道平面线形应与其交通量相适应,转弯交通量大的匝道,通行能力较大,行车速度要求高一些,平面线形应采用较高的技术指标,行车路径应尽量短捷。

(3)出口匝道的平面线形指标应高于入口匝道。

(4)分、汇流处应具有良好的平面线形和通视条件。

(5)匝道平面线形在满足交通条件、场地条件和技术指标的前提下,各条匝道应合理组合,尽量减少拆迁和占地面积。

（6）当匝道上设置有收费站、停靠站、停车场和服务区等交通和服务设施时，匝道线形设计应考虑这些设施的用地和保证足够的变速至停车的行驶条件。

2. 匝道平面线形指标

1）匝道圆曲线半径

匝道圆曲线半径的大小取决于匝道的设计速度，同时应考工程经济性、安全性和舒适性。互通式立体交叉匝道圆曲线最小半径不应小于表7-24中的规定。通常情况下，应采用较大的圆曲线半径和较小的超高横坡度。只有当受地形条件或其他特殊情况限制时，才可采用极限最小半径值；积雪冰冻地区不得采用极限值。

匝道圆曲线最小半径　　　　　　　　　　表7-24

	匝道设计速度(km/h)		80	70	60	50	40	35	30	25	20
公路立体交叉	一般值(m)		280	210	150	100	60	40	30	—	—
	极限值(m)		230	175	120	80	50	35	25	—	—
城市道路立体交叉	积雪冰冻地区(m)		—	—	240	150	90	70	50	35	25
	一般地区(m)	不设超高	420	300	200	130	80	60	45	30	20
		$i_{max}=0.02$	315	230	160	105	65	50	35	25	20
		$i_{max}=0.04$	280	205	145	95	60	45	35	25	15
		$i_{max}=0.06$	255	185	130	90	55	40	30	25	15

2）匝道缓和曲线

匝道及其端部曲率变化较大处应设置缓和曲线，匝道缓和曲线应采用回旋线。回旋线的参数和长度宜不小于表7-25的规定。且回旋线长度不应小于超高过渡段所需的长度，其参数以 $A \leq 1.5R$ 为宜。反向曲线的两个回旋线参数宜相等，不等时其比值应不小于1.5。径相衔接的复曲线，其大小半径之比不应大于1.5，否则应设回旋线。

匝道回旋线参数及长度　　　　　　　　　　表7-25

	匝道设计速度(km/h)	80	70	60	50	40	35	30	25	20
公路	回旋线参数A(m)	140	100	70	50	35	30	20	—	—
	回旋线长度(m)	70	60	50	40	35	30	25	—	—
城市道路	回旋线参数A(m)	135	110	90	70	50	40	35	25	20
	回旋线长度(m)	75	70	60	50	45	40	35	25	20

3）分流鼻处匝道最小曲率半径及回旋线参数

驶出匝道的分流鼻处，因从正线分离后行驶速度较高，应具有较大的曲率半径，并使其后的曲率变化与行驶速度的变化相适应，如图7-65所示。

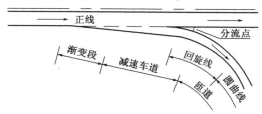

图7-65　分流鼻处匝道的曲率半径

在分流鼻处,公路立体交叉匝道平曲线的最小曲率半径和缓和曲线长度不宜小于表7-26的规定值;城市道路立体交叉匝道平曲线的最小曲率半径和缓和曲线长度不宜小于表7-27的规定值。当按照匝道基本路段设计速度选取的回旋线最小参数大于表中规定时,应按匝道设计速度取值。

公路互通立交分流点处匝道最小曲率半径和最小回旋线参数　　　　表7-26

主线设计速度(km/h)		120	100	80	60
匝道最小曲率半径(m)	一般值	350	300	250	200
	极限值	300	250	200	150
匝道回旋线最小参数(m)	一般值	100	80	70	60
	极限值	80	70	60	40

城市道路立体交叉分流点处匝道最小曲率半径和回旋线最小参数　　　　表7-27

主线设计速度(km/h)		120	100	80	60
分流点处的行驶速度(km/h)		80	60	55	50	≤40
匝道最小曲率半径(m)		250	150	120	100	70
匝道回旋线最小参数(m)	一般值	110	70	60	50	35
	极限值	100	65	55	45	30

3. 匝道平面线形布设

1) 匝道平面线形

匝道的平面线形要素仍然是直线、圆曲线和缓和曲线,但因匝道通常较短,难以争取到较长的直线段,故多以曲线为主。

匝道圆曲线半径的大小,在考虑立交形式、匝道的布设、用地规模、拆迁数量和工程造价等条件下,应与设计速度、超高横坡度以及行车安全和舒适性相适应。通常情况下,应采用较大的圆曲线半径和较小的超高横坡度。只有当受地形条件或其他特殊情况限制时,才可采用极限最小半径值。如果采用较小半径的单曲线或环形左转匝道,除了圆曲线半径满足最小半径规定以外,还应有足够的匝道长度,以保证曲率的缓和过渡和上、下正线的展线长度要求,可近似按下式计算。

$$R_{\min} \geq \frac{57.3H}{\alpha \times i} \tag{7-20}$$

式中:H——上、下线要求的最小高差(m);

α——匝道的转角(°);

i——匝道的设计纵坡(%)。

对以曲线为主的匝道来说,在匝道平面线形设计中应以回旋线作为主要的线形要素加以灵活应用。直线与圆曲线之间、圆曲线与圆曲线(同向曲线或反向曲线)之间均应以回旋线平顺连接。回旋线的参数和长度,以及相邻回旋线参数的比值应满足技术标准要求。一般情况下,应采用较大的回旋线参数或较长的回旋线长度,只有在条件受限时方可采用最小值。

2) 匝道平面线形布设

根据汽车在匝道上的行驶特性及匝道平面线形的构成,对右转匝道和直连式左转匝道,一般宜采用单曲线或多心复曲线、同向曲线、卵形曲线。城市附近立交的匝道有时采用反向曲线组成的右转匝道，以减少占地面积或拆迁工程数量。

对半直连式左转匝道，其平面线形可由反向曲线与单曲线或卵形曲线等组合而成。

对环形左转匝道，最简单的平面线形是采用单曲线，它设计简单，但与匝道上行车速度的变化不适应。最好采用曲率半径由大到小再到大的水滴形或卵形曲线，以满足车速变化的要求，但设计计算比较复杂。另外，为减少占地和工程造价，环形左转匝道常采用较小圆曲线半径。

（二）匝道的纵断面线形设计

1. 一般要求

（1）匝道及其与正线连接处，纵断面线形应尽量连续，避免线形的突变。

（2）匝道的纵坡应平缓，并避免不必要的反坡。

（3）出口匝道宜为上坡匝道，以利车辆自然减速。

（4）上坡加速或下坡减速的匝道，应采用较缓的纵坡，并避免采用最大纵坡值。

（5）匝道中设收费站时，邻接收费广场的路段，其纵坡应平缓，不得以较大的下坡紧接收费广场。

（6）匝道及端部纵坡变化处应采用较大半径的竖曲线，以保证足够的停车视距；分、汇流点及其附近的竖曲线还应满足识别视距要求，以保证能看清前方的路况。

2. 匝道纵断面线形

匝道纵断面线形多受其两端相连接正线的高程、纵坡大小及坡向的限制，当匝道跨越匝道或正线时，还要受跨线处高程的控制。不同形式的匝道，纵断面布设会有所差异。

右转匝道纵断面线形常由一个以上竖曲线组合而成，但纵坡较小，起伏不大，竖曲线半径较大。左转匝道一般由反向或同向竖曲线组成。反向竖曲线的上端多为凸形，下端多为凹形，中间宜插入直坡段，也可直接连接；同向竖曲线宜加大半径，连成一个竖曲线或复合竖曲线。

纵坡设计应尽量平缓，最好一次起伏，避免多次变坡。出口处竖曲线半径应尽可能大些，以便误行或其他原因要倒车时不致造成危险或引起阻塞。入口附近的纵面线形必须有同正线一致的平行区段，以看清正线，安全驶入。

3. 匝道纵断面线形指标

1）匝道最大纵坡

匝道因受上下线高程的限制，为克服高差、节省用地和减少拆迁，并考虑匝道上车速较低，故匝道的纵坡一般比正线纵坡大。各种匝道设计速度所对应的最大纵坡，如表7-28所示。

匝道的最大纵坡 表7-28

		匝道设计速度(km/h)		80、70	60、50	40、35、30
公路立体交叉	最大纵坡（%）	出口匝道	上坡	3	4	5
			下坡	3	3	4
		入口匝道	上坡	3	3	4
			下坡	3	4	5
城市道路立体交叉		匝道设计速度(km/h)		80	70	60	50	≤40
	最大纵坡（%）	一般地区		5	5.5	6	7	8
		积雪地区		4				

匝道最大纵坡,因地形困难或用地紧张时可增大 1%;非积雪冰冻地区的出口匝道上坡、入口匝道下坡,特殊困难时可增加 2%。城市道路立体交叉若机动车与非机动车在同一匝道混行时,考虑非机动车的行车要求,最大纵坡应按非机动车车行道的规定,一般不宜大于 3%。

2) 匝道竖曲线最小半径及最小长度

匝道各设计速度对应的竖曲线最小半径及最小长度,见表 7-29。

匝道竖曲线的最小半径及长度 表 7-29

				80	70	60	50	40	35	30	25	20
	匝道设计速度(km/h)			80	70	60	50	40	35	30	25	20
公路立体交叉	匝道竖曲线最小半径(m)	凸形	一般值	4500	3500	2000	1600	900	700	500	—	—
			极限值	3000	2000	1400	800	450	350	250	—	—
		凹形	一般值	3000	2000	1500	1400	900	700	400	—	—
			极限值	2000	1500	1000	700	450	350	300	—	—
	匝道竖曲线最小长度(m)		一般值	100	90	70	60	40	35	30	—	—
			极限值	75	60	50	40	35	30	25	—	—
城市道路立体交叉	匝道竖曲线最小半径(m)	凸形	一般值	4500	3500	1800	1200	600	450	400	250	150
			极限值	3000	2000	1200	800	400	300	250	150	100
		凹形	一般值	2700	2025	1500	1050	675	525	375	255	165
			极限值	1800	1350	1000	700	450	350	250	170	110
	匝道竖曲线最小长度(m)		一般值	105	90	75	60	55	45	40	30	30
			极限值	70	60	50	40	35	30	25	20	20

设计时,应尽量采用大于或等于竖曲线设计指标的一般值,特殊困难时可适当减小,但不得低于表中的极限值。另外,竖曲线设计时应同时满足竖曲线最小半径和竖曲线最小长度的要求。

4. 匝道平、纵线形组合设计

匝道平、纵线形组合设计的基本要求是使匝道立体线形平顺无扭曲,视野开阔,行车安全舒适,视觉美观,并与正线衔接处及周围环境相协调。平、纵线形组合设计的原则和要点与正线基本相同,但应注意出、入口处平、纵组合的处理。

在出口处,若是越过凸形竖曲线以下坡驶向匝道时,坡顶之后的平曲线不应突然出现在驾驶员眼前,应使凸形竖曲线加长以增大视距,使驾驶员能及早发现平曲线的起点和方向,并有足够的安全运行时间。在入口处,若由匝道上坡驶入道口时,应使连接道口的匝道(一般长度至少 60m)纵断面与邻接的正线基本一致,以保证通视三角区要求。

(三) 匝道横断面设计

1. 匝道横断面的组成

匝道横断面由行车道、路缘带、硬路肩和土路肩(城市道路可不设)组成,对向分离双车道匝道还应包括中央分隔带。城市道路互通式立体交叉匝道考虑非机动车道时,还应包括侧分带和非机动车道。

匝道各组成部分的宽度:公路立体交叉匝道的车道宽度一般采用 3.5m,当匝道设计速度大于 60km/h 时,车道宽度可采用 3.75m。城市道路立体交叉匝道设计速度大于或等于

60km/h时,车道宽度采用3.75m(大型汽车或大小型汽车混行)或3.5m(小型汽车);当匝道设计速度小于60km/h且大于40km/h时,车道宽度采用3.5m(大型汽车或大小型汽车混行)或3.25m(小型汽车);当匝道设计速度小于或等于40km/h或困难情况下,车道宽度可采用3.25m(大型汽车或大小型汽车混行)或3.0m(小型汽车)。城市立交机、非混行的匝道,非机动车车道宽度应视交通量而定。路缘带宽度为0.5m。土路肩宽度为0.75m,条件受限时且不设路侧护栏者可采用0.5m。中央分隔带的宽度为1.0m(设刚性护栏时可为0.6m)。左侧硬路肩宽为1.0m(含路缘带)。右侧硬路肩(含路缘带)宽度,设供紧急停车用硬路肩为3.0m,条件受限制时可采用1.5m,但对向分隔式双车道宜采用2.0m;不设紧急停车用硬路肩为1.0m。

匝道的行车道、硬路肩宽度与正线不同时,应设置渐变率为1/20~1/40的过渡段。

2. 匝道横断面的基本类型及选用

匝道横断面的基本类型有四种,如图7-66所示。

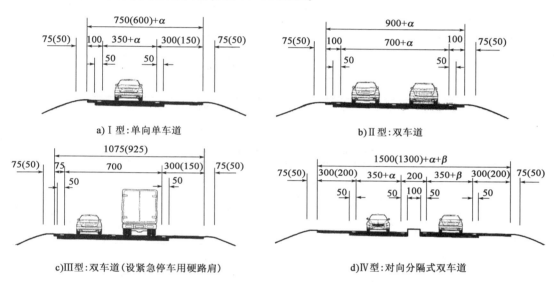

图7-66 匝道横断面的基本类型

各类型的匝道横断面按下列条件选用:

(1)交通量小于100pcu/h时,或交通量大于或等于100pcu/h,但小于1200pcu/h、匝道长度小于或等于500m时,应采用Ⅰ型。

(2)交通量小于100pcu/h时,或交通量大于或等于100pcu/h,但小于1200pcu/h、匝道长度大于500m时,应考虑超车需要而采用Ⅱ型,此时采用单车道出入口。

(3)交通量大于或等于1200pcu/h但小于1500pcu/h,应采用Ⅱ型。

(4)交通量大于或等于1500pcu/h,应采用Ⅲ型。

(5)对向分离双车道匝道,应采用Ⅳ型。当设计速度小于或等于40km/h,且位于非高速公路一方时,可采用Ⅱ型。

3. 匝道的加宽及其过渡

匝道圆曲线的加宽值,应根据匝道圆曲线半径大小确定,公路立体交叉匝道圆曲线的加宽值按表7-30所列数值采用;城市道路立体交叉匝道圆曲线的加宽值按表7-31所列数值采用。曲线加宽的过渡可按照正线加宽过渡的方式进行。

公路立体交叉匝道圆曲线加宽值 表 7-30

单车道匝道(Ⅰ型)		单向双车道或对向双车道匝道(Ⅱ型)	
25 ~ <27	2.25	25 ~ <26	3.25
27 ~ <29	2.00	26 ~ <27	3.00
29 ~ <32	1.75	27 ~ <28	2.75
32 ~ <35	1.50	28 ~ <30	2.50
35 ~ <38	1.25	30 ~ <31	2.25
38 ~ <43	1.00	31 ~ <33	2.00
43 ~ <50	0.75	33 ~ <35	1.75
50 ~ <58	0.50	35 ~ <37	1.50
58 ~ <70	0.25	37 ~ <39	1.25
≥70	0	39 ~ <42	1.00
—	—	42 ~ <46	0.75
—	—	46 ~ <50	0.50
—	—	50 ~ <55	0.25
—	—	≥55	0

注:1. 表中加宽值是对图 7-66a)的标准宽度而言的,当遇特殊断面时,加宽值应予调整,是加宽后的总宽度与标准一致。
  2. Ⅳ型匝道,可按各自车道的曲线半径所对应的加宽值分别加宽。
  3. Ⅲ型匝道的加宽为Ⅱ型的加宽值减去Ⅲ、Ⅱ型两者硬路肩的差值。

城市道路立体交叉匝道圆曲线的加宽值 表 7-31

车　　型	圆曲线半径(m)								
	200<R≤250	150<R≤200	100<R≤150	60<R≤100	50<R≤60	40<R≤50	30<R≤40	20<R≤30	15<R≤20
小型汽车	0.28	0.30	0.32	0.35	0.39	0.40	0.45	0.60	0.70
普通汽车	0.40	0.45	0.60	0.70	0.90	1.00	1.30	1.80	2.40
铰接车	0.45	0.55	0.75	0.95	1.25	1.50	1.90	2.80	3.50

4. 匝道的超高及其过渡

1) 超高值

匝道上的圆曲线应根据规定要求设置必要的超高。超高值应根据匝道的设计速度、圆曲线半径、道路条件、自然条件等经计算确定。积雪冰冻地区,公路立体交叉匝道的最大超高不得大于6%,城市道路立体交叉匝道最大超高不应大于3.5%;一般地区公路立体交叉匝道的最大超高不得大于8%,城市道路立体交叉匝道最大超高不应大于6%。当匝道圆曲线半径大于表 7-32 所列值时,可以不设超高。

匝道圆曲线不设超高的最小半径 表 7-32

匝道设计速度(km/h)		80	70	60	50	40	35	30	25	20
公路立体交叉	路拱≤2%	2500	2000	1500	1000	600	500	350	—	—
城市道路立体交叉		—	—	240	150	90	70	50	35	25

2) 超高过渡段

匝道上直线与超高圆曲线之间或两超高不同的圆曲线之间,应设置超高过渡段。超高缓和段长度应根据匝道设计速度、匝道横断面类型、旋转轴位置及规定的超高渐变率等因素计算确定。匝道超高过渡段的计算公式与正线相同。公路立体交叉的匝道超高渐变率应符合表 7-33 的规定;城市道路立体交叉匝道超高渐变率可按表 7-34 取值。

公路立体交叉匝道超高渐变率 表 7-33

匝道设计速度（km/h）	断面类型及旋转轴位置			
	单向单车道		单向双车道及非分隔对向双车道	
	左路缘带外边线	行车道中心线	左路缘带外边线	行车道中心线
80	1/200	1/250	1/150	1/200
70	1/175	1/235	1/135	1/185
60	1/150	1/225	1/125	1/175
50	1/125	1/200	1/100	1/150
≤40	1/100	1/150	1/100	1/150

城市道路立体交叉匝道超高渐变率 表 7-34

匝道设计速度（km/h）	80	70	60	50	40	30	20
左路缘带外边线	1/150	1/135	1/125	1/115	1/100	1/75	1/50
行车道中心线	1/200	1/185	1/175	1/160	1/150	1/125	1/100

为了路面排水顺畅,横坡处于水平状态附近时,其超高渐变率不应小于表 7-35 的规定。

匝道最小超高渐变率 表 7-35

断面类型		单向单车道	单向双车道及非分隔对向双车道
旋转轴位置	行车道中心线	1/800	1/500
	左路缘带外边线	1/500	1/300

匝道超高过渡应平顺和缓,不产生扭曲突变。超高过渡方式可根据实际条件,绕行车道中心线或左路缘带外边线旋转,沿超高缓和段逐渐变化,直至达到圆曲线内的全超高。

3）超高设置方式

超高过渡段设置方法应视匝道平面线形而定,有缓和曲线时,超高过渡在缓和曲线的全长或部分范围内进行;无缓和曲线时,可将所需过渡段长度的 1/3～1/2 插入圆曲线,其余设在直线上;当两圆曲线径相连接时,可将超高缓和段的两端分别置于两圆曲线内。

(四)匝道的视距

互通式立体交叉区域应具有良好的通视条件,保证必要的识别视距和停车视距。

1. 识别视距

为使驾驶员及时发现互通式立体交叉的出口,按规定线路驶离,防止误行,保证行车安全,主线上应保证对出口位置的判断视距,该视距称为识别视距。主线分流鼻之前应保证判断出口所需的识别视距应大于表 7-36 的规定,行车环境复杂、路侧出口提示信息较多时应采用表中括号内的数值。条件受限制时,识别视距应大于 1.25 倍的主线停车视距。

2. 停车视距

为了保证行车安全、舒畅,互通式立体交叉匝道全长范围内的停车视距应不小于表 7-36

的规定。积雪冰冻地区,应不小于括号内的数值。

互通式立体交叉匝道的识别视距和停车视距超高渐变率　　　　表 7-36

设计速度(km/h)	120	100	80	70	60	50	40	35	30
识别视距(m)	350(460)	290(380)	230(300)	—	170(240)	—	—	—	—
停车视距(m)	—	—	110(135)	95(120)	75(100)	65(70)	40(45)	35	30

第十节　端部设计

连接部是指匝道两端分别与正线或匝道相连接的道口,它包括出入口、变速车道及辅助车道等。两端的道口和中间部分匝道共同组成一条完整的匝道。从主要道路出入的道口应是自由流畅式,而次要道路上的道口有时则是信号控制的平交口。连接部设计的一般原则是:出入顺适、安全,线形与正线协调一致;出入口应视认方便;正线与匝道间应能相互通视。

一、出口与入口设计

(一)主线出入口

一般情况下,互通式立体交叉的出入口除高速匝道外,应设置在正线行车道的右侧,出口位置应易于识别,一般设在路线构造物之前。若在其后时,应与构造物保持 150m 以上的距离。为便于车辆减速,出口最好位于上坡路段;入口最好位于下坡路段,以利于重型车辆加速。汇流鼻前,匝道与正线间应保持正线 100m 和匝道 60m 的三角形区域内通视无阻,如图 7-67 所示。

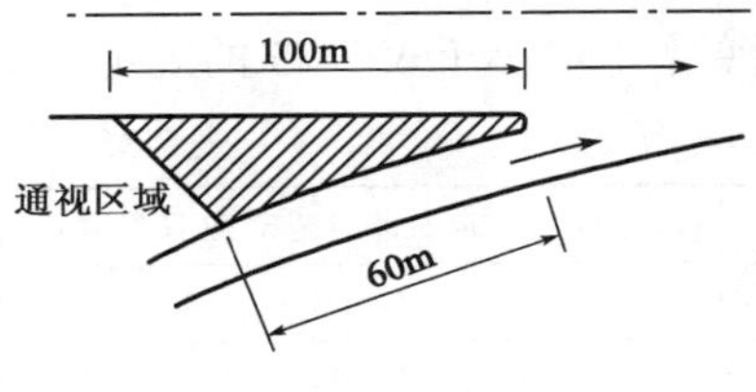

图 7-67　入口处通视区域

正线与匝道分流处,为给误行车辆提供返回的余地,行车道边缘应加宽一定偏置加宽值,加宽后正线和匝道的路面边缘用圆弧连接,并用路面标线引导行驶方向,如图 7-68 所示。偏置值和分流鼻端半径规定见表 7-37。分流鼻端部后的过渡长度 z_1 和 z_2 可按表 7-38 的渐变率计算。

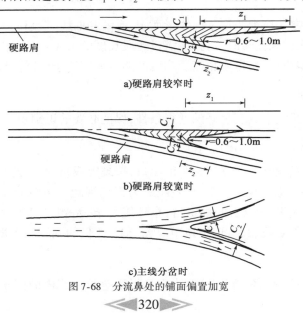

图 7-68　分流鼻处的铺面偏置加宽

分流鼻偏置值及鼻端半径 表 7-37

分流方式	主线偏置值 C_1 (m)	匝道偏置值 C_2 (m)	鼻端半径 r (m)
驶离主线	2.5~3.5	0.6~1.0	0.6~1.0
主线分岔	≥1.8		0.6~1.0

分流鼻处偏置加宽的渐变率 表 7-38

主线设计速度(km/h)	120	100	80	60	≤40
渐变率	1/12	1/11	1/10	1/8	1/7

(二) 出入口间距

为保证出入口之间的交通顺畅,降低出入车辆之间的相互干扰,主线及匝道相邻连接部鼻端之间的距离不宜过小。高速公路上如图 7-69 所示的各种相邻出口或入口之间、匝道上相邻出口或入口之间、主线上的出口至前方相邻入口之间的距离应不小于表 7-39 所列之值。当不能保证主线出入口间的应有距离或遇转弯车流的紧迫交织干扰主线车辆时,应采用与主线相分隔的集散车道将出入口串联起来。

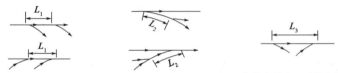

a)主线上的相邻出口或入口　b)匝道上的相邻出口或入口　c)主线上的出口至前方相邻入口

图 7-69　高速公路立体交叉出入口类型示意图

高速公路相邻出、入口最小距离 表 7-39

间距(m)		主线设计速度(km/h)	120	100	80
	L_1	一般值	400	350	310
		最小值	350	300	260
	L_2 最小值	枢纽互通式立体交叉	240	210	190
		一般互通式立体交叉	180	160	150
	L_3	一般值	200	150	150
		最小值	150	150	120

如图 7-70 所示,城市道路互通式立体交叉的匝道口最小净距应符合表 7-40 的要求。

城市道路立体交叉相邻匝道口最小净距 L 值 表 7-40

干道设计速度(km/h)		120	100	80	60	50	40
距离 L(m)	一般值	330	280	220	160	140	110
	极限值	165	140	110	80	70	55

注:图 7-70b)、d)两种情况不宜采用极限值。

(三) 互通式立交的平面交叉口

互通式立交在次要道路或匝道上可设置平面交叉口。这种平交口往往决定整个立体交叉的通行能力、服务水平和交通安全,设计时应予以充分重视。

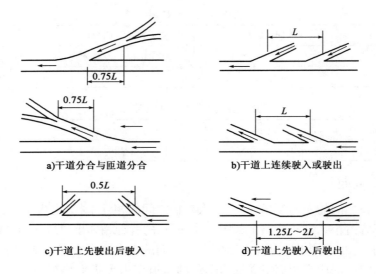

a)干道分合与匝道分合

b)干道上连续驶入或驶出

c)干道上先驶出后驶入

d)干道上先驶入后驶出

图7-70 城市道路立体交叉匝道口最小净距

在选定互通式立交形式时,应考虑所含平面交叉的必要性与合理性;设计中应将匝道布置在合适的象限内,使冲突点减至尽可能少的程度。对平面交叉,应根据交通量、交通组成和行驶速度等作出合理布置,并设置必要的标志、标线、分隔带、交通岛、变速车道、转弯车道等。行人与非机动车交通对平面交叉影响很大,必要时应采取专用车道、渠化或立交等措施,与机动车分离行驶。互通式立交中的平面交叉设计应符合平面交叉的有关要求及规范。

二、变速车道设计

在匝道与正线连接的路段,为适应车辆变速行驶的需要,而不致影响正线交通所设置的附加车道称为变速车道。变速车道包括减速车道和加速车道。车辆由正线驶入匝道时减速所需的附加车道称为减速车道;车辆从匝道驶入正线时加速所需的附加车道称为加速车道。

(一)变速车道的形式

变速车道可分为直接式与平行式两种,如图7-71所示。

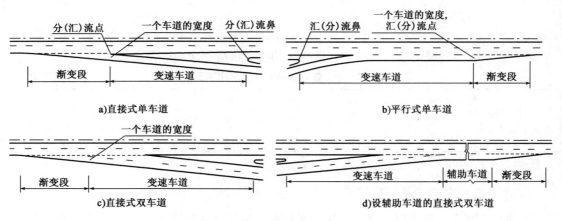

a)直接式单车道　　b)平行式单车道

c)直接式双车道　　d)设辅助车道的直接式双车道

图7-71 变速车道的形式

1. 直接式

直接式变速车道是由正线斜向以一定角度渐变加宽,形成一条与匝道连接的附加车道。其特点是线形平顺并与行车轨迹吻合,对行车有利,但变速车道起点不易识别。

2. 平行式

平行式变速车道是在正线外侧平行增设的一条附加车道。其特点是车道划分明确,行车容易辨认,但车辆行驶轨迹呈反向曲线,对行车不利。平行式变速车道连接部应设渐变段与正线相连接。

变速车道为单车道时,减速车道宜采用直接式,加速车道宜采用平行式;当变速车道为双车道时,加、减速车道应采用直接式。当主线为左偏并接近圆曲线最小半径的一般值时,其右方的减速车道应为平行式,且应缩短渐变段(将缩短的长度补在平行段上)。减速车道接小半径环形匝道时宜采用平行式。

(二) 变速车道的横断面

变速车道的横断面由左侧路缘带(与正线共用)、行车道、右侧路肩(含右侧路缘带)组成,各组成部分如图 7-72 所示。变速车道的行车道宽度宜采用匝道的行车道宽度;右侧硬路肩的宽度宜采用正线与匝道硬路肩中较宽者的宽度,城市道路可不设右路肩,但应保留路缘带。

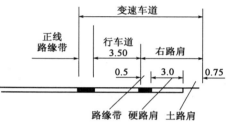

图 7-72 变速车道的组成

(三) 变速车道的长度

变速车道长度为加速或减速车道长度与渐变段长度之和。

1. 加、减速车道长度

加、减速车道长度是指渐变段车道宽度达到一个车道宽的位置与分流或汇流鼻端之间的距离。其计算公式为:

$$L = \frac{V_1^2 - V_2^2}{26a} \quad (\text{m}) \tag{7-21}$$

式中:V_1——正线平均行驶速度(km/h);

V_2——匝道平均行驶速度(km/h);

a——汽车平均加(减)速度(m/s²),加速时 $a = 0.8 \sim 1.2 \text{m/s}^2$;减速时 $a = 2 \sim 3 \text{m/s}^2$。

公路互通式立体交叉变速车道长度应不小于表 7-41 的规定。

公路立体交叉变速车道长度及有关参数　　表 7-41

变速车道类别		主线设计速度 (km/h)	变速车道长度 (m)	渐变参数 (1/m)	渐变段长度 (m)	主线硬路肩或其加宽后的宽度 C_1(m)	分流鼻处匝道左侧硬路肩加宽 C_2(m)
出口	单车道	120	145	1/25	100	3.5	0.60
		100	125	1/22.5	90	3.0	0.80
		80	110	1/20	80	3.0	0.80
		60	95	1/17.5	70	3.0	0.70

续上表

变速车道类别		主线设计速度（km/h）	变速车道长度（m）	渐变参数（1/m）	渐变段长度（m）	主线硬路肩或其加宽后的宽度 C_1（m）	分流鼻处匝道左侧硬路肩加宽 C_2（m）
双车道	单车道	120	225	1/22.5	90	3.5	0.70
		100	190	1/20	80	3.0	0.70
		80	170	1/17.5	70	3.0	0.90
		60	140	1/15	60	3.0	0.60
入口	单车道*	120	230	—(1/45)	90(180)	3.5	—
		100	200	—(1/40)	80(160)	3.0	—
		80	180	—(1/40)	70(160)	2.5	—
		60	155	—(1/35)	60(140)	2.5	—
	双车道	120	400	—(1/45)	180	3.5	—
		100	350	—(1/40)	160	3.0	—
		80	310	—(1/37.5)	150	2.5	—
		60	270	—(1/35)	140	2.5	—

注：*表中单车道入口为平形式的；当为直接式时，采用括号内的数值。入口为单车道的双车道匝道，其加速车道的长度应增加10m或20m。

下坡路段的减速车道和上坡路段的加速车道，变速车道的长度应按表7-42中的修正系数予以修正。

坡道上变速车道长度的修正系数 表7-42

主线平均坡度（%）	$i \leqslant 2$	$2 < i \leqslant 3$	$3 < i \leqslant 4$	$i > 4$
下坡减速车道修正系数	1.00	1.10	1.20	1.30
上坡加速车道修正系数	1.00	1.20	1.30	1.40

城市道路互通式立体交叉变速车道长度应不小于表7-43的规定。

城市道路立体交叉变速车道长度及出、入口渐变率 表7-43

主线设计速度（km/h）		120	100	80	60	50	40
除宽度缓和部分外的减速车道长度（m）	1车道	100	90	80	70	50	30
	2车道	150	130	110	90	—	—
除宽度缓和部分外的加速车道长度（m）	1车道	200	180	160	120	90	50
	2车道	300	260	220	160	—	—
宽度缓和路段长度（m）	1车道	70	60	50	45	40	40
出口角度	1车道	1/25		1/20		1/15	
	2车道						
入口角度	1车道	1/40		1/30		1/20	
	2车道						

变速车道长度的选用除应符合以上规定的最小长度要求以外，还应结合主线和匝道的设计速度、交通量、大型车比例等对变速车道长度进行验算，必要时增长变速车道的长度。

2. 渐变段长度

渐变段长度是指渐变段车道宽达一个车道宽的位置至正线之间的渐变长度。渐变段的长度和渐变率可分别按表 7-41 和表 7-43 的规定查用。

三、辅助车道

在高等级道路的全长或较长路段内,必须保持一定基本车道数。基本车道数在相当长的路段内不应变动,但在正线与匝道的分、汇流处必须保持车道数的平衡,二者之间是通过辅助车道来协调的。

(一) 基本车道数

基本车道数是指一条道路或其某一区段内,根据交通量和通行能力要求所必需的一定数量的车道数。基本车道数在相当长的路段内不应变动,不因通过互通式立体交叉而改变基本车道数,目的是防止因修建立体交叉而可能形成瓶颈或导致不必要的浪费。

(二) 车道平衡原则

互通式立体交叉处正线的车流量必然会因分、汇流的存在而发生变化,分流减少、汇流增大。为适应这种车流量的变化,保证车流畅通和工程经济,在分、汇流处的车道数应保持平衡。车道平衡的原则为:

(1) 两条车流汇流以后,正线上的车道数应不少于汇流前交汇道路上所有车道数总和减一。

(2) 正线上车道数应不少于分流后分岔道路的所有车道数总和减一。

(3) 正线上一个方向的车道数每次变化不应多于一条。

分、汇流处应按车道数平衡公式 (7-22) 进行计算,以检验车道数是否平衡,如图 7-73 所示。

$$N_C \geq N_F + N_E - 1 \tag{7-22}$$

式中:N_C——分流前或汇流后的正线车道数;

N_F——分流后或汇流前的正线车道数;

N_E——匝道车道数。

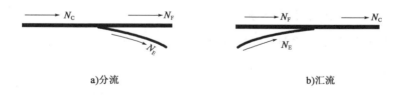

a) 分流   b) 汇流

图 7-73 分、汇流处车道数的平衡

(三) 辅助车道

在立体交叉的分、汇流处,既要保持车道数平衡,又要保持基本车道数的连续性,如果两者之间发生矛盾,可通过在分流点前与汇流点后的正线上增设辅助车道的办法来解决,如图 7-74 所示。辅助车道的长度应符合表 7-44 的规定。

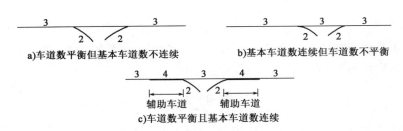

图 7-74 辅助车道

辅助车道的长度 表 7-44

主线设计速度(km/h)			120	100	80
辅助车道长度(m)	入口		400	350	300
	出口	一般值	580	510	440
		最小值	300	250	200
渐变段长度(m)	入口		180	160	140
	出口		90	80	70

当互通式立体交叉入口与下一个互通式立体交叉出口均设有或其中之一设有辅助车道，且入口终点至出口起点的距离小于 1000m，则应将辅助车道贯通设置。交通量大、交织运行比例较高，间距不大于 2000m 时，且增加车道的成本不高，也宜采用贯通的辅助车道。

辅助车道的宽度与主线车道相同，且与主线车道间不设路缘带。辅助车道右侧硬路肩的宽度宜与主线硬路肩相同，用地或其他条件受限制时可减窄，但不得小于 1.50m。

第十一节 收费立体交叉与收费站

一、收费立体交叉的布置

收费道路上封闭式收费立体交叉或需单独收费的立体交叉应按收费立体交叉设计。收费立体交叉除三路立体交叉外，其余立交形式若要收费，则需 2~4 个收费站。而每个收费站都是昼夜工作，需要的收费员、管理费、收费机和住所等费用很高。一般应尽量减少收费站的个数，力求管理方便，设备集中，不干扰正线交通。一座立体交叉以设一个收费站为宜，这样收费与不收费立体交叉的形式就有较大区别。

(一) 收费立体交叉设置收费站的方法

如图 7-75 所示，收费立体交叉设置收费站的方法是在距相交道路交叉点适当距离处另设一条连接线，在连接线两端与相交道路交叉处各设一个三路立体交叉或平面交叉，使所有转弯车辆都集中经由连接线行驶，只需在连接线上设置一个收费站，实现集中收费。

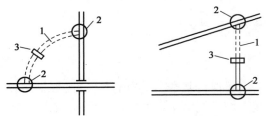

图 7-75 收费立体交叉收费站的设置方法
1-连接线；2-三路立交或平交；3-收费站

(二) 连接线的设置原则

(1) 连接线可设在任一象限，主要取决于地形和地物的限制，同时考虑交通量的大小，以设在右转交通量较大的象限为宜。

(2)连接线的位置和长度,应满足两端三路立体交叉或平面交叉在正线上的加、减速长度需要;在连接线上驶入收费站时减速到零,驶出收费站时从零加速的需要。

(三)连接线两端的交叉形式

(1)平面交叉:适用于该端与次要道路连接,应采用渠化平面交叉。
(2)喇叭形立体交叉:适用于该端与主要道路或一般道路连接,以采用 A 式为宜。
(3)子叶形立体交叉:适用于该端与左转交通量较小的一般道路连接。
(4)Y 形立体交叉:适用于该端与左转交通量大的高速道路,或一侧距离受到河流、铁路、建筑物等限制的其他道路连接。

(四)常用收费立体交叉的形式

(1)三路收费立体交叉:多采用喇叭形、Y 形及子叶形立体交叉,只需在支线上设置一个收费站。
(2)四路收费立体交叉:常用形式如图 7-76 所示,四路收费立体交叉需设 1~2 个收费站。

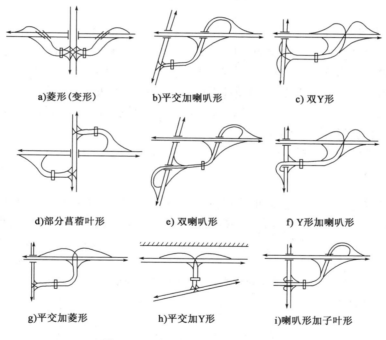

图 7-76　四路收费立体交叉的常用形式

二、收　费　站

(一)设置位置

收费站是用来对通行车辆收取通行费用的设施。收费道路或收费立体交叉必须设置收费站。收费站的设置位置一般有两种:一种是直接设在主线上,也称为路障式,多用于主线收费路段的起、终点处;另一种是设在立体交叉匝道或连接线上,一般用于主线收费路段之间的互通式立体交叉,以控制被交道路上的车辆进、出主线的收费。

(二) 收费站车道数

收费站所需车道数应根据交通量、收费方式、服务水平与通行能力确定。

(1) 交通量：按设计小时交通量（DHV）计，一般采用第30位高峰小时交通量。

(2) 收费方式：收费服务时间和收费车道的通行能力随收费方式而异，在计算收费站车道数时，应根据设计规划确定收费方式。我国目前通常采用的收费方式有不停车收费（ETC）和停车收费（入口领卡、出口交费找零等）两种。

(3) 服务水平与通行能力：按收费站设计要求的服务水平，确定收费方式在给定服务水平下的单车道通行能力。

收费站所需的车道数，可按下式计算：

$$N = \frac{DHV}{C} \tag{7-23}$$

式中：N——收费站车道数；

C——某级服务水平下一条车道的通行能力（pcu/h）。

三、收费广场及引道设计要点

(一) 线形标准

收费广场最好设在直线上的平坦路段。当收费广场设在正线上时，平面线形应与互通式立体交叉的正线线形标准一致；设在匝道或连接线上时，其圆曲线半径应不小于200m。

收费广场的纵坡应不大于2%，当受地形或其他特殊条件限制时，不得大于3%。

收费广场的竖曲线半径：位于正线时，应与互通式立体交叉的主线标准一致；位于匝道或连接线上时，竖曲线半径应大于800m。

收费广场的横坡为1.5%~2%。

(二) 平面布置

收费广场应避免设置在凹型竖曲线的底部，平面布置如图7-77所示。收费导前后应铺筑水泥混凝土路面，以提供较大的摩阻系数和抗剪切变形能力，适应出、入车辆频繁的制动、停车、起动之用。水泥混凝土路面长度L_0应符合表7-45的规定。收费广场两端渐变段过渡应符合表7-46的要求。

收费岛前后水泥混凝土路面的最小长度 L_0（m）　　表7-45

收费广场位置		匝道上	主线上
收费方式	单向	30	50
	双向	25	40

收费广场两端行车道的过渡渐变率　　表7-46

收费广场位置	匝道上	主线上
广场收敛渐变率（L/S）	4~6，极限值为3	6~8

匝道收费广场中心线至匝道分岔点的距离不宜小于100m，且不应小于75m；在被交道路平交点的距离不宜小于150m，不能满足时，应增加设置等待车道。

(三) 收费岛

因车辆在收费车道上是减速或停车后起动慢行，收费岛间的车道宽度宜为3.2m，ETC车道的宽度应为 3.5m,超宽车道的宽度宜为 4.5m。收费岛的宽度宜为 2.2m。硬路肩宽度应不小于 0.5m。收费岛的长度一般为 20~25m,设计时应根据收费系统所安装的收费设备情况而具体确定。收费岛的迎流端部应具有一定高度并收敛成楔形,端部应有醒目的标记。

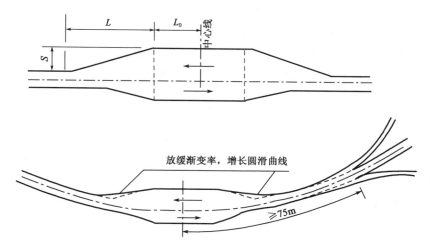

图 7-77 收费广场与两端行车道的过渡

收费岛上设置的收费室每侧应较收费岛缩进 0.25m,以作为车辆通过的安全净空宽度。收费室上面应设天棚以遮阳防雨。对交通特别繁忙、收费车道多的收费站,应设置供收费工作人员上、下岗位的专用地下通道和梯级步道。

第十二节 道路与铁路、乡村道路及管线交叉

一、道路与铁路交叉

(一) 一般规定

(1) 道路与铁路交叉设计适用于道路与铁路网中 1435mm 标准轨距的铁路相交叉的设计。

(2) 道路与铁路的交叉形式的选择应根据公路和铁路的等级、交通量(年客货运量)、安全、经济等因素综合确定。原则上应优先考虑设置立体交叉。

(3) 道路与铁路交叉设计年限应同时符合道路规划交通量预测年限、铁路设计年限规定的要求。对规划中的项目,必须有批准的规划修建年限,以确定预留交叉方式与条件。

(二) 道路与铁路平面交叉

道路与铁路相交,尽量采用立体交叉的形式,采用平面交叉时,设计要点如下:
(1) 道路与铁路平面相交时,宜为正交;当必须斜交时,交叉角应大于 45°。
(2) 道口应设置在汽车瞭望视距不小于表 7-47 规定值的地点,并符合下列要求。

汽车瞭望视距 表 7-47

路段旅客列车设计行车速度(km/h)	120	100	80
汽车瞭望视距(m)	400	340	270

①道口不得设置在铁路站场、道岔、桥头、隧道洞口及有调车作业的地段附近。

②受地形等条件限制汽车在距铁路最外侧钢轨5m处停车后,汽车驾驶员的侧向瞭望视距小于表7-47规定的道口必须设置看守。

(3)道口附近的铁路路线以直线为宜。道路路线宜为直线,道口两侧道路的直线长度,从最外侧钢轨算起,公路不应小于50m,城市道路不小于30m。

(4)道口两侧公路的水平路段长度(不包括竖曲线),从铁路最外侧钢轨外侧算起,不应小于16m,乡村道路不应小于10m。紧接水平路段的公路纵坡,不应大于3%;当受地形条件及其他特殊情况限制时,不得大于5%。对于重车驶向道口一侧的公路下坡路段,紧邻道口水平路段的纵坡不应大于3%。

(5)道口应设置坚固、平整、稳定且易于翻修的铺砌层,其长度应延伸至钢轨以外2m;道口两侧公路在距铁路钢轨外侧20m范围内,宜铺筑沥青或水泥混凝土路面;道口铺砌宽度和公路引道宽度均不应小于相交公路的路基宽度。

(三)道路与铁路立体交叉

1. 设置条件

道路与铁路交叉时,新建项目应首选立体交叉;高速公路、一级公路和城市快速路与铁路交叉时,必须设置立体交叉;高速铁路、城际铁路、路段旅客列车设计行车速度为140km/h及以上的铁路与道路交叉时,也必须设置立体交叉。其他各级道路与铁路交叉,符合下列情况之一时应设置立体交叉:

(1)Ⅰ级铁路与道路交叉。

(2)铁路路段旅客列车设计行车速度大于或等于120km/h的地段与道路交叉。

(3)铁路与二级公路交叉。

(4)由于铁路调车作业对道路上行驶的车辆会造成较严重延误。

(5)受地形等条件限制,采用平面交叉会危及道路行车安全。

(6)结合地形或桥涵构造物情况,具备设置立体交叉条件。

2. 平、纵面设计要点

道路与铁路立体交叉范围内的平、纵面线形,应分别符合道路与铁路路线设计的相关要求,并注意以下平、纵面设计要点:

(1)道路与铁路立体交叉宜选在双方线形均为直线的地段,或平、纵线形技术指高程且通视良好的地段。

(2)道路与铁路立体相交,以正交为宜。受地形条件或其他特殊情况限制必须斜交时,应结合道路、铁路线形条件,尽量设置较大的交叉角度。

(3)高速公路、一级公路和城市快速路与铁路交叉,在考虑铁路对立交桥设置要求的同时,其立交位置应符合该路段道路平、纵线形设计总体布局,使线形连续、均衡、顺适,不得在该局部地段降低技术指标。

(4)道路与铁路立体交叉的改建工程,应根据道路网规划确定道路技术等级、交叉位置等。由于改善交叉角或移位而改线时,其路线的平、纵技术指标不得低于相衔接路段的一般值,更不得采用相应道路技术等级的最小值。

(5)道路与铁路立体交叉的道路引道范围内,不得设置道路平面交叉。

（6）道路与铁路立体交叉范围内的道路视距要求为：高速公路、一级公路和城市快速路应满足停车视距；其他各级道路应满足会车视距。

3．交叉方式及设计要点

道路与铁路立体交叉的方式有道路上跨或铁路上跨两种，应根据总体规划，并考虑瞭望条件、地下设施、地形、地质、水文、环境、施工等因素综合比较后确定。

（1）道路上跨铁路时设计要点：

①道路跨线桥的跨径与净高必须符合铁路建筑限界的规定。

②道路跨线桥的跨径与布孔应根据地形、地质、桥下净空、铁路排水体系、沿铁路敷设的专用管线位置等综合确定。

③道路上跨电气化铁路时，其跨线桥结构形式应按不中断电力输送的施工工艺与方法确定，以免危及道路施工和铁路行车的安全。

④道路跨线桥及其引道的排水系统应自成体系排除。跨线桥桥面雨水不得直接排至铁路道砟界范围内。

⑤四车道及其以上的道路上跨铁路时，考虑道路和铁路弯、坡、斜及超高因素，应对跨线桥四个周边的铁路建筑限界予以检核。

⑥道路跨越铁路路段旅客列车设计速度140km/h地段时，其跨线桥应设防撞护栏和防落网。

（2）铁路上跨道路时的设计要点：

①铁路跨线桥的跨径与净高必须符合道路建筑限界的规定。

②铁路跨越二级、三级、四级公路时，严禁在行车道上设置中墩；铁路跨越四车道高速公路时，不得在中间带设置中墩；铁路跨越六车道及其以上高速公路时，若须在中间带设置中墩时，中墩两侧必须设防撞护栏，并留足设置防撞护栏和护栏缓冲变形的安全距离。

③铁路跨线桥所跨越的宽度应包括该路段道路标准横断面宽度及其附属的变速车道、爬坡车道、边沟等的宽度。

④铁路跨线桥的跨径与布孔应留有足够的侧向余宽，不得将墩、台设置在道路排水边沟以内，并满足道路视距和对前方道路识别的要求，不能满足时应设置边孔。

⑤铁路跨越高速公路、一级公路时，其铁路跨线桥应设置防落网。

⑥铁路跨线桥及其引道的排水系统应自成体系排除，跨线桥桥面雨水不得直接排至道路建筑限界范围内。

二、道路与乡村道路交叉

乡村道路是指建在乡村、农场，主要供行人及各种农业运输工具通行的道路。道路与乡村道路交叉的位置、形式、间距等的确定，应考虑县、乡（镇）土地利用总体规划中农业耕作机械需求，必要时应结合规划，对农业机耕道做适当调整或归并。

（一）交叉形式及选用

道路与乡村道路交叉分为立体交叉和平面交叉两种形式。交叉形式根据公路等级、交通量、地形等条件确定。

高速公路与乡村道路交叉必须设置立体交叉；一级公路与乡村道路交叉应设置立体交叉；二级、三级、四级公路与乡村道路交叉时，一般采用平面交叉。

二级公路与乡村道路的平面交叉应做渠化设计;地形条件有利或公路交通量大时亦可设置立体交叉。

二级及其以上公路位于城镇或人口稠密的村落或学校附近时,宜设置专供行人通行的人行通道或人行天桥。

(二) 道路与乡村道路平面交叉设计要点

(1) 平面交叉以垂直相交为宜。当必须斜交时,其交叉的锐角应不小于70°;受地形条件或其他特殊情况限制时,应不小于60°。

(2) 交叉处道路两侧的乡村道路直线长度应各不小于20m。

(3) 交叉处道路两侧应分别设置不小于10m的水平段或缓坡段,缓坡段的纵坡不应大于2%。紧接水平段或缓坡段的纵坡不应大于3%,困难地段不应大于6%。

(4) 平面交叉处应使驾驶员在距交叉20m处,能看到两侧二级、三级公路相应停车视距并不小于50m范围内的汽车,如图7-78所示。视线范围内不得有障碍物。

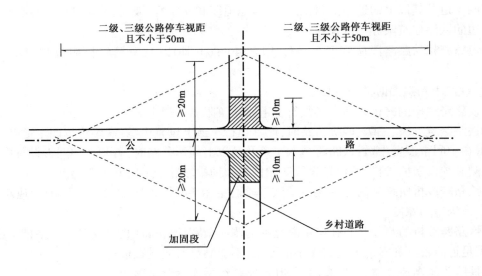

图7-78　道路与乡村道路平面交叉视距三角形和加固段

(5) 经常有履带耕作机械通行时,交叉范围内的道路路面、路肩应进行加固,且道路路基边缘外侧的乡村道路应各设置不小于10m的加固段。

(三) 道路与乡村道路立体交叉设计要点

道路与乡村道路的分离式立体交叉,即通道或天桥,应根据地形及道路纵断面设计等情况而定。平原地区一般以乡村道路下穿主要道路为宜,即采用通道;丘陵区和山区则结合地形和道路纵断面设计,合理确定上跨或下穿方式,采用天桥或通道。当条件适宜时,亦可利用平时无水或流量很小的桥涵作为通道,并做相应的工程处理。

1. 通道设计要点

(1) 通道的间隔以400m左右为宜。农业机械化程度高的地区和人烟稀少地区间隔宜适当加大。

(2)通道的交叉角以90°为宜。必须斜交时,其交叉的锐角应不小于60°;受地形条件或其他特殊情况限制时,应不小于45°。

(3)通道处的乡村道路平面线形宜为直线,其两侧的直线长度应不小于20m。

(4)通道处的乡村道路纵面线形应为直坡,坡度宜不大于3%,构造物不应设于凹形竖曲线底部。通道应采用自流排水方式做好排水设计。

(5)通道的净空包括净高和净宽,应根据通行车辆不同按表7-48的数值采用,必要时可加大桥下净空。

通 道 净 空 要 求　　　　　　　　　表7-48

净高	通行拖拉机、畜力车时	≥2.70m
	通行农用汽车时	≥3.20m
净宽	按交通量和通行农业机械类型选用	≥4.00m
	通道过长或敷设排水渠时	视情况增宽

2. 天桥设计要点

(1)主要道路为路堑地段或地形条件有利时可设置天桥,并以正交为宜,其主要技术指标可参照四级公路相关标准执行,桥面净宽应不小于4.50m。

(2)天桥的车道荷载等级应采用公路—Ⅱ级,并设置限载标志。

(3)跨越高速公路、一级公路、城市快速路的天桥,应设防撞护栏和防落网。

(4)天桥的桥面雨水不得直接排至道路路面。

3. 人行通道的设计要点

(1)人行通道的最小净高应不小于2.20m,最小净宽应不小于4.00m。

(2)下穿高速公路、一级公路的人行通道应利用中间带设置采光井。

(3)人行通道除设梯道外,应视情况设置坡道,其坡度不应陡于1:8。

(4)人行通道必须做好排水设计,不得因积水影响通行。

4. 人行天桥设计要点

(1)人行天桥的净宽应不小于3.00m。

(2)人群荷载应不小于$3kN/m^2$,行人密集地区应不小于$3.5kN/m^2$。

(3)人行天桥除设梯道外,有条件时应设置坡道,其坡度不应陡于1:4。

(4)跨越高速公路、一级公路、城市快速路的人行天桥,应设防落网。

三、道路与管线交叉

按管线的性质和用途,可分为管道、电线、电缆等。管道主要有给水管、污水管、雨水管、燃气管、暖气管、输油管等;电线、电缆包括电信线、电力线、无轨电车及地铁电力线等。电信线、电力线、电缆、管道等各种管线均不得侵入道路建筑限界,不得妨害道路交通安全,并不得损害道路的构造和设施。根据管线的布设位置,有地下埋设和空中架设两种。

(一)道路与架空输电线路交叉

(1)道路与架空输电线路相交,以正交为宜。必须斜交时,其交叉的锐角应不小于45°。

(2)道路从架空输电线路下穿过时,应从导线最大弧垂点与杆塔间通过,并使输电线路导线与道路交叉处距路面的垂直距离不小于表7-49的规定值。

架空输电线路导线距路面的最小垂直距离　　　　　表7-49

架空输电线路标称电压(kV)	30~110	154~220	330	500	750	1000 单回路	1000 双汇路逆相序	±800 直流
距路面最小垂直距离(m)	7.0	8.0	9.0	14.0	19.5	27.0	25.0	21.5

（3）架空输电线路导线与路面的垂直距离，应根据导线运行温度情况或覆冰无风情况求得的最大弧垂，以及根据最大风速情况或覆冰情况求得的最大风偏进行计算确定。

（4）架空输电线路与道路交叉或平行时，杆（塔）内缘距离道路边沟的最小水平距离应符合表7-50规定。

架空输电线路杆（塔）导内缘距离道路边沟外侧的最小水平距离　　　　　表7-50

标称电压(kV)		30~110	220	330	500	750	1000	±800 直流
交叉(m)		8				10	15	15
平行	开阔地区(m)	最高杆（塔）高度						
	受限制地区(m)	5	5	6	8 高速公路 15	10 高速公路 20	单回路 15 双回路 13	12

（二）道路与地下管线交叉

1. 地下管道

（1）道路与天然气管、输油管等管道相交时，以正交为宜。必须斜交时，其交叉的锐角不宜小于30°。

（2）油气输送管道与各级道路相交且采用下穿方式时，应设置地下通道或套管。

（3）穿越道路的地下专用通道的埋置深度应符合相关规范的要求，并按所穿越的道路车辆荷载等级进行验算。路面底基层底面至保护管套顶面应不小于1.0m；冰冻地区管道应埋在冰冻线以下。

2. 道路与直埋电缆交叉

直埋电缆有直埋电力电缆和直埋电信电缆两种。

道路与直埋电力电缆交叉时，电缆应用管道或套管保护，管道与套管应按相应道路等级的车辆荷载等级进行验算。管顶到路面的深度应不小于1.0m。二级以上公路与直埋电信电缆交叉时，应用管道保护，管顶到路面基底的深度一般不小于1.0m，受限制时应不小于0.8m；三级、四级公路与直埋电信电缆交叉时，一般不需管道保护，但应设置套管保护，管顶至路面基底的深度不小于0.8m，受限制时不小于0.7m。直埋电缆距排水沟底应不小于0.5m。直埋电缆与道路平行时，电缆应离开路基边缘1.0m以外。

各种管线跨越（穿越）公路的设施，不得侵入公路建筑限界，不得妨碍公路交通安全、损害公路设施，也不得对公路及其设施形成潜在威胁。

复习思考题

1. 车辆在交叉口上的交错点有哪几种？各代表什么含义？列出它们影响车速和产生事故的次序。
2. 试述平面交叉口设计的主要内容。
3. 何为视距三角形？应如何绘制？
4. 交叉口缘石半径理论上如何确定？
5. 何为渠化交通？其作用如何？
6. 在布置十字形交叉口行人横道线时应注意哪些问题？
7. 何为环形交叉？其优缺点和适用性如何？
8. 交叉口竖向设计的基本原则是什么？
9. 完全互通式立交与部分互通式立交的主要区别是什么？
10. 苜蓿叶形立交的主要优缺点是什么？如何减少其缺点的影响？
11. 左转匝道有哪些类型？各有和优缺点？
12. 匝道的半径设置要考虑哪些因素？
13. 匝道的端部设计有哪些内容？
14. 习题图 7-1 为某四路相交的交叉口，在 A、B、C 路段均设有中间带（其中 A、B 方向宽为 4.5m，C 方向宽为 2.0m），A 方向为双向六车道，B、C 方向为双向四车道，D 为双向双车道，每条车道宽 3.5m，人行道宽 4.0m。拟渠化解决的问题是：改善 C 往 B 的右转行驶条件；压缩交叉面积；明确各向通过交叉口的路径；解决行人过街问题。试拟订渠化方案。

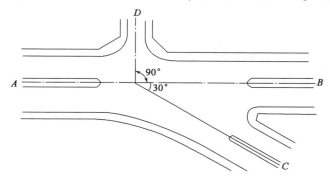

习题图 7-1　交叉路口

15. 如习题图 7-2 为某城市正交十字形交叉口，AB 街宽 25m（双向四车道，两侧各有 5.5m 非机动车道），路段设计车速 40km/h；CD 街宽 10m，路中心划分道线，两侧机非混行，路段设计车速为 30km/h。设计纵坡 $i_{AB}=1\%$、$i_{CD}=2\%$，方向如图所示。

(1) 试确定各路口缘石半径。
(2) 绘制各进口视距三角形，并画出交叉口红线范围。

16. 某五路相交的道口，拟修建环形交叉，各道口的相交角度见习题图 7-3。已知路段设计速度为 50km/h，车行道宽均为 14m。若环道宽度为 15m，内侧车道宽为 6m，试确定中心岛半径（取 $\mu=0.15$，$i_h=2\%$，不考虑非机动车）。

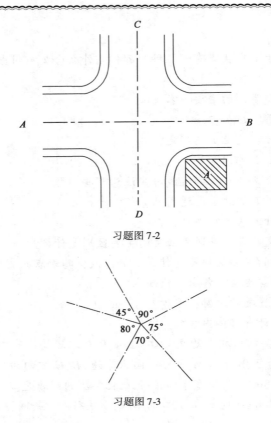

习题图 7-2

习题图 7-3

17. 简述立体交叉的设计条件。
18. 完全互通式立交与部分互通式立交的主要区别是什么？各举一例说明。

第八章 道路沿线设施设计

本章教学要求

学习目标：了解道路沿线设施的种类、布置原则及设计方法。
学习重、难点：公交站点的规划及布置。

第一节 道路交通安全设施

交通安全设施包括护栏和栏杆、交通标志、交通标线（含突起路标）、视线诱导设施、隔离栅、防落网、防眩设施、避险车道和其他交通安全设施（含防风栅、防雪栅、积雪标杆、限高架、减速丘和凸面镜）等。交通安全设施设计应结合路网与公路技术条件、交通条件、环境条件进行总体设计。交通安全设施之间、交通安全设施与道路土建工程和其他设施之间应该互相协调、配合使用。交通安全设施设计应坚持"安全、环保、舒适、和谐"的理念，体现"以人为本,安全至上"的指导思想。

一、护栏的设置

护栏是一种纵向吸能结构,通过自体变形或车辆爬高来吸收碰撞能量,从而改变车辆行驶方向、阻止车辆越出路外或进入对向车道,最大限度地减少对乘员的伤害。

（一）护栏的分类

护栏按在公路中的纵向设置位置,可分为路基护栏和桥梁护栏、按其在公路中的横向设置位置,可分为路侧护栏和中央分隔带护栏；根据碰撞后的变形程度,可分为刚性护栏、半刚性护栏和柔性护栏。

刚性护栏是一种基本不变形的护栏结构。混凝土护栏是其主要代表形式,由一定形状的混凝土块相互连接而组成的墙式结构,通过失控车辆碰撞后爬高并转向来吸收碰撞能量。

半刚性护栏是一种连续的梁柱式护栏结构,具有一定的强度和刚度。波形梁护栏是其主要代表形式,由相互拼接的波纹状钢板和立柱构成连续梁柱结构,利用土基、立柱、波纹状钢板的变形来吸收碰撞能量,并迫使失控车辆改变方向。

柔性护栏是一种具有较大缓冲能力的韧性护栏结构。缆索护栏是其主要代表形式,由数根施加初拉力的缆索固定于端柱上而组成钢缆结构,主要依靠缆索的拉应力来抵抗车辆的碰撞荷载、吸收碰撞能量。

(二)路基护栏

公路路侧或中央分隔带应通过保障合理的安全净区宽度来降低车辆驶出路外或驶入对向行车道事故的严重程度,当安全净区的宽度得不到满足时,应按护栏设置原则进行安全处理。护栏的设计应体现宽容设计、适度防护的理念,护栏的设置与防护等级的选取应根据事故的严重程度合理设计,护栏的任何部分不得侵入公路建筑限界。

1. 路侧护栏

1)路侧护栏设置条件

(1)路侧计算净区宽度范围内有高速铁路、高速公路、高压输电线塔、危险品储藏仓库等设施时,事故严重程度等级为高,必须设置护栏。

(2)路侧计算净区宽度范围内有下列情况,事故严重程度等级为中,应设置护栏:

①二级及以上等级公路边坡坡度和路堤高度在图 8-1 的 I 区、II 区阴影范围之内的路段,三级、四级公路路侧有深度 30m 以上的悬崖、深谷、深沟等的路段。

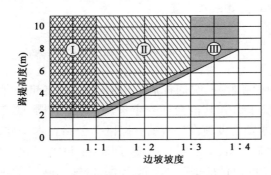

图 8-1　边坡坡度、路堤高度与设置护栏的关系

②路侧有江、河、湖、海、沼泽等水深 1.5m 以上水域的路段。

③路侧有 I 级铁路、一级公路等。

④高速公路、一级公路路外设有车辆不能安全穿越的照明灯、摄像机、交通标志、声屏障、上跨桥梁的桥墩或桥台、隧道入口处的检修道或洞口等设施的路段。

(3)路侧计算净区宽度范围内有以下情况时,事故严重程度等级为低,宜设置护栏:

①二级及以上等级公路边坡坡度和路堤高度在图 8-1 的 III 区阴影范围以内的路段;三级、四级公路边坡坡度和路堤高度在图 8-1 的 I 区内。

②二级及二级以上公路路侧边沟无盖板、车辆无法安全越过的挖方路段。

③高出路面或开挖的边坡坡面 30m 以上的混凝土砌体或大孤石等障碍物。

④出口匝道的三角地带有障碍物。

2)路侧护栏防护等级的选取

路侧护栏防护等级应根据公路的技术等级、设计速度以及事故严重程度选取。路侧护栏防护等级选取见表 8-1。

(1)存在下列情况时,导致事故发生可能性增加或后果更严重的路段,路侧护栏的防护等级宜在表 8-1 的基础上提高一个等级。

路侧护栏防护等级的选取　　　　表 8-1

事故严重程度及护栏设置原则	公路技术等级和设计速度(km/h)	防护等级(代码)
高，必须设置	高速公路 120	六(SS)级
	高速公路、一级公路 100、80	五(SA)级
	一级公路 60	四(SB)级
	二级公路 80、60	四(SB)级
	三级公路 40	三(A)级
	三级、四级公路 30、20	二(B)级
中，应设置	高速公路、一级公路 120、100、80	四(SB)级
	一级公路 60	三(A)级
	二级公路 80、60	三(A)级
	三级公路 40	二(B)级
	三级、四级公路 30、20	一(C)级
低，宜设置	高速公路、一级公路 120、100、80	三(A)级
	一级公路 60	二(B)级
	二级公路 80、60	二(B)级
	三级、四级公路 40、30、20	一(C)级

①二级及以上公路纵坡等于或接近于《公路工程技术标准》(JTG B01—2014)规定的最大纵坡值的下坡路段；二级及以上公路圆曲线半径等于或接近《公路工程技术标准》(JTG B01—2014)规定的最小半径的路段外侧。

②设计交通量中，总质量大于或等于 25t 的车辆自然数所占比例大于 20% 时。

(2)AADT 小于 2000 辆小客车且设计速度小于或等于 60km/h 的公路，宜进行交通安全及经济综合分析确定是否设置护栏及护栏的防护等级。需要设置护栏时，其防护等级可在表 8-1 的基础上降低一个等级，但不得低于一(C)级。AADT 小于 400 辆小客车的单车道四级公路，宜采取诱导和警示的措施。

2. 中央分隔带护栏

(1)中央分隔带护栏的设置条件。

①高速公路和作为干线的一级公路，整体式断面中间带宽度小于或等于 12m，或者 12m 宽度范围内有障碍物时，必须设置中央分隔带护栏。

②作为集散的一级公路，整体式断面中间带应设置保障行车安全的隔离设施。根据交通安全综合分析结果，可考虑是否设置中央分隔带护栏。

③二级公路设置超车道的路段，可根据驶入对向车行道事故的风险及经济分析，确定是否设置中央分隔带护栏或隔离设施。

(2)中央分隔带护栏防护等级的选取

中央分隔带护栏防护等级应根据公路的技术等级、设计速度以及事故严重程度选取。中央分隔带护栏的事故严重程度及防护等级选取见表 8-2。

(3)存在下列情况时，中央分隔带护栏的防护等级宜在表 8-2 的基础上提高一个等级。

①二级及以上公路纵坡等于或接近《公路工程技术标准》(JTG B01—2014)规定的最大纵坡值的下坡路段；二级及以上公路右转圆曲线半径等于或接近《公路工程技术标准》(JTG

B01—2014)规定的最小半径的路段。

中央分隔带护栏防护等级选取　　　　表8-2

事故严重程度等级	中央分隔带条件	公路技术等级和设计速度(km/h)	防护等级(代码)
高	高速公路、一级公路中央分隔带宽度小于2.5m并采用整体式护栏形式	高速公路120	六(SSm)
高	高速公路、一级公路中央分隔带宽度小于2.5m并采用整体式护栏形式	高速公路、一级公路100、80	五(SAm)
高	高速公路、一级公路中央分隔带宽度小于2.5m并采用整体式护栏形式	一级公路60	四(SBm)
中	对双向六车道高速公路,或未设置左侧硬路肩的双向八车道及以上高速公路,中央分隔带宽度小于2.5m并采用分设式护栏形式,同时中央分隔带内设有车辆不能安全穿越的障碍物①的路段	高速公路120、100、80	四(SBm)
中	对双向六车道及以上一级公路,中央分隔带宽度小于2.5m并采用分设式护栏形式,同时中央分隔带内设有车辆不能安全穿越的障碍物①的路段	一级公路100、80	四(SBm)
中	对双向六车道及以上一级公路,中央分隔带宽度小于2.5m并采用分设式护栏形式,同时中央分隔带内设有车辆不能安全穿越的障碍物①的路段	一级公路60②	三(Am)
低	不符合上述条件的其他路段	高速公路、一级公路120、100、80	三(Am)
低	不符合上述条件的其他路段	一级公路60②	二(Bm)
低	不符合上述条件的其他路段	二级公路③80、60	二(Bm)

注:①障碍物是指照明灯、摄像机、交通标志的支撑结构,上跨桥梁的桥墩等设施。
　　②设计速度为60km/h的一级公路一般作为集散的一级公路受地形、地质等条件限制的路段,本表适用于其需要设置中央分隔带护栏的情况。
　　③适用于设置了超车道,未设置隔离设施,且有驶入对向车行道可能性的二级公路。

②设计交通量中,总质量大于或等于25t的车辆自然数所占比例大于20%时。

3. 桥梁护栏和栏杆

(1)桥梁护栏和栏杆的设置原则。

①各等级公路桥梁必须设置路侧护栏。

②高速公路、作为次要干线的一级公路桥梁必须设置中央分隔带护栏,作为主要集散的一级公路桥梁应设置中央分隔带护栏。

③设计速度为不大于60km/h的公路桥梁设置人行道(自行车道)时,可采用路缘石将人行道(自行车道)和车行道分离;设计速度大于60km/h的公路桥梁设置人行道(自行车道)时,应通过桥梁护栏将人行道(自行车道)与车行道进行隔离。

(2)桥梁护栏防护等级的选取。

根据车辆驶出桥外或进入对向车行道可能造成的事故严重程度等级,应按表8-3的规定选取桥梁护栏的防护等级,并应符合下列规定:

①二级及二级以上公路小桥、通道、明涵的护栏防护等级宜与相邻的路基护栏相同。

②公路桥梁采用整体式上部结构时,中央分隔带护栏的防护等级可按路基中央分隔带护栏的条件来确定。

③因桥梁线形、桥梁高度、交通量、车辆构成、运行速度或其他不利现场条件等因素易造成更严重碰撞后果的路段,经综合论证,护栏的防护等级可在表8-3的基础上提高一个或以上等

级。其中,跨越大型饮用水水源一级保护区和高速铁路的桥梁以及特大悬索桥、斜拉桥等缆索承重桥梁,护栏防护等级宜采用八(HA)级。

桥梁护栏防护等级的选取 表8-3

公路等级	设计速度(km/h)	车辆驶出桥外或进入对向车行道的事故严重程度等级	
		高:跨越公路、铁路或城市饮用水水源一级保护区等路段的桥梁	中:其他桥梁
高速公路	120	六(SS、SSm)级	五(SA、SAm)级
一级公路	100、80	五(SA、SAm)级	四(SB、SBm)级
	60	四(SB、SBm)级	三(A、Am)级
二级公路	80、60	四(SB)级	三(A)级
三级公路	40、30	三(A)级	二(B)级
四级公路	20		

注:括号内为护栏防护等级的代码。

二、道路交通标志

道路交通标志是以颜色、形状、字符、图形等向道路使用者传递信息,用于管理交通的设施。通过交通标志提供准确及时的信息和引导,使道路使用者顺利快捷地抵达目的地,促进交通畅通和行车安全。交通标志的设计应从便于驾驶员清晰辨认、正确理解、快速反应的角度出发,综合考虑公路功能、技术等级、路网布局、交通条件、环境条件、道路使用者及交通管理需求等因素,合理选择设置参数,科学确定设置方案。

(一)交通标志的分类

(1)交通标志按其作用分类,分为主标志和辅助标志两大类。

①主标志。

a. 警告标志:警告车辆、行人注意道路交通的标志。

b. 禁令标志:禁止或限制车辆、行人某种交通行为的标志。

c. 指示标志:指示车辆、行人应遵循的标志。

d. 指路标志:传递道路方向、地点、距离信息的标志。

e. 旅游区标志:提供旅游景点方向、距离的标志。

f. 作业区标志:告知道路作业区通行的标志。

g. 告示标志:告知路外设施、安全行驶信息以及其他信息的标志。

②辅助标志。

辅助标志是附设在主标志下,起辅助说明作用的标志。

(2)交通标志按显示位置分类,分为路侧标志和车行道上方标志两种,对应的支撑结构形式为柱式、路侧附着式、悬臂式、门架式、车行道上方附着式。

(3)交通标志按光学特性分类,分为逆反射式标志、照明式标志和发光式标志三种,其中照明式标志又分为内部照明式标志和外部照明式标志。

(4)交通标志按板面内容显示方式分类,分为静态标志和可变信息标志。

(5)交通标志按设置的时效分类,分为永久性标志和临时性标志。

(6)按标志传递信息的强制性程度分类,分为必须遵守标志和非必须遵守标志。禁令标志和指示标志为道路使用者必须遵守标志;其他标志仅提供信息,如指路标志、旅游区标志;禁令、指示标志套用于无边框的白色底板上,为必须遵守标志;停车让行、减速让行标志不得套用于无边框的白色底板上;禁令、指示标志套用于指路标志上,仅表示提供相关禁止、限制和遵行信息,只能作为补充说明或预告方式,并应在必要位置设置相应的禁令、指示标志。

(二)交通标志设置原则

(1)公路交通标志应以不熟悉周围路网体系但对出行路线有所规划的公路使用者为设计对象,为其提供清晰、明确、简洁的信息。

(2)交通标志应针对具体路段情况,在交通安全综合分析的基础上进行系统布局和综合设置,与路段的实际交通运行状况相匹配。同一位置的交通标志数量不宜过多,交通标志之间不得相互矛盾。

(3)警告标志应设置在公路本身及沿线环境存在影响行车安全且不易被发现的危险地点,并应在充分论证的基础上设置,不得过量使用。

(4)禁令标志应设置在需要明确禁止或限制车辆、行人交通行为的路段起点附近醒目的位置。其中限制速度标志应综合考虑公路功能、技术等级、路侧开发程度、路线几何特征、运行速度、交通运行、交通事故和环境等因素,在交通安全综合分析的基础上,确定是否设置以及限速值和限速标志的形式,经主管部门认可后实施设置。

(5)指示标志应根据交通流组织和交通管理的需要,在驾驶员、行人容易产生迷惑处或必须遵守行驶规定处设置。

(6)指路标志应根据路网一体化的原则进行整体布局,做到信息关联有序,不得出现信息不足、不当或过载的现象。应根据公路功能、交通流向和沿线城镇分布等情况,依距离、人口和社会经济发展程度,优先选取交通需求较大的信息指示。

(7)旅游区标志设置时应根据旅游景区的级别、路网情况等合理确定指引范围。当旅游区标志与其他交通标志冲突时,其他交通标志具有优先设置权限。

(8)告示标志的设置,不得影响警告、禁令、指示和指路标志的设置和视认。

(9)公路平面交叉处的交通标志应在综合考虑平面交叉的交通管理方式、物理形式、相交公路技术等级、交通流向等因素的基础上,遵循路权清晰、渠化合理、导向明确、安全有序的原则,合理确定不同交通标志综合设置方案,并与交通标线相互配合,引导车辆有序通过。

(10)除特殊情况外,交通标志应设置在公路前进方向的车行道上方或右侧,其他位置的交通标志应仅视为正常位置的补充。交通标志设置具体位置应符合现行《道路交通标志和标线》(GB 5768)的规定,对于单向车道数大于或等于三条、交通量较大、大型车辆较多、视认条件不良等设置条件,应根据交通工程原理对交通标志的具体设置位置进行计算论证。

(三)交通标志的基本要素

1. 交通标志的颜色

一般情况下交通标志颜色的基本含义如下:

(1)红色:表示禁止、停止、危险,用于禁令标志的边框、底色、斜杠,也用于叉形符号和斜杠符号、警告性线形诱导标的底色等。

(2)黄色或荧光黄色:表示警告,用于警告标志的底色。

(3)蓝色:表示指令、遵循,用于指示标志的底色;表示地名、路线、方向等的行车信息,用于一般道路指路标志的底色。

(4)绿色:表示地名、路线、方向等的行车信息,用于高速公路和城市快速路指路标志的底色。

(5)棕色:表示旅游区及景点项目的指示,用于旅游区标志的底色。

(6)黑色:用于标志的文字、图形符号和部分标志的边框。

(7)白色:用于标志的底色、文字和图形符号以及部分标志的边框。

(8)橙色或荧光橙色:用于道路作业区的警告、指路标志。

(9)荧光黄绿色:表示警告,用于注意行人、注意儿童的警告标志。

2. 交通标志的形状

交通标志形状的一般使用规则如下:

(1)正等边三角形:用于警告标志。

(2)圆形:用于禁令标志和指示标志。

(3)倒等边三角形:用于"减速让行"禁令标志。

(4)八角形:用于"停车让行"禁令标志。

(5)叉形:用于"铁路平交道口叉形符号"警告标志。

(6)方形:用于指路标志,部分警告、禁令和指示标志,旅游区标志,辅助标志,告示标志等。

3. 边框和衬边

(1)标志边框的颜色应与标志的图形或字符的颜色一致,标志衬边的颜色应与标志底色一致,个别标志除外。

(2)相同底色标志套用时,应使用边框;不同底色标志套用时,套色的禁令标志一般不使用衬边,套用的指路标志一般不使用边框,道路编号标志套用于指路标志上,也可使用边框。

4. 字符

(1)道路交通标志的字符应规范、正确、工整。按从左至右、从上至下顺序排列。一般一个地名不写成两行或两列。根据需要,可并用汉字和其他文字。标志上的汉字应使用规范汉字,如果标志上同时使用汉字和其他文字,除有特殊规定之外,汉字应排在其他文字上方。如果标志上使用英文,地名用汉语拼音,相关规定按照《地名标志》(GB 17733—2008),第一个字母大写,其余小写;专用名词用英文,第一个字母大写,其余小写,根据需要也可全部大写。

(2)除特殊规定外,指路标志汉字高度应符合规定。汉字字宽和字高相等。字高可根据设置路段的运行速度(v_{85})进行调整。

(3)指路标志中的阿拉伯数字和其他文字的高度应根据汉字高度确定,其与汉字高度的关系应符合规定。在特殊情况下,由于具体原因不能满足要求时,经论证字符高度最小不应低于规定值的0.8倍。

(4)道路编号标识中的字符、指路标志的汉字或其他文字的间隔和行距、文字性警告、禁令标志、辅助标志、告示标志的字高均应满足相关规定的要求。

(5)标志的汉字、拼音字母、拉丁字母、数字等采用道路交通标志字体(简体)。

5. 尺寸

警告、禁令、指示标志各部分尺寸的一般值应根据设计速度选取。可根据设置路段的运行速度(v_{85})进行调整。设置在胡同、隔离带的警告标志,设置空间受限制时,如果采用柱式标志可采用最小值。其他标志的尺寸参考有关规定。

6. 图形

交通标志应使用规定的图形。除另有规定外,图形可以单独、组合使用于不同的标志中。交通标志如使用规定以外的图形或标志,应按《道路交通标志和标线 第1部分:总则》(GB 5768.1—2009)附录A规定程序执行,并应附加辅助标志的方式说明标志的含义。

(四)交通标志的设置位置

(1)警告标志前置距离一般根据道路的设计速度选取,也可考虑所处路段的最高限制速度或运行速度进行适当的调整。

(2)禁令、指示标志应设置在禁止、限制或遵循路段开始的位置。部分禁令、指示标志开始路段的路口前适当位置应设置相应的指路标志提示,使被限制的车辆能够提前绕道行驶。

(3)指路标志设置位置应符合每一具体标志的规定。

(4)除另有规定外,标志安装应使标志面垂直于行车方向,视实际情况调整其水平或俯仰的角度:

①标志应尽量减少标志面对驾驶员的眩光。

②标志安装角度宜根据设置地点道路的平、竖曲线线形进行调整。

③路侧标志应尽可能与道路中线垂直或呈一定角度。其中,禁令和指示标志为0°~45°,指路和警告标志为0°~10°;

④门架、悬臂、车行道上方附着式标志的板面应垂直于道路行车方向,并且板面宜倾斜0°~15°。

(五)交通标志的支撑方式

1. 柱式

柱式一般有单柱式、多柱式。柱式标志内边缘不应侵入道路建筑限界,一般距车行道或人行道的外侧边缘或土路肩不小于25cm。标志板下缘距路面的高度为150~250cm。当设置在小型车比例较大的城市道路时,下缘距地面的高度可根据实际情况减小,但不宜小于120cm。当设置在有行人、非机动车的路侧时,设置高度应大于180cm。

单柱式是标志板安装在一根立柱上,如图8-2a)所示。适用于中小型尺寸的警告、禁令、指示等标志。多柱式是标志板安装在两根及两根以上立柱上,如图8-2b)所示。适用于长方形的指示或指路标志。

2. 悬臂式

悬臂式是标志板安装在悬臂上,如图8-3所示。标志下缘离地面的高度应大于该道路规定的净空高度。悬臂式适用于以下情况:

(1)柱式安装有困难。

(2)道路较宽、交通量较大、外侧车道大型车辆阻挡内侧车道小型车辆视线。

(3)视距或视线受限制。

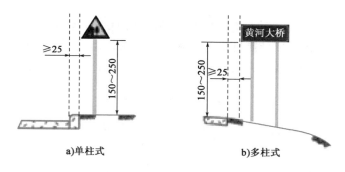

a)单柱式　　　　　　　b)多柱式

图 8-2　柱式(尺寸单位:cm)

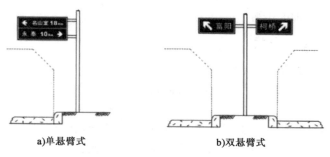

a)单悬臂式　　　　　　　b)双悬臂式

图 8-3　悬臂式

(4)景观上有要求。

3.门架式

门架式是标志安装在门架上,如图 8-4 所示。标志下缘离地面的高度应大于该道路规定的净空高度。门架式标志适用于以下情况:

(1)多车道道路(同向三车道以上)需要分别指示各车道去向。

(2)交通量较大、外侧车道大型车辆阻挡内侧车道小型车辆视线。

(3)交通流在较高运行速度下发生交织、分流和汇流的路段,如:互通式立体交叉间隔距离较近标志设置较密处、高速公路与高速公路相交的互通立体交叉主线区域等。

(4)受空间限制,柱式、悬臂式安装有困难。

(5)出口匝道在行车方向的左侧。

(6)景观上有要求。

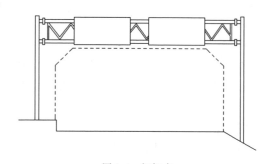

图 8-4　门架式

4.附着物

标志附着安装在上跨桥和附近构造物上,按附着板面所处位置不同,分顶上附着式、路侧附着式两种。附着式标志的安装高度应符合规定。如果标志支撑结构位于路侧净区内,应确保其不对驶离道路的车辆构成危害,否则宜采用解体消能结构或设置相应的防护、警告设施。

三、道路交通标线

道路交通标线是由施画或安装于道路上的各种线条、箭头、文字、图案及立面标记、实体标记、突起路标和轮廓标等所构成的交通设施,它的作用是向道路使用者传递有关道路交通的规则、警告、指引等信息,可以与标志配合使用,也可以单独使用。交通标线有一定的局限性,可视性受到雪、碎屑、路面积水等的限制;交通标线的耐久性受到材料特性、交通量、气象和所在位置的影响。因此在设计时,要综合考虑道路条件、交通流特性、交通管理的需要和材料的特点等因素,进行科学、合理的设置。

(一)道路交通标线的分类

(1)道路交通标线按功能可分为以下三类:

①指示标线:指示车行道、行车方向、路面边缘、人行道、停车位、停靠站及减速丘等的标线。

②禁止标线:告示道路交通的遵行、禁止、限制等特殊规定的标线。

③警告标线:促使道路使用者了解道路上的特殊情况,提高警觉准备防范应变措施的标线。

(2)道路交通标线按设置方式可分为以下三类:

①纵向标线:沿道路行车方向设置的标线;

②横向标线:与道路行车方向交叉设置的标线;

③其他标线:字符标记或其他形式标线。

(3)道路交通标线按形态可分为以下四类:

①线条:施画于路面、缘石或立面上的实线或虚线;

②字符:施画于路面上的文字、数字及各种图形、符号;

③突起路标:安装于路面上用于标示车道分界、边缘、分汇流、弯道、危险路段、路宽变化、路面障碍物位置等的反光或不反光体;

④轮廓标:安装于道路两侧,用以指示道路的方向、车行道边界轮廓的反光柱(或反光片)。

(二)道路交通标线设置原则

1.一般路段的交通标线设计规定

(1)高速公路和一级公路的一般路段应设置车行道边缘线、同向车行道分界线;二级及二级以下公路,除单车道外,应设置对向车行道分界线;二级及二级以下公路的下列路段应设置行车道边缘线:

①公路的窄桥及其上下游路段;

②采用最低公路设计指标的曲线段及其上下游路段;

③交通流发生汇流或分流的路段;

④路面宽度发生变化的路段；
⑤路侧障碍物距车行道较近的路段；
⑥经常出现大雾等影响安全行车天气的路段；
⑦非机动车或行人较多的机非混行路段。

(2) 二级公路设置慢车道时,应设置对向车行道分界线、同向车行道分界线和车行道边缘线。

(3) 车行道边缘线应设置于公路两侧紧靠车行道的硬路肩内,未设置硬路肩的公路车行道边缘线应设置于公路两侧紧靠车行道的外边缘处。同向车行道分界线应设置于同向行驶的车行道分界处。

2. 特殊路段的交通标线设计规定

(1) 经常出现强侧向风的桥梁路段、隧道出入口路段、急弯陡坡路段、平面交叉驶入路段、接近人行横道线的路段,应设置禁止跨越同向车行道分界线。

(2) 隧道出入口路段宜作为独立的设计单元,交通标线的设计应与交通标志、护栏、视线诱导等设施统筹考虑,综合设置。

(3) 当公路中心或车行道中有上跨桥梁的桥墩、中央分隔带端头、标志杆柱及其他可能对行车安全构成威胁的障碍物时,应设置接近障碍物标线。

(4) 在靠近公路建筑限界范围的跨线桥、渡槽等的墩柱立面、隧道洞口侧墙端面及其他障碍物立面上,中央分隔墩、收费岛、实体安全岛或导流岛、灯座、标志基座及其他可能对行车安全构成威胁的立体实物表面上,应设置立面标记或实体标记。

(5) 学校、幼儿园、医院、养老院门前的公路没有行人过街设施的,宜施画人行横道线。

(6) 在公路宽度或车行道数量发生变化的路段应设置过渡标线。

(7) 需要车辆减速的路段可设置纵向或横向减速标线。

(8) 设置减速丘的路段,应在减速丘前设置减速丘标线。

(9) 穿城公路交通标线的设置除应满足相关规范的要求外,尚应考虑城市道路交通标线的设置要求。

3. 互通式立体交叉、服务区、停车区出入口交通标线的设计规定

(1) 互通式立体交叉、服务区、停车区出入口交通标线应准确反映交通流组织的原则,公路出入口路段(加减速车道)适当位置宜设置禁止跨越同向车行道分界线。

(2) 互通式立体交叉、服务区、停车区出入口处,应设置导向箭头,箭头的规格、重复次数应符合现行《道路交通标志和标线》(GB 5768)的规定。出口导向箭头应以减速车道渐变点为基准点,入口导向箭头应以加速车道起点为基准点。

(3) 服务区、停车区场区范围内,应根据场区交通组织设计及功能规划,分别设置停车位标线、车行道分界线、导向箭头等交通标线。

4. 平面交叉渠化标线的设计规定

(1) 三级及三级以上公路之间形成的平面交叉应进行渠化设计,并设计渠化标线,有条件时宜设置渠化岛,路缘石高度不宜超过10cm;其他公路形成的平面交叉应设置与停车或减速让行标志配合使用的让行线。

(2) 平面交叉渠化标线应结合平面交叉实际情况和交通流实际特点进行设计。

5. 收费广场交通标线的设计规定

（1）进入收费广场应设置减速标线，各条减速标线的设置间距应根据驶入速度、广场长度经计算确定。收费岛迎车流方向应设置收费岛地面标线，收费岛上应设置实体标记。收费广场出口端可设置部分同向车行道分界线。

（2）设置电子不停车收费（ETC）车道的收费广场，应在ETC车道内设置ETC车道路面文字和标记，并配合设置有关指示和禁令标志。

（3）单向收费车道数大于5条的收费广场宜在交通组织分析的基础上单独设计。

6. 突起路标的设置规定

（1）下列情况下，宜在路面标线的一侧设置突起路标，并不得侵入车行道内：

①高速公路的车行道边缘线上。

②一级及一级以下公路隧道的车行道边缘线上。

③一级公路互通式立体交叉、服务区、停车区路段的车行道边缘线上。

④互通式立体交叉匝道出入口路段。

（2）隧道的车行道分界线上宜设置突起路标。

（三）道路交通标线的形式、颜色及含义

道路交通标线的颜色为白色、黄色、蓝色或橙色，路面图形标记中可出现红色或黑色的图案或文字。道路交通标线的形式、颜色及含义如表8-4所示。

道路交通标志线的形式、颜色及含义　　　　表8-4

编号	名称	图例	含义
1	白色虚线		画于路段中时，用以分隔同向行驶的交通流；画于路口时，用以引导车辆行进
2	白色实线		画于路段中时，用以分隔同向行驶的机动车、机动车和非机动车，或指示车行道的边缘；画于路口时，用作导向车道线或停止线，或用以引导车辆行驶轨迹；画为停车位标线时，指示收费停车位
3	黄色虚线		画于路段中时，用以分隔对向行驶的交通流或作为公交专用车道线；画于交叉口时，用以告示非机动车禁止驾驶员的范围或用于连接相邻道路中心线的路口导向线；画于路侧或缘石上时，表示禁止路边长时停放车辆
4	黄色实线		画于路段中时，用以分隔对向行驶的交通流或作为公交车、校车专用停靠站标线；画于路侧或缘石上时，表示禁止路边停放车辆；画为网格线时，标示禁止停车的区域；画为停车位标线时，表示专属停车位
5	双白虚线		画于路口，作为减速让行线
6	双白实线		画于路口，作为停车让行线
7	白色虚实线		用于指示车辆可临时跨线行驶的车行道边缘，虚线侧允许车辆临时跨越，实线侧禁止车辆跨越

续上表

编号	名称	图例	含义
8	双黄实线		画于路段中,用以分隔对向行驶的交通流
9	双黄虚线		画于城市道路路段中,用于指示潮汐车道
10	黄色虚实线		画于路段中时,用以分隔对向行驶的交通流,实线侧禁止车辆越线,虚线侧准许车辆临时越线
11	橙色线、实线		用于作业区标线
12	蓝色虚、实线		作为非机动车专用道标线;画于停车位标线时,指示免费停车位
13	规定的其他路面线型、图形、图案、文字、符号、突起路标、轮廓标等		

四、隔离栅

隔离栅是指设置在道路两侧阻止行人、动物误入需要控制的公路的道路隔离设施。隔离栅可以有效地排除横向干扰,避免由此产生的交通延误和交通事故,保障公路的交通安全和效益的发挥。隔离栅的设计应考虑所在地区的地形、气候和环境等因素,进行科学、合理的设置。

(一)设置原则

(1)除符合下列条件之一的路段外,高速公路、需要控制出入的一级公路沿线两侧必须连续设置隔离栅,其他公路可根据需要设置。

①路侧有水面宽度超过6m且水深超过1.5m的水渠、池塘、湖泊等天然屏障的路段。

②高度大于1.5m的挡土墙或砌石等陡坎的填方路段。

③桥梁、隧道等构造物,除桥头、洞口需与路基隔离栅连接以外的路段。

④挖方路基高度超过20m且坡度大于70°的路段。

(2)隔离栅遇桥梁、通道、车行和人行涵洞时,应在桥头锥坡或端墙处进行围封。对于行人通过较多的路段,可选择强度高的结构进行围封。

(3)隔离栅遇跨径小于2m的涵洞时可直接跨越,跨越处应进行围封,防止行人和动物误入。

(4)隔离栅的中心线可沿公路用地范围界限以内20~50cm处设置。

(5)为满足公路、桥梁和通道等养护管理的需要,可在进出高速公路、需要控制出入的一级公路的适当位置设置便于开启以满足车辆或人员进出的隔离栅活动门,隔离栅的立柱需要根据活动门的大小和开启情况进行加强。

(6)在行人、动物无法误入分离式路基内侧中间区域的条件下,可仅在分离式路基外侧设置隔离栅;在行人、动物可以误入分离式路基内侧中间区域的条件下,宜在分离式路基内侧行人和动物误入的位置设置隔离栅。分离式路基段遇桥梁、通道、车行和人行涵洞时,应按第(2)条的规定处理。

(二)形式选择

(1)隔离栅可选用焊接网、刺钢丝网、编织网、钢板网、隔离墙、绿篱、刺钢丝网和绿篱相结合等。设计时应根据隔离封闭的功能要求,对其性能、适价、美观性、与公路周围景观的协调性、施工条件及养护维修等因素进行综合比较。

(2)下列路段可选择电焊网、编织网、钢板网的形式:
①靠近城镇人口稠密地区的路段;
②沿线经过风景区、旅游区、著名地点等的路段;
③互通式立体交叉、服务区、停车区、管理养护机构两侧。

(3)下列路段可选择刺钢丝网的形式;具备条件时,刺钢丝网可和绿篱结合使用:
①人口稀少的路段;
②公路预留地;
③跨越沟渠而需要封闭的路段;
④在小型动物出没较多的路段,可设置变孔的刺钢丝网;变孔的刺钢丝网可采用上部的刺钢丝间距较大而下部刺钢丝间距较小的形式。

(4)下列路段可选择隔离墙的形式:
①焊接网和刺钢丝网等形式隔离栅经常遭到破坏的路段;
②需要采用隔离墙作为景观设计的路段;
③公路外侧存在较大不安全影响因素的路段。

(5)根据当地条件,在满足隔离的条件下可采用绿篱作为隔离栅。

五、防 眩 设 施

防眩设施是在夜间行车时,为防止驾驶员受到对面来车前照灯眩目而采用的设施。设置在区分上下行车道的中央分隔带上,多用于有四条以上车道的高速公路、一级公路和城市快速路。设置路段多为高架桥、填方路段,此外也结合道路的设计速度、线形等的需要而采用。

防眩设施既要有效地遮挡对向车辆前照灯的眩光,又要满足横向通视好,能看到斜前方,并对驾驶员心理影响小的要求。如采用完全遮光,反而缩小了驾驶员的视野,且对驾驶产生压迫感。同时,无论白天或黑夜,对向车道的交通情况是行车的重要参照系,其中很重要的一点是驾驶员在夜间能通过对向车辆前照灯的光线判断两车的纵向距离,使其注意调整行驶状态。从国外试验表明,相会两车非常接近(小于50m)时,光线不会影响视距,但当达到某一距离时,眩光会对视距产生较大影响。防眩设施不需要很大的遮光角即可获得良好的遮光效果。所以,防眩设施不一定要把对向车灯的光线全部遮挡,而是采用部分遮光,即允许部分车灯光穿过防眩设施。另外,在曲线半径较小且中央分隔带较窄的弯道上,设置防眩设施可能会影响曲线外侧车道的视距。因此,在设置防眩设施之前要进行停车视距的分析,保证防眩设施不会减小停车视距。

(一)防眩设施设置原则

(1)高速公路、一级公路中央分隔带宽度小于9m且符合下列条件之一者,宜设置防眩设施:
①夜间交通量较大,且设计交通量中,大型货车和大型客车自然交通量之和所占比例大于或等于15%的路段。

②设置超高的圆曲线路段。
③凹形竖曲线半径等于或接近于现行《公路工程技术标准》(JTG B01—2014)规定的最小半径值的路段。
④公路路基横断面为分离式断面,上下车行道高差小于或等于2m时。
⑤与相邻公路、铁路或交叉公路、铁路有严重眩光影响的路段。
⑥连拱隧道进出口附近。

(2)非控制出入的一级公路平面交叉、中央分隔带开口两侧各100m(设计速度80km/h)或60m(设计速度60km/h)范围内可逐渐降低防眩设施的高度,由正常高度逐步过渡到开口处的0高度,否则不应设置防眩设施。穿村镇路段不宜设置防眩设施。

(3)公路沿线有连续照明设施的路段,可不设置防眩设施。

(4)在干旱地区,中央分隔带宽度小于3m的路段不宜采用植树防眩。

(5)防眩设施连续设置时应符合下列规定:
①应避免在两段防眩设施中间留有短距离不设置防眩设施的间隙。
②各结构段应相互独立,每一结构段的长度不宜大于12m。
③结构形式、设置高度、设置位置发生变化时应设置渐变过渡段,过渡段长度以50m为宜。

(二)防眩设施形式

道路上设置的防眩设施形式多种多样,一般常用的有植树防眩、防眩栅(网)和防眩板三种形式。防眩设施的形式选择,应根据道路的平纵线形、气候条件,充分比较各种防眩设施的性能,分析行驶安全感、压迫感和景观要求,并考虑与道路周围环境的协调,结合经济性、施工条件及养护维修等因素综合确定。

1. 植树防眩

中央分隔带的宽度满足植树需要时,可采用植树作为防眩设施,一般有间距型和密集型种栽植方式。中央分隔带宽度须大于3m,一般采用间距型栽植,间距6m(种三株,树冠宽1.2m)或2m(种一株,树冠宽0.6m),树高1.5m。灌木丛也具有遮光防眩作用。

2. 防眩栅(网)

防眩栅是将条状板材两端固定于横梁上,排列如百叶窗状,板条面倾斜迎向行车方向。根据有关试验测定,以与道路呈45°角时遮光效果最好。防眩网是以金属薄板切拉成具有菱形格状的网片,四周固定在边框上。

3. 防眩板

防眩板是以方形型钢作为纵向骨架,把一定厚度、宽度的板条按一定间隔固定在方形型钢上而形成的一种防眩结构。

三种防眩设施的特点见表8-5。

六、防 落 网

防落网是为了阻止落物、落石等进入公路用地范围或公路建筑限界以内的设施。防落网包括防落物网和防落石网。除特殊要求外,防落物网以距桥面高1.8~2.1m为宜,防落石网应根据防护落石区域的面积并结合公路边坡的地形进行设置。

三种防眩设施的特点 表8-5

特 点	植树(灌木)		防眩板	防眩网
	密集型	间隔型		
美观	好	好	好	差
对驾驶员心理的影响	小	大	小	较小
对风阻力	大	大	小	大
积雪	严重	严重	好	严重
自然景观配合	好	好	好	不好
防眩效果	较好	较好	好	较差
经济性	差	好	好	较差
施工难易	较难	较难	小	小
养护工作量	大	大	小	小
横向通视	差	较好	好	好
阻止行人穿越	较好	差	较好	好
景观效果	好	好	好	差

防落网的结构计算根据交通标志相关内容进行计算,防落网的结构直接关系到其使用效果和寿命,在设计中要以考虑风载的影响为主,对人、畜造成的破坏作用可通过结构手段和防盗措施等加以解决。对防落网而言,一般有野外攀藤植物依附,维护清除又有困难,使网片的透风性降低,计算风载时,要根据所在地区的不同取不同的孔隙率值。

(一)防落物网

防落物网按网片形式可分为钢板网、编织网、电焊网、实体板等。选择防落物网形式时,必须考虑其强度、美观性、与公路周围环境的协调性、施工养护的方便性等因素。防落物网的构造应符合下列规定:

(1)防落物网所采用的金属网的形式可与隔离栅相同,其网孔规格不宜大于50mm×100mm,公路跨越铁路时网孔规格不宜大于20mm×20mm。

(2)公路跨越铁路电气化区段的上跨立交桥防落物网应设置"高压危险"警示标志。

(3)跨越高速铁路的立交桥防落物网距桥面的高度应不低于2.5m,跨越一般铁路的立交桥防落物网距桥面的高度应不低于2.0m。

防落物网的设置原则:

(1)上跨饮用水水源保护区、铁路、高速公路、需要控制出入的一级公路的车行或人行构造物两侧均应设置防落物网。

(2)公路跨越通航河道、交通量较大的其他公路时,应设置防落物网。

(3)需要设置防落物网的桥梁采用分离式结构时,应在桥梁内侧设置防落物网。

(4)已经设置声屏障的公路路段,可不设置防落物网。

(5)防落物网应进行防腐和防雷接地处理,防雷接地的电阻应小于10Ω。

(6)防落物网的设置范围为下穿铁路、公路等被保护区的宽度(当上跨构造物与公路斜交时,应取斜交宽度)并各向路外延长10~20m,其中上跨铁路的防落物网的设置范围还应符合相关规定。

(二)防落石网

防落石网可选择钢丝网绳和环形网等形式,当需要拦截小块落石时可附加一层钢丝格栅,防落石网的选型及安装方式应考虑防落石网的防护能量、结构形式、美观性、与公路周围环境的协调性、施工养护的方便性等因素。防落石网的结构应符合下列规定:

(1)防落石网的网孔规格宜根据其防护的落石频率和规格合理确定。

(2)防落石网应具有易铺展性和高防冲击能力,并便于工厂化生产。

(3)所有钢构件均应按现行《公路交通工程钢构件防腐技术条件》(GB/T 18226)的规定进行防腐处理。

防落石网设置原则:

(1)在高速公路或一级公路建筑限界内有可能落石,经落石安全性评价对公路行车安全产生影响的路段,应对可能产生落石的危岩进行处理或设置防落石网。

(2)二级及二级以下公路有可能落石并影响交通安全的路段,宜处理危岩或设置防落石网。

(3)防落石网应充分考虑地形条件、地质条件、危岩分布范围、落石运动路径及与公路工程的相互关系等因素后加以设置。宜设置在缓坡平台或紧邻公路的坡脚宽缓场地附近。

第二节 公共交通站点的规划设计

一、起、终点站的规划设计

城市公共交通站点分为起、终点站和中间停靠站。

起、终点站的主要功能是为线路上的公交车辆在开始和结束运营、等候调度以及下班后提供合理的停放场地的必要场所。在规划时主要考虑站点的位置的选取和规模以及出入口道路的设置几个方面的问题。

公交起、终点站的规划原则:

(1)公交起、终点站的设置应与城市道路网的建设以及发展相协调。宜选择在紧靠客流集散点和道路客流主要方向同侧。

(2)选址宜靠近人口比较集中、客流集散量大且周围留有一定空地的位置。如居住区、火车站、码头、文化体育中心等地。使大部分乘客处在以该站点为中心的服务半径范围内(通常为350m),最大距离不超过700~800m。

(3)公共汽车起、终点站除满足车辆停放及掉头所需场地外,还应考虑工作人员工作与休息设施所需面积。站内设置的回车场的最小宽度应满足公共交通车辆最小转弯半径需要,公共汽车为25~30m;无轨电车为30~40m。此外,应注意其出入口不得直接与快速路、主干路相连。

二、停靠站的规划设计

停靠站是为沿线公共汽车旅客安全上下车而设置的一种道路设施。停靠站的设计主要体现在选址与站台几何设计两个方面。

1. 停靠站的间距

在公交路线选定后,在线路上确定各站的位置。停靠站的间距小,道路上设站过多增加了乘客的乘车时间,车辆车速不高,且频繁起动、制动,轮胎与燃料消耗大。如果停靠站间距过大,虽车辆运营速度提高,乘客的乘车时间减少,但增加了乘客的步行时间。停靠站间距一般应符合表 8-6 的规定。同向换乘距离不大于 50m,异向换乘距离不应大于 100m。

公 共 交 通 站 距　　　　表 8-6

公 交 车	市区线(m)	郊区线(m)
公共汽车与电车	500~800	800~1000
公共汽车大站快车	1500~2000	1500~2500

2. 公交停靠站的服务面积

为使乘客能便捷地乘坐公交车,乘客从出发点步行到停靠站的距离不能过长,即公交站点有一个服务的区域。根据国家标准,公交车站的服务面积,以 300m 半径计算,所有站点的服务面积之和不得小于城市用地面积的 50%,以 500m 半径计算,不得小于 90%。

3. 停靠站台的布置方式

停靠站在道路平面上的布置方式主要有沿人行道边设置和行车道分隔带上设置两种。

(1)沿人行道边布置,见图 8-5;这种停靠方式较简便,乘客上下车方便,但公交车与自行车的矛盾突出。不宜在自行车流量大的道路上采用。

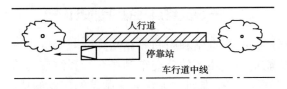

图 8-5　沿人行道边设置的停靠站

(2)沿两侧分隔带边设置;这种布置方式,常在三块板道路上采用,停靠的公交车辆与非机动车无相互影响,但乘客与非机动车之间存在相互影响。采用这种方式的分隔带宽度应不小于 2m。

4. 停靠站的几何设计

常见的停靠站从外形上分有直接式和港湾式两种(图 8-6)。

(1)停靠站候车站台的高度宜取 15~20cm;站台的宽度应取 2.0m,条件受限制时,最小宽度不应小于 1.25m。

(2)在公交枢纽站点设置停靠站时,一般站台长度小于 20m,但为避免公交站点秩序的混乱,应注意站台长度不宜过长,以不大于 4 个车位为宜。在设置港湾式站台时应注意停靠站的长度至少有两个停车位。

(3)对于新建道路,公交停靠站车道宽度为 3.0m;改建或治理性道路,受条件限制时,公交停靠站车道宽度最窄不得小于 2.75m。相邻通行车道宽度不应小于 3.25m。设置时,港湾式站台的设计尺寸可参考图 8-7。

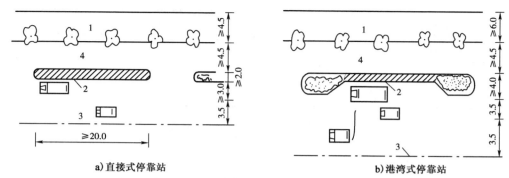

图 8-6　沿分隔带布置的两类停靠站(尺寸单位:m)
1-人行道;2-停靠站;3-路中线;4-非机动车道

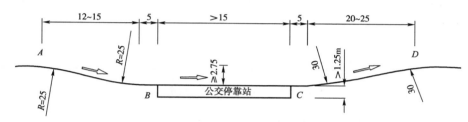

图 8-7　港湾式站台的几何设计尺寸(尺寸单位:m)

5. 公交停靠站设置时的注意事项

1)上、下行对称公交停靠站的相对位置

一般规定,上、下行对称的站点宜在道路平面上错开,即交叉设站,其错开距离不小于30m。同时,为方便乘客过街换乘,错开距离也不宜过大。

对于三块板和一块板的道路上的非港湾式公交站点,如果两站点间的距离太近,容易出现"双重瓶颈"现象,使得道路通行能力大为下降,如图 8-8 所示。所以要适当拉开两站点之间的距离或将站点改造为港湾式。

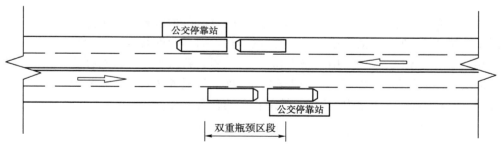

图 8-8　公交站背向错开设置形成"双重瓶颈"

所以公交站迎面错开布置的形式较好,但这种形式在两个站点之间距离很近,则不宜设置行人过街横道。因为停靠在站的公交车会阻挡过街行人的视线,从而导致交通事故的发生。

2)港湾式停靠站的设置方法

(1)对机非混行道路,局部压缩人行道设置港湾式公交站,如图 8-9 所示。
(2)有机非分隔带时,当分隔带宽度大于 4m,可以压缩分隔带设置,如图 8-10 所示。
(3)当机非分隔带宽度小于 4m 时,港湾式停靠站设置方法如图 8-11 所示。

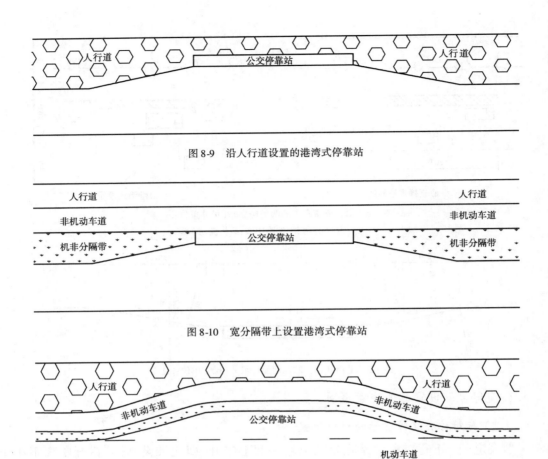

图 8-9　沿人行道设置的港湾式停靠站

图 8-10　宽分隔带上设置港湾式停靠站

图 8-11　窄分隔带设置的港湾式停靠站

三、公共汽车专用道设计

公共汽车专用道是指在较宽的车道上，用交通标线或硬质分离的方法划出一条车道作为公共汽车专用通道，在特定的时段内，供公共汽车行驶而不允许其他车辆通行。

公共汽车载客量大，人均占用道路面积较小，采用公共汽车专用道的办法可在空间上为公共汽车提供足够的优先权，提高公共汽车的运行效率和服务质量，达到减少城市交通量的目的，从而使城市交通服务质量得到改善，带来较大的社会效益。

1. 公共汽车专用道的设置条件

公共汽车专用道的设置条件如下：
(1) 道路单向机动车道至少有两条。
(2) 公共汽车流量大于 100 辆/h。
(3) 公共汽车专用道的设置不致严重影响其他车辆。

2. 公共汽车专用道设置位置

一般宜选择最外侧机动车道作为公共汽车专用道，主要是便于乘客上下。其问题在于，交叉口处存在着直行公交车与右转社会车辆的冲突，难以处理。

另一种方法是,将公共汽车专用道设在道路内侧,并需要利用中央分隔带设置港湾式公交停靠站。

3. 公共汽车专用道的宽度

(1)在路段上,公共汽车专用道的宽度与一般车道宽度基本一致。

(2)当公共汽车专用道延伸到交叉口进口道停车线时,其宽度可根据需求适当压缩,但不得不小于 3.0m。

4. 公共汽车专用道在交叉口的设置

1)设置在次右侧进口车道

当右转交通量较大,并且路段长度足以使右转车辆与公交车交织变车道时,可以在交叉口进口道区域进行车道变换,即将公交专用道向道路内侧偏移一个车道,为右转车让出一个车道。同时,如果公交车数量较多,可以在交叉口优先排队,设置为锯齿形进口道,如图 8-12 所示。

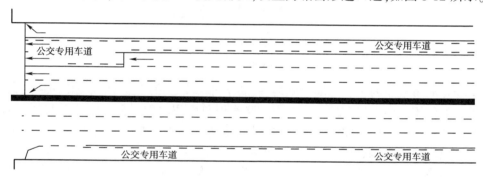

图 8-12　设置在右转专用道左侧的公交专用进口

2)设置在右侧的公交车进口车道

当交叉口无右转机动车,或另设右转专用车道时,公交专用道可直接延伸至停车线。由于公交专用进口道为直行,与道路中央的右转进口道有冲突,需设置一专用右转相位,有时甚至要设置车道信号灯,以消除公交车辆直行与社会车辆右转的冲突,如图 8-13。

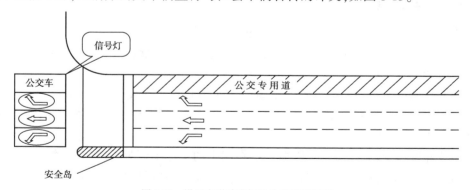

图 8-13　设置在道路右侧的公交车进口道

3)设置在内侧进口车道

当公交专用道设置在道路内侧时,可在进口道设公交站点,如图 8-14 所示。

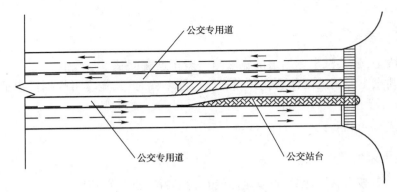

图 8-14 设置在内侧公交专用道

第三节 停车场设计

一、概 述

停车场是城市道路的主要附属设施之一,属于静态交通设施,为保证城市交通的畅通无阻起到了重要的作用。停车场用地计入城市道路用地总面积之中。但城市公共交通、出租汽车和货运交通场站设施的用地面积不含在内(其面积属于交通设施用地);各类公共建筑配建的停车场用地也不含在内(其面积属于公共建筑用地)。

随着我国经济的快速发展,城市居民的小汽车拥有量大幅增加。目前,国内各个城市都不同程度存在交通拥堵现象。交通拥堵有很多方面的原因,其中,停车设施过少,造成车辆无序停放占用道路资源是一个很重要的因素。所以,做好停车场的规划和设计,不仅是解决静态交通的问题,而且对提高道路交通的效益是有帮助的。

二、机动车停车场的设计

(一)停车场的布局

合理规划停车场的分布地点,一般应考虑以下几个方面:

(1)为减轻外地进城车辆对市区的交通压力,应在城区边缘地带设置专用停车场,如进出城市的几条主要方向的道路附近。

(2)对外交通枢纽所在地应设置停车场,如机场、码头、车站等地。

(3)在人流大量集中的大型公共建筑物附近应设置停车场,如大型体育场、影剧院、展览馆、大型商场、超市、大型公园等。

(4)为减轻城市交通压力以及方便群众,在城市的交通枢纽处要增设立停车场,便于乘客在小汽车与公共交通之间的换乘,例如地铁站附近、城市快速路出入口附近、公交枢纽站点附近等等。

(5)一般的大型建筑物要按照标准配建停车场。

停车场的规模须按照停车场的环境与服务对象特征综合确定,详细内容请参阅交通规划有关书籍。

(二)停车场的设计原则

(1)停车场的设置应符合城市规划与道路交通组织的要求,同时还应便于不同性质车辆的使用。

(2)停车场的布局与规模应与所服务的区域的停车需求大致平衡。

(3)停车场的出入口宜分开设置,当设置为地下停车时,出入口至少有两个以上。重要建筑前的停车场的出入口应设置在次要干道上,若设置在主要干道旁时,应尽量远离交叉口。

(4)为保证车辆在停车场内不发生溜滑和满足场地排水要求,在平原区场内纵坡一般为0.3% ~ 0.5%。

(5)停车场内交通线路必须明确,宜采用单向行驶路线,避免互相交叉,并应与进出口行驶方向一致。同时,要尽量使步行者路线与车辆流线分离。

(三)设计步骤

1. 选定设计车辆

停车场应以高峰时所占比重大的车型作为设计车辆,可不考虑将来车辆尺寸的变化。但当停车场内大型车(如大客车)具有一定比重时,宜单独组织大型车辆的停放以及路线。设计车辆划分为三种类型:

(1)小型车,包括小客车、12座以下客车、2t以下货车。

(2)大型车,包括普通载货汽车、大客车。

(3)特殊大型车,包括拖挂车、铰接公共汽车、平板车。

其外形尺寸见表8-7。

设计车辆的外形尺寸　　　　表8-7

设 计 车 辆	车身长度 L(m)	车身宽度(m)
小型车	5	1.8
大型车	12.0	2.5
特殊大型车	18.0	2.5

2. 选定车辆停放方式

停车场内车辆的停放方式,对于停车面积的计算,车位的组合以及停车场的计算等都有关系。

车辆的停放方式按照汽车纵轴线与通道的夹角关系可分为三种类型:即平行式、垂直式和斜放式。

(1)平行式。车辆平行于通道方向停放,见图8-15,这种方式所需停车带较窄,驶出车辆方便迅速,但占地较多,一般在路边停车时采用。

(2)垂直式。车辆垂直于通道方向停放,见图8-16,这种方式的单位长度内停放车辆数较多,用地紧凑,但停车带用地较宽,进出停车时需要倒车一次,要求要求通道至少有两个车道宽。

(3)斜放式　车辆与通道成角度停放,一般按30°、45°、60°三种角度停放,见图8-17。此种方式下车辆停放灵活,驾驶及驶出方便,但单位停车面积较大。

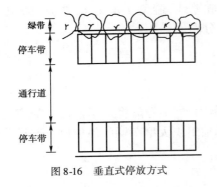

图 8-15 平行式停放方式

图 8-16 垂直式停放方式

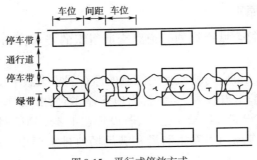

图 8-17 斜列式停放方式

3. 确定停车规则和交通线路组织

所谓的停车规则是指停车进出泊位时采用的形式,一般有三种形式,前进停车,后退发车[图 8-18a)];后退停车,前进发车[图 8-18b)];前进停车,前进发车[图 8-18c)]。关于这几种方式的详细介绍,参见交通工程有关书籍。

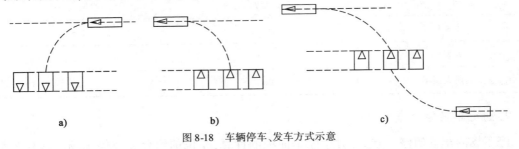

图 8-18 车辆停车、发车方式示意

根据确定的停车规则,组织车辆进出停车场的线路,明确是单向还是双向行驶。

4. 确定停车带和通道宽度

停车带是停车场的主要组成部分,其宽度确定主要应考虑以下因素:①设计车型尺寸,开车门宽度等;②停车方式和车辆之间的安全净距。

通道是停车场平面设计的重要内容,其型式和有关参数(宽度、最长纵坡、最小转弯半径等)宜结合实际情况正确选用。通道的宽度主要取决于:①车辆的最小转弯半径;②停车方式;③单向或双向行驶方式等。

5. 确定单位停车面积

单位停车面积是指设计车型一辆所占用地面积,它应包括停车车位面积和均摊的通道面积,以及其他辅助设施面积之和。单位停车面积应根据车型、停车方式以及车辆停法所需的纵向与横向跨距要求确定。

机动车公共停车场用地面积,宜按当量小汽车停车数计算。地面停车用地面积,每个停车位宜为 25～30m²;停车楼和地下停车库的建筑面积,每个停车位宜为 30～35m²。

6. 出入口设计

停车场的出入口不宜设在主干路上,可设在次干路或支路上并远离交叉口;不得设在人行横道、公共交通停靠站以及桥隧引道处。停车场出入口及停车场内应设置交通标志,标线以指明场内通道和停车车位。

公用停车场的停车区距所服务的公共建筑出入口的距离宜采用 50～100m。

车辆双向行驶出入口宽度不得小于 7m,单向行驶出入口宽不得小于 5m。停车场出入口应有良好的通视条件,见图 8-19,并设置交通标志。此外,为保证安全和避免出入口的秩序良好,出入口应退后道路红线 10m 以外。

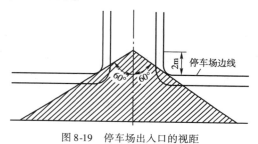

图 8-19 停车场出入口的视距

三、自行车停车设施设计

自行车是我国城市居民广泛拥有的交通工具,目前城市居民的自行车拥有量已接近饱和,且有逐年下降的趋势。但是根据我国的国情,自行车交通在今后相当长的一段时间内仍然在城市交通中占有重要地位,其绝对数量仍然会很大。因此,在城市停车规划中要予以重视。

1. 自行车停车场地的规划原则

(1)就近布置在大型公共建筑附近,尽可能利用人流较少的旁街支路或附近建筑。

(2)避免占用人行道,盲道等行人设施。

(3)在换乘枢纽(地铁出入口、公交站)附近设立时,尽量靠近换乘点,原则上距离不大于 150m。

2. 停放方式

由于自行车体积小,使用灵活,设计时也较简单。尽管《城市道路交通规划设计规范》(GB 50220)中按照每辆车占地 1.4～1.8m² 计算,但实际当中发现,在拥挤的情况下,每辆车实际占地仅有 0.5m²,因此为节省用地,建议设计可以采用 1.0m² 来计算。

自行车常见的停放方式见图 8-20,其中图 8-20a)是将前轮搁在固定的架子上,车辆相对排列,相互错开;图 8-20b)是竖向错开车把;图 8-20c)是将自行车斜放呈 60°;图 8-20d)是前轮与车身呈 30°,使车把相互咬合;图 8-20e)是垂直走道平行排列,多用于沿街随来随走的停放。

自行车停车场出入口不应少于两个。出入口宽度应满足两辆车同时推行进出,一般为 2.5～3.5m。场内停车区应分组安排,每组场地长度以 15～20m 为宜。

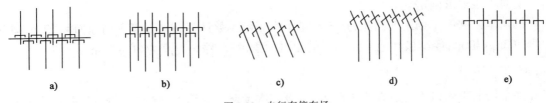

图 8-20 自行车停车场

第四节 道路照明设计

为了保证交通安全和提高道路的通行能力以及满足美化城市景观的需要,在城市道路的沿线、交叉口和广场布设照明设施。照明设施可以有效地让道路的使用者在夜间迅速准确地识别道路交通状况,并及时采取相应措施,以保证行车安全,同时照明设施还可以对行车视线起一定的诱导作用。照明设施还是道路景观的重要组成部分,对于美化景观起着重要的作用。照明设施设计时,既要考虑满足交通功能的要求,又要考虑满足景观功能的要求,设计应做到美观、合理、安全可靠、技术先进。

一、照 明 标 准

1. 道路照明评价指标

为了保证照明质量,达到辨认可靠和视觉舒适的基本要求,机动车道照明应采用路面平均亮度或路面平均照度、路面亮度总均匀度和纵向均匀度或路面照度均匀度、眩光限制、环境比和诱导性为评价指标。

(1)亮度:我国现行规范中的亮度单位是"坎德拉/平方米"(cd/m^2),即为每平方米表面上沿法线方向产生 1cd 的光强度。路面平均亮度是指按照国际照明委员会有关规定,在路面预先设定的点上测得的或计算得到的各点亮度的平均值。

(2)照度:我国现行规范中的照度的单位是"勒克司"(lx),即为每平方米照射面上均匀分布 1 流明(lm)的光通量(引起视觉作用的光能强度)。路面平均照度是指按照国际照明委员会有关规定,在路面预先设定的点上测得的或计算得到的各点照度的平均值。

(3)均匀度:是指路面上最小亮度(或照度)与平均亮度(或照度)的比值。

(4)眩光限制阈值增量:是指存在眩光源时,为了达到同样看清物体的目的,在物体及其背景之间的亮度对比所需要增加的百分比。

(5)环境比:环境比是指机动车道路缘石外侧带状区域内的平均照度与路缘石内侧等宽度机动车道上的平均照度之比。带状区域的宽度取机动车道半宽度与机动车道路缘石外侧无遮挡带状区域宽度二者之间的较小者,但不超过 5m。

(6)诱导性:诱导性是指沿道路恰当安装灯杆和灯具,能为驾驶员提供前方道路走向、线形、坡度等视觉信息,是道路照明设施的一项评价指标。

照明标准的选定与道路等级、交通量大小、路面的反光性质、路灯的悬吊方式和高度有关。

2. 道路的照明标准

道路照明标准应根据城市的规模、性质、道路分类按表 8-8 选用。

机动车道照明标准 表8-8

级别	道路类型	路面亮度			路面照度		眩光限制阈值增量最大初始值（%）	环境比最小值
		平均亮度维持值（cd/m²）	总均匀度最小值	纵向均匀度最小值	平均照度维持值（lx）	总均匀度最小值		
Ⅰ	快速路、主干路	1.50/2.00	0.4	0.7	20/30	0.4	10	0.5
Ⅱ	次干路	1.00/1.50	0.4	0.5	15/20	0.4	10	0.5
Ⅲ	支路	0.50/0.75	0.4	—	8/10	0.3	15	—

注：1. 亮度（照度）维持值是指在计入光源计划更换时光通量的衰减以及灯具因污染造成效率下降等因素（即维护系数）后设计计算时所采用的平均亮度（照度）值。
2. 表中所列的平均照度仅适用于沥青路面。若系水泥混凝土路面,其平均照度值相应降低30%。
3. 表中各项数值仅适用于干燥路面。
4. 表中对每一级道路的平均亮度（照度）给出了两档数值,"/"的左侧为低档值,右侧为高档值。
5. 迎宾路、通向大型公共建筑的主要道路、位于市中心和商业中心的道路,执行Ⅰ级照明。

二、照明系统的布置

照明布局应尽量发挥照明器的配光特性,以取得较高的路面亮度、满意的均匀度,并尽量限制产生眩光。

（1）沿道路单侧布置,见图8-21a）,一般适用于宽度在15m以下的道路上。其特点是经济简单；但照度不均匀。

（2）沿道路两侧交错布置,见图8-21b）,适用于宽度超过20m的主要道路上。这种布置无论在照度及均匀性方面,都比较理想。

（3）沿道路两侧对称布置,见图8-21c）,适应于宽度超过20m,行人和车辆多的道路上,一般可获得良好的路面亮度。

（4）沿道路中心线布置,见图8-21d）,适用于道路两侧行道树分叉点较低,遮光较严重的街道。这种布置经济简单、照度比较均匀,但易产生眩光,维修麻烦。

（5）横向悬索布置,见图8-21e）。

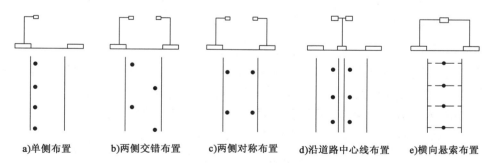

a) 单侧布置　　b) 两侧交错布置　　c) 两侧对称布置　　d) 沿道路中心线布置　　e) 横向悬索布置

图8-21　道路照明的一般布置方式

1. 照明器在交叉口的布置

（1）T形交叉口,照明器多安装在道路尽头的对面,既能有效地照亮交叉口,又有利于识别道路。十字形交叉口安装在道路前进方向的右侧。

(2)十字形交叉口的照明灯具应布置在入口右侧,可根据具体情况和照明要求,采用单侧布置、交错布置和对称布置等方式。

(3)环形交叉口的照明应显现环岛、交通岛、路缘石,照明灯具宜布置在环形道路的外侧。

(4)铁路平交口,照明器安装在前进方向的右侧。

2. 横向布置

照明器一般布置在人行道的绿化带或分隔带的边上,灯杆竖立在侧石外 0.5~1.0m 处。照明器通过支架悬挑在道路上方,悬挑长度为 2~4m,如图 8-22 所示。

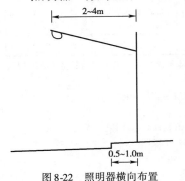

图 8-22 照明器横向布置

照明影响着道路安全和行驶的流畅与舒适。在行人比较集中和存在路侧干扰及交叉干扰的市区和郊区,安装固定的照明设备是必要的。对于乡区公路也可能需要,但其需要程度较城市街道和靠近市区的道路要小得多。一般认为,乡区公路很少需要照明,在运输特别繁忙和重要的路段,可配置路灯;在有条件的交叉道口人行道等处可采用局部照明。一般情况下,由车辆本身的车灯照明。

第五节 道 路 绿 化

道路绿化指路侧带、中间分隔带、两侧分隔带、立体交叉、平面交叉、广场、停车场以及道路用地范围内的边角空地等处的绿化。道路绿化是城市道路的重要组成部分,应根据城市性质、道路功能、自然条件、城市环境等,合理地进行设计。

一、道路绿化的作用

1. 公路绿化的作用

公路绿化主要作用是稳固路基、防止冲刷与侵蚀、美化路容、诱导视线、防止炫光、增加驾驶员与乘客的舒适感和安全感。积雪、风沙地区还能起到防雪、防沙的作用。

2. 城市道路绿化的作用

交通作用:引导视线,隔离炫光,防止交通事故。

景观环境作用:道路绿化作为城市绿化的一部分不可或缺,是形成道路景观乃至城市景观的重要条件;同时可以起到改善城市小气候,降噪声、防尘、防空气污染等作用。

服务作用:人行道边的绿化带可以防止溅水,在冬季堆积积雪。同时,灌木种植带是埋设管线的良好地点。绿化带还是未来道路拓建的储备空间。

二、道路绿化的基本原则

好的道路绿化可以形成优美的道路空间环境。为充分发挥道路绿化的美学及绿化功能作用,在绿化规划设计时,应注意以下几个方面:

(1)公路两侧的绿化设计,应结合车速与视点不断移动的特点,考虑视觉与心理效果,做到尽量与周围景观、自然环境相协调。

(2)绿化要注重地方特色。

不同的城市可以有不同的花草树种和道路绿化方式。如各城市的市树、市花均是代表地方的象征。

(3)绿化应注意多品种的协调和多种种植方式的结合。

为防止病虫害等不利因素,要避免种植品种的单一,同时多样的品种和种植方式也带来了丰富的景观。但应注意,在品种的选择上,避免使用有毒、带刺的灌木植物。

(4)重视绿化对行车空间的诱导作用。

对于设计车速较高的城市快速路和主干道,从行车安全和驾驶员的心理状态出发,均需要视线诱导。在道路弯道外侧以及凸形竖曲线道路两侧种植高大乔木可以预示路线的变化,起到了很好的视线诱导作用,见图8-23a)、b)。

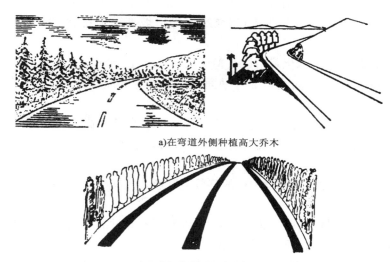

a)在弯道外侧种植高大乔木

b)在凸形竖曲线两侧种植高大乔木

图8-23 绿化的视线诱导

(5)绿化要保证道路有足够的净空和安全。

道路的绿化树木要保证行车道侧向有足够的安全净空,某些城市存在着行道树树枝伸入道路净空,造成内侧车道不能行驶大型公交车的状况。同时,要注意避免枝叶阻挡信号标志的情况。在公路弯道上种植,不得妨碍行车视距的要求,如图8-24 所示。

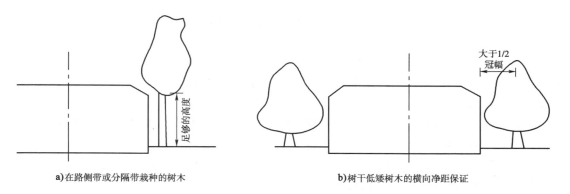

a)在路侧带或分隔带栽种的树木   b)树干低矮树木的横向净距保证

图8-24 行车道侧向净空示意图

同时,有绿化分隔带的道路在平面交叉口处应该保证分隔带不能遮挡驾驶员的视线,以防止行人突然过街而驾驶员不能及时发现的情况。一般灌木高度必须在1.2m以下。

(6)地下各种管线的安排应与树木、照明电杆及建筑物保持一定的距离,具体距离见第九章内容。

三、公路绿化的分类

公路绿化设计按功能分为保护环境绿化和改善环境绿化两类。

(1)保护环境绿化:通过绿化栽植以降噪、防尘、保持水土、稳定边坡。主要包括以下几种:

①防护栽植:在风大的公路沿线以及多雪地带等,有条件时宜栽植防护林带。

②防污栽植:在学校、医院、住宅区、疗养院等附近,宜栽植防噪、防空气污染林带。

③护坡栽植:公路路基、弃土堆、隔声堆筑体等边坡坡面应绿化,保持水土以增进边坡稳定。

(2)改善环境绿化:通过绿化栽植以改善视觉环境,增进行车安全。包括以下分类:

①诱导栽植:在小半径竖曲线顶部且平面线形左转弯的曲线路段,应在平曲线外侧栽植树木。

②过渡栽植:可在隧道洞口外两端光线明暗急剧变化段栽植高大乔木予以过渡。

③防眩栽植:在中央分隔带、主线与辅道或平行的铁路之间,可栽植常绿灌木、矮树等以隔断对向车流的眩光。

④缓冲栽植:在低填方且没有设护栏的路段或互通式立交出口端,可栽植一定宽度的密集灌木或矮树。

⑤标示栽植:当沿线景观、地形缺少变化,难以判断所经过的地点时,宜栽植有别于沿途植被的树木等,形成明显的标志,预告设施位置。

⑥隔离栽植:在公路用地边缘的隔离栅内侧,宜栽植刺藜、常绿灌木以及攀缘植物等,防止人或者动物进入。

第六节 人行天桥和人行地道

一、人行天桥和人行地道的设置地点

人行天桥和人行地道宜建在交通量大,同时行人或自行车过街需求也很大的地段或交叉口上。

人行天桥一般比地道造价低,故应用广泛,但相比而言,人行天桥不如地道舒适,同时对残障人士使用也不方便,因此利用率低,而且人行天桥影响市容景观。因此,近年来,过街地道也逐渐被广泛使用。

人行地道作为城市公用设施,在使用和美观上较好,但是工程和维修费用较高,因此在下列情况下,可考虑修建人行地道。

(1)重要的建筑物及风景区附近,修建人行天桥破坏风景或城市景观。

(2)横跨的行人特别多的站前道路。

(3)修建人行地道比修建人行天桥在工程费用上和施工方法上有利。

(4)过街行人众多的中心商务区。

二、过街天桥或地道的设置条件

按照《城市道路交通规划设计规范》(GB 50220—1995)规定,属于下列情况之一时,宜设置人行天桥或地道:

(1)横过交叉口的一个路口的步行人流量大于 5000 人次/h,且同时进入该路口的当量小汽车交通量大于 1200 辆/h 时。

(2)通过环形交叉口的步行人流总量达 18000 人次/h,且同时进入环形交叉口的当量小汽车交通量大于 2000 辆/h 时。

(3)行人横过快速路时。

(4)铁路与城市道路相交道口,因列车通过一次阻塞步行人流超过 1000 人次或道口关闭的时间超过 15min 时。

道路两侧存在大量人流来往的建筑物,可结合实际条件和需要设置人行天桥或过街地道。另外,当过街交通及其相交的机动车流饱和度、人均待行区面积同时满足表 8-9 的条件时,应考虑设置行人过街天桥或地道。

城市主次干道设置行人过街天桥或地道的基本条件　　　　表 8-9

道 路 性 质	行人过街交通平均饱和度	机动车交通平均饱和度	人均待行区面积
主干路	≥0.85	≥0.7	行人待行区人均空间 <0.6m²
次干路	≥0.85	≥0.75	

注:1. 行人待行区人均空间可用行人待行驻足面积(m²)除以待行行人人数得到。
　　2. 饱和度 = 车辆(或行人)交通量/通行能力。

三、人行天桥和人行地道的设计

1. 通道宽度的设计

人行天桥的桥宽和人行地道的宽度主要取决于高峰小时的人流量和设计通行能力。人行天桥和人行地道的设计通行能力分别按 1800～2000p/(h·m)和 1440～1640p/(h·m)计算。此外,还应考虑到桥宽与道路宽度,交叉口大小比例协调。我国已建的人行天桥宽度一般为 3.0～5.0m,地道宽度要宽于天桥。

2. 阶梯的设计

由于人流通过桥梯的速度低于通过桥面的速度,因此,人行天桥的通行能力往往受桥梯宽度的影响。为了使人流通过桥梯和桥面的速度一致,一般桥梯的宽度应略大于桥面的宽度。梯宽可根据人流量、通行能力按 1800p/(h·m)计算决定。桥梯布置和结构应同建桥点景观协调。

桥梯步级的宽度和高度之和等于 45cm 为好,一般常用步级宽为 30cm,高 15cm,或宽为 28cm,高为 16cm。

在用地紧张的情况下,也可以采用螺旋梯。

3. 人行天桥的净空

为满足大型集装箱车和无轨电车行驶,最小净空为 5m。

4. 行人护栏的设置

为了引导行人上桥过街,避免穿越桥底,需沿街桥梯两边 50~100cm 设置高栏杆,形式以采用 1.1~1.2m 竖杆为宜。

此外,还要注意这些设施要便于残障人士的使用,应设置无障碍坡道。

复习思考题

1. 公交站点规划时应遵循的原则是什么?
2. 公交停靠站布置时应注意什么问题?
3. 在车道布置时如何体现公交优先?公交专用车道布置时注意什么问题?
4. 停车场布局时注意什么问题?
5. 人行天桥的设置条件及地点如何考虑?

第九章 城市道路排水设计和管线布置

本章教学要求

学习目标：了解城市道路排水制式；了解雨水管及其构筑物沿道路的布置；掌握雨水管渠设计流量的计算设计；了解城市管线布置。

学习重、难点：雨水管道的水利计算机合理布置。

第一节 概 况

一、排水系统的制度

设计城市道路时，为了保证车辆和行人的正常交通，改善城市的卫生条件，以及避免路面的过早损坏，要求迅速地将地面雨雪水排除。所以，城市道路排水是城市道路的一个组成部分。

城市道路排水也是城市排水系统的一部分。为了保障生产和人民生活，城市中需要排除的污水除雨雪水外，尚有工业废水和生活污水。

城市和工矿企业中的雨水及冰雪融化水，一般比较清洁，但水量较大，应及时排泄。否则，形成地面积水将妨碍交通运输，影响工业生产及人民生活。一般雨水可以不经处理，直接排入天然水体。但当雨水流经某些工厂如石油提炼厂、化学工厂等地区时，有时需要加以特殊的考虑。

工业废水是指工业生产过程中所产生的废水。工业废水的水质和水量，随着工业的性质和工艺过程的不同有很大的差异：有的水质比较清洁，称为生产废水，例如冷却水，还可在生产中循环使用；有的水含有大量有机物、无机物或有害物质称为生产污水，这些废水一般都应先回收处理，然后进行农田灌溉或排入水体。

生活污水是指人们日常生活中用过的水，包括厕所、浴室、厨房等排出的污水。生活污水含有较多的有机物，还有病原微生物，但只要经过处理，就可用来灌溉农田或排入水体。

在城市及工矿企业内，往往需要建设一整套的工程设施，有组织地排除并处理上述废、污水及雨水，这项工程设施称为排水系统。由于废污水和雨水的水质不同，所以可分别组织不同的管道系统来排除。

排水制度分为分流制和合流制。

(一) 分流制

用两个或两个以上的管道系统来分别汇集生活污水、工业废水和雨水,称为分流制排水系统,见图9-1。其中,汇集和处理生活污水或工业废水的系统称为污水排除系统;汇集和排泄雨水的系统,称为雨水排除系统。分流制排水系统又可分为两种情况:一种情况是分别设置污水和雨水管道系统;另一种情况是只有污水管道系统,不设雨水暗管,雨水沿着地面、街道边沟和明渠泄入天然水体。

采用分流制,有利于环境卫生的保护,有利于污水的综合利用,便于从废水中回收有用物质,可以做到清浊分流,降低需要处理的废水量。

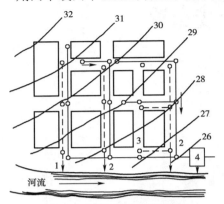

图9-1 分流制排水系统示意图
1-雨水管道;2-污水管道;3-检查井;4-污水处理厂

(二) 合流制

将污水和雨水用同一管道系统排除,称为合流制排水系统。过去我国很多旧城市大都采用合流制,污水不经过处理与雨水直接排入水体,这是由于历史原因造成的。随着工业的高速发展,生活污水量和工业废水量急剧增加,这样的合流制,对环境卫生往往会造成严重的危害。原有的合流制管道系统应加以利用,并应尽可能减少污水对环境的污染。采用合流制的必要条件是城市附近有较大的水体,有足够的能力稀释污水,只要把污水稍加机械处理即可泄入水体。

排水制度(分流制或合流制)的选择,应根据当地的自然条件、卫生要求、原有排水设施、水质和水量、地形、气候、水体和污水利用等条件,从全局出发,综合考虑确定。新建的排水系统一般采用分流制,同一城镇的不同地区可以采用不同的排水制度。在具体实施方面,可根据当地的条件,如雨量少而集中,地面坡度较大,可先建造污水管道系统,用较少的投资将有碍卫生的污水从居住区排泄出去进行处理,雨水可暂时用明沟排泄,不过在设计时要预先估计到以后建设雨水系统的经济和可能。而当雨量大且雨期长,地形平坦,积水易造成生产和生活上不便时,就需要同时建成雨水管道系统。

本章着重讲述街道雨水管道的布置与设计。有关工业废水与生活污水的处理和排除,可参阅《排水工程》教材。

二、街道雨水排除系统的类型

根据构造的特点,城市干道雨水排除系统可分为下列各类。

(一) 明沟系统

与公路地面排水相同。即用明沟排水,在街坊出入口、人行过街等地方增设一些盖板、涵管等过水结构物。

纵向明沟可设在路面的两边或一边,也可设在车行道的中间。纵向明沟过长将增大明沟断面和开挖过深,此时须在适当地点开挖横向明沟,将水引向道路两侧的河道排出。明沟的排水断面尺寸,可按泄水面积依水力学所述公式计算。明沟一般采用梯形,底宽一般不小于0.3m,边坡视土壤及护面材料而不同,用砖石或混凝土块铺砌的明沟,一般采用1:0.75~1:1

的边坡。有的城市也有石砌或砖砌和上面加盖板的矩形明沟。

(二)暗管系统

包括街沟、雨水口、连管、干管、检查井、出水口等主要部分。

道路上及其相邻地区的地面水依靠道路设计的纵、横坡度,流向车行道两侧的街沟,然后顺街沟的纵坡流入沿街沟设置的雨水口,再由地下的连接管通到干管,排入附近河流或湖泊中,见图9-2。

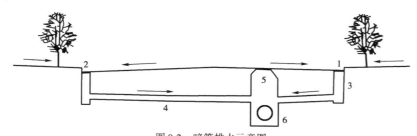

图9-2 暗管排水示意图
1-街沟;2-进水孔;3-雨水口;4-连接管;5-检查井;6-雨水干管

雨水排除系统一般不设泵站,雨水靠管道的坡度排入水体。但某些地势平坦、区域较大的大城市如上海、南京等,因为水体的水位高于出水口,常需设置泵站提升雨水。

(三)混合系统:明沟和暗管结合的一种形式

城市中排除雨水可用暗管,也可用明沟。在一个城市中,也不一定只采用单一系统来排除雨水。采用明沟可以降低造价;但在建筑物密度较高和交通频繁的地区,采用明沟往往引起生产、生活和交通的不便、桥涵建造费用增加、占用土地较多,并影响环境卫生。因此,这些地区应采用暗管系统。而在城镇的郊区或其他建筑物密度较小、交通较稀的地区应首先考虑采用明沟。工业区或居住区的边界到出水口的距离较长时,也宜采用明沟,以节省造价。为了降低雨水管道的造价,在每一集水流域的起始端可利用街道边沟排水来减少暗管的长度。

山区和丘陵地带的防洪沟应采用明沟。若采用暗管,由于地面坡度大、水流快,往往迅速越过暗管的雨水口,使暗管失去排水作用。同时,当洪流超过沟道排水能力而溢流时,在迅速排除厂区积水方面明沟也比暗管快。

第二节 雨水管及其构筑物沿道路的布置

一、雨水管的布置

城市道路的雨水管线应是直线,平行于道路的中心线或规划红线。雨水干管一般设置在街道中间或一侧,并适宜设在快车道以外,在个别情况下也可以双线分置于街道的两侧。这主要根据街道的等级、横断面的形式、车辆交通、沿街建筑等技术经济条件来决定。

由于管道施工和检修对交通运输影响较大,所以在交通量大的干道上,雨水管也可埋设在街道的绿地下和较宽的人行道下。但不可埋设在种植树木的绿带下和灯杆线及侧石线下。

雨水管线应尽可能避免或减少与河流、铁路以及其他城市地下管线的交叉,否则将使施工复杂以致增加造价。在不能避免相交处应垂直相交,并保证相互之间有一定的竖向间隙。雨水管道离开房屋及其他管道的最小距离见表9-1。

排水管道与其他管线(构筑物)的最小净距　　　　　表 9-1

名　　称			水平净距(m)	垂直净距(m)
建筑物			见注 3	
给水管	$d \leqslant 200mm$		1.0	0.4
	$d > 200mm$		1.5	
排水管				0.15
再生水管			0.5	0.4
燃气管	低压	$P < 0.05MPa$	1.0	0.15
	中压	$0.05MPa < P \leqslant 0.4MPa$	1.2	0.15
	高压	$0.4MPa < P \leqslant 0.8MPa$	1.5	0.15
		$0.8MPa < P \leqslant 1.6MPa$	2.0	0.15
热力管道			1.5	0.15
电力管道			0.5	0.5
电信管道			1.0	直埋 0.5
				管块 0.15
乔木			1.5	
地上杆柱	通信照明 <10kV		0.5	
	高压铁塔基础边		1.5	
道路侧石边缘			1.5	
铁路钢轨(或坡脚)			5.0	轨底 1.2
电车(轨底)			2.0	1.0
架空管架基础			2.0	
油管			1.5	0.25
压缩空气管			1.5	0.15
氧气管			1.5	0.25
乙炔管			1.5	0.25
电车电缆				0.5
明渠渠底				0.5
涵洞基础底				0.15

注:1. 表所列数字除注明外,水平净距均指外壁净距,垂直净距系指下面管道的外顶与上面管道基础底净距。
　 2. 采用充分措施(如结构措施)后,表列数字可以减少。
　 3. 与建筑物水平净距:管道埋深浅于建筑物基础时,一般不小于 2.5m;管道埋深深于建筑物基础时,按计算确定,但不小于 3.0m。

雨水管与其他管线发生水平交叉时,其他管线一般可用倒虹管的办法。如雨水管和污水管相交,一般将污水管用倒虹管穿过雨水管的下方。

如果污水管的管径较小,也可在交汇处加建窨井,将污水管改用铸铁管穿越而过。当雨水管与给水管相交时,可以把给水管向上做成弯头,用铁管穿过雨水窨井见图 9-3。

由于雨水在管道内是靠它本身的重力而流动的,所以雨水管道都由上游向下游倾斜。雨水管的纵断面设计应尽量与街道地形相适应,即管道纵坡尽可能与街道纵坡取得一致。这样,可不致管道埋设过深,节省土方量。因此在进行城市道路纵断面设计时,应考虑雨水的排除问题并为排除雨水创造条件。从排除雨水的要求来说,道路的纵坡最好在 0.3%~0.4%。道路过陡,则需要设置跌水井等特殊构筑物,增加基建费用。道路过于平坦,将增加埋设管道时开挖的土方量,如果车行道过于平坦,而排除地面水有困难时,应使街沟的纵坡大于 0.3%,设计成锯齿形街沟,以保证排水。

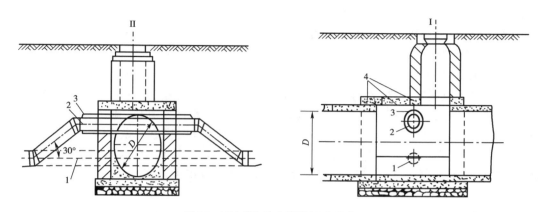

图 9-3　雨水管与给水管相交(上穿式)
1-未搬迁前给水管位置;2-搬迁后给水管位置;3-钢套管;4-钢筋混凝土盖板

管道的埋设深度,对整个管道系统的造价和施工影响很大,管道越深则造价越高,施工越困难,所以管道埋深不宜过大。管道最大允许埋深根据技术经济指标及施工方法决定,一般在干燥土壤中,管道最大埋深不超过 7~8m,像上海地下水位较高,可能产生流砂的地区,不超过 4~5m。

最小埋设深度决定于管道上面的最小覆土深度见图 9-4。《室外排水设计规范》(2014 年版)(GB 50014—2006)规定:在车行道下,管道最小覆土深度一般不小于 0.7m。在管道保证不受外部荷载损坏时,最小覆土深度可适当减小。

不同直径的管子在检查井内的衔接,根据《室外排水设计规范》(2014 年版)(GB 50014—2006)要求,应使上下游管段的管顶等高,称为管顶平接,见图 9-5,这样可避免在上游管中形成回水。

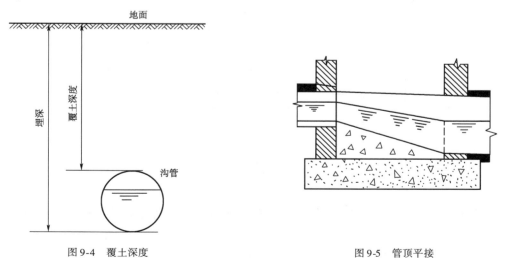

图 9-4　覆土深度　　　　　　　　　图 9-5　管顶平接

二、雨水口和检查井的布置

(一) 雨水口

雨水口是在雨水管道和合流管道上收集雨水的构筑物。地面上、街道路面上的雨水首先进入雨水口,再经过连接管流入雨水管道。雨水口一般设在街区内、广场上、街道交叉口和街道边沟的一定距离处,以防止雨水漫过道路或造成道路及低洼地区积水、妨碍交通。

布置雨水口时,首先应根据道路纵断面设计,把街沟纵断面上低洼汇水处和交叉口上必须设置雨水口的地点确定下来,然后根据街沟纵坡大小、街道的宽窄、路面种类以及两旁街坊院落排水情况,确定雨水口的间距和位置。此外,还要考虑当地暴雨强度、雨水口的排水能力和受水面积等因素。道路上雨水口的间距一般为 30~80m。一般当道路纵坡较大时雨水口的间距可大些。但是,实践证明在道路纵坡过陡的地方,为了防止雨水因流速增大而越过雨水口,应增设雨水口,雨水口的间距反而应当缩短。在低洼和易积水地段也应适当增加雨水口的数量。

在沿路建筑物门口、分水点及其他地下管道顶上应避免设置雨水口。

雨水口在交叉口的布置可按图9-6所示各图设计。使来自街道的雨水在交叉口前人行横道上游就被截住而流入进水口,不允许在交叉口上漫流,以免妨碍车辆和过街行人交通。交叉口雨水口设置与否和两相交道路的纵坡方向有关。如图中的箭头表示各条道路的纵坡倾斜方向,如果两箭头相对,说明此处地势低,要设置雨水口;如果两箭头相背,不必设置雨水口。其他情况需配合交叉口竖向设计来布置雨水口。

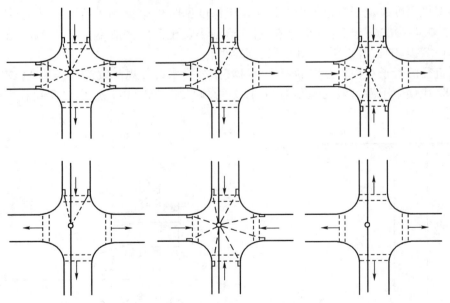

图9-6 交叉口雨水口布置

若道路宽度较窄,路口转弯半径较小,可将雨水口布置在转弯处,即每一转弯处设置一个雨水口。

雨水口串联时一般不宜多于两个,雨水口连接管的长度一般不大于25m。

雨水口的泄水能力可按下式计算：

$$Q = \omega C \sqrt{2gh} K \quad (\text{m}^3/\text{s}) \tag{9-1}$$

式中：Q——雨水口排泄的流量（m^3/s）；

ω——雨水口进水面积（m^2），ω 值与雨水井的井盖形式有关，钢筋混凝土雨水井盖一般为 $\omega = 200 \sim 300 \text{cm}^2$，钢制的箅子形雨水井盖的进水面积则较大；

C——孔口系数，圆角孔用 0.8，方角孔用 0.6；

g——重力加速度，$g = 9.80 \text{m/s}^2$；

h——雨水井口上允许贮存的水头（m）。一般认为街沟的水深不宜大于侧石高度的 2/3，一般采用 $h = 0.02 \sim 0.06 \text{m}$；

K——孔口阻塞系数，一般可取 $K = 2/3$。

由式(9-1)可知，如据降雨强度算出雨水口所需要排泄的流量，并规定了街沟允许的水流深度，就可计算每个雨水口所需要的进水面积，从而决定应设置进水箅子的数量。

根据北京市的实践经验，当雨水口箅子处水深为 0.04m 时，其泄水能力约为下列数值，可供设计计算时参考：

平式雨水口单箅 20L/s（注：$1\text{m}^3 = 10^3$L）；

平式雨水口双箅 35L/s；

联合式雨水口单箅 30L/s；

联合式雨水口双箅 50L/s。

在直线段设置进水口的最大间距可按下式计算：

$$L = \gamma \times \frac{Q}{q} \quad (\text{m}) \tag{9-2}$$

式中：L——雨水口的最大间距（m）；

γ——雨水口的漏水率 γ 值与雨水井盖的形式和进水面积、街沟的流量及纵横坡、进水孔口的阻塞情况等因素有关，估算时可采用 $\gamma = 0.60 \sim 0.70$；

Q——街沟的允许流量（L/s），根据街沟的过水断面面积按水力学有关公式计算；

q——街沟单位长度（m）的汇水流量（L/s），根据降雨强度及汇水面积计算。

街沟的过水断面积如图 9-7 所示。为了不影响车行道上的车辆交通和行人过街，水面宽度 B 和水深 h 宜加控制，一般宜控制 $B = 0.5 \text{m}$，h 不大于侧石高度的 2/3；街沟横坡 i 值在不影响车辆和行人交通的情况下，应尽量采用大的横坡。

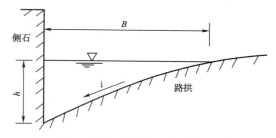

图 9-7 街沟过水断面面积计算图示

通常，雨水口的间距一般为 30～80m。

在交叉口处雨水口的排水能力应加大，避免积水影响交通，在加大井盖的进水面积的同时，也可适当缩小雨水口的间距。

雨水口的构造包括进水箅、井身和连接管三部分,见图 9-8。

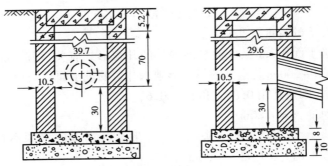

图 9-8 雨水口

平式雨水口的盖平铺在道路边沟上,雨水沿边沟进入雨水口,见图 9-9。进水箅宜稍低于边沟或邻近地面约 3cm。进水箅孔隙越大,进水能力越强,从结构上考虑钢筋混凝土盖孔隙不宜过大,所以目前用铸铁盖的情况较多。平式雨水口设在边沟平面上,盖子易被车辆压坏,清捞垃圾又不方便,所以在繁忙的交通干道上用竖式(侧石式)雨水口(图 9-10)较好,雨水口设置在人行道上便于清捞垃圾,在道路侧石处,设置有格栅的进水口,雨水由格栅流入雨水口。这种雨水口,因为雨水沿边沟流来时需要转 90°才能流入雨水口,以致水流不畅,进水较慢。所以雨水口间距不宜过长,在严重积水区不宜采用。

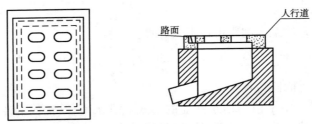

图 9-9 平式雨水口示意图

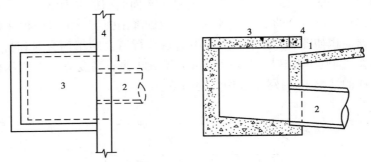

图 9-10 竖式雨水口示意图
1-街沟;2-连接管;3-盖板;4-侧石

在大城市干道上一般用联合式雨水口(上述两种进水方式的混合)较多。

雨水口底部可分为有沉泥槽(落底)和无沉泥槽(不落底)两种。沉泥槽可截留雨水所夹带的泥砂,不使它们进入管道而造成淤塞,但它往往会影响环境卫生,增加养护的工作量。

(二)检查井(窨井)

为了对管道进行检查和疏通,管道系统上必须设置检查井;同时,检查井还起到连接沟管的作用见图 9-11。相邻两个检查井之间的管道应在一条直线上,以便于检查和疏通管道。所以,在管道改变方向处、改变坡度处、改变高程处、改变断面处和交汇处,都需要设置检查井。在过长的直线管道上,亦需要设置检查井。检查井在直线管段上的最大间距根据《室外排水设计规范》(2014 年版)(GB 50014—2006)规定按表 9-2 采用。

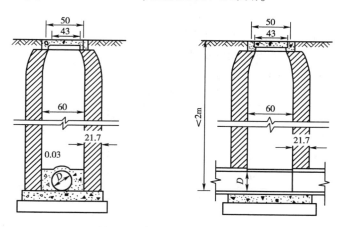

图 9-11　检查井(尺寸单位:cm)

直线管道上检查井间距(雨水和合流管道)　　　　　　　　　　　　　　　表 9-2

管径或暗渠净高 (mm)	最大间距(m)	
	污水管道	雨水(合流管道)
200～400	40	50
500～700	60	70
800～1000	80	90
1100～1500	100	120
1600～2000	120	120

第三节　雨水管渠设计流量的计算

城市道路雨水管渠的设计流量按下式计算:

$$Q = q \times \psi \times F \quad (\text{L/s}) \tag{9-3}$$

式中:Q——雨水设计流量(L/s);

　　q——设计暴雨强度(L/s/10^4m^2);

　　ψ——径流系数;

　　F——雨水管渠所排除街区雨水的汇水面积(10^4m^2)。

采用式(9-3)计算时应当注意,在街区内当有生产废水和生活污水排入雨水管道时,以及有上游的雨水管渠内的雨水流入设计管段时,都应将其水量计算在内。

式(9-3)中的三个计算参数 ψ、F、q 按以下方法确定:

一、径流系数 ψ

流入雨水管道的雨水,称为径流量,它仅为全部降雨量的一部分;径流量与全部降雨量之比,称为径流系数。影响径流系数的因素很多,其中最重要的是排水地区的地面性质和地面覆盖。在城市排水地区,经常遇到不同种类的地面,所以,汇水面积平均径流系数应按加权平均法计算,加权平均径流系数的计算公式如下:

$$\psi = \frac{\psi_1 F_1 + \psi_2 F_2 + \psi_3 F_3 \cdots + \psi_n F_n}{F_1 + F_2 + F_3 + \cdots F_n} \tag{9-4}$$

式中: ψ——排水地区内的加权平均径流系数;

$F_1 、 F_2 、 F_3 、 \cdots 、 F_n$——排水地区各种地面面积($10^4 \mathrm{m}^2$);

$\psi_1 、 \psi_2 、 \psi_3 、 \cdots 、 \psi_n$——相应各种地面的径流系数(表9-3)。

不同地面的径流系数 ψ 值 表9-3

地面种类	ψ 值	地面种类	ψ 值
各种屋面、混凝土和沥青路面	0.85~0.95	干砌砖石和碎石路面	0.35~0.40
大块石路面和沥青表面处理路面	0.55~0.65	非铺砌的土地面	0.25~0.35
级配砖石和碎石路面	0.40~0.50	公园或草地	0.10~0.20

注:在多雨地区,因土壤基本处于饱和状态而入渗率小、径流量大,在选择径流系数时,应考虑前期降雨量的影响。一般选用0.6~0.8,个别山势陡峭、梯田较多的地区,可用0.9;草地较多、覆盖较好的地区可用0.7;覆盖情况很好、树林密布的地区,可用0.6。

二、雨水管道所排除街区雨水的汇水面积 $F(10^4 \mathrm{m}^2)$

每条管道都有它所服务的面积,此面积称为汇水面积或排水面积,各管线各设计管段的排水面积的区界是根据地形、地物决定的。

计算汇水面积时,除街坊面积外还要包括街道的面积。

当地形平坦、街坊的四周道路都有沟管时,可用各街坊的分角线划分汇水面积,各汇水面积的雨水分别流入相邻的雨水沟管,见图9-12。

当地势向一边倾斜时,则街坊的雨水流入低侧街道下的管道内,见图9-13,一般就不需要把街坊划分成几块面积,但大街坊的两边如都有雨水管道时,也可考虑使雨水流入街坊两侧的管道。

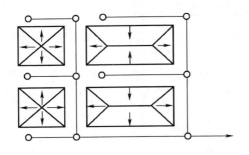

图9-12 平坦地区汇水面积划分示意图

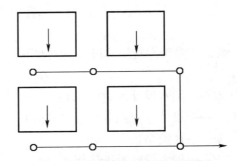

图9-13 地形倾斜汇水面积划分示意图

三、设计暴雨强度 $q(\mathrm{L/s}/10^4 \mathrm{m}^2)$

设计暴雨强度 q 一般是根据10年以上的自动雨量记录资料进行计算的。因为降雨量的大小是以暴雨强度 i 表示,其单位为 $\mathrm{mm/min}$,因此,必须把暴雨强度 i 的单位换算成设计暴雨强度 q 的单位($\mathrm{L/s}/10^4 \mathrm{m}^2$),则:

$$q = \frac{1 \times 10000 \times 1000}{1000 \times 60} \times i = 167i \quad (\text{L/s}/10^4\text{m}^2) \tag{9-5}$$

根据长期雨量记录资料的统计分析,可以推求暴雨强度、降雨历时和设计重现期的关系式。我国各地的雨量(暴雨强度)可用下式计算:

$$i = \frac{A}{(t+b)^n} \tag{9-6}$$

其中:

$$A = A_1(1 + C\lg T) \tag{9-7}$$

故

$$i = \frac{A_1(1 + C\lg T)}{(t+b)^n} \quad (\text{mm/min}) \tag{9-8}$$

则

$$q = 167i = \frac{167A_1(1 + C\lg T)}{(t+b)^n} \quad (\text{L/s}/10^4\text{m}^2) \tag{9-9}$$

式中: i——暴雨强度(mm/min);

q——设计暴雨强度($\text{L/s}/10^4\text{m}^2$);

t——降雨历时(min);

T——设计重现期(年);

A_1、C、n、b——参数决定于当地的气象,根据统计方法计算确定。

根据式(9-8)或式(9-9)计算暴雨强度 i 或 q 时,当参数 A_1、C、n、b 已确定,则暴雨强度 i 或 q 就取决于设计重现期 T 和降雨历时 t,因此,在计算暴雨强度时,首先要确定 T 和 t 值。我国一些主要城市根据自动雨量记录资料分析求得的雨量(暴雨强度)公式,见表9-4。

我国若干城市暴雨强度公式 表9-4

城市名称	暴雨强度公式	$q_{20}[\text{L}/(\text{s} \times 10^4\text{m}^2)]$	资料年数(年)
北京	$q = \dfrac{2001(1 + 0.811\lg P)}{(t+8)^{0.711}}$	187	40 (1941—1980)
上海	$i = \dfrac{17.812 \times 14.668\lg T_E}{(t+10.472)^{0.796}}$	196	41 (1919—1959)
南京	$q = \dfrac{2989.3(1 + 0.671\lg P)}{(t+13.3)^{0.8}}$	181	40 (1929—1977)
天津	$q = \dfrac{3833.34(1 + 0.59\lg P)}{(t+19.3)^{0.804}}$	178	50 (1932—1981)
成都	$q = \dfrac{2806(1 + 0.803\lg P)}{(t+12.87^{0.231})^{0.768}}$	192	17 (1943—1959)
哈尔滨	$q = \dfrac{2889(1 + 0.9\lg P)}{(t+10)^{0.88}}$	145	32 (1950—1981)
银川	$q = \dfrac{242(1 + 0.83\lg T)}{t^{0.477}}$	58	6

续上表

城市名称	暴雨强度公式	$q_{20}[\text{L}/(\text{s}\times10^4\text{m}^2)]$	资料年数(年)
重庆	$q=\dfrac{2822(1+0.775\lg P)}{(t+12.8P^{0.076})^{0.77}}$	192	8
广州	$q=\dfrac{2424.17(1+0.533\lg T)}{(i+11.0)^{0.668}}$	245	31 (1951—1981)
太原	$q=\dfrac{1446.22(1+0.867\lg T)}{(t+5)^{0.296}}$	112	28 (1955—1982)
长沙	$q=\dfrac{3920(1+0.68\lg P)}{(t+17)^{0.86}}$	176	20 (1954—1973)
南宁	$q=\dfrac{10500(1+0.707\lg P)}{t+21.1P^{0.119}}$	255	21 (1952—1972)
贵阳	$q=\dfrac{1887(1+0.707\lg P)}{(t+9.35P^{0.031})^{0.495}}$	180	17
昆明	$q=\dfrac{700(1+0.775\lg P)}{t^{0.496}}$	158	10
宝鸡	$i=\dfrac{2.264+2.152\lg T_E}{(t+3.907)^{0.573}}$	61	16 (1955—1970)
济南	$q=\dfrac{1869.916(1+0.7573\lg P)}{(t+11.0911)^{0.6645}}$	191	31 (1960—1990)
杭州	$q=\dfrac{10174(1+0.844\lg P)}{(t+25)^{1.038}}$	196	24 (1954—1977)
南昌	$q=\dfrac{1215(1+0.854\lg T)}{t^{0.60}}$	201	5
长春	$q=\dfrac{1600(1+0.8\lg P)}{(t+5)^{0.76}}$	139	25 (1950—1974)
丹东	$q=\dfrac{1221(1+0.688\lg P)}{(t+7)^{0.605}}$	166	31 (1952—1982)
大连	$q=\dfrac{1900(1+0.66\lg P)}{(t+8)^{0.8}}$	132	10 (1966—1975)
齐齐哈尔	$q=\dfrac{1920(1+0.89\lg P)}{(t+6.4)^{0.86}}$	115	33 (1949—1981)
福州	$q=\dfrac{2041.102(1+0.700\lg T_E)}{(t+8.008)^{0.691}}$	204	20 (1979—1998)
厦门	$q=\dfrac{1085.020(1+0.581\lg T_E)}{(t+2.954)^{0.559}}$	188	37 (1952—1988)

续上表

城市名称	暴雨强度公式	$q_{20}[\text{L}/(\text{s}\times 10^4\text{m}^2)]$	资料年数(年)
郑州	$q=\dfrac{7650[1+1.15\lg(+P^{0.143})]}{(t+37.3)^{0.99}}$	148	27 (1955—1981)
塔城	$q=\dfrac{750(1+1.1\lg P)}{t^{0.85}}$	59	5
天水	$i=\dfrac{37.104+33.385\lg T_E}{(t+18.431)^{1.131}}$	100	15 (1945—1959)

注：q_{20}——重现期为1年、降雨历时为20min的暴雨强度[L/(s×10⁴m²)]；

T、P——设计重现期(年)；

T_E——非年最大值法选样的重现期；

t——降雨历时(min)；

i——强度时其单位为mm/min，用q表示强度时单位为L/(s×10⁴m²)。

1. 设计重现期 T

设计重现期(年)是指设计暴雨强度重新出现的期限，例如设计重现期为1年，则相应采用的这种设计暴雨强度将1年出现1次。设计重现期越大，则设计暴雨强度也越大，所设计的雨水管管径也要随之增大；反之，则减小。所以，如设计重现期选得过大，将造成雨水管管径过大、造价高，虽使用安全，但长时间管道内并不满流，因而不经济；相反，如设计现期选得过小，则雨水管管渠将经常溢流，造成积水并影响正常交通，故设计重现期应选择合理。

雨水管渠的设计重现期应根据汇水地区(广场、干道、厂区、居住区)性质、地形特点、汇水面积和q_{20}值等因素确定。城市道路雨水管道的设计重现期一般选用3~10年。对于重要干道、重要地区或短期积水即能引起较严重损失的地区，应根据实际情况采用较高的设计重现期。在同一排水系统中，可以采用相同的设计重现期，也可以采用不同的设计更现期。设计重现期可参照表9-5。

雨水管渠设计重现期(年)　　　　表9-5

城镇类型	地区类型			
	中心城区	非中心城区	中心城区的重要地区	中心城区地下通道和下沉式广场
特大城市	3~5	2~3	5~10	30~50
大城市	2~5	2~3	5~10	20~30
中等城市和小城市	2~3	2~3	3~5	10~20

注：1. 表中所列设计重现期，均为年最大值法；

2. 雨水管渠应按重力流、满管流计算；

3. 特大城市指区人口在500万以上的城市；大城市指区人口在100万~500万的城市；中等城市和小城市指市区人口在100万以下的城市。

2. 降雨历时 t

雨水管道应按降暴雨时的最大径流量来设计。那么，降暴雨时降到什么时间时流到设计管道断面的雨水量才是最大的径流量呢？这个时间就是所要求的降雨历时t(min)。

从式(9-9)或表(9-4)的暴雨强度计算公式可以看出,降雨历时 t 越小,则降雨强度 q 越大;当 t 值逐渐增大时,而 q 值却逐渐减小。但是,必须注意到降雨历时也同时影响着公式中的另一个参数——汇水面积 F。

如图 9-14 所示,管道 1~2 是汇集街区Ⅰ的雨水的。当降雨刚开始时,只有邻近雨水口很小面积的雨水才流到雨水口。降雨继续下去,则降雨历时逐渐增大,就有越来越多的地上的雨水流到雨水口,也就是汇水面积 F 在逐渐增大。实践证明,在一般条件下,当汇水面积上的雨水还没有全部集中到设计管段内的时候,降雨强度 q 随降雨历时 t 减小的影响,不如汇水面积随降雨历时 t 而增加的影响大;而当降雨历时 t 超过了全部汇水面积的集水时间后,汇水面积已达到最大值不再增加,降雨强度 q 却还会继续随着降雨历时 t 的增加而减小。因此,可以认为当汇水面积达到最大值,即当汇水面积Ⅰ中最远点的雨水流到雨水口时,设计管段 1~2 的雨水流量达到最大值,也就是说,在确定雨水管渠的设计流量时,一般应取集水时间(汇水面积中最远点的雨水流到设计管渠断面所需的时间)为设计降雨历时。在设计雨水管渠时,可以计算每个设计管段的集水时间,然后根据这个集水时间求得降雨强度 q,即可按式(9-3)求得雨水管渠的设计流量 Q。

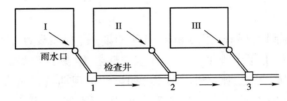

图 9-14 降雨历时 t 的计算

雨水管渠设计管段的集水时间,即降雨历时 t,通常包括以下两部分时间:
(1)地面集水时间 t_1。即雨水从汇水面积中最远点流到雨水口所需的时间。
(2)管渠内雨水流行时间 t_2。指雨水从设计段起点流至设计段终点所需要的时间。
雨水管渠的设计降雨历时 t(即集水时间),一般可按下式计算:

管道
$$t = t_1 + 2t_2 \quad (\text{min}) \tag{9-10}$$

明渠
$$t = t_1 + 1.2t_2 \quad (\text{min}) \tag{9-11}$$

式中: t_1 ——地面集水时间(min);视距离长短、地形坡度、地面种类和地面状况通常不予计算,一般在 $t_1 = 5~15$ min 的范围内取用;

t_2 ——管渠内雨水流行时间(min)。

公式中 $2t_2$ 与 $1.2t_2$ 中的 2 和 1.2 为实际水流的滞缓系数。

$t_2 = \dfrac{l}{60V}$ (min)。l 为计算管段长度(m);V 为设计管渠内雨水的流速(m/s)。

第四节 雨水管渠的水力计算

雨水管渠的水力计算,主要是根据已求得的设计流量,计算确定雨水管的管径和明渠的断面尺寸或校核管渠的坡度和流速。

雨水管渠水力计算的基本公式如下:

$$Q = \omega V \quad (\text{m}^3/\text{s}) \tag{9-12}$$

式中：Q——流量(m^2/s)；

ω——水流有效面积(m^2)，管道满流时 ω 等于管的断面面积；

V——流速(m/s)。

$$V = C\sqrt{Ri} \quad (\text{m/s}) \tag{9-13}$$

i——水力坡降或渠道底坡，$i = \dfrac{h}{l}$，即计算管段的起点和终点的高差 h 与该段长 l 之比；

R——水力半径(m)；

$$R = \frac{\omega}{\chi} \quad (\text{m}) \tag{9-14}$$

χ——湿周(m)；

C——流速系数，$C = \dfrac{1}{n} R^{\frac{1}{6}}$；

n——粗糙系数，n 值见表9-6。

管道粗糙系数 n 表9-6

管 道 类 别	粗糙系数 n	管 道 类 别	粗糙系数 n
UPVC管、PE管、玻璃钢管	0.009~0.011	浆砌砖渠道	0.015
石棉水泥管、钢管	0.012	浆砌块石渠道	0.017
陶土管、铸铁管	0.013	干砌块石渠道	0.020~0.025
混凝土管、钢筋混凝土管、水泥砂浆抹面渠道	0.013~0.014	土明渠(包括带草皮)	0.025~0.030

由以上公式，最后可得出雨水管渠水力计算的基本公式。

流量：

$$Q = \frac{1}{n} \times \omega \times R^{\frac{2}{3}} \times i^{\frac{1}{2}} \quad (\text{m}^3/\text{s}) \tag{9-15}$$

流速：

$$V = \frac{1}{n} \times R^{\frac{2}{3}} \times i^{\frac{1}{2}} \quad (\text{m/s}) \tag{9-16}$$

管道直径(满流时)：

$$D = \sqrt{\frac{4Q}{\pi V}} \quad (\text{m}) \tag{9-17}$$

管道满流时：

$$\omega = \frac{\pi D^2}{4} \tag{9-18}$$

梯形断面：

$$\omega = (b + mh_0)h_0 \tag{9-19}$$

式中：b——渠道底面(m)；

m——边坡系数；

h_0——正常水深(m)。

水力半径 R：

管道满流时

$$R = \frac{D}{4} \tag{9-20}$$

梯形断面

$$R = \frac{(b + mh_0)h_0}{b + 2h_0\sqrt{1 + m^2}} \tag{9-21}$$

式中符号意义同前。

[**例 9-1**]　已知某设计管道的设计流量 $Q = 367.8\text{L/s}$，管底纵坡 $i = 0.002$，$n = 0.013$（满管），求管道直径 D 和设计流速 V 是多少？

解：管道满流时：

$$\omega = \frac{\pi D^2}{4}$$

水力半径：

$$R = \frac{D}{4}$$

由 $Q = \frac{1}{n} \times \omega \times R^{\frac{2}{3}} \times i^{\frac{1}{2}}$ 得：

$$367.8 \times 10^{-3} = \frac{1}{0.013} \times \frac{3.142}{4} \times D^2 \left(\frac{D}{4}\right)^{\frac{2}{3}} \sqrt{0.002}$$

解得：$D = 0.669 \approx 700(\text{mm})$

$$V = \frac{1}{n} \times R^{\frac{2}{3}} \times i^{\frac{1}{2}} = \frac{1}{0.013}\left(\frac{0.7}{4}\right)^{\frac{2}{3}}\sqrt{0.002} = 1.067 \quad (\text{m/s})$$

在实际工作中，可把以上公式制成图表以简化计算。设计时可根据设计流量 Q、设计纵坡度 i，直接从图中查出管径 D 及设计流速 V。

第五节　雨水管道的设计

一、雨水管道的设计原则

城市道路的雨水管道不仅用来排除道路地面水，还要使雨水能顺利地从建筑物、工厂或居住区排放出去，因此雨水管道的设计是指整个城市或城市某一区域或某几个街坊范围内雨水排除设施的总体设计。

雨水管道的总体布置主要是根据城市的自然地形和道路网的规划来确定，此外还要考虑排水区域的大小、排水系统的数目、街坊的布置、街道的宽度、出水口的位置等。设计时一般可按照下列原则考虑：

（一）利用地形就近排入水体

规划雨水管线时，首先在地区内按地形划分排水区域。根据分散和直接的原则，要求雨水管能以最短路程把雨雪水就近排入池塘、河流、湖泊等水体。

(二)避免设置泵站

由于雨水量很大,雨水泵站的投资很大,而且雨水泵站一年中运转时间又短,利用率很低,因此必须尽可能利用地形,使雨水都能靠重力排入水体而不设置雨水泵站。当河流的水位高出管道出口或管道埋设过深而造成技术经济上不合理时,可设置出口泵站和中途泵站。在不得不设泵站的情况下,要使经过泵站排泄的雨水量减少到最小限度。

(三)雨水干管应设在排水地区的低处

在地形起伏很大的地区,例如建造在山谷间的城市中,雨水干管应设在排水地区的低处,两侧斜坡用支管连接。

(四)合理布置出水口

出水口可以分散布置,也可以适当集中,如图 9-15 所示。管道通向池塘和小河的出水口的构造比较简单、造价不贵时,可增多出水口不致大量增加基建费用。当河流的水位变化很大,管道出水口距离常水位很高很远时,出水口的建造费用就很高,不宜采用过多的出水口,而应考虑比较集中的管道布置。

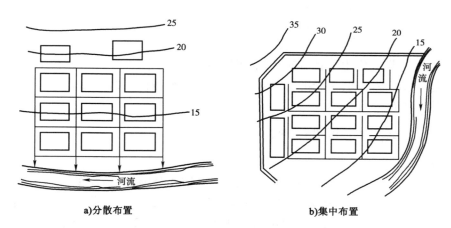

图 9-15 出水口布置方式示意图

所以重力流管道排入小河的出水口可分散并多设置些,如果河流水位变化大或在出水口处要设置泵站的管道系统,则不宜采用过多的出水口以节省造价。

二、雨水管道设计的步骤

进行一个地区的雨水管道设计,应完成以下工作:

(1)首先做调查研究、搜集并整理各种原始资料,并根据当地情况确定一些设计基本数据。

(2)在1:2000~1:5000并绘有规划总图的地形图上,划分排水流域,规划雨水管道路线,确定水流方向。

(3)划分设计管段的汇水面积,每条管道都有它所服务的汇水面积,各条管线和各个设计管段的汇水面积的区界,是根据当地的地形和地物决定的。将计算面积及各管段的长度,填写在图中。各支管汇水面积之和应等于该干管所服务的总汇水面积。

(4) 根据地形图上的等高线，确定各设计管段起止点的地面高程；确定沿干管的控制点的高程，准备水力计算。

(5) 根据整个区域的地面性质求出径流系数 ψ。

(6) 根据街坊面积的大小、地面种类、坡度、覆盖情况以及街坊内部排水系统等因素，确定起止点的地面集水时间。

(7) 根据区域性质、泄水面积、q_{20} 值、地形以及漫溢后的损失大小等因素，确定设计重现期。

(8) 确定暴雨强度公式，并绘制单位径流量和汇水时间关系曲线。

(9) 确定设计流量。进行水力计算，确定管道断面尺寸、纵断面坡度，并绘制纵断面图。

(10) 编写必要的设计和施工说明。

三、雨水管道设计与计算示例

[例 19-2] 根据下列各项资料，进行管渠设计。已知：

(1) 图 9-16 所示为干道及两侧街坊、广场、公园等排水管道的主干管道设计平面图；

(2) 管渠的粗糙系数 n：暗管 $n=0.013$（满流）、明渠 $n=0.025$；

(3) 明渠设计边坡系数 $m=1.5$；

(4) 管道的起点埋深大于 1.5m；

(5) 河道正常水位高程 45.5m。

解：

(1) 按设计步骤，先定出干管流向、汇水面积、管道布置等。

(2) 管道开始汇流时间，由于街坊内部有排水系统，经估算，取 15min。

(3) 重现期取 $T=1$ 年。

(4) 暴雨强度公式，本地区 $T=1$ 时，$q=\dfrac{2111}{(t+8)^{0.7}}$。

(5) 求该地区平均径流系数 ψ。

已知每个街坊区面积 2.16 公顷，共 4 个区，体育馆 4 公顷，广场及车站 3.6 公顷，主干道 3.64 公顷，街坊外部道路为级配碎石路面，面积共为 22.98 公顷。总平均径流系数：

$$\psi=\frac{4\times1.578+2.55+2.94+0.849+2.069+0.423}{4\times2.16+4+3.6+2.16+3.64+0.94}=\frac{15.143}{22.98}\approx 0.66$$

(6) 水力和流量计算，详见表 9-7。具体说明如下：

① 1 号井以上的汇水面积 F_1 为街坊面积加上 1 号井以上的街道汇水面积，$F_1=2.37$ 公顷。

汇流时间：$t=15\text{min}$；

设计重现期：$T=1$ 年；

计算暴雨强度：$q=\dfrac{2111}{(t+8)^{0.7}}=235.1\,[\text{L}/(\text{s}\times 10^4\text{m}^2)]$；

平均径流系数 $\psi=0.66$；

设计流量 $Q=q\cdot\psi\cdot F=235.1\times 0.66\times 2.37=367.8\,(\text{L/s})$。

1 号井至 2 号井管底设计坡度 $i=0.002$，经计算得管径 $D=700\text{mm}$，设计流速 $V=1.076\text{m/s}$（当然从诺模图上查得 D 和 V 更方便）。管道内底进口设计高程为 46.56m，出口设计高程为 46.44m。管道内流行时间 $t_2=\dfrac{L}{60V}=\dfrac{60}{60\times 1.076}=0.93\,(\text{min})$。

②2 号井以上的汇水面积 $F_2 = F_1 + 2.0 + 0.42 = 4.79$ 公顷(增加体育馆面积的一半再加上街道汇水面积)。

汇流时间:$t = 15 + 2t_2 = 16.86(\min)$;

设计流量:$Q = q \times \psi \times F = \dfrac{2111}{(16.86+8)^{0.7}} \times 0.66 \times 4.79 = 222.7(\text{L/s})$。

2 号井至 3 号井管底设计坡度 $i = 0.002$,经计算得管径 $D = 900\text{mm}$,设计流速 $V = 1.273\text{m/s}$。管道内底进口设计高程为 46.34m,出口设计高程为 46.22m。

其余各段的计算方法同上,以此类推。

③如图 9-16 所示,由 10 号井至 11 号井,此段改为明渠排水,其累积汇水面积 $F = 22.98$ 公顷,聚集时间 $t = 28.94\min$,降雨强度 $q = \dfrac{2111}{(28.94+8)^{0.7}} = 168.7[\text{L}/(\text{s} \times 10^4 \text{m}^2)]$,平均径流系数 $\psi = 0.66$,设计流量 $Q = q \cdot \psi \cdot F = 168.7 \times 0.66 \times 22.98 = 2559.4(\text{L/s}) = 2.56(\text{m}^3/\text{s})$。

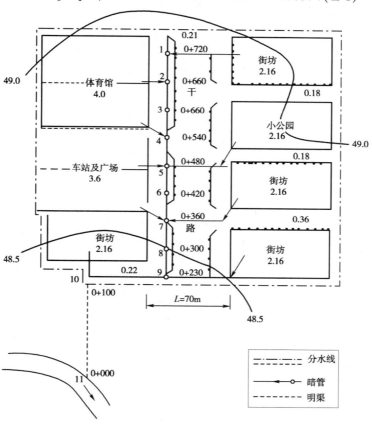

图 9-16 管道设计平面图

设明渠底宽 $b = 1\text{m}$,边坡系数 $m = 1.5$;$i = 0.002$,粗糙系数 $n = 0.025$,按式(9-12)、式(9-13)、式(9-16)和式(9-18)计算得:设计水深 $h = 0.93\text{m} = 930\text{mm}$。

设计流速 $V = \dfrac{Q}{W} = \dfrac{2.56}{(b \times h + h^2 m)} = \dfrac{2.56}{(1 \times 0.93 + 0.93^2 \times 1.5)} = 1.15(\text{m/s})$。

出水口河道正常水位为 45.50m,所以渠底设计高程:进口为 44.78m;出口为 44.56m,计算成果列入表 9-7。

雨水自流管渠计算

表 9-7

名称	检查井号 起	检查井号 止	街道 起点桩号	街道 长度 L (m)	街道 起点路面高程 (m)	街道 高差 (m)	排水面积 坡度 (‰)	排水面积 分段面积 F_1 ($10^4 m^2$)	排水面积 累积面积 $F=\Sigma F_1$ ($10^4 m^2$)	设计重现期 (年)	设计降雨历时 (min) 汇流时间 t	设计降雨历时 (min) 管内流行时间 ($2t_2$) 或明渠内流行时间 ($1.2t_2$)
1	2	3	5	4	6	7	8	9	10	11	12	13
干管	1	2	0+720	60	48.90	0.06	1	2.37	2.37	1	15.00	1.86
	2	3	0+660	60	48.84	0.06	1	2.42	4.79		16.86	1.57
	3	4	0+600	60	48.78	0.06	1	0.42	5.21		18.43	1.57
	4	5	0+540	60	48.72	0.06	1	2.42	7.63		20.00	1.47
	5	6	0+480	60	48.66	0.06	1	4.54	12.17		21.47	1.30
	6	7	0+420	60	48.60	0.06	1	0.42	12.59		22.77	1.30
	7	8	0+360	60	48.54	0.06	1	4.94	17.53		24.07	1.23
	8	9	0+300	60	48.48	0.07	1	0.42	17.95		25.30	1.44
	9	10	0+230	70	48.41			2.65	20.60		26.74	2.20
	10	11	0+100	110				2.38	22.98	1	28.94	

设计流量计算			管渠			管渠内底高程 (m)	管渠内底高程 (m)		
降雨强度 q $[L/(s \times 10^4 m^2)]$	径流系数 $\bar{\psi}$	流量 $Q=q\bar{\psi}F$	直径,高 H, 宽 B (mm)	坡度 (‰)	流速 V (m/s)	管沟高差 (m)	上端	下端	起点覆土厚度 (m)	备注
14	15	16	17	18	19	20	21	22	23	24	25
235.1	0.66	155.2	367.8	φ700	2	1.076	0.12	46.56	46.44	1.58	
222.7		147.0	703.9	φ900	2	1.273	0.12	46.34	46.22	1.52	
213.3		140.7	733.5	φ900	2	1.273	0.12	46.22	46.10	1.58	
204.9		135.2	1031.7	φ1000	2	1.365	0.12	46.00	45.88	1.64	
197.7		130.5	1587.7	φ1200	2	1.542	0.12	45.78	45.66	1.58	
191.8		126.6	1593.6	φ1200	2	1.542	0.12	45.66	45.54	1.64	
186.3		125.0	2155.5	φ1300	2	1.626	0.12	45.44	45.32	1.65	
181.5		119.8	2149.7	φ1300	2	1.626	0.14	45.32	45.18	1.75	
176.2		116.3	2395.1	φ1300	2.5	1.818	0.30	45.08	44.78	1.93	
168.7		111.4	2559.4	$H=930$ $B=1000$	2	1.15	0.22	44.78	44.56		

第六节 城市管线布置

一、城市管线与城市交通的关系

城市道路设计与城市管线布置关系密切,需要很好的配合。若管线布置不合理,等路面修好后又开挖,不但会破坏路面,而且要中断交通。此外,如检查井布置在路中,会造成路面不平整,维修时又将影响交通;管线太靠近建筑物时,开槽将影响房屋地基的稳定;煤气管道太靠近树木,漏气时会影响其生长等。城市道路和管线应做到统一规划,综合设计,联合施工,以达到合理的要求。

城市各种管线的位置采用统一的城市坐标系统及高程系统,局部地区(如厂区、住宅小区)内部的管线定位也可以采用自己定出的坐标系统,但区界、管线进出口则应与城市主干管线的坐标一致。如存在几个坐标系统,必须加以换算,取得统一。

二、城市管线分类

(一)按性能和用途分类

(1)给水管道:包括工业给水、生活给水、消防给水等管道。

(2)排水沟管:包括工业污水(废水)、生活污水、雨水、降低地下水等管道和明沟。

(3)电力线路:包括高压输电、高低压配电、生产用电、电车用电等线路。

(4)电信线路:包括市内电话、长途电话、电报、有线广播、有线电视等线路。

(5)热力管道:包括蒸汽、热水等管道。

(6)可燃或助燃气体管道:包括煤气、乙炔、氧气等管道。

(7)空气管道:包括新鲜空气、压缩空气等管道。

(8)灰渣管道:包括排泥、排灰、排渣、排尾矿等管道。

(9)城市垃圾输运管道。

(10)液体燃料管道包括石油、酒精等管道。

(11)工业生产专用管道:主要是工业生产上用的管道,如氯气,以及化工专用管道等。

(二)按输送方式分类

(1)压力管道:指管道内流动介质由外部施加力使其流动的工程管线,通过一定的加压设备将流体介质由管道系统输送给终端用户。给水、煤气、灰渣管道均为压力输送管道。

(2)重力自流管道:指管道内流动着的介质有重力作用沿其设置的方向流动的工程管线。这类管线有时还需要中途提升设备将流体介质引向终端。污水、雨水管道均为重力自流管道输送。

(三)按敷设方式分类

(1)架空线:指通过地面支撑设施在空中布线的工程管线。如架空电力线、架空电话线。

(2)地铺管线:指在地面铺设明沟或盖板明沟的工程管线,如雨水沟渠等。

(3)埋地管线:指在地面以下有一定覆土深度的工程管线,根据覆土深度不同,地下管线又可分为深埋和浅埋两类。划分深埋和浅埋主要决定于：一是有水的管道和含有水分的管道在寒冷的情况下是否怕冰冻；二是土壤冰冻的深度。所谓深埋，是指管道的覆土深度大于1.5m者，如我国北方的土壤冰冻线较深，给水、排水、煤气（煤气有湿煤气和干煤气，这里指的是含有水分的湿煤气）等管道属于深埋一类。由于土壤冰冻深度随着各地的气候不同而变化，如我国南方冬季土壤不会冰冻，或者冰冻深度只有十几厘米，给水管道的最小覆土深度就可小于1.5m。因此，深埋和浅埋不能作为地下管线固定的分类方法。

(四)按弯曲程度分类

(1)可弯曲管线：指通过某些加工措施易将其弯曲的工程管线。如电信电线、电力电缆等。

(2)不易弯曲管线：指通过加工措施不易将其弯曲的工程管线或强行弯曲会损坏的工程管线。如污水管道等。

三、城市地下工程管线避让原则

(1)压力管让自流管。

(2)管径小的让管径大的。

(3)易弯曲的让不易弯曲的。

(4)临时性的让永久性的。

(5)工程量小的让工程量大的。

(6)新建的让现有的。

(7)检修次数少的、方便的，让检修次数多的、不方便的。

四、城市工程管线共沟敷设原则

(1)热力管线不应与电力、通信电缆和压力管道共沟。

(2)排水管道应布置在沟底。当沟内有腐蚀性介质管道时，排水管道应为于其上面。

(3)腐蚀性介质管道的高程应低于沟内其他管线。

(4)火灾危险性属于甲、乙、丙类的液体，液化石油气，可燃气体，毒性气体和液体以及腐蚀性介质管道，不应共沟敷设，并严禁与消防水管共沟敷设。

(5)凡有可能产生互相影响的管线，不应共沟敷设。

五、城市工程管线规划技术规定

工程管线的规划设计就是确定规划范围内各种工程管线的平面位置、管径、控制点的高程、各种工程管线间的水平间距、路段工程管线排列横断面、道路交叉口的工程管线交叉点的管线间垂直间距等，提出工程管线埋深和覆土深度。

城市工程管线规划技术规定主要包括五类：

(1)地下工程管线最小水平净距。

(2)地下工程管线交叉时最小垂直净距。

(3)地下工程管线最小覆土深度。

(4)架空工程管线及与建筑物等最小水平净距。

(5)架空工程管线交叉时最小垂直净距。

这些规定可以在实际工作中起到很好的参考作用。(1)、(2)可参考经过简化的表9-1，(4)、(5)可参考《城市基础设施规划手册》的相关内容，在这里就不一一罗列。

复习思考题

1. 城市道路的排水制度如何划分？各自的优缺点是什么？
2. 城市道路雨水排水系统的构成有什么？
3. 布置雨水口时注意什么问题？
4. 检查井布置时注意什么问题？位置及间距如何考虑？
5. 雨水管道布置时应遵循的原则是什么？

第十章 道路勘测设计方法、技术与软件

本章教学要求

学习目标： 了解道路勘测方法，掌握相应技术，能够应用相关软件。
学习重、难点： 设计软件的应用。

第一节 道路勘测设计方法

道路勘测是道路工程设计的基础和依据，而工程设计成果又是施工的依据和基础。道路勘测设计的外业资料是否齐全、准确及其质量直接影响到工程设计的质量。因而，在道路勘测设计中，必须深入调查和研究，实事求是、精心勘测，注重外业工作的质量，确保道路工程设计的技术经济性，并兼顾社会与环境影响，提高设计文件的技术水平与质量，为工程施工奠定基础。

一、道路初测

初测是两阶段设计和三阶段设计的第一阶段（初步设计）的外业勘测与调查工作。

（一）目的、准备工作

1. 目的

初测是两阶段设计第一阶段（初步设计阶段）的外业勘测工作。

初测的目的是根据批复的《工程项目可行性研究报告》所拟订的修建原则和设计方案，进行现场勘测，确定采用的方案，并搜集编制初步设计文件的资料。

初测中路线方案选定应采用纸上定线法，当受地形、地物及设备条件限制时，可采用现场定线法。

初测的任务则是要对路线方案做进一步的核查落实，并进行导线、高程、地形、桥涵、路线交叉和其他资料的测量、调查工作。

2. 准备工作

（1）搜集资料。

应根据初测需要,搜集与项目相关的技术、经济、社会及自然条件等资料。具体包括:

①三角点、导线点、水准点、GPS点等测量控制点及各种比例尺的地形图、航测图等资料。

②了解沿线自然地理概况,收集沿线的工程地质、水文、气象、地震基本烈度等资料。

③搜集沿线农林、水利、铁路、公路、航道、城建、电力、通信、环保、国土、国防等部门与本项目相关的规定及规划、设计、科研成果等资料。

④对于改(扩)建公路还应收集原路的测设、施工、养护、路况及交通量等资料。

(2)应根据批复的工程可行性研究初步拟订的路线起终点、中间控制点及基本走向方案,在既有地形图、数字地面模型或航测相片上进行研究,拟订勘测方案。

(3)应根据初步确定的勘测方案,编写工作大纲和技术设计书。

3. 路线方案的现场踏勘

(1)应根据准备阶段初步拟订的勘测方案,对工程现场进行踏勘,现场踏勘的内容包括:

①核查所搜集地形图的地形、地物的变化,以及对初拟方案的影响。

②核查沿线居民点、农田水利设施、主要建筑设施和不良地质的分布情况,及其对初拟方案的影响情况,并研究相应的路线调整方案。

③沿线各种地上、地下管线、重要历史文物、名胜古迹、旅游风景区、自然保护区、景观区(点)等的分布情况,应研究路线布设后对环境和景观的影响,并据此调整方案或拟订相应的保护措施。

④对沿线重点工程和复杂的大、中桥、隧道、互通立交等,应逐一核查落实其位置及设置条件。

⑤核查工作应与当地政府或主管部门取得联系,对重要的路线方案、同地方规划或设施有干扰的方案,应征求相关部门的意见。

⑥对于改(扩)建项目,应对原路线线形、路基、路面、桥涵、排水设施等进行踏勘检查,并对交通事故情况进行分析研究。

(2)对搜集的国家及有关部门布设的控制点的可利用性进行检查,根据测区地形、植被覆盖情况,结合技术条件确定测量方案。

(3)现场踏勘过程中,应根据项目特点、自然、地理、社会环境及交通条件等调整并确定勘测方法和勘测方案。

(二)初测的内容与步骤

根据实际情况对拟订的路线方案和比较方案进行调整与修正,确定路线走廊带后进行初测。初测分组进行,主要内容、步骤及要求如下:

1. 平面控制测量

公路平面控制测量,包括路线、桥梁、隧道及其他大型建筑物的平面控制测量。平面控制网的布设应符合因地制宜、技术先进、经济合理、确保质量的原则。

路线平面控制网是公路平面控制测量的主控制网,沿线各种工点平面控制网应联系于主控制网上,主控制网已全线贯通,统一平差。

平面控制网的建立,可采用GPS测量、三角测量、三边测量和导线测量等方法。平面控制测量的等级,当采用三角测量、三边测量时依次为二、三、四等和一、二级小三角;当采用导线测量时依次为三、四等和一、二、三级导线。

各级公路、桥梁、隧道及其他建筑物的平面控制测量等级的确定,应符合表 10-1 的规定。

平面控制测量等级 表 10-1

高架桥、路线控制测量	多跨桥梁总长 L(m)	单跨桥梁 L_k(m)	贯通隧道长度 L_C(m)	测 量 等 级
—	L≥3000	L_k≥500	L_C≥6000m	二等
—	2000≤L<3000	300≤L_k<500	3000≤L_C<6000	三等
高架桥	1000≤L<2000	150≤L_k<300	1000≤L_C<3000	四等
高速公路、一级公路	L<1000	L_k<150	L_C<1000	一级
二、三、四级公路	—	—	—	二级

选择路线平面控制坐标系时,应使测区内投影长度变形值不应大于 2.5cm/km;大型构造物平面控制坐标系,其投影长度变形值不应大于 1cm/km。根据测区所处地理位置和高程,可按下列方法选择坐标系。

①当投影长度变形值不大于 2.5cm/km 时,采用高斯正投影 3°带平面直角坐标系。

②特殊情况下,当投影长度变形值大于 2.5cm/km 时,可采用:投影于抵偿高程面上的高斯正投影 3°带平面直角坐标系;投影于 1954 年北京坐标系或 1980 年西安坐标系椭球面上的高斯正投影任意带平面直角坐标系。

③投影于抵偿高程面上的高斯正形投影任意带平面直角坐标系。

④二级和二级以下公路、独立桥梁、隧道等,可采用假定坐标系。

大型构造物控制网与国家或路线控制网进行联系且其等级高于国家或路线控制网时,应保持其本身的精度。

导线是在地面上布设的若干直线连成的折线,作为路线方案比较及具体线位控制线。导线测量主要是对导线长度、转角和平面坐标的量测工作。

(1)导线布置。

初设导线的布设应全线贯通。导线点的选择应选在稳固处,导线点宜尽量接近路线位置,并便于测角、测距、测绘地形及定测放线。导线点的间距不应短于 50m 和长于 500m,布设导线点时,应做好现场记录,并绘出草图。

(2)导线测量。

导线测量一般要进行长度及角度测量。导线点距离优先采用光电测距仪测量,也可用钢尺和基线法测量;水平角测量采用测回法测量右侧角,经纬仪精度指标不低于 J_6 级,当角值限差在规定范围内时,取其平均值。

导线测量及三角测量的技术要求见表 10-2、表 10-3。

导线测量的主要技术要求 表 10-2

测量等级	附(闭)合导线长度(km)	边数	每边测距中误差(mm)	单位权中误差(″)	导线全长相对闭合差	方位角闭合差(″)
三等	≤18	≤9	≤±14	≤±1.8	≤1/52000	≤$3.6\sqrt{n}$
四等	≤12	≤12	≤±10	≤±2.5	≤1/35000	≤$5\sqrt{n}$
一级	≤6	≤12	≤±14	≤±5.0	≤1/17000	≤$10\sqrt{n}$
二级	≤3.6	≤12	≤±11	≤±8.0	≤1/11000	≤$16\sqrt{n}$

注:1. n 为测站数。
2. 以测角中误差为单位权中误差。
3. 导线网节点间的长度不得大于表中长度的 0.7 倍。

三角测量的主要技术要求　　　　　　　　　　　　　　　　　　　表 10-3

测量等级	测角中误差（"）	起始边边长相对中误差	三角形闭合差（"）	测回数 DJ₁	测回数 DJ₂	测回数 DJ₆
二等	≤±1.0	≤1/250000	≤3.5	≥12	—	—
三等	≤±1.8	≤1/150000	≤7.0	≥6	≥9	—
四等	≤±2.5	≤1/100000	≤9.0	≥4	≥6	—
一级	≤±5.0	≤1/40000	≤15.0	—	≥3	≥4
二级	≤±10.0	≤1/20000	≤30.0	—	≥1	≥3

当路线起、终点附近有国家或其他部门平面控制点,且引测较方便时,可根据需要进行联测,形成闭合导线。

假设坐标布设为开导线时,实测中每天至少观测一次磁方位角,其校核差不大于 2°。

平面控制有多种方法,根据具体情况采用,不同的控制方法其技术要求详见《公路勘测规范》。

2. 高程控制测量

公路的高程系统宜采用 1985 国家高程基准。同一条公路应采用同一个高程系统,并应与相邻项目高程系统相衔接。不能采用同一系统时,应给定高程系统的转换关系。独立工程或三级以下公路联测有困难时,可采用假定高程。高程测量应采用水准测量或三角高程测量的方法进行,高程变化平缓的地区可使用 GPS 测量的方法进行,但应对作业成果进行充分的校核。

二级及二级以上公路必须进行高程控制测量。二级以下公路宜进行高程控制测量。

各级公路高程控制网最弱点高程中误差不得大于 ±25mm;用于跨越水域和深谷的大桥、特大桥的高程控制网最弱点高程中误差不得大于 ±10mm;每公里观测高差中误差和附合(环线)水准路线长度应小于表 10-4 的规定。当附合水准路线长度超过规定时,可采用双摆站的方法进行测量,其长度不得大于表 10-4 中水准路线长度的 2 倍。

高程控制测量的技术要求　　　　　　　　　　　　　　　　　　　表 10-4

测 量 等 级	每公里高差中数中误差(mm) 偶然中误差 M_Δ	每公里高差中数中误差(mm) 全中误差 M_W	附合或环线水准路线长度(km) 路线、隧道	附合或环线水准路线长度(km) 桥梁
二等	±1	±2	600	100
三等	±3	±6	60	10
四等	±5	±10	25	4
五等	±8	±16	10	1.6

注:控制网节点间的长度不应大于表中长度的 0.7 倍。

各级公路及构造物的水准测量等级不得低于表 10-5 的规定。

公路及构造物水准测量等级　　　　　　　　　　　　　　　　　　表 10-5

高架桥、路线控制测量	多跨桥梁总长 L(m)	单跨桥梁 L_k(m)	贯通隧道长度 L_C(m)	测 量 等 级
—	$L \geq 3000$	$L_k \geq 500$	$L_C \geq 6000m$	二等
—	$1000 \leq L < 3000$	$150 \leq L_k < 500$	$3000 \leq L_C < 6000$	三等
高速公路、一级公路	$L < 1000$	$L_k < 150$	$L_C < 3000$	四等
二、三、四级公路	—	—	—	五级

水准测量的主要技术要求应符合表 10-6 的规定。

水准测量的主要技术要求　　　　表 10-6

测量等级	往返较差、附和或环线闭合差(mm)		检测已测测段高差之差(mm)
	平原微丘区	上岭重丘区	
二等	$\leq 4\sqrt{L}$	$\leq 4\sqrt{L}$	$\leq 6\sqrt{L_i}$
三等	$\leq 12\sqrt{L}$	$\leq 3.5\sqrt{n}$ 或 $15\sqrt{L}$	$\leq 20\sqrt{L_i}$
四等	$\leq 20\sqrt{L}$	$\leq 6.0\sqrt{n}$ 或 $25\sqrt{L}$	$\leq 30\sqrt{L_i}$
五等	$\leq 30\sqrt{L}$	$\leq 45\sqrt{L}$	$\leq 40\sqrt{L_i}$

注：计算往返较差时，L 为水准点间的路线长度(km)；计算附和或环线闭合差时，L 为附和或环线的路线长度(km)；N 为测站数。L_i 为检测测段长度(km)，小于 1km 按 1km 计算。

3. 地形图测绘

各等级道路均应根据设计需要进行地形图测绘。地形图比例尺、等高距的选择、精度的要求应按《公路勘测规范》等规定执行。测图比例尺一般应采用 1∶2000 或 1∶1000。

地形图的测绘范围应根据道路等级、地形条件及设计需要合理确定，应能满足方案比选及构造物布置的需要。二级及二级以上公路测绘图宽度宜不小于中线两侧各 300m；采用现场定线法初测时，路线中线两侧测不宜小于 150m；高速公路和一级公路采用分离式路基时，地形图测绘宽度应覆盖两条分离路线及中间带的全部地形；当两条路线相相距很远或中间带为大河与高山时，中间带的地形可不测。

4. 路线勘测与调查

路线定线时，应充分了解并掌握沿线规划以及地形、地貌、地质、水文、气候、地下埋藏、地面建筑设施等情况。

纸上定线时，应首先将具有特殊要求的位置和设施标注于地形图上，一般位置的平面和高程可从图上判读，对需要特殊控制的地段应进行实地放桩，根据需要进行纵、横断面测量，绘制纵、横断面图。越岭路线需要纵坡控制的地段，应在地形图上进行放坡，并将放坡点标示于图上。

现场定线一般只适用于三、四级公路。现场定线前应在地形图上确定控制点、绕避点，选择路线通过的最佳位置。越岭路线或受纵坡控制的地段，应进行放桩试线。

5. 路基、路面及排水勘测与调查

路基、路面及排水勘测与调查一般分路基、路面、排水与防护工程、取土(料)及弃土勘测与调查。路基勘测与调查分一般路基、浸水路基、特殊地质及不良地质地段路基、改河工程段路基与改建公路路基勘测与调查；路面调查应分析路线附近已有同类工程的路面结构类型、结构组合、材料级配组成一级路面使用状况，分析已有同类型工程路面损坏、破坏的原因、机理；取土(料)及弃土勘测与调查要分别进行取土及弃土调查。

6. 桥、涵勘测

初测时的桥涵(包括漫水工程)勘测的主要工作内容包括：搜集有关资料，进行现场勘查及工点地形图测绘，拟订桥、涵位置、结构类型、孔径、附属工程的基本尺寸，初步计算工程数量。

7.隧道勘测

隧道勘测结合公路等级、地形、地质、水文、气象、地震等条件,并考虑施工、运营等条件,进行多方案的技术、经济比较,以确定隧道的位置。

8.其他勘测调查

概算资料的调查应按《公路基本建设工程概、预算编制办法》的有关规定进行,调查的内容与预算资料调查大致相同。

此外,还应进行路线交叉勘测与调查、沿线设施勘测与调查、环境保护勘测与调查及其他调查与勘测等工作,收集相应的资料。

9.内业工作

(1)初测内业工作内容包括:

①应对各项外业资料进行检查、复核和签署,对测绘资料进行限差检查并按规定进行技术,对测绘成果进行精度分析和评价。
②对勘测成果进行内部自检和验收。
③应按专业分类编绘(制)外业勘测成果图表并编制勘测报告。
④当方案调整时,应补充相应各项勘测调查资料。
(2)初测应提交的成果
①测量成果及计算等资料。
②各种调查、勘测原始记录及检验资料。
③勘测报告及有关协议、纪要文件。
④根据设计需要编制的各种图表、说明资料。

二、道 路 定 测

(一)定测的任务及内容

1.任务

道路定测,即定线测量,是指施工图设计阶段的外业勘测和调查工作。其具体任务(目的)是:根据上级批准的初步设计文件及确定的修建原则和工程方案,结合自然条件与环境,通过优化设计后进行实地定桩放线,准确测定路线线位和构筑物位置,为施工图设计提供准确的勘测调查资料。

2.内容

(1)对初步设计方案进行补充勘察,如有方案变化应及时与有关主管部门联系,并报上级批准。
(2)实地选定路线或实地放线(纸上定线时),进行测角、量距、中线测设、桩志固定等工作。
(3)引设水准点,并进行路线水准测量。
(4)路线横断面测量。
(5)测绘或勾绘路线沿线的带状地形图。
(6)对有大型构造物地带,应测绘局部大比例地形图。

(7)进行桥、涵、隧道的勘测与调查。

(8)进行路基路面调查。

(9)占地、拆迁及预算资料调查。

(10)沿线土壤地质调查及筑路材料助查。

(11)检查及整理外业资料,并完成外业期间所规定的内业设计工作。

(二)准备工作

1. 资料收集

应搜集工程可行性研究、初设阶段勘测、设计的有关资料以及审查、批复意见。

2. 拟订勘测方案

应根据任务的内容、规模和仪器设备情况,拟订勘测方案。

3. 现场核查

(1)应对初步设计所搜集的资料进行现场核查。

(2)应对沿线地形、地物及地貌的变化情况进行核查。

(3)应对初测阶段实测的路线平面、高程控制测量进行全面检查,当检测成果与初测成果的较差符合限差要求,并且控制点分布可以满足设计要求时,应采用原成果;否则应对整个控制网进行复测或重测,并应重新进行平差计算。

(三)定测的内容及要点

1. 路线勘测

(1)路线的优化。

定测阶段应根据批复的初步设计方案,结合现场地形、地物与环境条件,以及初步设计审查意见等,进一步优化和完善路线线位和构筑物位置。

(2)路线中线的敷设方法。

路线中线的敷设可采用极坐标法、偏角法、切线支距法、坐标法及链距法等方法进行。高速公路、一级公路和二级公路宜采用坐标法,具体应根据路线沿线的地形、地物与环境条件,以及放桩所用仪器设备综合确定。

(3)路线中线敷设。

①路线中线的敷设时,中桩钉设的基本位置包括:路线的起终点、百米桩、公里桩、主点桩(平曲线控制桩)和按照既定桩距的中线桩位。

②在各类特殊地点应设加桩,如:地形突变点、桥梁、涵洞、隧道等构筑物处、路线交叉处、不良地质地段的起终点、行政区划分界处等。加桩的位置和数量必须满足路线、构筑物、沿线设施等专业勘测调查的需要。

③路线中桩间距应不大于表10-7的规定。

中 桩 间 距 表10-7

直线(m)		曲线(m)			
平原、微丘	山岭、重丘	布设超高的曲线	$R>60$	$30<R<60$	$R<30$
50	25	25	20	10	5

④中桩平面桩位的精度应符合表10-8的规定。

中桩间距　　　　　　　　　　表10-8

公路等级	中桩位置中误差(cm)		桩位检测之差(cm)	
	平原、微丘	山岭、重丘	平原、微丘	山岭、重丘
高速公路,一级、二级公路	≤±5	≤±10	≤10	≤20
三级及以下公路	≤±10	≤±15	≤20	≤30

2.中桩高程测量

(1)中桩高程的测量方法。

中桩高的测量可采用水准仪法、三角高程法或GPS-RTK方法测量,推荐使用水准仪法,具体测量方法的选择可根据路线的中桩高程测量精度要求,以及地形条件综合选定。

(2)中桩高程测量的精度与要求。

中桩高程测量应起闭于路线高程控制点上,高程测至标志处的地面,其误差应符合表10-9的规定。中桩高程应取位至厘米。沿线需要特殊控制的建筑物、管线、铁路轨顶等,应按规定测出其高程,其2次测量之差不应超高2cm。

中桩高程测量精度　　　　　　表10-9

公路等级	闭合差(mm)	两次测量之差(mm)
高速公路、一级、二级公路	$\leq 30\sqrt{L}$	≤5
三级及三级以下公路	$\leq 50\sqrt{L}$	≤10

注:L为高程测量的路线长度(km)。

3.横断面测量

(1)横断面测量方法。

高速公路、一级公路、二级公路应采用水准仪-皮尺法、GPS-RTK、横断面仪法、全站仪法或经纬仪视距法;三级及三级以下公路可采用手水准仪-皮尺法、抬杆法、手水准法等方法。

(2)横断面测量的精度与要求。

①横断面测量要逐桩进行,保证施测方向在直线段与路线垂直,曲线段与曲线切线方向垂直。

②横断面测量的宽度应满足路基及排水设计、附属物设置等的要求。

③横断面测量应反映地形、地物、地质的变化,标注相关水位、建筑物、土石分界等的位置。

④对分离式路基和回头曲线段,应测出上、下行路线横断面,并标注相关关系。

⑤横断面中的高程、距离的读数应取位至0.1m,检测互差限差应符合表10-10的规定。

横断面检测互差限差　　　　　　表10-10

公路等级	距离(m)	高差(m)
高速公路,一级、二级公路	$\leq L/100+0.1$	$\leq h/100+L/200+0.1$
三级及以下公路	$\leq L/50+0.1$	$\leq h/50+L/100+0.1$

注:L为测点与中桩的水平距离(m);h测点与路线中桩的高差(m)。

4.地形图测绘

(1)地形图测绘方法。

地形图的测绘有多种方法,定测阶段,局部地形、地物变化不大时,地形图测绘可采用交会法;地形、地物变化较大或采用交会法施测困难时,应利用导线点、图根点进行。随着科学技术的发展,GPS-RTK方法在地形图测绘中的应用越来越普遍。

(2)地形图测绘的要求。

①定测应对初测地形图进行现场核对,地形、地物发生变化的路段,应予以修测;地形图范围不能满足要求时,应进行补测;变化大时应进行重测。

②无论是修测、补测,还是重测地形图的技术要求应符合地形测量的相关规定。

此外,定测阶段,还应进行路基路面及排水勘测与调查、小桥涵勘测与调查、大中桥勘测与调查、隧道勘测与调查、路线交叉勘测与调查、沿线设施的勘测与调查、环境保护调查、临时工程勘测与调查、工程经济调查,详见《公路勘测规范》。

5. 内业工作

(1)定测内业工作的内容。

①应对各项外业资料进行检查、复核和签署,检查、复核内容包括测量方法的正确性、野外计算的正确性、记录的完整性等,检查各项勘测调查项目、内容及详细程度是否满足施工图设计的要求。

②对于向有关部门搜集的资料,应检查、分析其是否齐全、可靠、适用、正确。

③对地形复杂的路线、不良地质地段、大型桥隧、立体交叉等地段的勘测调查资料,必须进行现场核对。

④应对勘测成果进行内部自检和验收。同时各专业必须进行良好的配合,以保证设计方案的可行和合理。

(2)定测阶段应完成和提交的成果。

①控制测量检测、补测或复测记录、计算和成果资料,地形图补充测量资料。

②各种调查、勘测原始记录、图纸及资料。

③各专业勘测调查的质量检查及分析评定资料。

④外业勘测说明书及有关协议和文件。

⑤根据设计需要编制的各种图表、说明资料。

三、直接定线的现场组织

直接定线测量一般分为选线组、导线测角组、中桩组、水平组、断面组、地形组、桥涵隧道组、调查组、内业组共九个作业组进行。

(一)选线组

1. 任务

选线组亦称大旗组,它是整个外业勘测的核心,其他作业组都是根据它所插定的路线位置开展测量工作的。

选线的任务是:实地确定中线位置。其主要工作就是进行路线查勘,并进一步确定路线布局方案;消除中线附近的测设障碍物;确定路线交点及转角并定桩,进行线形设计,会同桥涵组确定大、中桥位及相关专业确定相关设计方案,会同内业组进行纵坡设计等工作。对越岭线,还需进行放坡工作。

2. 分工及工作内容

（1）前点——放坡插点。

前点一般有 1~2 人担任（需要放坡时两人）。其主要工作是：根据路线走向，通过调查、量距或放坡，确定路线的导向线，进一步加密小控制点，插上标旗（一般可用红白纸旗），供后面定线参考。

（2）中点——穿线定点。

中点一般需要 2 人，其主要工作是：根据技术标准，结合地形及其他条件，修正路线导向线，用花杆穿直线的办法，反复插试，穿线交点，并在长直线或在相邻两互不通视的交点间设置转点，最后选定曲线半径及其有关元素。

（3）后点——测角钉桩。

后点 1 人，其主要工作是：初测路线转角，钉桩插标旗，并给后面的作业组留下半径及其有关控制条件的纸条等资料。

(二) 导线测角组

1. 任务

导线测角组紧接选线组的工作。其主要任务是：标定直线与修正点位；测角及转角计算；测量交点间距；平曲线要素计算；导线磁方位角观测及复核；交点及转点桩固定；分角桩设定；协助中桩组敷设难度大的曲线等工作。

为确保测设质量和进度，选线组与导线测角组应紧密配合，相互协作。作为后继作业的导线测角组要注意领会选线意图，发现问题及时予以建议并修正补充，使之完善。

2. 分工及工作内容

导线测角组一般由四人组成，司镜一人，记录计算一人，前后点各 1 人。其主要工作内容如下：

（1）标定直线与修正点位。

标定直线，主要是对长直线而言。当直线很长或直线间地形起伏较大时，为保证中桩组量距时的精度，导线测角组应用全站仪（或经纬仪）为其标定若干导向桩，供中桩组穿线时临时使用。

修正点位，是指两交点互不通视时，选线组在中间加设的转点（ZD），因花杆穿线不能保证三点在一条直线上，为此，导线测角组用全站仪（或经纬仪）进行穿线对交点位置的微小修正工作。修正点位时，正、倒镜的点位横向误差每 100m 不能大于 10mm，在限差之内，分中定点。

（2）测角与计算。

①测右角。

路线测角一般规定为测量导线的右角（即前进方向右测路线的夹角）。

右角按下式计算：

$$右角 = 后视读数 - 前视读数$$

当后视读数小于前视读数时，将后视读数加上 360°，然后再减前视读数。

②计算转角。

转角系指后视导线的延长线与前视导线的水平夹角，根据右角计算，如图 10-1 所示。

左转角：$\theta_L = 右角 - 180°$；右转角：$\theta_R = 180° - 右角$。

图 10-1　路线转角的计算

(3) 交点及转点间的水平距离测量。

通常用光电测距仪(如全站仪)测定两相邻交点间的水平距离。

(4) 分角桩设定。

为便于中桩组敷设平曲线中点桩(QZ)及曲线段桩位的精度检测,在测角的同时需作转角的分角线方向桩,分角桩方向的水平度盘读数可按下式计算:

左转时:

$$分角读数 = (前视读数 + 后视读数)/2 + 180°$$

右转时:

$$分角读数 = (前视读数 + 后视读数)/2$$

(5) 方位角观测与校核。

当路线布设为开导线时,为避免测角时发生错误,保证测角的精度,应在测设的过程中经常进行测角的检查。检查经常是采用森林罗盘仪或带有罗盘仪的经纬仪通过观测导线边的磁方位角进行,为保证精度,定测计算所得的磁方位角与观测磁方位角的校差不应超过 2°。

磁方位角每天至少应该观测一次(一般是在开工时观测或收工时观测)。

假定路线起始边的磁方位角为 θ_0,则任意导线边的磁方位角为:

$$\theta_n = \theta_0 + \sum \Delta_R - \sum \Delta_L$$

即任意导线边的磁方位角等于起始边的磁方位角加上从起始边到终止边的路线的所有右转角再减去所有的左转角。

(6) 交点桩的保护和固定。

在测设过程中,为避免交点桩的丢失及方便以后施工时寻找,交点桩在定测时必须加以固定和保护。

交点桩的保护,一般采用就地灌注混凝土的办法进行。混凝土尺寸一般深 30~40cm,直径 15~20cm 或 10~20cm。

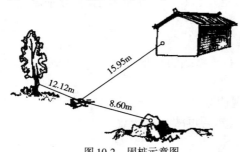

图 10-2　固桩示意图

固桩则是将交点桩与周围固定物(如房角、电杆、基岩、孤石等)上某一不宜破坏的点联系起来,通过测定该点与交点桩的直线距离,将交点位置确定下来,以便今后交点桩丢失时及时恢复该交点桩。

用作交点桩固定的地物点应稳定可靠,各点位与交点桩连接之间的夹角一般不宜小于 90°,固定点数一般应该在 2 个以上。如图 10-2 所示。

固桩完毕后,应及时画出固桩草图,草图上应绘出路线前进方向、地物名称、距离等,以备将来编制路线固定表之用。

(三) 中桩组

1. 任务

中桩组的主要任务是:根据选线组选定的交点位置、曲线半径、缓和曲线长度(或缓和曲线参数)及导线测角组所测得的路线转角,进行量距、钉桩、敷设曲线及桩号计算。

2. 分工

中桩组作业内容较多,因此,人员也较多,一般由 5~7 人组成,其分工为:

前点:1 人,负责寻找前方交点,并插前点花杆。

量距和卡距:2~3 人,负责穿线、测量距离及具体确定中桩位置的工作。

记录计算:1 人,负责中桩的里程计算,并记录中桩编号、累计链距等工作。

写桩:1 人,负责中桩里程、编号及桩名的书写工作。

桩子的携带及定桩:1 人,负责携带桩子及定设中桩(可与其他人员共用)。

3. 工作内容

(1) 距离量测。

距离量测是指丈量路线的里程,通常情况下路线的起点作为零点,以后逐链累加计算。

距离一律采用水平距离,量距时一般采用光电测距仪进行。量距累计的导线边边长与光电测距仪测得的边长的校差不应超过边长的 1/200,否则应返工。

(2) 中桩钉设。

中桩钉设与距离测量是同时进行的。需要钉设的中桩包括:路线的起点桩、公里桩、百米桩、平曲线控制(主点桩),桥梁或隧道中轴线控制桩以及按桩距要求根据地形、地物需要设置的加桩等。

中桩间距及误差控制应符合表 10-7、表 10-8 的规定。

(3) 写桩与钉桩。

所有中桩应写明里程,转点及曲线主点桩还应写明桩名,为了便于找桩和避免后续作业组的漏桩,所有中桩应在背面编号。中桩具体钉设中,标注里程的面朝后,标注编号或桩名的面朝前,如图 10-3 所示。中桩的书写常用红油漆或油笔。

(4) 断链及处理。

在放桩的过程中,出现桩号与实际里程不符的现象叫断链。断链的原因有很多,但主要指两种:一种是由于计算和量距发生错误造成的;另一种则是由于局部改线、分段测量等客观原因造成的。

断链有"长链"和"短链"之分,当路线桩号长于实际里程时叫短链,反之则叫短链。其桩号写法举例如下:

长链:(实际里程)K173 + 110 = K173 + 105.25(路线桩号),长链 4.75m。

短链:(实际里程)K255 + 157 = K255 + 207.85(路线桩号),短链 50.85m。

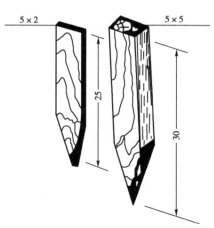

图 10-3 桩志示意图(单位:cm)

所有断链桩号应填在"总里程及断链桩号一览表"上,考虑断链桩号的影响,路线的总里程应为:

路线总里程 = 终点桩里程 − 起点桩里程 + ∑长链 − ∑短链。

(四)水平组

1. 任务

水平组的任务是通过对路线沿线设置水准点,并测量路线中线上各中桩点的高程,为路线纵断面和横断面设计和施工提供高程资料。

2. 分工及工作内容

水平组通常分为基平和中平两个组。基平组主要是沿线设置水准点,并进行高程的测量;中平组主要对各中桩进行水准测量,得出各中桩点的地面高程。

(1)水准点的设置。

水准点的高程应引用国家水准点,并争取沿线联测,形成闭合导线。采用假定高程时,假定高程应尽量与实际接近,可借助于1:100000或1:50000地图进行假定。

水准点沿线布设,应有足够的数量,平原微丘区间距为1~2km,山岭重丘间距为0.5~1km。在大桥、隧道、哑口及其大型构造物所在处应增设水准点。水准点应设在测设方便、牢固可靠的地点,且应位于施工范围之外。设置的水准点应在记录本上给出草图,并记录位置及所对应的路线的桩号,以便编制"水准点一览表"。

(2)基平测量。

基平测量应采用不低于S3级的水准仪,采用一组往返或两组单程测量,符合精度要求时取平均值。水准点附合、闭合及检测限差亦应满足前述精度要求。测量时的视线长度,一般不大于150m,当跨越河谷时可增至200m。

(3)中平测量。

中平测量可使用S10级的水准仪采用单程进行。水准路线应起、闭于水准点,且满足精度要求。中平测量测量中桩地面高程。

(五)横断面组

1. 任务

横断面组作业的主要任务是:在实地测量路线每个中桩的横向(法线方向)地表起伏变化情况,并画出横断面的地面线。路线横断面测量主要是为路基横断面设计、土石方计算及今后的施工放样提供资料。

2. 工作内容

(1)横断面方向的确定。

要进行横断面测量,必须首先确定横断面的方向。在直线路段,横断面的方向与路线垂直,而在曲线段,横断面的方向与该点处曲线的切线相垂直,即曲线的法线方向。

直线上的横断面方向,用方向架或经纬仪作垂线确定。曲线上的横断面方向,根据计算的弦偏角,用弯道求心方向架或全站仪(经纬仪)来确定。具体方法详见《测量学》教材。

(2)常用的测量方法。

横断面测量以中线地面点即中桩位置为直角坐标原点,分别沿断面方向向两侧施测地面

各地形变化特征点间的相对水平距离和高差,由此点绘出横断面的地面线。横断面测量的简易方法常用的有:

①抬杆法。

如图 10-4 所示,利用花杆直接测得平距和高差。此法简便、易行,所以被经常采用,它适用于横向变化较多较大的地段,但由于测站较多,测量和积累误差较大。

②手水准法。

此法原则与抬杆法相同,仅在测高差时用手水准测量,量距仍用皮尺,如图 10-5 所示。与抬杆法相比,此法精度较高,但不如抬杆法简便,一般多适用于横坡较缓的地段。

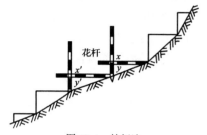

图 10-4 抬杆法

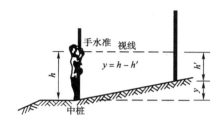

图 10-5 手水准法

③特殊断面的施测方法。

在不良地质地段需作大断面图时,可用经纬仪作视距测量和三角高程测量施测断面。对于一些陡岩地段,如图 10-6 所示,可用交会法已定 A、B 点,用经纬仪或带角手水准测出 α_A、α_B 和丈量 l,图解交会出 C 点。交会时交角不宜太小,距离 l 应有足够的长度。

对于深沟路段可用钓鱼法施测,如图 10-7 所示。

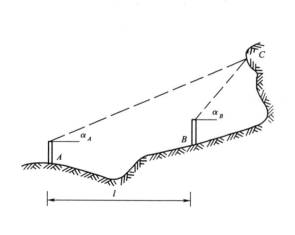

图 10-6 交会法

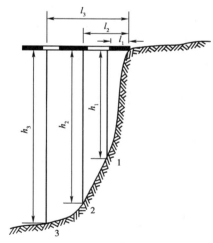

图 10-7 钓鱼法

对于高等级公路,应采用满足预期相应精度的方法。

(3)横断面图的点绘。

横断面图的点绘,可采用现场点绘的方法。其优点是:外业可不作记录,点绘出的断面图能及时核对,消除差错。点绘的方法是:以中桩点为中心,分左右两侧,按测得的各侧相邻地形特征点之间的平距与高差或倾角与斜距等逐一将各特征点点绘在横断面图上,各点连线即构成横断面地面线。

当现场无绘图条件时,也可采用现场记录、室内整理绘图的方法,其记录的方式见表10-11。

横断面记录格式　　　　　　表10-11

左　　侧				桩　号	右　　侧			
…				…	…			
…$\dfrac{+0.2}{1.6}$	$\dfrac{+0.4}{2.3}$	$\dfrac{0}{1.7}$	$\dfrac{-0.7}{2.5}$	K1+260	$\dfrac{+0.5}{1.8}$	$\dfrac{+0.3}{2.9}$	$\dfrac{-0.1}{2.7}$	$\dfrac{-0.9}{3.5}$…
…				…	…			

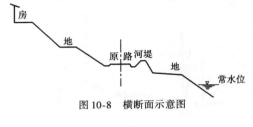

图10-8　横断面示意图

横断面在图纸上的排布按照从下到上,再从左侧到右侧的原则安排,绘图的比例一般横纵向相同,为1:200,特殊情况时断面横纵横比例可采用不同比例,或增大比例。每个断面的地物情况应用文字在适当位置进行简要说明,如图10-8所示。

(六) 地形组

1. 任务

地形组的任务就是根据设计的需要,按一定比例测绘出沿线一定宽度范围内的带状地形图(或局部范围的专用地形图),供设计和施工使用。

地形图分为路线地形图和工点地形图两种。路线地形团是以导线(或路线)为依据的带状地形图,主要供纸上定线或路线设计之用。工点地形图是利用导线(或路线)或与其取得联系的支导线,进行测量的为特殊桥桥涵和复杂排水、防护、改河、交叉口等工程布置设计的专用地形图。

2. 测设要求

(1) 测绘比例。

路线地形图比例尺采用1:2000;工点地形图可根据实际情况采用1:1000或1:500,对于地物、地貌简单、地势平坦的地区,比例可采用1:5000。

(2) 宽度要求。

二级及二级以上公路测测图宽度宜不小于中线两侧各300m;采用现场定线法时,路线中线两侧测不宜小于150m。

另外,地形图的测量精度应满足相应道路等级的相关要求。

(七) 桥涵隧道组

1. 任务

确定桥梁、涵洞及隧道进出口的位置及形式,收集相应的水文、水文地质及地形地质等资料,为施工图设计收集尽可能详细的资料。

2. 分工及工作内容

(1) 小桥涵。

①进一步核实及落实初测数据及资料。

②实地进行形态断面、河床比降、特征水位和汇水面积等的测量及其他水文水力资料的收集。

③实地放出中心桩位置,并实测沟渠与路线的交角及桥涵纵断面。

④在已批准的初步设计基础上,根据具体条件,合理选定小桥涵等构造物的类型、孔径及基础等。

(2)大、中桥。

①进一步核实及落实初测数据及资料,构建满足设计精度要求的大中桥平面及高程控制网。

②桥位地形图测绘及完善,比例一般1:500。

③实地进行形态断面、河床比降、特征水位和汇水面积等的测量及其他水文水力资料的收集。

④桥梁轴线放设,必须满足孔径布设、桥头引道和调治构造物的布置要求。

(3)隧道。

①进一步核实及落实初测数据及资料,对隧道所在位置的地形、工程地质、水文地质、环境等进行进一步调查。

②构建满足设计精度要求的隧道平面及高程控制网。

③在洞口前后各50m放设中桩,桩距不大于10m,并逐桩进行横断面测量。

④隧道位置的平面测绘及完善。

⑤通风、照明、供电、通信、信号、标志、运营管理设施、环保及弃渣等工程调查。

(八)调查组

1. 任务

调查组的工作,主要是根据测设任务的要求,通过对公路所经地区的自然条件和技术经济条件进行调查,为公路选线和内业设计收集原始资料。

2. 分工及调查内容

调查的主要内容有:工程地质情况、筑路材料料场情况、桥涵情况、预算资料及杂项情况等。对于旧路改建,还应对原路路况进行调查。调查组可由2~3人组成综合调查组也可分小组同时调查。

(九)内业组

定测内业工作的复核、检查、整理外业资料和图表制作、汇总等要求,同初测内业工作要求相同。

定测内业工作进程及时进行路线设计和局部方案的取舍工作,外业期间宜达到作出全部路基横断面设计,并结合沿线构造物的布设,逐段综合检查所定路线线位的技术经济合理性,同时应进行必要的现场核对。

四、基于GPS的直接定线现场组织的调整

传统上基于光电测距仪(全站仪)测角量距的直接定线测量一般分为选线组、导线测角组、中桩组、水平组、断面组、地形组、桥涵隧道组、调查组、内业组共九个作业组进行。而随着科学技术的不断进步,GPS在道路勘测设计中的应用越来越广泛和普遍,由于GPS可以直接测出各交点的坐标,进而可以计算出交点之间的水平间距、路线的转角等参数,并且可以根据计算的逐桩坐标,进行中桩的敷设。因而,在基于GPS的直接定线现场组织中,可以将导线测角组予以取消。取消导线测角组之后,可将选线组和中桩组的任务相应地予以调整。

(一)选线组的工作内容

1. 放坡插点

前点一般有1~2人担任(需要放坡时两人)。其主要工作是:根据路线走向,通过调查、量距或放坡,确定路线的导向线,进一步加密小控制点,插上标旗(一般可用红白纸旗),供后面定线参考。

2. 穿线定点

中点一般需要2人,其主要工作是:根据技术标准,结合地形及其他条件,修正路线导向线,用花杆穿直线的办法,反复插试,穿线交点,最后选定圆曲线半径、缓和曲线长度及其有关元素。

3. 交点坐标的量测

应用GPS-RTK,测出选定的路线交点坐标。

4. 要素计算

(1)计算出交点间距、路线转角、方位角等参数。
(2)根据技术标准和选定的圆曲线半径、缓和曲线长度等参数,计算曲线要素。
(3)推算交点及主点里程桩号。

5. 交点桩的保护和固定

在测设过程中,为避免交点桩的丢失及方便以后施工时寻找,交点桩在定测时必须加以固定和保护。

(二)中桩组的工作内容

1. 计算逐桩坐标

根据选线组给定的曲线要素、交点桩号等,按照测设要求,推算出每个中桩桩点的坐标,填写"逐桩坐标表"。

2. 中桩钉设

根据计算得出的逐桩坐标,应用GPS-RTK,进行中桩钉设。

3. 写桩与钉桩

按照中桩的里程、桩名、编号等,进行现场中桩的钉设。

4. 断链及处理

在放桩的过程中,如果因局部改线等原因出现桩号与实际里程不符的现象时,进行相应的断链计算其处理。

水平组、断面组、地形组、桥涵隧道组、调查组、内业组等其他组的工作内容可不用调整。

第二节 道路勘测新技术简介

当前,随着计算机技术、电子与信息技术、网络技术、空间技术的发展和各种测量高新技术的不断出现,使得公路勘察设计的测设手段得到了迅速的发展。航空投影测量、遥感(RS)、全球卫星定位系统(GPS)、全站仪、数字化仪等地形数据采集方法和手段,已逐渐成为目前我国高等级公路测设中主要的地形数据来源。而在数据处理上,地形图数据库以及交通地理信息系统(GIS)的应用,以及数字地面模型的建立,进一步方便了道路测设一体化进程,使得道路的设计工作更加方便化、科学化。本节主要介绍一下道路勘测设计的新技术。

一、地形数据采集的分类与数字地面模型

地形数据是进行道路勘测设计的基础数据。地形数据采集的方法有多种,都有自己的特点、要求及适用条件。对每一工程项目而言,利用何种方法采集数据,取决于地形条件、设计要求以及设备、技术和经济实力。归纳起来,道路设计原始地形数据的来源一般有三种方法:采用航测方法从航摄相片上获得数据;已有大比例尺地形图的数字化;野外实测采集地形数据。

对每一种数据来源,根据其数据采集的设备、手段不同又有多种数据采集方式:如航测数据采集,视其采集设备的不同有模拟法测图、解析法测图及分数字测图等几种方式;地形图数字化有人工手扶跟踪数字化仪输入法和图形扫描仪(又称全自动数字化仪)输入法两种;野外实测数据有采用常规的野外测量方式,人工实测和记录获得地形数据,也有由可记录量测数据的全站式电子经纬仪(又称电子速测仪)从野外实测获得地形数据,还有采用全球卫星定位系统(GPS)从野外采集地形数据等多种。地形数据采集方法的分类如图10-9所示。

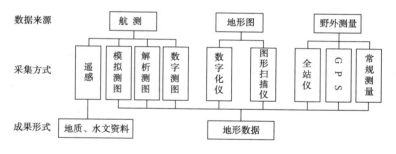

图10-9　地形数据采集方法

(一) 利用航测方法

航摄相片含有大量的、详尽的地表信息、利用航摄相片可以获得大面积的与实地相似的立体模型和地形图。在道路设计中,可充分利用航片所反映的地面信息和各种地表现象,进行判释和量测,配合立体观察和一定处理,能获得测区地形、地貌、地质、水文等多种资料,为路线设计提供原始数据。从数据采集而言,航测方法既能为公路设计采集地形数据,又能通过航摄判释和航空遥感为设计提供地质、水文等方面的资料。

1. 航测地形数据采集

利用航测方法采集数据能客观地观察地表形态,工作环境好,可以随意和方便地控制地形点的分布和密度,所获得的地形信息可靠、精度高。特别是由于航测仪器的发展,目前较大范围的各种地形图大都是由航测手段成图,而利用解析法测图的解析测图仪在测图的同时,可以附带记录测图信息,不需特意为建立数字地面模型重新采集,这给数据采集带来极大方便,所以航测采样是目前最理想的地形数据采集手段。

全数字化测图是在解析法测图的基础上发展起来的更为先进的一种摄影测量方法。它与解析法测图的最主要区别是利用相关技术和扫描技术将相片影像数字化，无需人眼进行观测便可得到被测区域的地表三维数据。数字摄影测量从概念上、手段上、设备上及最终成果等方面，与传统方法都有较大差别。数字摄影测量的主要设备是扫描仪和具有图形图像处理功能的计算机，用来对相片影像数字化。

全数字化测图系统的测图过程是首先将相片影像的灰度数字化，然后在计算机上进行数据处理。具体做法是通过扫描方式将相片上影像的灰度值转换成电信号或数字信号，形成"数字影像"，然后用相关技术代替人眼自动地照准（寻找）同名相点。目前，自动化的相关技术还不能完全代替人眼的立体观察，尤其在隐蔽地区、陡峭地形、影像质量极差或云层遮蔽地区，对地物的处理等仍需人工协助。解决这些问题，也是目前摄影测量界研究的主攻方向。由于自动化测图系统速度快，无需人工量测，测量的数据点密集，有利于各种比例尺的测图，特别是制作正射影像图。这种全数字化、自动化测图方法代表了航空摄影测量学科的发展方向，世界各国都在对其深入探讨和研究。随着研究工作的深入，数据采集精度的提高，全数字测图将成为道路设计中地形数据采集的最理想方法。

2. 航测判释及遥感

在原始数据采集中，除了地形数据外，路线所经区域的地质、地貌、水文等信息也是道路设计中极为重要的原始数据，这些信息对路线方案的选择，各种工程防护措施的考虑均有很重要的作用。航摄相片及遥感图像均具有视野广阔、影像逼真、信息丰富的特点，在图像中通过航测判释及遥感技术可直接或间接地获得大量有关工程地质及水文方面的资料，犹如把勘测现场搬到室内进行研究一样。使得勘测设计工作有的放矢地进行，避免了盲目性，大大地减轻了外业的劳动强度，从而提高了勘测设计的质量和速度。目前，航测判释、航空遥感技术在道路勘测中的重要作用越来越得到重视，应用范围也不断扩大，在提高测设质量、缩短测设周期方面起到了重要的作用。

3. 航测的精度与要求

道路航空摄影应结合路线沿线的地形起伏情况合成图精度要求，合理选择镜头焦距。航摄比例尺应根据表 10-12 选用，对地形图精度要求高的工程宜选择较大值。

航 摄 比 例 尺　　　　　　　表 10-12

成图比例尺	1:500	1:1000	1:2000	1:5000
航摄比例尺	1:2000~1:3000	1:4000~1:6000	1:8000~1:12000	1:20000~1:30000

航摄范围横向每侧应覆盖成图区域以外一个航带20%以上的宽度，纵向各向外延伸2~3条摄影基线。进行航带设计时，宜采用1:5000的地形图。

相片重叠度应符合表10-13的规定。

相 片 重 叠 度　　　　　　　表 10-13

方　　向	个别最小值(%)	一般值(%)	个别最大值(%)
同一航带航向重叠	56	60~65	75
相邻航带旁向重叠	15	30~35	—

相片倾角应小于2°，个别最大可为4°。旋偏角应符合表10-14的规定。

旋 偏 角 表 10-14

航摄比例尺	一般值(°)	个别最大值(°)
$M \leq 1/8000$	≤6	≤8
$1/8000 < M \leq 1/4000$	≤8	≤10
$1/4000 < M$	≤10	≤12

同一航带上相邻相片的航高差应小于20m,同一航带上最大航高和最小航高之差应小于30m。航线的弯曲度应小于3%,航迹线偏移应小于像幅的10%。沿路线走廊的纵向覆盖,航带两端应各超出分区范围1条基线以上。

影像图的应用与制作应根据测设阶段和地形类别参照表10-15选用,平原地区宜采用纠正相片平面图,丘陵、山岭地区宜采用正射影像图。

影像图的用途 表 10-15

用途	工程可行性研究	平微区初步设计	施工图设计及山区初步设计	设计个阶段
种类	未经纠正的相片平面图	纠正或概略纠正的影像图	正射影像图	正射影像地形图

4. 航测法构建数字地面模型

随着测设技术的发展,数字地面模型在道路路线设计、方案比选、透视图的制作等方面的应用越来越普遍,对于提高道路工程的设计效率和质量起到了非常重要的作用。

通过航空摄影测量,直接获取地形特征点的三维地形数据,经过分析、处理,获得数字地面模型供设计使用。当采用摄影测量方法进行地形数据的采集时,植被覆盖严重或阴影严重地区还需要实地补测地面三维数据。

以摄影法测量为数据源生成的DTM,其高程插值相对于邻近高程控制点的高程中误差应满足表10-16的规定。

摄影测量数据源的DTM高程插值精度 表 10-16

采集数据的比例尺	地形类别	中误差(m)	采集数据的比例尺	地形类别	中误差(m)
1:500	平原	≤±0.2	1:2000	平原	≤±0.3
	微丘	≤±0.4		微丘	≤±0.5
	重丘	≤±0.5		重丘	≤±1.1
	山岭	≤±0.7		山岭	≤±1.6
1:1000	平原	≤±0.25	1:5000	平原	≤±0.4
	微丘	≤±0.45		微丘	≤±0.9
	重丘	≤±0.7		重丘	≤±2.6
	山岭	≤±1.3		山岭	≤±4.0

(二)地形图数字化

1. 地形图数字化的一般方法

对已有的大比例尺地形图进行数字化,可以采用下列两种采集方式:

(1)利用数字化仪从地形图采集地形数据。

在没有航摄资料的情况下,可利用已有的地形图采集地形数据。数字化仪(手扶跟踪式数字化仪)就是一种将平面图形转化为平面坐标数据的设备。在等高线地形图的数字化输入中,最适合于按等高线中的方式采集数据,这对每一条等高线来说,只需要由操作人员从键盘或菜单输入等高线高程值一次,然后用鼠标或光笔沿该等高线依次将其以点列的方式输入即可。这大大地减少了键盘输入的信息,充分发挥了数字化仪输入平面坐标的长处,工作效率较高。数字化仪输入数据的精度,取决于原地形图本身的精度及图纸的变形和仪器的误差、作业员熟练程度等因素。图纸的变形仪器的精度可利用软件的手段进行逐点纠正,在一定程度上消除或减少误差的影响,而地形图多从航测或野外实测而来,本身的精度低于实测精度,所以从地形图采集数据,一般只能用于道路路线初步设计阶段。

(2)利用图形扫描仪从地形图采集地形数据。

图形扫描仪也是一种可将平面图形扫描输入计算机的设备,对扫描输入的图形数据进行矢量化处理,可以得到图形的平面坐标数据。这种矢量化软件的研究,对高程字符和一些地形图中的符号进行识别,目前仍是一大难点。直接将扫描的图形数据转换为地形三维空间数据并识别符号,得到设计所需地形数据还难以做到。处理扫描后的图形文件目前常用的有两种方法:

①直接采用扫描后的光栅图像,把它作为底图与新设计的图形叠加起来,称为"光栅与图形混合编辑方法"。这种方法的优点是处理简单,图形不会失真且具有较高的精度;存在的问题是为获得一定的清晰度,光栅图需要很大的点阵信息量,处理速度慢,同时光栅图像是二维平面图,等高线地形无法转化为数字化地形模型。

②将扫描后的光栅图像转化为图形文件,称为矢量化方法。这种方法的优点在于,将扫描后大量的二维点阵信息转化成简化的矢量信息,如 DXF 等格式,能为大多数 CAD 系统所识别处理。对于等高线地形,在转化过程中输入高程数据,则可转化成三维的数字地形模型。

2. 地形图数字化构建 DTM

当采用地形图数字化方法进行数据采集时,应检查已有的地形图文件中各种地形、地物要素表示的方式,将地形、地物数据赋予具有统一格式的特征信息码。以地形图数字化为数据源生成 DTM,其高程插值相对于原地形图的高程误差不得超过原地形图等距的 1/2。

(三) 野外实测

1. 野外实测采集地形数据

从野外控制测量、导线测量、施工放样等工作内容而言,野外实测是不可缺少的,在没有航摄资料及地形图的情况下,采用野外测图和采集数据也是目前常用的数据采集方法。野外数据采集目前主要有全站仪、GPS 以及按常规方法测量等三种方法。

(1)利用全球定位系统(GPS)从野外采集地形数据。

GPS 是美国国防部主要为满足军事部门对海上、陆地和空中设施进行高精度导航和定位的要求而建立的。该系统从 20 世纪 70 年代开始设计、研制,历时 23 年,现已全部建成。GPS 作为新一代卫星导航与定位系统,不仅具有全球性、全天候、连续的精密三维导航与定位能力,而且有良好的抗干扰性和保密性。由于 GPS 定位技术的高度自动化和所达到的定位精度及其潜力,在地形数据采集领域中展现出了广阔的应用前景,相对于经典测量学来说,GPS 定位技术具有观测点之间无需通视、定位精度高、观测时间短、提供三维坐标、操作简便、全天候作业等主要特点。目前,GPS 在航测的外控测量、道路控制测量等外业测量工作中应用广泛,是最有前途的野外地形数据采集方式之一。

（2）利用全站仪在野外采集地形数据。

在没有航摄资料及地形图时，利用带记录装置的全站式电子经纬仪在野外实测地形数据，也是一种切实可行的地形数据采集方式。由于测量数据可以直接记录下来，传入计算机进行处理，得到被测点的三维坐标值，从而消除了人工读数、记录、键入等一系列误差源，保证了数据的可靠性，同时也提高了工作效率，减轻了劳动强度。随着设备精度的不断提高，性能越来越完善，价格越来越便宜，该方式在道路勘测的测量工作中得到了广泛的应用，是目前野外地形数据采集的主要手段。

另外，在传统的作业方法中采用普通光学经纬仪、水准仪及花杆、卷尺等常规测量仪器进行测绘地形图、中线测量、路线水准测量和横断面测量等工作。由于用这些仪器采集地形数据，往往要由人工读数、记录、键入计算机，不仅劳动强度大、费时费力、效率低下，而且极易出错，在直接采集地形三维坐标数据方向应用较少。

2. 野外实测构建 DTM

采用 GPS-RTK、全站仪、光电测距仪等在野外实地采集地形、地物等特征点的三维坐标及属性信息，制作数字地面模型。以野外实测数据生成的 DTM，其高程插值相对于最近高程控制点的高程中误差应满足表 10-17 的规定。

野外实测数据的 DTM 高程插值精度　　表 10-17

地形类别	平原	微丘	重丘	山岭
中误差（m）	≤±0.2	≤±0.4	≤±0.5	≤±0.7

航测法、地形图数字化和野外实测采集数据的采样点间距应符合表 10-18 的规定。

采样点间距　　表 10-18

采样方式		比例尺			
		1:500	1:1000	1:2000	1:5000
野外实测（m）	平原、微丘	≤10	≤20	≤40	≤100
	重丘、山岭	≤5	≤10	≤20	≤50
摄影测量、地形图数字化（m）	平原、微丘	≤5	≤10	≤20	≤50
	重丘、山岭	≤2	≤5	≤10	≤30

二、遥感技术在道路勘测设计中的应用

（一）遥感技术简介

遥感（RS）一词产生于 20 世纪 60 年代，意思是遥远地感知。它是在远离目标的情况下判定、量测并分析目标性质的一种技术。具体来说，就是根据电磁波理论，应用现代技术在不用与研究对象直接接触的情况下，从高空或远距离通过传感器接收地面物体对电磁波的反射信号，并将这些信号记录下来，进行加工与处理，最后对研究对象的性质、特点和数量进行分析和判读，这些过程称为遥感技术。

RS 的主要作用是识别地物，在大范围的工程规划、设计中使用遥感数据，可以省时省力。根据卫星相片所呈现的图像，得到设计对象总体的基础数据（如植被空间分布图、水系分布图），这样就大大减少了实地调查进行数据采集的工作量。有了基础数据以后，就可以根据需

要加工得出专业上需要的数据。

(二)遥感技术系统的组成

现代遥感技术系统一般由空间信息采集系统、地面接收和预处理系统、地面实况调查系统和信息分析应用系统四部分组成,如图 10-10 所示。

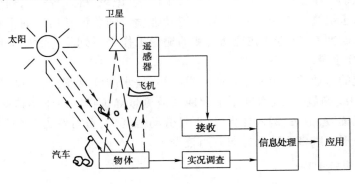

图 10-10　遥感技术系统的组成

1. 空间信息采集系统

空间信息采集系统主要包括遥感平台和传感器两部分:遥感平台是运载遥感器并为其提供工作条件的工具,它可以是航空飞行器,例如飞机和气球等,也可以是航天飞行器,例如人造地球卫星、宇宙飞船、航天飞机等。显然遥感平台的运行状态会直接影响遥感器的工作性能和信息获取的精确性。传感器是收集、记录被测目标的特征信息(反射或发射电磁波)并发送至地面接收站的设备。遥感器是整个遥感技术系统的核心,体现着遥感技术的水平。

在空间信息采集中,通常有多平台信息获取、多时相信息获取、多波段或多光谱信息获取几种形式。多平台信息是指同一地区采用不同的运载工具获取的信息;多时相信息是指同一地区不同时间(年、月、周、日)获取信息;多波段信息是指传感器使用不同的电磁波段获取的信息,如可见光波段、红外波段、微波段等;多光谱信息是指传感器使用某一电磁波中不同光谱范围获取的信息,如可见波段中的 $0.4 \sim 0.5 \mu m$、$0.5 \sim 0.6 \mu m$、$0.6 \sim 0.7 \mu m$ 等。多波段和多光谱有时互为通用。

2. 地面接收和预处理系统

航空遥感获取的信息,可以直接送回地面进行一定的处理。航天遥感获取的信息一般都是以无线电的形式实时或非实时性的发送并被地面接收站接收和进行预处理(或前处理、粗处理)。预处理的主要作用是对信息所含有的噪声和误差进行辐射校正或几何校正,图像的分幅和注记(如地理坐标网等),为用户提供信息产品,例如,光学图像或计算机用的数字数据。

3. 地面实况调查系统

地面实况调查系统主要包括在空间遥感信息获取前后进行的地物波谱特征(反射及发射电磁波的特征)测量,在空间遥感信息获取的同时所进行的与遥感目的有关的各种遥测数据的采集(如区域的环境和气象数据)。前者是为设计传感器和分析应用遥感信息提供依据,后者则主要用于遥感信息的校正处理。

4.信息分析应用系统

信息分析应用系统是用户为一定目的而应用遥感信息所采用的各种技术,主要包括遥感信息的选样技术、处理信息技术、专题信息提取技术、制图技术、参数量算和数据统计技术等内容。其中,遥感信息的选择技术是根据用户需求的目的、任务、内容、时间和条件(经济、技术设备等)在已有各种遥感信息的情况下,选购其中一种或多种信息时必须考虑的技术。当没有但需要最新遥感信息时(如航空遥感),应按照遥感图像的特点(如多波段或多光谱),因地制宜、讲求实效地提出航空遥感的技术指标。

(三)遥感技术信息的特点

航空航天相片能客观地记录和反映探测范围内人类活动和自然景观的全貌,具有真实性、客观性和时间性,影像和地物相似等特点,利用这些图像能够大大提高识别地物的能力。另外,遥感技术还有以下特点:

(1)探测范围大。一张照 ERTS 图像的覆盖面积等于 $185km \times 185km$,这样大的范围为人们客观地研究各种自然现象和规律提供了十分有利的条件;扩大了视野,对各种现象间的相互联系的认识提高,克服了地面工作的局限性。

(2)资料新颖,能迅速反映动态变化。卫星不停地绕地球运转重复地获得最新颖、最实时的情报资料,可及时监测和发现各种自然现象的异常和变化规律。

(3)成图迅速。出于卫星离地球较远,卫星摄影接近正射投影,所以每一点似乎都在与卫星垂直的平面上,这就可以提高成图工效,而且能反映地物、地貌的现势性。

(4)收集资料方便,不受地形限制。对高山冰雪、戈壁沙漠、海洋等一般方法不能获得有关资料的地区,用卫星图像可以获得大量有用的资料。卫星还可以不受任何政治地理的限制,遥感地球的任何一角。

(四)遥感技术在道路勘测设计中的应用

20 世纪 70 年代末,铁路选线开始应用遥感技术,RS 技术陆续应用到道路选线工作中。遥感图像具有宏观、逼真、直观、丰富的信息,为进行地形地貌、地质构造和地物的识别分析提供了可靠依据,具有其他方法无可比拟的优势。通过对高分辨率卫星图像的判释,查明路线经过地区的工程地质条件,并进行图像处理,通过计算机制图,绘制出彩色工程地质遥感判释图和水文地质遥感判释图,必要时进行少量有针对性的调查工作,为路线方案研究与比选提供依据;在道路定测、施工过程中,对复杂地质地段、路线重点工程地区开展遥感调查,为工程技术决策提供科学依据,保证施工顺利进行起到重要作用。

在道路勘测的各个阶段、在道路建设中的各类工程和各类专业中,均可应用各种比例尺的航摄相片和卫星遥感图像,通过图像判释和图像处理,提供工程需要的资料,弥补其他勘测手段的不足。考虑到勘测设计各阶段工作所依据的基础资料与文件要求深度不同,具体工作方法与详略程度也有所不同。

(1)在工程(预)可行性研究阶段,主要是利用航测遥感技术的优势,在大面积范围内进行方案研究、论证和比选。运用遥感图像对地貌、地层岩性、地质构造等进行判释,然后现场踏勘、验证,编制 1:10000~1:50000 工程地质略图,并采用综合勘探手段,获取所需的工程地质及水文地质资料,还可以利用遥感图像进行控制路线方案的大中桥位置的选择。

(2)在初测阶段,遥感图像、航摄相片先于大比例尺地形图,为各有关专业提供了沿线地区的自然模型。路线技术人员首先根据批准的路线方案在相片上进行初步选线,其他专业技术人员即可进行室内判释、调绘工作,并制定现场验证、测绘方案,指导现场调查、搜集资料。实践证明,采用航测遥感技术,外业不测地形,有效减少了外业工作量,使测绘和钻探工作量大大减少,不仅提高了勘测设计质量,而且经济效益也是可观的。

三、GIS 在道路勘测设计中的应用

(一) GIS 技术简介

GIS 是以地理空间数据库为基础,在计算机软件的支持下,对空间相关数据进行采集、管理、操作、分析、模拟和显示,并采用地理模型分析方法,适时提供多种空间和动态的地理信息,为地理研究和地理决策服务而建立起来的计算机技术系统。它是规划、管理和决策的有用工具。GIS 具有以下三个方面的特征:第一,具有采集、管理、分析和输出多种地理空间信息的能力;第二,以地理研究和地理决策为目的,以地理模型方法为手段,具有空间分析、多要素综合分析和动态预测的能力,并能产生高层次的地理信息;第三,由计算机系统支持进行空间地理数据处理,并由计算机程序模拟常规的或专门的地理分析方法,作用于空间数据,产生有用信息,完成人类难以完成的任务。

GIS 比地图所能表达的自然世界模型更为丰富和灵活,用户可以按应用目的观测这个世界模型的各方面的内容,也可以提取这个模型所表达现象的各种空间尺寸指标。它可以将自然发生和人为规划的过程加在这个数据模型上,取得自然过程的分析和预测的信息,用于管理和决策。

(二) GIS 系统的基本组成

一般来说,一个完整的地理信息系统通常由四个部分组成,即硬件系统、软件系统、地理数据(或空间数据)和系统管理操作人员。其核心部分是软、硬件系统,空间数据库反映了 GIS 的地理内容,而管理人员和用户则决定系统的工作方式和信息表达方式。

1. 硬件系统

计算机硬件是计算机系统中实际物理装置的总称,可以是电子的、电的、磁的、机械的、光的元件或装置,是 GIS 的物理外壳,系统的规模、精度、速度、功能、形式、使用方法甚至软件都与硬件有极大的关系,受硬件指标的支持或制约。GIS 由于其任务的复杂性和特殊性,必须由计算机设备支持。地理信息系统的硬件配置一般包括以下几部分:

(1)计算机主机:它可以是单机,也可以组成计算机网络系统。

(2)数据输入设备:用于将系统所需要的各种数据输入计算机、并将模拟数据转换成数字化数据。主要有数字化仪、图像扫描仪、手写笔、光笔、通信端口等。

(3)数据存储设备:光盘刻录机、磁带机、光盘塔、活动硬盘、磁盘阵列等。

(4)数据输出设备:笔式绘图仪、喷墨绘图仪(打印机)、激光打印机等。

2. 软件系统

软件系统是指 GIS 运行所必需的各种程序,通常包括:

(1)计算机系统软件。

计算机厂家提供的、为用户开发和使用计算机提供方便的程序系统,通常包括操作系统、汇编程序、编译程序、诊断程序、库程序以及各种维护使用于册、程序说明等,是 GIS 日常工作

所必需的。

（2）地理信息系统软件和其他支持软件。

可以是通用的 GIS 软件,也可包括数据库管理软件、计算机图形软件包、CAD、图像处理软件等。GIS 软件按功能可分为以下几类：数据输入、数据存储与管理、数据分析与处理、数据输出与表示模块、用户接口模块等。

（3）应用程序。

应用程序是系统开发人员或用户根据地理专题或区域分析模型编制的用于某种特定应用任务的程序,是系统功能的扩充与延伸。在优秀的 GIS 工具支持下,应用程序的开发应是透明和动态的,与系统的物理存储结构无关,而随着系统应用水平的提高不断优化和扩充。应用程序作用于地理专题数据或区域数据,构成 GIS 的具体内容,这是用户最为关心的真正用于地理分析的部分,也是从空间数据中提取地理信息的关键。用户进行系统开发的大部分工作是开发应用程序,而应用程序的水平在很大程度上决定系统的实用性、优劣和成败。

3. 地理空间数据

地理空间数据是指以地球表面空间位置为参照的自然、社会和人文景观数据,可以是图形、图像、文字、表格和数据等,由系统的建立者通过数字化仪、扫描仪、键盘、磁带机或其他通信系统输入 GIS,是系统程序作用的对象,是 GIS 所表达的现实世界经过模型抽象的实质性内容。不同用途的 GIS 其地理空间数据的种类、精度都是不同的,但基本上都包括三种互相联系的数据类型。

（1）空间位置数据。

空间位置数据即几何坐标,标识地理实体在某个已知坐标系（如大地坐标系、直角坐标系、极坐标系、自定义坐标系）中的空间位置,可以是经纬度、平面直角坐标、极坐标,也可以是矩阵的行、列数等。

（2）实体间的空间相关性。

实体间的空间相关性即拓扑关系,表示点、线、面实体之间的空间联系,如网络结点与网络线之间的枢纽关系、边界线与面实体间的构成关系、面实体与线或内部点的包含关系等。空间拓扑关系对于地理空间数据的编码、录入、格式转换、存储管理、查询检索和模型分析都有重要意义,是地理信息系统的特色之一。

（3）与几何位置无关的属性。

与几何位置无关的属性即常说的非几何属性或简称"属性",是与地理实体相联系的地理变量或地理意义。属性分为定性和定量的两种,前者包括名称、类型、特性等,后者包括数量和等级,定性描述的属性如岩石类型、土壤种类、土地利用类型、行政区别等,定量的属性如面积、长度、土地等级、人口数量、降雨量、河流长度、水土流失量等。非几何属性一般是经过抽象的概念,通过分类、命名、计算、统计得到。任何地理实体至少有一个属性,而地理信息系统的分析、检索和表示主要是通过属性的操作运算实现的。因此,属性的分类系统、量算指标对系统的功能有较大的影响。

4. 系统开发、管理、使用人员

人是 GIS 中的重要构成因素。地理信息系统从其设计、建立、运行到维护的整个生命周期,处处都离不开人的作用。仅有系统软硬件和数据还不能构成完整的地理信息系统,还需要人进行系统组织、管理、维护和数据更新、系统扩充完善、应用程序开发,并灵活采用地理分析模型提取多种信息,为研究和决策服务。对于合格的系统设计、运行和使用来说,地理信息系统专业人员是地理信息系统应用的关键,而强有力的组织是系统运行的保障。一个周密规划的地理信息系统项目包括负责系统设计和执行的项目经理、信息管理的技术人员、系统用户的应用工程师以及最终运行系统的用户。

(三) GIS 在道路勘测设计中的应用

(1)利用 GIS 的数据采集与数据库管理功能,对选线所需的基础资料进行统一管理和分类管理。

路线方案的确定需要考虑众多的影响因素,除地形、地质、水文、气象等自然条件因素外,还有施工条件、技术条件等,并且还要考虑路线在政治、经济、国防上的意义。各因素之间关系复杂,相互制约,传统的选线方法,在工作过程中,选线人员需要携带和处理大量的地形图和其他资料文献(交通资料、地区经济资料、发展规划等),很不方便,选线的工作量巨大,而且很难对全部的影响因素进行综合考虑。如将与路线方案有关的各种信息,如遥感图像、地形图、地质、水文、交通、地区经济发展水平等信息资料输入地理信息系统中,实现图文资料的数字化管理,GIS 系统通过有效的数据组织和信息分析处理,就能大大提高信息的利用率。同时,GIS 中录入了大量有关地理的空间信息,所有的信息都采用数字地图的方式存放,使得选线人员可以在其上建立研究对象的数学模型,进行预测或分析评价。

(2)利用 GIS 强大的空间查询和空间分析功能和地形分析功能,对信息进行加工处理,将影响路线方案的各种因素形象化地展现在选线人员面前。

采用地理信息系统,很容易进行各种信息的叠加与复合,有助于设计者对整个地区的地形、地质、水文、地貌等特征有一个完整的概念。在 GIS 的支持下,设计者可以按自己的设想任意布设或修改路线方案,使选线工作变得直观、灵活。GIS 系统还能够很快地计算出路线里程、工程量等,可以实时生成路线断面图。可以预先设定某些目标函数,让系统自动进行路线的平、纵断面优化。因此,可以快速、方便地进行路线方案的必选。

(3)利用 GIS 的制图功能,输出设计图纸。GIS 可以方便地用于地图的制作,通过图形编辑清除图形采集的错误,并根据用户的要求和地物的类型对数字地图进行整饰、添加符号(包括颜色和标记),然后通过绘图仪输出,就可以得到一张精美的全要素地形图。

GIS 对于传统的选线作业流程皆可协助处理,并提高工作效率与减少不必要的时间损耗,让传统的图文作业凭借计算机的处理,使图文密切的结合,以可视化的方式进行。

四、BIM 及其应用

(一) BIM 技术简介

BIM(Building Information Modeling)技术是 Autodesk 公司在 2002 年提出的,是一种应用于工程设计、建造、管理的数据化工具,通过对建筑的数据化、信息化模型整合,从建筑的设计、施工、运行直至建筑全寿命周期的终结,各种信息始终整合于一个三维模型信息数据库中,为设计团队以及包括建筑、运营单位在内的各方建设主体提供协同工作的基础,在提高生产效率、节约成本和缩短工期方面发挥重要作用。

BIM 的核心是通过建立虚拟的建筑工程三维模型,利用数字化技术,为这个模型提供完整的、与实际情况一致的建筑工程信息库。该信息库不仅包含描述建筑物构件的几何信息、专业属性及状态信息,还包含了非构件对象(如空间、运动行为)的状态信息。借助这个包含建筑工程信息的三维模型,大大提高了建筑工程的信息集成化程度,从而为建筑工程项目的相关利益方提供了一个工程信息交换和共享的平台。

BIM 设计属于数字化设计,BIM 不仅可以在设计中应用,还可应用于工程项目的全寿命周期中;用。BIM 的数据库是动态变化的,可以在应用过程中不断在更新、丰富和充实,为项目参与各方提供了协同工作的平台。

(二) BIM 的特点

道路工程等现代化大型建设项目一般均具有投资规模大、建设周期长、参建部门多,以及全寿命周期信息量大等特点,而 BIM 技术通过三维的共同工作平台以及三维的信息传递方式,可以为设计、施工、管理的一体化提供良好的解决方案。使得工程建设的各个阶段、建设过程中的不同责任主体之间实现实时、有效与可视化的沟通与联系。其主要特点包括以下几个方面。

1. 可视化

在 BIM 建筑信息模型中,工程项目的设计与施工整个过程都是可视化的,将以往的线条式的图纸与构件形成一种三维的立体实物图形展示在人们的面前,不仅可以用来进行效果图的展示及报表的生成,可以将项目设计、施工、运营与管理过程中的沟通、讨论、决策都在可视化的状态下进行,便于各种问题的展现与解决,有利于获得最佳方案。

2. 模拟性

在设计阶段,BIM 可以对设计上需要进行模拟的一些东西进行模拟实验。例如:车辆运行轨迹、相互冲突的可能性及其对通行能力的影响等;在招投标和施工阶段可以进行 4D 模拟(三维模型+发展时间),从而确定合理的施工方案;同时还可以进行 5D 模拟(基于 4D 模型+造价控制),从而实现成本控制;后期运营阶段可以模拟日常紧急情况的处理方式,例如:地震、消防人员疏散模拟等。

3. 协调性

道路工程及其他建筑工程的实施过程中,参建各方(施工单位、设计单位、业主单位、监理单位等),都在做着协调及相配合的工作。一旦项目的实施过程中遇到了问题,BIM 可以在一个统一的共享平台中,组织协调参建各方,找出问题发生的原因及解决办法。如立体交叉中的各行车方向的布置与桥梁分孔及桥位协调的关系,高层建筑中的各种专业之间的碰撞问题等等。

4. 优化性

工程项目的设计、建设与运营管理是全寿命周期的一个不断优化的过程。BIM 模型提供了实际存在的各种信息(几何信息、物理信息、规则信息),以及工程项目变化以后的实际存在信息,参与人员本身的能力无法掌握所有的信息,BIM 及与其配套的各种优化工具提供了对复杂项目进行优化的可能。

5. 可出图性

BIM 模型不仅能绘制常规的建筑设计图纸及构件加工的图纸,还能通过对建筑物进行可视化展示、协调、模拟、优化,并出具各专业图纸及深化图纸,使工程表达更加详细。

(三) BIM 在道路勘测设计中的应用

目前,BIM 技术在道路勘测中主要用于以下几个方面:
(1) 实现道路工程的三维可视化设计。
(2) 优化立体交叉线位布设,以及立体桥的孔径选定、孔位布设。
(3) 动态可视化工程方案优化。

第三节 道路计算机辅助设计软件

一、道路 CAD 的概念与发展概况

(一) 道路 CAD 的基本概念

传统的设计方法都是设计者凭经验选择设计参数,借助各种图表、手册和经验数据来进行各种设计的,其中大量的计算和绘图工作具有繁琐性、重复性。为了改变这种状况,人们从20世纪60年代起开始研究一项旨在利用计算机帮助设计人员完成设计过程的新技术——计算机辅助设计(Computer Aided Design,CAD),经过30多年的发展,CAD 技术已从原来的电子领域逐步扩展到机械和土木工程等领域,日益成为现代设计的重要手段之一。

将 CAD 技术应用于道路工程设计方案的构思和形成、方案的比较和选择、工程计算和优化以及设计图纸、表格及文字说明的自动输出等一系列工作,称为道路 CAD。

(二) 道路 CAD 的发展概况

1. 国外发展概况

20世纪60年代,计算机运用到道路设计主要是完成繁重的计算任务,如多层路面结构力学计算、路基稳定性分析与计算、桥梁结构计算、路基土石方计算及平面和纵断面线形计算等。为了获得更大的效益,欧美等发达国家,如英国、美国、法国、德国和丹麦等先后展开了路线纵断面优化技术研究,开发了较为成熟的路线纵断面优化程序,有代表性的为英国 HOPS 纵断面选线最优化程序系统、德国 EPOS 程序等。20世纪70年代,道路优化技术从单一的纵断面优化扩展到一定宽度范围的平面线形优化和平纵面线形综合优化;数字地面模型开始应用,计算机绘图技术发展为实用阶段。平面优化技术有代表性的成果包括英国 NOAN 程序、美国 GCARS 程序、德国 EPOS-1 程序。20世纪80年代,道路 CAD 系统的发展更加完善,并逐步向系统化、集成化方向发展。很多国家建立了由航测设备、计算机和专用软件包组成的成套系统,可以完成从数据采集、建立数字地面模型、优化设计到设计文件编制的全部工作,系统都有成功的图形环境支撑,商品化程度很高,如英国 MOSS 系统、美国 INROADS、德国 CARD/1 等。进入20世纪90年代,道路 CAD 软件有向国际化发展的趋势,尽量提高软件的适应性,使其满足不同国家设计标准的要求。在数据采集方面,研究采用 GPS、数字摄影测量、遥感地质判释等新技术、新设备。

2. 国内发展概况

我国公路部门应用计算机起步较晚。对道路 CAD 技术的研究开始于20世纪70年代末,经历了70年代末与80年代初期的探索、80年代中后期的发展和90年代的提高普及,到目前

为止,已在数据采集、内业辅助设计和图形处理各方面取得了较大成绩。

20世纪70年代末期至80年代初期,国内有关高等院校和设计单位在收集和翻译国外路线优化技术和CAD技术资料的基础上。首先开展了路线优化技术方面的研究,编制相关优化程序。在辅助设计方面,编制了一些生产实际中急需的路线计算程序,如中桩坐标计算、土石方计算等,开发了针对某种绘图机的绘图程序。这一阶段,路线优化设计是当时计算机在道路设计应用的主流,由于受当时计算机软硬件环境的限制,所编制的程序都是针对某一单项工作,以替代手工计算为目的,功能单一,缺乏系统性,因此应用面较窄。

20世纪80年代中后期,随着我国道路建设的快速发展,对道路CAD技术的需求也不断增大,促进了道路CAD技术的发展。1986年。交通部在多次技术论证的基础上,把公路和桥梁CAD列入国家"七五"重点科技攻关项目,进行研究开发。道路CAD的研究内容包括数字地面模型、路线平纵面线形综合优化、路线设计、立交设计、中小桥涵设计、支挡构造物设计等许多方面;桥梁CAD的研究内容包括桥梁结构布置、桥梁结构有限元分析、桥梁施工详图设计、桥梁工程造价分析等。该项目以工作站为硬件平台,应用对象为一些较大的设计单位。在这一阶段,大量高档次微机和外围设备不断出现,为微机专门配备的图形软件也更趋成熟,给道路CAD软件的开发提供了良好的条件,有关科研院所和设计单位,根据各自单位的实际需要,也纷纷开展了道路CAD软件的开发工作,推出了一些各具特色的道路CAD系统。这一阶段CAD软件的特点是计算分析和成图一体化,以提高软件的自动化程度为目标,但大多缺乏交互性能或交互性能不高,软件的子系统之间接口繁多,没有统一的数据管理。

20世纪90年代至今是道路基础设施建设大发展时期,道路建设的速度明显加快,建设规模空前扩大,对CAD软件的要求越来越高。这一时期也是CAD软件的商品化发展阶段,软件开发商为满足市场需求和适应计算机硬、软件技术的迅速发展,在大力推销其软件产品的同时,对软件的功能、性能,特别是用户界面和图形处理能力,进行了大幅度扩充;对软件的内部结构和部分软件模块,特别是数据管理部分,进行了重大改造;新增的软件部分大都采用了面向对象的软件设计方法和面向对象语言。以微机为平台的道路CAD系统很快占据了优势,并逐渐取代了以工作站为平台的CAD软件。这期间,道路CAD软件发展的特点表现为:①软件支撑平台由DOS系统向Windows系统过渡,软件界面及交互性能有所改善;②部分软件自主开发了专业的图形支撑平台,系统具有较强的针对性和实用性;③道路CAD软件的应用深度和广度都有较大提高,应用范围基本覆盖了道路初步设计和施工图设计的各个方面(不包括方案设计、方案评价选优等),到1996年底,道路CAD技术已普及到地市级设计单位,设计文件全部由计算机完成,而且在立交和独立大桥等复杂工程中应用了三维技术进行渲染和动画,同时,开始实施计算机网络管理;④跟踪国际计算机应用技术的最新发展,开始了领域内不同新技术的集成研究,如1996年国家计委下达的国家"九五"重点科技攻关项目"国道主干线设计集成系统开发研究",1998年交通部重点资助项目"集成化公路CAD系统"研究等,研究的起点都比以前有较大提高。

二、道路CAD的主要功能

道路CAD软件的主要作用就是使设计人员能够摆脱大量烦琐性的、重复性的设计计算与绘图工作,并且优化和提高设计质量与效率。概括地说,道路CAD软件的最终目标就是要完成道路工程的一系列设计,这包括平、纵、横断面设计,挡土墙设计,土方计算,土方调配以及路面结构计算。

(一)平面设计

平面设计的主要内容是道路选线,这在公路设计上体现得尤为明显。对于城市道路而言,一条路的位置与宽度基本上是由规划部门来确定的,需要计算机做的主要工作就是计算平面线形的各个要素以及编排桩号。

在公路设计方面,目前很多优秀的道路CAD软件都能够直接在三维数字地形模型基础上,进行平面选线分析。线形走向确定以后,以往由设计人员计算的平曲线要素也都由计算机自动生成,并自动绘制工程所需的施工图。

(二)纵断面设计

纵断面设计中,纵断面线形优化是工作的主要内容之一。优秀的道路CAD软件在纵断面线形优化方面,不仅能进行挖填方平衡和土方调配方面的考虑,而且还能进行平、纵组合分析。同平曲线要素计算一样,竖曲线要素的计算也由计算机自动完成,并由计算机直接绘制生成工程所需施工图。

(三)横断面设计

横断面设计在技术上难度不大,但由于需要绘制逐桩横断面图,因此横断面设计的工作量比较大也比较烦琐。计算机辅助设计可以在平、纵断面的设计基础上进行加宽计算、超高设计,并自动绘制逐桩横断面图。

(四)土方量计算与土方调配

在逐桩横断面的设计基础上,计算机可以自动进行土方量计算,并生成土石方计算表。更先进一点的软件还带有土方调配模块,但是从目前的情况来看,土方调配的结果并不理想,但是这应当是道路辅助设计软件应当努力的一个方向。

(五)交叉口竖向设计

交叉口竖向设计在城市道路施工图设计中较常遇见。在国内的市政道路辅助设计软件中,交叉口竖向设计模块一般是必备模块,公路方面的辅助设计软件也有部分包含该功能。从目前的使用经验来看,该类模块仅在处理标准的十字形或T形(正交)交叉口上令人比较满意,对于畸形交叉则无法处理,因此,在计算机生成的竖向设计图上往往需要进行必要的人工调整与修改。

三、常用的道路CAD软件简介

目前,道路CAD辅助设计软件的开发有两种方案,一种是基于AutoCAD进行的二次开发软件,另一种是基于自设图形平台进行全新开发。这两种方案开发的出来的软件风格各异,二者之间在设计风格与使用习惯上都有较大的差距。

现在国内设计部门使用的道路辅助设计软件的种类极其繁多,国内的或国外的、商业化的或自己开发仅供内部人员使用的,数目繁多。基本上,这些软件的主要功能都是一样的,本书挑选了几种目前正被使用的道路CAD辅助设计软件做简要介绍,以使学生在进入工作岗位之前能对整个道路设计行业所使用的CAD软件有个粗略的印象。读者如对相应的软件有兴趣,可以上网搜索它们的学习版或者相应的使用说明书。

(一)纬地道路辅助设计系统(HintCAD)

纬地道路辅助设计系统(HintCAD)是中交第一公路勘察设计研究院开发的路线与互通式立交设计的大型专业 CAD 软件。系统利用实时拖动技术,使用户直接在计算机上动态交互式完成公路路线的平、纵、横设计、绘图、出表;在互通式立交设计方面,系统更以独特的立交曲线设计方法、起终点智能化接线和灵活批量的连接部处理等功能而著称。目前该软件最新版本为 v5.8 版。系统可以很方便地完成公路路线设计、互通立交设计、三维数字地面模型应用、公路全三维建模(3DRoad)等,适用于高速公路,一、二、三、四级公路主线,互通立交,城市道路及平面交叉口的几何设计。

纬地道路辅助设计系统数模版不仅支持国内常规的基于外业测量数据基础上的路线与互通式立交设计,更可以利用三维电子地形图,建立三维数模并直接获得准确的纵、横断地面线数据,进而进行平、纵、横系统化设计。它具有专业性强,与实际工程设计结合紧密、符合国人习惯、实用灵活,容易上手等特点。操作界面如图 10-11 所示。

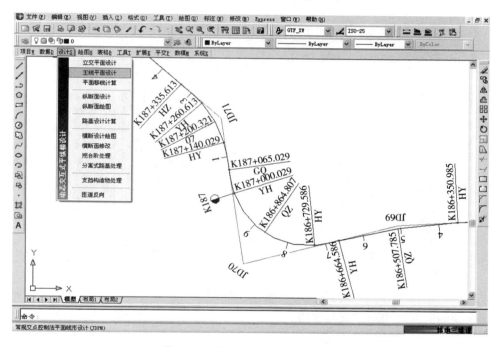

图 10-11 纬地系统的操作界面示意图

1. 路线辅助设计

(1)平面动态可视化设计与绘图。

纬地系统沿用传统的导线法(交点法)经典理论,可进行任意组合形式的公路平面线形设计计算和多种模式的反算。用户可在计算机屏幕上交互进行定线及修改设计,在动态拖动修改交点位置、曲线半径、切线长度缓和曲线参数的同时,可以实时监控其交点间距、转角、半径、外距以及曲线间直线段长度等技术参数。在平面设计完成的同时,系统自动完成全线桩号的连续计算和平面绘图。系统支持基于数字化地形图(图像)上的上述功能,同时也可方便地将低等级公路外业期间已经完成的平面线形导入本系统。图 10-12 是纬地交点法动态可视化平面设计对话框、图 10-13 是纬地设计生成的平面图。

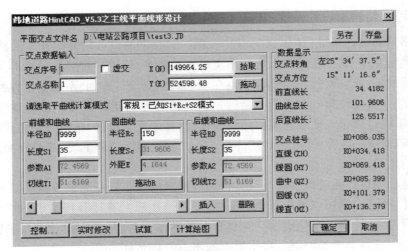

图 10-12　纬地动态可视化平面设计对话框

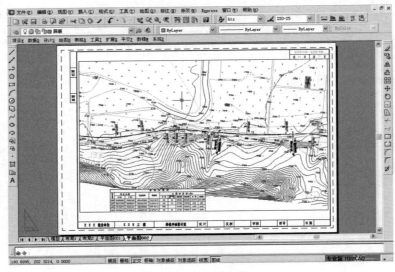

图 10-13　纬地设计生成的平面图

（2）纵断面交互式动态拉坡与绘图。

HintCAD 系统在自动绘制拉坡图的基础上，支持动态交互式完成拉坡与竖曲线设计。用户可实时修改变坡点的位置、高程、竖曲线半径、切线长、外距等参数；对大、中型桥梁等主要纵坡，受控处系统可自动提示控制情况。对于公路改建项目，系统可根据用户需要自行回归纵坡（点）数据。系统支持以"桩号区间"和"批量自动绘图"两种方式绘制任意纵、横比例和精度的纵断面设计图及纵面缩图，自动标注沿线桥、涵等构造物，绘图栏目也可根据用户需要自由取舍定制。以上功能不仅适用于公路主线，同样适用于互通式立交匝道的纵断面设计与绘图。图 10-14 是一张纬地系统绘制的纵断面图。

（3）超高、加宽过渡处理及路基设计计算。

HintCAD 系统支持处理各种加宽、超高方式及其过渡变化，进而完成路基设计与计算、方便、准确地输出路基设计表，可以自动完成该表中平、竖曲线要素栏目的标注。系统在随盘安装的"纬地路线与立交标准设计数据库"的基础上，通过"设计向导"功能自动为项目取用超高和加宽参数,并建立控制数据文件。

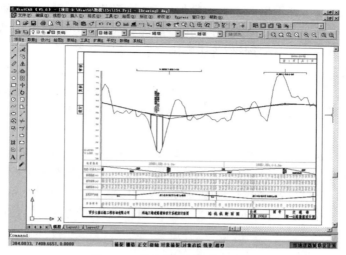

图 10-14　纬地系统绘制的纵断面图

另外,系统最新版中路基的断面形式(包括城市道路的多板块断面)可由用户随意指定或修改。

(4)参数化横断面设计与绘图。

系统支持常规模式和高等级公路沟底纵坡设计模式下的横断面戴帽设计,同时准确计算并输出断面填挖方面积以及坡口、坡脚距离等数据,并可以根据用户选择准确扣除断面中的路槽面积(包括城市道路的多板块断面的路槽)。用户可任意定制多级填挖方边坡和不同形式的边沟排水沟。并提供了横断面修改和土石方数据联动功能。可以直接根据用户设定自动分幅输出多种比例的横断面设计图,并可自动在图中标注断面信息和断面各控制点设计高程。

横断面设计中的支挡防护构造物处理模块,可自动在横断面设计图中绘出挡土墙、护坡等构造物,并可设置支挡构造物根据路基填土高度自动变换墙高度或自动变换填土高度,并在断面中准确扣除其土方数量。路基横断面设计结果如图 10-15 所示。

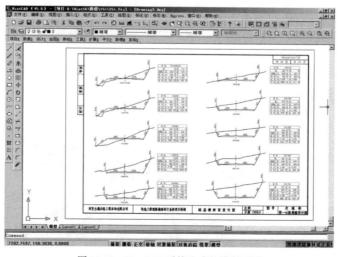

图 10-15　HintCAD 系统生成的横断面图

(5)土石方计算与土石方计算表等成果的输出。

系统利用在横断面设计输出的土石方数据,直接计算并输出土石方计算表到 Excel 中,方便用户打印输出和进行调配、累加计算等工作。系统可在计算中自动扣除大、中桥、隧道以及路槽的土石方数量,并考虑到松方系数等影响因素。

加上"纬地土石方可视化调配系统",用户在方便、直观的鼠标拖曳操作中可完成土石方纵向调配,系统自动后台记录用户的每一次操作(可无限制返回),并据此直接绘制完成全线的土石方纵向调配图表。表 10-19 即是纬地生成的土石方数量计算表。

(6)公路用地图(表)与总体布置图绘制输出。

基于横断面设计成果,系统批量自动分幅绘制公路用地边线,标注桩号与距离或直接标注用地边线上控制点的平面坐标,同时可输出公路逐桩用地表和公路用地坐标表。

同样,系统还可基于路线平面图,直接绘制路基边缘线、坡口坡脚线、示坡线以及边沟排水沟边线等,自动分幅绘制路线总体布置图。并可区别跨径与角度自动标注所有大、中型桥梁、隧道、涵洞等构造物。

(7)路线概略透视图绘制(以及全景透视图)。

可以直接利用路线的平、纵、横原始数据,绘制出任意指定桩号位置和视点高度、方向的公路概略透视图(线条图)。在系统的数模版中,可直接生成全线的地面模型和公路全三维模型,方便地渲染制作成三维全景透视图和动态全景透视图(三维动画),并模拟行车状态。HintCAD 绘制生成的概略透视图见图 10-16。全景透视图见图 10-17。

图 10-16 HintCAD 透视图绘制程序直接生成的公路路线概略透视图

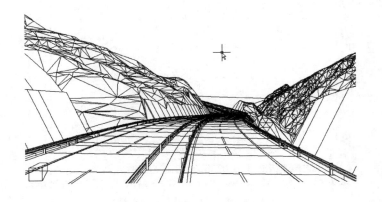

图 10-17 HintCAD 生成的公路路线全景透视图

路基土石方数量计算表

表10-19

桩号	横断面积 (m²)		距离 (m)	总数量	挖方风类及数量 (m³)												填方数量 (m³)			利用方数量及调配 (m³)							借方数量及运距 (m³)(km)		弃方数量及运距 (m³)(km)		总运量 (m³·km)		备注
					I		II		III		IV		V		VI		总数量	土	石	本桩利用		填缺		挖余		远运利用向调配示意								
	挖	填			%	数量	%	数量	%	数量	%	数量	%	数量	%	数量				土	石	土	石	土	石		土	石	土	石	土	石		
1	2	3	4	5	6	7	8	9	10	11	12	13	14	15	16	17	18	19	20	21	22	23	24	25	26	27	28	29	30	31	32	33	34	35
K160+466.7	5.1	1.1	3.3	12.3	20	2.5	60	7.4	20	2.5											5.1					7.3									
K160+470	2.4	1.9	10.0	23.3	20	4.7	60	14.0	20	4.7											20.1					3.2									
K160+480	2.2	2.1	10.0	17.8	20	3.6	60	10.7	20	3.6							20.1	20.1		17.8			4.7											
K160+490	1.4	2.4	10.0	13.7	20	2.7	60	8.2	20	2.7							22.5	22.5		13.7		10.8												
K160+500	1.4	2.5	10.0	20.0	20	4.0	60	12.0	20	4.0							24.5	24.5		16.7					3.3									
K160+510	2.6	0.9	10.0	30.2	20	6.0	60	18.1	20	6.0							16.7	16.7		7.3					22.9									
K160+520	3.4	0.6	10.0	39.5	20	7.9	60	23.7	20	7.9							7.3	7.3		5.2					34.2									
K160+530	4.5	0.5	10.0	46.4	20	9.3	60	27.8	20	9.3							5.2	5.2		4.3					42.1									
K160+540	4.8	0.4	4.0	20.0	20	4.0	60	12.0	20	4.0							4.3	4.3		1.6					18.5									
K160+544	5.3	0.4	16.0	84.2	20	16.8	60	50.5	20	16.8							1.6	1.6		16.8					67.4									
K160+560	5.2	1.7	20.0	122.7	20	24.5	60	73.6	20	24.5							16.8	16.8		19.2					103.5									
K160+580	7.0	0.2	20.0	128.8	20	25.8	60	77.3	20	25.8							19.2	19.2		2.2					126.6									
K160+600	5.8	0.0															2.2	2.2																
小计				588.9		111.8		335.3		117.8							145.4	145.4		129.9		15.5		429.0										
累计				588.9		111.8		335.3		117.8							145.4	145.4		129.9		15.5		429.0										

编制: 复核:

(8)平面移线。

平面移线功能主要针对低等级公路项目测设过程中发生移线情况而开发,系统可自动计算搜索得到移线后的对应桩号、左右移距以及纵、横地面线数据。

2. 互通式立交辅助设计

(1)立交匝道平面线位的动态可视化设计与绘图。

HintCAD 系统采用曲线单元设计法和匝道起终点智能化自动接线相结合的立交匝道平面设计思路,提供了四种起点接线方式和七种终点接线方式,以及曲线线元的智能拾取,方便、快捷地完成任意立交线形的设计和接线。特别是系统在任意曲线单元和起点接线约束时,实时拖动任意曲线单元,匝道终点动态接线更为直观、灵活。

与主线平面绘图相同,系统在立交平面设计完成的同时,完成立交平面线图的绘制,用户可根据出图需要控制其标注方向、内容和字体大小;同时可直接在线位图中绘制输出立交曲线表和立交主点坐标表。

(2)任意的断面形式、超高加宽过渡处理。

系统采用独特而精巧的路幅变化描述和超高变化描述方式,可支持处理任意路基断面变化型式(如单、双车道变化、分离式路基等)和各种超高变化。

(3)立交连接部设计与绘图。

纬地系统除支持处理各种形式的加宽和超高过渡外,更可自动搜索计算立交匝道连接部(加、减速车道至楔形端)的横向宽度变化,根据用户指定批量标注桩号及各变化段的路幅宽度,自动搜索确定楔形端位置及相关线形的对应桩号。

(4)连接部路面高程数据图绘制。

在连接部设计详图的基础上,系统可批量计算、标注各变化位置及桩号断面的路基横向宽度、各控制点的设计高程、横坡及方向等数据。由于系统内部采用同一计算核心模块,所以能自动保证立交连接部位路基设计表、横断面图和路面高程图等输出成果的一致性。纬地系统绘制的连接部图如图 10-18 所示。

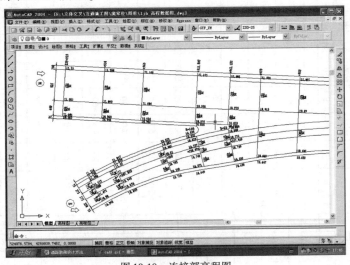

图 10-18 连接部高程图

(5)分离式路基的判断确定。

用以自动判断确定互通式立交中主线与匝道之间、匝道与匝道之间或高速公路分离式路基左右线之间的路基边坡相交位置的准确计算确定。

3. 数字化地面模型应用

HintCAD 系统支持多种三维地形数据接口(如 dwg/dxf 格式、dgn 格式、Card/1 软件的 asc/pol 格式,以及 pnt/dgx/dlx 格式等),能够自动过滤、剔除粗差点和处理断裂线相交等情况,免去了繁多的手工修改工作,可以快速建立最优化三角网三维数字地面模型(DTM)。同时,系统提供多种数据编辑、修改和优化功能,不仅提供多种编辑三角网的功能,还专门开发了自动优化去除平三角形的数模优化等模块。可以快速、准确地完成路线纵、横断面地面线插值(或剖切),使大范围的路线方案深度比选和优化成为现实。

4. 建立公路三维真实模型(3DRoad)

图 10-19 是应用纬地数字化地面模型和三维漫游系统制作的效果图。

图 10-19 纬地系统生成的三维效果图

5. 平交口自动设计

(1)可以自动计算输出平交口等高线图。

(2)自动标注板块的尺寸及板角设计高程等。

除了上述功能以外,HintCAD 系统还可以估算路基平均填土高度、进行桩号自动查询、绘制任意桩号法线、图纸的批量打印功能、桥位和桩基坐标表输出及设计高程计算、外业放线计算等。

(二)CARD/1 道路设计软件系统

德国道路设计软件 CARD/1 系统(Computer Aided Road Design)是德国巴泽多和托诺工程软件有限公司研制。该软件是国内道路勘测设计领域中应用最为广泛的一款国外软件。CARD/1 主要适用于公路和城市道路工程的测量和设计任务,包括互通式立体交叉的测设,也可以适用铁道工程和水工管道的设计任务。巴泽多和托诺工程软件有限公司创立于 1988 年,专门从事开发 CARD/1 软件,该软件是德国市场上同类产品的领先者。从 1994 年起,同济大学、东南大学和交通部第一公路勘察设计院就着手该软件的引进和本地化工作。

CARD/1 功能强大,其中文版在国内一经推出,立刻受到了广泛的欢迎。目前,已有新疆、福建、甘肃、陕西、黑龙江等多个地区的公路勘察及交通规划设计院等使用该软件,已成功地完成了许多大型公路工程项目的测设任务,获得较好的效果;另外,还有多所大学引进该软件系统作为教学使用。

1. 独立的图形平台和数据编辑系统

CARD/1 软件不同于前面所介绍的纬地软件和 HEAD 软件,它是属于基于自设图形平台开发出来的,开发自设图形平台的主要好处在于它设置了许多特别适用于道路设计的各种图形操作模式,摒除了不适用的命令与功能。从图 10-20 的 CARD/1 操作界面可以看出,它与常用的基于 AutoCAD 图形平台开发出来的软件有较大的不同。它高度集成化,除采用 Windows 操作系统外,可以不依靠任何其他软件支持,保持有自己的完整体系,含有自己的图形、表格、数据和文字编辑系统,数据在系统内部高效传输,避免了不必要的转换,减少了出错的机会。

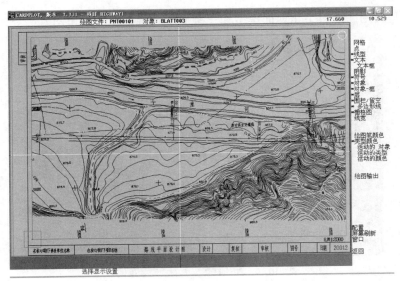

图 10-20　CARD/1 中文版操作界面

2. 勘测、设计和绘图一体化

CARD/1 是一个测量、设计和绘图一体化的软件,从大地测量的评差计算、道路路线设计,一直到图纸的生成和输出,它们使用统一的数据和图形库,将所有待处理的工作在一个系统中完成。

CARD/1 可以通过全站仪实测、GPS 测量、航空摄影测量和其他电子地图等手段形成数字地形模型,对扫描的光栅图通过半自动化的方法转换成三维数字地形模型,并通过修正与实测数据进行数模的叠加,作为路线三维设计的基础;也可以将光栅图和矢量图进行混编。

在 CARD/1 系统中,平面定线、纵断面拉坡、横断面戴帽等都可以运用数字地形模型数据直接在显示屏上进行。在该系统中,设计和出图是分开进行的,可完整地保留设计过程和多个设计方案,用于备查,设计时无须考虑出图。对设计的任何调整,在出图时很易作出灵活反应。

CARD/1 可输出我国惯用的各种格式的公路设计图表(图 10-20 ~ 图 10-23),包括标有中文的平面(图 10-20)、纵断面(图 10-21)、横断面图(图 10-22)和各种主要表格(图 10-23)。它符合我国的设计规范和工程师们惯用的传统测设方法。

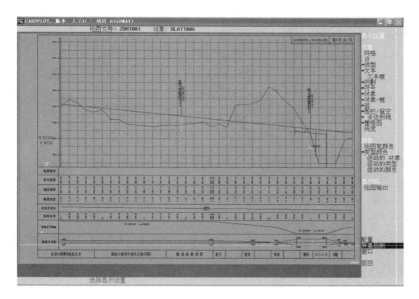

图 10-21　CARD/1 生成的纵断面图

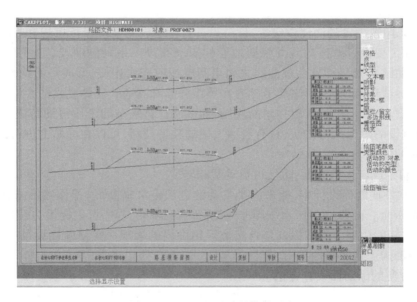

图 10-22　CARD/1 生成的横断面图

3. 先进的设计思想和方法

在 CARD/1 软件中,融合了德国有经验的工程师多年工作的结晶,具有很多先进的设计思想和方法,可以获得高效优质的设计成果。

(1) 构建高质量的数字地面模型。

在构建数字地面模型运用 CARD/1 软件的构网规则,可以建立高质量的数模,它具有分拼断裂线和全面的检错功能,保证了设计基础资料的准确性,它的精度可满足施工图设计的要求。运用数字地面模型可以生成具有圆滑等高线的地形图,还可以进行汇水面积和库容量的计算。

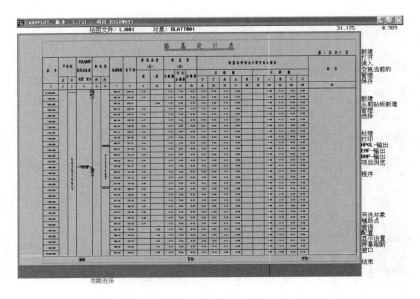

图 10-23　CARD/1 生成的路基设计表

(2) 采用曲线定线法。

CARD/1 采用了先进的曲线定线法,这一设计方法更容易实现设计思想和目标,它的基本原则是:首先在需要设置弯道的地方根据地形的要求布设一系列圆曲线(直线被看成为半径为无限大的圆曲线),然后在这些圆曲线之间用回旋线或直线连接,形成平面线形。我国传统上习惯于采用导线法测定路线,事实上随着高等级公路和互通式立体交叉的大量兴建,导线法的不足日益显露出来,由于计算机技术的应用,曲线法计算复杂的矛盾得到解决。在 CARD/1 软件中,采用自设的图形操作方法,具有灵活方便的独特技巧,可以在屏幕上进行路线定位,获得高效和优质的成果。

(3) 半自动生成定义横断面,边坡可自动缓和转变。

CARD/1 软件横断面设计中,能采用半自动的方法定义横断面,操作灵活方便,可以形成任意形式的横断面。再者,在两个不同边坡横断面的区段间,程序可以提供边坡自动缓和转变的图式,保持良好的用地边界线以及与自然地形相协调的景观。在横断面设计中还可以完成分离式路基和带构造物的断面。

(4) 灵活方便的纵断面设计方法。

在纵断面拉坡时可以即时显现单位宽度的土石方累计曲线以判断土石方的平衡。纵断面设计方法灵活多样,包括了最小二乘法回归等几乎所有可能用到的方法。

(5) 平交设计提供适用的交通岛模板。

按照德国规范和研究成果,提供了平面交叉口处的各种交通岛的模式,形式美观,安全可靠。CARD/1 软件采用模块化和参数化的方法可以提供这些交通岛的模板,方便了平面设计。

(6) 独特的文字和图形编辑功能。

在最后出图时可以按需要对文字、符号和某些图形对象进行自动镂空,对符号和对象进行指针化调用,可以得心应手地获得所期望的图纸及图上的文字标注。

4. 图形转换、输出与三维立体建模功能

CABD/1 是深度开放的,与其他众多的 CAD 软件保持有接口,如可以将图形数据转换成

DXF 格式而用于 AutoCAD 图形平台。对于不习惯使用 CARD/1 的设计人员而言，他们可以将 CARD/1 制作的图利用 AutoCAD 图形平台进行再次编辑和修改。

CARD/1 也可以借助自身强大的三维建模功能，能很容易地将设计成果生成三维数字模型，把它接入 3D Studio MAX 软件进行渲染，可以制作三维立体图片或生动直观的公路路线三维动画。图 10-24 为某公路的三维效果图。它是由 CARD/1 生成三维数字模型，通过 3D Studio MAX 渲染而成。

图 10-24　CARD/1 与 3D MAX 结合渲染生成的公路效果图

生成三维效果图或三维动画对于路线方案检查来说极为直观，平纵组合是否良好、视距是否足够、路侧景观是否单调等一系列问题可以在工程开工以前就予以解决，避免了设计上的缺陷和遗憾，有利于提高设计质量，设计出精品工程。

（三）BIM 设计软件

目前，常用的 BIM 软件平台主要包括三大系列：Autodesk 系列、Bentley 系列和 Dassault 系列。三大系列的 BIM 软件对于道路、桥梁构造物等的建模软件如表 10-20 所示。

主要的 BIM 软件平台　　　　表 10-20

软 件 系 列	道 路 建 模	构造物建模	渲 染 展 示
Autodesk	Civil 3D	Revit	Infraworks、3DMax 等
Bentley	PowerCivil	Microstation	Microstation、LumenRT 等
Dassault	—	Catia	3DVia

对于道路勘测设计而言，目前常用的 BIM 建模软件主要是前两种，即：Autodesk 系列和 Bentley 系列，它们在应用中各有自己的优点与缺点。本文以 Autodesk 系列软件为例，简要介绍 BIM 技术在道路勘测设计中的应用。

1. 道路路线建模（Civil 3D）

AutoCAD Civil 3D 软件是一款面向土木工程设计与文档编制的建筑信息模型（BIM）解决方案，它的三维动态工程模型有助于快速完成道路工程、场地、雨水/污水排放系统以及场地规划设计。所有曲面、横断面、纵断面、标注等均以动态方式链接,可更快、更轻松地评估多种设计方案、做出更明智的决策并生成最新的图纸。

Civil 3D 软件中的勘测和设计工具可以自动完成许多耗费时间的任务,全面集成了勘测功能,可以直接导入原始勘测数据、最小二乘法平差,编辑勘测资料,自动创建勘测图形和曲面。

(1)创建曲面。

利用 Civil 3D,可以使用传统的勘测数据(如点和特征线)创建曲面。借助曲面简化工具,充分利用航拍测量的大型数据集以及数字高程模型。将曲面用作等高线或三角形,或者创建有效的高程和坡面分析,如图 10-25 所示。

图 10-25　曲面示意图

(2)道路建模。

Civil 3D 可以通过定制的横截面组件,为公路和其他交通运输系统创建参数化定义的动态三维模型。可以利用内置的部件(其中包括行车道、人行道、沟渠和复杂的车道组件)或自创的组件绘制或修改道路模型,道路建模示意图详见图 10-26。

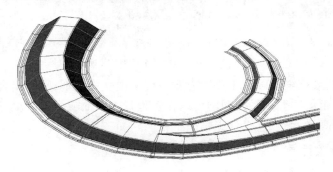

图 10-26　Civil3D 创建的道路模型示意图

(3)平面、纵断面及横断面图形绘制。

Civil 3D 可以根据工程需要,创建平面图和纵断面图,如图 10-27 和图 10-28 所示。

2. 构造物建模(Revit)

Revit 系列软件是专为建筑信息模型(BIM)构建的,可帮助建筑设计师设计、建造和维护质量更好、能效更高的建筑。是 Autodesk 系列 BIM 软件中设计和处理构造物的主要工具。道路工程设计中的桥涵构造物,一般用 Revit 进行设计和绘制,如图 10-29 所示。

3. 集成展示(Infraworks)

Infraworks 是 Autodesk 公司的一款基础设施规划与设计软件,可生成基于真实环境数据的优质模型、概念构思及优化设计以及通过出色的视觉体验实现沟通交流。道路设计中,通常将 Civil 3D 创建的道路模型和 Revit 创建的构造物模型用 Infraworks 进行集成,进而渲染生成优化的三维可视化道路公 BIM 模型,如图 10-30 所示。

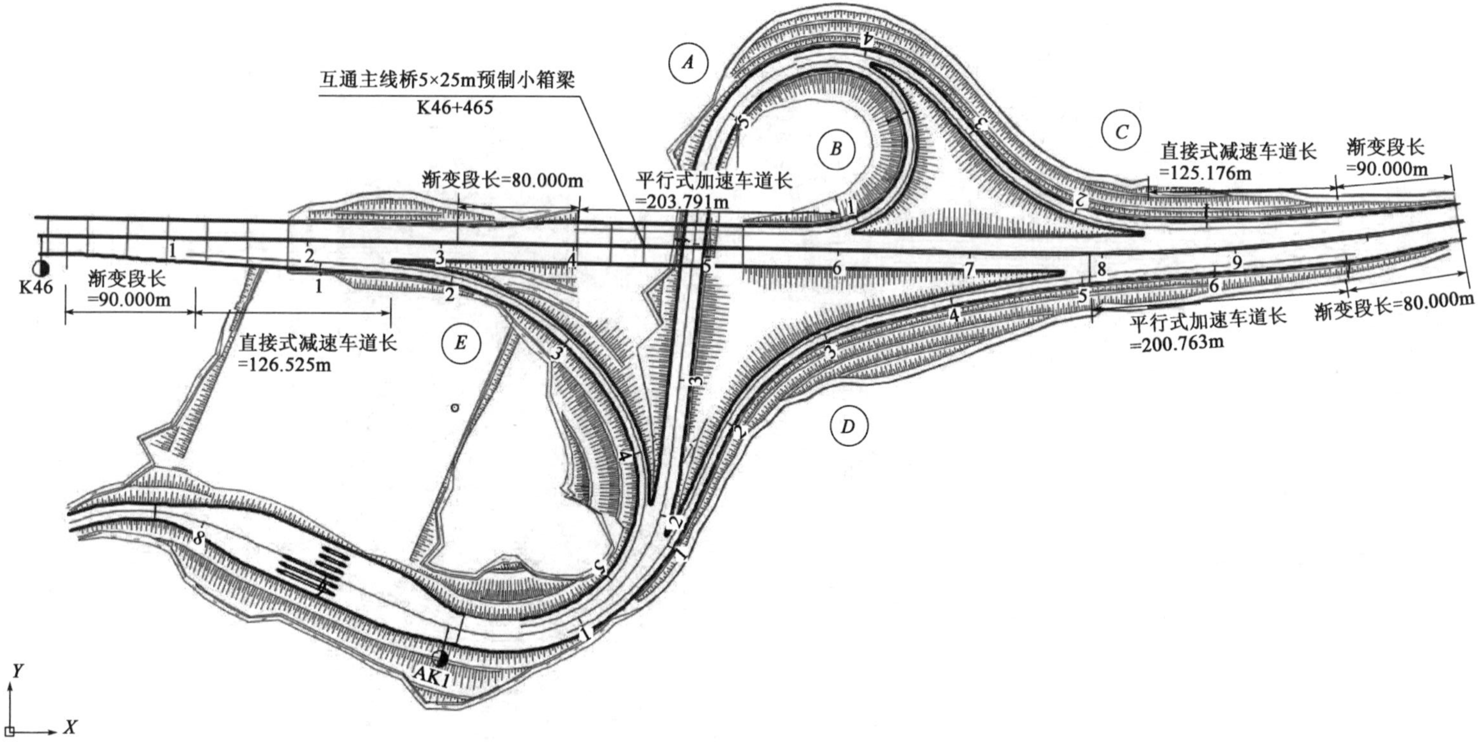

图10-27 Civil 3D创建的立体交叉平面图

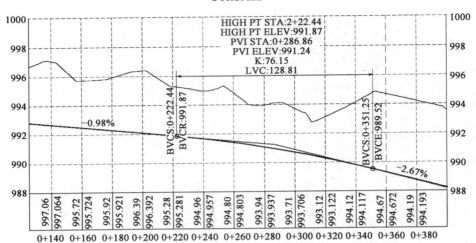

图 10-28 Civil 3D 创建的道路纵断面图

图 10-29 Revit 创建的构造物（桥梁）

图 10-30 Infraworks 集成展示

复习思考题

1. 道路初测的目的及工作内容是什么？
2. 道路定测的目的及工作内容是什么？
3. 中桩的放桩方法有哪些？精度如何控制？
4. 常用的路线设计软件各有什么特点？
5. 路线基平、中平的测量方法及精度要求。

参考文献

[1] 中华人民共和国交通运输部.公路工程技术标准:JTG B01—2014[S].北京:人民交通出版社股份有限公司,2014.
[2] 中华人民共和国交通运输部.公路路线设计规范:JTG D20—2017[S].北京:人民交通出版社股份有限公司,2017.
[3] 中华人民共和国交通运输部.公路交通安全设施设计规范:JTG D81—2017[S].北京:人民交通出版社股份有限公司,2017.
[4] 中华人民共和国住房和城乡建设部.城市道路工程设计规范(2016年版):CJJ 37—2016[S].北京:中国建筑工业出版社,2016.
[5] 中华人民共和国住房和城乡建设部.城市道路路线设计规范:CJJ 193—2012[S].北京:中国建筑工业出版社,2012.
[6] 中华人民共和国交通运输部.公路路基设计规范:JTG D30—2015[S].北京:人民交通出版社股份有限公司,2015.
[7] 中华人民共和国住房和城乡建设部.城市道路交叉口设计规程:CJJ 152—2010[S].北京:中国建筑工业出版社,2010.
[8] 中华人民共和国交通运输部.公路勘测规程:JTG C10—2007[S].北京:人民交通出版社股份有限公司,2007.
[9] 中华人民共和国交通运输部.小交通量农村公路工程技术标准:JTG 2011—2019[S].北京,人民交通出版社股份有限公司,2019.
[10] 中华人民共和国交通运输部.公路项目安全性评价规范:JTG B05—2015[S].北京:人民交通出版社股份有限公司,2015.
[11] 中华人民共和国交通运输部,中华人民共和国公安部.道路交通标志和标线 第2部分:道路交通标志:GB 5768.2—2019[S].北京:中国标准出版社,2019.
[12] 中华人民共和国交通运输部,中华人民共和国公安部.道路交通标志和标线 第3部分:道路交通标线:GB 5768.3—2019[S].北京:中国标准出版社,2019.
[13] 中华人民共和国交通运输部.公路交通安全设施设计细则:JTG/T D81—2017[S].北京:人民交通出版社股份有限公司,2017.
[14] 中华人民共和国住房和城乡建设部.城市道路照明设计标准:CJJ 45—2015[S].北京:中国建筑工业出版社,2015.

[15] 中华人民共和国住房和城乡建设部. 城市综合交通体系规划标准: GB/T 51328—2018 [S]. 北京: 中国建筑工业出版社, 2019.
[16] 中华人民共和国住房和城乡建设部. 城市道路绿化规划与设计规范: CJJ 75—97 [S]. 北京: 中国建筑工业出版社, 1997.
[17] 中华人民共和国住房和城乡建设部. 室外排水设计规范(2016年版): GB 50014—2016 [S]. 北京: 中国建筑工业出版社, 2016.
[18] 刘培文. 道路几何设计 [M]. 北京: 中国科学技术出版社, 2003.
[19] 吴瑞麟. 道路规划与勘测设计 [M]. 广州: 华南理工大学出版社, 2002.
[20] 周荣沾. 城市道路设计 [M]. 北京: 人民交通出版社, 1997.
[21] 贺栓海. 道路立交的规划与设计 [M]. 北京: 人民交通出版社, 1990.
[22] 孙家驷. 公路勘测设计 [M]. 重庆: 重庆大学出版社, 1995.
[23] 余志生. 汽车理论(修订本) [M]. 北京: 机械工业出版社, 1990.
[24] 美国各州公路与运输工作者协会. 公路与城市道路几何设计 [M]. 西安: 西北工业大学出版社, 1988.
[25] 吴国雄, 李方. 互通式立体交叉设计范例 [M]. 北京: 人民交通出版社, 2002.
[26] 杨晓光, 等. 城市道路交通设计指南 [M]. 北京: 人民交通出版社, 2003.
[27] 杨少伟. 道路立体交叉规划与设计 [M]. 北京: 人民交通出版社, 2000.
[28] 吴瑞麟, 沈建武. 城市道路设计 [M]. 北京: 人民交通出版社, 2003.
[29] 杨春风. 道路工程 [M]. 天津: 天津大学出版社, 2005.
[30] 杨春风. 道路勘测设计 [M]. 北京: 人民交通出版社, 2014.
[31] 张雨化. 道路勘测设计 [M]. 北京: 人民交通出版社, 1997.
[32] 裴玉龙. 道路勘测设计 [M]. 北京: 人民交通出版社股份有限公司, 2018.
[33] 许金良. 道路勘测设计 [M]. 北京: 人民交通出版社股份有限公司, 2018.